U0143130

丰裕的寓言

FABLES OF ABUNDANCE

美国广告文化史 A CULTURAL HISTORY OF ADVERTISING IN AMERICA

[美] 杰克逊·李尔斯（JACKSON LEARS）著

任海龙 译

北京大学出版社

PEKING UNIVERSITY PRESS

丛书序

自从西方工业革命至今，现代设计已历经一个半多世纪的发展历程。中国进入新时代以来，设计也在服务国家战略、建设人民群众所向往的美好生活等方面扮演了日益重要的角色。《研究生教育学科专业目录（2022 年）》中，设计与设计学已分别成为艺术学门类下的博士层次专业学位以及交叉学科门类下的一级学科。面对百年未有之大变局，全球设计正共同经历着前所未有的新挑战、新问题。在这样的时代潮流面前，国内设计领域的读者对阅读海外设计学研究经典和前沿著作的需求也日益增长。

我国学者对海外设计学的译介由来已久。早在 1918 年，商务印书馆即出版了甘永龙编译的《广告须知》。20 世纪 80 年代以来，李泽厚主编的"美学译文丛书"、中国工业美术协会主编的"现代设计丛书"、黄国强主编的"现代设计艺术理论丛书"和周峰主编的"设计丛书"等陆续译出一批海外设计研究经典。1997 年"设计艺术学"列入学科目录、2011 年"设计学"升级为一级学科以来，国内各种设计理论的译著、译丛无论是选题策划还是翻译质量，都有了质的提升。但是长期以来，由于种种原因，仍然有很多重要的设计学基础研究成果没有进入中国读者的视野，海外设计学者最新的前沿探索也亟待及时介绍给国内的读者。

"它山之石，可以攻玉。"对中国学者来说，移译西方经典和前沿的目的在于通过对话、反思，推动中国设计学主体性的建构。在本土设计研究方面，北京大学开我国设计学界之先河。早在 1918 年，时任北大校长的蔡元培就提出"惟绘画发达以后，图案仍与为平行之发展"，这是中国教育家对设计教育最早的理性论述。1924 年北大出版的《造形美术》杂志即已涵盖美术、书法和设计（图案），同时期在北大任教的鲁迅不但有重要的书籍装帧设计思想和实践，还设计了沿用至今的校徽。院系调整后，在北大哲学系任教的宗白华关于园林、工艺和技术美学的思想为我国设计美学的研究奠定了基础，1988年叶朗主编的《现代美学体系》也把"审美设计学"作为其中的重要组成部分。在某种意义上，北大设计学是中国设计学学术史的缩影，自然对当今设计学科的建设也责无旁贷。有鉴于此，北大正在新文科、新工科建设的背景下，积极整合分散在艺术、工学等校内多个院系的已有设计学相关学科、专业资源，积极引领、推动中国设计学发展。

这套"未名设计译丛"就是在这样的背景下诞生的。本译丛的编选宗旨是：第一，建立全球视野，发扬主体意识。既关注入选著作对设计学科的普世贡献，也特别遴选那些对中国设计有特别启示意义的成果。第二，立足交叉学科，构建学科间性。既关注传统的主要设计门类，也关注设计产业、服务设计、信息设计、社会创新设计等跨学科的新领域。第三，关注基础研究，兼顾前沿进展。既遴选设计学基础理论方面的经典著作，也关注应用方面体现学科交叉的前沿研究进展。丛书设立以北大设计学人为主体的编委会，期待通过几年的努力，能够为中国设计学界奉献一批质量过硬的成果，从而为建设新时代中国特色设计学话语体系、推动设计学的中国式现代化发展提供有益的参照。

"未名设计译丛"编委会

2022 年岁尾写于未名湖畔

（祝帅执笔）

译者序

本书与笔者有着一段不解之缘。2003 年大学刚毕业便有幸接到本书的翻译工作，这也是笔者译书事业的开端。此书旁征博引，材料翔实，但笔者年少气盛，尽管过程中偶尔懵懂，仍然饶有兴味完成翻译。后荣幸得知，此书被北京大学广告专业选为学生读本。数年后第一版版权过期，2019 年北大祝帅教授委托北大出版社购买版权，并联系我继续为本书新版担任译者。承蒙祝教授信任，实不敢当！同时，这也给了笔者一个绝大多数译者不曾获得的良机：多年后重新审视当年译作，不但有机会弥补或纠正学识浅薄造成的肤浅理解甚至错误诠释，还能够让本书以更加"信、达、雅"的姿态与国内读者再次见面。

本书作者杰克逊·李尔斯（1947—　）是新泽西州立罗格斯大学历史教授，研究领域包括美国文化思想史、宗教历史、文学、视觉艺术和民间传说，迄今出版过四部研究美国文化史的著作。李尔斯教授是美国文化历史学界最具原创性的学者之一，学富五车，渔经猎史。就本书而言，李尔斯教授在简介中指出，本书并不会全面介绍美国广告发展，有些读者看不到某些知名广告公司、广告战役、历史名人，可能会"有些失望"。相反，本书是从文化史的角度梳理美国广告业几百年的发展，一方面描述广告的文化角色之中的种种矛盾，另一方面将其置于包括文化、宗教、种族、性别等广义的变化模式中考察，并辅以美国历史上一些知名广告从业者、文学家、艺术家的个人经历和艺术成就来突出本书的主旨：随着以官僚理性、工厂量产和现代公司体系为标志的资本主义肆意发展，基于"有计划地淘汰"原则的消费主义割断了人与物的联系，但发源于早期现代欧洲的一种狂欢式的、魔法的、巫术的、泛灵论的观念却顽强存活了下来，在"二战"后呈现为"拒绝将物质商品视为个人地位或现代性的象征物"，"强调过去与现在之间的持续性而不是分割性，强调鉴赏而不是消费；强调一个再度泛灵的象征宇宙"。在笔者看来，本书不但以独到的视角和论证勾勒出美国广告文化发展的历史，还为今天冷冰冰的、万物皆可抛的消费社会指明了一条出路。大规模生产和一次性消费不但造成了人的异化和物质的浪费，也给环境带来了巨大破坏，将商品文明的产物转变为神圣的人工品的泛灵论观念，也许才是创建人与物和谐共生宇宙的必经之路。

如上所述，本书可能会与一些读者心目中的"历史书"截然不同：不罗列知名广告海报，而是追溯图像和文字"丰裕"象征含义的变迁；不强调某年某月某日创办了哪家广告公司，而是着墨于广告文案人和艺术家在真实性和人工性之间摇摆，在追求艺术自治权和"现实性"的道路上踉跄迷茫；不与广告主合流鼓吹生产理性、官僚理性和效率至上的个人价值观，而是倡导一种孩提式的"玩乐"，以此来探讨物质实体，将其转化为艺术，构建出汉娜·阿伦特笔下的"一个平行的含义（meaning）宇宙，宇宙中的物体充满着象征意义（significance）"。

在众多文化史书籍中，这样的文字也许显得有些"玄学"，有些"神神叨叨"，但这也是本书难能可贵之处。读者很快就会发现，李尔斯教授如同一部行走的文化历史百科全书，不但熟谙美国广告史、社会史、宗教史，并拥有极深的文学造诣和极富洞察力的艺术品位。相应地，这样一位大学者使用的语言也拥有高度书面化、文学化的特点，试见第一章第一段：FOR CENTURIES the hungry peasant bent to face the earth. Homo and humus were twinned. Death and rebirth mingled in the dung heap: filth and fecundity merged in formless, inchoate matter. 画线部分是五步抑扬格的格律，接下来的 Homo 和 humus，以及 filth、fecundity 和 formless 均是头韵，而 death、rebirth 是辅音韵，等等。当然，这些英语形式上的修辞特点基本不可能反映在中文里，但可以使用中文的节奏、韵律等形式在某种程度上力图给译文读者呈现一种不同于大白话的感觉。

更重要的是，尽管本书的语句平均长度不长，超过四五行的句子并不常见，但信息量极大，且使用的词汇大多为宗教、哲学、学术用语，试见下面这句：

在阿多诺看来，真实性的理想，在最糟糕的情况时（比如海德格尔的观点）是"一种篡夺宗教 – 威权悲情而自己又不含任何宗教内容的手段"，在最好的情况时（比如克尔凯郭尔的观点）是一种"对社会压迫施加在人身上的单子论形式的顽固坚持"。

尽管中英文语句结构不同，但中文读者读这句话的拗口程度，与英语读者读原文的感觉大致相仿。这也反映出笔者再次翻译本书时采用的新策略，即在不影响译文读者理解的前提下，尽最大可能保留原文结构与用词。可以确定，李尔斯教授在每一个字的措辞上都是深思熟虑的，代表着相同母题和意象的用语反复出现（下文会谈到），若采取自由度较大的"意译"手法，或者用现在的流行语来形容，"放飞自我"，不但会偏离作者的本意，还会打乱贯穿全书的线索，削弱全书主旨。此外，毕竟学术书籍不同于通俗小说，笔者鼓励读者走进本书的世界，与博古通今的大学者展开思想对话。

除此之外，本书的语言还有另外一大特点，即大量引用广告语、文学作品片段、诗歌、杂志评论及日记。这几类文字特点各异，翻译时也采用了不同的策略：杂志评论的译文更倾向于传达信息，直白易懂；广告语因为精练浓缩，兼表意、引诱、劝说功能为一体，翻译因此相对灵活，模仿朗朗上口的广告用语；类似地，诗歌的翻译也倾向于以行长、押韵等形式美感传达原文的诗意（原文中押韵的诗，译文中亦做押韵处理）；文学作品片段则尽量保持原文的文学性，特别是涉及语言的多义性、模糊性时，总体策略是尽最大可能贴近原文，保留原文的用词和语句结构；日记的翻译也采取了类似的方法。

最后还要说明一下本书一些词语的翻译。诚然，英文和中文词汇并非一对一完全对应，搭配也各不相同，如何解开双语词汇纠结在一起的语义线球，也是一切翻译实践的核心工作之一。就本书而言，这涉及一些重点词的处理，如最重要的词之一"泛灵论"，英文为animism，词根为拉丁语的 anima（意为"灵魂"），然而全书也经常使用出自同一个词根的 animate（意为"使……有生命、有活力），这明显是作者有意为之，所以译文尽可能地将后者译为"使……泛灵"，以保持主题统一连贯。另举一例，英语词 magic 对应着中文的"魔法""魔术""魔力"等词，为了尽可能保持统一，译文主要使用"魔法"，在肯定是指涉"魔术"时才选择后者。

此外，同一个词会经常在不同语境下变换词义，也为翻译设置了障碍，如这一句："许多真实性话语的参与者半自觉地鄙视世界上的物体 / 事物（things），不知不觉中推动了消费文化的哲学任务：在一个充满异化客体 / 物体（objects）的世界中构建一个独立、奋斗的主体（subjects）。"相对于"主体"，object 一般翻译为"客体"，这没有问题，同时 object 经常指代中文的"物体"，若英文 a room full of objects 翻译为"一屋子客体"会显得滑稽可笑，然而 object 若译为"物体"，英文的 thing 又如何处理？"事物"不仅包括物体，也包括事情，一旦 thing 仅指一个具体的物件或其他含义，"事物"在一定语境下就无法使用了。这些英汉跨语言搭配是译者常备布洛芬以治疗头痛的一个主要原因。本书译文在不影响理解的情况下，尽量保持中文顺畅，在如上文这一句必须使用不同词汇时再做相应处理。最后再举一例，原文出现了 speech、language、idiom、rhetoric、lingo、vernacular 等多个大致可以译为"语 / 言 / 话"的词汇，译文尽量使用不同词汇处理，如"习语"（idiom）、"行话"（vernacular），且均在正文中第一次出现时附上了英文。

以上仅为译者对本书翻译过程中一些常见现象的梳理。除了纳博科夫翻译普希金的《叶甫盖尼·奥涅金》时采用的"极端直译"这种文学翻译策略之外，绝大部分译者的非文学翻译工作的最终目的仍然是向读者充分介绍原作的内容。《丰裕的寓言》是不可多得的优秀学术著作。二十年后，当为了工作、学习、娱乐而阅读的书籍已然堆满书房整整一面墙后，回过头来重新审视本书，仍然深感这部文化史著作的思想和语言不但在笔者翻译过的书之中，甚至在笔者阅读过的书之中，都可算作独树一帜的存在。开卷有益，相信本书会为所有感兴趣的读者呈现审视美国广告文化史的原创视角。

最后，笔者要向祝教授致以深深的谢意，感谢您的信任！还要感谢北大出版社的路老师、郑老师及相关负责人员，谢谢各位老师一丝不苟的工作精神和耐心的指导！笔者才疏学浅，水平有限，译文必然存在一定问题。诚恳地欢迎各位读者批评指正，提出宝贵意见。

任海龙

北京

2023 年 7 月 16 日

目 录

致　谢

在写此书的过程中，有太多的人给予我帮助，无法在此一一列出。尽管如此，我会竭力向帮助过我的人致谢，但我清楚仍然会遗漏一些重要人物。我每时每刻都因朋友与同事的慷慨大方感到惊讶和惭愧，他们在百忙之中抽出宝贵的时间来阅读并评论此书，不索取任何回报，只是为了维系那最难捕获的理想：一个学者共同体。所有在这里提到的人都在某一方面为此书做出了至关重要的贡献；此书出现的错误全部是我自己的责任。

此书的研究工作得到了以下机构研究员项目的支持：古根海姆基金会（Guggenheim Foundation）、洛克菲勒基金会（Rockefeller Foundation）、史密森尼学会伍德罗·威尔逊国际学者中心（Woodrow Wilson International Center for Scholars at the Smithsonian Institution）、罗格斯大学当代文化批评分析中心（Center for the Critical Analysis of Contemporary Culture at Rutgers University）以及普林斯顿大学谢尔比·库洛姆·戴维斯历史研究中心（Shelby Cullom Davis Center for Historical Studies at Princeton University）。后三个机构提供的亲切环境允许我进一步发展自己的观点。我获得了以下人士的悉心批评与鼓励：杰·托尔森（Jay Tolson），迈克尔·雷西（Michael Lacey），我在威尔逊中心的研究助理玛格丽特·琼斯（Marguerite Jones），文化批评分析中心的乔治·勒温（George Levine）、米丽亚姆·汉森（Miriam Hansen），以及戴维斯中心的劳伦斯·斯通（Lawrence Stone）与吉安·普拉卡什（Gyan Prakash）。

我也要深深感谢下列机构的档案管理员与图书管理员：伊利斯图书馆（Ellis Library，密苏里大学 [University of Missouri]）、亚历山大图书馆（Alexander Library，罗格斯大学）、燧石图书馆（Firestone

Library，普林斯顿大学）、国会图书馆（Library of Congress）、纽伯瑞图书馆（Newberry Library）、美国国家历史博物馆（National Museum of American History）、威斯康星州立历史协会（Wisconsin State Historical Society）、诺克斯学院图书馆（Knox College Library）、达特茅斯学院图书馆（Dartmouth College Library）、布里奇波特公共图书馆（Bridgeport Public Library）及纽约历史协会（New-York Historical Society）。还要特别感谢辛西亚·斯旺克（Cynthia Swank）与安·玛丽·桑德基（Anne Marie Sandecki）指导我查阅智威汤逊公司（J. Walter Thompson Company）纽约分公司的档案。

此书写作前期，我在密苏里大学感受到了以下知识界人士的友爱之情：迈克尔（Michael）与莫里塔·尤嘉特（Maurita Ugarte）夫妇、肯·普拉克斯（Ken Plax）、史蒂文·瓦茨（Steven Watts）、约耳·布莱弗斯（Joel Bleifuss）、特丽莎·普拉多斯（Teresa Prados）、乔治·霍达克（George Hodak）、托马斯·柯尔克（Tomas Quirk）、马克·赫什（Mark Hirsch）、蒂娜·考派尔曼（Dina Copelman）与戴维·赛伦（David Thelen），以及得力的研究助理罗德·麦克修（Rod McHugh）。在美国国家历史博物馆的一年中，我在各个方面受到了以下人士的重要帮助：加里·库里克（Gary Kulik）、斯宾塞·克鲁（Spencer Crew）、苏珊·迈尔斯（Susan Myers）、拉里·伯德（Larry Bird）、基斯·梅尔德（Keith Melder）、约翰·弗莱克纳（John Fleckner）、查尔斯·麦克格温（Charles McGoven）与彼德·丹尼尔（Pete Daniel）。罗格斯大学的学生与同事们为我营造出的环境既生动活泼又富有挑战性，给予我鼎力支持。罗伯特·曼塞尔（Robert Mensel）、米丽亚姆·佛马尼克-布鲁乃尔（Miriam Formanek-Brunell）、玛丽·布兰查尔德（Mary Blanchard）、格蕾斯·黑尔（Grace Hale）与斯科特·桑德芝（Scott Sandage）为我提供了研究头绪与参考书目方面的建议。艾伦·道格拉斯（Allen Douglas）救我于电脑之灾，兰迪·斯特恩斯（Randy Stearns）给予我充分的研究帮助。鲁道夫·贝尔（Rudolph Bell）、迈克尔·阿达斯（Michael Adas）与托马斯·斯劳特（Thomas Slaughter）阅读了前期观点并提出了敏锐的意见。约翰·吉尔斯（John Gills）与维多利亚·德格拉西亚（Victoria deGrazia）从跨大西洋的角度出发，对文章大段篇幅进行了补充，修正了原稿井底之蛙的观点，在其他很多方面也进行了改善。吉姆·李文斯顿（Jim Livingston）采用了高超的激将法，对我每一个基础性的假设都做了质疑，迫使我重新审视原来未经仔细推敲的设想。塞缪尔·艾尔沃西（Samuel Elworthy）与迈克尔·莫法特（Michael Moffatt）则对初稿从头到尾进行了一次人类学角度的解读；他们的建议对这本书终稿的形成起到了至关重要的作用。

美国各地其他学者也热忱地回应了我的请求，提供了很多意见与建议。里克·波雷（Rick Pollay）与威廉·莱斯（William Leiss）在概念上提出了重要的建议。美国国家艺术博物馆（National Museum of American Art）的琳达·罗斯科·哈提根（Lynda Roscoe Hartigan）在最后时刻为我提供了约瑟夫·康奈尔（Joseph Cornell）的资料。路易斯·佩里（Lewis Perry）与李·史密特（Leigh Schmidt）为整本书提供了颇有益处的评论。戴维·布莱恩·戴维斯（David Brion Davis）正确地提醒我不要不加鉴别地使用后结构主义理论（尤其是福柯的理论）。罗德尼·奥尔森（Rodney Olsen）、迈克尔·史密斯（Michael Smith）、戴维·诺伯（David Noble）、安吉拉·米勒（Angela Miller）与哈维·格林（Harvey Green）在紧要关头给予了我鼓舞。肯尼斯·克密尔（Kenneth Cmiel）与里查德·怀特曼·福克斯（Richard Wightman Fox）对全书大部分进行了格外详细的审阅并提出了批评意见。米歇尔·伯嘉特（Michele Bogart）以艺术史专家的身份为第九章提供了重要的意见。J. 格雷戈里·康狄（J.

Gregory Conti）特意从佩鲁贾致信，将论点巧妙地置于跨大西洋的框架内，使其大体轮廓更加清晰。利奥·利奥尼（Leo Lionni）则慷慨大方地陪我度过了一个下午的时间，回忆自己在广告业的艺术生涯。

对那些邀请我讲学以测试书中观点的大学听众朋友，我在此要表示衷心的感激。这些人包括：马克·克里斯宾·米勒（Mark Crispin Miller）、吉莉安·布朗（Gillian Brown）、霍华德·霍威茨（Howard Horwitz）、查尔斯·伯格（Charles Berger）、约翰（John）与乔伊·卡森（Joy Kasson）、汤森德·鲁丁顿（Townsend Ludington）、罗伯特·斯科尔尼克（Robert Skolnick）、布鲁斯·麦克康纳齐（Bruce McConachie）、沃利·鲍温（Wally Bowen）、布鲁斯·隆达（Bruce Ronda）、谢丽尔·沃克（Cheryl Walker）、丹尼尔·霍洛威茨（Daniel Horowitz）、艾伯特·斯通（Albert Stone）、托马斯·拉茨（Thomas Lutz）、乔纳森·普鲁德（Jonathan Prude）、詹姆斯·哈维·扬（James Harvey Young）、沃尔特·亚当森（Walter Adamson）、史蒂文·提普顿（Steven Tipton）、拉里·梅（Lary May）、伊莲·泰勒·梅（Elaine Tyler May）、托马斯·哈斯克尔（Thomas Haskell）与帕特里克·默里（Patrick Murray）。还要特别感谢北海道大学的古矢旬教授及同事邀请我至日本札幌参加札幌酷尔研讨会（Sapporo Cool Seminar）。在日本停留的一星期内，我有幸同一些对美国文化极富洞察力的学生进行交谈，大开眼界。

幸运的是，我有两位杰出的编辑：一位是安德烈·史夫林（André Schiffrin），多年来一直支持着此书的出版计划；另一位是史蒂夫·弗雷泽（Steve Fraser），他从头到尾见证了此书的写作过程，其间提出了不少意见，极大程度上改善了此书的终稿。

我生命中更加幸运的事，已经在献辞中列出。父亲沃尔特·李·李尔斯（Walter Lee Lears）留下的回忆，母亲玛格丽特·巴普提斯特·李尔斯（Margaret Baptist Lears）的爱与支持，以及兄弟 R. E. 李·李尔斯（R. E. Lee Lears），尽管这么多年来分隔两地，但他们仍然一直为我提供人生的食粮（肯定比我意识到的要多）。女儿瑞秋与艾丁·李尔斯是上天赐予的宝贝，是她们的幽默、活力与爱帮助我度过了一段又一段昏暗孤独的写书时光。不仅如此，瑞秋还为我提供了宝贵的摄影服务；姐妹俩对明快图像和音乐语言的天赋也帮助了我。她们给了我最好的理由，让我对未来充满希望。

　　我最要感谢的人，是卡莲·帕克·李尔斯（Karen Parker Lears）。她只读了手稿的某些部分，我任何具体观点若出现错误都与她无关；但我们之间进行了无数次关于文化史的对话，她与众不同的分析洞察，她对公式化控诉的厌烦，她相信我不会只写有时效性的话题，以及她不懈的批评思考，都让我获益良多。她督促我使书稿在知识层面上更加严密，在哲学层面上更加人性化。在思考广告宣扬的文化的替代选项时，她的艺术作品与生活于这个世界的方式启发了我。如果此书真的可以超出文化批评分析的范畴，真的能够瞥见一种更加美好的生活方式，那这些成就主要归功于她。

新泽西，福门角

1994 年 2 月

前　言

　　广告意味着什么？许许多多的事情。广告不仅鼓励受众购物，也是某种幸福生活的象征，还可以合理化某种生活方式。广告既强调个体的幻想，又能够推崇或打破现存的经济政治结构。广告的重要性取决于其所处的文化环境。

　　广告几乎无处不在。举新几内亚的阿波兰人（Abelam）为例。人类学家经常会提到该族的祖灵（tambaran）：这是一种象征祖先强大灵魂的多彩图案，绘制在举办重大仪式的祠堂正面。"有时候外面世界的彩色杂志会传到村子里来，村人会撕下几页贴在祠堂正面底座的垫子上，"英国人类学家安东尼·福奇（Anthony Forge）在 1963 年写道，"每次观察都发现，撕下来的页面色彩明快，通常是食品广告，比如午餐肉、甜玉米和蜂蜜火腿之类的食物。询问族人，才发现他们根本不知道纸上画的是什么，不过他们觉得既然色彩斑斓又高深莫测，那这些东西就应该是欧洲人的祖灵，一定蕴含着强大的力量。"[1] 同工业化的西方世界一样，在新几内亚，广告也超越了原本狭隘的商品推销功能，拥有了更为广泛、更为晦涩的文化含义。

　　我不是想要借上述例子把广告简单定义为"工业社会的民间传说"，不过要承认阿波兰人也许发现了广告的意义。[2] 过去二百年，在资本主义西方以及越来越多的其他地区，广告早已获得了强大的象征性意义，但广告又不是静态的象征物：一条条商业寓言将文字与图片有机结合，讲述着奇思妙寓、谆谆教诲的故事，不但激发幻想，警世弘德，还将古人憧憬的丰裕之梦重新解析，适用于现代商品世界。到了二十世纪末，这些丰裕的寓言（尤其是那些大型跨国公司打的广告）也许正在使用最具活力、最刺激感官的方式诠释着今天世界的文化价值观。

对这些文化价值观的解读一般取决于观测者的观察角度，本书也不例外。《丰裕的寓言》与其他所有书籍一样，基于作者所处的个人及历史环境写成，在编年的基础上，也会做出评论和分析。本书主要将美国国内广告业的兴起置于广阔的跨大西洋文化历史背景下分析：西方科学兴起导致泛灵论（animistic）世界观的消亡；市场交换超越了传统的时空界限；崇尚冷静、统一人格的个人主义愈发占据主导地位；官僚理性（bureaucratic rationality）在工厂生产体系与现代公司中大获全胜。但与此同时，非理性与泛灵论的非主流思潮却一直存在于十九、二十世纪的流行艺术与先锋艺术中。在本书讲述的关于现代美国历史的故事里，广告与其他社会制度联手宣扬某种希冀、焦虑甚至个人身份认同，并逐渐使其成为美国主流价值观。本书力图指出，一方面广告重塑了我们同物质财富及周边环境的关系，但另一方面大西洋两岸仍然有一些人（有些就是广告业人士）一直在努力保留或创造非主流的特异生活方式。

肯定会有人提出反驳，指责本书夸大了广告的重要性。在他们看来，广告业的首要任务是推销产品，不是宣扬价值观，如果认为广告是文化发展趋势的唯一根源，这是在误导读者，因为文化发展有可能是从别的社会制度中产生的（或者干脆植根于人性中扭曲的一面）。这种指责有一定道理。无论是大学教授，还是其他受过教育的专业人士，在使世界祛魅化的过程中都做出了很多努力，和广告人一样（也许比广告人做得还要更多，因为即使是全国性广告中也多少保留了一些幻想的成分）。所以，我对广告业人士与其他职业群体的联系进行了一番探究。这些群体包括牧师、政客、医生、律师、社会科学家、新闻工作者、作家和艺术家等等。从始至终，我力图将全国性广告的兴起置于多元的文化对话范围内来考察。

要特别指出，我并不是要写一本关于美国广告的全面历史调查。有些读者在本书中看不到某些知名的广告公司、广告战役或者历史名人，可能会有些失望。另外，我也没有特意考察某条广告是否真的提高了某个产品的销量等等。因为在我看来，这种问题对广告的广义文化重要性起不了太大的揭示作用。我尝试研究的对象是，当广告主登广告推销货物时，也许会产生些什么意想不到的后果，比如是否无意间创造出一个象征性空间，认可某些文化价值观，却排挤或扼杀其他的价值观。

这种综合视角较为宏大，甚至比大多数历史研究的范畴都要开阔，为了展开论述，本书会提出一些规范性的叙事，可以将其视为作者为在纷繁芜杂的证据中寻找规律而凭空构建出的历史隐喻。[3]构建用的材料能够反映出作者在写书时的心境。因此，下面有必要简单介绍一下这本书的思想起源。

I

我开始准备写书时，学界基本没有任何关于广告文化历史方面的资料。（后来以罗兰·马尚 [Roland Marchand] 为首的一群杰出历史学家填补了这项空白[4]。）在美国，解析广告文化意义的研究一般深深扎根于传统的批评理论之中，代表人物有托尔斯坦·凡勃伦（Thorstein Veblen）、约翰·肯尼斯·加尔布雷斯（John Kenneth Galbraith）、斯图亚特·蔡斯（Stuart Chase）和范斯·帕加德（Vance Packard）等。虽然这种批评使用的语言比较世俗化，没有什么宗教成分，但根源却来自基督新教对朴素言论、朴素生活的信仰，以及共和党人担忧个人独立性会被大众广告侵犯的疑虑。持有这种理论的批评家抨击有些广告采用欺骗手法来蒙蔽被动的观众，或宣扬一种浪费的、恶性的消费文化。

　　我开始为写此书寻找材料时，无论是在学术界还是社会上，上述批评传统正在逐渐退出舞台。吉米·卡特当年出于保护生态环境号召美国人民做出个人和集体的牺牲，但他的呼吁被后来上台的罗纳德·里根全盘否定（systematic denial）的政策无情淹没。美国已经"回来了"！所有的周刊杂志都在大力提倡"回归高雅"，但他们口中的"高雅"基本上只是指有钱的股票经纪人重新置办华服、享用豪车而已。在学术界，学者们重新审视了对广告的传统批评，最后的结论是它有缺陷。有些学者发现了消费中蕴含的解放潜力，还有人发现了公司广告体现出的无限创造力。[5]

　　学术界发生的变化不仅仅是表面上的跟风而已。二十世纪八十年代的学术界，从实证角度和概念角度都对传统批评理论的狭隘性做了质疑。他们合理地抨击老一辈批评家思想天真幼稚、语言拘泥古板。有时也很合理地指责老一辈鼓吹清教禁欲主义：比如老一辈质疑奇幻与感官刺激的表现手法，推崇生产鄙视消费，通过操纵广告来控制社会，以及大男子主义倾向地认为广大消费群体拥有女性被动特点，等等。在学界看来，老一辈的批评家尊崇理性的生产者而无视非理性的消费者，顽固地信仰生产主义道德观，贬低人对休闲与审美／美学（aesthetic）的需求。最后，社会学家玛丽·道格拉斯（Mary Douglas）和迈克尔·舒德森（Michael Schudson）指出，早期批评家对唯物主义的凡勃伦式攻击恰恰忽视了人类几乎共通的本性：从具体的物质中汲取文化含义。一直以来商品都拥有功利主义及文化象征两重功能，广告主将银器等同于社会地位、将汽车与性紧密融合等推销方法只不过是这种人类普遍文化行为的最新的工业化版本而已。[6]

　　为了形成自己对广告的观察角度，上述意见都在我力图考察范围之内，但同时我也承认，朴素语言（plain speech）的传统蕴含着强大的力量，特别是在政治演说时。你可以说崇尚朴素语言的奥威尔主义者很愤青、很幼稚，但社会需要这种人来鞭挞今天这种选民被打包贩卖、总统需要事先市场测试才能当选的腐败政治文化。不过我希望，这本书的目的不仅是继续哀叹麦迪逊大道 ① 对文化的腐蚀。当今时代，人们对"生产力"的执迷已经危及生态环境，审美观丑陋得令人作呕，因此我觉得有必要形成一种新的认识广告的态度：与现有思想传统中得出的结论相比，这种新的态度应该更加坦率面对商品的象征性用途，与物质世界产生更多的共情，更饶有兴味地看待这个物质世界。所以我逐渐意识到，当代广告业与其说是唯物主义的代理人，倒不如说是一种企图将人类从物质世界中割裂出来的文化力量。

形成以上这种观点后，我从多种思想流派中汲取营养加以完善。其中之一就是虽然已经不再流行但不可或缺的马克思主义传统。马克思主义把焦点放在了商品所具有的拜物教（fetishism）特质上，即商品能够"自己获得生命"。这种拜物教的本质会根据特定经济的环境而改变。根据马克思主义观点，在工业资本主义之外，产品由于代表了特定社会环境的信仰与习俗，从而更富有活力；产品还代表了一种与物质世界亲密相连的含义。而相反地，在工业资本主义制度内，生产与消费之间的关系被生生切断，原子论与二元论的世界观大行其道；事物从本原中分离出去，似乎神秘地自我运动着：另一种不同的拜物教便应运而生。7

前一种拜物教将人类看作是物体的创造者，置身于自然世界和其他人的关系网中，享受着虽有缺陷但真实的自由；后一个拜物教，即商品拜物教（commodity fetishism），认为人类是力量的受体，从物质世界分离出来，人际关联被切断，陷入了物化（reified）的发展进程。如果社会的统治者就是商品拜物者，那技术决定论（technological determinism）就可以完美代表这个社会对历史的看

---

① 纽约的一条大道，美国广告业中心。——译者

法：事物自主发展，在古老的"神话"与崭新的"现实"之间拉出
"文化距离"，如果人们想要留在前进的火车上，就必须抛弃文化包
袱，包括丢掉因为风尚改变而过时的产品和从一开始就有计划地淘汰
（planned obsolescence）的产品。商品拜物教下，人的欲望是不断获
得事物，而不是追求事物的使用和享受；在这种拜物教理念的基础
上，发展出了静惰的物体世界中笛卡尔式的孤立自我（isolated self）
的概念。

　　以上就是当代广告业看待事物的主流态度，但是（随着我的研究
逐渐展开）我也发现了许多其他态度：有人渴望回到真实或假想的
过去，或渴望在当下寻找与他人的共同关联；广告还可以表达事业抱
负、个人矛盾和特殊品位。因此，广告的修辞和图像不能被简单视作
商品宣传的工具。广告主自身的需求与困惑就可以导致广告产生无穷
的可能性和含糊意义。

　　马克思主义理论能够揭示很多道理，但是并不鼓励针对个体特性
的研究。许多马克思主义学者执迷于历史沿直线进步的理论。尽管他
们对原始共产主义情有独钟，但往往坚持一种男性化的生产观念，为
"人类/男人"（man）能够制造越来越多的东西欢欣鼓舞。这种普罗米
修斯式的乐天主义既在凡勃伦理论也在马克思主义理论中鼓励人于这个
物质世界中信奉功利主义、工作至上的信条。

　　出于对生产主义理论的失望，我找到了一些对此做过质疑的思
想家。从亨利·亚当斯（Henry Adams）到刘易斯·芒福德（Lewis
Mumford），美国反现代主义学者一边攻击进步论，一边试图去探索
究竟是什么样的理性驱使着生产与消费呈螺旋状无穷无尽上升。法兰
克福学派的理论家西奥多·阿多诺（Theodor Adorno）、麦克斯·霍
克海默（Max Horkheimer）和赫伯特·马尔库塞（Herbert Marcuse）
都曾经历过法西斯的梦魇，他们承认在消费的世界中，人们希望从乏
味工作中得到解脱的乌托邦式理想可以得到呵护；但是他们也指责，

广告和大众文化侵占了闲暇的空间，用"绩效原则"（performance principle）这种治理工业资本主义的方法来指导大众闲暇。与生产主义的理论家不同，法兰克福学派的思想家意识到，大众消费的扩张并没有带来其承诺的闲暇天堂。[8] 在我看来，问题其实不在于享乐主义，而是因为根本不存在享乐主义，问题不出在唯物主义，而是人对万物被简化为一次性商品的这个物质世界愈发无动于衷。

那么是否存在其他的可能？有理论认为，商品拜物教并不像批评家所相信的那样普遍。人类学研究表明，大多数社会都有一把标尺，一端是完全商品化（或者标准化），一端是完全个体化，在此标尺上对事物进行排列。[9] 千年以来，包括政府、教会和现代艺术博物馆等在内的强大组织都费尽心思使某种事物神圣化，将其奉为"无价"之物；普通人也一样将传家宝、信物或纪念品神圣化。这些造神运动表明，尽管现代广告业大肆鼓吹一次性消费文化，但是人仍然渴求与物品建立一种不同的关系，并在这种特殊关系的基础上创造出其他的含义世界（realm of meaning）。这些含义的表达往往通过礼物交换、匠人精神以及物品收藏等行为体现。

一些知识分子从丰富的人类学文献中获得灵感，认为礼物文化是通向商品文明的另一条道路，对此开展研究。乔治·巴塔耶（Georges Bataille）、让·鲍德里亚（Jean Baudrillard）和美国诗人刘易斯·海德（Lewis Hyde）将礼物现象与一种带有性含义的能量发泄联系在一起，通过能量的发泄，反而能令人体会到丰裕的感觉："给予你越多，"朱丽叶说，"我就拥有越多。"这些知识分子声称，商品交换可能会培养出一种抠门审慎的生活态度，而他们支持的礼物交换能带来富足，与这种态度形成鲜明对比。巴塔耶和鲍德里亚将这个对比进行了尼采式的分析；海德则用社会民主理论来解释，他认为，礼物文化即使在贫困中也能营造出一种丰裕感，相形之下即使是在物质大丰收的年代，商品交换仍然会使人坚信货物实际上是短缺的。[10]

　　另一方面，工匠精神（craftsmanship）则衍生出另一套物体的话语，最知名的代表就是汉娜·阿伦特（Hannah Arendt）。阿伦特把工作与劳动分离开来，认为工作就是创造耐用品的活动，这些耐用品在使用期内能够稳定人类的生活。物品的耐久性使其能够抵抗住"制造者和使用者贪婪的需求"。人可以"通过和同一把椅子、同一张桌子产生联系，来找回他的同一性，或者说是身份认同"。相比之下，在我们的"消费社会"中，劳动只不过是"谋生"（making a living）。因为"劳动与消费是同一过程的两个阶段，都是人类为了生存不得不从事的活动，其实还是说明我们是生活在一个劳动者的社会中"。阿伦特对社会的功利主义标准嗤之以鼻。"社会告诉我们，不管做什么，都应该是为了'谋生'。"她抱怨道。她将希望寄于一种艺术的理念之中，在这种艺术的境界里，"物质世界纯粹的耐久性"会呈现出更"纯"、更"净"的特点。但是"消费者社会"使人越来越难理解这种理念。"技艺人 / 制造人（homo faber）创造了世界，但他们对永恒、安定与持久的理想，全都为了丰裕这个劳动动物（animal laborans）的理念而牺牲掉了。"阿伦特明白，"消费社会"的弊病不在于物质主义，而出在人对"世界的物质本质"的蔑视。她认为可替代消费主义的并不是禁欲主义，而是制造、维护和关怀一个耐久的物质世界。[11]

　　收藏家这个角色便很好地符合阿伦特的描述。系统性的收藏也许就像鲍德里亚所说，是"所有消费形式中最抽象的一种"，但其实收藏模式有很多种。比如可以通过鉴赏家来区分珍品等级，也可以让艺术家或者坎普（Camp）拥护者重新发现和利用那些似乎转瞬即逝的作品。他们可以将俗气的小雕塑奉为圣物，可以将流行作品升华为永恒，可以将过时商品转化为"不朽的"艺术品，一面肯定它的物质性与历史性，一面使它在文化等级中的地位颠倒过来。物品就像人一样，在生命的不同阶段可以拥有不同的身份。[12]

我发现，以上这些观点都与约翰·赫伊津哈（Johan Huizinga）的观点有共同之处。赫伊津哈认为，艺术创作本质上就是严肃的玩乐（play）。我们将出众的艺术家称为"天才"，将其作品誉为对世界的贡献，强调艺术家自发的忘我精神，无论是在艺术创作时，还是在纵情玩乐时，其核心都是这种自发的忘我精神。因为我们将工作贬低为劳动，所以才会将玩乐鄙视为虚度时光的玩意。"从'谋生'的角度来看，"阿伦特写道，"任何一项与劳动无关的活动都会变成不重要的'爱好'（hobby）。"[13] 我们玩乐时，会构建出一个平行的含义（meaning）宇宙，宇宙中的物体充满着象征意义（significance）。

玩耍的孩子和沉浸于作品中的艺术家，从某一角度来说，这两者都使我们的世界重新焕发生机。这两个人类主观活动的例子都代表了人与物质世界的一种想象式的联系，这种联系出现在各种各样的文化形式中：既可以出现在当代的思想模式里，也可以出现在泛灵论或者魔法的世界观中。这些文化形式的共同点，是一种不被物质与思想、自我与世界的传统二元论束缚的世界观；与二元论正相反，这种世界观将人置于充满含义的事物之中。

我本计划寻找理论切入点来考察广告，但到最后并没有获得一套系统的反传统观点，反而找到了纷繁芜杂的理论和态度，跨越种族与宗教、区域与历史、阳春白雪与下里巴人等等领域。从中世纪天主教徒追捧的魔法、十九世纪新教徒的家庭仪式、本土匠人的"本土知识"（local knowledge）到列维－斯特劳斯（Lévi-Strauss）笔下的拼凑匠（bricoleur）采用的"具体的科学"（science of the concrete），这些都能体现上述种种态度。詹姆斯·乔伊斯（James Joyce）和约瑟夫·康奈尔（Joseph Cornell）等先锋艺术家的作品中也能看到类似的心态：他们模糊了熟悉的界限，严肃地玩乐，真实地幻想。[14]

这种泛灵论的观念对以主客二元论为核心的西方文化（包括广告所推崇的文化）提出了根本上的挑战。甚至在科学领域都出现了一种

涵盖人造世界和自然世界的泛灵论，因为越来越多的学者认为"对有
机体的感情"（feeling for the organism）是以呵护方式观察自然的一
把钥匙。这个说法是遗传学家、诺贝尔奖获得者芭芭拉·麦克林托克
（Barbara McClintock）提出来的，她从事玉米基因突变的先锋研
究，比分子遗传学家们早几十年发现物种基因上的联系。她同研究对
象之间建立起了一种相互理解的共情关系，她的传记作家写道，她观
察的植物到最后变成了"独立的主体"。[15] 尽管一些评论家批评她的
方法是玄学，但她的研究方法脱离了二元论，迈出了生态学上的重要
一步，其方法中蕴含的哲学观点为我解读美国广告及其历史意义提供
了不少帮助。我并不是想要超越自我来谈问题，也不是说独立个体的
观念应该或可以被抛弃掉，只是想提个建议：我们应该重新考虑一下
人本位的个人主义及其可能的替代方案。

II

　　我一边希望认清广告的文化角色有何矛盾之处，一边又希望研究
能够抓住更加广义的变化模式，所以整个研究期间，我都努力想在这
两个极端之间找到平衡点。因此，在研究最后我对这些相互矛盾的模
式进行了介绍，力图展现商业文化中反复出现的张力：骗子的花言巧
语与白手起家者朴素语言之间的张力，消费者自发的购买欲望与管理
者管控与预见未来的愿望之间的张力，等等。总的说来，过去一个世
纪以来，由于全国性公司与跨国公司的兴起，这些矛盾之间的平衡已
经根据组织理性化的要求重新调整过了。但不管是骗子还是消费者的
欲望，都永远不可能融入井井有条的管理系统中。毕竟，正是市场那
千变万化、难以预计的特性才吸引着千千万万的人们。
　　从早期现代欧洲出现大型商品交易会开始，几百年间，市场交换

早已和一种充满幻想与感官体验的狂欢节气氛联系在一起，在一种匿名、灵活的环境允许下，甚至还可以通过购买异域商品达到一种近乎魔法般的自我变形。换言之，消费品仍然保留着一些泛灵论的痕迹，但消费品在早期现代阶段（1500—1800）就已经开始在西方大范围流通，在当时魔法世界观的宇宙力量学说已经开始受到质疑。市场的魔力支离破碎，力量减弱；当时的世界已经不能用自洽的宇宙论来阐释，更像是一个不断发展的时空，充满了四处流动、随意变形的个体。然而，在某些特定环境下，市场的魔力不管多么昙花一现，都可以产生出超越俗世的体验。

广告把这种断断续续的许诺继承到了二十世纪。亨利·罗思（Henry Roth）的自传小说《安睡吧》（*Call It Sleep*，1934）有一幕讲述了"一战"前住在布鲁克林的犹太小男孩对生活敏感的体验。小男孩经常被街道小混混痛揍，终日活在对父亲暴怒的恐惧下，终于有一天他开始想象，如果有辆三轮车，就"骑上它逃开"，经过郊区的电线杆，来到"一个糖果店一张图中描述的地方。一个女人站在装着香烟的大箱子上，眼睛下方蒙面系着一块手绢，穿着滑稽的肥裤子，拿着圆剑，画中那些房子就是她的住处，房子形状很坚挺"。充满色欲的想象让他很开心，但很快便不得不重新考虑现实。尽管如此，就在这段时间里，他逃脱了终日的焦虑，来到奇妙的地方。这一切之所以成为可能，是他想起了糖果店的一张广告图，而且他想起的很可能就是埃及众神（Egyptian Deities）香烟盒子的标签。[16]

不过，作为修辞的产物，广告不仅能激发人们的欲望，也企图控制这种欲望，试图将个人变形的梦想限制在一个广义的管控的修辞（rhetoric of control）范围，不让市场的巫力失控。之所以会这样，原因来自盎格鲁裔美国新教徒所处的特殊的环境：当时的美国地大物博，物产丰裕，尽管新教徒文化向往诚信，推崇自律，但庸医骗子遍地都是。十九世纪时，管控的修辞一般不来自广告业，而是经常出自牧师和其他道学家之口。广告在当时是贩卖异域风情的狂欢载体。但后来随着市场形象愈发有组织性，愈发被大企业主宰，管控的修辞则发自广告业内部，开始使用侧重高效率高效益的管理式习语（idiom）。当罗思小说中的男孩正在意淫穿着肥裤子的女人时，美国大多数全国性品牌厂商和受雇于这些大厂商的广告公司正在对广告中的异域情调进行净化，为美定下严格的标准。净化后的新形象主要出现在全国性报刊上，如《周六晚邮报》（Saturday Evening Post），而不是罗思小说中的底层犹太社区的糖果店。全国性广告慢慢地由受过良好教育的盎格鲁萨克逊裔广告人接管，从此，个人的享乐要为工作效率的提升而服务。当然，感官享乐并没有彻底消失，但越来越包装在直白的医学习语中示人。总之，尽管在过去十年间能惊喜地看到讽刺、幽默甚至超现实主义在广告中卷土重来，但管理式价值观早已为迄今绝大多数的广告定下了基调。即使近些年来那些公然贩卖色相的广告，也是在严格的管理规划下创作的产品。

通过强调这些管理式要求的核心性，我想纠正一个为大家普遍接受的设想（我早期的研究也是宣扬这种设想的），即广告迎来了一种"享乐主义的消费文化"。消费文化从十九世纪一十年代到七十年代之间这段时间虽然存在，但与其说是享乐主义大爆发，倒不如说是调节控制与释放这对矛盾的一种新的平衡方法。在"二战"后的几十年全盛期中，消费文化是建立在一种不寻常的制度环境中的：劳工与管理层之间达成了协议（劳动者答应遵守纪律，条件是得到稳定的高薪），美国经济在全球暂时性崛起。当资本变得越来越富有流动性，管理层便开始在海外寻觅廉价劳动力，消费文化就失去了这种制度上的基础。既然民众收入不高，大众消费就不再是维系公民社会的要素。今天的美国人已经无法预期生活水准会继续稳步提高。

尽管如此，消费文化的设想与价值观还是一直延续到了今天。历届总统与各个政党仍然坚信谁能够为大众提供商品，谁就能获得权力，不过他们口中的商品一般只是抽象的数据。广告变得无处不在，光鲜夺目，但实质上无非是新瓶装旧酒。抛开刺激感官的外表不谈，大多数知名品牌的广告核心仍然是追逐个人效率的理念。广告的目的，就是要在充满既令人着迷又让人转眼即忘的商品的世界里努力打造一个独立奋斗的个人形象。

诚然，这种世界能给人幸福快乐，但绝不能忘记，在背后支撑这个世界的，正是毁灭性的市场价值观。"市场是高效率的，却没有目标；唯一的目的是生产更多的东西，以消费更多的东西。"诗人屋塔维奥·帕斯（Octavio Paz）如此写道。今天大多数管理精英无视全球范围内非再生资源的消耗殆尽，依然盲目固执地信仰经济增长，疯狂追求没有内涵的纯效率，使个人生活和公众生活变得贫瘠无物，这些破坏性的传统理念已经足以使帕斯下结论："从来没有一个古代文明像今天这样被一种盲目、机械化、极富破坏性的灾运所统治。"[17] 我们必须为公共政策与文化价值观寻找其他可行的办法，不能指望机械降神（deus ex machina）①替我们解决一切问题。但我更倾向于提建议，并不想强制别人服从。

也许就是因为如此，像"魔法"和"狂欢"这种词在我的分析中会起到护身符般的作用，与主宰广告业的管理价值观针锋相对。这些词（在我讲述的故事中）以特定历史时期文化元素的身份登上历史舞台，但进入十九世纪的美国，它们开始变得支离破碎，力量稀释。在书中有些地方，"魔法的"或"狂欢的"这些词无非是指过于守序的社会中人对非秩序的肯定，或者表达着相对于企业标准化部门而言，人更喜欢个性鲜明的小零售贸易的倾向（我自己肯定就有这种倾向，因为我就是一个小商人的儿子，我爸爸组织过狂欢节）。在书中

---

① 机械降神，是古希腊戏剧手法，剧情困境发展到最后，突然神从天降，将难题解决，故事得以圆满收场。——译者

其他部分，这些词的蕴意要更复杂一些。比如即使现代广告人终日面对的是标准化的广告生产业务，但他们也可以爆发出意想不到的灵感，我就用魔法性质的词汇形容这种现象。另外，这些词也可以象征摆脱社会和知识论上的束缚，再次肯定宇宙的神秘可能性，并发现可以替代当今主流文化二元论思想的泛灵论理论。[18] 本书提及的一些艺术家与作家很鲜明地体现了这种特点。包括布鲁诺·舒尔茨（Bruno Schulz）和约瑟夫·康奈尔在内的很多人虽然被商业的魔法深深吸引，但又力求使其更有深度，或者干脆超越商业魔法的限制。

　　本书分为三部分。第一部分主要是关于在现代公司广告兴起之前的历史。从早期现代欧洲到镀金时代（Gilded Age）的美国，这一部分会力图考察工业与市场革命如何塑造着有关财富的思想与象征物。总的趋势是逐步分解破碎，然后进入理性化阶段：与之前泛灵论思想的一贯观念相比，精明的商人大力宣传一种去实体化的丰裕形象，提倡一种更加原子论的魔法变形；新兴的精英阶层鼓励使用全新的世俗文化习语，用来管控美国高速发展背景下市场交换离心力作用带来的冲击。第一部分也提出，即使在管理化价值观和思潮崛起之后，泛灵论的反思潮仍然存活了下来。

　　第二部分则描绘管理化思潮如何在二十世纪前三分之二的时间内在美国广告业大获全胜：在这段时间内，消费者文化开始兴起，第二次世界大战后保持了几十年的稳定，但最后渐渐失去了存在的基础。全国性公司出钱聘用广告公司，向大众市场推广工业化商品；广告公司精心编织的寓言将个人与社会健康相结合，将个体与国家相结合，广告叙事不断讲述着创造完善一套单一有效的经济社会体系。贯穿这一时期，广告业人士在努力寻求职业尊严，却未能彻底在自己与广告业的老祖宗专利药时代的流动小贩之间划清界限。这段不光彩的历史让很多广告人感到道德不安，但同时也将特定形式的审美活力流传下来。

第三部分力图描绘广告与艺术之间的界限，会特别关注艺术家与
作家如何尝试寻找平衡：一方面，广告主认为艺术家是技工；另一方
面，广告主对艺术家持有一种浪漫现代主义的信念，坚信艺术家就是
预言家。就像在其他任何领域一样，真实性与人工性之间的矛盾从根
本上影响着对广告文化意义的探索。那些（我认为）最有意思的艺术
家和作家全都意识到，真实性与人工性之间虽然界限分明，但只要对
看上去普普通通的物品改观变形，也许就可以绕开真实性与人工性之间
的界限。

说到现在，我的观点也许已经清晰了，它建立在一种思想拼凑
（intellectual bricolage）的基础上。在这个疯狂追求多样化但又对
"创造新东西"倍感疲倦的时代，这也许是一种比较合适的策略。对
列维－斯特劳斯来说，也许拼凑最大的缺点，就是工具与资料有限，
它所代表的创新只能被牢牢束缚住，一步也跨不出去。[19] 不过，通
过"具体的科学"手段，充分利用"手边一切东西"来与这个世界和
解，倒不一定代表着抛弃创新精神。承认界限的存在，并不意味着要
被现状捆绑：确实，很多维系现状的思想也否定界限的存在。起码在
我看来，思想拼凑的基础在于相信：创意能够同怀旧共存，在一个再
度泛灵的宇宙中我们应意识到自身的有限性。

注释

1. Anthony Forge, "Learning to See in New Guinea," in *Socialization: The Approach from Social Anthropology*, ed. Philip Mayer (London, 1970), p. 286.

2. "工业社会的民间传说"（folklore of industrial society）这个短语是 Marshall

McLuhan 说的，见 *The Mechanical Bride* (New York, 1951)。我希望这本书能够说明：将现代广告等同于民间传说的做法，会忽视意识的泛灵论模式和理性主义模式之间的重要历史区别。

3. 在这个问题上，我参考了 Hayden White 的突破性文章，特别是收录在 *Tropics of Discourse* (Baltimore, 1978) 中的那些。

4. 如见 Roland Marchand, *Advertising the American Dream: Making Way for Modernity, 1920-1940* (Berkeley, Calif., 1985); Stephen Fox, *The Mirror Makers: A History of American Advertising and Its Creators* (New York, 1984); 关于零售方面，William Leach, *Land of Desire: Merchants, Money and the Rise of a New American Culture* (New York, 1993)。

5. 如见 Warren Susman, Introduction, *Culture as History* (New York, 1984); and William Leach, "Transformations in a Culture of Consumption: Women and Department Stores, 1890-1925," *Journal of American History* 71 (September 1984): 319-42。

6. Mary Douglas and Baron Isherwood, *The World of Goods* (New York, 1979); Michael Schudson, "Criticizing the Critics of Advertising: Towards a Sociological View of Marketing," *Media, Culture, and Society* 3 (January 1981): 3-12; and Schudson, *Advertising, The Uneasy Persuasion: It's Dubious Impact on American Society* (New York, 1984), esp. chap. 4.

7. 我参考了 Michael Taussig 对这个问题的清晰论述，*The Devil and Commodity Fetishism in South America* (Chapel Hill, N.C., 1980), esp. p. 36。商品拜物教的最权威论述是 Karl Marx, *Capital*, 3 vols. [1867], trans. Samuel Moore and Edward Aveling, vol. 1 (New York, 1967), pp. 71-83。我在前言和第二章对拜物教的讨论基于我自己对马克思传统的诠释。

8. Henry Adams, *The Education of Henry Adams* (Boston, 1981); Lewis Mumford, *Technics and Civilization* (New York, 1933) and *The Myth of the Machine*, vol. 2, *The Pentagon of Power* (New York, 1970); Max Horkheimer and Theodor W. Adorno, *Dialectic of Enlightenment* [1947] trans. John Cumming (New York, 1972); Herbert Marcuse, *Eros and Civilization* (Boston, 1955). 将消费等同于享乐主义的近期理论，见 William Leiss, *The Limits to Satisfaction* (Toronto, 1976), and Staffan Linder, *The Harried Leisure Class* (New York, 1970)。

9. Igor Kopytoff, "The Cultural Biography of Things; Commoditization as Process,"

in *The Social Life of Things*, ed. Arjun Appadurai (Cambridge, England, 1986), pp. 64-91.

10. Georges Bataille, *Visions of Excess* (Minneapolis, 1985); Jean Baudrillard, "When Bataille Attacked the Metaphysical Principle of Economy," *Canadian Journal of Political and Social Theory* 11 (1987): 57-62; Lewis Hyde, *Imagination and the Erotic Life of Property* (New York, 1983). 经典文本是 Marcel Mauss, *The Gift: Forms and Functions of Exchange in Archaic Societies* [1924], trans. Ian Cunnison (New York, 1967)。另见论证得极为清晰的 Douglas Kellner, *Jean Baudrillard: From Marxism to Postmodernism and Beyond* (Stanford, 1989), pp. 42-45。礼物交换的文献中还有一个重要的不同观点，讨论了物体在编排性别等级和不同方面扮演的角色，见 Annette B. Weiner, *Inalienable Possessions: The Paradox of Keeping-While-Giving* (Berkeley, Calif., 1993)。

11. Hannah Arendt, *The Human Condition* (Chicago, 1958), pp. 126-28, 168, 176-78. 关于这种区分的平行观点，见 William Morris, "Useful Work vs. Useless Toil," in *William Morris on Art and Socialism*, ed. Holbrook Jackson (London, 1947), pp. 175-87。

12. Jean Baudrillard, *Le System des objets* (Paris, 1968), p. 146; Susan Stewart, *On Longing: Narratives of the Miniature, the Gigantic, the Souvenir, the Collection* (Baltimore, 1984), pp. x, 1, 153-54; Kopytoff, "Cultural Biography of Things." 很明显，坎普感性的文化形式比我在这里提到的要丰富许多。见 Susan Sontag, "Notes on 'Camp,'" in her *Against Interpretation* (New York, 1966), pp. 275-92, and Andrew Poss, "Uses of Camp," in his *No Respect* (London, 1989), pp. 135-70。

13. Arendt, *Human Condition*, p. 128. Huizinga 关于艺术和玩乐的观点见其著作 *Homo Ludens* [1938] (Boston, 1955), esp. pp. 119-45, 158-72。另见 Roger Caillois, *Man, Play, and Games,* trans. Meyer Barash (Glencoe, Ill., 1961), and Clifford Geertz, "Deep Play: Notes on the Balinese Cockfight," in his *The Interpretation of Cultures* (New York, 1973)。

14. David Freedberg, *The Power of Images: Studies in the History and Theory of Response* (Chicago, 1989); Colleen McDannell, *The Christian Home in Victorian America* (Bloomington, 1988); David Harper, *Working Knowledge: Skill and Community in a Small Shop* (Chicago, 1987); Claude Lévi-Strauss, *The Savage*

Mind (Chicago and London, 1966), esp. chap. 1.

15. Evelyn Fox Keller, *A Feeling for the Organism: The Life and Work of Barbara McClintock* (San Francisco, 1983), p. 200. 关于这种观点在生态学方面的影响，见 Neil Eveinder, "Self, Place, and the Pathetic Fallacy," *North American Review*, December 1978, 16-20。

16. Henry Roth, *Call It Sleep* [1934] (New York, 1962), p. 132.

17. Octavio Paz, "Poetry and the Free Market," *New York Times Book Review,* 8 December 1991, 38.

18. 在这方面富有启发性的敏锐观点，见 T. M. Luhrmann, *Persuasions of the Witch's Craft: A Study of Ritual Magic in Contemporary England* (Cambridge, Mass., 1989)。

19. Lévi-Strauss, *The Savage Mind*, p. 17.

第一部分

财富再分配：
从肥沃的大地到高效的工厂

第一章
富饶之诗

千年以来，农夫每日饿肚弯腰，辛苦农耕。人与腐殖土的共生历史源远流长。死亡与重生在粪堆中纠缠不断，污秽与肥沃在不成形的未成熟物体中相互融合。和泥土的亲密塑造着人渴望摆脱贫穷的梦想。人心中的天国美景，染上了土壤的颜色。

许多文化对属于世俗的美满与属于天堂的幸福之间的界限分得不是很明显，对人与动物的不同需求也不加太大区别。人类也好，野兽也好，都时刻面临着饥饿的威胁。物质生活与精神生活在魔法的世界观中融合，肉体与灵魂、感受与实物合为一体。在美国如此，在欧洲如此，在全世界各个角落都是如此。各民族流传的传说中，食物与幻想总是成对出现。历史学家罗伯特·达恩顿（Robert Darnton）观测道："只要获得魔法棒、魔法翅膀或其他任何超自然力量的协助，出身农民的英雄第一个想到的绝对是要大吃一顿"，而且总是吃"如假包换的农家菜"。当然，幻想并不总是这么朴实，在有些形式中要更高级一些。当时的宇宙论在人类与物质世界之间并没有筑起高墙，所以人造物质和自然物质一样，都能变为活物：很多欧洲文化传说（当然也包括非欧洲的人类学文献）都曾提到圣像被刺中就会流汗流血，能够分泌疗伤的神油或乳汁。灵魂融合在肉体之中：天堂的生活充满了世俗（secular）①的含义。从贫困中挣脱的渴求，恰与古代的宗教希冀遥相呼应。描绘世俗天堂的神话亘古不变，将物质世界的丰裕与精神救赎的丰裕结合，在丰裕的土地上庆祝永恒的安乐。[1]

乌托邦式的丰裕，最早能够追溯到古希腊罗马神话和犹太法典《塔木德》（Talmud），在伊丽莎白时代对新大陆的描述中，在早期的

---

① 贯穿全书，世俗这个词是与宗教相对的，意为非宗教的。——译者

现代贸易市集中，以及在现代公司的广告中，均可瞥见它的身影。但是，丰裕的含义在历史的长河中却产生了戏剧性的变化。千年以来，人们将肥沃的土地奉为丰裕的源泉，异教徒在盛筵上载歌载舞，庆祝大地旺盛的生产力，基督教后来将这一传统借鉴过来，加到礼拜日程中。天主教与后来的新教祈祷传统则将重点放在赞美上帝普照世界的恩典上，为丰裕的含义添加了一层精神维度。尽管如此，仍有很多基督徒，甚至包括知识精英，依然坚持用世俗的幸福来解释救赎。

在农业社会中，人们终日被饥荒的恐惧所困扰，对富饶的憧憬穿插在丰收与贫瘠的节奏中。比如，狂欢节的盛宴能够勾起对物质过剩的各种幻想：宴会上，人们庆祝物质的丰收与肉体欲望的满足，物质与精神上的社会等级在这一刻被颠覆。然而追根溯源，狂欢节之所以如此疯狂，正是因为人面临着永恒的饥饿威胁。（四旬斋将古人不得不饿肚子的行为变成了一种禁食的美德。）

到了十七、十八世纪，丰裕的形象渐渐开始呈现为日益扩大的贸易往来以及东方商路开通的盛况。来自异乡的商品，如丝绸、油料、香水和香料，在集市上摆到了农产品的旁边。丰裕的新旧标志在混乱的集市中共存并逐渐融合。

在美国，直到二十世纪早期公司广告兴起，才使丰裕的图像去实体化：对物质过剩的庆祝被成功转型为对高效率工业生产的庆祝，生产流程成为日常生活的组织模板。然而，尽管商业语言大获全胜，一些反主流的话语仍然在社会边缘幸存了下来。但整体来看，二十世纪的广告图像成功地将丰裕的源泉从肥沃的土地移到了高效的工厂。

以前有屈指可数的几位学者对美国式丰裕的文化意义进行过研究，他们都是在二十世纪中叶成年，在当时的社会环境下，大规模生产就等同于富饶，没有人对此产生怀疑。与当时的人一样，大卫·波特（David Potter）和沃伦·苏斯曼（Warren Susman）想当然地认为现代广告对丰裕的定义就是正确的。他们将商品的丰富与大众传媒的兴起、闲暇的商业化和维多利亚式道德的衰败联系在一起。美国广告业声称自己在二十世纪美国宣传"丰裕的文化"方面扮演了重要的历史角色，这些学者对此也毫不质疑。但他们全盘接受的观点，我在这里必须加以质疑：丰裕的定义是什么？我们应该用什么话语来描述它在我们文明中的地位？ [2]

公司广告主（corporate advertisers）才没有发明"丰裕的文化"，他们只不过是新瓶装旧酒。他们的贡献只能算是由古老传统编织成的画卷中的一束。这一章的目的之一，是要将公司的愿景和其他更古老的丰裕意象放在一起比较。本章的历史重要性在于：对丰裕的不同定义在更深层次上反映出世界观的不同。表面上看，有些视觉风尚的改变也许转瞬即逝，但是仔细观察可以发现，其实这恰恰代表了为争取不同的生存方式而进行的斗争。

随着时间流逝，终会有一方占尽上风，另一方被排挤至边缘。丰裕形象的去实体化表明，人们已经抛弃了古代认为女性象征富饶源泉的观念：随着企业广告图像志（iconography）的发展，女人的角色被逐渐降至企业之慷慨的渠道（采购员、称职的家庭主妇等等），或者更普遍一点来说，男人创造商品，女人被动消费。丰裕的工业模式重新为某些传统价值观提供了有力的支持，比如基督教神学家和后来的笛卡尔主义者自中世纪早期开始就宣扬的二元世界观，比如认为人类是静惰的物体世界中唯一有活力的孤立生命体这种观念。其他另类的思想，如认为自我在泛灵宇宙中与他人他物紧密相连的观点，一直顽强地存活在另类作家、艺术家的作品之中。但是到了1900年，至少在工业化的西方，泛灵论的思想模式已经在知识界失去了几乎全部合法性。

魔法的含义变得越来越稀薄，越来越淡化。原来魔法／魔术（magic）这个词还指代一种在完整的宇宙观中召唤超自然力量的仪式，但现在仅仅是指小把戏，或者是用来表达人们对日常生活中突发奇妙事物的笼统感受。这种感受正是早期市场中的异域玩意儿所激发的：香水、丝绸和灵丹妙药都令人不禁想象另一个世界的存在。精明的商人曾经利用魔法的神秘力量获利，然而到了二十世纪早期，他们察觉到这种魔法的氛围需要系统性生产才能广泛传播，要通过引导风尚潮流的变化，以及有计划地淘汰的政策的落实。积累的进程必须一直进行下去，动力必须来自无穷无尽的购买欲，而不是占有的快感。在当代的丰裕文化中，更准确点说是消费文化中，有一点很奇怪，欲望被奇怪地去物质化了。经济发展的部分动力是来自一种所谓的"匮乏力"（dynamic of deprivation），人总是差一点就得到满足，却永远也无法满足，所以总是被向前驱动着。

整个进程含义既不是直线型的，也不是单一维度的。本书绝对不会说历史一下就从"女性化"跳到"男性化"，或者是一下从泛灵论的世界观直接跳到二元论的世界观。当然，二元论的确是今天的主导话语。不过我称之为泛灵论（我清楚这个词存在不足之处）的世界观并不只存在于工业社会之前的文明。人希望对物体施加象征性甚至是神圣性的意义，这种希望通过不同的形式延续到了今天：比如同理想家庭生活融合的壁炉宗教（religion of the hearth），比如匠人 / 拼凑匠采用的"具体的科学"，还包括某些特异的当代科学与艺术形式等。[3]

换言之，要想使世界再度泛灵，其实并不需要回归原始的村落经济。当然，在过去的社会里，泛灵论的确比现在要受欢迎。但是泛灵论的观念在当代社会几乎每个角落里都可以瞥见，促使我们对似乎毫无用处的物品重新评估，重新认识物质与灵魂、思想与事物之间的关系。当代泛灵论的魔法特质并不是指名牌产品的广告，因为广告将物体贬低为仅代表社会地位或者流行时尚的空洞标志，而是指一种赋予事物物质性与历史的魔力。企业广告主对丰裕的看法既不是我们这个社会唯一的看法，也不会是最后一个，它只不过是过去一个世纪中流传最为广泛的一种而已。为了说明它的历史意义，我们要通过考察其他更加古老、另类的看法来进行阐释。

这就需要放眼西方几百年的文化历史并加以推测，扩大考察范围，更加清晰地展现出美国广告与美国文化之间的关系。所以书中有些地方需要牺牲一部分细节，以更上一层楼，一览全局。在一开始，我们需要重新构建泛灵论物质世界观的主要特征。

泛灵的世界

在马德里的普拉多美术馆（Museo Del Prado）里，一幅油画静静地挂在墙上，清晰展现出我称之为"泛灵论"的世界观。阿隆索·卡诺（Alonso Cano）的这幅《圣伯尔纳铎的异象》（*The Vision of St. Bernard*，约 1660 年）描绘了圣母玛利亚的一座塑像将乳汁射入圣伯尔纳铎口中，婴孩耶稣在一旁观看，深深地感动（或深深地嫉妒）。这个宗教传说的情景在许多画作中被描绘过，它代表了传统的恩典理念中肉体与精神的共同滋养；同时让人看到，图像与寓言在被文化赋予生命后会拥有强大的力量。[4]

泛灵论的文化鼓励一种象征性意识（symbolic consciousness）的发展。从象征性意识的角度来看，人物或者信仰的象征物并不仅起指涉的作用，它本身就包含了人物和信仰的蕴意。这种象征包含了人物或信仰的真实存在，前提是这个象征是活的。人类学家维克多·特纳（Victor Turner）指出："它只有对人来说'怀有含义'时，才算是活的，而人通过观察、侵犯和操纵象征物代表的规范与价值以为私用，从而实现人与人之间的互动。"[5]特纳此外还将牛奶树比作赞比亚恩德布（Ndembu）部落母系社会的源泉。不管是牛奶树也好，卡诺画的圣母塑像也好，这些象征都显示，在泛灵论的世界观中，自然与文化、物质与精神、个体与世界之间的界限富含渗透性。象征性意识拒绝承认二元论，提倡灵魂的实体化与物质世界的灵魂化。

　　尽管二元论扎根于《圣经》或早期基督教会的诸多传统之中，千年以来基督徒在流行的信念、仪式甚至神学理论中依然保留着强有力的泛灵论观点，为早期的丰裕话语定下了基调。基督"道成肉身"（Incarnation）的教义（"道成了肉身，住在我们中间"）以及对耶稣死后复活的信仰，都将世俗世界与神的世界紧密联系起来，有时甚至将两者融合。早期基督教的护教者们从流行的千禧年主义幻想以及犹太教和古希腊罗马文明中借鉴了很多东西，想象出一个安逸哺育的天堂。二世纪的教父爱任纽（Irenaeus）写道：

　　　彼日降临之时，葡萄树将枝繁叶茂，树干孕育万千枝丫，枝丫结出万千果丛，果丛缀满万千果实。果实饱满丰盈，每颗葡萄含藏着二十五桶美酒。圣徒们持握簇簇果实，那些未被圣人青睐的果丛们疾呼："选择我，相信我的虔诚，让我用我的身体来保佑和祝福我们的主！"

爱任纽竭力提供具体细节，罗列大量数字形容丰裕与肥沃；受泛灵论激发，他创造出了会说话的水果。[6]

　　爱任纽是混合主义者（syncretist），为了达成他的神学计划即肉体的复活，他努力把来世物质化。他对丰裕的观点是定量的，也符合泛灵论，并用此观点来对抗认为物质世界本质上是邪恶的诺斯替教徒（Gnostics）。他不惜笔墨描绘天堂的感官之美，就是为了着重强调"肉体的救赎"，即灵魂与肉体最终都会复活，在即将到来的世界中，世俗与神圣享乐之间的界限会被一笔勾销。[7]

　　另外还有一种对天堂的低俗的看法，更近在眼前，更加香艳。这种低俗看法的代表，就是中世纪和早期现代欧洲广为流传的美食乌托邦 "安乐乡"（Land of Cockaigne，意为 "小蛋糕"）。古代精英阶层对安逸丰裕天堂的憧憬，被贫农拿来修改了一下，变成了低俗的 "安乐乡"：河流中流淌着葡萄酒或牛奶，天上掉通心粉（至少在意大利是这样），猪群跑来跑去，背上插着餐刀，大叫 "来吃我吧！来吃我吧！" 在这个世界中万物颠倒：女人主宰男人，赛跑最后冲线者才是冠军。黑白颠倒的世界往往会出现畸形怪诞的事物。1535 年左右在德国就出现了绘有 "安乐乡" 的纸牌，牌上画着肥猪拿粪便玩耍：摇着装满粪便的摇篮，在铁签子上烧烤粪便，将粪便作为美食享用，等等。同其他西方幻想一样，丰裕得过分的世界暗示着对现有阶层的颠覆：将虚伪的权贵打翻在地，庆祝平常最被唾弃的生物和最被鄙视的身体器官。[8]

对传统形式的颠覆，再加上过剩的食物，就将 "安乐乡" 与 "狂欢节" 这个早期现代欧洲欢庆丰裕的盛大节日紧紧联系在一起。"安乐乡就像是一生版的狂欢节，" 历史学家彼得·伯克（Peter Burke）写道，"狂欢节就是一瞬间的安乐乡，两者都强调大吃大喝与颠覆现状。" 尽管正式的狂欢节是在圣诞节与四旬斋之间，但整个宗教年中，狂欢节的特点在各个节日上都可以找到。这些节日的主旨就是闲暇与消费。穷人放下手中的活计，穿上红色的长裤或专为节日准备的好衣裳，开始没命地大吃大喝，手上有什么都统统花掉。在英格兰，人们在忏悔日（Shrove Tuesday，也就是圣灰节 [Ash Wednesday] 的前一天；从圣灰节那天起，四旬斋开始）"热火朝天地蒸煮、烧烤、酿酒、烘焙、油炸、切肉、割骨，狼吞虎咽，尽是饕餮之徒，这种场景让人怀疑这些人似乎是想将两个月的饭菜一次统统吃光"。一位观察者在 1630 年写道。狂欢节说穿了就是食与色。1583 年在哥尼斯堡（Königsberg）由九十个屠夫扛着游行的四百四十磅大香肠，以及未婚妇女们模仿的一抽一插的耕田动作都戏剧化地呈现出人们的着魔心态。既然 *carne*（拉丁文）的意思是肉，那 carnival（狂欢节）就理直气壮地庆祝肉体的丰裕。[9]

　　然而，狂欢节不仅仅是人类动物本能的大爆发。在戏剧表演中，妻子盖过了丈夫，仆人打翻了主人，到处弥漫着颠覆的气氛。滑稽小品、哑剧表演、低俗闹剧与户外的各种娱乐活动将整座城镇变成了一个巨大的舞台，每位演员都是观众，每位观众都在演戏。面具与其说隐藏了含义，不如说展现了含义。表层与深层、表演与现实都在狂欢节的震天哄笑中融合在一起。

　　学者们正是通过苏联文学批评家米哈伊尔·巴赫金（Mikhail Bakhtin）影响深广的作品才认识到这狂欢的世界。巴赫金在狂欢节的哄笑中寻找到了他称为"怪诞现实主义"（grotesque realism）的现象。这种怪诞现实主义的图像是一具脑满肠肥的人体，七窍大开，下体突起，这在巴赫金眼中代表了丰裕带来的颠覆性。"这种感官生活的重要主题，是生殖、成长与漫溢泛滥的丰裕，"他写道，"这种生活的表现手法，不是在强调独立的生物个体，也不是以自我为中心的'经济人'（economic man），而是指全人类原始的合体。"巴赫金接着从宇宙民粹主义（cosmic populism）角度出发，大书特书狂欢节的政治意义，这先放一旁不谈，我们起码可以同意这一点：对自我狂欢式的认识与泛灵论的世界观不谋而合，与孤立的经济人的理念相比，这种认知同社会与物质世界联系得更加紧密。[10]

　　尽管如此，有人可能还是会为狂欢世界的活力与连通性涂上感性的色彩。吃喝之所以疯狂，是由于人对饥荒的恐惧；狂欢式丰裕的含义，是为了反对四旬斋的自我否定观。尽管教会的教条试图招安流行文化中泛灵论的思想，但同时在做另一手打算：将世界二元化分割为思想与物质、肉体与灵魂；宣扬禁欲主义是通向圣洁的唯一道路。（第二个策略也许本来就应该做，教会却摆出一种不得不做的道德姿态。）颠倒精神上的阶级后，狂欢节释放出了恶魔般的力量。甚至连巴赫金都承认，人类动物本能的大爆发并不完全是有益的：狂欢节的哄笑既代表"欢快、胜利"，也代表"嘲笑、挖苦"——暴力与暴食色欲如影随形。暴力发泄的对象通常都会是弱势的外人，尤其是犹太人。狂欢节不仅仅是针对现有阶级的暂时、合法的挑战，也巩固了民众的偏见和歧视。[11]

　　更值得注意的是，狂欢节的发生地是市场（marketplace），狂欢活动与集市（market fairs）水乳交融。早期现代（1500—1800）对集市和狂欢节一般是一并描述的。就像市场一样，集市不是一个孤立存在的农业传统，它代表着乡村与都市的融汇之处。早在十七、十八世纪中，里昂与莱比锡新兴的城市资产阶级已经意识到自己的利益正是建立在集市之上，因此大力在社会中渲染喜庆的集市气氛。集市让土生土长的乡镇居民与农民见识到异域古怪的玩意：魔术师、侏儒、庸医、炼金术士、吟游诗人与杂耍艺人、土耳其的香皂商贩、西班牙的针线、威尼斯的镜子等等。集市不但将个体消费者与主要的欧洲商路联系在一起，也向消费者介绍了许多工业革新者，比如制陶企业家约西亚·韦治伍德（Josiah Wedgwood）与玩具商马修·波尔顿（Matthew Boulton）等，他们在十八世纪晚期利用集市的力量塑造大众品位，勾起消费者的购买欲望。"我们觉得，比起只向贵族提供商品，为大众服务可以获利更多，"波尔顿在1974年给一位制造商的信中写道，"即便你看不起那些小商小贩和杂货店小老板，我们仍然要承认，他们对制造业发展的贡献比全国所有贵族加在一起还要大得多。"直到商店变为"持续不断的集会"（continuous fair，十八世纪去英国旅行的俄国游客如此描述）之前，集市一直处在商业革命的最前沿，小贩就是跑在最前面的冲锋兵。[12]

　　在狂欢造成的混乱下，市场交易让丰裕的形象更加饱满。丰裕在以前仅代表吃饱穿暖的梦想，现在又涂上了一层异域奇幻色彩。这种变化也许反映出当时人的意识中持续不断的复杂变化。基督教教义原则上在欲望与其最终目标——救赎——之间拉出了天上地下的垂直距离。随着天主教仪式的兴起，经过中间仪式调和可以逐渐缩短双方距离，但是新教再次在人的努力与上天的赏赐之间拉开了一道鸿沟。异域商品通过市场交换逐渐传播，或许已经在世俗的世界中横向影响了意识的发展。但是，即使欧洲人在物质上与异域商品的*物理*距离越来越近，也有可能会在欲望与救赎之间拉出一个更大的*心理*距离。面对着奇形怪状又没钱买的工艺品，这些早期的消费者也许已经察觉到自己的匮乏 / 被剥夺（deprivation），更加清楚感觉到自我与物质世界之间的差距。但现有证据表明，即使当时消费者真有这种想法，也不占大多数，这种想法直到十八世纪才开始传播起来，英国也不例外。

　　贯穿整个早期现代，市场仍然是泛灵世界的一部分，是奇迹与狂欢的混合体。市场的活动与贩卖的商品继续在物质与精神领域之间搭建着魔法的桥梁。（在天主教国家尤甚，其他国家也有。尽管教会打压泛灵论的思想，教义却有时采纳了一些流行的泛灵论观点。）走街串巷的小贩们，不管从字面含义上还是从比喻义上来讲，都是神迹的代言人。一个典型的例子是 1509 年佛罗伦萨一名小贩的经历。一位显赫的城里人如此形容他：

　　某个西班牙人骗子一样 [*come ciurmatior*] 站在长椅上，兜售着他的祈祷物 [即 *orazioni*，项链，项链上嵌着几片古旧的羊皮书，其上写着玄妙难解的文字]。他说："为了让你们相信这是圣人所书神迹，为了让你们相信我说的一切都属实，给我拿来炽烈的火炉，我会戴着项链，进去忍受烈火的考验！"

小贩忍住了炽热的火炉，将火把与蜡烛放到嘴中熄灭，还在盛满滚油的锅里洗手。"我从未见过比这更为伟大的神迹了，如果这可以称为神迹的话。"城里人写道。

历史学家理查德·特莱克斯勒（Richard Trexler）敏锐观察到，这位吞火艺术大师跨越了两个世界：他既是展现神迹的圣人，又是文艺复兴式的英雄。他的英雄事迹建立在他利用圣物（祈祷项链）来干实事的创造性能力上：他既控制了火焰，又能凭这本事贩卖祈祷项链赚钱糊口。西班牙小贩将物质与精神融合的做法，不禁让人想起列维－斯特劳斯笔下萨满式（shamanistic）的"具体的科学"。用特莱克斯勒的话来说："（吞火者）使用的工具并不是没有生命的物体。名与实、匠与物的终极分离，会对未来产生深远的意义。"[13]换句话说，二元论思想模式的发展，还没有将这个物质世界彻底祛魅化。意识的现代化是一个混乱反复、错误百出的进程。商业发展将新的商品带入丰裕的话语，却与此同时进一步巩固了传统观念。

这种充满矛盾的脉动在新大陆殖民文献中能够清晰看到。发现新大陆的欧洲人给古老的乌托邦美景赋予了一个实实在在的地点和名字。十六世纪时，一提起安乐乡，指的便是"西班牙以西"。从新大陆归来的西行者带回了令人着迷的故事，引发了对物质满足的新一轮幻想。天堂在人们心中继续保持着感官刺激的形象。例如，华特·拉雷勋爵（Sir Walter Raleigh）的海军上尉阿瑟·巴罗（Arthur Barlow）1584 年在今天的北卡罗莱纳近岸处写下的文章里将美洲比作伊甸园，详细刻画了首次感受美洲地大物博的体验："7 月 2 日，我们发现了浅水路，就在那里一股香甜的气息传到了大家的鼻中，仿佛我们正身处精致的花园，周围绽放着芳香的鲜花，从这点可以肯定我们已经离陆地不远了。"想象一下他当时所处的环境：历经两个月海上漂流，肯定早已前胸贴肚皮，累得精疲力竭，对即将要目睹的奇观既忧虑又渴望，和每个伊丽莎白时代的人一样，时刻准备好目睹超自然的现象与征兆。就在这时，一阵扑鼻的花香迎面而来，对仍然在海上漂泊的人来说，无异于一曲激昂的前奏，预示着同"他者"（Other）——新世界的邂逅会面。在巴罗的描述中，着陆那一刻的确被形容成非凡的历史性时刻，他称之为同大自然原始生命能量爆发的第一次接触。葡萄——代表丰裕的圣物——遍地都是，甚至蔓延到水边，成为"澎湃波涛的大海"的一部分。与许多早期殖民文献一样，巴罗的叙述既起到了广告的作用，又拥有宗教文献的功能。他既宣扬了购置高价值地皮的观念，又对大自然的鲜活物产充满敬畏。在一个信仰宇宙象征主义的时代，他坚信新大陆是天意神赐和天堂乐土的想法也就无可厚非了。[14]

天堂的乳房

坚信伊甸园确切存在的观点，在神学中肯定能找到先例。一直到十七世纪，许多基督教思想家依然认为原初的天堂就是伊甸园，位处世界最高峰，园中流出四条香甜之川。这些思想家，比如托马斯·莫尔爵士（Sir Thomas More），若发现有人敢将天堂去物质化，或者将其仅作为比喻看待，鄙夷心态便溢于言表。那些不太关心神学的人在思考美洲新大陆时，则从现存的知识里拼凑一些图像，融合神圣与世俗，对美洲的丰裕纵情赞颂。约翰·斯必德（John Speede）在《大不列颠历史》（*Historie of Great Britain*，1611）中将日升之地（Oriana，即新大陆）赞誉为"谷物女神（Queen Ceres）的宫廷、西方世界的粮仓、金银财富之岛、欢乐幸福的天堂与上帝的花园"。尽管新大陆的丰裕是物质的，也是感官的，但同时保留了一丝宗教的痕迹。天堂在人间的观点不但巩固了丰裕与大自然丰饶和母性哺育之间的联系，也保留了丰裕与神圣性之间的传统纽带。[15]

但是，早期现代的商业革命和科技革命却鼓励人们更加系统化地主宰自然世界，宣扬着一种更自制、更有力的男性身份认同，也进一步使自我概念去实体化：将自我视为物质宇宙的对立面，两者之间毫无联系。这就是资产阶级心理模式的雏形，十九世纪末弗洛伊德研究的就是这种心理最复杂、最极端的案例。新大陆丰裕的话语有时反映出一种新兴的男性观点，倾向于使用性别语言描述泛灵论与二元论的矛盾。[16]

这种观点在克里斯托弗·哥伦布（Christopher Columbus）的信函中能够找到。1497 年他第三次出海，驶离委内瑞拉的海岸，向着奥利诺科河（Orinoco River）四道支流汇入帕里亚湾（Gulf of Paria）的地点进发，航位推测表明海拔正在上升；河水湍流清楚表明，河流一定是从很高的山地飞泻而下。香甜的河水使哥伦布断定天堂就在附近。但他纳闷的是，海拔竟然沿着二分线升高，与"地球是圆的"的观点产生了矛盾；他下定决心解开矛盾，做了一个很能说明问题的假设。他坚信，地球绝对不是像托勒密或其他人说的球形，而是像"一只梨的形状，柄处突出，其他地方浑圆；或者像一个圆球，在一点处像女人的乳头那样隆起，成为地面上的最高点，最接近天空"。哥伦布可不是随意或偶然将伊甸园与母性哺育等同，因为之后在信中他又一次用了这个比喻。然而，虽然找到了天堂的入口，他并没有企图进入。相反地，他调转船头，逃回伊斯帕尼奥拉岛（Hispaniola），嘴里说道："没有上帝的允许，任何人也不能［进入人间天堂］。"哥伦布的言语和举止——先是激动人心的发现，紧接着仓皇逃离——表明对上帝的恐惧决定了性别化的探险语言。[17]

哥伦布的思考方式可以说非常典型。在新大陆的丰裕话语中，渴望主宰的驱动力时刻面临着陷入一片混乱的危险，男性探险家在富饶的大地上拜倒在被动"女性"的石榴裙下。在安乐乡中，太太骑在丈夫的脖子上，美洲的丰富物产不仅充满魅惑，而且能削弱男人的气概，甚至更糟。有关美洲的早期意象便融合了威胁与希望两个元

图 1.1 西奥多·加勒，《韦斯普奇抵达新大陆》，版画，约 1600 年。国会图书馆。
Theodore Galle, *The Arrival of Vespucci in the New World*, engraving c. 1600. Library of Congress.

素：画中总是体格粗壮的女子，既性感又母性，既是静静等待欧洲男性"发现者"来唤醒的原始女人（图 1.1），又具报复性与攻击性（图 1.2）。四大洲的意象在十七世纪早期已经固定下来，其中美洲总是被描绘成一位印第安女王，庄严威武，甚至杀气腾腾：她周围通常画满了金块、珠宝箱、希腊神话中的丰饶角（cornucopia）等财富的象征，还有鹦鹉、犰狳、美洲鳄等丛林动物；她手中经常持斧头或棍棒，有时拎着男性死者的头颅。受这种女性形象影响，十七世纪的男性艺术家和作家在为欧洲观众创造新大陆的形象时可谓百感交集，从勇气到恐惧一应俱全。[18]

有一种解决办法能够消除美洲女性形象给欧洲人带来的焦虑：殖民者可以将孩提般的被动性转化为男性式的穿透与占有。乔治·艾尔索普（George Alsop）的宣传册《马里兰省的特征》（*A Character of*

图 1.2　菲利普·加勒，《美洲》，版画，约 1579—1600 年。纽约历史协会收藏品。Philipp Galle, *America*, engraving c. 1579-1600. Collection of the New-York Historical Society.

the Province of Maryland，1666）便糅合了情色与哺育的图像，传达着对人间天堂的憧憬。他断言，马里兰的殖民者拥有独一无二的机会，解开伊甸园的密码："树木、植物、果物、花卉、根茎这些在马里兰（Mary-Land[①]）生长的东西，是代表人类本初之时唯一的象征、唯一的文字……它们的效果、种类与特性……仍然保留着本原的纯真圣像。"这座"地上天堂"明显是女性化的，除母性蕴意外还富含性意味。在艾尔索普笔下，马里兰——

　　的怀抱是极度愉悦和肥沃的。愉悦，来自碧绿、宽广的森林中蜿蜒着的无数平缓河流小溪；在她慷慨的赐予下，富庶田地种植着全世间的蔬菜，五颜六色的花朵散发着各色芳香，草药和根茎发挥着健体疗伤的功效，日复一日满足着当地居民对丰饶物产的一切召唤与渴求。如果有谁急不可待地想去观赏这片存在于人间的神之土地，或学习感知大自然这本无所不在的药书，便可以用审慎和智慧的双眼去欣赏马里兰——她周身碧绿芬芳，如同穿着一件春之斗篷。

　　这些比喻可以当作文饰抛弃掉，但它们在新大陆探索的语言中太

---

① 　意为圣母玛利亚之地，艾尔索普在这里刻意如此拼写，突出女性特征。——译者

普遍，太走火入魔，所以很值得注意。将土地比作女人的思想唤起了对母性哺育的欲望，但是过多的哺育有可能令人在丰裕过剩的温柔乡被慢慢闷死，因此另一个梦想便产生了，即通过占有来实现控制。[19]

比起孩提对母亲的依赖，用富含情色意味的穿透动作来形容殖民活动更为贴切。穿透动作不是代表安逸静好的农耕生活，而是象征着掘金式的粗暴攫取；的确，不仅农耕丰饶的梦想可以用性别化语言形容，金银珠宝等财富也可以贴上性别的标签，象征着生殖器的主动突击，而不是口腔的被动吸吮。在男性的想象中，大自然可以被视为性感女人，反之亦然。约翰·多恩（John Donne）的挽歌《上床》（"On Going to Bed", 1669）就刻画了这种观点。

> 给我滑动的手以合法权利，让它们
> 在前、后、上、下、中间自由滑动。
> 我的美洲哟，我的新发现的土地，
> 我的王国，最安全的是一个男人治理，
> 我的宝石矿，我的帝国，
> 我是多么幸福，能这样发现你！[20]

只有绝对的占有，才能保证无尽的快乐；多恩所谓的"王国"，"最安全的是由一个男人治理"。男人只有成功遏制女性化的大自然，疏导其混乱的能量用于生产，才能实现人类掌管科技之梦。这种想要遏制丰裕的念头，是深深扎根于西方思想传统中的。

让我们来分析一下西方最古老、最具生命力的丰裕象征——丰饶角的神秘起源。宙斯的父亲克洛诺斯得知自己将来会被孩子们推翻；为了防止这种情况发生，他把孩子们一个一个吞了下去，唯独没有吞宙斯。因为宙斯之母瑞亚用掉包计救出宙斯，把他送往克里特岛的山洞长大成人。在山洞里，宙斯由艾达的精灵们抚养，一只名为阿玛耳忒亚的山羊给他哺乳。婴儿一天天成长，一天玩耍时不小心折断了阿玛耳忒亚的角，宙斯索性把断角送给了精灵们，向她们保证，想要什么，角中就会出现什么。[21]

丰饶角起源的神话传说，这个动物母亲用乳汁哺育神之子的故事，将自然与超自然、动物与人类、人类与神全部融合。神话将丰裕的起源追溯到阿玛耳忒亚的山洞中，最终一切对立面消解融合，欲望得到满足。山洞那黑暗之处，回响着自古人类渴望与神合为一体的愿望，回忆着意识觉醒之前的重重黑暗，预言着意识觉醒之后死亡带来的混乱；在这里，所有精心构建的范畴都有丧失形状的危险。我们至少可以形而上地说，西方世界的主流理性传统起源于人想将阳光和秩序洒向阿玛耳忒亚山洞的渴望。

这项任务充满了男性的焦虑。可以说（这里不是要做简化版的精神分析），丰饶角的起源——阿玛耳忒亚的山洞里弥漫着女性概念的芳香，而奋力要超越并主宰无形状（formless）物质的渴望，一直是男性哲学家的毕生追求。宙斯不小心从阿玛耳忒亚头上折下角，却故意将它作为展现自己伟大神力和大度胸怀的工具来加以利用。在西方思想传统中，母亲（mater）与物质（matter）牢不可分，物质的含义一直暧昧不明，这非常说明问题。物质是决定性的东西（matter has been the thing that matters），是精髓、原初之物，一切的源泉，但也是排泄物，坚硬无比，笨拙沉重，与精神正好相反。后面这种观点，起初能隐约在亚里士多德与经院哲学的理论中瞥见，后来便直接在笛卡尔的二元论中陈述出来，深刻影响了早期现代科技革命的发展。[22]

笛卡尔二元论重新塑造了丰裕的传统形象。笛卡尔主义坚持要把人从物质世界中割裂，导致人愈发相信现代世界的自我是自发自主的。早期现代欧洲的思想流派中，这并不是唯一关于自我的观点。除了民间流行的泛灵论之外，还存在其他流派：试想一下，如果当初不是笛卡尔，而是蒙田（Montaigne）的善感（sensibility）理论决定了西方意识的现代化，世界会变成什么样？蒙田和其他文艺复兴时期的人文主义者宽容看待肉体与灵魂之间的相互作用，将不完美的自我置于一张自然与超自然编织而成的关系网。不过正如科学思想家史蒂芬·托尔敏（Stephen Toulmin）所说："笛卡尔的哲学观点扫除了十六世纪怀疑论者的'合理的'（reasonable）确定性和犹豫不决，提倡新的、数学式的'理性的'（rational）确定性与实证。"[23] 对确定性的追求，使人愈发信仰一种不附加任何价值观的科学，抬高了普遍永恒真理的地位，降低了地方历史知识的地位；它的基础是一种克己自制的观念，对一切直接的、肉体的感知统统采取不信任的态度。由于强调个人意识必须与外在物质世界对立，便孕育出一种既崇高又脆弱的自我观念，由于绷得太紧，时刻有溶化消解、失去形状的危险。而"无形状"（formlessness）正是许多传统思想有关物质丰裕的核心观念，从农耕大丰收到狂欢式奢靡都是如此。

在二元论框架下做研究的哲学家与科学家试图用各种范畴和构架来圈住无形状的物体。科技革命的话语充斥着性别标签：自然是女性，男性是它的主宰。当然，这不仅仅是男女战争，更代表了一场力求用文化压制自然的宏大斗争，在这场斗争中，性别冲突被融入普世主义（universalist）的语言而消解了。举弗朗西斯·培根（Francis Bacon）为例，他的《新亚特兰蒂斯》（*New Atlantis*，1627）对人类至上论进行了包罗万象式的描述。书中的乌托邦由技术官僚精英统治，他们能够加速或者减缓植物的生长期，发明出无论色香味都远超自然产物的人工合成水果。通过使用去自然化的科技，天堂也实现了现代化。[24]

培根笔下的愿景也许在很远的未来才能实现。十六、十七世纪的欧洲人，尤其是英国新教徒，在力图控制地大物博的荒蛮大陆时，更倾向于使用宗教语言。在这片清教徒的"新以色列"（New Israel），只有神圣的宗教社会，而不是科技精英，才能阻止民众在多产的大自然无穷无尽的诱惑下迷失正义之心。[25]

不过，新亚特兰蒂斯也好，新以色列也好，都无法穷尽对丰裕新大陆的幻想。尽管上述观点希望遏制人们对新大陆的想象，但传统的乌托邦观点仍然鼓励人沉溺于丰裕的幻想之中。其中最持久不衰的，也许要数点燃了华特·拉雷勋爵与其他冒险家无尽想象的神秘黄金国（El Dorado）。在这里（据拉雷所述），男人赤身裸体，涂上香油，洒满金粉，醉酒纵情连续六七日方休。[26] 这种景象可与上帝的新以色列相去甚远，倒是与充满感官刺激的狂欢节十分相像。奢靡之梦与一丝不苟的（科学或宗教要求的）克己自制，这两者之间的张力代表了两种互相重叠又观点分明的经济发展理念之间的矛盾：一方面是投机式的扩张，另一方面是系统化组织管理。这两种观点最终会共存，但是从市场社会开始一直到消费文化时代这一时期内，它们之间的矛盾决定了美国人对物质丰裕的态度。

早在十七世纪二十年代，就能够看出两者之间的对立，比如玛丽蒙德（Marymount）的托马斯·莫顿（Thomas Morton）与普利茅斯（Plymouth）的威廉·布雷德福（William Bradford）的矛盾。莫顿的《英格兰的新伽南》（*New English Canaan*，1637）以讽刺的口吻描写了两人之间的争执。莫顿在书中将自己形容为伊丽莎白时代的英国圣公会信徒，但同时又是异教徒，排斥清教或科学理性严格的二元论观点，提倡欧洲民众尽情享用新大陆天堂般的感官刺激，总而言之，他就是酒神狄俄尼索斯（Dionysus）① 的忠实信徒。莫顿喜欢举办为清教徒所不齿的戏剧表演，自己扮演放浪君主的角色。威廉·布雷德福回忆道，莫顿一伙人"架起五月柱，围着柱子群歌群舞，多日不休。找印第安女人伴舞，搂搂抱抱（仿佛一群精灵，或复仇女神），还做了更恶心的事情"。清教牧师们对此大为震惊。莫顿简明扼要地讽

---

① 代表了狂欢、醉酒、放荡、耽于声色等等含义。——译者

刺道："普罗透斯（Proteus）^①在普力亚普司（Priapus）^②的帮助下，就像俗话说的，把牧师们的鼻子都气歪了。"莫顿的意思是，清教徒不喜的不仅仅是情欲的放荡，还有狂欢中变化万千（protean）的流动性自我意识。布雷德福和他的喽啰们奋起反击，最终将这场文化颠覆压了下去。莫顿被逮捕（抓捕人是迈尔斯·斯坦迪什上校 [Captain Miles Standish]，莫顿将他打趣为"虾虎上校" [Captain Shrimpe]）、审判，最后被驱逐回英国。²⁷

如果将这个故事看成清教现代化主义者布雷德福与狂欢传统主义者莫顿之间的矛盾，就大错特错了。从很多角度看，莫顿才是现代化主义者。布雷德福坚持控制商业交易行为，莫顿则将武器与酒贩卖给印第安人，这也正是清教徒憎恶他的主要原因之一。莫顿曾是一名抱负远大的律师，转行做了企业家，深信自己对于启蒙与进步的性解读是正确的。在《英格兰的新伽南》序言中，他描绘了性占有与经济生产之间的联系，在历史上描写此类事物的文献中，可以算是相当直白的比喻了。莫顿心中的"新伽南"如下：

> 如同一位美丽的处女，渴望着早日
>
> 在喜庆的婚床上，幽会她的情侣，
>
> 她精心妆扮，盛装而至，
>
> 快感如期而遇，幸运之极，
>
> 纵情享用：我们的伽南也将如此，
>
> 如果艺术与工业繁荣昌盛；
>
> 子孙后代将向世人昭示，多产的子宫，
>
> 如果未经利用，便如同华丽的墓室，
>
> 产下优异的事物等死

① 希腊神话中千变万化的海神。——译者
② 希腊神话中的男性生殖神。——译者

> 困缚于黑暗的含混；
>
> 它的价值，一一罗列，
>
> 如果你愿意倾听，我将公布于世。[28]

　　这就是技术进步的议程。只有"艺术与工业"能够将"优异的事物"从原住民那"黑暗的含混"中解放，将未开发的新大陆那"华丽的墓室"转化为市场商品"多产的子宫"。

　　这种物质进步的观点令清教的善男信女们大为困扰。随着商业生活扩大，清教徒对腐败的恐惧从关注自然丰裕对人的腐蚀转移到关注人工产品（或奢侈品）的丰裕上；尽管如此，人们始终认为令人斗志全失的安逸是一种女性式的威胁。千年以来，基督教的圣像画家都将"奢侈"描绘为一个淫欲的女人；早期新教徒随后将这种传统搬到了文学中。班扬（Bunyan）的《天路历程》（*Pilgrim's Progress*, 1684）第二部分中的泡沫夫人（Madam Bubble）就代表了男性对于为财富和享乐放弃自己意识的永恒担忧。泡沫夫人是巫女，在通往天国（Celestial City）的朝圣路上最为危险的地段之一迷魂地（Enchanted Ground）施下了咒语。"死在这里的人并非暴毙，"坚立先生（Stand-Fast）说，"他们死得并不痛苦；因为梦中死去的人，曾怀着欲望和享乐踏上旅途；对，就这样向那种疾病屈服。"泡沫夫人"个子高挑、容貌标致"，"面色黝黑"。她"身着靓丽的服装"，"讲话温柔体贴，每说完一句都微微一笑"。她"喜欢大吃大喝"，总带着"一个大钱包不离身"，"经常将手伸进钱包，把玩钱币，好像非常享受"。金钱与性之间的关系（及钱包与阴户的关系）在英国人的语言与思想中已经非常牢固（"to spend"［花钱］在俗语中有射精的意思）。泡沫夫人的形象进一步加深了这种联系，还附带了一些新的蕴意："面色黝黑"代表了新大陆的异域风情；泡沫夫人的名字，则直接指代投机行为。她所代表的狂欢式资本主义，正是新教徒们最惧怕的噩梦。新教徒对偶像的排斥，起初针对的是天主教的神像，现在开始转向新兴消费社会大量涌现的新鲜玩意儿和穿戴这些东西的女人。到十八世纪末，时髦女人（Fashionable Woman）的形象已经成为道学家轰击奢侈行为的主要靶子。[29]

虽然新教徒抨击资本主义，后来还是有很多人成功当上资本家。即使宗教约束在日常生活中的影响削弱，要对本职尽心尽责的思想仍然像不请自来的鬼魂一样挥之不去。马克斯·韦伯（Max Weber）评论道，连那些从早忙到晚无暇顾及宗教的人，也坚守着新教克己自制的伦理。[30]布雷德福与班扬的世俗后继者的财富积累成山，却坚持用于生产投资，并不肆意挥霍，严防财富对人的腐蚀。他们将赚钱的意义升华为自我定义的过程，而不是把它当作追逐享乐来看待。害怕失去控制，害怕自我在物质丰裕（不管是自然物产还是人工奢侈品）的世界中失去形状，正是这种心理推动着将财富去实体化的进程，将财富同其物质世界的本源分离开来。

到了十八世纪中叶，新教徒的矛盾心理充斥着盎格鲁裔美国人的公共话语。美国殖民地的独立革命人士指责从英国进口的奢侈品对人有腐蚀作用，呼吁爱国者联合抵制从母国运来的浮华玩意儿。随着美国人培养出独立的民族认同，共和派人士开始篡改美国式丰裕的形象。美国的形象，从一位成熟的印第安女王变成为一名年轻的印第安公主，与早期的形象相比，没有那么多热带风情，没有那么多母性，也没有那么多威胁性，也更容易用来教化民众。在美国诞生初期，印第安公主的形象慢慢转变为新古典主义的自由女神。在可以说是官方的民族形象设计词汇中，过去传统世俗的丰裕形象被自由、合众、进步或其他类似抽象概念所代替。[31]

不过在农耕社会中，对丰裕概念的去实体化仍然碰到了问题。金钱这种象征着物质财富的抽象概念还能生出更多的钱，在基督教道学家眼中，没有比这更能体现人工性的了：因此许多人愤怒谴责高利贷，认为它违背自然（contra natura）。但还是有一代又一代的修辞家用生长发育的比喻来描述资本利滚利的神秘增长。在《一位过来人给年轻生意人的建议》（"Advice to a Young Tradesman, Written by an Old One"，1748）中，本杰明·富兰克林（Benjamin Franklin）写道：

> 牢记，金钱拥有繁殖的本领。钱能生钱，生出来的钱又能生钱，永无止境。五先令摇身一变变为六先令，再一变变为七先令三便士，以此类推，最后变成一百镑。基数越大，增加的就越多，利润增长也越来越快。谁杀了一头种猪，就等于摧毁了千百代子孙的财富。[32]

从下金蛋的鹅到富兰克林的种猪，这些丰裕的象征将物质财富与其自然本源（通常是女性的）融合在一起。不管资本积累的过程多么人为、多么抽象，肥沃的语言一直依附其上，就像铁锹上总沾着甩不掉的土壤。

传统的丰裕语言也出现在《美国农民信札》（Letters from an American Farmer，1782）中，作者是 J. 赫克托·圣约翰（J. Hector St. John），原名为米歇尔·纪尧姆·让·德·克雷夫科尔（Michel Guillaume Jean de Crèvecoeur）。在作者看来，移民"进入了我们伟大母亲（Alma Mater）的怀抱，成为一名真正的美国人。在这里，来自五湖四海的人们融为一个新的种族，他们的辛勤劳动，他们的子孙后代，终有一天会大大改变这个世界"。很明显，这个再生的过程需要（男性）移民者回到母亲怀中，像孩童一样被保护起来，瓦解传统主观性，产生新生主观性。不过，与威廉·伯德（William Byrd）和其他无数美洲伊甸园的赞美者一样，克雷夫科尔也十分担心，害怕大自然过多的滋养会对人的品质产生不良的影响。尽管他被自然世界的地大物博深深吸引，他依旧信奉风靡殖民地精英阶层的共和式道德主义，谴责"女里女气"的懒惰行为，赞美"阳刚的"生产劳动。基于这种鲜明的共和派观点，他为了从繁荣中拯救美德，将楠塔基特岛（Nantucket Island）视为最理想的道德天堂；在所有的殖民地之中，只有这里自然条件恶劣到人不会因为无法抵御大自然的诱惑而懒散堕落。[33]

不过克雷夫科尔也清楚，这种共和式的理论其实随时处于摇摇欲坠的状态。无穷无尽的物产不仅能令人斗志消解，纵容自我，为争夺财富自甘堕落，还能诱人在狂喜和暴怒的驱使下肆意破坏。到了十九世纪早期，当农耕的范围跨越阿巴拉契亚山脉后，有关丰裕的文献开始描述这些浪费糟蹋的现象。文献中记载了铺天盖地的鳕鱼、仙鹤与候鸽，但最后经常以令人发指的屠杀结束。詹姆斯·菲尼莫·库珀（James Fenimore Cooper）在《先锋》（The Pioneers，1823）中写下了这经典的一幕：人们大面积撒网圈捕鲈鱼，成千上万条鱼在奥特希戈（Otsego，即钱普兰湖[Lake Champlain]）湖滨腐烂，臭气熏天；欣喜若狂的暴民用弓箭、手枪、步枪与小型加农炮对天空中飞过的鸽子进行惨绝人寰的猎杀。[34]

库珀笔下人群的行为和狂欢节上演的暴虐如出一辙；人类肆意糟蹋丰富物产的行为让人瞠目结舌。虽然很难去解释破坏背后的狂喜与暴怒，但或许可以说，大自然越地大物博，就越加深了人们对无限富饶永恒的恐惧；对占有的渴望扭曲为对灭绝的渴望。大自然既是生命的源泉，又被人类当作死敌。无论是农夫还是猎手都斗得精疲力竭，徒劳无功的结果使人类暴怒不已。难怪人类后来企图绕开这种痛苦的挣扎，将对自然的愤怒转化为对科技发展的信念。D. H. 劳伦斯（D. H. Lawrence）就以他癫狂又中肯的独特风格，对库珀与克雷夫科尔做了类似的评论：

　　猎人是杀手，农夫则带来生命与繁荣。但即便是农夫，也被倔强的土地与野兽折磨得痛苦不堪；他挣扎着要赢得丰收，他必须牢牢制御土地和强壮的牲口，他必须拥有海量的血汗知识，还要有沉稳、深邃的农耕本领。这里面并没有什么平等与无私的谦卑。汗水与鲜血不可避免地将头脑淹没。基于这个原因，最理想化的国家造出了最多的机器。美国遍地都是机器发明，因为没有一个美国人愿意干点实事。他们都是理想主义者。事就让机器去干吧。[35]

尽管有点太夸张了，但劳伦斯一针见血地指出美国式丰裕演变的最基本动力：人类抬头注视天空，视线避免与实体物质直接接触；对意识的工业化和理性化改造。这场运动在科学理性与清教自制的推动下，最终将人从天堂的乳房剥离。实体化的"机械"会取代哺育的大地，扮演新的"丰饶角"。富饶之诗仍然会被贴上强大的性别标签，但物质分配会颠倒过来。婴儿化的男人在母亲（Alma Mater）怀中喝奶的画面被抛弃，不断发展的修辞与图像志会重新塑造一个被动接受工业生产之恩惠的女性形象。

在工业化市场经济中，生产与消费的关系被生生切断（二者还被性别化），象征性地剥夺了女性的生产能力。然而，神秘的女性消费者可不仅是象征男性成就的被动图腾；在新兴的商品文明流行话语中，她被赋能为一个积极活跃、欲望驱使的主体，即"时髦女人"，依然有能力通过大肆浪费男性的财富将男性生产者吞噬。

对丰裕形象的理性化改造在数十年的过程里缓慢进行着，直到二十世纪初期都没有彻底成功。十九世纪很大一部分时间内，美国商业用语中仍然保留着另类习语。在官方道德主义的眼皮底下，幻想与感官刺激的亚文化欣欣向荣。骗人的商贩、汗流浃背的艺人、酒鬼与妓女、催眠师与魔术师等三教九流都在这个小世界中大行其道。小贩提供着蛊惑的丝绸与仙药；百货商店店主给商品点染上东方的异域气息；一些商品仍然保留着早期现代市集上的魔力。P. T. 巴纳姆（P. T. Barnum）是这个世界的主理人，精明地讲述着这个世界的通用语言。在很多方面，这个世界同巴赫金想象中的拉伯雷式（Rabelaisian）狂欢世界十分相像，但在其他方面又大相径庭。

注释

1. Robert Darnton, "Peasants Tell Tales: The Meaning of Mother Goose," in his *The Great Cat Massacre and Other Episodes in French Cultural History* (New York, 1985), p. 33. 关于这个主题的另外一项争议研究，见 Piero Camporesi, *Bread of Dreams: Food and Fantasy in Early Modern Europe,* trans. David Gentilcore (Chicago, 1989)。

2. David Potter, *People of Plenty: Economic Abundance and American National Character* (Chicago, 1954); Warren Susman, *Culture as History: The Transformation of American Society in the Twentieth Century* (New York, 1984), esp. the introduction. 该框架实际运用的近期例子，见 James, D. Norris, *Advertising and the Transformation of American Society, 1865-1920* (Westport, Conn., 1990), and William Leach, "Transformations in a Culture of Consumption: Women and Department Stores, 1890-1925," *Journal of American History* 71 (September 1984): 319-42。关于严肃对待另类文化传统的有价值研究，见 Andrew Heinze, *Adapting to Abundance: Jewish Immigrants, Mass Consumption, and the Search for American Identity* (New York, 1990), esp. pp. 42, 62-65, 84, 97。

3. Evelyn Fox Keller, *A Feeling for the Organism : The Life and Work of Barbara McClintock* (San Francisco, 1983), esp. chaps. 9, 12; Mihaly Csikszentmihalyi and David Rochberg-Halton, *The Meaning of Things: Domestic Symbols and the Self* (Chicago and London, 1981); David Harper, *Working Knowledge: Skill and Community in a Small Shop* (Chicago and London, 1987); John Forrest, *Lord I'm Coming Home: Everyday Aesthetics in Tidewater North Carolina* (Ithaca, N.Y.,

and London, 1988); Claude Lévi-Strauss, *The Savage Mind* (Chicago and London, 1966), chap. 1.

4. 关于针对绘画和其体现的意识问题的清晰讨论，见 David Freedberg, *The Power of Images, Studies in the History and Theory of Response* (Chicago and London, 1989), pp. 283-91。另见 Margaret R. Miles, "The Virgin's One Bare Breast: Nudity and Religious Meaning in Tuscan Early Renaissance Culture," in *The Female Body in Western Culture*, ed. Susan R. Suleiman (Cambridge, Mass., 1986), pp. 193-208。

5. Victor Turner, *The Forest of Symbols*: *Aspects of Ndembu Ritual* (Chicago and London, 1967), p. 44.

6. Irenaeus, *Against the Heresies,* book 3, chap. 33, in *The Ante-Nicene Fathers*, ed. Alexander Roberts and James Donaldson, 12 vols. (Buffalo, 1885), vol. 1, p. 563.

7. Ibid., p. 562.

8. Camporesi, *Bread of Dreams,* pp. 80, 109; Frank E. Manuel and Fritzi P. Manuel, *Utopian Thought in the Western World* (Cambridge, Mass., 1979), pp. 80-81; Katherine M. Briggs, *A Dictionary of British Folk Tales in the English Language,* 2 vols. (London, 1970), vol. 1, pp. 331-23; Darnton, "Peasants Tell Tales," p. 39; Peter Stallybrass and Allon White, *The Politics and Poetics of Transgression* (Ithaca, N.Y., 1986), p. 57.

9. Peter Burke, *Popular Culture in Early Modern Europe* (New York, 1978), pp. 189, 186; J. Taylor, "Jack a Lent," in his *Works* (London, 1630), p. 115.

10. M. M. Bakhtin, *Rabelais and His World,* trans. H. Iswolsky (Cambridge, Mass., 1968), p. 19. 我对巴赫金的看法参考了一本洞察敏锐的书，Stallybrass and White, *Transgression*, esp. pp. 1-59, 171-202。

11. Camporesi, *Bread of Dreams*, p. 80; Burke, *Popular Culture*, p. 187; Stallybrass and White, *Transgression*, pp. 53-56.

12. Stallybrass and White, *Transgression*, pp. 35-43; Anon., "The Pedlar Opening His Pack," in *A Pepysian Garland*, ed. H. E. Rollins (Cambridge, Mass., 1922), pp. 116-20; Matthew Boulton to R. Chippendall, 9 August 1794, quoted in E. Robinson, "Eighteenth Century Commerce and Fashion: Matthew Boulton's Marketing Techniques," *Economic History Review,* 2nd series, 16 (1963): 59; N. M. Karamzin, *Letters of a Russian Traveller, 1789-1790*, trans. and abridged

by Florence Jones (New York, 1957), p. 227, quoted in Neil McKendrick, John Brewer, and J. H. Plumb, *The Birth of a Consumer Society: The Commercialization of Eighteenth-Century England* (Bloomington, Ind., 1982), p. 79. 关于这个问题的经典概述，见 Werner Sombart, *Luxury and Capitalism* [1913], trans. W. R. Dittmar (Ann Arbor, Mich., 1967)。关于当代人类学对这个问题的看法，见 Chandra Mukerji, *From Graven Images: Patterns of Modern Materialism* (Chicago, 1983)。

13. Richard C. Trexler, "Florentine Religious Experience: The Sacred Image," *Studies in the Renaissance* 19 (1972): 31-33.

14. Arthur Barlow, report to Sir Walter Raleigh, 2 July 1584, in *Hakluyt's Voyages: A Selection,* ed. Richard David (Baston, 1981), pp. 445-50. See also Boies Penrose, *Travel and Discovery in the Renaissance, 1420-1620* (Cambridge, Mass., 1952), and Howard Mumford Jones, "The Colonial Impulse: An Analysis of the 'Promotion' Literature of Colonization," *Proceedings of the American Philosophical Society* 90 (May 1946), esp. 153-54.

15. John Speede, *Historie of Great Britain,* cited in Howard Mumford Jones, *O Strange New World* (New York, 1966), p. 123n. 关于 More 对人间天堂的看法，见 Manuel and Manuel, *Utopian Thought,* p. 123。另见 Howard Mumford Jones, "The Image of the New World," in *Elizabethan Studies and Other Essays in Honor of George F. Reynolds,* University of Colorado Studies, series B, Studies in the Humanities, vol. 2, no. 4 (October 1945), pp. 81-82; Louis. B. Wright, *The Dream of Prosperity in Colonial America* (New York, 1965), pp. 42-43; and Charles Sanford, *The Quest for Paradise* (Urbana, Ill., 1961)。

16. 这些主题的充分讨论，见 Carolyn Merchant, *The Death of Nature* (New York, 1981); Annette Kolodny, *The Lay of the Land: Metaphor as Experience and History in American Life and Letters* (Chapel Hill, N.C., and London, 1975); and Louis Montrose, "The Work of Gender in the Discourse of Discover," *Representations* 33 (1991): 1-41。

17. "Third Voyage of Columbus," in Christopher Columbus, *Four Voyages to the New World: Letters and Selected Documents,* bilingual ed., trans. and ed. R. H. Major (New York, 1961), pp. 130, 131, 135, 137.

18. Clare Le Corbeiller, "Miss America and Her Sisters: Personification of the Four Parts of the World," *Bulletin of the Metropolitan Museum of Art*, new series 19 (1961): 209-23; E. McClung Fleming, "The American Image as Indian Princess, 1765-1783," *Winterthur Portfolio* 2 (1965): 65-69.

19. George Alsop, *A Character of the Province of Maryland* [1666] (Cleveland, 1902), pp. 33-34; Kolodny, *Lay of the Land*, p. 67.

20. John Donne, "On Going to Bed," lines 25-30.

21. Pierre Grimal, "Greece: Myth and Logic," in *Larousse World Mythology*, ed. P. Grimal, trans. Patricia Beardsworth (London, 1965), p. 106; Seth Bernardete, ed., *Larousse Greek and Roman Mythology*, trans. Sheilah O'Halloran (London, 1980), p. 23.

22. Oxford English Dictionary, q.v. *matter*.

23. Stephen Toulmin, *Cosmopolis: The Hidden Agenda of Modernity* (Chicago, 1990), p. 75.

24. Merchant, *Death of Nature*, pp. 33, 169; Manuel and Manuel, *Utopian Thought*, p. 256.

25. This pattern is ably explored by Richard Slotkin, *Regeneration Through Violence: The Mythology of the American Frontier* (Middletown, Conn., 1973), esp. chaps. 2-6.

26. Sir Walter Raleigh, *The Discovery of Guiana* [1595], ed. W. H. Rouse (London and Glasgow, 1905), pp. 31, 81.

27. William Bradford, *Of Plymouth Plantation* [1651], ed. Harvey Wish (New York, 1962), p. 141; Thomas Morton, *New English Canaan* [1637], in *Tracts and Other Papers relating to the Origin, Settlement, and Progress of the Colonies in North America*, comp. Peter Force, 4 vols. (Washington, 1838), vol. 2, p. 92.

28. Morton, *New English Canaan*, p. 10.

29. John Sekora, *Luxury: The Concept in Western Thought, from Eden to Smollett* (Baltimore, 1978), John Bunyan, *The Pilgrim's Progress from This World to That Which Is to Come* [1684] (New York and Toronto, 1949), p. 318; McKendrick et al., *Birth of a Consumer Society*, pp. 27-28 and passim.

30. Max Weber, *The Protestant Ethic and the Spirit of Capitalism* [1904], trans. Talcott

Parsons (New York, 1958).

31. 关于这个过程的早期阶段，见 E. McClung Fleming, "From Indian Princess to Greek Goddess: The American Image, 1783-1815," *Winterthur Portfolio* 3 (1967): 37-81. 关于美国早期政治思想中"共和主义"（republicanism）的庞大历史学文献已经显示，面对经济丰裕时，这种暧昧态度占中心地位；即使是那些认为美国殖民地构成了"消费社会"的人也被迫承认了这一点。关于早期美国态度的经典讨论，见 Edmund Morgan, "The Puritan Ethic and the American Revolution," in *The Reinterpretation of the American Revolution*, ed. Jack P. Greene (New York, 1968), pp. 235-250。

32. Benjamin Franklin, "Advice to a Young Tradesman, Written by an Old One," in *The American Instructor: or Young Man's Best Companion*, ed. George Fisher, (Philadelphia, 1748), pp. 375-77, reprinted in *The Papers of Benjamin Franklin*, ed. Leonard W. Labaree (New Haven, 1961), vol. 3, 306.

33. Crèvecoeur, *Letters from an American Farmer* [1782] (London and New York, 1912), p. 43. 对本段文字（以及在早期法国版本中配的一幅图）的精彩讨论，见 Werner Sollors, *Beyond Ethnicity: Consent and Descent in American Culture* (New York and Oxford, 1986), pp. 76-81。

34. James Fenimore Cooper, *The Pioneers* [1823] (Albany, 1980), pp. 243-47. 类似的描写鸽子遮住天空的场面（但是最后没有以屠杀结尾），见 Washington Irving, *Astoria* [1839] (London and New York, 1987), p. 125。关于"生态丰裕和经济浪费"的关系，见 William Cronon, *Changes in the Land: Indians, Colonists, and the Ecology of New England* (New York, 1983), and Stanley W. Trimble, "Perspectives on the History of Soil Erosion Control in the United States," *Agricultural History* 59 (April 1985): 162-65。

35. D. H. Lawrence, *Studies in Classic American Literature* [1923] (New York, 1964), p. 32.

第二章

魔法的现代化

　　1872 年的夏天，在印第安纳州的格林菲尔德（Greenfield），詹姆斯·惠特科姆·莱利（James Whitcomb Riley）感觉实在是无所事事。二十三岁的他作为机灵的打油诗人和广告牌画匠小有名气，更不要提在寻欢作乐方面是个高手。不过他什么事情都干不长。在别人眼里，他一天到晚酗酒，日上三竿才起床。

　　救赎其实离他并不遥远。他后来回忆道，天堂之音有一天乘着小贩的四轮马车来临了。五匹马"仿佛从天方夜谭中跳跃了出来"，驾车的男人长着一脸"活泼的胡荏"，自称麦克里路斯大夫。他那"神奇的酿药和煎汤"，莱利写道，"包治百病，鞋紧勒脚、心情'抑郁'，什么都能治"。莱利同意给麦克里路斯打工，他与父亲之间的协议参考狄更斯《老古玩店》（*Old Curiosity Shop*）中贾里夫人聘用小耐尔的协议写成，有些地方甚至照抄，比如巡回蜡像展的"露天巡演"（open-air wagrancy①）工作那部分内容。[1]

　　莱利断断续续为麦克里路斯工作了两年，在先遣宣传员和助手的岗位上做得挺不错。他建议大夫在"东方灵药"治疗的病痛中加上蜂蜇痛。他能模仿街头风琴师，又会吹奏单簧口琴，大夫的另一位学徒负责将观众的眼球吸引到压轴戏"刚果野女"上，她是一位"本地小丑"装扮的异域血统、衣服破烂、头发蓬乱的"蛮族野人"。莱利弹唱吉他，讲述故事，为麦克里路斯的专利药（patent medicine）设计商标，在路边粮仓上画广告（经常未经农户允许），写过不少打油诗吹捧大夫的净血剂、欧洲香液与东方搽剂。在莱利后来的回忆中，那一时期的宣传工作像一首静逸的田园诗，饮着清凉泉水，吃着炸鸡，

---

① wagrancy 是小说故意将 vagrancy 拼错，这里指莱利连拼错的词都抄上了。——译者

与咯咯笑的乡下少女打情骂俏。[2]

　　莱利后来回到格林菲尔德，煎熬地啃了一年法律，终于在1875年的夏天放弃学业，加入了一群乐师与喜剧演员，为"巫师神油公司"（Wizard Oil Company）巡回演出做宣传。公司是一家很有名气的专利药商，店主是汤森"大夫"。莱利的工作是在汤森演讲时帮忙在黑板上画图，巧妙地一次性介绍多种药品。比如，他先写出"浑身疼痛没来由／只因没用汤森油？"随后迅速画出莎士比亚的半身像，再在旁边画一瓶霍乱香膏与骷髅死神搏斗的图像。每天演讲两次，下午一次，晚上点着火把一次，莱利回忆道，晚间演讲"仿佛将我带入一千零一夜的世界，感觉就像阿拉丁的传说"。剧团向东跑到了俄亥俄州，莱利被当地人称作（他后来声称）"印第安纳巫师"（Hoosier Wizard）。信心一天天增长，莱利开始用洒狗血的手法讲述童话故事，"在玻璃上描绘奇异图案，兜售神油功效"。这段工作对他来讲也只能算一段插曲。过了一年左右，他就去追求更体面的工作，最终成为著名（但天天酗酒）的乡村诗人。[3]

　　通过莱利"露天巡演"的工作经历，我们能够瞥见十九世纪美国广告业丰富又复杂的狂欢传统。[4]特别是在批评者眼中，广告主就等同于马戏团助兴表演揽客员或狂欢节的其他下九流的角色。但是十九世纪广告与美国文化中对肉欲的戏剧化赞美、对权威的滑稽性颠覆等现象，几乎从未得到深入的分析。大多数历史学家眼中，美国的维多利亚时期文化核心在于清教对品格的清规戒律，在享乐主义消费文化的暖风吹来之前，压抑的社会处于生产主义的冰河时期。更广义来看，十九世纪总的变化是整个社会和广告业中张力平衡的变化，一边是魔法般的自我变形，另一边是道义上和管理上的管控策略。美国广告文化史中反复出现的主旨，可以说是一边通过购买行为实现魔法般的自我变形，一边又想方设法遏制该过程的颠覆性。

　　十九世纪的美国社会充满流动性（起码与欧洲相比），遏制实在是很难办到。在年轻美国的混乱经济中，狂欢式的颠覆与传统的仪式脱钩，在社会边缘自由游荡，被云游四方的浪客四处散播，莱利的雇主就是这种人。大西洋东岸也好，西岸也好，小贩用娱乐的手段吸引客人赚钱，观众既感到刺激有趣，又心存疑虑，暧昧难断。[5]

麦克里路斯大夫与汤森大夫都是这种巡演亚文化中的成员，除了小贩外，还有马戏团杂耍、木偶戏艺人、怪胎秀老板等等。与汤森和麦克里路斯一样，企业家经常雇用艺人来吸引公众；江湖郎中（mountebank）这个词在十九世纪早期几乎成了骗子的代名词，但在两百年之前仅仅指"爬上条凳的人"：变戏法的或杂耍的经常在公众场合站到条凳上，吸引人群注意。莱利后来也指出，商人与艺人之间其实不存在清晰的界限。[6]

对一个满怀理想、未来黯淡的小伙子来说，商业巡演代表着解放、冒险甚至个人身份的转换；对台下的观众来说，艺人的表演也具有同样的吸引力，虽然不是亲身体验，但效果仍然十分强烈。莱利的宣传手段代表了整个十九世纪甚至二十世纪初的广告模式。他假设台下的观众对莎士比亚很了解（放在今天只有文化精英才了解莎士比亚），便滑稽地模仿莎翁台词用来形容止疼药与万能药。他还与其他艺人联手打造出一种异域香艳的氛围和一种魔法般的变形。"刚果野女"明目张胆宣扬被禁止的快感；大夫们对"一千零一夜"与"东方"神药的近乎痴迷，映射出维多利亚道德观对神秘东方的情色幻想。灵药本身也成了"魔法"的代名词，能够为人们带来新生与戏剧化的自我变形。

就像西班牙的魔法师在佛罗伦萨贩卖项链（orazioni）一样，专利药商贩也保证自己卖的药物拥有神奇功效。不过，他们口中的魔法只是修辞手段，不是真想召唤超自然的力量。他们只需表演灵巧的戏法，利用群众对神迹的渴望足矣，不用真的信仰一套泛灵论世界观。这就是魔法世界观的现代版，由美国的社会流动性和新教价值观决定。不过，即使在商业话语中扮演越来越重要的角色，它仍然保留了人类从远古以来对自我变形的渴望。通过分析魔法的现代化，我们能看到商业文化中新兴的张力：控制与释放，稳定与巫术。

变形的梦想

对魔法般自我变形的渴望，是维持狂欢式广告传统活力的重要因素，也是十九世纪美国消费商品的核心魅力所在。这种梦想的起源非常复杂，含糊不清；可以肯定的是，它既扎根于新教对个人变形的推崇，也来源于古代民间神话（指环、魔杖、魔靴）。还可以肯定的是，它在商业环境中又获得了新的暧昧性：比如，药品巡演的观众一方面相信魔法变形，另一方面又对药效疑心重重。包括尼尔·哈里斯（Neil Harris）在内的想象力丰富的美国骗术史学家的研究表明，很多商业演出的观众都是希望被欺骗的，也为巴赫金（见第一章）笔下"被骗得很开心的气氛"所吸引。但不管观众对药品演出疑心多重，最后还是成山地往家里买。巡游商贩什么都卖，比如钟表、锡制品、丝绸、香水、香精等等，不过从长期来看，最盈利的还是灵药。专利药公司是最早也最成功的全国性广告主（national advertisers），对十九世纪六七十年代出现的广告公司（advertising agencies）来说，也是最舍得花钱的优质客户。可以用很多种普通的原因来解释它们的成功，如持续的市场需求、极低的成本和无能的医药界等等，但是也可以说，专利药的魅力来自美国民众心中永恒的魔法奇想（magical thinking①）。[7]

————————

① 又指奇想，异想天开。——译者

美国早期文化的历史学家将注意力集中在主流宗教组织上，往往忽视了不属于任何教会的广大民众。最近有人做出统计：在美国独立战争的前夕，最多只有百分之十五的人属于某个教派。[8]这并不意味着新教道德观（尤其是其世俗化、共和化的观点）没有影响到无教派者，不过这清楚表明，当时的人也许真的受到了其他传统和其他世界观的影响。

其中最古老的一个，就是从中世纪欧洲民间流传下来的物质主义魔法。先知虽然可以通灵降神，实际工作却都是凡尘俗事：如寻找失群的马匹、跟踪不忠的配偶、定位秘密宝藏等。魔法师可以通过立刻改善一个人的物质条件，帮他实现戏剧性的自我变形。在美国，一直到十九世纪，都有无数人执着地用秘术寻宝，尤其是艰苦的农村地区对此更是着魔，因为感到在经济发展上落后于他人。美国寻宝者利用先知石、魔力棒和各种秘术设备，在"科学"指导下，从实证出发，严格按流程探宝。他们生活在一个越来越崇拜成功的创业社会，又不得不忍受物资匮乏的痛苦，便选择与超自然力量合作来实现经济上的自我变形。[9]

十九世纪早期，美国人为了缓解焦虑，一夜暴富，想出不少方法，探宝只是其中之一。碰运气的思想，不但没有在清教徒的谴责（清教徒认为这是异教徒的迷信）中被消灭，反而让赌博这种亚文化日益蓬勃发展起来。当然，赌徒除保留了魔法世界观的思想之外，真赌起来还是很会算计的。不过一般来说，赌博这种形式，相对于人要勤奋工作才能发家致富的观点，正好代表了一种广受欢迎（又玩世不恭）的另类生活方式。很多普通的美国人（甚至那些从未玩过骰子或纸牌赌博的人），根本不吃新教牧师与道学家那一套，天天希望能在各大城市数不胜数的彩票或者波乐喜（"policy" games）中捞上一笔。波乐喜是十九世纪版的数字赌博。玩家翻阅解梦书，查找梦与各种巧合事件的数字命理；解梦书会告诉玩家，梦到一名警察或梦到一位老太太摔倒在马路上，赌哪个数字能赢。这种魔法奇想／异想天开流传到各个阶层和各个种族。甚至到了 1879 年，弗吉尼亚州的记者詹姆斯·D. 麦凯布（James D. McCabe）还在《纽约生活的光与影》（*Lights and Shadows of New York Life*）中写道，"即使是华尔街那些'精明'人"也照样购买解梦书。（这种讽刺的现象，是不可能逃过经济学家亨利·乔治 [Henry George] 与其他改革家法眼的；到了 1879 年，股市投机与赌场过于类似的现象，成为新教徒与共和主义者抨击资本主义的重要理由。）[10]

在有组织的新教派别之外，上述魔法奇想在民间广为流传，一直延续到南北战争后数十年：它赞同人对奢侈品的渴望；与社会主流道德传统提倡的勤恳公民身份相比，它提倡人的身份更应取决于命运倏起倏落，更少受到个人意愿的控制。持这种想法的人并没有形成一套自洽的宇宙观；相反，它是一种原子化的、个体化的理念。不过，这种观点同泛灵论的世界观还是有很多相似之处：它为普通事物赋予了深奥的思想；既认为宇宙是超自然的，又认为魔法的效果是极为实际的，甚至是物质化的。

到了十九世纪中叶，美国人同欧洲人一样，经常请教占星术士与魔法知识的守卫者（名为知识人 [cunning men/women①]），除排忧解难之外，还指导农业耕作，祛病疗伤。麦克里路斯和汤森这些"大夫"也许就是十九世纪的"知识人"，一方面挪用"大夫"名号，利用世人对医生的尊敬（当时医生名望并不是很高），另一方面不但采用流行草药疗法，还散发着一股古老的（也许比起医生更让世人敬畏的）巫术气息。不过与草药疗法不同，专利药行业没有那么多女从

---

① cunning 在当代英语中意为"狡猾"，但在中世纪英语中是"知识"的意思。——译者

业者，大多数还是男性。这些男性医者（medicine men①）知晓来自
"东方"的秘密（如古时的"知识人"一般），宣称自己拥有特殊的能
力，能够帮助普通人摆脱肉体与精神上的问题，如鞋子勒脚，心情抑
郁，更别提阳萎不举或者"累"的感觉，包治百病。贩卖专利药的男
性医者融合了思想与肉体，和其他异端的治疗师一起，在主流文化二
元论愈发割裂精神与物质的背景下，仍然保持着泛灵论的活力，通过
魔法干预满足受众自我变形的希望。[11]

通过提供这种变形（metamorphosis），专利药广告主将隐含在香
水、珠宝、衣物、家具等其他体面商品广告中的魅惑力赤裸裸地讲了
出来。莱利开始巡演时，美国仍然有很多流动商贩；不过在时髦的城
市店铺和乡下商店，在百货商店橱窗或报纸广告中，宣传手法要体面
得多。几乎所有的商业展示都包含了一种暧昧的吸引力：犹抱琵琶半
遮面的魅力与可能受到欺骗的威胁融为一体，对奢侈享乐的悸动与对
失去控制的恐惧混为一体。到十九世纪四五十年代，消费商品在美国
文化中的情感吸引力存在着一个关键的因素：心灵（psyche）的狂欢
化，即短暂进入一个充满自我变形可能的世界的体验。这种吸引力可
以是大张旗鼓的（如专利药广告），或者是微妙含蓄的（如衣物、餐
具这种身份的象征品）。不管声势强弱，它都符合了这个流动性的市
场社会：个人身份的概念开始松绑；社会地位的确立更多依赖可替代
资产和动产，而非土地、牲畜等。

与此同时，自我变形的承诺，对盎格鲁裔美国人谨慎得体、诚信
质朴的社会准则提出了道德上甚至是知识论上的挑战。消费文化的兴
起不仅是"享乐"行为正式化而已，更准确的描述是，它像既张亦弛
的迷宫，离心与向心并存，既希望解放魔法的力量，又渴望稳定市

---

① 美国英语中，medicine man 还有另外一层意思，指印第安部落中拥有魔力的医
者。——译者

场交换。这种张力的平衡观深深扎根于复杂的新教传统，一面要求控制，一面又孕育着渴望释放的冲动。

新教的两种道德观与美式狂欢

　　韦伯认为新教伦理源自加尔文式的二元论：孤独的灵魂存在于一个祛魅化的宇宙中，渴望着至高无上却永不回复的上帝救赎。没有必要再去烦那个喜怒无常的耶和华了；天堂与人间、精神与物质之间已经相隔十万八千里。信仰这种观点，终归会让人心里不安。为了减轻无情的自我审视所带来的痛苦，韦伯眼中的新教徒疯狂投身事业（calling）追求，因为路德（Luther）已经将原本只有宗教含义的"事业"定义向世俗工作敞开了大门。这样做的结果却十分讽刺，而且出人意料。新教伦理使人从心理上认同了理性资本主义的组织精神；人希望系统化地控制自我，最终这种心态促使人希望系统化地主宰外部世界。

　　面对着加尔文教义中遥远的上帝，除上述反应外，还存在其他的反应。社会学家柯林·坎贝尔（Colin Campbell）将其称为"另一种新教伦理"（Other Protestant Ethic），同新教提倡自制的伦理共存（而且我认为，二者还互相渗透）。这第二种伦理起源于奥斯定派（Augustinian）对虔敬（piety）的推崇，来自无法完全被包在清教神学铠甲中的人类情感；它痴迷于当人皈依基督教时，灵魂超越肉体极限、同上帝融为一体的狂喜之感。换句话说，这种伦理希望通过引发强烈内心体验来缩小人间与天堂的差距；它强调通过基督教式的重生实现个人变形，同严格的加尔文教义相比，它歌颂了一种更具流动性

的自我形象。情感的激狂是获得恩典（grace）的手段。对许多追求
这种神秘思想的清教徒来说，要想得到救赎，就要时刻保持一种狂热
渴求的精神状态。神学家与道学家由于害怕这种对神圣情感的追求可
能会使人为了激狂而激狂，忘记神的存在，便通过编织一张规则的大
网来约束它；甚至连皈依的体验也只能通过一套精确的叙事公式来表
达。不过美国清教历史清楚表明，叙事结构未能阻止人们享受世俗的
被提（rapture）①。这另一种新教伦理以不同的形式影响了福音派、
浪漫派与自由派的宗教传统，影响深远直至今天。它还渗透到了世俗
文化形式中。而且坎贝尔指出，它使盎格鲁裔美国人对消费的态度充
满了情色的意味。[12]

消费的情色化过程非常复杂，缥缈难懂。从一方面来说，它起源
于人类欲望中一种自我拆台的倾向；这种倾向也许在自古以来的全世
界文化中都存在，但尤其符合现代西方新兴的市场文化。早在 1587
年，蒙田在描写"灵魂之误"（soul-error）时就描述了这种现象："我
对自己占有的东西看得太轻，因为我已然将其占有，一切新奇、稀
缺、未被我占有的事物，我都过分珍视。"[13] 这就是消费主义迅猛发
展过程中处于核心位置的"匮乏力"：购买东西获得暂时满足，但很
快又不甘满足，再次产生新的欲望。

新教的情感主义（emotionalism）有时候是以福音派或无主见
派（latitudinarian）的形式支持这种欲望的。英国圣公会神学家艾
萨克·巴罗（Isaac Barrow）1671 年写道，没有事物"比行善更能
给予人纯正美味的欢乐。行善的人在道德上是享乐的（virtuously
voluptuous），是被人称颂的美食家"。"道德上是享乐的"人其实离
"感性的人"（man of feeling）只有一步之遥，后者就是英美文学界
在十八世纪下半叶推崇的最高理想境界。当感性的人沉迷于文学界同

---

① 被提是基督教末世论中的概念，指耶稣再临之前，已死的信徒会被复活，与活着的
信徒一起被升天。——译者

行笔下的"泪水的奢侈"（luxury of tears）时，他就已经加入了一个专属于贵族的感性教（cult of sensibility）。这可以说是一门感情鉴赏的艺术，在"被人称颂的美食家"的味觉与食用艺术的基础上进一步升华了。[14]

这"另一种新教伦理"让人从此在心理上体验丰裕成为可能：在对皈依的流动性比喻中，恩典将"灵魂倾涌"进丰裕的生活。皈依者的祈祷来自"漫溢心灵的人世关爱，如同涌出奔腾不息的喷泉"，爱德华·培森（Edward Payson）牧师在 1830 年如此写道。后来，奔涌的喷泉逐渐变成了物质财富与恩典的象征。1854 年出版的一本风靡一时的（教人如何发财的）小册子以一句引语开篇："只需用果断的魔杖碰触源头，泉水便源源不断喷薄而出，你将遵循我们的指引。"[15]由此，原本是满溢着精神丰裕的神秘梦想，也被转变为世俗的市场语言。有感情的人和现代消费者之间看起来相差十万八千里，但是这种对感性的主动赏味（后世的专家们将它鄙视为媚俗 [kitsch]）在十九、二十世纪却成为许多全国性广告的核心卖点。

不管是狂喜的圣人，还是世俗的有感情的人，他们都代表了颠覆性的理想；他们都反对自我控制，并将永不满足的欲望神圣化。就像发源于新教传统外部的魔法奇想一样，发源于新教传统内部的反律法派（antinomian）和无主见派的情感主义与主流道德主义观相比，提倡了一种更富变化性的自我，无论在商品领域还是在其他领域，都鼓励一种实验性的态度。

不过，这"另一种新教理论"同韦伯式的经济理性有一点相同：它使人们的视线从物质存在的粪土中移开，投向理想的天堂。对感性的赏味，符合浪漫主义重视想象忽视现实的一贯作风；济慈（Keats）在《希腊古瓮咏》（"Ode on a Grecian Urn", 1819）中便写道："可闻曲自佳，无闻曲逾妙。"在浪漫派新教主义的保护下，消费的功能从原来单纯为了填饱肚子转变为欣赏与渴望。[16]

直到二十世纪，公司广告主才常规化地将未满足的渴望与消费联系起来，通过引导风尚潮流变化和有计划地淘汰的政策，力图使商品一旦售出便丧失其魔法特性。不过，甚至早在现代早期，这种对欲望的去物质化就已经对购物行为产生了影响。从早期现代消费者的观点来看，狂欢市集特殊就特殊在"新奇、稀缺，未为我所有"，异域商品的诱惑力不在它们本身，而在它们所代表的奇幻可能性。商贩与店主摆出的货物极为养眼，占尽了顾客的注意力，在消费主体与欲望客体间架起一座富含情色意味的桥梁。为了维持这种色欲，必须让顾客得到的满足最多也就是昙花一现，转瞬即逝。

宗教与商业联手，在心灵上而不是物质上改写了丰裕的定义。有证据表明，早期现代的消费者也许已经拥抱了这种去物质化的定义。据记载，有些人顾不上吃喝住行，只将注意力集中在流行商品上。有学者对工业化前的英国与北美消费观的最新研究有力表明，"听起来也许很矛盾，有些人用茶杯品茶，身着印花棉袍，铺着亚麻布入睡，而他往往是填不饱肚子、没力气工作、只能住一居室的人"。[17]

这"另一种新教伦理"破坏了精英阶级勤俭与克己的戒律，在很大程度上塑造了萌芽期商业文化的核心"匮乏力"和欲望力。感性教发源于十八世纪，在十九世纪逐渐浪漫化、大众化、性别化（因为社会认为女人才是感性的）。这种文化分工更加巩固了女性与消费之间的联系。

但是这种对强烈情感为了赞美而赞美的浪漫做法，还产生了更微妙的影响。它可能同新教道德主义融合，创造了美国式的狂欢商业文化。欧洲的古老传统强调流动的、混杂的道德与社会身份，赞美性与暴力，所谓暴、色，性也。美国式狂欢也差不多赞美同样的事物，但美国人是在远处偷瞥，不敢大张旗鼓在公众场合欢庆，而且总是过分强调事物的说教意义。这种态度如果印在纸上，就称为文学煽情主义（literary sensationalism）。

　　美国读者早期的特点，就是极度渴望感官刺激的故事。十九世纪二三十年代，在美国的流行文学中，充斥着吸血、虐待、恋尸和诱拐儿童的场面。煽情主义本质就是狂欢，只不过披上了后启蒙运动的外衣而已。加尔文教派的死刑布道刻意强调邪恶的普遍性，绞刑犯与围观群众共同拥有堕落的内核；后来，随着歌颂人性善良的浪漫主义与自由主义传播开来，历史学家卡莲·哈勒图南（Karen Halttunen）敏锐指出，对凶残罪犯的描写强调罪犯与普通人之间无法逾越的鸿沟。杀人犯再也不像普通人一样，而是"人形野兽"。但尽管道学家们努力使体面公民远离兽行，色情与暴力煽情主义的商贩仍然挑逗着读者的下半身与人的"动物"本能，至少批评家们是如此谴责的。[18]

　　这些矛盾，有时可以用批评家大卫·雷诺兹（David Reynolds）称为"不道德的说教"（immoral didacticism）的矛盾修辞法解决。说教内容重新采用了当年新教徒与资产阶级改革家对欧洲狂欢节采取的策略：在力所能及的地方扑杀与遏制，在力所不及的地方隔离出一个统一、勤恳的自我，不会屈服于城市生活的无形状与失控带来的刺激。在道学家眼中，城市就像记者乔治·福斯特（George Foster）在《纽约杂记》（*New York in Slices*，1848）中试图证明的一样，是"令人作呕的污秽之所"：账房的小职员一天到晚坐在位子上干着无聊的工作，晚上只能孤独地频繁自慰；只要有钱，任何"酒场"与"牡蛎地窖"中都可以买到酒精、毒品与妓女。[19]

　　尽管福斯特表面上道义凛然，但字里行间透露出对感官刺激的痴迷。他如此描写一个高雅的地窖：

　　我们跌跌撞撞进入的这个地窖，不就正像是阿拉丁进入的洞窟一样吗？展现在四周的景象就像一座绚丽的迷宫一般，五光十色的玻璃，华丽的锦缎，昏暗的灯光，如镜中一般一层层的拱廊，结上了天蓝与深红色的花彩，被黄金色的雕刻围绕，内部则镶嵌了光滑的玻璃。一座春季最新款的长沙发凳迎接着我们，四周的墙壁点缀着精致奢华的画像，时而一只鸟雀在兰西尔（Landseer）的画架上扑展翅膀，时而一位半裸的女子在布罗夏尔（Brochart）的作品下散发出迷人的光彩。[20]

这种充满异域风情的丰裕景象，将感性教带进地下室，运用"绚丽""精致""奢华"等优雅的词汇来描绘一间平民化的都市沙龙。福斯特使用了常见的修辞手法，撕下了奢华的面纱，露出了下面掩盖的"好色之徒、浪荡子和赌徒"，这些人利用牡蛎地窖来诱惑涉世未深的小伙子进入"更加高端、更加迷乱的神秘挥霍世界"。这种揭露式的手法，在很大程度上体现了说教煽情主义（didactic sensationalism）的特点：撕破虚伪的表皮，露出腐烂的实质。在城市不断变形的过程中，记者们一面迫切希望揭露被掩盖的腐败，一面又不自觉显露出自己对这些"污秽"的兴奋之情。

煽情主义散播了感性教，重新构建了消费行为，将人们的注意力从占有的满足感转移到对购物的兴奋期盼上。在新兴的消费经济中，来自异域的商品充满了狂欢式的蕴意，贩卖这些物品的商贩本身也象征了这种蕴意。但是同欧洲祖先们相比，美国式的狂欢对肉欲的赞美更为间接；美国新教对丰裕的定义既包含肉体方面，又包含心理方面，既让人亲身参与，又供人远远观赏。

对消费市场的扩张来说，最重要的任务是激发消费者的幻想。到了十九世纪三四十年代，就连最体面的企业家都开始为新产品增添感官刺激。巴纳姆也好，他在乡下的模仿者们也好，这些博物馆推广者的核心卖点就是异域风情；巴纳姆的第一个也是最有名的地产本身就是一个大广告，名为伊朗斯坦（Iranistan），是 1846 年在康涅狄格州布里奇波特市（Bridgeport）附近建造的一座奇幻的"东方别墅"（图 2.1）。神秘的东方在人们心中一直与灵药和奢侈品联系在一起，维多利亚中期的作家们时刻没有忘记提醒公众这一点。"印度就是商

图 2.1　P. T. 巴纳姆的庄园，伊朗斯坦，版画，1846 年。（康涅狄格州）布里奇波特公共图书馆历史收藏品。

P.T. Barnum's estate, Iranistan, engraving, 1846. Historical collections, Bridgeport (Connecticut) Public Library.

界的俄斐（Ophir）①。"一位投稿人在 1853 年的《高第名媛书册》（*Godey's Lady's Book*，下文简称《高第》）中明确写道。时尚杂志中画满了袒胸露乳的褐肤女性，比如 1851 年《彼得森》（*Peterson's*）杂志某一期的《切尔克斯美女图》（*The Circassian Beauty*），由于地理与文化的差距，此类色情制品反倒可以被社会接受。等到了十九世纪五十年代，时尚服装经常被摆在异域商品中间展出：比如土耳其披肩，卡斯提尔（Castillian）斗篷，还有东方披肩（*écharpe Orientale*），等等。[21]

当时越来越流行的软垫家具也染上了异域气息。《一千零一夜》传得家喻户晓（1707 年首次译成英文，但直到十九世纪三十年代才到处有售），"魔毯"这个词进入了日常俗语，最终被用滥了。掀开陈

---

①　《圣经·列王记》中生产黄金宝石的地方。——译者

词滥调，能够看到背后的思维：商品话语一直保留着魔法的意味。甚至连百货商店老板 A. T. 斯图尔特（A. T. Stewart）这样谨慎的苏格兰人，1863 年在纽约百老汇与第十大道的路口盖商店时，都把内部装修成当时流行的东方主题。与他原来在几街区外的又老又破旧的店铺相比，新店配备了"奢华的坐垫……柔软的波斯地毯……如霜似仙的蕾丝帷幔"（《高第》写道）。异国风情堂而皇之地登入了体面资产阶级的殿堂。[22]

不过，这并不意味美国人已经变成了一群堕落的消费者。在社会各个阶层中，人们都为商品积累深深感到焦虑。焦虑的理由有好几条，十分复杂。有一条是精英阶层害怕中产阶级与底层阶级往上爬。另一条更精妙也更普遍，扎根于两种新教伦理之间的辩证关系。清教 – 共和的道德传统不仅主宰着精英阶级的意识，也主宰着普通民众的意识，宣扬着当时占主流的思想：商业会误导人放弃公众利益投身个人私利，从公民美德滑向社会堕落。这种观点有时同渴望异域奢侈品的观点别扭地共存着，使人们对炫富怀有一种复杂的情感。

从顽固的共和观点（也是男性观点）来看，异国风情能使人在某种程度上"丧失男子气概"。1854 年，亨利·大卫·梭罗（Henry David Thoreau）就抱怨道，火车车厢已经变得和现代客厅一样了："长沙发凳，软垫凳，遮阳伞，还有上百种东方物件，我们正带着这些东西向西进发。这些玩意儿的主人，本应是伊斯兰闺房那些太太们，或者天朝帝国的二刈子。美国男儿连知道这些东西叫什么都应该感到羞耻。"[23] 在挑逗情欲幻想方面，温暖豪华的内部装潢可比共和派人士提倡的简朴主义要适合多了。

美德与奢侈之间的矛盾众人皆知，起码无数研究过清教 – 共和传统的美国历史学家都清楚，因为他们写了成山的文章与专著来证明或否认这种传统的政治意义。[24] 然而，这种传统如何解决有关市场上扭曲现象的焦虑，却没有太多人关注。自从宗教改革以来，新教的加尔文派（Calvinist）与虔敬派（Pietist）一直在培养对戏剧化表象的不信任情绪：救赎不是从外表而来，而是发自内心的体验。所有的人造事物，礼仪上的、服装上的、语言上的，都应该受到谴责，因为它们掩盖了每一位虔诚的基督徒心中真正的精神生活。

真实性（authenticity）与人工性（artifice）之间的张力，正是盎格鲁裔美国人新教文化的核心所在，而言语朴素的"诚实汉"（gudeman）就是这种文化的道德宇宙的核心。（这种文化的世俗版本推动了法国的启蒙运动。）为社区健康开出的处方，既包括过朴素生活，也包括讲朴素语言。对语言透明度的要求，在十八世纪七十年代指导着共和宪制的讨论，选民愿意见到的不是"虚"的代表，而是"实"的代表：议员就像人们使用的文字一样，只不过是表达选民愿望的载体罢了。贯穿十九世纪，对朴素语言的要求都是民主文化中不可或缺的一部分。[25]朴素语言传统背后，蕴含着一个乌托邦式的愿景：在那里语言不会产生歧义，所想就是所说，所说就是所想。

真实性与人工性

新教对真实性的要求大大加深了人们对消费商品与贩卖手段的不信任感。受历史学家让－克利斯多夫·阿格纽（Jean-Christophe Agnew）研究的启发，我们可以说，盎格鲁新教之所以坚持朴素语言的传统，是力图澄清在市场关系越过传统界限、渗透英格兰社会后产生的各种模糊动机与含义。在十七、十八世纪的伦敦，买卖双方的关系越来越充满流动性、匿名性与不信任。对卖家而言，要想取得市场成功，愈发需要戏剧化地操纵外观变化。早在 1610 年，詹姆士一世时期的戏剧作家托马斯·德克（Thomas Dekker）与约翰·韦伯斯特（John Webster）就写道："发家暴富、生活安稳的人／必须拥有千张脸面。"到了1747年，理查德·坎贝尔（Richard Campbell）在写《伦敦生意人》（*The London Tradesman*）时指出，一个成功的商人必须"像普罗透斯一样变化多端，像月亮一样朝夕圆缺，能够不停发现新的东西"，才能跟上"时尚的潮起潮落"。[26] 在匿名的城市环境中，如伦敦或后来的美国沿海城市，很多观察家都指出，自我感觉可以不断变换形状。

随着表现现实与价值的新兴手法愈发转瞬即逝，这种不稳定的趋势有所加深。在蓬勃发展的货币经济中，纸张成为幻想的良好载体。文学与经济类虚构书籍、小说与钞票等等，都允许能指（signifier）流动得更加随意，脱离肉体与金钱这些具体的物品，实现去实体化。这就是巴纳姆等马戏团经理人通常使用的第一手，与他同时代的亚历山大·赫尔岑（Aleksandr Herzen）1855年说道："（他）非常清楚，在一个充斥着修辞、效果、语句、展览与广告的时代中，背后的秘密究竟是什么；他明白对当代的唯名论者（nominalist）来说，最重要的就是海报宣传！"赫尔岑描述的是一个蓬勃发展的图像营销行业。十九世纪中叶的几十年里，原来的图像生产转型为家庭手工业。到了十九世纪五十年代，彩色石印技术（chromolithography）成为大规模生产的主流技术，生产风俗画（genre scenes）、卡通与寓言图画，这些图像被应用到商业名片（trade cards）、广告以及"库利尔与艾夫斯"（Currier & Ives）等印刷公司大受欢迎的版画上。很多彩色石印匠都是德国移民，他们在纽约、巴尔的摩和辛辛那提等城市开店，从事最原始的劳动分工；他们的顾客各色人等都有，大多数是农民、店主和中产阶级家庭。他们生产的图画一般形式固定，但又力图流行、时尚、抓眼球。最成功的彩色石印匠之一是路易·普朗（Louis Prang，1824—1909）。1848年革命失败之后，1850年他与很多自由主义流亡者一起从德国来到了纽约。1856 年他在波士顿开了一爿小店，很快就将美洲禽鸟与南北战争将军的版画像生意做得风生水起；六十年代后期，他又开始为本地商人（不久就成为全国性商人）大规模生产彩色石印广告，发明"标准"商业名片：名片上画着通用图案，上面印上商人的名字和买卖信息。这些的确可以算是"漂浮的能指"（floating signifiers）了。[27]

彩色石印匠与大众记者和小说家联手打造了美国式的狂欢气氛，弥漫着永远变幻不停的表层感官刺激。美国都市的社会条件更是让这些图像如洪水般泛滥，很多观察家认为，美国的都市环境对个人自我认同的稳定性起着巨大的颠覆作用。一是匿名性，二是人在社会中如同沧海一粟的感觉，三是流动性，四是与邻居、熟人缺少深交，这些加在一起使人的感受条理紊乱、纷乱错杂。随着社会越来越城市化、匿名化，沃尔特·惠特曼（Walt Whitman）笔下的"对外表的担心怀疑"逐渐蔓延开来。道德宣传册和煽情小说将大都会描绘成一个神秘的地方：角色戴着不同的面具登场离场；眼中看到的全是假象；大街小巷到处都是骗子。闪亮的商品和感官刺激将人团团围住，让人越来越起疑心，现实的真实性转瞬即逝。煽情主义者、美国小说家乔治·利帕德（George Lippard）在极受欢迎的《贵格会之城》（*The Quaker City*，1845）中抓住了心理与经济之间的关系，书中一个角色如此描述都市生活："一切都昙花一现，转瞬即逝，时刻不停地变化着，没有一样东西实实在在！希望与恐惧、欺骗与信任、喜悦与痛苦，都捆在我们背上，就像小贩背着货物到处叫卖。"[28]书中提到了小贩，很说明问题：小贩正在将市场带往农村，小贩本身则代表并传播了市场的不稳定效果。

在这种情况下，也难怪清教传统的道学家坚持在心理上要求统一真实的自我保持延续性和透明性，即使不要求人们每天都能做到这点，起码也要将此作为道德的准绳。在大西洋两岸，对语言透明化的追求同克己自制的理念一起蓬勃发展，反击着在新兴商业社会中不断涌现的新的、多样化的狂欢倾向：比如铺天盖地的奢侈品带来的异国香艳，贩卖与使用这些商品时采用的虚假宣传，等等。言语朴素的道学家们对欺骗与炫耀感到痛心，他们眼见市场交换在文化中造成了含义的离心式脱落，试图将其稳定下来。新教传统为统一的人格提供了知识上与道德上的基础。不过，这种基础从来也没有看上去那么牢固；反戏剧化的禁欲主义传统虽然很有力，却面临着外部的挑战与内部的不稳定性，尤其在美国南北战争前混乱无序的文化环境中更是如此。

南北战争前的环境：魔法般的变形与流动的身份

这种混乱一部分来自新教的民主化发展。到了十九世纪二十年代，美国"激情"（enthusiastic）宗教的反律法派与无主见派汇入了福音派的奋兴主义（revivalism）潮流中。查尔斯·格兰蒂森·芬尼（Charles Grandison Finney）和其他奋兴主义者是一群乐天的阿民念主义者（Arminian）：他们相信人类能够通过做出正确的选择来拯救自身；人类只要有意志，就能够完成皈依带来的脱胎换骨。不过个人孤军奋战通常是不够的。芬尼的"新准则"，特别是他演说时手舞足蹈的生动风格与松散的皈依叙事（这种风格后来被称为"见证"[testimonial]），专门轰炸罪人的神经，直到他们唾弃"旧我"，拥抱重生者应许的"丰裕生活"。芬尼与其他阿民念派的奋兴主义者所宣扬的福音中，上帝是内在的（immanent），人类经过锤炼可达完美。他们挪用了另一种新教伦理的语言，在形容皈依体验（或者后来成圣[sanctification]带来的"第二次祝福"）时，暗示着自我的液态化：圣化的灵魂感到"精神上……融化了"；宗教信仰的感情喷泉喷涌出"一股虔诚、谦卑、殷切的关爱之情，我们的感知只起到引路的作用，引导虔诚的情感流，在正确的时间流向正确的地方"。有的时候，精神快感与肉体快感很难分清楚；很多批评家都同意 1835 年康涅狄格州一位神父的看法：在奋兴仪式上"生出的灵魂比获得拯救的要多"。看起来，即使是穷乡僻壤的福音派教徒，也可以"道德上是享乐的"。[29]

借助普及自我变形模式（广告主后来很容易地将这种自我变形模式用到了广告修辞策略中），芬尼等福音派的奋兴主义者在无意中为全国性广告的崛起大力耕耘适合其生长的文化土壤。难怪菲利普·沙夫（Philip Schaff）等保守派人士在 1844 年撰写的文章中将奋兴主义同小贩相提并论："每个神学浪人和小贩都可以笨拙地无证经营，大肆兜售假货。这种困惑所造成的后果，在以后就会凸现。"建制派精英对文化"困惑"的恐惧随着市场交易的发展和基督教的民主化逐渐加深。[30]

奋兴主义也将魔法奇想借用过来，不仅保证人们会实现完全变形，而且（历史学家乔恩·巴特勒 [Jon Butler] 指出）还挪用了"知识人"的治疗角色。当有困难的人来拜访时，知识人会仔细询问客人的身世背景，再施加解决眼前问题的最佳神秘主义治疗方法；福音派的神父同样这么做，区别在于：他在基督教的框架下解决问题，坚称烦恼的来访者真正的关切在于罪孽与救赎。[31] 福音派的教义一面给日常生活又箍上了一道枷锁，但同时也鼓励着对魔法般自我变形的渴望。

阿民念派奋兴主义者相信，个人能够与宇宙的力量相结合，实现完全的个人改变，这种观点非常适合十九世纪早期的流动经济环境。财富这个词原先还与土地、牲畜相关联，现在却越来越与房地产或股市"撞大运"联系在一起。这种趋势让道学家们担心不已，不过这似乎是大势所趋。早在十八世纪九十年代，蒂莫西·德怀特（Timothy Dwight）牧师就对纽约和新英格兰的投机趋势大加抱怨："在社会有些地方，一心向上爬的人可谓心比天高。他们相信财富可以一夜获得，不需要勤奋努力、勤俭持家，只要有运气或者极高的商业天赋就可以成功。"[32] 逃避着脚踏实地的辛勤劳动，投机者的行为其实就是合法的赌博。精于计算的背后，是急躁的非理性情绪。

当然，这只是很多新教批评者的看法，在他们眼中，投机就等同于发烧、发疯与魔法那一套歪理邪说。1842 年，也就是十九世纪第二次商业大崩溃之后的几年，小说家凯瑟琳·塞吉维克（Catherine Sedgwick）宣布：

> 那些人急于发家，抛弃了艰苦的进取、辛勤的劳作，偏离了聪明苦干的正道，偏偏去拥抱空想家和投机者的骗术，终于天谴降临在他们头上。人们头脑发热，随便轻信眼见的事物，到处欺诈行骗，把变戏法的都比了下去。变戏法的魔术师欺骗小孩子，让他相信植物一瞬间开花，不需要播种、生长、灌溉、施肥那些痛苦漫长的过程；还骗他相信铅弹塞进枪管，打出的却是金币。投机郎中们则将原来的戏法换了个花样：塞进枪管的是金子，打出来的只有声音和烟雾。不要混淆看戏法的和变戏法的，不要混淆被骗的和骗人的。社会已经被彻底荼毒，无论是愚者还是智者，统统都疯了。[33]

虽然到了十九世纪四十年代人们已经习惯将魔法与赚钱联系在一起（马克思与恩格斯从《共产主义宣言》开始就频繁使用这种修辞策略），但是塞吉维克的文章还有一些更具体的含义。投机者的魔法不但要绕开艰苦劳动，还想绕开自然规律（"播种、生长……那些痛苦漫长的过程"）；但到最后，只不过是失败的把戏，全是因为"疯狂"投资者的幼稚轻信，戏法才能短暂有效。塞吉维克的观点就是官方观点，在《麦高菲读本》（McGuffey Readers）和其他自助手册中供奉的就是这种观点：只有艰难困苦，只有勤奋努力，才能得到持久的胜利。

　　不过投资者不吃这一套，有时甚至可以在指南文学（advice literature）中瞥见他们当时真正的想法。比如《发财的艺术与秘密》（*The Art and Mystery of Making a Fortune*，1854）就坦白直率（作者匿名）地反驳了官方观点。文章嘲笑穷理查（Poor Richard）①的格言，提倡时刻留心抓住机遇，为金钱大唱赞美歌："全能的魔法师啊！让高尚的穷光蛋或堕落的富人渴求你的电镀；你就是被神祝福的存在！你前来解救承受痛苦的不幸者，用受辱的纯洁来将其覆盖。"这里提到的电镀，巧妙地引用了刚刚发明的技术革新（十九世纪四十年代），锅铁之类的便宜货都可以镀上银色或金色的外皮。这种最新版的炼金术，比传统的更具赤裸裸的欺骗性，正好刺中了言语朴素者最深层的恐惧：金玉其外，败絮其中（确实，餐具、门把手和其他家庭用品都用上了电镀）。《发财的艺术与秘密》的作者继续描写了不同的挣钱方法，每一种都带有一些不劳而获的调子：杀价收购票据、地产倒卖、"新奇物品展览"等，其中最重要的就是广告。能够广而告之的最佳产品（更准确地说是最佳"主题"）就是专利药。大规模生产根本无须成本，收益却如滚雪球成倍而来。我并不是说这本小册子代表了典型的南北战争前的指南文学；册子之所以让人吃惊，是它明里提供人生指南，暗里却宣扬成功学。杰克逊时代的经济学家理查德·希尔德列斯（Richard Hildreth）在 1840 年写道："当投机成功时，不管最开始显得多么歪门邪道，最终人们会对其大加称赞，将其称为*实业*；只有当投机失败时，人们才会对其大肆嘲讽、满腹怨气，并将其称作*泡沫*或者*骗局*。"可以想象，有多少"实业家"（多少年后他们肯定会说通向财富的唯一道路是勤奋）以塞吉维克谴责的"空想家和投机者"方式开始了自己的事业。对成功最简洁准确的描述，是西蒙·萨格斯上校（Captain Simon Suggs）说出来的（他是幽默作家

————————

① 穷理查是本杰明·富兰克林写《穷理查年鉴》时用的笔名。——译者

约翰森·琼斯·胡珀 [Johnson Jones Hooper] 十九世纪四十年代笔下的虚构人物，一个大骗子）："在新生的国家里，人要多变。"[34]

共和国早期的经济生活到底有多混乱，理性与秩序的原则对市场关系的影响有多小，今天说起来都让人难以想象。直到 1863 年，全国还没有统一的货币；商业银行甚至个体商人都在发放纸币。人们都不知道在银行取出钞票后，在五十英里以外的地方还能不能花；从发行银行的位置算起，距离越远，钞票就越打折扣。印假钞的机会实际上毫无限制：实际不存在的银行"发行"的伪钞，写上假签名的真钞，倒闭银行发行的钞票上改换银行名字，所有这些商业票据在十九世纪上半叶的社会中广泛流通。此外，银行倒闭之快，使奸商们可以更加肆无忌惮地将废纸币转手给蒙骗无知的公众。（十九世纪五十年代有这么一个故事，讲述了当时凶猛制假的后果。沙尔科洛斯船长 [Captain Shallcross] 是密西西比河上的船夫，得知阿查法拉亚 [Atchafalaya] 银行的钞票已经废弃后，便试图向一位毫无戒心的木材商人兜售这些钞票。但是船长还没把船调转过来，木材商人就已经知道银行已倒闭，便要求将钞票绑起来，"一根换一根"来交换木材。）难怪鉴别假钞的杂志做得风生水起，也难怪直到十九世纪五十年代仍然有许多农民不愿使用现金，只信赖物物交换。[35]

毫无秩序可言的纸币流通状态，营造了一种弥漫整个社会的怀疑气氛，人们惧怕欺骗性的外表与时刻变换的身份。言语朴素者出于追求社会透明的理想，本来就不认为外表等同于内在，到了十九世纪四五十年代，他们对表里不一的警告更加激烈。《彼得森》《高第》和其他流行杂志总是在提醒世人"发光的并不都是金子"。魅力十足的角色与温文尔雅的角色最后都被揭露为骗子，因为骑马摔下来甩掉假发、关上门后向仆人大吼等行为恰好被人窥到。然而，对外表的不信任贯彻得并不彻底。人们认为观相术（尤其是相面）能够揭示人的内心性格。颅相学这种从人头颅形状看出性格的"科学"，就是出于这

个原因广泛流行，希望借助相面来透视内心情绪的行为也同样流行
（但更飘散）。（这种观点再升华，就是史威登堡 [Swedenborg] 的对应
准则 [doctrine of correspondences]，即每一个自然事实都隐藏着一个
精神事实；爱默生 [Emerson] 和超验主义者们 [Transcendentalists] 将
这种理论放宽并普及开来。）漂泊在充满陌生人的世界中，体面人士
被教导要在人群中寻觅"直率的阳刚外表"，避开骗子们充满诡计的
眼神。[36]

　　骗子的超实力与受害者的脆弱性都可以用比较原始的心理控制理
论来解释，即维多利亚时代的"影响力原则"（doctrine of influence）。
由于这个思想在很大程度上决定了广告主对受众的假设，也在社会上
培养起一种接受广告的氛围，这里有必要详细阐述一下。影响力的原
则认为，自由漂泊的城市青年（男女都算）摆脱了家庭与村社的束
缚，极有可能感染上骗子、赌徒和引诱者的恶习。"影响力"通过操
纵外观，尤其是面部，来实现目的。流行小说家乔治·利帕德在《皇
城》（The Empire City，1864）中完美捕捉到这个过程：

　　　　当无名者 [小说主人公] 发现她正盯着自己苍白虚弱的外表时，
　　血液中燃烧起一股熊熊烈火。这种感觉很难解释。仿佛陌生女人的
　　眼神中携带着强力的磁性，将自己牢牢控制住，突然将自己的意识
　　同这位美女的意识融合在一起了。

利帕德情热似火的文风是同类文学的典型代表；"影响力"经常富含
性的意味。[37]

　　"影响力"的信仰是如何起源的，已经无人知晓了；不过可以肯
定的是，就像卡莲·哈勒图南所说，起码有一部分发源于共和观点，
即害怕将个人的自治权交与他人，也有可能源自十九世纪中叶的传
染发酵学理论：一旦吸进肮脏的雾气，就能使人患上传染病。邪恶的

"影响力"就像霍乱一样，在南北战争前的美国城市中"漫天飞舞"。有一点可以肯定，人们开始认为，生存环境不安定也会造成心理不稳定，这也使大众愈发焦虑。[38]

最直接、最让人不安的"影响力"，应该算是梅斯默催眠术（mesmerism）了。催眠术传到美国时，早已富含物质主义与感官放浪的蕴意。弗朗兹·安东·梅斯默（Franz Anton Mesmer）就代表了美国人心目中理想的既不畏神灵又文明开化的浪子形象。他宣扬的"动物磁性"（animal magnetism）理论声称，病人的"磁液"能够被引导至"危机"与释放的状态，从而治愈肉体与精神上的痛苦。他的病人大多都是上流社会的贵妇们，他也大方承认雇了一群小伙子"对胸部进行指尖轻柔按摩"，还将手放在"人体最敏感部位的附近"。美国的催眠师们的社会地位比这位创始人边缘得多，在性的表达上却比他含蓄许多。不过，在佚名作者的《一位磁疗师的忏悔》（*Confessions of a Magnetizer*，1845）中，一位波士顿男子承认，在他与病人们（大多数是女性）之间产生了心灵感应后，当她们"表现出愿意同他做龌龊之事"时，他有时的确无法抵制诱惑。难怪当纳撒尼尔·霍桑（Nathaniel Hawthorne）的未婚妻说为了治疗她神秘的痛苦（有可能是心理问题导致的）想去看一位催眠师时，他惊恐万分；难怪他将"不可饶恕的罪恶"定义为对人心关爱之情的亵玩，即相当于"对人施加邪恶影响"。就像利帕德所写的，"磁性"一般就是性欲的婉转称呼而已。[39]

不过，除了性暗示之外，"影响力"的原则还包含其他含义。它有很多模棱两可的蕴意，可以引发不同的解读。尤其是在催眠的过程中，一个人将自己的意志拱手交给了另一个人处理，失去主动控制，无疑会让崇尚自治者极其不安。"即使未经我同意，高手也能够通过集中他的意志让我睡着"，这种想法把爱默生吓得够呛，他建议想要躲避被动物磁性理论者控制的人"离钥匙孔远点"。不过，不是每个人都这么谨慎："影响力"的原则中蕴含的流动自我的概念，可以被操控着流向不同的方向。芬尼的福音派信徒们挪用了"影响力"原则的语言（经常掺杂着明显的催眠含义）来描述他们的"新举措"。一位云游四方的奋兴主义者于1837年在纽约郊区写道，自己是"*可感知的神力流溢的接受器与渠道，通过自身可感知的影响传递给他人，就像电流在人之间传播一样*"。和道学家一样，牧师的关键窍门在于，抓住迷途的灵魂后，将其牢牢束缚在"品格"（character）的模子中，防止更多的邪恶流溢使其动摇。[40]

尽管有这样的希望，但"影响力"的问题仍然存在于大众话语中。南北战争之后，催眠术的性意味被升华至一种指导精神治疗的宗教语言和变化气质（denatured）的学院派"建议心理学"（suggestion psychology）语言，由此改良了"影响力"的含义。在新教灵魂治疗观念的庇护下，"影响力"被当作整体重生计划的有机组成部分，能够将肉体与精神融为一体，将催眠术转化为有益的力量。确实，当催眠术与通灵术（spiritualism）合二为一时，的确需要一种救赎的气氛，作为来世存在的证据。[41]不过，通灵术士者也好，催眠术士也好，都从来没有彻底洗脱江湖骗子的污点；由于一直都是被怀疑的对象，所以世人仍然害怕他们的邪恶影响。大众对"影响力"的执迷，恰恰显示出人们对独立自我的脆弱性感到非常忧虑。社会充满了骗子，任何一个骗子不但能够在心理上操控别人，也将自己伪装得很巧妙。随着时间的推移，广告主越来越像这些骗子，不管他们怎么挪用"影响力"的全新改良语言为自己洗白，都无济于事。

对"影响力"的担忧，也揭示了关于表征（representation）的根本问题，这个问题在十九世纪末与二十世纪持续影响着广告主与受众：在一个一切价值、含义、身份都在不停变化的社会中，如何表征价值、含义和个人身份？财富的基础加速转变，从土地变成更加抽象的替代资产，使消费品越来越适合（越来越需要）作为含义的载体。

不管言语朴素者多么蔑视时尚的虚荣浮华，到了十九世纪四五十年代，消费品附带了越来越重的文化包袱。新的形势为全国性广告主提供了一个前所未有的机会。

商品与含义：小贩的时代

很多学者都同意凡勃伦的观点，认为商品中蕴含的主要象征含义（除了功能之外）是一种对社会地位的追求动力。维多利亚时期家庭堆积成山的物件，物品点缀着厚重的装饰等现象，都被看作是偏离了共和派观念中对简朴的信仰，转而拥抱"大张旗鼓的消费"。这种看法将卖方的商品营销手法与买方的动机看得有些过于简单了。当然，穿戴使用时髦奢侈的人工品，象征着社会地位和身份有所提高，不过除此之外它们还有更加复杂的含义。它们证明，人可以在想象中进入一个充满异域感官体验与诱人戏剧性的世界，甚至可以进入一个模糊的、断断续续的梦境中，实现个人的变形。到了十九世纪四十年代，在巴纳姆和妇女杂志编辑们大力营造的异域丰裕形象中，充斥着东方主义情调；东方主义富含蕴意，象征着无边无垠的浩瀚大海，象征着重返母亲怀抱，从资产阶级的奋斗中逃脱，回到包含在羊膜中的液体世界。[42] 尽管在官方话语中个人身份固定不变，但在实际社会中并非如此，商品蕴含的过剩含义不管被用来代表社会地位还是个人幻想，都指向魔法变形的可能性。

精心挑选悉心打扮的服装与饰品，长久以来就有隐藏或炫耀个人僭越社会地位的潜在性。早在十八世纪九十年代，到康涅狄格州的英国旅人看到酒馆侍女居然佩戴耳环和其他珠宝，留下了深刻的印象，而历史学家更是惊讶于耳环这件饰品具有如此重要的意义。不管它代表了社会普遍的富足也好，还是象征着奢侈品打败了生活必需品也好，戴耳环的时尚都象征着女性的自我表达：既是欲望的主体也是欲望的客体。到了十九世纪四五十年代，随着时尚愈发大众化，通过使用富含情色意味的商品，富人和穷人都有机会频繁转变自我身份。性感魅力（glamour）成为时尚世界的主题。这个词在古苏格兰语中，最早指女巫的咒语；到了十九世纪中叶，这个词义已被驯化，但仍然保留了魔法的气场。只要在合适的环境穿戴合适的装扮，每个女人都有机会施加准魔法的"影响力"，尤其是针对男人。[43]

如果说服装与装饰能够改变自我的外表，那专利药融合了原始与异域习语的诱惑，能够为人提供更加完全的重生。白人殖民者夺走了印第安人的土地后，紧接着就盗取了印第安人的医药知识。十九世纪二十年代，纽约州中部有个人自称"印第安医师波泼教授"（Professor Popper, the Indian healer），有一天在当地市集表演吞火与魔术时，宣称自己为"老大夫哈沙流"（Old Doc Hashalew）。哈沙流宣称，他从"赛内卡和卡尤加印第安部落酋长那里获取了草药制作的神秘配方"，从中提炼精华，研制出称作"哈沙流灵药"的万能药。数十家秘药制造商也如法炮制，夸耀自己的药品提炼出了印第安人的旺盛精气或土耳其人的壮阳神功。当涉及阳萎问题时，用东方主义话语宣传，准保有效，比如1858年威廉·拉斐尔大夫（Dr. William Raphael）在辛辛那提贩卖的"拉斐尔壮阳大补药"。他坚称，配方是从贝多因部落的本·哈达德酋长（Sheik Ben Hadad）那里获得，酋长活到一百零九岁时，膝下已有七十七个子女，儿孙满堂。[44] 这种赤裸裸地承诺使用奥妙知识来返老还童的手法四处可见。很多专利药含有的可卡因、吗啡、海洛因或酒精起码能让人从新教的克己观念中暂时解脱；异域风情的修辞和图像志怂恿着人通过魔法的干预来实现自我变形。

在各种各样的消费品都带上奇异诱人的气场的同时，社会发展让人有更多的机会接触到异域商品。到十九世纪中叶，主要大城市都拥有众多时尚用品商店、布料商场，甚至有百货商场。而在乡村，消费文化则是商店主与流动小贩带来的（如果乡村的萌芽消费行为足以称得上消费文化的话）。

在这些社会群体中，小贩可以说是全国性广告主的最初形态。在小贩的帮助下，社会建立起采购的基本模式，这种模式随后在工业资本主义时代得以进一步深入和扩大。若把复杂过程说得过于简单一点，小贩是文化狂欢化的开拓者与商品拜物教的传播者。云游画匠向肖像画法垄断团体发起了挑战，将这项艺术提供给更为广泛的消费群体；书贩将主流文化视为道德败坏的地下书籍散播到各地；十九世纪初，新英格兰乡下最畅销的地下书籍约翰·克利兰（John Cleland）的色情小说《凡妮·希尔：享乐女人的回忆录》（*Fanny Hill; or Memoirs of a Woman of Pleasure*①）就几乎全是由流动小贩兜售出去的。[45]

小贩兜售的商品来源都很神秘，很适合某一类商品的宣传，比如钟表（而不是锡制餐具）或者香水（而不是纺织品）。最神秘的也许要算专利药的来源了。从十九世纪开始一直到二十世纪，药商们在保护"秘密配方"成分上花了吃奶的力气。（"nostrum"［秘药］这个词就是从"our secret"［我们的秘密］中衍生出来的。）宣扬拜物教并不是仅凭商品就能实现的，是商品加上销售环境才宣扬了拜物教。

商店主在村落社区里处在中心位置，但小贩不同，代表了村庄外部世界的刺激与威胁。店主在顾客的眼中既熟悉又靠谱，小贩是不能比的。（在这一点上，他同以后的全国性广告商倒是很像。）这种买卖双方之间淡薄、不稳定的关系，正代表了市场交易中最动荡的一面。[46]

在大众眼中，小贩变成了现代社会的骗子，只靠骗术不凭真本领

---

① Fanny Hill 还可以是"臀丘"的意思。——译者

来实现目的，特别是还运用了灵巧的戏剧性手法。到了十九世纪三十年代，在主流文化眼中，小贩确实成了娱乐艺人的代名词。霍桑就曾写过，一位小贩在 1838 年来到威廉姆斯学院（Williams College）的授业典礼上拍卖商品："让我站在那里听他讲上一天都可以。"（理性沉默的新兴纸媒文化的代表和古老的唇舌艺术的大师，两者之间这场邂逅，几乎具有原型 [archetypal] 意义。）骗子那捉摸不透的动机虽然让人不安，但他的娱乐手段转移了人们的注意力。[47]

不过在大众的想象中，小贩可不仅仅是骗子。他的流动性、边缘性，他的居无定所、奇异陌生等等特点，都为他赋予了丰富的神秘内涵。十九世纪美国的小贩横跨乡村与大都会，而且（就像 1509 年西班牙的项链商贩在佛罗伦萨广场上一样，见第一章）也连接了自然与超自然。与吞火西班牙人一脉相传，很多成功的避雷针小贩坦然夸赞自己是连接全能上帝与渺小人类的中间人角色。

更多情况下，小贩的神秘内涵会以较为含蓄的方式表达出来。与在南北战争前"漫步"（saunter）广大乡村地区的吉卜赛人、巡回演员和云游者（以及后来的莱利药品展）一样，小贩将光彩夺目的东方物品带到了地方观众的面前；确实，这些"漫步"的云游者们很容易让人想起与此极为相似的精神之旅或征途，至少梭罗是这么认为的，他认为 saunter 一词源于 *saun terre*（圣地），用来描述中世纪信徒去近东朝圣。在一些更具体的例子中，小贩也可以被视为神迹的特使。就像经典的魔术师大变兔子、鸽子或者围巾一样，小贩解开自己的包裹时，也呈现出让人惊诧不已的丰裕景象。在克莱门特·克拉克·莫尔（Clement Clarke Moore）的《圣尼古拉斯来访》（*A Visit from St. Nicholas*，1823）中，圣诞老人"看起来就像一个小贩，正在打开他的包裹"。围绕在小贩身边的超自然气场同样也会让人心神不定。南北战争前，在几十个广泛流传的鬼故事中，小贩都扮演了中心角色；1848 年冬天，在纽约郊区一处偏僻的农场里，被害小贩的鬼魂成了第一个接触福克斯姐妹（Fox sisters）的幽灵，姐妹俩后来在很大程度上掀起了大众宗教运动通灵术（Spiritualism）的热潮，帮助世人跨越今生与来世的门槛。[48]

一位英国旅行家约翰·伯纳德（John Bernard）1797年到1811年客居美国期间，描述了这样一个原型的场景：小贩来到田园秀丽的弗吉尼亚州山谷。夕阳西下，农民们放下了手中的农活；牛群正在悠闲地回家，孩童们在庭院里嬉笑玩耍，黑奴们在大门口高声大笑着。

看这群人吧，你会以为他们是一群悠闲的摩拉维亚人（Moravians），宽恕了所有的敌人，忘却了一切烦恼；突然，一位行人出现在小山之上，向山下慢步走来。他的双腿，在斜阳的照耀下，在身前拉出了半英里长的影子。看他的长棒，也许是一位朝圣者吧，但从他走路的姿态来看，什么都有，就是没有虔诚。渐渐地……人们对他起了疑心；终于，也许是有人从前受过骗，觉到了他的特征，大叫道："他要不是个北方佬，我就一头撞死！"听到这些话，大伙都被震惊了，没有突如其来的骚动，也没有猛然跳起、摔闭房门的举动，人们被下了咒语般一动不动，如同牛群在巨蟒袭来时一样麻痹。[49]

如果非要按字面意思来解释这段非常清楚自己文学性的文字，那就太傻了。这段话主要的意义就在文学性上，伯纳德运用了文学惯用手法塑造了人们在接下来几十年中对小贩（以及后来的广告主）的印象。段落开头描绘出一片和平富足的田园诗景象，蕴含宗教的意味；甚至那个小贩第一眼看上去也会让人误以为是朝圣者。不过很快他的目的就暴露出来，"什么都有，就是没有虔诚"；他的"长棒"既有宗教含义，也是阳具的象征。文章揭示道，他是一位具有欺骗性与威胁性的入侵者，用他那近乎催眠术的能力来抓住顾客的注意力，成功兜售商品。随后他便带着神秘的欢快脚步奔往下一个村庄或种植园。

这就是资本主义"现代化"大戏的主要场景：四处漂泊的大都会价值观代言人插入了质朴有机的社群，用闪光的物品来诱惑它，扰乱它的生活节奏，用他催眠般的"影响力"来唬住轻信的村民。这里的重点不在于这是不是真实历史，而在于这个故事包含的一系列图像深远地影响了后世人们对商业的表现手法。当然，"现代化"的大戏也可以从更加积极的角度来审视；全国性广告主在十九世纪后半叶就会系统化地推行这些积极的观点。不过，上述这原始场景体现出的文化模式（即理解这种场景所需的语言和视觉形式）却长久不衰。当北方佬跨越了文化与地区的隔阂，用他那狡猾算计的"观念"冲击着宾夕法尼亚州德裔居民或偏僻的弗吉尼亚村民们时，乡村与都会之间的矛盾就会显现，往往还会加深。

小贩与古代的"知识人"以及福音派的牧师（上帝的"知识人"）有很多相似之处。小贩纷纷跑到奋兴主义的集会，（就像奋兴主义一样）运用"影响力"，向受众兜售人生指南，并（尤其是手中有神秘的灵药要卖时）承诺一种魔法般的变形。就像云游四方的奋兴主义者，小贩永远在路上，深深吸引着各地的女顾客，以三寸不烂之舌警示世人并引用被救赎者的见证吸引受众。从胡珀笔下的西蒙·萨格斯到马克·吐温的贝莱亚·塞勒斯（Beriah Sellers），幽默作家们将骗子形象地比喻为传教士，又将传教士比喻为小贩。在他们眼中，小贩与传教士都是自然与超自然的中介，在人们心中唤起怀疑、激动与惊异等各种情绪。菲茨-格林·哈勒克（Fitz-Greene Halleck）在他的诗《康涅狄格》（"Connecticut"，1819）里就捕捉到那样一些暧昧之意：

> ……一些变节者正在瞎搞着
>
> 商品、英镑、先令、便士，
>
> 并在南方地区四处游荡着，兜售着，
>
> 拿着韦伯斯特的拼写书教人们识字；

英勇圣洁，弘爱布道，

他们用自己称为"钩刮拐骗"的方法，

用道学家称为"大言不惭"的手段，

养家糊口。弗吉尼亚人看着

他们的目光，就像

加百列在天堂看着魔鬼。[50]

在仅仅几行诗里，小贩就被称为"变节者"甚至是恶魔，同时又"英勇圣洁"。这首诗揭示出，就像路西法（Lucifer）或赫尔墨斯（Hermes）的神秘象征性一样，小贩这个形象也能够体现出社会文化最深层次的矛盾。

与伯纳德描写小贩进入弗吉尼亚山谷相同，哈勒克的诗也指出，人们对小贩的看法，可能因为地区或民族不同而有所差异。只有"弗吉尼亚人"才倾向于将小贩诋毁为瞎搞的北方佬。民间传说中，南北战争前的小贩经常是北方佬（早期）或犹太人（十九世纪三十年代以后）的形象。在民间的想象中，这两个群体都居无定所，都是狡猾的市场交换者，大举入侵乡村，激发乡民的忧虑与迷恋。十九世纪三十年代，这两个群体的原型形象是可以互换的。

进入四十年代，随着老派新教徒从事的行业更加主流化，德裔犹太人更成为小贩文化传说的突出代表。民间对犹太人自古至今的成见，让人们对商品交换的转瞬即逝性及不可靠性的忧虑自然地落在了犹太人身上。一位作者在《商业轶事奇闻百科全书》（*Cyclopedia of Commercial and Business Anecdotes*，1864）中称，在法王腓力二世（Philip Augustus，1180—1223）执政期间，从法国逃往伦巴第的犹太人"发现了能够用无形的财富来替代有形财富的方法，无形的财富能够传送到各地，不留任何行踪"。小贩也同样拥有这种不会被问责的特点；公众越来越将他们的流动性、边缘性同犹太人联系起来。"众所周知，犹太人是一个不安分的、四处流浪的民族。"约翰·伯尚·琼斯（John Beauchamp Jones）的《西方商人》（*The Western Merchant*，1850）主角卢克·索特菲尔德（Luke Shortfield）这样说，"夏洛克（Shylock）①喜欢在河流上游荡，将他轻松带往'未知的地方'，方便获利。"南北战争前的犹太人形象就是间隙人物（liminal figure），不但像北方佬一样骗人，还富有异域色彩。"这些奇妙的人将他们的东方血统一直延续到了现在。"小说家约瑟夫·霍尔特·英格拉翰（Joseph Holt Ingraham）在 1860 年写道。在外表与社会行为上，犹太小贩可谓神秘东方商业技艺的缩影。埃德加·罗森伯格（Edgar Rosenberg）指出，从修道士刘易斯（Monk Lewis）的《修道士》（*The Monk*，1796）开始，"流浪的犹太人"（Wandering Jew）的文学含义从原来的基督教义反面教材，逐渐变成了"在世俗间挥舞巫术的黑魔法师"。小贩就是背个包袱的"流浪的犹太人"，承诺人们通过买买买就能从枯燥无味的日常生活中解脱；他也像夏洛克一样，时刻都有可能骗人。随着狂欢节在新教美国的市场社会中渐渐边缘化，边缘的犹太人则从受害者转变为体现着狂欢冲动的角色。[51]

　　不管小贩是什么民族，他已经成为新兴市场社会焦虑的焦点。在充满流动的身份、虚假的表征与频繁的地位变动的世界中，小贩与其顾客的相遇，既激动人心又让人深感不安。个中意味由多种形式表现了出来。

　　最常见的形式就是幽默。关于小贩的幽默经常出现撒谎和套路的情节，在十九世纪早期流行文化中随处可见；在新兴的创业型社会（entrepreneurial society）中，笑话的主题一般围绕着诡计展开。比如十九世纪五十年代伊利诺伊州农村的一个笑话讲道，一个北方佬高喊着"有诗云，'滋发养颜，修身养性'！"四处兜售专利药"哥伦比

---

① 莎士比亚名剧《威尼斯商人》中放高利贷的犹太商人。——译者

亚软膏"。他以一美元的价格将一瓶膏卖给了治安官，但治安官要检查他的执照。小贩掏出详细的证件，治安官没什么可说了。但他留着"哥伦比亚软膏"也没用，就以二十五美分卖还给了小贩。接着，这个北方佬就指责治安官无照贩卖货物，在邻村提起控诉，结果治安官被罚了八美元。故事总结道："想抓住一个活的北方佬，还不如去逮一条泥鳅更省力气。"这里我们能看出一个熟悉的模式：小贩代表了处于间隙的诡术师，颠覆现有权威，嘲笑其虚伪本质。某种意义上，由于商业环境不确定，充满危险，这种模式也许起到了让人安心的作用：笑话让人看到，普通人是可以用机智和手腕控制比自己地位高的官老爷的。如果笑话中小贩整治的对象是普通的张三（而不是地方的长官），这种幽默就会让人不安了。若是这样，那么历史学家尼尔·哈利斯（Neil Harris）称作"操作性美学"（the operational aesthetic）的情况就很有可能出现：人们有可能被小贩的灵巧手段所吸引，将对骗术的忧虑抛在脑后。不过，敌意是不可能从根本上消除的。新英格兰民间俗语中就将臭鼬称为"精油小贩"（essence peddler）。很多传说中，小贩被上当的顾客所杀，又化为鬼魂回来折磨凶手。小贩幽默除了能够让人安心，也富含暴力和恐惧的意味。[52]

小贩作为诡术师的形象，带来了不同的反应；而小贩作为引诱者的形象，则更让人感到不安。从十八世纪后期开始，很多观察人士指出，小贩（就像福音派的传教士）专挑女性发动强烈攻势。这不是说女人好打交道。李迫（Rip Van Winkle）的老婆就"面对一位新英格兰的小贩，盛怒之下爆裂了血管"。不过很多女性的确觉得小贩非常迷人。一位新英格兰流动书商约翰·丹顿（John Dunton）在 1811 年说道，在新英格兰地区一提起贞妇，人们就会想到"她从来不去市集，从不和小摊贩（chapmen）打交道"。[53] 即使在十九世纪三四十年代《高第》与《彼得森》兴起之后，很多偏远地区的女性依然向小贩们讨教流行时尚的话题。

　　这种现象自然会激起朴素丈夫的愤怒，指责老婆轻易把闪光的都当作金子。丈夫、妻子与小贩之间的三角关系，是很多描写商业关系的文章的主题。比如《高第》1841 年发表的一首诗《苏格兰小贩》（"The Scotch Peddlar"）中，一名小贩带着"充满诱惑的玩意儿"来到"幽闭的高地山谷"：

> 那些柔滑的薄纱织物与艳丽的花格布匹，
> 还有那一箱子镀金的小玩意。

小贩极力吹捧商品的价值，以至于"这无赖的恶棍，将自己都蒙骗"。哎呀，他贩卖的东西"光彩夺目，却转瞬即逝"——

> 那些炫耀的花朵生来就为了凋谢，
> 那些绚丽的色彩唯一的目的就是飞灭。
> 当这些涂漆逐渐褪去时，
> 你看，美丽的花儿何处是？
> 那些色彩轻柔地去向何方？
> 哎呀！生命短暂却已荡殇；
> 那些红晕，原本那么可爱，
> 会像小贩一样，消失不再！

小贩自己的存在，就像货物的色彩一样转瞬即逝。

　　太太们被小贩的"甜言蜜语"蒙骗，不过家里的"诚实汉"可不会：一位脚踏实地的男人，"受大自然的开放书籍熏陶见多识广……在市场中摸爬滚打/对商贩了解得无以复加"。（到了 1841 年，即使在这种批判性的观点中，市场也已经成为"自然"的一部分。）他"无法忍受欺骗"——

> 他的手放在钱包上，留心着
>
> 危险降临；他将钱包紧握着。
>
> 从动作来看已经十分明显，
>
> 他，绝不会花出自己的钱。

从人类学和词源学来讲，钱包（purse）与外阴（vulva）之间存在紧密联系，这就说明，丈夫与小贩之间是一种性敌对状态。这首诗最后希望，美国知识阶层能够拥有这种"诚实汉"的朴素常识：

> 在这个银行和泡沫的艰难年代，
>
> 人会陷入持家理财的种种阴霾，
>
> 人们从梦境中苏醒，
>
> 跌出了黄金国美景，
>
> 看到自己选择了一堆废物，
>
> 脸红，却已经来不及悔悟，
>
> 它们会在短暂的一天之内，
>
> 长出老鹰的翅膀远走高飞！

从这个角度来看，妻子就像投资者一样，将希望寄托于虚无缥缈的事情上；同投机者的泡沫相比，小贩的小玩意儿也现实不到哪里去。[54]

尽管如此，这些闪闪发光的货物还是有一种让人难以抗拒的魅力。小贩不仅是丈夫眼中侵犯自己性地盘的潜在情敌，还是神秘"影响力"的代言人。就像福音派牧师与催眠师（另一种流动的骗子），小贩对女性尤其具有"影响力"。如果贩卖的是专利药，他就同催眠师一样，知悉深奥的祖传知识；如果贩卖的是衣物、香水或珠宝，他就浑身散发着夺目光彩与迷人魅力（fascination），这个词原本也是专门形容魔法咒语的。虽然到了十九世纪四十年代后，对咒语的信仰毫无疑问逐渐削弱下去了，但小贩的"影响力"仍然拥有丰富的内涵；最糟糕的情况是，这种"影响力"甚至可以让人上瘾。1848 年一期《高第》上，安·波特（Ann Porter）发表了一首诗《驱逐小贩》（"The Banishment of the Peddlers"）。当时美国社会德裔犹太人商贩已经四处可见，因此诗句充斥着刺耳的反犹太主义腔调。诗的内容是，一个小镇的妇女们决定联合抵制所有商店，直到他们不卖酒为止。除了一位店主之外，其余的店主都屈服了。

> 太太们，他说，你们很清楚。
> 小贩不停地骚扰着我们小镇，
> 用那些小玩意儿赚取你们的钱财，
> 那个下流粗俗得无以复加的民族。

> 如果你们一口回绝，
> 不再和犹太人交易，
> 我就会立刻不再卖酒，
> 一生都绝不会反悔。

虽然"妇女们对这些背包小贩 / 仍然怀有一些感情"，她们仍然屈从于"勇敢者"的意见：小贩和酒精相关的东西都被驱逐出村子。诗用戏剧化的手法展现出社会主流的新教零售商与云游四方的犹太小贩之间不断发展的社会矛盾；不是说消费本身不对，而是说从具有特别"影响力"的犹太小贩那里消费是不对的，诗中将其与酒精上瘾画等号。《驱逐小贩》将小贩和酗酒相提并论，激发了人们心中的恐惧，即购物行为如果不加节制和界限，有可能让人松懈自制；同时，诗也将购买行为视为性别矛盾的现象。众所周知的男人对女人奢侈浪费的不信任态度，加上小贩作为情敌出场，进一步巩固了消费的三角关系图像。[55]

　　这种图像一直延续到了当代：贩卖行为依旧等同于引诱，广告主等同于引诱者，女性等同于受害者。这种生命力极强的三角模式也许可以解释为什么一些学者认为，女性参与到市场交换活动中可以推动妇女解放。从这种角度看，小贩（充满魅惑力的市场交换代言人）在诡术的掩盖之下，其实是反对男权的敌人；对孤立无援的乡村妇女来说，小贩为她们指明了摆脱农场束缚、奔向大都市的道路，女性可以通过个人装饰打扮来强调不同的自我。这种观点并不是完全错误的，但它是一种文化限定的观点，将事情看得过于简单。它假设女性自治只有在城市环境中才能实现，忽视了（比如）中西部农场妇女们日记中的独立思想。它没有注意到女性消费者其实只是换了一个男性主人而已：抛弃了乡村的父权，选择了城市的时尚引领者。此外它也没有注意到，在金钱经济中，男性对成功的追求导致了地理上与财务上的不稳定，女性因此产生了合理的不信任情绪，特别是对孤独与丧失的恐惧。婚姻其实很可怕，不光是因为女性要全心全意服从于一个男人，有可能摊上一个放荡的混蛋或疯癫的金融骗子，还因为结婚通常意味着女性要彻底与家庭和朋友告别。市场交换活动带来的自由，可以激动人心，也可以让人不安。难怪，当女性接触时尚与消费的世界时，通常都带有很深的不确定感。[56]

　　男人其实也存在类似的混乱问题。妇女杂志经常写道，男人痴迷雪茄、红酒与雄鹿聚会（stag outings）①，就像女人热衷衣服和饰品一样：所谓铺张浪费，要看是谁说的。更重要的是，分别、离家与个性化所导致的焦虑，在男人身上绝不比女人少。在不断演变的男性社会活动中，对成功的渴望和失败的威胁时时刻刻鞭策着男人们。站得高　点来看，不论男女，都为市场交换行为感到激动，同时又因为市

————————

① 指只允许男性参加的活动。——译者

场活动让人晕头转向而感到厌恶。[57]

最根本层面上的恐惧，如《驱逐小贩》描述的一样，是如若不加节制和界限，消费能够摧毁人的自制。市场交换及其代表的贪婪与异域感官刺激，散发出强大的诱惑力。维多利亚时期道学家最可怕的噩梦，就是当人进入市场的磁场时，道德与智力的陀螺仪会失控：在流动的金钱经济中，对个人变形的追求会导致疯狂和死亡。回想一下凯瑟琳·塞吉维克对十九世纪三十年代投机热潮的控诉："社会已经被彻底荼毒，无论是愚者还是智者，统统都疯了。"畅销小说也宣扬着这种危险，疯狂投机者的形象变成了常用套路。比如1858年一期《高第》中刊载了这样的故事：一位布兰登先生"在时代的浮躁气氛影响下，不断投机、投机再投机，直到成功把他逼疯；当失败降临时，他仍然疯狂投机，终于一败涂地"。对女人来说，进入时尚的领域也是一样危险。1866年一期《彼得森》的社论刊登了一位医生与另一位男性在时尚舞会上的一段对话；他们彬彬有礼的对话经常被一位可爱高贵少妇的"狂笑"打断，这位女性是现场穿着最时尚、最幽默的女性（也许还是最有权势、对《彼得森》男性编辑们最具威胁性的女人）。医生凭直觉说，他察觉到了狂笑中的癫狂。果然，少妇的丈夫六个月后在一次仓库事故中去世后，她就被送进了疯人院。对社交光彩的追求，有可能像搞投机一样危险，精力逐渐枯竭，最后无论经济上还是心理上都面临崩溃的危险。[58]

对于十九世纪中叶新兴的美国资产阶级领袖来说，首要任务就是控制住市场交换对文化和心理的冲击。当然这不是他们刻意给自己设定的任务，但任务的重要性他们都清楚。消费品具有颠覆性，允许人在想象中跃出平淡的日常生活，飞进奇异丰裕的感官世界。（尤其是当流动小贩来贩卖这些商品时，其中的魔法含义更加明显。）资产阶级文化领袖，如法官、记者、牧师与其他道学家，使出浑身解数，试图遏制住这种市场交换的离心能量。

注释

1. Marcus Dickey, *The Youth of James Whitcomb Riley* (Indianapolis, 1919), pp. 105-10.

2. Ibid., pp. 110-31.

3. Ibid., pp. 193-211.

4. 关于本传统最充分的讨论，特别是专利药品展的话题，是 Brooks McNamara, *Step Right Up* (Garden City, N.Y., 1976)。

5. 关于流浪汉体文学的狂欢式影响，见 Mikhail Bakhtin, "Discourse in the Novel," in *The Dialogic Imagination: Four Essays by M. M. Bakhtin*, ed. Michael Holquist, trans. Caryl Emerson and Michael Holquist (Austin, Texas, 1981), p. 408. 关于美国新兴市场社会的关键文化和经济背景，见 Lewis Perry, *Boats Against the Current: American Culture Between Revolution and Modernity, 1820-1860* (New York: 1993), esp. part 4; and Winifred Rothenberg, *From Market-places to Market Economy: The Transformation of Rural Massachusetts, 1750-1850* (Chicago, 1992)。

6. Peter Benes, "Itinerant Entertainers in New England and New York, 1607-1830," in Benes, ed., *Itinerancy in New England and New York* (Boston, 1986), esp. p. 119; Richard W. Flint, "Entrepreneurial and Cultural Aspects of the Early Nineteenth Century Circus and Menagerie Business," in ibid., pp. 131-49. 关于美国南北战争前的小贩，见 Richardson Wright, *Hawkers and Walkers in Early America* (Philadelphia, 1927); J. R. Dolan, *The Yankee Peddlers of Early America* (New York, 1964); Lewis E. Atherton, "Itinerant Merchandising in the Antebellum South," *Bulletin of the Business Historical Society* 19, no. 2 (April 1945): 35-38。

7. Neil Harris, *Humbug: The Art of P. T. Barnum* (Chicago, 1973), esp. p. 25. James Harvey Young, *The Toadstool Millionaires: A Social History of Patent Medicines in America Before Federal Regulation* (Princeton, N.J., 1961), esp. chaps. 3, 6-9. 牛津英语词典第一次用 magic 来形容变戏法是在 1831 年；我要感谢 Kenneth Cmiel 让我注意到这关键的事实。

8. Jon Butler, "Magic, Astrology, and the Early American Religious Heritage, 1600-1760," *American Historical Review* 84 (June 1979): 317.

9. Alan Taylor, "The Early Republic's Supernatural Economy: Treasure Seeking in the

American Northeast, 1780-1830," *American Quarterly* 38 (Spring 1986): 19.

10. James D. McCabe, *Lights and Shadows of New York Life* (Philadelphia, 1879), p. 729. 另外一项优秀的研究见 Ann Fabian, *Card Sharps, Dream Books, and Bucket Shops: Gambling in Nineteenth-Century America* (Ithaca, N.Y., and London, 1990)。

11. 关于女性治愈师，如见 Laurel Thatcher Ulrich, *The Midwife's Tale: The Life of Martha Moore Ballard Based on Her Diary, 1785-1812* (New York, 1990), 关于专利药业的一个能够证明规则确实存在的例外（Lydia Pinkham），见 Sarah Stage, *Female Complaints: The Career of Lydia Pinkham* (New York, 1979)。

12. Colin Campbell, *The Romantic Ethic and the Spirit of Modern Consumerism* (Oxford and London, 1987), esp. pp. 118-53. 关于清教思想中"奥斯定派虔诚观"的经典讨论，见 Perry Miller, *The New England Mind: The Seventeenth Century* (Cambridge, Mass., 1939), part I。另见 Patricia Caldwell, *The Puritan Conversion Narrative: The Beginnings of American Expression* (Cambridge, England, 1983), p. 195。

13. Quoted in Roger Shattuck, *Marcel Proust* (Princeton, N.J., 1982.), p. 95.

14. Isaac Barrow, quoted by R. S. Crane, "Suggestions Toward a Genealogy of the 'Man of Feeling,'" in Crane, *The Idea of Humanities and Other Essays Critical and Historical* (Chicago, 1967), pp. 188-213.

15. Edward Payson on prayer (1830), quoted in Richard Rabinowitz, *The Spiritual Self in Everyday Life: The Transformation of Personal Religious Experience in Nineteenth-Century New England* (Boston, 1989), p. 161; *The Art and Mystery of Making a Fortune* (n.p., 1854) in Advertising box 5b, Warshaw Collection of Business Americana, National Museum of American History, Smithsonian Institution, Washington, D.C.

16. John Keats, "Ode on a Grecian Urn," lines 11, 12.

17. Carole Shammas, *The Pre-Industrial Consumer in England in America* (Oxford, 1990), p. 299.

18. Karen Halttunen, "Early American Murder Narratives: The Birth of Horror," in *The Power of Culture*, ed. Richard Wightman Fox and T. J. Jackson Lears (Chicago and London, 1993), pp. 67-101. 我借鉴了对美国煽情主义的突破性讨论，见 David Reynolds, *Beneath the American Renaissance: The Subversive Imagination in the Age of Emerson and Melville* (New York, 1988), esp. chap. 6。

19. Reynolds, *Renaissance*, p. 55; George G. Foster, *New York in Slices* (New York, 1848), p. 5.

20. Foster, *New York in Slices*, p. 94.

21. P. T. Barnum, *Struggles and Triumphs: or, Forth Years' Recollections of P. T. Barnum* (Buffalo, N,Y., 1872) , p. 263 ; Henry P. Haynes, "The East," *Godey's Lady's Book* 47 (July 1853): 33; engraving, "The Circassian Beauty," in *Peterson's* 29 (September 1851): frontispiece; "Work Department: The Ottoman," *Godey's* 56 (June 1858): 555; advertisement for "The Castilian" in ibid. 58 (January 1859): 9; Emily May, "The Echarpe Orientale," *Peterson's* 27 (January 1855): 89-90; "Chitchat Upon Prevailing Fashions," *Godey's* 48 (May 1854): 479-80. See also Lois Banner, *American Beauty* (New York, 1983). 关于流行版画中的轻情色异域风情，见 the lithographs in the Peters Collection, National Museum of American History, Smithsonian Institution：如，"The Sea-Nymph's Cave" (#60.2268, c. 1840) and "Le Lever " (#60.2528, c. 1855)。另见 "The Indian Fruitseller," *Ladies World* 3 (March 1843): frontispiece。

22. "Thousand and One Nights," in *Encyclopedia Britannica*, 14th ed. (London, 1940), vol. 22, pp. 157-59; Alice B. Haven, "A Morning at Stewart's," *Godey's* 66 (May 1863): 429-33. See also Frazar Kirkland, *Cyclopedia of Commercial and Business Anecdotes*, 2 vols. (New York, 1864), vol. 2, p. 588.

23. Henry David Thoreau, *Walden* [1854] (Boston, 1957) p. 25; Peter Gay, *The Bourgeois Experience, Victoria to Freud: The Education of the Senses* (New York, 1984), p. 342.

24. See the review articles by Robert Shalhope: "Toward a Republican Synthesis: The Emergence of an Understanding of Republicanism in Early American Historiography," *William and Mary Quarterly*, 3rd ser., 29 (January 1972): 49-80, and "Republicanism and Early American History," ibid. 39 (April 1983): 334-56. 针对十九世纪政治文化中顽强存活下来的共和主义的讨论，见 John Diggins, "Comrades and Citizens: New Mythologies in American Historiography," *American Historical Review* 90 (June 1985): 614-38; Leon Fink, "The New Labor History and the Powers of Historical Pessimism," *Journal of American History* 75 (June 1988): 115-36; and Daniel T. Rodgers, "Republicanism: The Career of a

Concept," ibid. 79 (June 1992): 11-38, 这是迄今对该话题最好的概述。

25. Gordon Wood, *The Creation of the American Republic, 1776-1812* (New York, 1969), pp. 179-83; Kenneth Cmiel, *Democratic Eloquence: The Fight over Popular Speech in Nineteenth-Century America* (New York, 1990).

26. Dekker and Webster quoted in Jean-Christophe Agnew, *Worlds Apart: Market and Theatre in Anglo-American Thought, 1550-1750* (New York and London 1986), p. 57; Richard Campbell, *The London Tradesman* (London, 1947), pp. 191, 192. 在这里和其他地方，我借鉴了 Agnew 对早期市场文化的深入分析。

27. Aleksandr Herzen, review of P. T. Barnum, *Struggles and Triumphs* [1855], quoted in *Struggles and Triumphs; or, The Life of P. T. Barnum, Written by Himself*, ed. George S. Bryan, 2 vols. (New York and London, 1927), vol. 1. p. xliv; Peter Marzio, *The Democratic Art: Chromolithography in Nineteenth-Century America* (Boston, 1978); Robert Jay, *The Trade Card in Nineteenth-Century America* (Columbia, Mo., 1987), pp. 28-29.

28. Walt Whitman, "The Terrible Doubt of Appearances" [1860], in *Leaves of Grass*, ed. Harold W. Blodgett and Sculley Bradley (New York, 1965), p. 120; George Lippard, *The Quaker City; or, The Monks of Monk Hall* [1844] (Philadelphia, 1849), p. 23.

29. Timothy Smith, *Revivalism and Social Reform: American Protestantism on the Eve of the Civil War* [1957] (New York, 1965), pp. 118, 143, 149, 160, 227; Edward Payson on prayer (1830), quoted in *Rabinowitz, The Spiritual Self in Everyday Life*, p. 161; Whitney R. Cross, *The Burned over District: The Social and Intellectual History of Enthusiastic Religion in Western New York, 1800-1850* [1950] (New York, 1965), pp. 194-95.

30. Philip Schaff, *The Principle of Protestantism* (1844), quoted in Nathan O. Hatch, *The Democratization of American Christianity* (New Haven, 1989), frontispiece.

31. Butler, "Magic, Astrology, and the Early American Religious Heritage," 341.

32. Timothy Dwight, *Travels in New York and New England*, ed. Barbara Miller Solomon, 4 vols. (Cambridge, Mass., 1969), vol. 1, p. 158.

33. Mrs. C. M. Sedgwick, "Wilton Harvey," *Codey's* 24 (March 1842): 122.

34. *The Art and Mystery of Making a Fortune*, in Advertising box 5B, Warshaw Collection; Richard Hildreth, *Banks, Banking, and Paper Currencies, in Three*

Parts (New York, 1840), p. 150; [Johnson Jones Hooper,] *Simon Suggs' Adventures and Travels* (Philadelphia, 1848), p. 12.

35. Benjamin Klebaner, *Commercial Banking in the United States: A History* (Hinsdale, Ill., 1974), pp. 17-18; Frazar Kirkland, *Cyclopedia of Commercial and Business Anecdotes*, 2 vols. (New York, 1864), vol. 1, p. 75; Daniel Sewall, *An Astronomical Diary or Almanack for the Year of Our Lord 1809* (Portsmouth, N.H.: by the author, 1809), in Almanacs box 63a, Warshaw Collection, 包含了一份针对伪钞的描述和警告的两页文献。关于家庭生产的持续存在以及对商业活动的持续怀疑，见 James Henrietta, "Families and Farms: *Mentalité* in Pre-industrial America," *William and Mary Quarterly* 35 (January 1978): 3-32; Michael Merrill, "Cash Is Good to Eat: Self-Sufficiency and Change in the Rural Economy of the United States," *Radical History Review* 3 (Winter 1977): 42-71; Christopher Clark, "The Household Economy, Market Exchange, and the Rise of Capitalism in the Connecticut River Valley, 1800-1860," *Journal of Social History* 13 (Winter 1979): 169-89; and Steven Hahn and Jonathan Prude, eds., *The Countryside in the Era of Capitalist Transformation* (Chapel Hill, N.C., 1985)。很多研究美国早期的历史学家都对这些观点提出了挑战，认为自耕农是热情的农业资本主义者：除了在心理上是机械式的、单维度的之外，这种理论还需要支持者攻击一个绝对自给自足的"稻草人"谬误；一旦历史学家证明家庭中哪怕只有几个东西是买来的，他就认为自己成功发现农户完全充分参与了市场经济。此类观点如见 Timothy H. Breen, "An Empire of Goods: The Anglicization of Colonial America, 1690-1776," *Journal of British Studies* 25 (October 1986): 467-99。

36. 关于外表问题有无数讨论，其中两个见 William Cutter, "Introversion; or, Magical Readings of the Inner Man," *Godey's* 21(July 1840): 10-12, and Harry Sunderland, "A Stage Coach Adventure, Or, Never Trust to Appearances," *Peterson's* 15 (August 1849): 54; 关于相面，见（诸多例子中的两个）Kirkland, *Cyclopedia*, vol. 1, p. 31, and "Kaladora Andres; or the Advertisement," *Peterson's* 28 (August 1858): 167。十九世纪中叶美国文化中外表问题的经典讨论是 Karen Halttunen, *Confidence Men and Painted Women: A Study of Middle-Class Culture in Victorian America, 1830-1870* (New Haven, Conn., and London, 1982), esp. chaps. 1, 2。我很大程度上借鉴了 Halttunen 的分析。

37. George Lippard, *The Empire City* (Philadelphia, 1864), p. 138.

38. Halttunen, *Confidence Men*, pp. 4-15.

39. John S. Haller, *American Medicine in Transition, 1840-1910* (Urbana, Ill., 1981), p. 105; *Confessions of a Magnetizer* (1845), quoted in Robert C. Fuller, *Mesmerism and the American Cure of Souls* (Philadelphia, 1982), pp. 87-88; Hawthorne cited in ibid., p. 35. 围绕着催眠术各种常规的精彩描述，包括异域感官性、随之而来的失去意识、坠入心灵深渊等，见 Edgar A. Poe, "A Tale of the Ragged Mountains," *Godey's* 28 (April 1844): 177-81。

40. Emerson quoted in Fuller, *Mesmerism*, p. 34; [Sylvester Eaton,] *Burchardism vs. Christianity* (Poughkeepsie, N.Y.: by the author, 1837), p. 7, quoted in Cross, *Burned-over District*, p. 175. 关于倡导影响力来实现道德目的，见 "Editors' Table", *Godey's* 33 (December 1846): 284; Mrs. M. A. Denison, "No Influence," *Peterson's* 35 (June 1859): 423-24。身为自由派公理会的 Horace Bushnell 将影响力的观点作为自己基督教教育事业的基石；见他的 *Christian Nurture* (Boston, 1847)。

41. Nathan G. Hale, *Freud and the Americans: The Beginnings of Psychoanalysis in the United States, 1890-1917* (New York, 1971); Donald Meyer, *The Positive Thinkers: Religion as Pop Psychology form Mary Baker Eddy to Norman Vincent Peale* (New York, 1980); Fuller, *Mesmerism*, pp. 94-102.

42. Edward Said, *Orientalism* (New York, 1979), esp. pp. 88, 167. Veblen 关于消费的关键文本当然是他的 *Theory of the Leisure Class* (New York, 1899); 我对 Veblen 和他的影响的批评分析始于 "Beyond Veblen: Rethinking Consumer Culture in America," in *Consuming Visions: Accumulation and Display of Goods in America, 1880-1920*, ed. Simon, J. Bronner (New York, 1989)。

43. 关于性感魅力，见 Banner, *American Beauty*, p. 24。

44. Stewart H. Holbrook, *The Golden Age of Quackery* (New York, 1959), pp. 38-40, 69-70.

45. William J. Gilmore, "Peddlers and the Dissemination of Printed Material in Northern New England, 1780-1840," in Benes, ed., *Itinerancy*, p. 89. 对小贩最好的概述是 David Jaffe, "Peddlers of Progress and the Transformation of the Rural North, 1760-1860," *Journal of American History* 78 (September 1991): 511-35。

46. 关于北方小贩的流动性，见 B. A. Botkin, *A Treasury of New England Folklore,*

rev. ed. (New York, 1964), part 1; Atherton, "Itinerant Merchandising"; Gilmore, "Peddlers and the Dissemination of Printed Material"。

47. 笔记日期是 1838 年 8 月 15 日，见 Nathaniel Hawthorne, *The American Notebooks*, ed. Claude M. Simpson (Columbus, Ohio, 1972), p. 110。对骗子作为诡术师的讨论可见 Halttunen, *Confidence Men*, pp. 24-25; William E. Lenz, *Fast Talk and Flush Times: The Confidence Man as a Literary Convention* (Columbia, Mo., 1985); and Gary Lindberg, *The Confidence Man in American Literature* (New York, 1982)。

48. Henry David Thoreau, "Walking" [1862], in *Walden and Other Writings*, ed. Brooks Atkinson (New York, 1950), p. 597; Clement Clarke Moore, "A Visit from St. Nicholas" [1823]. Reprinted as *The Night Before Christmas* (Philadelphia, 1954); Earl Wesley Fornell, *The Unhappy Medium: Spiritualism and the Life of Margaret Fox* (Austin, Texas, 1964), p. 13. 关于古老咒语传说和奇幻丰裕之间的联系，见 Paul Bouissiac, *Circus and Culture: A Semiotic Approach* (Bloomington, Ind., 1975), p. 78。关于巡游和异域风情，见 Constance Rourke, *American Humor* (New York, 1931), pp. 108-109。

49. John Bernard, *Retrospections of America, 1797-1811*[1887] (New York and London, 1969), p. 43.

50. Fitz-Greene Halleck, "Connecticut" [1819], quoted in Odell Shepard, *Pedlar's Progress: The Life of Bronson Alcott* [1937] (New York, 1968), p. 51.

51. Kirkland, *Cyclopedia*, vol. 1, p. 80; John Beauchamp Jones, *The Western Merchant* (Philadelphia, 1849), p. 289; Joseph Holt Ingraham, *The Sunny South; Or, The Southerner at Home, Embracing Five Years' Experience of a Northern Governess in the Land of Sugar and Cotton* [1860] (New York, 1968), pp. 400-401; Edgar Rosenberg, *From Shylock to Svengali: Jewish Stereotypes in English Fiction* (Stanford, Calif., 1960), p. 206. 另见 Louis Harap, *The Image of the Jew in American Fiction, from the Early Republic to Mass Immigration* (Philadelphia, 1974); Rudolf Glanz, *The Jew in the Old American Folklore* (New York, privately printed, 1961), esp. pp. 2-8, 187 *n.* 21; and Mac E. Barrick, "The Image of the Jew in South-Central Pennsylvania," *Pennsylvania Folklife* 34, no. 3 (Spring 1985): 133-38。

52. Kirkland, *Cyclopedia,* vol. 2, p. 55: Harris, Humbug, esp. pp. 71-77; Botkin, *New England Folklore*, p. 460. 关于小贩幽默的其他例子，见 Thomas Chandler

Haliburton, *Sam Slick*, ed. Ray Palmer Baker (New York, 1923), pp. 35-39, 110-11, 244; Kirkland, *Cyclopedia*, vol. 1, pp. 277-78; vol. 2, pp. 413, 555; Francis Hodge, *Yankee Theater: The Image of America on the Stage, 1825-1850* (Austin, Texas, 1964), p. 194; "Roxy Croft," *Godey's* 66 (May 1863): 441; Richard Dorson, *Jonathan Draws the Long Bow* (Cambridge, Mass., 1946), pp. 20-21, 78-79, 88-91。关于幽默和攻击之间的关系的经典讨论是 Sigmund Freud, *Jokes and Their Relation to the Unconscious* [1905], trans. James Strachey, vol. 8 of the Standard Edition of Freud's *Complete Psychological Works* (London, 1960)。关于针对小贩的攻击的具体例子，见 Carroll Smith-Rosenberg, "Davy Crockett as Trickster: Pornography, Liminality, and Symbolic Inversion in Victorian America," in her *Disorderly Conduct* (New York, 1985), pp. 90-108; Dorson, *Jonathan Draws the Long Bow,* pp. 156-59, 180-81; and Glanz, *Jew in the Old American Folklore,* chap. 15。

53. Washington Irving, "Rip van Winkle and the Legend of Sleepy Hollow" [1820] (New York, 1893), p. 86; Wright, *Hawkers and Walkers*, p. 95.

54. Prof. W. J. Walter, "The Scotch Pedlar," *Godey's* 23 (December 1841): 241-42.

55. Ann E. Porter, "The Banishment of the Peddlers," *Godey's* 37 (October 1848): 227.

56. "消费作为解放" 的观点隐含在 Christine Stansell, *City of Women* (New York, 1986), and in Breen, "Empire of Goods," p. 75ff。关于农场妇女的独立思想，如见 Christiana Fischer, ed., *Let Them Speak for Themselves: Women in the American West, 1840-1900* (New York, 1978), and John Mack Faragher, *Women and Men on the Oregon Trail* (New Haven, Conn., and London, 1979)。关于时尚焦虑的恰当讨论见 Halttunen, *Confidence Men*, chap. 3。对时尚的批评分析充斥着《彼得森》和《高第》等女性杂志；因为众多女性都表达了这种观点，所以不应只将其视为男性的意识形态。确实，这种观点经常伴随着对男性在消费或投机方面的奢侈行为的攻击。

57. T. S. Arthur, " 'Can't Afford It,'" *Godey's* 37 (October 1848): 209-11; Jane Weaver, "Gloves and Cigars," *Peterson's* 19 (April 1851): 193-94; Rodney Olsen, "The Sentimental Idiom in American Culture," paper presented at the National Museum of American History, Smithsonian Institution, Washington, D.C., 17 March 1987.

58. Sedgwick, "Wilton Harvey," 122; "Blanche Brandon," *Godey's* 56 (April 1858): 306; "Editor's Table," *Peterson's* 50 (September 1866): 210.

第三章
巫术的稳定化

在溶解力很强的社会环境中，一个群体如何能够坚固保持自我的身份？可以创造普遍接受的"常识"，许可某种感知模式和某种表征习语，并且排挤其他一切方式。南北战争前的美国上中层社会，秉承新教观念，进一步加深对人工性的不信任，重申对真实性话语的追求。他们创造出统一、自制、真诚的自我（资产阶级的自我）来对抗市场交换造成的离心趋势。他们为描述这种理想的形象采用的一些习语，后来成为"资产阶级"或"维多利亚时代"的代名词；这可以视为朴素语言传统的世俗版本，消除道德上和认知上的疑虑，使社会更平稳地过渡至成熟的商品文明。

控制的词汇：真诚、理性、模仿

真诚的理想，主要发源自新教传统，又从浪漫主义文学传统中获得新的力量，将一个质朴、私人的自我与公众生活的侵犯和腐败对立。在十九世纪中叶的美国，普及浪漫主义最有效的手段之一就是使用家庭生活（domesticity）的感怀（sentimental）习语。在家庭生活信徒的眼中，资产阶级家庭是男人卸下防备、"做回自己"、无须理睬浮华外界的地方；资产阶级家庭也是培养真诚人际关系的场所，远离社会的败坏风气，女人可以（或者不得不）专心致志养育言语朴素的孩子。这种家庭感怀主义其实并不稳定：它将自制、朴素语言、共和式公民道德观与浪漫婚姻理想融合在一起。不仅女人，连男人都是这种主义要感化的对象，这种现象反映出在一个快速发展的创业型社会中人们最迫切的情感需求。[1]

在家庭生活的乌托邦式文学中，家是一个稳定安全的领域，人际关系建立在根本的信任基础上。简单地说，狄更斯笔下那个流动变幻、充斥着"普遍的不信任"的美国社会，是绝对不可能出现在家庭之中的。家庭生活理论有一点看得很准，它察觉到消费市场中人们的心理不平衡：隐藏在流动与欺骗背后的，是"匮乏力"与欲望。当时的警世寓言为了平复社会的普遍不满，描写了很多负面典型角色：如"贪得无厌"的妇人用尽一生追求财富与社会地位；十九世纪五十年代《高第》刊登的一篇故事中，"热心善良的美少年"抵抗不住野心的诱惑，最终变成"外表粗糙的世俗小人"。为了稳定女人和男人心中的不安分，感怀主义者宣扬"满足比财富更重要"，1853年蒂莫西·沙伊·亚瑟（Timothy Shay Arthur）如此写道。（亚瑟是戒酒主义者与指南文学的高产作家，代表作是《十晚酒吧见闻》[*Ten Nights in a Barroom and What I Saw There*]。）这种满足的福音，针对的就是拼命积蓄财富的现象；讲坛上、妇女杂志中，以及（他们希望）在壁炉旁，都在灌输这种道理。从感怀主义的角度来看，与小贩和早期广告主的煽动刺激相比，母亲、教师与其他道学家能够施加一种更为人性化的影响，能够使人对不满情绪免疫，而不是加深不满情绪。[2]

满足的福音虽然内涵空洞，却仍然在主流文化宣扬的个人主义奋斗之外提供了另一种生活方式。虽然男人与女人都操着感怀主义的语言，但它宣传的态度传统上是偏女性化的：承认自己既依靠他人，又依靠自然世界；倾向于与宇宙建立起一种哺育的关系。因此，莉迪亚·西格尼（Lydia Sigourney）等家庭生活的信徒提倡家庭园艺也就不奇怪了。"从大自然的作品中学会的知识，在如今的年代拥有特殊的价值。铁路运作无休止的喧嚣，还有那积累财富的精神，都在威胁着破坏我们每一种慷慨大方的情感，而那些安静的植物则在友好地对这种现象进行消解。"她 1840 年如此写道。从这种通俗式华兹华斯式观点来看，土地是生命的源泉，不是可以抽象化的商品（即金钱）。安妮特·科罗德尼（Annette Kolodny）的作品指出，这种观点不限于受过高等教育的记者们，而是十九世纪美国文化中性别化认知的一部分。面对着广袤的美国大地，男人和女人所用的语言大相径庭：如果说男人们害怕被大自然吞噬或者渴望征服"处女地"的话，女人们则倾向与大自然和平共处，妇女们倾向于当园艺家，无论在比喻义中还是现实中都是如此。科罗德尼描述道，从东海岸迁出的妇女们从花园中取出植物插条，一直带到了密苏里州或加利福尼亚州，同男人们主宰自然的姿态相比，这象征着一种与自然的哺育关系。满足的福音，有时也能给人们提供类似的替代选项。[3]

不过，始终存在着一个最基本的讽刺。家庭被描绘成逃离市场的避风港，充满近乎神圣意味的圣洁之地，与此同时，一个人又必须离开家庭才能成为负责任的大人。历史学家罗德尼·奥尔森（Rodney Olsen）指出，十九世纪早期，"离家"在很多美国人心中占据了核心地位。在人生的不同阶段，离家出走象征着未来、经验与回忆，既激动人心又能带来创伤，至少非常痛苦，让人不禁怀念挂满葡萄藤的农舍老家。现有证据表明，很多创造并坚持家庭生活理想的人过的是居无定所的生活，有时是自愿的，但大多数时候是经济或婚姻所迫。哈莉特·比切·斯托（Harriet Beecher Stowe）就是一个例子，她追随着牧师丈夫四处辗转，同父亲（也是一位牧师）在神学领域争吵不休，却为十九世纪家庭和睦生活做出了最具影响力的描述，写出了《汤姆叔叔的小屋》（*Uncle Tom's Cabin*）。斯托和其他无数作家都是以逃离大都会者的身份对家庭进行了乡村式的理想化。这种家庭生活的理想之所以生命力如此久长，有可能是因为它体现了提倡者与受众共同的心理体验：在一个要求人斩断家庭纽带才能长大成人的社会中，离家造成了巨大的创伤。我在这里并不是说只有十九世纪的美国或者现代市场社会中才会有这种"分离焦虑"（separation anxiety）；
而是说这种焦虑在十九世纪美国经济混乱、不断扩张的环境下，又附
加了一种特殊的感情因素。正是在这种情况下，产生了这种基于家庭
生活完整和睦的前俄狄浦斯式乌托邦愿景。[4]

　　将家庭从腐败的公众生活中隔离出来，这种观点并不是完全异想
天开；母亲与孩子之间的依存关系是不可能被简化为金钱关系的。
不过，即使是家庭生活的信徒们也承认，家庭可以被金钱的腐蚀力量
一次又一次侵入。在十九世纪中叶的大众文学与指南文学中，再也
没有比拍卖家产更让人难过（或更频繁提及）的场景了，这就是对
过分投机或消费的惩罚。1847 年《仕女全国杂志》（*Ladies' National
Magazine*）一位撰稿人认为，能够体现人类无情与自私的最佳例子，
就是"家神的塑像被无情摔下神坛，家里'完好一面摆在外侧用来撑
门面的破裂茶杯'将有裂口的一侧暴露在外，家里的修修补补呈现在
公众面前，赤裸裸一览无余，这一切都是因为拍卖者希望赶紧把东西
卖出去"。连女人们都争先恐后地往前挤，如果有人"在拍卖官宣布
窗帘与地毯配套时，停下来想一想美好家庭中明亮幸福的脸庞"，这
人就会被讽刺为"感怀主义者"。拍卖会的一切都是纯生意："所谓生
意，就是将自私体制化而已；而它的规则，就是对本该以壁炉为核心
的家庭生活美好感觉视而不见，并为此寻找各种成套的借口。"[5]

　　将功利主义的算计与"美好感觉"摆在一起呈鲜明对比，是感怀
主义的一大特点，也经常很管用。狄更斯将这种手法玩得炉火纯青。
此外，修辞手法还将房子比喻为受尊敬的人，却"修修补补呈现在公
众面前，赤裸裸一览无余"，这句话揭露出家庭生活论对消费文化批
评中的一些矛盾之处。房子被比喻成一位时髦女士，被迫不穿束腰不
施脂粉就在公众面前露头。从"完好一面摆在外侧用来撑门面的破裂
茶杯"可见，家庭用品在凸显体面地位中扮演的角色。具有神圣意义
的家庭器具与简单的撑门面用品之间，有时不是很容易就能分清楚。

所以，即使是家这个所谓的真诚的避风港，在根上也是不可靠的。仅凭感怀主义的习语，是不可能保持稳定的。

其他的语言和认识论资源也可以使用。其中一个就是仍在发展的法律理性（legal rationality）。如果人们被迫服从一个普遍客观的法律标准来管理彼此的约定，也许就可以向社会透明理想更进一步，实现言语朴素者对真诚社会的乌托邦式愿景。南北战争前的法律，不管是普通法还是契约法，建立起了一套责任与关系的网络，特别是在信贷负债方面。在一个具有多种波动交换介质、交易跨越广大地理区域的经济中，唯有这种方法才能将历史学家托马斯·哈斯科尔（Thomas Haskell）所谓的"守信的伦理"（ethic of promisekeeping）体制化。[6]

然而，有些交易监管起来并不容易。不像旅行推销员一年到头都找固定的顾客，绝大多数小贩会钻法律空子，现金交易，完事闪人。这种现象引起了立法者的特别注意，试图将小贩同主流销售员束缚在同一张责任的大网中。通过法律监管小贩的行为，体现着"法律－理性"习语在社会的广泛应用，目的在于让市场关系更可预见、更可靠。[7]

到了十九世纪二十年代，几乎所有的北方州都立法强制要求小贩领取执照，严格禁止其贩卖外国商品。康涅狄克州法律《查禁叫卖贩、流动小贩和小摊贩法案》（"An Act to Suppress Hawkers, Pedlars, and Petty Chapmen"）就在法律名称中明确点出打击小贩。不同法令收效不一，但法庭记录显示，起码有时起到了效果。比如1832 年 5 月 16 日，在康涅狄格州的普利茅斯，当乔纳森·安德鲁斯询问名为阿尔瓦·梅里亚姆的小贩是否卖意大利丝绸时，小贩答是。结果安德鲁斯和其他几位乡镇居民对梅里亚姆提起诉讼，他总价共295 美元的"货物、器具与商品"全被治安官没收。州最高法院后来驳回小贩上诉。次年在马萨诸塞州道格拉斯（Douglas），摩西·史蒂文斯走街串巷向当地妇女贩卖金"耳坠"时当场被抓。马萨诸塞州法律严禁小贩倒卖外国商品和一些美国本土制造的商品，包括靛蓝染料、羽毛、书籍、宗教宣传册、纸牌、彩票、珠宝及香精。法庭要解决的问题是：金耳坠算不算珠宝？最后判决算是。[8]

控制混乱的市场只是理解这些法律手段重要性的第一步。问题在于，是谁在控制谁？为什么？当地零售商明显对小贩最不友好。十九世纪四五十年代中《亨特商人杂志》（*Hunt's Merchants' Magazine*）主张的观点在今天来看很像是为了稳定市场而提出的。杂志经常将"小贩的狡诈、精明与贪婪"与"高尚商人的准则"放在一起比较。小贩使"贸易变成了诡计，商业变成了游戏"，杂志在 1948 年如此警告。在《亨特商人杂志》看来，小贩缺乏该杂志认为商业应该拥有的稳定性与诚实性。1852 年，杂志向读者发出警告，要他们小心小贩，并登了一篇警世故事，讲述"一个流浪犹太人"刚刚从德国来美，死缠着一位毫无戒心的商人，最终卖给他几码丝绸，狠狠宰了他一笔。发觉被骗后，商人发誓从此再也不"眷顾小贩，只与有名有姓的本地纳税公民交易"。[9]将犹太人与居无定所和道德欺骗联系到一起，是自古以来的反犹太主义伎俩。对流动商贩的监管，一方面是因为当地商人希望通过服务与稳定培养"顾客生意"（custom）的正当需求，也是由于白人盎格鲁萨克逊新教徒（WASP）精英阶层希望通过含糊的贵族性与道德准则来排斥潜在的对手。

监管小贩的法律旨在提倡商业诚实性，不过也有可能是为了压抑商品蕴含的狂欢性。马萨诸塞州对一系列美国制造的商品严加禁止，很明显就是为了抵制货物中潜在的颠覆性、轻浮性与感官性。禁止贩卖外国商品，也许是为了保护本国制造业，但不能完全否认，这或许是对外国奇异事物的恐惧引发的排外思想所致。当南方各州也开始规范小贩时，法律既禁止欧洲商品，也禁止北方物品；比如 1859 年肯塔基州一条禁止贩卖异邦商品的法律将"异邦"定义为本州外的所有地方。而且，被起诉的小贩中大多数都是犹太姓，这就意味着，同地域矛盾一样，种族矛盾也能够让当地社区的排外情绪更加激烈。[10]

这些法律的总体效果很难衡量，甚至不可能衡量。确实有许多流动小贩，由于法律所迫，或者自己渴望得到人们的尊重（或者两者兼备），选择洗手不干。某种意义上，他们听从了《亨特商业杂志》的建议。他们最终变成了殷勤的店主，将交易的地点从马路上挪到了百货商店室内一隅，从不稳定的讨价还价转变为相对标准化的固定定价系统。很多小贩最终走上了这条道路，比如 A. T. 斯图尔特（A. T. Stewart）与 R. H. 梅西（R. H. Macy）成功转型零售业。[11]

当地主流精英操着法律的法律 – 理性习语，建立了一整套限制来束缚小贩的交易。如果将这种法律 – 理性视为一种话语模式，而不仅是一套控制机制，这套习语的微妙之处就更加明显了。法律 – 理性会在市场中施加体制上和认识论上的控制；似乎能够在买卖双方之间提供一种透明客观的调停功能，建立一套放之四海皆真理的普遍准则，使双方均可诉诸。不过在实际运用中，法律 – 理性更有可能被卖方利用，如果商家技巧纯熟，就能凭三寸不烂之舌营造出另外一种神秘形式的商业表征。客观性可能会变为浑浊性，古旧晦涩的法律术语能够将乡巴佬哄得服服帖帖的。

我们可能永远也不会弄懂像克利夫兰避雷针公司（Cleveland Lightning Rod Company）起草的复杂合同等文本到底有什么意义。合同保证保护消费者的财产"从今日起 [1869 年 9 月 29 日] 十年内避免雷击，前提要满足以下条件"。和其他避雷针合同一样，这些条件指出需要按制造商的规格来安装及维护避雷针；企业（或自称"企业"的避雷针个体户）可以简单辩解说顾客安装或维护得不正确，从而逃避责任。另一方面，有时合同没准是真的，消费者不仅安心，也真的起到了避雷的作用。[12]

在避雷针广告中，法律 – 理性的习语也会裹上科学的外衣；两者都可以视为笛卡尔二元论的变体，都是韦伯称为"工具理性"

（instrumental rationality）观念的例子。有一些文本将律法主义同科学主义融合在一起了。1865 年 5 月 12 日宾夕法尼亚州伊里县（Erie County）的美国避雷针公司（American Lightning Rod Company）提供的担保中，声明"本司由此保证，本司今日为阿曼达·英格尔斯比安置避雷针，做工精良，安装牢固，科学法则指导，使建筑免于闪电引火，免于闪电击坏"。语言模拟伊丽莎白时代古风，却结合了法律准确性与含糊的"科学法则"。其他的避雷针广告则执迷于"科学原则"（scientific principles），经验主义走火入魔，充斥着所谓的"科学事实"与专业证明。一些广告主虽然明白需要强调避雷针的传导性质，但他们还是错误地认为传导的是"电液"。其他人相比起来还算有些科学知识，比如纽约利昂制造公司（Lyon Mfg. Co. of New York）。利昂的产品是奥蒂斯（Otis）专利避雷针（"科学和经验证明，能够完全抵御闪电的唯一方法"），在 1858 年发行的宣传册上，登了一篇教育改革家霍拉斯·曼（Horace Mann）的长篇证明，和一篇史密森尼学会（Smithsonian Institution）创始人之一约瑟夫·亨利（Joseph Henry）的短篇证明。科学上的合法性，有时能够成为法律 – 理性话语中极具效力的要素。[13]

不过仅仅是有时而已。十九世纪中叶，科学的权威在社会上仍然被广泛质疑，人们经常将科学家同巫师混淆，科学话语不可能对文化的稳定性起到太大的基础性作用。如果说真有作用的话，也仅以工具主义者（Instrumentalist）对技术与专业知识的强调等联系微弱的形式出现。职业主义 / 专业主义（professionalism）之所以兴起，就是为了驱逐市场上的骗子，使无私公正的知识从现金交易（cash nexus）中脱离并升华，从而使混乱的市场结构化。然而，诉诸技术也许仅是神秘化的另外一种形式罢了。

比如说，流动肖像画家们一边想通过技术知识获得声誉，一边又不愿意泄漏商业机密。他们的绘画手法深奥难懂，工具古老陈旧（如

暗箱 [camera obscura]），保证画得"惟妙惟肖"（correct likeness），
吸引广大乡民。一位 1818 年起在新英格兰地区旅行的艺术家詹姆
斯·基尔德（James Guild）就曾坦然承认他的作品其实良莠不齐。
他早期的一幅肖像画"看起来更像是一只被掐死的猫，而不像 [对面
坐着的少女]。不过我告诉她画得很像，她就相信了"。当然，要想
彻底搞清她为什么如此善良地相信画家是不可能的；也许，顾客对画
家专业本领的信任，再加上自身想要纸上证据来显示自己的高贵，两
者合在一起，盖过了她对造假的恐惧。[14]

　　对"惟妙惟肖"的执迷（以及后来在银版照相技术的影响下，
对"完全逼真"的执迷）其实可以看作是由社会文化发展决定的：要
求艺术和语言逼真模仿现实的理念在当时逐渐占领了社会主流。模
仿（mimesis）指艺术必须直接反映现实，这种理念千百年来一直存
在，诞生出无数艺术表现手法。但到了十九世纪中后叶，在英美资产
阶级文化中，一派特定的益格鲁新教文化道德观占据了主导地位，模
仿的支持者在知识论上愈发统一、愈发权威，而且这种知识论由于不
公开说明，反而更加强大。在绘画、戏剧与文学中，现实主义者认为
艺术家能够（而且应该）不加扭曲地反映现实社会，在这点上，他们
与要求感知明确清晰、不加修饰的科学实证主义者很像。小说戏剧中
的夸张手法逐渐没落，表演风格从激昂朗诵体逐渐变成日常对话体，
绘画与文学中越发重视精准观察现实，这些都证明当时出现了一种新
的、更加坚持的写实主义心态（literal-mindedness），这种心态在整
个十九世纪下半叶一直到二十世纪都影响着资产阶级规范的发展。

　　模仿的这种写实主义（literalist）形态得到了竭力宣传，造成了
广泛影响，将其归为一种意识形态也是有道理的。这种意识形态的
起源，可以追溯到朴素语言传统与充斥着现代市场的种种错误表征
（misrepresentations）现象之间的矛盾。由于不信任语言、文字、服
装及其他交流方式中的人工性，模仿的信徒渴望在社会交流和文学艺

术中打造完美的透明性。与法律－理性话语不同，模仿的意识形态不会轻易使用晦涩的语言；"优秀的文字，"言语朴素的乔治·奥威尔（George Orwell）写道，"就像一扇玻璃窗。"对奥威尔和之前有过类似观点的人来说，对语言透明性的天真信念赋予他们伦理上的力量，甚至提供了哲学上的深度。[15]

对于那些害怕被欺骗性的表面吞噬的人来说，文字含义如果可以精准确定，能够给他们带来道德上的安慰与保证。小贩的花言巧语，就像拍卖师和后来的广告主一样，在逻辑上滴水不漏；在南北战争前，"北方话"（Yankee speech）那含糊难懂、没有意义的特点是戏剧舞台上常见的打趣对象，最早的例子可以追溯到 A. B. 林兹利（A. B. Lindsley）的《爱与友谊》（*Love and Friendship*）或《北方佬的观点》（*Yankee Notions*，1890）。詹姆斯·罗素·罗厄尔（James Russell Lowell；以及后来的文化历史学家康丝坦丝·鲁尔克 [Constance Rourke]）观察道："北方话并不是方言，更像是行话：我们都自觉地假定它很怪，是一种伪装的面具。"模仿的意识形态认为，言语朴素的"诚实汉"能够刺穿语言和视觉的面具，发现真正的价值。《纽约医学会关于秘药的报告》（*Report of the Medical Society of New York on Nostrums*）或《秘密药品》（*Secret Medicines*，1827）等早期"消费者教育"活动，要求将所有专利药的成分都明确写在标签上，将秘密的面纱扯下，把秘药邪恶的一面完全暴露在光天化日下。从此以后，这种不明说的模仿原则一直推动着人们拆穿商业欺骗伎俩。[16]

模仿理念认为，朴素语言的传统保留了一种透明的话语，即语言是用来揭示事物的，而不是用来隐藏事物的。维多利亚时代的人对精确语法如此执迷的原因，必须用这种观点来解释。当时的杂志警告人们不要错误使用 shall 和 will，不要养成夸张的讲话习惯，这似乎过于鸡毛蒜皮，但含义很深。《彼得森》一直反对"我累死啦！"这种夸张式的感叹句,在 1861 年写道:"所有这样的表达方式,都或多或少影响着我们对真实性的习惯,让我们在不知不觉中忽视了准确的真相。"对言语资源审慎管理,可以使语言揭露出"准确的真相",而不是掩盖它。与其他领域一样,在大众对语法的讨论中,模仿的写实主义原则旨在遏制文化狂欢化的趋势。[17]

模仿的词汇拥有能够稳定资产阶级文化的潜力,也融合了法律 – 理性同感怀主义:一方面从工具主义角度强调用精确的技术来观察与表征,一方面强调家庭生活的道德权威。的确,只有当模仿理念与其他的习语结合后,它的文化力量才达到顶峰。模仿理念支持家庭感怀主义,宣扬一种对自然与真诚的信仰。在感怀主义者眼中,大自然从来不会说谎;它像一本浅显易懂的书,如同《苏格兰小贩》(见第二章)中的"诚实汉""受大自然的开放书籍熏陶",戳穿小商贩的伪装。约翰·拉斯金(John Ruskin)的《现代画家》(*Modern Painters*,1849)提倡的"真实反映自然"(truth to nature)成为整整一代英裔美国人评判艺术的标准;这种道德化的模仿也巩固了一种对"真诚"时尚的感怀美学,服装和化妆品的主要作用是揭示穿戴者的内心灵魂。人们一边希望赋予消费商品揭露真相的能力,一方面又认识到东西也是可以撒谎的,至少在以掺假为生的市场社会上如此。1850 年,亨利·沃德·比彻(Henry Ward Beecher)指责掺假蒙人的货物象征着"谎言已成精":"我们这些消费者天天都消费着谎言,我们喝着*撒谎的*咖啡,吃着*撒谎的*食品,穿着连线都是伪造的*撒谎的*衣服,我们喷着*撒谎的*香水,我们穿着*撒谎的*靴子把脚弄湿,真的得了感冒后,又受掺假的药物折磨。"[18]这种执迷于打假和"真实反映自然"的观念深深塑造了美国对广告及消费文化的批评模式,一直延续到今天。

维多利亚时代也好,现在也好,"自然"的理想是否真能替代商业上的失实现象,一直没有答案。早在 1841 年人们就已经产生了疑问,

《高第》登文对"极端自然的年轻小姐"大加嘲讽。杂志认为："有这样一类人，希望别人用'真自然！'来称赞自己，有意识地装腔作势。极端自然的年轻小姐总是做一些出格的事情，显示自己是多么单纯天真。"自然性变为一种表演，真诚性变为一种姿态，也是有可能的。[19]

当法律－理性与模仿融合时，也出现了这种不明确性。模仿的原则能够抵御人欺骗搪塞的倾向，让人更加遵守"守信的伦理"，但也会造成其他的后果。写实主义者追求绝对精确，将文字与行动等同，这就是契约主义（contractualism）的基础。契约的言语崇拜绝不仅是稳定社会经济关系那么简单，同样能够促进经济疯速发展。人们天真地相信语言的指涉性，奠定了经济扩张的文本基础：从合资企业的书面合同，到仅施工一半的投机地产图，契约视文字的含义高于内在的精神，用未来必然成功的憧憬刺激着创业者的幻想。就像小说中的骗子滑头山姆（Sam Slick）所说："说了，就等于做了。"兜售实现幻想的"商业文本"，并不局限于小说这一种形式而已。[20]

当模仿的原则被用来宣扬民族中心主义（ethnocentrism）时，它的稳定力量才最强大，将资产阶级同异域他者（exotic Other）分离，形成两极对立。异域风情在小贩的巫术中扮演了至关重要的角色，在普遍的消费商品中也是如此；维多利亚时代一提到市场，人们就会想到外邦。模仿概念的写实主义观使盎格鲁撒克逊人认为，他们可以参与市场交换，又不会玷污自己的朴素语言原则；他们可以享受异域风情的诱惑，又不会降格到他者那样"声色犬马、堕落无耻"。

维多利亚时期的模仿意识形态，在根上就是民族中心主义的。朴素语言在人们眼中一直就是盎格鲁撒克逊人的特点（至少盎格鲁撒克逊人自己这么认为）。到了十九世纪中叶，一种民族中心主义式的语言观崭露头角；盎格鲁撒克逊人的词汇与句法常被推崇，清晰、有力、直接都是其优点。1855 年，《高第》登文赞扬"语言的血肉和筋骨很大程度上仍是撒克逊式"：主祷文（Lord's Prayer）六十个单词中，只有六个词源是拉丁文；"灵魂的使节"（即文字）在总体上仍未被玷污。在这种民族中心主义的语言观影响下，盎格鲁撒克逊人代表了真理，其他民族则被打上了"背信弃义"（treacherous）的标签。[21]

在特定的社会环境下，强调民族中心主义的写实主义与制度化的理性融合后，为特定的群体带来了特定的后果。比如在十九世纪四五十年代的布法罗（Buffalo），邓白氏（Dun & Bradstreet）公司内一些身为白人盎格鲁萨克逊新教徒的资信调查员开始以反犹主义的刻板形象为借口，拒绝给犹太商人发贷款。历史学家大卫·葛伯（David Gerber）指出，反犹者动用了所有反犹的形象，来证明犹太人与白人盎格鲁萨克逊新教徒的生产者伦理观是水火不容的：犹太人不是生产者，而是掠夺者，"不诚实的破产者；自己放火骗保险；趁农夫在外耕田，向独自在家的农妇卖小玩意儿，狠狠宰她一笔的狡猾小贩"。资信报告写道，犹太申请人"只有犹太式的诚实"，个人财务经常"不明不白"。对秘密和欺骗的恐惧，同模仿话语融合，并利用模仿话语的工具，在商业世界中推崇盎格鲁撒克逊人的合法性。[22]

模仿的观念同样也污名化其他群体：美洲印第安人（在十九世纪的历史教材中被贴上了"背信弃义"的标签）、爱尔兰人、意大利人、黑人，所有这些"法外劣等民族"（lesser breeds without the Law）后来都被吉卜林（Kipling）定义为白人的负担（white man's burden）。这些民族都被视为不可信任，没有能力达到盎格鲁撒克逊诚实标准的要求。这种理念中的极大讽刺，在巴纳姆职业生涯中的一天戏剧化地浮出水面。他在 1864 年将几位印第安酋长安置在纽约他的博物馆里供人参观；酋长们都认为巴纳姆是将他们介绍给广大观众（而不是耍猴一样给观众看），对他们满口称颂。实际上，巴纳姆得意地回忆道，他是在向观众详述基奥瓦（Kiowa）酋长黄熊（Yellow Bear）口是心非的两面派本性。"如果这个嗜血的小恶棍知道我在说什么，一定会立刻砍死我；但是他觉得我在称赞他，所以我可以十分安全地将真相讲述给你们听，他就是一只谎话连篇、偷盗成性、背信弃义、杀人如麻的野兽。"酋长在台上友善地微笑着，底下观众则发出阵阵哄笑声。巴纳姆对这段插曲中自己背信弃义的做法只字未提。[23]

　　和其他场合一样，这里通过强调低种姓的不可信任，巩固了主流群体的自尊。正如白人非常执迷于描写黑皮肤的人沉沦感官刺激贪图享乐，这里也是通过寓意映射来实现自我净化。在民族中心主义的语言观中，能够察觉到帝国主义文化起到的一种独特心理功能。人们对虚伪的恐惧，对成功人士徒有其表的怀疑，这些情绪都可以通过语言从盎格鲁撒克逊文化中映射出去，映到懒惰的黑鬼身上、吝啬的印第安人身上、满嘴谎话的犹太人身上。模仿的写实主义观念向人们表明，欺骗其实不是"我们"商业生活的现象，因为"我们"与"他们"不同。这种假设使人们相信坦白正直、头脑清晰的资产阶级自我就是对付混乱与腐败的最好法宝，同时也允许了人们在道德方面支持帝国扩张。模仿的倡导者同提倡自制的人士一样，为资产阶级文化带来了相互矛盾的影响。他们采用一种修辞的立场消除了人们的忧虑，但同时巩固了产生忧虑的基础，如加速发展的经济、眼花缭乱的欲望与如影随形的欺骗等等。

　　南北战争后数十年内，自制的习语仍然十分盛行，全国性广告也充分利用了这一点。但是对广告主们最有用的，恐怕是孕育于十九世纪中叶，后来同现代美国经济的公司主宰化现象水乳交融的技术统治论（technocratic）习语。这种表达模式的起源，是相信人类科技的力量能够将人生转变为对个人福祉的稳定追求。南北战争之前，这种观点没有什么人提到过；最有趣的，要算《雨王：瞥见下世纪》（*The Rain King; or, a Glance at the Next Century*，1842），这类故事在当时妇女杂志中凤毛麟角，因为讲述的是发生在未来的故事，而不是流连于现在或过去。《雨王》展望了 1942 年的景象：美利坚合众国已经建立起强大独立的经济体（通过消除对进口的依赖），繁荣的消费文化以及完美无缺的种族（通过不断改进润发油、生发剂以及整容手术等）。最大的成功是自由控制天气。未来如同迪士尼乐园，拥有恒稳态的封闭系统。但是由于消费者对雨王的要求互相冲突，系统开始崩溃：他不可能在某个特定时刻同时创造出又好又坏的天气。这个故事暗示，只要我们征服了人类的恶性，就能够建立平衡清洁的乌托邦，不会出现不能被满足的欲望。但是人类的恶性是不能够被征服的。作者似乎预见到二十世纪中叶美国消费文化的大起大落，人们的需求互相冲突，导致社会共识分崩离析。不过，至少在"二战"后一段时间内，对于那些有幸在社会共识中生活过的人们来说，公司开发的科学技术的确起到了稳定市场巫术的作用。[24]

　　直到十九世纪末，也没有什么人试图用技术统治论来管理市场文化，爱德华·贝拉米（Edward Bellamy）等作家还在描绘更有影响力的健康乌托邦。南北战争后数十年内，随着基于官僚理性和系统化追求剩余价值的现代公司崛起，技术统治论的观点开始受人重视。全国性广告是现代公司的产物，在一个试图稳定市场关系与表征的流线型商业文化中，是不可或缺的一部分。不过，至少对新兴的广告"专业人士"来说，稳定化的过程永远都是不完整的：他们提供的服务很难衡量，又很容易被视为诈骗。广告工作的动机与含义仍然被市场交换的不确定性层层包围。

魔法的命运

　　最早的广告代理人出现于十九世纪五六十年代的费城、波士顿、芝加哥，尤其是在下曼哈顿当时的出版街区内的公园路（Park Row）和附近街道。这些广告公司发源于十九世纪中叶的大都市男性创业圈。在这个小世界内满是皮靴泥泞的男人，他们围坐在圆火炉周围喝酒嬉笑；他们在资产阶级的体面与城市感官亚文化之间游走。一下午泡在马丁咖啡馆（Café Martin）中畅饮黑麦酒，随后在尼布罗花园（Niblo's Garden）中欣赏"大腿秀"。良好的人际关系是成功的钥匙；三寸不烂之舌与编造故事的天赋是最受推崇的技能。（早期纽约的广告员中，就有这么一位大卫·罗斯·洛克 [David Ross Locke]，后来成为幽默小说家石油纳斯比 [Petroleum V. Nasby]。）但仅有欢快的心情是不够的；成功的广告人尽量不在沙龙里面浪费太多时间，努力（尽管有时连自己也无法说服）使自己的工作变为一种"职业"。[25]

早期年代中，职业主义的语言基本就是道德化的模仿。广告代理商同出版商一样，因为都能从广告中获利，所以尽量将广告同狂欢式的轻佻区别开来。1850 年，在沃尔尼·B. 帕尔莫（Volney B. Palmer）出版的一本早期广告行业期刊中，霍拉斯·格里利（Horace Greeley）抱怨道：

> 有这样一群人，他们的乐趣就是在报纸上当谐人和诗人，用二手笑话贩卖自己的货物，写着让人毛发直竖的打油诗。如果他们的目标是臭名远扬，或博人一笑，那照现在这样做定能成功。如果是要做生意的话，最好还是用生意人的语言吧。小丑的笑话留给马戏团吧，让清醒的人言行一致，直接果敢。用最少的字数来体现广告主的理念才是正确的做法。

简单直接语言的福音在马戏团小丑同合法生意人之间做了区分。[26]

对于广告代理商来说，对合法性的渴望尤为迫切，因为广告人身上带有一种巴纳姆式的宣传气质，自己的工作又正好代表了商品文明中价值的无实质性与弹性。首先，他们交易的物品只有空白版面。典型的模式如下：一位来自乡下的小伙子极富进取心，租了小小的房间办公，劝说各个报纸出版商允许自己代理版面（佣金标准后来定为15%），再卖给专利药商、纺织品商场以及任何需要打广告的人。版面的价值取决于两点：广告主将商品在特定报刊上叫卖的希望有多强烈，以及出版商在印刷前将所有版面卖掉的需要有多紧迫。广告商在双方之间起到拉客的作用。[27]

对广告代理商来说，操纵欺骗的可能性可以说是无穷无尽；与此同时，他们又尽力减少交易的不确定性，使自己的收益最大化。为了使自己的交易合法化，他们宣称自己遵守着传统的男子汉道德标准，真诚正直，白手起家，但同时也开始操一种新的效率与生产力习语。可以将他们看作是新兴的服务业职业人士组成的"新阶级"，专门管理经济风险并理性追求收益。换句话说，广告代理商不仅仅是白手起家者与骗子的结合体，也是一种新的职业人士模型。

从乔治·P. 劳威尔（George P. Rowell）与弗朗西斯·伟兰德·爱雅（Francis Wayland Ayer）的职业生涯可以看出早期广告业是多么复杂。劳威尔在 1869 年创立了《劳威尔美国报行名录》（*Rowell's American Newspaper Directory*），随后在 1888 年创办了行业期刊《印刷者油墨》（*Printer's Ink*）。爱雅在 1869 年创立了爱雅父子公司（N. W. Ayer & Son），将父亲的名字作为公司的名称。偶尔当过校长的老爱雅既没钱又没有商业运营能力，却灌输给儿子强烈的新教观念。取 N. W. Ayer 这个名字既试图为全新公司赢得尊严，也体现了孝心。不到二十年，小爱雅（F. W. Ayer）就将公司变为广告业最受人尊敬的公司之一。劳威尔和小爱雅一样，都希望能够将模棱两可的广告业转变为体面的职业，但都没能彻底成功。

劳威尔也是一位从乡下进城的年轻人。这些年轻人在全国性广告业的兴起阶段扮演了关键的角色。1838 年他出生于佛蒙特州北部圣

约翰斯布里（St. Johnsbury）附近林区的一座小木屋。1858 年开始
在《波士顿邮报》（*Boston Post*）当广告业务员，1865 年在波士顿开
了家代理公司，1867 年搬到了纽约。在《广告生涯四十年》（*Forty
Years an Advertising Agent*，1906）中，劳威尔使用了十九世纪后期
商人自传中常用的手法，将职业生涯形容为将秩序带入充斥着诡术师
的混乱广告狂欢世界的尝试。

　　写起来容易，实际上是非常困难的。劳威尔也承认，广告是"最
容易让人轻松欺骗客户而不被发现的行业之一"。虽然他很快又说
"不能抵抗住这种诱惑的商人，绝不可能永远成功"，但是他的自传
中却举出很多例子，详细描述他多次利用客户的无知捞钱财的事迹。
他在书中写道：

　　　　广告主基本上不明白广告有什么价值，每次他们被说得心服口
　　服时就会觉得心满意足，并不是因为他们认为物有所值，而是因为
　　他们觉得自己已经把价格砍到无法再低了。很多广告主都认为自己
　　干得漂亮，凭三寸不烂之舌以极低的价格成交；但是代理商却转过
　　身去笑得合不拢嘴，本来如果价格有谈妥的一半他就会很知足了。[28]

有一个例子发生在十九世纪六十年代末期，当时劳威尔身在纽约，为
《波士顿邮报》出售报纸版面。他与一家专利药公司的谈判需要在这
里好好讲一下，因为这个例子可以生动地展现出早期广告业中那些即
兴的骗局手法。

　　　　在我的兜里有一张专利品的大广告，产品名字叫健体水（Constitution
　　Water），是某个公司发放出来的（记得是在自由大街上），公司叫作
　　摩根和艾伦公司（Morgan & Allen）。我去的地方就是那里。当时已
　　经快到中午时间。我向里面的人询问广告经理的位置，最后被带到

了摩根医生那里。在地板正中央，他正给一位运输工演示，如何为装满货物的大桶系好桶口。摩根熟练的技巧让运输工羡慕不已，由于他不常扎桶口，血液中的兴奋感让他精神焕发。总之，这位差不多五十多的人外表看上去还是挺和蔼的。"我们可不能在您的报纸上登广告。"他说道，"您要价也太高了吧。""问题，"我回答，"不在于我们要价太高，而是您不愿意以公平的价格做生意。"他似乎没特别注意我说的话，把小斧子递给了运输工，我又继续说道（手中拿着广告）："如果我们开全价的话，那就是一年 800 美元。""这总数也太大了吧。"他说。"是么？"我回答，"如果我要你半价，您还会这么说的。""应该不会的。"他说。"那您的意思就是，如果我要价400 您就出 400？"我进一步问道。对此他回答："那当然。"最后我说道："看在这一次的份上，我就将就了这个价格吧。"如果这种对话是在别的场合下进行的话，我恐怕最开始出的价都没法超过 300 美元。[29]

　　两人之间打趣、狡猾的对话，再加上专利药、双关语、气喘吁吁的业主脱下外套将自己的产品往桶里塞的场景，能够让人看出，早期的广告代理商在小贩和各式骗子偏爱的非正式流动市场环境中简直是如鱼得水。在十九世纪商业关系混乱的情况下，金融服务空前繁荣，熟练的广告代理商通过灵巧操控事物外表来获得成功。但同时，劳威尔和其他广告公司的创始人一样，都希望使这种不断变化的商业关系更加系统化、更可预知，或起码盈利更系统化，因为劳威尔在回忆录里承认，对于广告代理商来说，一点点的模糊性还是符合代理人利益的。劳威尔自己的职业，主要是一面稳定广告主与出版商之间的关系，一面稳定广告主与广告受众群之间的关系。

　　劳威尔意识到，建立起一套广告定价的流程，能够减少广告的模棱两可性。十九世纪中期，是出版商来制定价格的，但是标准很难让人捉摸，十分主观。《纽约教会人》（ *New York Churchman* ）的出版商 M. H. 马洛里（M. H. Mallory）指出："报纸广告栏其实就像女人身上的首饰，她有多珍惜，这些首饰就有多少价值。"广告费用变来变去，还经常反悔谈好的价格。劳威尔对《纽约先驱报》（*New York Herald*）随性的广告价格大为吃惊："广告主购买的很明显不是版面，而是一个无法确定的什么东西，价值甚至连买卖双方都不能确定。"因此他决定要将这种"无法确定的什么东西"确定化。他开始尽可能全面地搜集有关美国报纸的信息，从乡村地区的周报一直到《芝加哥论坛报》（*Chicago Tribune*），印刷数量、实际销售数量、纸张质量与排版、编辑的政治观点及广告政策，还有潜在读者群，等等。然后他将信息打包，根据出版地区或种类（纽约西区的小镇报纸、宗教报纸、农业报纸等）提供给广告客主，费用算在广告费里面。他将重心放在销量数据上的做法，有效地应用了当时蓬勃发展、颇有影响的科学语言：对数据的信任。秉承"数字从不说谎"的信条，劳威尔将广告价格谈判从虚无缥缈的胡扯中拉回了地面，他也带来了广告业从根本上的体制变革。尽管他还是从出版商的利益中分成，但是他已经将广告代理商的工作重心转移：与其说是为报刊卖版面，不如说他的首要目标是建议客户如何并在哪里能够有效花钱，这种现代广告代理商提供的"媒体咨询"服务一直延续到今天。[30]

除了将广告主与出版商之间的关系规范化之外，劳威尔也在广告主与潜在商品购买者之间牵线搭桥。他的杂志《印刷者油墨》在接下来的半个世纪都是最有影响力的广告行业期刊。在这本杂志中，劳威尔和撰稿人向广大广告主提供的建议进一步深化：介绍"科学"方法，计算广告预算；宣传新的产品促销手段，使零星散布在遥远地区的顾客也可以购买；总之，通过缩短并标准化生产商与消费者之间的距离来稳定市场交易。运用朴素语言的传统词汇及新潮的科学词汇，劳威尔对定义现代广告业的主要任务起到了至关重要的作用：广告业应该将产品同理性与进步结合在一起，服务广告主利益，并且应该将广告与小贩及一切边缘商贩的联系剔除干净。

弗朗西斯·伟兰德·爱雅的职业生涯，对广告业上述发展起到了同样关键的作用。1905 年劳威尔撰写自传，称爱雅是一位在广告业普遍的欢快氛围下仍然节制克己的人。他写道，爱雅"脑子里面只有工作，终日废寝忘食；言行举止挑不出一处缺点，除非过度工作也算缺点……如果奥利弗·克伦威尔（Oliver Cromwell）是一位广告代理人，就会是爱雅这个样子"。爱雅的名字取自一位著名的学院派道德哲学家 ①，他可谓是新教生产力的化身。他正直得近乎鲁莽，不是推销员，而是企业家、组织者和经理，待人接物冷淡克制。"他需要的东西就一定会得到，而且非常直接。"1919 年在一场庆功宴上，前总统威廉·霍华德·塔夫特（William Howard Taft）如此评论爱雅。爱雅"爱好朴素，严肃对待基督教教义，厌恶卖弄与夸耀"。这样看来，他是能够为广告业带来尊严的最佳人选。[31]

当然，爱雅也是向着这个方向努力的。1875 年父亲去世后，他考虑是否要把家族生意做下去，一个朋友对他说，广告代理人"充其量是个推销员而已"，并给他推荐了一份体面的工作。爱雅回绝了。"我已经握住了这把犁头，在主的指引下，我会坚持完成耕作。在我完成之前，如果我们那时还活着，总有一天你会来找我，对我说，你不但尊敬我，也尊敬我的事业。"在他眼中，建立尊严最大的障碍就是佣金制度。一个广告代理商，为出版商和广告主两头服务，这就滋生出腐败的可能性。劳威尔重新定义了广告代理商的工作，不是仅仅贩卖广告版面，而是协助广告主购买版面。但问题在于，广告主依然期待广告代理从出版商那里领佣金，所以等于代理商仍然在为两头服务。爱雅对此的解决办法是，让代理商同广告主（而不是出版商）签署开放契约（但是佣金仍然算作广告费的一部分）。这就标志着"成

①　"弗朗西斯·伟兰德"（Francis Wayland）是美国十九世纪知名教育家和教士。——译者

品广告"时代的结束与"定制广告"时代的开始。这样一来，爱雅派的广告代理商就有动力去提升客户的产品销量，并向客户提供多元服务，建立长久合作关系。[32]

爱雅父子广告公司成为第一批提供综合服务的广告代理公司。他们在 1879 年组织了第一次市场调查，为尼古尔斯－谢泼德农业设备公司（Nichols-Shepard Agricultural Implements）编纂农业收成数据与报纸发行量。十九世纪八九十年代中，随着公司将重心转移到与全国性公司（而不是地方零售商）的合作上，文案（copy）准备的主要责任慢慢从客户肩上转移到了代理商肩上。1900 年公司成立了文案部。爱雅本人不太喜欢将重心放在文案工作上，他觉得这里面总有一股格里利等人警告过的哗众取宠的味道。不过他通过严格限制其中的颠覆潜能，慢慢适应了新发展。他与柯蒂斯（Curtis）旗下的出版物合作更为紧密，包括如《周六晚邮报》和《仕女家庭杂志》（Ladies' Home Journal）这类中产阶级礼仪典范刊物；他在 1899 年停止刊发酒类广告，1906 年停止刊发专利药广告。他一直避免"靠嬉笑打闹来吸引顾客"（但是公司的客户主管们可不都是这样谨慎）。爱雅在 1886 年制定的公司标语"持之以恒，终将成功"说明，在竞争对手清一色巴纳姆式的商业环境中，只有爱雅公司代表着勤劳踏实的精神。[33]

塔夫特在 1919 年的庆功宴上对爱雅的重要性进行了总结："我们致敬这位将广告变成科学的人，将广告的作用发扬光大的人，将广告从邪恶中拯救出来的人。"前总统如此说道："我们要对爱雅先生表示感激，他使本来会恶毒堕落的广告变得如此有益崇高。"[34] 虽然这席话中有关道德和科学的论述都值得商榷，但是将这两类话语放在一起说，表明全国性广告业在南北战争后的半个世纪内已经获得合法性。

当然，那些处在社会边缘的生意人即使在新的世纪也一样活跃，但是站在同时代的角度观察，能够看到他们愈发不符合时代潮流，代表乡镇文化的残余，交易成功仍然取决于人际交流与表演，而不是语言和图片的远程传播。十九世纪大部分时间内，美国乡镇仍然在很大程度上保留着口头文化的传统：乡村学校最受欢迎的课本《麦高菲读本》（*McGuffey Readers*，1836—1920）旨在改善学生们的朗诵能力而不是阅读能力。魔法气场最具影响力的地方，是在十九世纪末商界那些伟大的游说家之间：云游僧、药展经理人、詹姆斯·惠特科姆·莱利的老板（见第二章）或者马克·吐温笔下的贝莱亚·塞勒斯上校（"上校的舌头就像魔法师的魔棒，能将干枯的苹果变为无花果，能将清水变为葡萄酒，能将茅屋变为宫殿，能将今日的贫穷变为明天的财富"）。和之前一样，这里必须区分真正的魔法和作为修辞手段的魔法；上校使用的是第二种，那个时代几乎所有商人使用的都是第二种。不过，第一种魔法的痕迹仍然附着在专利药、避雷针等产品上，这些都是口头兜售的最常见产品。[35]

严重困扰着小贩与其他推销员的文化冲突问题仍然存在，与此同时全国性广告主却成功地（至少在修辞上）将自己的行业同那些所谓的落伍行业区分开。在流行小说中，小贩仍然扮演着充满异域风情的引诱者，是乡民怀疑的对象；但同时他们又披上了一层怀旧的色泽，代表着工业化之前的市场交换景象。1912年《美利坚杂志》（*American Magazine*）登过一篇露希尔·鲍德温·范·史莱克（Lucille Baldwin Van Slyke）写的故事《小贩》（"The Peddler"），描绘了南北战争后边缘商业形象的变化。故事讲述了一位年轻女子艾米莉·杰克逊的不幸经历。她住在新罕布什尔州福布斯角（Forbes Corners），整天包裹在粗糙内衣与厚重衣物之中，觉得自己的命运被牢牢束缚住。直到一个炎热的夏日，当她正在熨衣服，一位叙利亚小贩来到了门前院落——

　　他用一种引诱的姿势将东西慢慢地铺开。满眼是柔软的丝绸披肩、编织精巧的丝绸围巾、刺绣精美的亚麻布，用可爱缎带捆起来的蕾丝雕花。他那古铜色的双手温柔地将这些物品摆好，动作慵懒优雅。每当把一件东西摆在她面前，他就抬起眼眶深黑的双眼，等待着她的肯定，而在她点头后，他便像一个孩子般露出天真的笑容。不一会儿他就打开了一个雕着古雅花纹的匣子，呈现出里面一排排闪亮的玻璃珠。阳光从他头顶的绿色葡萄藤中洒下来，俗艳东方颜色的小球在日光下亮晶晶的。

　　"啊呀！"艾米莉惊叹道，"这些东西也太漂亮了吧！不知怎么的我总是对珠子有特别的感情。"她将门打开，出来坐在门阶最顶层，手指渴望地抚摸着一束青绿色的丝线。"太可爱了！"她低叹道。[36]

　　小贩扮演的是引诱者的角色，将"俗艳东方颜色的小球"呈现在顾客面前，展现出眼花缭乱的感官刺激，光怪陆离的奇形异景，这些在福布斯角被严格禁止。（"我受够福布斯角这个地方了。"艾米莉抱怨道，"一天到晚看着同样的人，听他们说着同样的事情，我受够了！"）不过，小贩也被称为"孩子"（child），听着还算亲切，但在1912年是对"落后的"黑皮肤人种的蔑称，而这里并不只是歧视的意思，它还蕴含了华兹华斯式自发、纯真的快感，象征着那失落在生产主义文化中的"慵懒优雅"。小贩连抽烟都与众不同，美国男人抽烟大口呼气，本来抽烟是享受的事情，反倒变成了一项工作。"胎傻了，"小贩道，"奔来多有意思，威审么弄遮么麻翻。"[37]

　　谁知艾米莉的尤妮斯姨妈突然出现，打断了引诱的场面。在她眼中，小贩和"流浪汉"没什么两样，于是便呵斥道："收拾好垃圾快滚。"尽管如此，艾米莉和小贩仍然偶然再次见面，小贩把她向往已久的项链送给她。最后两人从偶遇转为主动，艾米莉冒着被雇工嘲笑的危险把（绣着"东方刺绣"，装着"东方香料"的）烟草袋还给了小贩。最终小贩操着近乎自我嘲讽式的浓重方言，用一段训诫结束了这个故事：

> "尼必须明掰呀，愿望不是小弯意儿，是阿拉送到尼心底去的。撅不能嚷它们死了，小姐，否则尼的心、尼的灵昏也斗跟着一起死了。"
>
> 突然间，一种强烈渴望什么事物的心情占据了她的心，可她自己却无法开口。

小贩试图解释这种得不到满足的渴望：

> "它就是你心灵中开的华，心中的审么东习，你的心最打的愿望。窝的愿望就是去四处逛，地上海上都想去，直到窝感到自己亲爱家乡的需要才会停虾来。对优的人就是爱，优的人就是力量，优的人就是勇妻，不过翻正斗是最打的愿望，小姐，明掰了没？"
>
> "我知道，"她喘着气说道，"我知道。是我最需要的！"

小贩最终离开了，被草地上羊悠闲吃草的画面所打动，回到"自己亲爱家乡"。而艾米莉回到了农场，但她已经不会理睬雇工的嘲笑或者姨妈的唠叨，她坦白自己同什么人见过面；她赢得了尊严与宁静。"她已经进入了自己的王国，欲望与渴求的先知王国，在那个美妙宜人的世界中，发自她心底的欲望绽放出动人的花朵。"[38]

从某一角度来看，故事可以被视为对成熟资本主义社会中大获全胜的消费者价值观的肯定。小贩与农家相遇的情节同南北战争前的小说诗歌中所描绘的一样，但是训诫人物却颠倒了过来。小贩不再是个骗子，而是一位老师。女子意识到欲望（"心最大的愿望"）可以等同为需求（"我最需要的"），向个体自主迈进了一大步；允许内心欲望蓬勃发展，她创造出一个全新的、更具实质性的自我。

不过，小商贩可不是"消费文化"的代表，更不可能代表世纪之交现代公司打造的消费文化。他代表的是前工业化时代的市场诱惑力。他也不是狡猾的北方佬观点的"进步"代表；他皮肤黝黑，天真烂漫，不男不女，怀念自己故乡原始的道德观。作者的世界观体现出浪漫的反现代主义，而非鼓吹现代消费主义，这种世界观拒绝勤恳高效的生活，追求某种模糊的异域与感官享受。故事的整体含义指出，在一个愈发理性的公司经济（corporate economy）中，小贩与其他非主流商人代表的是过去的田园悠闲景象，而不是熙熙攘攘的未来。在广告代理商的努力下，自己终于在某种程度上与之前一直代表着市场交换威胁与希望的边缘魔术师区分了开来。

但是不管怎么努力都不可能完全成功。最大最受人尊敬的广告代理（更何况小型的边缘公司）都仍然利用着不稳定的文化趋势，使用着旧时的狂欢式话语，尽管同时在努力遏制这种话语的影响。广告代理商毕竟不是文化的监护人，只是经营者；对于他们的话语中描绘的所谓永恒真相，他们自己也只是最多对其工具作用感兴趣。更重要的是，他们的主要客户（也是许多广告公司成功的根本）是专利药厂商，而专利药（与其他所有商品相比）仍然富含自我变形的蕴意。爱雅可以算是唯一的特例。而他也只是在《纯正食物与药品法》（Pure Food and Drug Act）中将灵药定义为不靠谱商品后才放弃了专利药的生意。合法与非法药物之间的区别仍然模糊不清，而且爱雅为从茶叶到烟草的所有产品制作的文案还是在诱惑顾客通过购买来获得魔法般的重生，不过这种魔法是比喻义上的，不是字面含义。

从一开始，全国性广告业就像抹了蜜一样。劳威尔的最早记忆（他自己说的）是"一瓶子金光石榴色的液体"（其实是"爱雅樱桃止咳药"[Ayer's Cherry Pectoral]，和爱雅广告公司只是同名），他还记得"一张海报，画中像是一匹阿拉伯斑点马，优雅美丽，凸显商人含漱油（Merchants' Gargling Oil）的功效"。据劳威尔和很多早期广告经理人所述，在所有的消费品之中，最盈利的就是专利药生意：生产成本低，已经存在一整套高效的销售系统；唯一需要的就是在广告上砸钱，广告公司的机会就来了。窍门在于，一方面要留住这些大客户，另一方面又要避免染上这些客户不好的名声。（十九世纪末有一则流传广泛的逸闻，两个小姑娘和各自的妈妈在横跨大西洋的船上邂逅。"艾玛爸爸是卖补药的。"一个小女孩偷偷告诉妈妈。"别让她妈知道我们知道，"妈妈回答，"要不然她会觉得难堪的。"）不管多有钱，广告代理商和专利药生产商都没有彻底洗白其狂欢式的起源。在许多方面，他们仍然扮演着南北战争前小贩的角色，现在只是披上了一层真诚、科学和进步的外衣。他们仍然鼓励人们通过向上攀爬或者心灵内部重生来实现魔法般的自我变形，仍然既吸引民众的兴趣又引发民众的怀疑。[39]

十九世纪末期一直到二十世纪，乡镇居民即使对经济增长感到欢欣鼓舞，也仍然用怀疑的眼光看待广告主充满诱惑力的影响。这种怀疑的情绪，部分来自地方店主对"外部"（也就是全国性的）竞争对手抱有的强烈敌意，不过敌意不仅来自经济方面。全国性广告在商业和文化含义上都打破了当地的"顾客生意"。[40] 因此广告主和广告代理公司一直在坚持塑造一种稳健踏实的形象，将维多利亚时代的自制习语置于一个崭新的、涵盖面更广的技术统治论框架下。随着时间流逝，他们的视觉和文字语言慢慢建立起了一个资产阶级自我的理想形象，比之前的维多利亚模型更加标准化，更符合世纪之交的管理式精神（managerial ethos）。不过早在南北战争之前，一些观察家就预见到了这种现象，并严厉批评了这种在修辞上挪用技术力量的现象背后的哲学假设。也许其中最有预见性的，就是赫尔曼·梅尔维尔（Herman Melville）。

梅尔维尔和骗子

1853 年初秋，一群避雷针推销商在马萨诸塞州匹茨菲尔德（Pittsfield）附近开展大规模促销活动，梅尔维尔一家当时就住在那里。据他家人传下来的故事，其中一位推销员直接找上了梅尔维尔。我们不清楚当年他们具体说了什么，但是我们知道，梅尔维尔将这次遭遇写成了《避雷针推销员》（"The Lightning-Rod Man"，在次年的《普特南》[*Putnam's*] 杂志发表）。故事对蓬勃发展的市场社会神话提出了一针见血的看法：只要人们相信商人的技术专长，就保证会避免一切恐惧与烦恼。正是这种骗人的套路在背后推动着避雷针生意，也推动着专利药生意及商品文明的"进步"残渣。[41]

梅尔维尔笔下的避雷针推销员就是典型的间隙人物。他在电闪雷鸣、狂风暴雨中来到了叙事者的门前，称自己能够上连天下接地。"这个精瘦阴郁的身影"站在小屋中浑身发抖，紧紧抓着自己的商品。看上去不像是能连接天地的人，但他硬说自己拥有魔力："只要您一句话，我拿着魔棍挥几下，这间屋子就能变成直布罗陀。"叙事者向推销员抱怨，附近已经出现过多起避雷针失效的情况；都是没装好，推销员一口咬定，随后便操着类似秘药商贩惯用的语言来恐吓："您买不买？我说您还是买吧。您可不想被劈到肠肚烧焦吧？您可不想像马在厩中被活活烧死吧？只要劈一下就都没了！"最终，主人公取笑了推销员妄图用一根"烟斗管"就想"躲避天之闪电"的谎言："谁雇你来的？你这个帖次勒（Tetzel）[①]！竟敢兜售赎罪券，干涉神意？我们的头发是有数的，我们要活的日子也是一样。不管在雷霆中还是阳光下，我都轻松自如地站在上帝的掌心中。你这个骗人的推销

---

① 倒卖赎罪券的多明我会修士，受马丁·路德谴责。——译者

员。出去!"从这种典型的加尔文主义观点来看，避雷针推销员最大的欺骗，是将人类科技力量神化，假设人类能够像神一样控制无法预测的自然世界。[42]

梅尔维尔没有结束对这种系统性欺骗蕴含的哲学含义的思考。四年后，他又发表了《骗子》（*The Confidence-Man*）。这本小说就是一部完美的后结构主义作品。文字厚实难懂，反复循环，自我消解的语句最终将语言解构为仅仅是交流的工具而已，嘲笑一切关于社会透明性的观点，质疑一切固定的含义。梅尔维尔将这个阴冷故事的背景设在了市场社会的边缘地带，即沿密西西比河蜿蜒而下的汽船"忠贞号"。它那"又长又宽的遮蔽甲板，两边建起了如商店般的橱窗"，看起来就像是"君士坦丁堡的拱廊或芭莎，里面进行着不止一种交易"。[43]

但是唯一正在进行的交易，就是一个又一个骗子无休无止地变换着骗人的面孔，他们也许都是同一个人，也许又不是。《骗子》（除其他作用外）对感怀主义、理性、模仿等十九世纪中叶美国人希望能够稳定市场关系的文化习语做出了猛烈抨击，特别是对透明交际语言的信仰，以及使用这种语言的、自治的、言语朴素的自我提出了严厉批评。同时，这本书又与《避雷针推销员》遥相呼应，对后来成为二十世纪广告主要修辞来源的技术统治论习语提出了预见性的批判。

梅尔维尔要破坏的是角色（character）的概念，而它是资产阶级统一人格理想的一部分。不过，即使是在这本去实体化的小说中，他仍然创造出让人过目不忘的角色。其中最能阐述本书观点的，应该就是"草药郎中"（yarb-doctor），即专利药商，满嘴都是混杂着爱默生式宗教观和广告修辞的晦涩语言。（他整页整页的对白简直就像直接从十九世纪中叶的广告上摘来的。）尽管他舌尖芭蕾跳得很妙，称自己代表"真正的印第安大夫"，拥有大自然的治愈力量，但他并不象征着复古的原始主义者，反倒是预兆着新事物的来临。随着专利药公司变成了资金投入最大、组织最为系统的消费品贩卖商，包括贩卖万能香膏滋补剂（Omni-Balsamic Reinvigorator）的草药郎中在内的很多灵药商贩都成了公司雇员。另一位角色，象征传统企业社会的"密苏里单身汉"（Missouri bachelor）对草药郎中就是如此怀疑的："你如此艰苦忍受，默默屈服，这不就像奴隶一样？""请问你的主人是谁？还是说你是公司雇员？"[44]

草药郎中在意识形态上的这种立场，预示了以后现代公司对进步的世俗信仰。他就撒马利亚止疼药（Samaritan Pain Dissuader）夸夸其谈时，一位沉思的"黑巨人"过来搭话。这位巨人似乎是一位矮小紧张的混血女孩的监护人。他"嗓音低沉寂寞，就像是从废弃的煤井发出来的"。他问道：

> "[这药] 会不会让人失去知觉？"
>
> "绝对不会啦。好处多多，其中一条就是绝对不像鸦片剂。既能够消除痛苦，又不会让人失去感觉。"
>
> "撒谎！有一些疼痛不靠麻醉根本不可能减轻，直到死都无法医治。"[45]

在《避雷针推销员》中，梅尔维尔的愤怒不仅针对骗子的欺骗，也直指隐藏在背后的自欺欺人现象，即认为只要通过操弄假科学就能够逃避无法逃避的痛苦这种观点。从这个更广义的角度来看，confidence① 就是"狂妄"的代名词：充满信心，就等于相信专家是万能的。骗子除了要求上当者接受产品的功效，还要求上当者接受其背后的关于人类中心论和强大力量的迷思。梅尔维尔在这里又一次一针见血地揭露了这种人文主义意识形态机器的脆弱。

---

① 意为信心、秘密，confidence man 意为骗子。作者在这里切换使用 confidence 的不同意思，玩文字游戏。——译者

　　不过与《避雷针推销员》不同，《骗子》并不相信（连间接相信也没有）在欺骗外表的背后存在神的旨意。被梅尔维尔解构的商品文明中，不存在真实性的习语能与人工性的泛滥抗衡。不过他可能有些武断，完全否定市场社会中（哪怕是有缺陷的）人际交流的可能性；因为毫无疑问，他在文字上的造诣能够表明，在骗子的世界中是可以发出真实的声音的，不管这声音多不牢固。然而，梅尔维尔自己得出的结论却很悲观。早在罗兰·巴特（Roland Barthes）宣布"写作"是"不及物动词"，将无意义表面游戏的欢愉当作他审美观的核心之前，梅尔维尔就认识到，语言也许从根本上就是无法交流、自我指涉的。两个人的不同之处在于，梅尔维尔并没有对这个发现感到欢愉，反而感到震惊和焦虑。

注释

1. 关于反对蔑视家庭生活的观点，见 Glenna Matthews, *"Just a Housewife": The Rise and Fall of Domesticity in America* (New York and Oxford, 1987)。

2. Ellen Ashton, "Never Contented Long," *Peterson's* 24 (July 1853): 65-66; E. A. Sandford, "Ambition," *Godey's Lady's Book* 56 (June 1858): 514-23; T. S. Arthur, "Three Scenes in the Life of a Worldling," ibid. 47 (August 1853): 146-48. 明确指出家庭是"世界"离心力的抗衡的观点，见 "Editor's Table," *Peterson's* 32 (August 1857)。

3. Lydia Sigourney, "Horticulture," *Godey's* 21 (October 1840): 179; Annette Kolodny, *The Lund Before Her* (Chapel Hill, N.C., 1984).

4. Rodney Olsen, "The Sentimental Idiom in American Culture"; Ann Douglas, *The Feminization of American Culture* (New York, 1977), esp. chaps. 2, 3; Mary Kelley,

Private Woman, Public Stage (New York, 1984).

5. Edgar Wayne, "Eleanor Hartley," *Ladies' National Magazine* 11 (June 1847): 201.

6. Thomas Haskell, "Capitalism and the Origins of the Humanitarian Sensibility, Part II," *American Historical Review* 90 (June 1985): 547-66.

7. Odell Shepard, *Pedlar's Progress: The Life of Bronson Alcott* [1937] (New York, 1968), pp. 41-74; "Annotation: Failure to Procure Occupational or Business License or Permit as Affecting Validity or Enforceability of Contracts," in 30 *American Law Reports* 834 (1924): 866-68. 关于这些发展的经典研究是 Morton Horowitz, *The Transformation of American Law, 1780-1860* (Cambridge, Mass., 1978), 但是我主要借鉴了和 Robert Mensel 关于合同法和市场关系稳定化的对话内容。

8. *Merriam v. Langdon,* 10 Connecticut 1835; *Commonwealth v. Moses Stephens,* 31 Massachusetts 1833.

9. "Morals in Trade," *Hunt's Merchants' Magazine* 19 (October 1848): 454-55; "The Merchant Peddler, Or Buying Cheap," ibid. 26 (May 1852): 649. 我要感谢 Scott Sandage 向我介绍这些文献。

10. *Commonwealth v. Dudley,* 3 Kentucky 1860; *Hirschfelder v. the State,* 18 Alabama 1850.

11. Lewis E. Atherton, "The Pioneer Merchant in Mid-America," *University of Missouri Studies* 14, no. 2 (April 1939): 26-42; Penrose Scull, *From Peddlers to Merchant Princes: A History of Selling in America* (Chicago and New York, 1967).

12. Contract, Cleveland Lightning Rod Company and John S. Porter, 29 September 1869, in Lightning Rods box 1, Warshaw Collection of Business Americana, National Museum of American History, Smithsonian Institution, Washington, D.C.

13. Guarantee, American Lightning Rod Company, Erie, Pa., 12 May 1865, in Lightning Rods box 1, Warshaw Collection; promotional pamphlet, Otis's Patent Lightning Conductor (New York: Lyon Manufacturing Co., 1858), in ibid. See also Earl W. Hayter, *The Troubled Farmer, 1850-1900: Rural Adjustment to Industrialism* (De Kalb, Ill., 1968), chap. 11.

14. James Guild, "Journal," *Proceedings of the Vermont Historical Society* 5 (1937): 249-313. David Jaffee 对 Guild 和其他肖像画家的恰当讨论见 "One of the Primitive Sort: Portrait Makers of the Rural North, 1790-1860," in *The Countryside in the Era*

of Capitalist Transformation, ed. Jonathan Prude and Steven Hahn (Chapel Hill, N.C., 1986), pp. 103-38, and "Pedlars and Portraitists: Artisan Entrepreneurs and the Transformation of the Rural North, 1790-1860," paper presented at the American Studies Association Biennial Meeting, San Diego, 1985。关于职业主义对市场的掌控，见 Thomas Haskell, ed., *The Authority of Experts* (Bloomington, Ind., 1984)。

15. George Orwell, "Why I Write" [1947], in *A Collection of Essays by George Orwell* (New York, 1954), p. 320.

16. Francis Hodge, *Yankee Theater: The Image of America on the Stage, 1825-1850* (Austin, Texas, 1964), pp. 50-51, 91; Rourke, *American Humor* (New York, 1931), pp. 20-21; Medical Society of the City of New York, *Nostrums, or Secret Medicines* (New York: privately printed, 1827).

17. "Editor's Table," *Peterson's* 39 (February 1861): 178; "How to Write Fashionably," ibid. 22 (November 1852): 230-31.

18. Roger Stein, *John Ruskin and Aesthetic Thought in America, 1840-1900* (Cambridge, Mass., 1967); "Adulteration of Coffee and Pepper," *Hunt's Merchants' Magazine* 24 (March 1851): 395.

19. Karen Halttunen, *Confidence Men and Painted Women A Study of Middle-Class Culture in Victorian America, 1830-1870* (New Haven, Conn., and London, 1982) chap. 3; "Dress," *Godey's* 20 (April 1840): 187; "The Extremely Natural Young Lady," ibid. 22 (June 1841): 244.

20. Sam Slick 是加拿大幽默作家 Thomas Haliburton 的作品 *The Clockmaker, or the Sayings and Doings of Samuel Slick of Slickville* (1837) 和之后作品的北方小贩主人公。关于这些问题的悉心讨论，见 Frank R. Kramer, *Voices in the Valley: Mythmaking and Folk Belief in the Shaping of the Middle West* (Madison, Wis., 1964), pp. 87-103。

21. "The Importance of Words," *Godey's* (July 1855): 81.

22. David A. Gerber, "Gutting Out Shylock: Elite Anti-Semitism and the Quest for Moral Order in the Nineteenth-Century Marketplace," in Gerber, ed., *Anti-Semitism in American History* (Urbana, Ill., 1986), esp. pp. 216-19.

23. "Lesser breeds without the law" is from Rudyard Kipling's poem "Recessional," line 22 (1897). Barnum, *Struggles and Triumphs*, pp. 577-78.

24. Miss Leslie, "The Rain King; or, a Glance at the Next Century," *Godey's* 25 (July 1842): 7-11.

25. George Presbury Rowell, *Forty Years an Advertising Agent, 1865-1905* (New York, 1906), pp. 5-32, 258-59, 443.

26. "The Philosophy of Advertising," in Volney B. Palmer, ed., *Business-men's Almanac* (1851), reprinted in *Hunt's Merchants' Magazine* 23 (November 1850): 582.

27. 对早期广告公司的运营细节最细心的讨论是 Daniel Pope, *The Making of Modern Advertising* (New York, 1982), esp. chaps. 1 and 2。

28. Rowell, *Forty Years,* pp. 454, 310.

29. Ibid., pp. 311-12.

30. Ibid., pp. 192, 31-32.

31. Ibid., pp. 258-59; Ralph M. Hower, *The History of an Advertising Agency: N. W. Ayer & Son at Work, 1869-1939* (Cambridge, Mass., 1939), pp. 144-47.

32. Hower, *N. W. Ayer*, pp. 67-68, 70-77.

33. Ibid., pp. 94-118.

34. Ibid., p. 134.

35. Walter Ong, *Orality and Literacy* (London and New York, 1982), p. 116; Mark Twain and Charles Dudley Warner, *The Gilded Age* [1873] (Hartford, Conn., 1888), p. 83.

36. Lucille Baldwin Van Slyke, "The Peddler," *American Magazine* 74 (August 1912): 406. 我要感谢 Miriam Formanek-Brunell 向我介绍这个故事。

37. Ibid., 410.

38. Ibid., 414.

39. Rowell, *Forty Years,* pp. 5-30, 163, 366, 401; Sarah Stage, *Female Complaints: The Career of Lydia Pinkham* (New York, 1979), pp. 112ff; Frazar Kirkland, *Cyclopedia of Commercial and Business Anecdotes* (New York, 1864), vol. 2, pp. 609-10. 关于专利药广告中持续存在的多样修辞策略, 如见 Patent Medicines box 2, Warshaw Collection, 它包括了十九世纪五十年代到二十世纪头十年的马萨诸塞州 Lowell 的 J. C. Ayer Co.。

40. 如见 "Advertising Agents and the Country Press," *Printers' Ink* 13 (21 August 1895): 44-45; "The Country Editor's Side," ibid. 19 (26 May 1897): 8。

41. Leon Howard, *Herman Melville: A Biography* (Berkeley, Calif., 1952), p. 216.

42. Herman Melville, "The Lightning-Rod Man" [1853], in *Herman Melville: Selected Tales and Poems,* ed. Richard Chase (New York, 1950), pp. 151-58. 关于阈限的观点，见 Victor Turner, "Liminal to Liminoid in Play, Flow, and Ritual," *Rice University Studies* 60 (Summer, 1974): 53-92。Johan Tetzel 是十五世纪多明我会布道者，作为教宗赎罪券的贩子臭名昭著。

43. Herman Melville, *The Confidence Man: His Masquerade* [1857] (New York, 1964), p. 11.

44. Ibid., pp. 185, 119.

45. Ibid., p. 94.

第四章

丰裕的去实体化

到了十九世纪末，随着小贩被逐渐排挤至商业文化的边缘落后地带，技术统治论习语的支持者开始将传统的丰裕象征重新塑造。在不断演变的商业形象中，女性不再那么令人畏惧；农业生产的图像逐渐被工业取代；衣食生计的来源从肥沃的土地转变为高效的工厂。不过，这些变化不是简单线性发展。新图像的缔造者，以及整个社会主流，都卷入了文化冲突的湍流。对物质富饶的重新定义如果使美国人感到不安，一个原因应该是美国人还在坚持共和传统的残存观点，更重要的是，他们在某些方面还保留着对大地母亲的留恋、对完整性的记忆或幻想，哪怕这些在田园诗般的温暖富饶世界中转瞬即逝。这些冲突，在新兴的彩色石印术"媒体文化"中戏剧化地展现出来，南北战争后，越来越向广告的方向发展。

母神与机械

彩色石印匠生产的丰裕图像，一方面走向了充满诱惑的异域风情，另一方面转向了感怀的农耕文化。对那些刚刚走出农村的大都会消费者来说，彩色石印匠为他们提供了令人安心的风俗画，在自给自足的农业和农村大家族的舒适环境中描绘着丰裕的愿景。他们重新构建了一个属于个人的过去，散发着儿时幸福的芳香，呈现出前俄狄浦斯式的和睦景象（图 4.1）。十九世纪末期，礼俗社会（gemeinschaft）的理想在商业图像中得以实体化，比它出现在社会学文本的时间要

图 4.1　库里尔与艾夫斯：《人生的四季：中年》，1867 年。国会图书馆。
The Four Seasons of Life: Middle Age, Currier & Ives, 1867. Library of Congress.

早得多。与学术理论家一样，都市彩色石印匠再造出一种前工业社会的生活景象，这可能也是由于他们自己的怀念与记忆；"怀念"（nostalgia）这个词的词根就是"思乡"（homesickness）。在妇女杂志中采用家庭生活修辞的早期媒体文化，也在视觉上将家庭理想实体化：旧时的故乡，爬满藤条的小屋，在旋转的世界中那静止不变的地方。在城市中漂泊"无根"的广告人宣扬着一种根就在田园的理想，通过将丰裕置于乡村家庭和母性哺育的环境中，遏制商业生活对个人身份的冲击。[1]

　　类似的幻想甚至对专利药彩色石印画的异域性和原始性也起到了影响。东方主义的习语保留了旺盛性欲同丰裕物产之间的远古联系；图像既饱含性意味，又富含母性。批评家爱德华·萨义德（Edward Said）观察到，"人总是*回到东方*"，回到歌德笔下的"人类的原初之地"。随着新大陆逐渐被开垦，留给人们幻想的空间逐渐缩小，东方式的异域风情也许为人们提供了回到原初从而焕然一新的渠道，在这个要求离家才能成人的文化中，这种现象显得特别恰当。[2]

与此同时，不断变化的丰裕图像志也用其他视觉习语重现母神的形象。1890 年，美林食品（Mellin's Food；"供幼儿与病人食用"）就发放了名为《母性》（Maternity）的广告画作为促销手段：画面上是一尊鲁本斯风格的裸身母亲在腿上抱着两个裸体婴儿的大理石塑像。[3] 这张图不仅让人想起了克雷夫科尔对美国丰裕的描绘——"母亲（Alma Mater）那宽阔的双腿上"，将色情化的母性形象同家庭化的富饶形象联系在一起。这类图像净化了资产阶级对于圣母与独立（男性）自我之间的心理剧（psychodrama），也净化了前俄狄浦斯式完整性（pre-oedipal wholeness）幻想与成人立业的渴望两者之间的斗争，控制着母亲与物质（mater and matter）的世界。

既然存在着相互矛盾的欲望和不停变换的生产条件，也就难怪彩色石印匠有时印出来的图像具有拼贴（pastiche）这种所谓"后现代"手法的特点。比如，印第安公主的形象在商业图像的行话（vernacular）传统中保留了下来，有时以新的、很能说明问题的面貌出现。这里有一张库里尔与艾夫斯的图，简单名为《美利坚》（America；图 4.2），将印第安公主描绘为充满魅惑的土耳其女婢妾形象。图片中唯一表现爱国主义的象征是束头带上面的星星；尽管项链是由熊掌串成，尽管她背着箭袋，但她全身都裹在传统的奢侈品之中。她丰满的右手上戴满珠宝，轻柔地托着圆润的下颌；她的皮肤与轮廓体现出明显的白人特征。她看上去珠圆玉润、美妙绝伦，作为表达"美利坚"这一沉重寓意的形象，（按理说）是不合适的。

图 4.2　库里尔与艾夫斯：《美利坚》，1870 年。国会图书馆。
America, Currier & Ives, 1870. Library of Congress.

图 4.3　昆尼皮亚克肥料公司商业名片"麦甜女孩"，约 1880 年。史密森尼学会，美国国家历史博物馆，沃萧美国商务收藏品。

A S'wheat Girl (c. 1880) trade card Quinnipiac Fertilizer Company. Warshaw Collection of Business Americana, National Museum of American History, Smithsonian Institution.

大约十年之后，一种更有问题的拼贴手法出现了。"麦甜女孩"（S'wheat Girl，约 1880 年，图 4.3）频频出现在农业供给、面粉和焙烤食品的常用商业名片上。她的短裙是印第安主题的，传统上代表丰裕，不过是由小麦而非玉米制成。但是，她又穿着高帮的舞台仕女靴，手指轻轻抚弄着镰刀刀尖。她既代表了农村的丰饶（及甜蜜），又因为挥动着刀锋，对男人来说构成了威胁。麦甜女孩肯定与早期代表美国丰裕的女性形象存在着一定的联系，比如拎着人头的温顺土地女神（见图 1.2），或堕落想象中的阉割男人的女子莎乐美（Salome）等世纪末表征。[4]

　　这种商业图像志的文化意义可以从多种角度猜测和阐释。这种拼贴的形式肯定带有狂欢式的特点，因为它将阳春白雪和下里巴人等风马牛不相及的美学传统融合在一起。广告主们经常从高雅文化中寻求广告标语，将人类与动物的形态合为一体（图 4.4），并且将异想天开的图像字符像画谜（rebus）一样排列组合（见图 5.6）。然而，这种怪异的形象之下，是人们对健康、效率与经济的理性追求。根据广告商品和目标消费群体的不同，幻想和理性的组合形式也不同。

　　首先来看农业器具与其他农场供应品的广告。在这个领域，肥沃以女性的形象出现，表现形式非常戏剧化。十九世纪最后二十五年内，收割机、打谷机以及肥料的商品目录中出现了大量的富含性意味的神话形象：体态丰满的女神们和蔼地抚弄鼓鼓囊囊的蔬菜。翻开每

份目录，写的都是技术规格与产品介绍，行
文朴实，为农夫投资提供指南，但封面却为
幻想提供了素材：慷慨的使者统统都是令人
敬畏的性感女人（图 4.5）。然而，即使是封
面，有时也自觉地使用母亲的形象来代表前
工业时代（图 4.6）。[5]

这种图像的文化重要性很难估算，不过
可以猜测，神话式的女性形象既代表了广告
策略，也蕴含了消费者的价值观。因为靠天
吃饭，农民对大自然的喜怒无常比城里人更
加敏感；难怪有一些农夫，甚至最"进步"
的人，仍然感到有必要讨好丰收女神。目前
证据表明，直到南北战争后的数十年内，仍
然有许多农夫相信神话与魔法的世界观。执

图 4.4 罗德与泰勒公司商业名片，
约 1895 年。沃萧收藏品。
Trade card for Lord and Taylor,
c. 1895. Warshaw Collection.

图 4.5 沃尔特·伍德设备公司商品目录，1889 年。沃萧收藏品。
Catalog cover, Walter Wood Implement Company, 1889. Warshaw Collection.

图4.6　麦考密克收割机公司商品目录，1894年。沃萧收藏品。

Catalog cover, McCormick Harvesting Machine Company, 1894. Warshaw Collection.

迷于天意，相信有人拥有预言未来的神圣能力，坚信人类能够找到治愈人兽一切疾病的灵丹秘药，这些思想仍然在乡村地区盘旋着，而在其他地区早就因理性传统而失去了市场。这种魔法世界观最根深蒂固的特征，就是相信天体能够影响地上的活动。正是这种信念，使"月耕"（moon farming，根据月亮的阴晴圆缺播种、修剪、嫁接甚至伐木）这种习俗在整个十九世纪一直保留下来。

　　列出以上这些，不是说十九世纪晚期的农夫一点也不会算计，一点也没有商业头脑，更不说明他们同大自然一直和睦相处。近期研究表明，在南北战争过后的数十年内，许多中西部的农民，或者至少富农阶层，在国际市场上相当活跃，在机械化上大量投资，努力学习经济预测的"科学"。不过到了九十年代，即使连最热情的资本家们都被难以理解和掌控的期货市场打败了。人们察觉到，世界并不是只靠理性管理就能控制，因此仍然保留了许多迷信的思想：即使没有保留完整的魔法传统，也保留了这种传统的零星思想。这就可以解释，即使农民很想现代化，在广告主心中，丰裕的神话象征也是能够与农民产生共鸣的。[6]

　　不管这些象征是通过原始化或东方化而带来重生，还是基于传统的富饶形象，都是将丰裕的源泉比作女性。专利药广告中的男人，通常都是以一副审慎又自主的形象出现。如果广告与农业有关，那他们就扮演共和神话中的正直农夫形象。广告基本上不会让男人来代表心灵上或物质上的丰裕源泉。

　　尽管如此，在南北战争后的数十年内，强大的反潮流重新塑造了丰裕的商业形象。其中最微妙又最具影响力的，也许是一种国民进步的意识形态，融合了技术、知识与精神的发展。约翰·加斯特（John Gast）1872 年的画《向西前进！》（*Westward Ho!*）就戏剧化地捕捉到这种融合，这幅画由乔治·克罗夫特（George Crofutt）石版印刷，以《美国进步》（*American Progress*）的名称广泛分发。这幅画准确反映出长达一个世纪的进程：对代表丰裕的女性形象进行去自然化和去实体化（图 4.7）。除了画面上那位巨大的飞天女人外，其他部分同库里尔与艾夫斯很受欢迎的那幅《帝国向西扩张》（*Westward the Course of Empire Takes Its Way*，1868）非常相似。启蒙主义在无情地前进着，白人男性乘着货车、马车或火车，随身携带工具，推着

图 4.7 乔治·克罗夫特，《美国进步》，1873 年，约翰·加斯特 1872 年布面油画《向西前进！》的彩色石版画。国会图书馆。

George A. Crofutt, *American Progress,* 1873, chromolithograph of John Gast, *Westward Ho!*, oil on canvas painting, 1872. Library of Congress.

犁，还将印第安人、熊和野牛推到了画面左方的黑暗中去，最终将他们彻底挤出画面。女性形象在画中与其他形象完全不是一个等级，在人群的上空盘旋着，充满寓意的衣服贞洁地露出一些皮肤，手中拿着一本书卷，上面清楚地写着"课本"，她与整个画面的联系只有她手中牵引的电线。在男性主宰的技术进步中，女性被升华为引路神的角色。

这幅画捕捉到了与城市市场经济一同兴起的某些大的文化趋势：将中上层社会妇女从经济中移出，扮演道德角色；"女人是教化者"观念的兴起；将女人等同于自然、男人等同于文化的传统分界逐渐式微。物质财富的源泉更加抽象化，从土地到黄金，到货币，再到"优质商业票据"（prime commercial paper）；经济领域被称作"公司"的"法人"占据，这个词不仅指从个人衍生出的物化组织，也表示着身体（corpus）通过经济理性化成为经济上的抽象概念。在这种环境下，人们（尤其是对那些处在经济中心城市的人来说）很容易会忘掉物质丰裕的实际生物来源，转而相信男权制度才是生产力的源泉。这种趋势在十九世纪末达到顶峰，伴随着工业生产的兴起和一个强大丰裕形象的产生——工厂（图 4.8）。[7]

十九世纪末广告业兴起，随着全国性公司在图像流通市场上占领主要份额，代表丰裕的标志开始被系统地理性化。新一代广告人比传统的彩色石印匠更有文化，更富裕；他们也几乎清一色都是白人盎格鲁撒克逊新教徒。他们是公司雇员，不是工匠－企业家。他们设计的图像反映出，在一个管理式的世界观中，女性的生产力已经被排挤到了边缘。（有关广告代理公司人员的社会出身等详细信息，见第七章。）

当然，这个过程也不是那么绝对。由公司赞助的流水线商业图像中，丰满的女性仍然有很多作用。若担心使用这些形象会带来退步，可以用对个人效率的现代化赞美来抵消。比如，1903 年碎麦（Shredded Wheat）公司的商业广告便将圣母的形象现代化，画面上是一位皮肤黝黑，有点希伯来特征的女人，披着《圣经》中的长袍，歪着头，保

图 4.8　巴比特肥皂商业名片，1889 年。沃萧收藏品。
Trade card, Babbitt's Best Soap, 1889. Warshaw Collection.

护着腿上的孩子；附的文案使用了世俗完美主义的修辞："完美的食品代表完美的健康。碎麦饼干就是完美的食品，为全身提供完美的营养。每日食用，您会拥有明亮的双眼、清爽的气色、香甜的口气、洁白结实的牙齿、灵活积极的头脑以及匀称完美的身体。"广告主将传统的母亲形象融入了一种将身体机能系统化、将体态匀称神圣化的新兴趋势。这种策略导致视觉和语言上出现了不协调的效果。[8]

　　使用帝国原始主义（imperial primitivism）的图像志，丰裕的话语在理性的修辞中包含了复古的渴望。例如，1906 年联合水果公司（United Fruit Company）编排一本名为《香蕉简史和烹饪方法》（*A Short History of the Banana and a Few Recipes for Its Use*）的小册子，故意挑逗人们心灵上对丰裕的渴望。扉页插图可以说是一幅阳

图 4.9 联合水果公司宣传册，1906 年。沃萧收藏品。
Pamphlet, United Fruit Company, 1906. Warshaw
Collection.

具崇拜的异域风情作品（图 4.9）。一名金发女子身着飘逸的长袍靠着香蕉坐下，用手中的鹅毛笔在一个大对开本中写字；尽管她代表了性的意味（很淡），却被赋予文化的工具，以及所谓的西方至上主义。香蕉的另一边站着一位赤脚的黑女人。白人女性羞涩地微笑着；黑人女性则放浪地咧嘴大笑。小册子的内容中，在枯燥的香蕉食谱介绍（由一本正经的波士顿烹饪学校提供）之前，还写了一些充满"幻想"的话，很能说明问题："一直到这过去的二十五年间，北方人对所谓的香蕉*树*的果实始终抱有一种敬畏之情。

也许这种感觉发自一种普遍的幻想，认为香蕉是来自伊甸园的禁果。它的学名 M. paradisaca[①] 以及它来自热带国家的事实，塑造了敬畏的心态。"介绍了神话般的背景后，文中通过用专业术语解释这种现象来破除了神话。尽管文中指出伊甸园是无知的古人虚构出来的东西，但在这里又使用它为激发幻想增添了一层神秘的光泽。原始主义的异域风情同科学理性混在一起，说明在商业话语中，管理式风格逐渐扩大的影响力已经盖过了行话风格。[9]

---

① paradise 在英语中意为"天堂"。——译者

公司广告代表了管理式的意识形态与制度日益崛起，文化史学家阿兰·特拉克腾伯格（Alan Trachtenberg）将这种趋势称为"美国的公司化"（incorporation of America），它永远地改变了丰裕的语言和视觉形象。[10] 如果说广告代理商真的实现了"专业化"，那么他们的合法性得到了一些更专业化的群体的认可：其中最重要的是社会理论家，他们欣然接受了现代公司，认为现代公司的霸权不可避免，也对社会有益，这些理论家还试图寻找新的文化价值观，使普通人同化到这个崭新的公司社会中。从某种角度说，这种做法延续了资产阶级道学家的事业，不过之前的道学家是希望通过宣扬克己自制的福音来遏制商品大爆发带来的冲击，而管理理论家则另辟新路，旨在吸收大规模生产的产品。经济学家西蒙·尼尔森·帕顿（Simon Nelson Patten，1852—1922）也许就是这类理论家中最有预见性的一位。他将丰裕的形象去实体化，对整个二十世纪公司广告的发展以及美国人的观念产生了重大的影响。

管理式的丰裕：去实体化、理性化、家庭化

帕顿称，美国已经跨越了"贫瘠的时代"，进入了"丰裕的时代"，特点是大规模生产源源不断地产出商品与娱乐。但是对工业丰裕的消费不一定非要使人们放弃自律劳作，这点正是新教道学家们一直担心的。对改善文化和物质条件的渴求会使人们继续努力工作，保持生活水平持续上升。

帕顿在伊利诺伊州的一座农场长大，是虔诚的加尔文派长老会教徒，本来不太可能成为丰裕的预言家。他自己也承认，一生都特别讨

厌"明快的颜色、弯曲的线条、靓丽的服装和漂亮的面孔";在德国哈勒大学(University of Halle)研究生毕业后,他回到美国,表面上变成了一个精致的世俗青年。接着他进入芝加哥大学法学院学习,却在六个礼拜后中途退学,原因是视力受损,但查不出任何生理上的疾病。据说这是心身疾病。他被送回家乡的农场休息了三年,后来一位"专家"将他治愈:这些都写在帕顿的传记中,传记作者含糊地暗示道,他的眼疾"有可能是因为抛弃了有组织的宗教而背负了很深的负罪感,还可能同他一生都厌恶性行为有关"。不管痛苦的原因是什么,帕顿的确一生都受着煎熬。最终,他在宾夕法尼亚大学经济系找到了自己的立足之处,成为一名颇具影响力、受学生爱戴的教师,他对公共政策的评论也被广泛阅读。他太太 1903 年跟一个年轻男子跑了,离婚理由是受到了"残酷的精神折磨",并且公开羞辱帕顿。不过到了 1907年,意志消沉的帕顿终于打起精神,写出了《文明的崭新基础》(*The New Basis of Civilization*),用通俗形式为自己的思想做出总结。[11]

他对丰裕的看法建立在技术控制自然的信仰基础上,与培根的《新亚特兰蒂斯》(*New Atlantis*)可以比肩。"农业部长最近宣布,严重的农荒不会再发生了。"他写道,"稳定、进步的农耕手段控制住了过去的恐惧、紊乱与灾难。一个崭新的农业意味着一个崭新的文明。"不过,虽然我们已经控制了自然资源,却未能合理利用所有的人力资源。帕顿期望的是一个动态的平衡:"休闲和工作能够完美互补,每个家庭都能享受休闲带来的文化和工作带来的效率。"与珍·亚当斯(Jane Addams)和沃尔特·李普曼(Walter Lippmann)这些"进步论"社会理论家一样,帕顿认为,现代工业常规麻痹了工人的头脑,迫使他们把精力浪费在"非理性、奢侈"的"使人镇静的快感"上;对这些理论家来讲,问题在于"如何能够使工作活动再次带来快感,社会如何利用劳动者潜在的活力来提高他的工业效率,并再次在身心方面带来精力的嘉奖(因为在现在情况下,嘉奖是没有效果的)"。

虽然他的出发点是人道主义的，但他没有去挑战等级制度和劳动分工；相反，他认为工人们会在工作外寻求满足，他提倡工人学会如何娱乐，成为娱乐和商品的稳定消费者。[12]

程式化劳动与激情消费之间的平衡，在二十世纪大部分时间内都是成功消费文化的奠基石。但是帕顿认为，多种多样的需求不只起到维持机械运转的功能；他坚称，人的需求能够使工人们拓宽自己的视野，为自己的人生感到骄傲，（几乎）成为中产阶级人士：

> 很多年轻工人在人生中的一段时间内都会定期去看戏。他们在便宜的剧场购买"季票"，差不多折合成三十到五十美分看一场表演。对娱乐的激情督促他们服从劳动的纪律，为了满足品味而养成的习惯也使他们的工业生活越来越容易、越来越愉快……随着时间流逝，原本是因纯粹自私的、经济的需求养成的习惯，就会在能够改善自身的人身上转变为新的动力……工业效率的提高，不断扩大的人际关系，最终使这个阶层开始对家庭生活产生憧憬，也赋予了他们组建家庭的可能。需求和消费的范围逐渐扩大……少女时代就学会准时站上工厂工作台的女人，对自己的家庭也会有同样要求，当其他租户邻居们称赞她为家中最细心的女主人时，她会觉得无比自豪……她的欲望是为自己多添一些东西，再加上随着商品价格飞速下降，她的审美要求首先就会得到满足。劳动者的家中总是堆满了俗丽、空洞、没用的东西；不过主人却对每一件无聊的装饰品钟爱有加，将它作为富裕和成功的标志，反过来这种享受也为装饰品的拥有者注入了活力。[13]

对帕顿来讲，大规模生产出来的丰裕，代表着文明开化的进程。为了满足对娱乐的激情，年轻男子会适应工业流水的要求，最终从"不断扩大的人际关系"中寻找快感；然后结婚，太太们又进一步使家庭持续消费。激增的商品不管多么"俗丽、空洞、没用",都是经济与文化地位上升的标志。以上理念在整个二十世纪上半叶成为管理式社会科学的本质特征。[14]

帕顿的原创性体现在,他看到持续增长的消费同传统的清教道德规范是可以和睦并存的:

> 随着消费有秩序地扩张,新兴的需求变得越来越复杂,相互产生矛盾,牵扯到未来的发展,要求人仔细考虑未来需求之间的平衡。工人愉快地选择了牺牲一个礼拜的时间来换取一个即将到来的幸福假日。在这种动机推动下,节制的美德终会出现,成为他们工作行动的另一个动力。人们把未来理想化,贬低现在的价值,进入一个信奉克制和道德的阶段,本质上是清教徒,形式五花八门。[15]

从营养学到审美品位,在各个方面接受专业指导,工人阶级就能够将自己粗俗的享乐升华为对高雅事物的追求。混乱的精力不会被压制下去,而是会被疏导为劳动纪律的一种动态新形式:生产与消费永远不断循环。帕顿将劳动的官僚和等级组织制度视为理所当然的前提条件,将全部精力放在研究消费上,设计出了一套将欲望去物质化的行动纲领。

此策略在政治上有一个好处,能够使帕顿无视帝国主义的权力结构,无视它决定了商品大众分配这个事实。他举了两个奢侈品的例子,都是崭新的"丰裕的时代"的必需品,分别是糖和香蕉。他预测,工人们对这些商品的高涨热情,可以通过充足的供给来满足,"可以来自波多黎各与古巴,然后是南非满溢的土壤,然后是另一个半球未被开垦的热带处女地"。这种对丰裕的管理式观念,深深扎根于帝国的扩张,二十世纪早期的世界博览会(World's Fair)能够清楚体现这一点。同世博会发起人以及公司赞助的丰裕预言者一样,帕顿将帝国主义权力关系放在了进步的技术决定论框架下。"食品的快速分配也带来了文明的快速发展，"他写道，"而且繁荣为我们提供了一条巴拿马运河，使我们能够获得热带处女地的财富，这种繁荣是一种特色劳工资源，与冷藏快递和高速货运相媲美。"[16] 通过赋予"繁荣"和技术以自治的力量，帕顿洗白了帝国的赃物。这种策略不仅是管理式思想的特征，也是二十世纪公司广告的特征。"热带处女地"的原住民，在十九世纪中原始主义的商业行话中还被赋予一定的独立地位，但在新的话语中却被排挤到修辞的边缘，无足轻重。

不过，如果无视帕顿的洞察力，只强调他观点的盲目性，就不是站在历史的角度来看问题了。他与之前大多数经济学前辈们不同，一直希望能够使资本主义生产力为人道主义目的服务；他勇敢地倡导消除贫困。他试图让公民道德适应新的城市环境，而不是费力让共和意识形态在乡村复活。他坚持使新兴的消费文化建立在平等主义的基础上，并正确地指出，需要维持一个收入丰厚的劳动阶层，才能够保持生产与消费之间的平衡关系。他不仅仅希望通过专家的建议来疏导盲目的消费欲望，也希望通过公正的商品分配来稳定商业周期。二十世纪二十年代与八十年代中，由于社会分配不均破坏了平衡，消费文化的基础严重受损。帕顿若是还活着，一定不会感到意外吧。

总之，在今日语境中，帕顿的最大意义在于他的思想能够清晰梳理和总结二十世纪早期在管理式思想的影响下丰裕在全社会范围内的重新定义。帕顿清楚地（也许是不经意地）勾画出其他人只是隐约感觉到的现象。大众对丰裕的定义慢慢远离了农耕生活与实体物质的本原。这不仅是因为农民们被赶出了土地，也是由于在科学管理的工作场所中，工厂与办公室雇员逐渐远离了行业特色的工匠传统，远离了融合头脑和双手的"本土知识"。[17] 这种趋势下很难意识到，通过人类的思想与物质世界的耐心协作，是可以产生丰裕的。在一个去实体化的丰裕话语中，重要的不是自劳自得，而是对消费品的追求。

图 4.10　伍德伯利洗脸皂广告，《持家有方》，
1936 年。
Woodbury's Facial Soap advertisement, *Good
Housekeeping*, 1936.

去实体化直接影响了丰裕形象的狂欢式特点：二十世纪公司广告中的狂欢元素比十九世纪商业行话中的狂欢元素更清洁干净。1900 年后，赤裸裸的肉体展示大量减少，狂欢节的奇异人体展基本消失，只有当人们不遵循大都会人寿（Metropolitan Life）的晨练指导，或拒绝"宁要好彩，不要糖果"（reach for a Lucky instead of a sweet）①时，才被祭出，为人们敲响警钟。大肚皮、丰乳肥臀渐渐退出流行，取而代之的是更结实紧绷的年轻躯体；男人越来越像男孩，女人越来越像女孩。异域风情失去了异域性和原始性；与其"在广告中加入性元素"（很多广告人的回忆录如此写道），不如说公司广告只是新瓶装旧酒，用卫生与临床的直白习语讲述着色欲（图 4.10）。（异域色欲仍然存在于工人阶级的娱乐活动中，如滑稽秀和五分钱戏院，以及色情作品中，通常在管理式文化的边缘滋生。）视觉和语言常规的改变也反映出狂欢元素被边缘化的现象。人与动物的超现实合体、双关语与文字游戏、恶搞高雅文化用作销售标语，在管理式的文化中，这些手段都渐渐不再适合广告主。广告公司的风格逐渐向现实主义靠拢。[18]

随着狂欢被遏制，丰裕的去实体化也意味着女性权威地位的衰

---

①　美国好彩香烟广告语，宣传女性吸烟可以减肥。——译者

退。商品广告采用的形象明显远离了令人敬畏的母亲形象，转向了咯咯笑的少年形象。美国的谷物女神（图4.11）变成了邻家女孩，家乐氏（Kellogg's）在1907年采用了玉米甜心（Sweetheart of the Corn）的形象（图4.12）；这张图片广泛流传起来。对神话的祈求被对日常生活的神化取代。即使神话女性侥幸留下来，也失去了原有的力量，可以参考二十世纪头十年美国电话电报公司（American Telephone & Telegraph）及其他公司广告中的电力女孩形象。文学批评家玛莎·班塔（Martha Banta）观察道："这些电力女孩[Electricity Girls]的尺寸有一些无足轻重的感觉，她们毫不性感的身体与平滑面孔背后的审美观有一股二手货的味道。"她们是神派来的使者，但本身不是神；同样地，随着丰裕的形象不断发展，只有工厂系统才能扮演机械降神的角色，而女人只不过是它的福音信使罢了。[19]

图4.11　美国谷物公司宣传册，1900年。沃萧收藏品。American Cereal Company, pamphlet, 1900. Warshaw Collection.

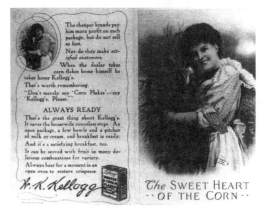

图4.12　家乐氏谷物公司广告，1907年。沃萧收藏品。Kellogg Cereal Company, advertisement, 1907. Warshaw Collection.

到了二十世纪一十年代的广告中，男性的天才带来了大规模
生产，女性仅是这种慷慨的受益者，这无非是传统男性焦虑的
最新表达而已。千百年以来，让人窒息的丰裕过剩（suffocating
superabundance）和"阴柔的奢侈"（effeminate luxury）的形象一直
是女性。时髦女人（Fashionable Woman）一直是共和主义和新教卫
道士谴责的对象，但是到了二十世纪，男人（以及一些持有管理式思
想的女人）创造出一套不那么说教而更加世俗的习语。在现代广告
业中，时髦女人变成了"消费太太"（Mrs. Consumption）。时髦女
人的激情被她内化的道德批评所遏制；消费太太的激情被她对管理
式理性的信仰所遏制。现代女性的表现形象往往是女孩子气的，不
是权威性的，并且让人安心的是，她深深依赖公司专家为其打点人
生。当然，消费太太在她这个新形象下仍然具有危险性：她对商品
的贪婪胃口，仍然常常是连环
漫画和歌舞杂耍表演的讽刺对
象。不过，公司广告将女人的
"贪婪"升华为高效率的家务管
理（图 4.13），为女性与奢侈
品之间的联系找到了借口。[20]

图 4.13 爱雅父子广告公司广告，《周六晚邮报》，
1928 年 3 月 24 日。
Advertisement, N. W. Ayer & Son, *Saturday Evening
Post*, 24 March 1928.

心灵丰裕的形象也出现了
类似的发展。专利药不再来自
暗黑的森林，而是在明亮的实
验室中生产。到二十世纪二十
年代，科学被物化，被奉为一
股自主的力量。虽然科学的形
象在表面上是中性的，但是科
学家的形象清一色都是男性，
这些现代的魔法师揭开神秘的

面纱，发现隐藏在深处的秘密。当然，广告中的科技奇迹和白袍巫师本身并没有真的科学性，但是广告中呈现的这个虚构世界是彻底祛魅化的，仅仅是一个充满了惰性物体的宇宙，受到一个独立的人类主体操控。

丰裕形象去实体化的现象在农业广告中最为明显。1900 年后，机械以惊人的速度迅速取代了母亲（mater）；肥沃土地的神话象征被朴素的机械照片取代，照片上是男性操纵的打谷机和收割机，有时还与原始的耕种方法放在一起对比。"每座农场都是工厂"的标语，既将熟悉的农耕图像祛魅化，又将其去政治化。随着东海岸的资本家击败了民粹运动（Populist movement），货币实现管理民主化，共和式的田园主义也咽下了最后一口气，差不多同一时期，正直的男性形象也像神话母亲形象一样逐渐消失。面向农民的广告也捕捉到了这个新的、更加直白的商业动向。1897 年一期《农民期刊》（Farmers Journal）中，昆尼皮亚克肥料公司（Quinnipiac Fertilizer Company）称自己为"大自然的助手"，广告上的男子从地里锄出大量金币，广告建议农民"播种昆尼皮亚克，收获美元"。先明投资局（Provident Investment Bureau）1903 年发放给麦农们的一个册子中描绘着一幅标准的丰饶角图像，背景是各种各样丰裕的传统象征，如麦子、脸色红润的婴孩、成山的蜀葵以及红彤彤的熟苹果等等，唯一不同的是，丰饶角倒出的是金币。1924 年，奶农行业协会宣传册《家庭奶牛护理医师》（The Home Cow Care Doctor）更加清晰地阐明了农民的角色，宣传册警告道："奶业最大的漏洞，就是圈养那些不产奶的牛"；系统化的纪录非常必要，这样才可以找出不产奶的牛，然后使用双 K（Dubl-K）品牌的奶牛护理（Kow Kare）和其他营养品治疗。在农业广告中，强健的农夫形象不再具有代表性，摇身一变成为高效率的经理人。[21]

这里不是说商业化农业在二十世纪早期才兴起，而是说它进入了一个更理性化的阶段。图像的变化反映出政治经济和意识形态上那些为人熟知的变化，也反映出性别神话中那些鲜为人知的转变。整个十九世纪后期，将母性作为丰裕源泉的古代观念虽然已被逐渐贬为虚度时光、异想天开，成为无足轻重的装饰品，却仍然保留了一股强大、间接的影响力。但是进入二十世纪后，这种观念几乎就被完全抛弃了，至少在大众图像中如此。

审美与社会学对理性化的追求，加速了削弱母性权威的现象。在《关于艺术之灵》（Concerning the Spiritual in Art，1914）中，瓦西里·康定斯基（Wassily Kandinsky）宣布要"将艺术从物质现实的束缚中解放出来"，挑明了很多现代主义者的重要目标之一。对艺术家来说，这个目标看起来自相矛盾，但确实代表了许多现代主义批评中男人发出的抗议，尤其是室内装饰行业中男性从功能主义角度对过度修饰和杂乱堆砌的批评。在美国，这种脱离母亲（mater）的运动主要结束于工艺美术运动（Arts and Crafts movement）在审美上的让步和"男性家庭化"（masculine domesticity）理念（鼓励男性将更多时间花在家庭生活的快乐上）在意识形态上的让步。女性在家庭生活中的霸权不可能被完全推翻，除非改变劳动的性别分工，但这点没有一个男性现代主义者（不管是艺术家还是广告主）愿意接受。尽管如此，与商品的修辞和图像志一样，在物体的领域（即家庭空间），可以看出女性权威也受到了削弱。[22]

不过，丰裕的哺育元素是不可能被完全压制的。慈悲慷慨的哺育者存活了下来，却是作为被统治阶层的去性化（desexualized）身份出现（图 4.14）。在这张 1907 年的广告中，咧着大嘴笑、低三下四的拉斯图斯（Rastus，1893 年作为麦乳代言人面世）这次竟然没有穿围裙就出现在画面中。这种形象让人想起城乡主题的拼贴作品麦甜女孩（见图 4.3），比如厨师帽，农夫（或黑奴）的围兜服，以及刻意仿古的长柄镰刀都展现出这一点。不过，与麦甜女孩的镰刀不同，拉斯图斯的镰刀刀刃在画面中是隐藏着的；他潜在的攻击性/色欲被掩盖并遏制住了。就像1890年面市的杰迈玛大婶（Aunt Jemima）一样，拉斯图斯的形象扎根于静态的、民间的、前工业时代的丰裕。

这些形象的意义，不能简单用"种族刻板印象"来解释。问题在于，在丰裕的图像被祛魅化的大背景下，为什么这些特殊的刻板印象流传了下来并反常地广为流传？一个原因可能在于，这些图像的消费者和创造者希望唤回传统丰裕形象所代表的充满温暖与富饶的哺育世界。这类渴望在公司广告中一直处于地下状态，直

图 4.14　麦乳广告，1907 年。沃萧收藏品。Cream of Wheat advertisement, 1907. Warshaw Collection.

到二十世纪三十年代大萧条才浮出水面。大萧条迫使白人中产阶级渴望获得经济与心灵上的安全感。一种有机的、有凝聚力、让人安心的美国生活方式（American Way of Life）不仅广泛出现在公共事业振兴署（WPA）的壁画和人民阵线（Popular Front）的招贴画上，也弥漫在各种流行文化作品中，从《波吉与贝丝》（*Porgy and Bess*）到《愤怒的葡萄》（*The Grapes of Wrath*）电影版，从《俄克拉荷马！》（*Oklahoma!*）到《生活多美好》（*It's a Wonderful Life*）；在大多数主流作品中，这种民间意识形态将美国家庭放在了美国生活方式的中心地位。恢复丰裕的渴望，强调了一个理想化的、通常是前工业化时

图 4.15　好福汤广告,《生活》杂志, 1936 年。
Hurff's Soups advertisement, *Life* magazine, 1936.

期的家庭环境: 参见诺曼·洛克威尔(Norman Rockwell)在《周六晚邮报》的头版插画对物质与心灵丰裕的赞美:"不再匮乏"和"不再恐惧"。[23]

　　这种情感也渗透到了公司广告中, 与对量产丰裕的赞美不那么和谐地并存着。库里尔与艾夫斯的图像代表了想象中的前工业时代家庭和睦的景象, 被应用在罐头食品与其他加工食品的广告中(图 4.15)。在公司对美国生活方式的新愿景中, 家庭化和祛魅化如影随形。在"二战"期间及战后, 随着美国企业开始重拾大萧条期间失去的声望, 公司重新扮演了连接科学与郊区家庭的善良中间人的角色。杜邦(Du Pont)二十世纪五十年代的宣传照片(图 4.16)将一家人摆在一大堆标准化产品中间, 明白无误地将家庭化与祛魅化融合在一起。

　　帕顿曾希望消费者追求高雅的事物, 但是到了二十世纪五十年代, 很明显(至少对继承了帕顿理论的社会科学家们来说)这种情况并没有出现。消费的确成为劳工遵守劳动纪律的有力激励品; 更多的人拥有了更加稳定的工作和更多的东西, 这在美国现代历史上是前所未有的。但是文化生活的格调却没有得到改善, 至少在威廉·H.怀特(William H. Whyte)和大卫·李斯曼(David Riesman)等批评家眼中如此。他们认为美国人已经安稳于后英雄时代的郊区富足

图 4.16　杜邦化学品公司宣传照片，亚里克斯·韩德森拍摄，刊载于《美好生活》杂志，1951年 11 月。特拉华州威尔明顿哈格利博物馆和图书馆授权使用。
Promotional photograph by Alex Henderson, Du Pont Chemicals, from *Better Living* magazine, November 1951. Courtesy of Hagley Museum and Library, Wilmington, Delaware.

生活，除了不断增加物质享受外，已经没有远大的抱负了。这样就能实现丰裕的乌托邦之梦了？有后院的烧烤和锃亮的别克就行了？我们要的难道是郊区的良好治安、乏味的生活轨迹、人人焦虑的社会？李思曼和同时代的人为此十分痛苦。难怪李斯曼 1963 年的散文集名为《丰裕是为了什么？》(*Abundance for What?*)。自由进步的梦想，以及社会主义乌托邦的梦想，在成山的烤牛肉和苹果派面前显得一文不值。[24]

　　至少"二战"后的文化批评家是如此认为的。这些人倾向于戴上"大众社会"理论的标准化眼镜来看待美国以及整个现代世界。但如果摘掉眼镜，就能够瞥见其他形式的丰裕形象在新兴的消费文化中悄然生存着，狂欢的元素留下了痕迹，闪光的魔法变形仍然能让人进入安然富饶的境界。在合适的环境中，某些商品仍然能够承载带有一丝灵气（animation），将个体与物质世界联结。现代化的承诺，也许并不完全是假的。

再度泛灵的世界

在帝国消费文化中，古老的天堂理想存活了下来，只不过披上了性别、阶级与文化差异的外衣。美国社会历史中有两个例子可以很好地阐释这个现象。1914 年，在密苏里州的箭石城（Arrow Rock），针对发展中的消费文化中反复出现的一个现象，一位当地男记者进行了如下描述：

> 我经常能看到一位劳累的农村妇女走进商店，打听店里所有最漂亮的商品，好好欣赏赞美一番后，挑出一大堆美丽花纹的面料，用关节突出的手指叠好，盖在自己的朴素裙子上细细打量。想象着自己有钱购买如此多彩斑斓的面料，她不禁容光焕发。这种现象真的是既可悲又可怜。她心中对美的强烈渴望，绝不会比她有钱的姐姐少半分。明亮和谐的色彩，质地良好的面料，她用疲惫的双手轻柔抚摸着，心灵上得到了安慰与满足。虽然她的幻想不切实际，谁又能忍心指责她呢？[25]

从这种居高临下但充满同情的男性视角来看，几个显著的主题会浮出水面。消费品是富有审美情趣的人工制品，是人们日常工作和忧虑的补偿，在这个头脑和感情的空间，人可以表达"对美的热爱"，沉涵于物质丰裕的感官体验。丰裕的提供者绝大多数是男性，女性经常是男性之慷慨施予的接收者。对不那么富有的人来说，就像这位"劳累的农村妇女"一样，实际购买永无可能，但短暂的感官享受还是可以实现的。

十年之后的 1924 年，《巴尔的摩太阳报》(*Baltimore Sun*) 记者杰拉德·W. 约翰逊 (Gerald W. Johnson) 在北卡罗莱纳州格林斯波罗 (Greensboro) 也目睹了类似的情景。那是一个星期天，磨坊村的村民们涌进城里，一对年轻的夫妇带着三个孩子挤过人群，来到一扇商店橱窗面前。橱窗展示着光彩夺目、飘逸拖地的丝绸制品。一家人站在那里，目不转睛地看着。女人"无精打采地嚼着口香糖，打量着为王公富商的情人们编织的华丽锦缎"，"也许别人有充分理由嘲笑她，"约翰逊写道，"但是请原谅，我不会同你们一起嘲笑她，因为我此时没有欢乐的心情。我亲眼看到了她眼中闪烁的光芒。"[26]

相比箭石城那一幕，发生在格林斯波罗的这一幕中，欲望的去物质化更加彻底。即使这位磨坊女有钱买华丽锦缎，根据时尚流行的守则，锦缎的祛魅化很快就会到来。但是她并没有钱买。在消费文化中，她是无产阶级的一分子，只能观望消费文化闪亮橱窗中的展品，陷入无法得到满足的渴望中。

抛开约翰逊的呼吁不谈，我们不能将磨坊女眼中的光芒仅仅视为她受害者身份的可怜标志。对她和那位农村妇女来说，富饶的愿景包含了政治的可能。无论是在箭石城，还是在格林斯波罗，对奢侈品的渴望，对逃离劳苦生活、追求安逸人生的愿望，为现代资本主义和社会主义中推崇工作的理念提供了一种替代途径。最早认识到这点的是法兰克福学派理论家，他们希望将马克思主义文化批评观从其生产主义的过去中解救出来。"与生产相比，人们对隐私和消费更有兴趣，我们不可以因为这点而责备他们。"麦克斯·霍克海默（Max

Horkheimer）在 1942 年给利奥·罗温塔尔（Leo Lowenthal）的信中写道："这种现象有一些乌托邦的特征；在乌托邦中，生产并不起到决定性作用。牛奶和蜜糖的土地（land of milk and honey）才是。艺术与诗歌总是与消费紧密相连，我觉得这点极其重要。"西奥多·阿多诺早就对托尔斯坦·凡勃伦提出了批评，指责他将一切消费简化为身份地位展示。同密苏里州的箭石城一样，在法兰克福，社会观察家也开始察觉到"隐私与消费的领域"与赫伯特·马尔库塞（Herbert Marcuse）后来称为美学维度（aesthetic dimension）的概念两者之间的关系。[27]

丰裕的乌托邦幻想在政治激进派的话语中仅偶尔出现，二十世纪早期流浪汉与劳动歌曲中可见一瞥，其中最著名的歌曲之一要算《大石糖山》（*The Big Rock Candy Mountains*）。这首歌由世界产业工人联合会（Industrial Workers of the World）的组织者麦克·麦克林托克（Mac McClintock）在 1910 年左右编写，歌词充满了"安乐乡"形象的重新演绎：

就在这大石糖山中
你从来都不换袜子
芳香的美酒
从岩石上落滴

有一面炖肉与威士忌的湖泊
你可以划着独木舟游荡其中
就在这大石糖山中

哦！香烟树上嗡嗡叫的蜜蜂

在苏打水的喷泉周围飞舞

柠檬水奔涌，青鸟在歌唱

就在这大石糖山中

农夫的果树挂满了果实

仓库堆满了干草

我要陪你终日呼呼大睡

令我们受苦的人被热油煮沸

就在这大石糖山中

如同在"安乐乡"一样，歌中的享乐主要来自食物与休息，而不来自性，更不要提其他虚无缥缈的快感。这种乌托邦景象也许不是最高雅的，却常常是最有力量的。从无产阶级的角度来看，不费吹灰之力就可以得到的丰裕，往往比马克思主义和自由主义传统中那无情的生产力更吸引人。[28]

一些法兰克福学派思想家从积极的角度解释了这种反生产主义冲动会带来的理论影响。对埃里希·弗洛姆（Erich Fromm）和（有时候）瓦尔特·本雅明（Walter Benjamin）及赫伯特·马尔库塞来说，理论如下：资本主义的心灵基石是父系社会的，但父系社会的胜利又使重返母系文化成为可能；换言之，通过提供丰富的商品与服务，资本主义制度会允许一种不再痴迷于成功的现实原则的发展。为了争取更多人支持，社会主义也不得不保证人们其能够回归一种哺育式的母系文化。[29]

这是对正统马克思主义思想非常有力、非常重要的批评。与帕顿希望工人阶级拓宽视野遥相呼应，法兰克福学派将希望放在了"二战"后出生在西方社会发达地区的年轻人身上。到了二十世纪六十年代，暂时脱离了物资贫乏之后，他们便超越了狭隘的经济考虑，对组织森严的社会体系能否保证生活质量做了最根本的质疑。

法兰克福学派的观点在马尔库塞的《爱欲与文明》(*Eros and Civilization*, 1955)中得到了最直接的阐述，然而法兰克福学派却没有认识到，消费文化的乌托邦承诺在一个最根本的矛盾上摔了大跟斗。不管生产、分配什么样的丰裕产品，生产与分配的运作仍然要求人信奉从一开始就抛弃了母系价值观的思想，即要求人们信仰科技理性与系统生产力，并厌恶真正的休闲与无聊的好奇心。帕顿准确预见到在公司资本主义保护下为了维持"丰裕的时代"所必须做出的权衡：用高层次的消费来兑换常规劳动纪律。公司广告图像志中还保留的乌托邦元素被图像的工具主义用途所削弱；广告就是为了贩卖特定商品、神化特定经济系统而存在的，两者都和享乐扯不上什么关系。

这也许可以解释，为什么现代世界最难忘的丰裕乌托邦形象，有时不是广告主或者站在变革前沿的社会理论家创造出来的，而是作家、思想家和艺术家（既包括先锋艺术家，也包括流行艺术家）创造出来的，这些人的世界没有被现代性的祛魅化运动彻底渗透，在他们的穷乡僻壤中，旧时的图像志传统以及狂欢式的商业行话有一部分保留了下来。人们经常称消费文化的批评者为"禁欲主义者"，但他们才不是。他们心中物质丰裕的愿景，相比同时代的公司广告人眼中的丰裕，富有更长久的生命力。他们的目的之一，就是要使世界再度泛灵。

在这个另类传统中，富有远见的小说家布鲁诺·舒尔茨（Bruno Schulz）写出了也许是最为奇特（也最富揭示性）的富饶赞美诗。他是波兰犹太人，二十世纪早期住在加利西亚一座不出名的小镇中。他以教授高中生艺术课为生，业余时间写写画画，1942年不慎进入镇中"亚利安人区"时被纳粹党卫军随随便便开枪打死。他的小说"试图描绘一座乡下小城中一栋房子内一家人的生活历史"。这家人的历史有一部分提到了美国的量产丰裕给当地居民带来的冲击（大多数是虚构的，并不是现实发生的）。当地居民住在"悲哀的村庄，头顶上是纸一样白的天空，被终日的苦工折磨得麻木迟钝……一群被渺小命运束缚的生物"，一天天过着日子。广告图像和美国文化有一天侵入了人们的生活。在手摇风琴演奏"黛西，黛西，答应嫁给我"的音乐声中，村民们匆匆忙忙、漫无目的地完成每天的工作。[30]

广告图像对舒尔茨有着特殊的意义。他父亲是纺织品商人，得了不知什么怪病，终日卧床不起。在床上他什么都不干，只是把异域颜色的贴画贴到一本巨大的账簿里。布鲁诺对爸爸的新"工作"十分痴迷，对老式商业生活留存到今天的点点滴滴也极感兴趣。他后来成为神秘"肉桂店"的狂热爱好者：

[它们] 黑暗庄重的内部散发出油彩、清漆和熏香的芬芳，挥发着遥远国度和奇珍异货的气味。这些香气让人不禁想起蓝色烟火、魔术盒子、失落国度的邮票、中国贴画、靛青染料、印度马拉巴尔的松香、异乡昆虫的卵、鹦鹉、巨嘴鸟、活的蝾螈和蛇怪、曼德拉草根、纽伦堡的机械玩具、瓶中的人造侏儒、显微镜、望远镜，特别是那些刻有惊奇花纹、内容奇异的珍贵书籍。[31]

（在舒尔茨眼中）这个世界受到了美国俗丽商品的威胁，大量的美国东西出现在他笔下的《鳄鱼街》（*The Street of Crocodiles*，1934）。在《沙漏牌下的疗养院》（*Sanatorium Under the Sign of the Hourglass*，1937）中，舒尔茨希望能在这种背景下捕捉到自己童年时期的迷惑心绪。

他首先试图唤起混乱的前意识（preconscious）生活，通过描述他称为"圣书"（The Book）的东西，呼唤"超验的广大精深"（the vastness of the transcendental）。这个离奇的物体是感官的，不是理性的；它的重要性体现在它释放出的视觉图像，而不是它包含的观点上。圣书是一件量产的商品，又是舒尔茨与物质世界相连的核心的、魔法般的化身。他将圣书同父亲联系在一起，并将二者置于重生图像那光影交织的地方。

圣书……在童年的黎明中，在生命的破晓时，地平线慢慢染上了它温柔的光芒。圣书荣耀地躺在父亲的书桌上，父亲静静地伏案翻阅，将潮湿的指尖按在了贴画上。终于空白的纸面带着愉悦的征兆越来越混浊，越来越鬼魅，突然支离破碎散落下来，展露出孔雀之尾般的碎片；感动的泪水模糊了我的双眼，我转向了神圣色彩的处子黎明，面对着纯蓝天空奇迹般的润湿。[32]

"处子黎明"的景象，"奇迹般的润湿"的感受，不是从母亲那里获得的，而是来自父亲。不过，圣书具有奇特的力量，能够创造出大自然丰裕的图像。与圣书独处时，小男孩看着风吹动书页，掀起一张张图片，"将色彩与形状融合在一起……从字里行间释放出成群的燕子与云雀"。鸟儿让人想起詹姆斯·菲尼莫·库珀在萨斯奎汉纳（Susquehanna）河源头看到的鸽群，还能让人想起马戏团魔法师变出的一只只白鸽。风翻开了书，"就像一朵巨大的西洋玫瑰轻柔绽放，在花瓣中……展现出一个天蓝色的眼瞳，一个破碎的孔雀心，或者一群唧唧喳喳的蜂雀"。这是一种前俄狄浦斯式的快乐，但父母的性别却颠倒了：

那已经是很久以前的事情了。我母亲还没有出现，我和父亲在房间内相依为伴，在那个时候，我们的小房间就如同整个大世界一样。

然后母亲突然出现了，那光明的早期田园诗就此画上了终止符。被母亲的爱抚所诱惑，我忘记了父亲，我的生活开始驶上了一个不同的轨道，在这条道路上，没有假日也没有奇迹。[33]

　　然后有一天，将头从女仆的肩上探出，他好色的目光读到了安娜·西拉格（Anna Csillag）的故事，这个摩拉维亚（Moravian）女人"头上天生不长草"，不过"获得了天启，调制出……一种奇迹般的秘药，头皮变成了肥沃的土壤"。她开始"长出浓密的头发"，她的兄弟、姐夫妹夫、外甥侄子也是这样。她变成了村子里的大恩人，梦想能够通过宣传自己的秘药，成为全人类的头发福音使徒。小男孩读着震惊不已，他意识到："这就是圣书，最后的部分，非正式的附录，全是商人的废物和垃圾信息！"女仆和母亲每天都从上面撕下几张纸来包父亲的午饭。已经没剩下多少页了。"一页正文也没留下，"小男孩惋惜道，"什么都没有，全是广告。"[34]

　　"正文"展示出的是丰裕的景象，书后广告展示出的只是这种丰裕的拟象而已。一页一页的秘药广告后，是"哈尔茨山的纯种德国金丝雀，一笼子一笼子的金翅雀和椋鸟，一篮子一篮子长着翅膀的演说家和歌唱家……它们的命运是为孤独的人带来甜蜜的生活，为单身汉带来家庭的感觉，从最冷漠的心中挤出母性的温暖，这是因为它们的无助打动了人们的心灵"。但就连这种温暖的幻影也很快就消失在"无聊的骗术"之中，一群骗子们抬高音量，"像疯子一样大呼小叫"。其中最突出的，是"一位绅士，介绍着一种能够坚定信念与决心的完美方法，讲述着严格的纪律与高雅的情操"。但是书的最后一页却对以上价值重新评价，一位女性消费者／虐恋女主人（dominatrix）摧毁了男性的"品格"。

　　有一位玛格达·王夫人的专业就是男人的"马术表演"，她眼睛讽刺地一眨，仿佛在重读着男人这个词。奇怪的是，她好像非常肯定那些被她讽刺的人对她是赞美的。在她困惑的话语中，我不禁感到话语的意思发生了神秘的转变，我们似乎进入了一个完全不同的境界，在那里连指南针都南北颠倒。[35]

舒尔茨承认，这最后一页"让我感到格外晕眩，充满了欲望与激动"。

发生在乡村小镇作者和富饶的商业赞美诗之间的这种奇异现象，该如何去诠释呢？舒尔茨的思想无意中使用了二十世纪三十年代男性作家现代主义特色的写作手法：回归真实性话语，以此为基础批评大众文化。舒尔茨将圣书的真实性与广告的人工性放在一起比较，将后者同霸气女人的形象联系了起来。但是，他并没有装作自己完全脱离了商品世界的魔法影响。虽然他认为广告对丰裕的描述只是"像疯子一样大呼小叫"，却仍然承认那让自己"充满了欲望与激动"。此外，广告也和圣书捆绑在同一个封皮之下，圣书本身就是魔法般的商品。确实可以说，圣书代表了象征性意识的基本假设：它是思想与事物的结合体，是道成肉身（word made flesh）。圣书并没有将其所有者孤立在身份地位不断攀升的进步轨道上，相反地，它将他与其他人和过去重新连接。

圣书远远存在于公司广告构建的话语宇宙之外。但是它对舒尔茨的重要意义，再加上它与肉桂店狂欢式商业的联系，显示出它有能力勾勒出广告与社会文化之间某些最基本的关系。贯穿二十世纪，人们都在寻找能够替代公司广告中去实体化的丰裕形象，很多人在寻找其他生活于这个世界的方式时，牢牢抓住了商品文明的残渣。拼凑（bricolage；不管是语言的还是人工品的）成为使事物再度泛灵的策略。这些人面临的对手，会在下一部分详细阐述，同时会梳理全国性广告业的兴起及其对美国社会价值观的塑造作用。

注释

1. 关于 nostalgia 这个词的起源，见 Jean Starobinski, "The Idea of Nostalgia," *Diogenes* 54 (1966): 81-103。本段观点的详细讨论，见我的 "Packaging the Folk: Tradition and Amnesia in American Advertising, 1880-1940," in *Folk Roots, New Roots: Folklore in American Life,* ed. Jane S. Becker and Barbara Franco (Lexington, Mass., 1988), pp. 103-40。

2. Edward Said, *Orientalism* (New York, 1979), pp. 88, 167. 关于十九世纪物质文化中离家的重要性，我借鉴了 Rodney Olsen, "The Sentimental Idiom in American Culture," paper presented at the National Museum of American History, Smithsonian Institution, Washington, D.C., 17 March 1987。

3. Mellin's Food trade card (1890), in Foods box 13, Warshaw Collection of Business Americana, National Museum of American History.

4. 关于世纪末知识分子对吞噬男人的女人的痴迷，见 Carl Schorske, *Fin-de-Siècle Vienna: Politics and Culture* (New York, 1979), and Brom Djikstra, *Idols of Perversity* (New York, 1987)。

5. 关于诸多潜在例子中的其他几个例子，见 McCormick Reaper Company Catalogues 1885, 1894, 1901, in Agriculture box 4; Walter Wood Implements Company Catalogues 1874, 1889, in Agriculture box 6; and Allen & Co. Catalogues 1896, 1901, in Agriculture box 2, all in the Warshaw Collection。

6. 关于农民始终存在的魔法奇想，见 Earl W. Hayter, *The Troubled Farmer, 1850-1900: Rural Adjustment to Industrialism* (De Kalb, Ill., 1968), esp. pp. 6-10, and David Danbom, *The Resisted Revolution: Urban America and the Industrialization of Agriculture, 1900-1930* (Ames, Iowa, 1979)。关于农村商业农业活动的模棱两可、自相矛盾的性质，见 Richard Wines, "The Nineteenth-Century Agricultural Transition in an Eastern Long Island Community," *Agricultural History* 55 (January 1981): 50-63; Jeremy Atack and Fred Bateman, "Self-Sufficiency and the Origins of the Marketable Surplus in the Rural North, 1860-1900," ibid. 58 (July 1984): 296-313; Peter H. Argersinger and Jo Ann E. Argersinger, "The Machine Breakers:

Farmworkers and Social Change in the Rural Midwest of the 1870s," ibid., 393-410; Adam Ward Rome, "American Farmers as Entrepreneurs, 1870-1900," ibid. 59 (January 1985): 37-49; Jeffrey C. Williams, "The Origin of Futures Markets," ibid. (July 1985): 306-25。

7. 关于女性角色变形的文献数不胜数。如见 Nancy Cott, *The Bonds of Womanhood: "Woman's Sphere" in New England, 1780-1830* (New Haven, Conn., and London, 1977); Carroll Smith-Rosenberg, *Disorderly Conduct* (New York, 1984); Mary P. Ryan, *Cradle of the Middle Class: The Family in Oneida County, New York, 1780-1865* (New York, 1981); Suzanne Lebsock, *The Free Women of Petersbury: Status and Culture in a Southern Town, 1784-1860* (New York, 1984); and Laurel Thatcher Ulrich, *The Midwife's Tale: The Life of Martha Moore Ballard Based on Her Diary, 1785-1812* (New York, 1990)。关于资本逐渐提高的流动性和可替代性，见 Morton Horwitz, *The Transformation of American Law, 1780-1860* (Cambridge, Mass., 1977), and Steven Hahn and Jonathan Prude, eds., *The Countryside in the Era of Capitalist Transformation* (Chapel Hill, 1985)。关于公司作为人的问题，见 Rowland Berthoff, "Conventional Mentality: Free Blacks, Women, and Business Corporations as Unequal Persons, 1820-1870," *Journal of American History* 76 (December 1989): 753-84; and Phillip K. Tompkins and George Cheney, "Communication and Unobtrusive Control in Contemporary Organizations," in Tompkins and Robert D. McPhee, eds., *Organizational Communication: Traditional Themes and New Directions* (Beverly Hills, Calif., 1986).

8. Shredded Wheat advertisement, *Town and Country* magazine, 14 February 1903, 40, in Cereals box 41, Warshaw Collection.

9. United Fruit Company, *A Short History of the Banana and a Few Recipes for Its Use* (Boston, 1906), p. 11, in Foods box 45, Warshaw Collection. 更多的阳具式情色内容，见 American Cereal Company, *Cereal Foods and How to Cook Them* (Chicago, 1901), in Cereals box 41, Warshaw Collection。

10. Alan Trachtenberg, *The Incorporation of America* (New York, 1982).

11. Daniel M. Fox, *The Discovery of Abundance: Simon Nelson Patten and the Transformation of Social Theory* (Ithaca, N.Y., 1967), pp. 18, 25, 104-105.

12. Simon Nelson Patten, *The New Basis of Civilization* [1907] (Cambridge, Mass., 1968), pp. 15, 63, 123.

13. Ibid., pp. 137-39.

14. 将消费简化为展示的最糟糕的例子是 Thorstein Veblen, *The Theory of the Leisure Class* (New York, 1899)。Veblen 根本不是 Walter Lippmann 式的管理式思想家，但是他也和管理主义者一样执迷于效率，执迷于纯技术。

15. Patten, *New Basis*, p. 141.

16. Ibid., pp. 19, 22.

17. 对这个流程的最佳概述是 Harry Braverman, *Labor and Monopoly Capital: The Degradation of Work in the Twentieth Century* (New York, 1977)。

18. Charles Musser, "Archaeology of the Cinema: 8," *Framework* 22/23 (Autumn 1983): 4-11, 认为电影从"舞蹈、牛仔杂耍、边缘事件"向"无缝的、自给自足的叙事结构"的转变反映出"从工业（小资产阶级）模式向大规模生产模式的转变"。本时期内广告主流形式从超现实拼贴向叙事透明的改变，也反映出类似的经济和社会转型。见下, pp. 466-70。关于工人阶级文化形式的持久性，见 Robert Allen, *Horrible Prettiness: Burlesque and American Culture* (Chapel Hill, N.C., 1990), and Robert Snyder, *The Voice of the City: Vaudeville and Popular Culture in New York* (New York, 1989)。

19. Martha Banta, *Imaging American Women* (New York, 1987), pp. 532-33.

20. Advertising blotter, Kellogg Corn Flake Company, 1907, in Cereals box 41, Warshaw Collection; Christine Frederick, *Selling Mrs. Consumer* (New York, 1927).

21. Quinnipiac Fertilizer Company advertisement, *Farmers Journal,* 1897, in Fertilizer box 7; Provident Investment Bureau, *The Staff of Life* (Philadelphia, 1903), in Flour box n.n.; Dairy Association Company, *The Home Cow Care Doctor* (Lyndonville, Vt., 1924-25), in dairy box 3, all in the Warshaw Collection. 图像祛魅化的更多广告和照片证据，见 *Farm Mechanics* 8 (1923) in Agriculture box 4, and the catalog for Allen & Co., 1919, in Agriculture box 2, Warshaw Collection。关于广告主对丰饶角的挪用，见 Leigh Eric Schmidt, "The Commercialization of the Calendar: American Holidays and the Culture of Consumption, 1870-1930,"

Journal of American History 78 (December 1991): 894。

22. 关于家庭装修性化的详细讨论，见我的 "Infinite Riches in a Little Room: The Interior Scenes of Modernist Culture," *Modulus* 18 (1987): 3-28。关于男性家庭 生活，见 Margaret Marsh, "Suburban Men and Masculine Domesticity," *American Quarterly* 40 (June 1988): 165-86。

23. 关于本段问题的详细讨论，见我的 "Packaging the Folk"。我借鉴了 Warren Susman 对大萧条不安感的精彩诠释，见他的 *Culture as History* (New York, 1984), pp. 150-210。

24. David S. Riesman, *Abundance for What? And Other Essays* (New York, 1964), esp. pp. 300-310; William F. Whyte, *The Organization Man* (New York, 1956).

25. Thomas C. Rainey, *Along the Old Trail: Pioneer Sketches of Arrow Rock and Vicinity* (Marshall, Mo., 1914), pp. 64-65, quoted in Lewis E. Atherton, "The Pioneer Merchant in Mid-America," *University of Missouri Studies* 14, no. 2 (April 1939): 17.

26. Gerald W. Johnson, "Greensboro, Or What You Will," in *The Reviewer* (Richmond) 4 (1923-24): 171-73, quoted in George B. Tindall, *The Emergence of the New South, 1912-1945* (Baton Rouge, La., 1967), p. 318.

27. Max Horkheimer to Leo Lowenthal, 2 June 1942, quoted in Martin Jay, *The Dialectical Imagination* (New York, 1973), p. 213; Theodor Adorno, "Veblen's Attack on Culture" [1941], in his *Prisms* (New York, 1986); Herbert Marcuse, *The Aesthetic Dimension* (Boston, 1978).

28. "The Big Rock Candy Mountain," in Alan Lomax, *The Folk Songs of North America* (London, 1960), pp. 410-11, 422-23. 关于工人阶级意识生产主义模型的替代 选项，见 Jacques Ranciere, *The Nights of Labor: The Workers' Dream in Nineteenth-Century France,* trans. Donald Reid (Philadelphia, 1988)。

29. Jay, *Dialectical Imagination*, p. 96; Herbert Marcuse, *Eros and Civilization* (New York, 1955).

30. Bruno Schulz, *Sanatorium Under the Sign of the Hourglass* [1937], trans. Celina Wieniewska (New York, 1979), pp. 5-6.

31. Bruno Schulz, *The Street of Crocodiles* [1934], trans. Celina Wieniewska (New

York, 1977), pp. 8-89.

32. Schulz, *Sanatorium*, p. 1.

33. Ibid., pp. 1-2.

34. Ibid., p. 5.

35. Ibid., pp. 8-9.

第二部分

遏制狂欢节：
从专利药时代到现代公司力量的巩固
来审视广告与美国社会价值观

第五章

融合私人与公众

公与私之间的边界一直以来都是人为划定的。所有的私人体验都带有某些文化包袱，期望、抱负、禁忌等等都反映出特定时代和环境的主流价值观。不过在现代西方世界的资产阶级文化中，公与私之间的关系出现了问题。与过去相比，二者被更加小心翼翼地分开，而又更加微妙地啮合。

对个体自我的神化，与新兴的侵犯隐私手段以及为这些手段正名的新借口同时发生着。私人事务在过去一直是统治阶级根本不屑理睬的，现在则成为非常急迫的公众话题。一个人家庭生活的质量，甚至是性生活的质量，愈发与公民身份或事业成功有关。维多利亚时期的改革家将个人健康与民族健康紧紧相连：他们坚决反对有损公共利益的自慰和吃肉等行为；他们提议建监狱改造犯人，盖学校培养社会秩序，造精神病院并将"疯"重新定义为"精神疾病"。[1]到了二十世纪初期，在新的、更飘散、更广泛的对正常的定义中，肉体与灵魂已经合为一体。不断发展的管理式习语提倡系统化地入侵"私人空间"。

特别要提到，是米歇尔·福柯（Michel Foucault）的作品将学界的注意力吸引到私人体验与公众话语的关系上来。对"身体的修辞"（the rhetoric of the body）的研究已经如家庭手工业一般形成了完整的产业。这套理论（的积极之处）勾勒出了现代社会管理精英形式多样的权力；它指出，在二十世纪初期，有关个人健康和福祉的新观点能够构建新的人类主观性模型，推动着分类制度的发展，这些新兴的制度在监狱、学校、公司、政府机构等管理体制中占据了主导地位。[2]

公司广告在宣扬管理理念的过程中起到了至关重要的作用。通过市场调查，广告主成为监视私人生活数据的开路先锋，这种做法后来在维持管理文化霸权时起到了核心的作用。也许更为重要的是，广告主创造出人类主观性的强大形象，体现着新兴社会系统的价值观。如果说有任何一种价值观成为主流，那就是一个针对个人福祉的更加严格的新观点，可以简单总结为"个人效率"。这个词象征着私人的身体或情感健康与公共领域的有组织竞争之间一种更为紧密的联系。

在推动这种联系时，广告主也暴露了自己同其他管理职业的联系，如社会科学家、公司主管、内科医生、心理医生甚至一些自由派的新教牧师。尽管彼此相差很远，但这些群体都在无意中担忧着同样的事情。他们希望创造出一种新的"人的科学"（science of man）并实际运用，比过去的福音派观念更加准确地反映他们自己的经历与抱负，似乎很适合新生的二十世纪。

管理职业人士的目标不仅是争夺权力。他们使用全新的疗法和阐释模型来缓解大众的焦虑，用普世的（通常是可量化的）准则来代替过去主宰行话语言的、凭经验行事的"本土知识"，从而澄清了十九世纪末期"知识市场"造成的混乱。这种理想通常扎根于人们对市场社会中清晰稳定含义的合理渴望，因为普世的标准在当时正在慢慢失去合法性；这种理想还希望打击愚昧，提升物质生活水平，这也是值得赞赏的。[3]

但是从根本上来说，管理式价值观是帝国主义的：这些价值观推崇一种二元论的伪科学，系统化构建一种焦虑的、被驱动的个人行为模式，用直白医学的理想使自我变得透明，通过不停消耗精力使自我变得连贯。受到如此管理的个体，并没有偏离新教稳定市场知识论巫术的愿望，而是它的传承。与早期更公开直接的自制道德习语一样，管理式习语也将其他认知方式和生活于这个世界的方式边缘化。

然而，管理式价值观是否真的树立主宰地位，仍然没有确定。越来越多的历史学家和人类学家开始探索普通美国人如何运用各种手段保留其特色的认知方式，拒绝遵从全国性广告主送上门来的标准化模式。[4]地区、宗教、民族和职业传统存活了下来，哺育出另类的行为与意识模式。尽管广告主一厢情愿，但不是所有人都愿意长得像或变成广告中的人物。广告主对个人福祉的重新构建，可能在与他们一样的准职业人士身上才最有效果。

即使在职业人士中间，仍然存在社会和个人的矛盾。广告公司主管与文案写手对这一点体会尤为深刻。一方面，他们是现代化的打头兵，在多种文化场所宣扬人类主观性的管理式理想，如杂志、报纸和其他大众媒体上的视觉与语言文本。他们是各式新的、飘散的文化力量的代理人的合适人选，现代世界统治制度的特点正是这种文化力量。作为共同的新教文化的产物，他们拥抱了传统的和新的语言透明观。然而，对很多人来说，为特定商品提供一扇信息之窗的做法，只不过是光鲜的表象；从广告制作者的行为来看，他们仍然在用花言巧语试图催眠焦虑的观众。全国性广告主虽然厌恶专利药时代，却一直紧紧抱住专利药时代的根本策略，即通过购买的仪式实现魔法般的自我变形。他们一边挪用新的语言，一边又与旧传统藕断丝连。管理式思想构建的自我仍然拥有无穷的欲望，不可能完全为公司目标服务，经常溢出个人效率的界限。仿佛广告人意识到不可能完全管理住自己或其他人的欲望，在试图完全控制的背后飘荡着绝对恐惧的幽灵。

这种焦虑来自清教传统。对身体纯洁自制的执迷，将广告人与新教的过去及职业人的现在联系在一起。千百年来，圣人的纯洁性斗争是在精神方面进行的，但绝不能说高雅。诗人与传道士用排泄物的词汇形容罪恶，用通便的语言形容皈依。到了十九世纪末期，净化的事业从灵魂移到肉体：人们对"自我污染"的担忧越来越实体化。旧时的焦虑以世俗的形式流传了下来。[5]

对自我怀疑（self-distrust）的世俗化，是维多利亚文化变革的主旋律。无论是其他流行文化形式还是广告，都愈发倾向认为，不是灵魂使身体不快，而是身体造成了灵魂的紊乱。笛卡尔二元论仍然有一定的影响力，但唯物主义者占了上风。这就为主流的对抗疗法医生提供了机会。数十年间，对抗疗法医生（试图治愈具体的疾病）和顺势疗法医生（试图治疗整个身体组织）再加上自然疗者、水疗者和草药治疗师之间展开了恶毒的、血淋淋的医学大战。唯物主义为对抗疗法医师提供了基于科学的合法性。[6]

在这种新兴的躯体派职业医学思想中，新教的思想习惯同唯物主义形而上学融合在一起。热力学第一定律由赫尔曼·冯·亥姆霍兹（Hermann von Helmholtz）在 1847 年提出，受过教育的阶层逐渐将身体视为一个粗糙的输入 / 输出系统：吃进食物，排出能量和思想。十九世纪末期很多有文化的美国人都认为，头脑就是身体的直接表达。在科学种族主义鼓动下，人体测量学得到发展，研究面部角度和心智之间的关系。机械化的比喻被广泛使用。到了二十世纪初，《大众科学月刊》（*Popular Science Monthly*）一位撰稿人继承总结了过去数十年的传统观念，将身体比喻为发动机。[7]

不过，唯物主义形而上学的教条又强化了活力论（vitalist）逆流的兴起，这股逆流既来自浪漫主义和福音派对自我流动性的强调，也来自新教传统对自我变形的希望。在活力论者眼中，宗教信仰应该用其对心灵和肉体福祉的影响来评估。自由主义者和福音派信徒（都是阿民念派）执迷于维持一种能让人感到更幸福的信仰。信仰不仅能够"安抚心灵"（《高第》如此评论守护天使），还能维持肉体，或使肉体重展活力。

正是这种信念支撑着新教传统的"治愈灵魂"的观念，也是很多催眠术师、动物磁力学家（animal magnetists）和其他边缘江湖郎中们声称的目标。其中有玛丽·贝克·艾迪（Mary Baker Eddy）的导师菲尼亚斯·帕克赫斯特·昆比（Phineas Parkhurst Quimby），他坚持认为某些信仰能够打开思想最深处的闸门，让"磁力流"为整个身体带来活力。到了十九世纪七十年代，其他一些学院派的观察家也开始讨论人的精神对肌肉感知特别是疼痛的影响，不过昆比的语言更有人气。磁力和电力那温和、无形的力量开始吸引活力论的信徒。活力论的传统运用生理学语言，保留了变形的信仰，希望自我怀疑的灵魂能够摆脱无穷无尽的净化过程，进入丰裕心灵能量的和睦领域。[8]

唯物主义者与活力论者、医生、牧师和江湖郎中之间的矛盾将个人健康的话题搅成了一潭泥塘，充斥着相互矛盾的理论和冲动。专利药广告主迫不及待地加入混战。大众话语对精神与肉体健康的融合，再加上没有任何清晰的专业医学标准，使秘药商有机会大吹特吹产品的再生功能。秘药广告主经常使用基督教的情感作为宣传手段：他们不直接攻击神意，而是强调个人有责任选择健康，远离疾病。很多广告主结合了阿民念派的选择观与疾病体液说，以唯物主义形式宣扬着新教的净化。

唯物主义者的观念在十九世纪下半叶愈发显著，但与此相对，一种活力论的逆流也愈发明显，为原始主义与异域风情的商业图像注入了活力。奢华感官享受的象征物品构成了一整套常见的图像，融合了魔法灵药与早餐、化妆品、香水、服装、束胸及其他承诺身体重生的产品。在这个时代，公司广告主及其广告代理商还没有完全掌控商业图像的生产，因此广告的象征宇宙仍然保留了特异性，这种特异性是扎根于地方创业企业的多元性的。在1906年通过《食品和药物法案》之前，从1880年到1906年这段时间是专利药的黄金时代，也是商业修辞、图像志与表演的黄金时代。

这种戏剧化的特性在药展中最为明显，尽管药展商越来越被排挤至市场边缘，展览却越来越壮观。一位知名展商内华达·耐德（Nevada Ned，又名 N. T. 奥利弗）观察道：

整晚整晚的戏剧、杂耍、音乐小品、荒蛮西部秀、吟游诗、魔术、滑稽戏、马戏团，更不要提潘趣和朱迪（Punch and Judy）木偶剧、哑剧、电影、动物展、乐队演出、花车巡游、吃饼大赛等等，全都附送中药良方马钱子皮，免费或象征性收点钱。药展不仅出现在家门口、街角和集市上，在歌剧院、大礼堂、仓库、舞厅、花船、帐篷各个场所都在上演。

马戏团的氛围培养起民众对异域风情的兴趣。内华达·耐德在十九世纪八十年代有个演出，推销所谓印度巴陀迦（Hindoo Patalka）的补药；他"从药店里找来两个叙利亚人，一个变戏法的印度人，让他们身着东方服饰"，最后再从费城马戏团里借来一头大象，人手就齐了。剧团经历了一系列倒霉事件，终于有一次大象"撞穿了泽西的一座桥，跌穿下方小溪的冰"。内华达·耐德将大象还给了主人，打发了几名助手，转身去北卡罗莱纳州威明顿（Wilmington）的黑人区贩卖肝贴，黑人对肝贴非常欢迎（在耐德看来），将它视为"新奇灵验的咒语"。[9]

比奈德更体面的广告主也使用着戏剧化异域风情的手法，不只在街边，也包括文字和图像广告。专利药的魅力同其他健康广告一起，共同塑造了一种狂欢式的商业行话。[10] 它们异想天开的宣传，与维多利亚晚期官方文化提倡的克制价值观形成鲜明对比。行话广告推崇着肉体重新焕发活力的永恒梦想，传承着"人可以在多层含义上生活"的流行观点。

多重世界：专利药时代的肉体与灵魂

　　大多数专利药广告使用的基本模式是新教重生理念的唯物主义版本。在一开始，他们使用古老的盖伦四体液说，操着大自然的语言。赖特印第安植物药片（Wright's Indian Vegetable Pills）1844年在费城上市时，文案宣称："荒蛮之地的印第安人……受自然之光引导"，发现了一种净化血液的树根草本混合药；由此提炼出的药片"根据一种理念制成：人类的躯体归根结底只有一种疾病，即腐坏的体液"。治疗的方法是上吐下泻："大自然的（或印第安人的）通便理论不仅指清理肠胃，也指打通所有自然脉络，打个比方，就好像是将监狱囚犯全部释放，将所有不洁之物从身体各个部分驱逐出去。"这条"理论"绝不允许任何反驳："**因为来源于自然，所以一定正确**。"[11]

　　不过，大自然的语言在福音派的受众听来有些太世俗了。其他策略可能更有效。到了十九世纪中期，许多专利药广告的叙事模式像极了对皈依体验的描述。"见证"的运用就直接照搬了福音派文化的手法：皈依者的嚎叫象征灵魂从苦难中解脱。在专利药文献中，灵魂的疾病拥有了物质形态，需要物理干预。苦难不是罪恶产生的，而是由便秘、黏膜炎、胆汁病、梦遗或无处不在的"疲劳感"产生的。

　　不管症状如何，病患的病根听起来似乎很像无聊、懒散、冷漠和深度抑郁，根据福音派的套路，下一步就是罪人忏悔罪行，走上救赎之路了。1875年，一位住在纽约布法罗的卡尔·巴顿（Karl Barton）先生，在吃下第一瓶蔡斯医生神经药片（Dr. Chase's nerve pills）前回顾了自己的人生："在任何事情上都很难集中精力。全身衰竭、倦怠、筋疲力尽，虽然并不痛苦，却非常抑郁。"下面是1877年柴尔兹黏膜炎药（Childs catarrh remedy）广告文案上描述的黏膜炎症状：

"病人变得紧张，嗓音嘶哑不自然；他感觉到沮丧；记忆逐渐褪去；判断力不复存在，阴暗的征兆悬在头上；成百上千，不对，成千上万的人在这种情况下觉得死亡就是解脱，为了从哀伤中解脱，真的有很多人结束了自己的生命。"绝望的根在肉体，也需肉体方法治疗。[12]

　　同专利药广告一样，在化妆品广告中，精神与肉体的健康也被融合。"宗教的第一要务就是确保完美的健康，灵魂的功用和纯洁有赖于肉体的健康。"1897 年一本女装行业期刊写道。确实，"一切宗教仪式都在沐浴和洗礼中连接个人纯洁与灵魂纯洁，并让人披上干净的亚麻，这些都是健康的基础"。宗教同世俗语言融合得如此紧密，在亨利·沃德·比切（Henry Ward Beecher）牧师写给梨牌肥皂（Pears Soap）的见证中，达到了一种近乎自嘲的程度。"如果清洁仅次于神圣，"比切观察道，"那肥皂一定就是恩典的表达方式。"这种说法在传统的加尔文主义者听来可能厚颜无耻，但广告主面对的新兴受众群仅会微微一笑罢了。[13]

　　同净化一样，变形（transfiguration）也可以成为物质体验。就像活力论的健康改革者一样，广告主试图用电力的比喻来描绘重生的过程。弗兰克林·迈尔斯（Franklin Miles；后来创立了迈尔斯实验室公司 [Miles Laboratories]，"我可舒适" [Alka-Seltzer] 的制药商）在《家庭医生》（The Family Doctor，1892）中，称"大脑就像'电池'，产生神经流，赋予肉体以活力，以生命"。只有拥有神经流，人才能思考、呼吸、观看；因此迈尔斯医生神经流滋补剂（Dr. Miles's nerve fluid restorative）才是真正的灵丹妙药。莫斯可银药片（Mosko silver pills，约 1900 年）的厂商保证："每一片药片中都充满电，当莫斯可与胃液接触时，会立刻激活电力特性，产生出更强大的神经能量。重返青春，为身体注入活力，尽情享受神经生活的快乐活力；感受年轻抱负的磁性激情"，只要购买了莫斯可药片，就可获得以上体验。而实际上药片可能只是含有大量可卡因而已。[14]

对肉体与感情活力的渴望，使自我变形的幻想以感官的形式保留了下来。尽管安东尼·科姆斯多克（Anthony Comstock）和其他追求净化的斗士在高与低、肉体与灵魂之间设下了严格的界限，社会上层与下层文化仍然继续接触，相互融合。间歇地将"不洁"通便排出身体，能使自我远离可憎的下体，但是这种做法同样揭示了人们一直痴迷下体念念不忘（女装的裙撑就是这种痴迷的缩影）。返老还童的欲望同感官（和色欲）刺激之间的关系更为直接。（许多阳萎药的原理，就是将神秘的电力刺激应用到"患处"。）十九世纪最后二十年内，以上错综复杂的态度综合在一起，在广告的商业行话中创作出大量原始、异域、情色的图像。

十九世纪末的广告戏剧化呈现出维多利亚文化的矛盾之处。这一时期内，图像生产仍然大部分由地方小企业完成，关于肉体的商业话语一面试图驯服体内的野兽，一面又试图利用野兽的活力；广告业一面为自制的"文明道德观"大获全胜而欢欣鼓舞，另一方面又痴迷于展示异域和原始事物。广告的狂欢式维度，恐怕在对动物的描绘中最为明显。就像在马戏团里一样，商业图像中的动物穿着人类的服装，做着人类的动作。十九世纪九十年代亚当·佛珀（Adam Forepaugh）马戏团的海报将他描绘成"史上最天才的驯兽师，对动物王国的统治让人叹为观止，驯兽史空前绝后……他的最新成就是驯服了一头斗象——约翰·L.苏立文（John L. Sullivan），教它戴着拳套打拳击"。几乎所有有点名气的马戏团都有跳舞狗、滑板熊，或至少有"勤奋的跳蚤"。广告也充满了拟人化的动物（见图4.4）：奶牛戴着眼镜、披着围巾、戴着帽子，正在切奶酪（费城布洛克杂货）；戴着眼镜、身着马甲、头戴花冠的猪正在读报纸，标题是"以玉米为食"（布鲁克林詹姆斯·赖特罐装肉）；一群青蛙坐在沼泽旁边，谈论蛋黄酱豆（Mayo Beans）获得的奖项；蚂蚱们吃完一大碗香甜的桂格燕麦（Quaker Oats）后，在钢丝上华丽地表演杂耍。广告的目标，无疑是要通过违和感激发人的兴趣（和注意力），但一如既往，幽默背后隐藏的是紧张的进攻性。达尔文主义的普及也许已使很多美国人担忧人与动物之间的界限，时刻提醒自己"它们"与"我们"是多么的不同。（同样地，动物也可以用来表示种族刻板印象，如猴子和黑人都打扮成杂耍艺人，或者用牛头犬扮演爱尔兰洗衣女工。）到了十九世纪八十年代，小苏打和漱口油的广告用猴子来表现"人类的祖先"和"达尔文的爷爷"，然而，开这种玩笑这个现象本身，就代表幽默背后的焦虑已经高度紧张。[15]

与此同时，一些专利药广告暗示人类与动物其实并不是那么容易就能分开的。圣雅各油（St. Jacob's oil）和其他搽剂，马和人都可以用，尽管广告不带一丝讽刺或抱歉的成分，但人兽同服一种药的现象很能说明问题。处在医学界另外一个极端的自然疗法认为，人类实际上也许真的要向动物学习。"在今天的医药界，野兽比对抗疗法医师更文明开化。"1880 年诺斯洛普植物化合物与医药设备公司（Northrop's Botany Compound and Medicated Appliances）的一本宣传册如此说道。人类与动物之间互相渗透，两者之间是相似与不同的辩证关系。[16]将人类与动物搅和在一起的做法，与秘药生意中充斥的原始主义自然魅力遵循着同样的逻辑。到了十九世纪末期，专利药广告大量使用草药传说与激发产品魔法效果的咒语。大量专利药宣称来源于原始部落：可乐果来自非洲中部，古柯叶来自秘鲁群山，"萨格瓦"（sagwa）来自北美印第安部落的草药大夫，不管是污血、性功能障碍还是消化不良，灵药包治百病。1893 年，基卡普医药公司（Kickapoo Medicine Company）保证顾客"会拥有一颗印第安人的胃，因为印第安人从不为消化发愁。为什么我们不能像印第安人一样健康自然、充满活力呢？"切契肾药公司（The Church Kidney Cure Company）1896 年切契卡瓦胡椒合成剂（Church Kava-Kava Compound，"肾脏、血液、泌尿系统疾病的自然良方"）的宣传册将这种手段背后的态度直接挑明："医药学上许多优秀植物药物，都是首先由野蛮人或半野蛮人发现其功效的。"[17]

这种自然理想的构建实际上采取了帝国原始主义（imperial primitivism）的模式：白人进入黑暗的热带腹地，攫取神秘的药物，服务于盎格鲁撒克逊文明。举一个典型的例子说明这个套路，秘鲁黏膜炎药（Peruvian Catarrh Cure，1890）的一本宣传册详细描述了药的来源，据叙述者称，一位"富有冒险精神的勇者"爱德华·特纳医生（Dr. Edward Turner）被非洲祖鲁兰（Zululand）地区的"黑魔鬼"伏击，临死之际将故事告诉了叙述者。特纳从小时起一直患有黏膜炎，忍受着"恶心的郎中们"一次次的失败，有一天获知一种叫莫斯卡（Mosca）的药物，将其红根磨粉服下，包治黏膜炎。特纳从印第安领地（现在的俄克拉荷马州）的一名天主教传教士手中获得了一些莫斯卡，喜其药效，出发寻找此药来源：秘鲁的科塔华西族印第安人（Cotahuasi Indians）。科塔华西的酋长非常欣赏特纳的勇气，更喜欢他那乐于助人的性格。他坚信特纳与其他只爱钱的"白脸人"不一样。讽刺的是，特纳其实想拿这种药物做生意，但是怕酋长要价太高，就对自己的本意闭口不谈。"所以我便给他留下了个好印象，他觉得我是屈指可数的不爱钱的白脸人。不过这种把戏只能对印第安人要要，对我们是不管用的。"叙述者于是从濒临死亡的特纳口中抢救出秘方，造福成百上千万患者。探索之路的曲折、神秘迷离的气氛、精明的白人与土著斗智斗勇等等，这种叙事模式一次又一次出现。1888年华纳安全疗药（Warner's Safe Remedies）的一则广告用图片生动展现：白人绅士的头安在壮硕的褐色身体上，划着独木舟，向原始黑暗之心进发（图5.1）。[18]

帝国原始主义说明了基督教与"低等生物"之间的一种辩证关系，而不是二元论的关系。这种交换蕴涵着一种隐含的颠覆性：知识并不是仅为一方所有，"低等"种族甚至动物也拥有一些基本的知识，尤其是关于物理自然与需求的知识。承认"低等人"和动物也拥有知识，暗着说是没问题的，但一旦要公开承认，就开始闪烁其词，找借口来反证。1888 年赖茨曼医生神效香膏（Dr. Wrightsman Sovereign Balm of Life）的宣传册在画着背婴儿袋的印第安妇女的商标下写道："今天，成千上万妇女在［生产］时仍然注定要忍受痛苦，这是我们不能接受的，违背了所有自然法则。不过自从这种珍贵制剂面世

图 5.1　华纳安全疗药宣传册细节，1888 年。沃萧收藏品。
Detail from pamphlet, Warner's Safe Remedies, 1888. Warshaw Collection.

以来，所有的焦虑便一扫而光。"文案宣称，之所以选用印第安人作为商标，是因为"印第安妇女在生产时基本上不会有任何疼痛"，这要归功于她们在野外的朴素生活。"当然了，除了能够减轻分娩的疼痛之外，没有文明社会的妇女会羡慕印第安女人。"不管如何否认，人们的焦虑的确存在，怀疑"文明开化"的代价是活力的丧失。人们对原始主义的渴望揭示了维多利亚式体面的双重性：公共道德与私人欲望之间的撕裂也许会产生虚伪的道德观，但是也为幻想提供了发展的空间。[19]

　　在最流行的幻想中，许多是与窥淫癖有关的。早在十九世纪四十年代，偷窥半裸女人的幻想就成为流行石版画的主题（图 5.2）。渐渐地，男女有别的意识形态发展起来：性别隔离使人们越来越倾向同性社交娱乐，钥匙孔的功能也越来越重要。许多维多利亚时期商业名片的图案设计都带有偷窥的效果。十九世纪七十年代波特里束腰（Bortree corset）的商业名片题为"大揭秘：为什么布朗夫人身材这

图 5.2　石版画《卧室大战》，约 1840 年。史密森尼学会，美国国家历史博物馆，彼得斯收藏品。
A Bed-Room Bombardment, lithograph, c. 1840. Peters Collection, National Museum of American History, Smithsonian Institution.

么好"。画上两个女人通过一个钥匙孔向里面张望，窃窃私语；打开卡片，可爱的布朗夫人出现在眼前，她坐在镜子前面，身上只穿着波特里的可调整复式束腰。十年之后，霍尔姆斯连衫裤公司（Holmes Union Suit Company）的广告展现了一位迷人的贵妇，正在为参加舞会装扮，文字说明"她身上什么都没穿，只有霍尔姆斯和一件礼服"。打开卡片就可以看到这位贵妇身着连衫裤。十九世纪八十年代有一张彩色石印匠提供给广大行业的商业名片，在海滩的一幢小屋中能够看到两个衣冠不整的女人。这种图片对当时的人究竟有何意义，我们今天只能猜测，不过在那个年代，男人看到优雅的脚踝都会心跳加速，这幅画的情欲成分也就不言而喻了。[20]

　　在十九世纪最后几十年，异域背景逐渐成为商业情色的归属，这些异域之地在当时普通家庭的客厅地图上仍被标记为"未知地

带"。康拉德（Conrad）笔下的马洛
（Marlowe）在《黑暗之心》（*Heart of
Darkness*, 1899）中回忆："每处空白
都代表着神秘的愉悦，可以使男孩子
终日沉迷于探索的梦想。"[21] 帝国文化
不仅为北欧人，也为北美人带来了无
尽的梦想。

十九世纪最后三十年中，化妆品
广告、食品广告甚至奢侈品广告都弥
漫着异域气息。口气清新剂、香水、
滑石粉、花露水都在感官奢华的背
景中展现在观众面前。许多图像公
开兜售异域风情，既包括具体的象征
物（图5.3），也包括画中慵懒的成熟
丰满贵妇形象，时尚历史学家将这种
贵妇形象称为十九世纪晚期的完美标
杆（图5.4）。这种形象不是那种无
性的（sexless）维多利亚式女人，反
而起源于狂欢式亚文化，在都市滑稽
剧场和饭店酒吧中蓬勃发展。[22] 布格
罗（Bouguereau）褒美感官享受的作
品《宁芙与萨缇》（*Nymph and Satyr*）
在十九世纪八十年代一直挂在纽约霍
夫曼屋餐厅的酒吧（Hoffman House
Bar）中，画中肉感的裸女代表着高雅
与低俗在商业行话中紧密融合。

由于强大的性魅力，这种丰满女

图 5.3 爱情薰香水商业名片，约 1880 年。
沃萧收藏品。

Trade card, Love's Incense Perfume, c. 1850.
Warshaw Collection.

图 5.4 佩泽德医生的纯正德国苦味大补酒
商业名片，约 1885 年。沃萧收藏品。

Trade card, Dr. Petzold's Genuine German
Bitters, c. 1885. Warshaw Collection.

人的形象同世纪末的令人敬畏的女人形象有相同之处。异域风情也许在表面上削弱了她的威胁性，但是毫无疑问，令人敬畏的成熟女人形象不管以什么形态出现，都能在维多利亚时期男人心中激起强烈的矛盾情绪。在正统的道德观中，女人是缺少激情的，但专利药文献却呈现出一幅截然不同的画面，很能说明问题。十九世纪九十年代中，一种名为卡瓦（Kawa）的秘鲁疗药（Great Peruvian Remedy）在广告中自称是"快速、永久的家庭必备良药，专治精神紧张、性功能障碍、记忆力衰退、失眠、视力减弱、沮丧（忧郁）、肌肉萎缩、失禁、食欲丧失、精索静脉曲张等等等等"。"生理效果保证同秘鲁土著使用的药物完全一样。"最后一句点出了主题："如果你马上要结婚，可不要忽视了未来的生活。你想要娶女人为妻，别忘了她也要嫁男人为夫。"这条广告只是当时众多治疗"柔弱男人"药物中的一则而已。[23]

　　束腰也许最能代表维多利亚时代对性的复杂痴迷态度。很久以来，束腰被当作父系霸权的象征而被人嗤之以鼻，其实它除了与偷窥幻想有关外，也可以同女性的旺盛生育力和性能量联系在一起（图5.5、图5.6）。脱掉束腰的过程，为延长前戏、修炼房中术、增加性张力创造了无限可能性。甚至在南北战争之前就出现了一幅名为《新婚之夜》（*The Wedding Night*）的版画，捕捉到了这些可能性的戏仿（parodic）潜力。画中的新娘端庄地回头望向丈夫，新郎双眼圆睁，满脸通红，跪着为太太解开束胸；抛开戏仿的意味不谈，脱束腰的意图就是让双方激动起来（图5.7）。反对束腰的人士意识到了这一点，于是批评它能够刺激情欲快感。勒紧的带子既象征着对礼俗的屈从，但也代表着异域的奢靡和对女性沉默形象的反抗。[24]

　　从企业广告关于身体的图像中，如何推断出特定的文化含义？非常困难，甚至不可能。比如从华纳束腰的偷窥式商业名片（见图5.6）能够看出，彩色石印匠将许多象形符号怪异地堆砌在一起。拍照的丘比特手中拿着圣约瑟之杖，上面镶着百合，而百合在传统上代表着处男的童真。尽管束腰是色欲的对象，背景却设在干枯的沙漠中。束腰上生出了植物（图5.5的束腰广告也是一样），但是植物长得像仙人掌，毫不奢华，不具魅惑力。石墙象征着束腰的平行功能：既是需要跨越的障碍，又是提升性兴奋的道具。这幅画的生命力似乎取自男人混乱的恐惧与焦虑。这张商业名片的偷窥性，再加上将毫不相关的图案绑在一起的超现实手法，完美代表了商业意象的行话传统。

十九世纪晚期的广告如此异想天开，也许可以合理总结为，它与当时主流文化压抑肉体推崇精神的做法形成了鲜明对比。广告强调个人的新生，保留了新教"治愈灵魂"的反主流文化；广告中奇异的成分，在多层含义上传承着生活的传统，这种传统包括流行戏剧、狂欢节、体育运动和仪式等等。多重世界的流行哲学理念在比喻和实际层面上构筑起特殊的空间，允许人通过玩乐式

图 5.5　华纳医生的珊瑚束腰商业名片，约 1890 年。沃萧收藏品。

Trade card, Dr. Warner's Coraline Corset, c. 1890. Warshaw Collection.

图 5.6　华纳兄弟珊瑚束腰商业名片，约 1890 年。沃萧收藏品。

Trade card, Warner Brothers' Coraline Corset, c. 1890. Warshaw Collection.

图 5.7　石版画《新婚之夜》，石版画，约 1840 年。
彼得斯收藏品。

The Wedding Night, lithograph, c. 1840. Peters
Collection.

的表演（playful performance）来探索文化含义，融合个体与世界。在此之前，加尔文主义和笛卡尔主义的反传统试图将个体与世界分离，将"外部"世界合为一个整体，一个含义透明的单一领域。十九世纪后期，实证科学（positivistic science）继承了这项任务，通过自然法则来探索普世客观真理。面对愈发收紧的控制习语，广告的商业行话仍然保留了一些狂欢的特点。然而，到了十九世纪九十年代，广告的世界开始转变。

职业化的早期冲击

　　面对着竞争对手层出不穷、异域图像充斥的大环境，出现了乔治·P. 劳威尔和弗朗西斯·伟兰德·爱雅这样一批人，推动了广告代理业的发展（见第三章）。他们协助公司客户在全国范围内拓展市场。赢得大客户的方法是建立<u>职业合法性</u>（professional legitimacy），让广告业散发高效理性的气息。1902 年，《印刷者油墨》赞美了"'专家'的消亡"。加了引号，意思是"专家"代表自由职业的骗子。"今天，经过了广告业十年发展，'专家'已经像美洲野牛一样灭绝了。"杂志指出，"取而代之的是学会管理自己公关的商人，以及拥有科学、明确、磊落的广告业知识的合法广告代理人。"至少在《印刷者油墨》看来，"专家"的消亡，代表了专家最终取得胜利。同其他行业的职业化倡导者一样，广告行业期刊们宣称广告业创造并遵循了一个单一、普世、客观的知识标准，并一直如此坚持。[25]

广告公司主管虽然拥抱着管理式职业主义的世俗意识形态，却仍然和某些新教传统藕断丝连。所有的证据都表明，到了二十世纪头十年，最具影响力、客户最大牌的几家广告公司的雇员成分几乎雷同，都是盎格鲁撒克逊裔男性；都是大学毕业，通常是东北部的名校；都是新教徒，很多是长老会或公理会牧师的儿子；一般来自中西部或东北部的小镇或郊区。这些人是十九世纪晚期自由主义新教精英之子（只有百分之三是女性），他们以世俗的形式继承了父辈的世界观：事物不断进步，似乎天意如此。他们也给自己分配了重要的救世角色，以世俗的方式信仰着"人类在地上世界创造出神之国度后，基督就会再次降临"的后千禧年主义（postmillennialism）。[26]

职业主义与新教后千禧年主义融合，代表了商业图像生产的社会条件发生了重大变化。与彩色石印匠相比，广告代理公司的雇员更富裕、种族更单一，工作也更系统化。自治权还在彩色石印匠人手中时就不稳固，到了广告公司互相协作的官僚组织的运营体系中，自治权就消失殆尽了；从艺术指导、文案总监、客户主管再到客户，广告文案要经过重重关卡修改完善。在新制度下，广告日趋标准化，平淡无味，千篇一律。但毫无疑问，广告越来越精美、越来越职业化。

尽管如此，广告公司在争取合法性的过程中，从一开始就遭遇了麻烦。虽然他们努力将自己提升到前所未有的职业化高度，但是他们仍然一只脚站在了商业行话的世界。他们的许多广告（对不少公司来说是全部广告）仍然停留在魔法灵药和滋补剂的世界。客户都是些声名狼藉的主，广告公司又想要成为体面人，这就难了。[27]

　　随着医学上对抗疗法的日益崛起，这种困境进一步恶化。在世纪之交的那二十年中，主流医师获得了空前的合法性，这很大程度上是因为，狂犬病疫苗（1885）和白喉抗霉素（1891）等历史性医学突破在社会上为越来越多的人所熟知。医生们一直都想铲除江湖郎中，对行医资质进行标准化改革，这些努力现在开始见成效。对抗疗法的治疗理念采用原子化的、针对具体病症的模式，与此同时，一个愈发客观的、科层化的、技术导向的医疗系统也迅速发展起来，二者紧密结合在一起。同医生相比，秘药广告主一直缺乏合法性，到了世纪之交，当广告业开始否认自己不光彩的过去时，医学职业则开始上升，进入真正的专业领域。医生与广告人之间的鸿沟空前扩大。[28]

　　专利药广告主努力挣扎着要在医学领域中站稳脚跟。他们成功获得医生的背书，继续在医学期刊上刊登大量广告。他们的目的是营造一种专利药商与医生之间的和睦关系。"假设一下，病人早上起床感到头晕目眩，"1895 年切勒里纳神经补剂（Celerina Nerve Tonic）的宣传册向医生推荐道，"这就意味着，神经系统并没有完全控制肌肉。"让病人直立，双脚并拢，双眼合闭，看看他是不是左右摇晃？或者迅速连着问他三个简单的问题：如果他犹豫不决，那就让他一天分四次服用切勒里纳补剂，"增加您病人的神经资本"。（在宣扬"整体修复"能量和力量的产品广告中，金融比喻十分常见。）医学期刊既刊登公开配方的"处方"（ethical）药广告，也刊登不公开配方的专利药广告。到了十九世纪九十年代，太多的专利药广告谎称自己是处方药，已经很难区分二者。尽管如此，主流医药行业愈发不满，逼迫爱雅樱桃止咳药等产品在广告中公开配方。1898 年，爱雅的制造商拒绝透露配方，但同意私下提供给医学期刊的编辑部。许多期刊因此拒绝刊登它的广告。[29]

　　秘药广告的辩护者，在医生和健康改革家的严密审视下紧张不安，开始采取守势。他们最喜欢在当时的行业期刊中使用一个说法，十九世纪九十年代中每隔几年就说一次：专利药曾经（不是很久以前）很糟糕，不过今非昔比；冷静、合理的论证，已经代替了旧时虚假夸张的修辞。如果读过十九世纪九十年代后期的行业期刊，就会发现这种说法明显不对。当时有不少舆论批评针对"病痛"（agony）的证明书中使用了夸张愚蠢的字眼，比如"从坟地里抢了回来！"另一方面，还有一些撰稿人赶紧为专利药广告辩护。为什么不能像福蓟酒（Wine of Cardui）广告商那样大谈特谈"刀子、坟墓"把人吓个够呛？《印刷者油墨》一位撰稿人伊迪丝·格里（Edith Gerry）在1900年问道。药很有效啊！"福蓟酒"这类专利药，为害怕手术风险的人提供了更安心的替代选项。甚至连提倡改革的人也睁一只眼闭一只眼。1902年《印刷者油墨》一位撰稿人对读者说，特许专卖药（proprietary medicine）广告不应如此神秘："起码要告诉公众合成物中一些主要成分吧？！"没有人（除了一丝不苟的弗朗西斯·爱雅）愿意公开秘药生意最核心的秘密。[30]

不过好景不长，事态发展很快就要求专利药商进行更彻底的公开。十九世纪九十年代，出版商塞勒斯·H. K. 柯蒂斯（Cyrus H. K. Curtis）禁止旗下所有杂志刊登特许专卖药的广告。（爱雅公司最后精明地决定放弃秘药，部分原因就是想留住柯蒂斯这个大客户。）接着，柯蒂斯的女婿爱德华·博克（Edward Bok），也是《仕女家庭杂志》的编辑，开始调查专利药。《仕女家庭杂志》这场讨伐是卷土重来的禁酒运动的一部分。禁酒运动的领导者已经察觉到，像班斯泰德蠕虫糖浆（Bumstead's Worm Syrup）或皮尔斯医生最爱药方（Dr. Pierce's Favorite Presciption）这样的药物中也许"无意或故意含有烈酒成分"，历史学家詹姆斯·哈维·杨（James Harvey Young）指出。1904年，《柯利尔》（Collier's）也开始加入讨伐。杂志编辑诺曼·哈普古德（Norman Hapgood）雇佣成功的黑幕揭发记者萨缪尔·霍普金斯·亚当斯（Samuel Hopkins Adams）撰写一系列文章揭露专利药的邪恶，后来文章成书出版，也就是《美国大骗局》（*The Great American Fraud*，1906）。书中，亚当斯小心翼翼地将万恶的秘药同合法的广告相区分，对后者赞赏有加；同其他进步论改革家一样，他倾向于避开大厂商，专门向边缘的小企业开刀。他长篇累牍详细描写了许多专利药中的酒精和使人上瘾的成分，代表了声势日渐浩大的进步论改革家，要求彻底净化国民（body politic）。他来自十九世纪早期被奋兴运动席卷的纽约西部宗教狂热地区，全身迸发着福音派的火焰。"他继承了一系列激进神学家的性格，对自己的信仰坚定不移"，他的同事威尔·俄尔文（Will Irvin）写道，亚当斯"骁勇善战"。最终，正是他的努力促成了1906年《食品和药物法案》通过。法案要求专利药商公开药物特定成分，比如酒精、鸦片剂、水合氯醛以及其他一些成分，并且禁止厂家宣传药中实际不存在的成分。同大多数监管法案的命运一样，受监管的行业很快就找到了法律的诸多漏洞。尽管如此，《食品和药物法案》仍然为专利药时代画上了终止符；从此，全国性广告再也不会对魔法变形进行狂欢式的宣传了。[31]

　　广告代理商察觉到权力的转移，寻求与主流医学界的管理式职业人士达成妥协，其中包括哈维·怀利医生（Dr. Harvey Wiley），他是农业部化学家，《食品和药物法案》就是他起草的。"到底是我们的幻觉，还是'老实的贾郎中'真的已经带着'壮阳剂'从体面的报纸上消失了？"《印刷者油墨》在1907年问道。编辑部补充道，我们当然希望如此，因为期刊广告的水平取决于它最不体面的客户。贾郎中这样的广告主变成了卡通化的他者，一个定义模糊的小丑，行业的管理职业人士以他为反面教材来衡量"我们到底进步了多少"。甚至连斯科特乳剂（Scott's Emulsion）这种最为歇斯底里的秘药商，也开始将文案语调缓和下来，不再使用惊世骇俗的标题。其他的专利药商公开恳求停火，建议顾客去"咨询医生"来获得服药指导和剂量知识。[32]

　　重生的模式仍然存活下来，但是现在已经很难和药品沾上边，一般附在食品上，比如麦片、糖果和口香糖。广告不再敦促顾客从神经食品、净血剂、补剂和兴奋剂中重新获得活力，转而投向可口可乐、桂格燕麦或者威氏（Welch's）葡萄汁的怀抱。早餐麦片的广告有时似乎代表着西奥多·罗斯福（Theodore Roosevelt）和其他"奋发人生"支持者（strenuous-lifers）治下全社会复苏资产阶级男子气概的目标。1903 年，桂格燕麦的广告战役将麦片称作"工作食粮"，郑重承诺："麦片会将全部的力量送进你的身体，[为你提供]工作的欲望、工作的力量；给你精神与能量，助你成功。"这场广告战役（差不多正是在此时，行业期刊开始使用"战役"这个军事词汇来形容广告宣传活动）还留下了下面这首诗：

成功的男人——
　　　使用双手与大脑——
屹立、领导、胜利、行动
拼搏的基础，是简单谷物
　　　是桂格燕麦
意志与头脑征服了命运
身强体壮、高大魁梧
男人一切伟大的优点
　　　尽在你的桂格燕麦[33]

　　这首诗让人想起维多利亚时代末期男子气概的语言，而其他的麦片广告则将产品视为二十世纪现代化的开路先锋。早餐来一碗麦片，而不是十九世纪美国早餐千篇一律的玉米糊和火腿（或其变体）。

与其号召顾客大踏步向胜利前进，1902 年一则碎麦广告保证顾客会
"**跳跃**!":"如果你想摆脱早餐后胃里的沉重感，如果你想让胃拥有'跳
跃的感觉'，弹跳起来，眼光有神，头脑清醒，敢作敢为，那就享用这
道简便充实的早餐吧!"到了 1916 年，桂格麦片的文案又捡起了力本论
（dynamism）学说，将产品比喻为"安乐椅的天敌"。

喜欢窝在壁炉边的人是不会喜欢桂格燕麦的。看看那些喜爱桂
格麦片的人吧。无论是七岁还是七十岁，人人精明机警、活力充
沛、雄心勃勃。他们相信人能够永葆青春。因为燕麦带给人无穷活
力。他们燃烧着年轻的火焰，生龙活虎，情绪高昂。他们放射出光
与笑声，让身边每一个人都精神饱满（feel their oats①）。桂格燕麦
甜美芳香，然而，是它的滋补作用，它的生命力量，才使它成为成
百上千万人的主食。热爱生命的人大吃特吃我们的燕麦，热爱倦怠
的人则嗤之以鼻。34

专利药保证顾客返老还童，但使用的都是感官词汇：除能量复苏
外，还能恢复感知强烈味道、气味或性欲的能力。新时代的广告则直
白地将产品的重生性质同"精明机警"的意识、活力充沛的运动和城
市现代性相结合；新时代的广告中，壁炉边代表了昏昏欲睡的旧时乡
下生活。与早期广告相比，公司广告没有那么享乐，但更加忙碌，迎
来了一个将"倦怠"视作"生命"反义词的世界。这种新形态的广告
基本舍弃了原始的感官性和异域的奢靡；广告的背景是发奋图强的中
产阶级和上流社会的日常生活。

这些趋势在可口可乐的广告中有明显体现。可口可乐在二十世纪
早期占据了极其有利的市场份额。起初的广告只是把它当作一种戒酒

---

① oats 是燕麦的意思。——译者

饮料来宣传，后来越来越强调饮料的滋补效果，对劳累的生意人或疲于购物的女人来说无疑是种福音。饮料之所以能让人重新焕发活力，是因为含有咖啡因以及（早期才有）可卡因。"秘鲁的古柯①，非洲的可乐"，1907 年一则广告坦白宣称，"融在可口可乐中呈现在现代生意人的面前。古柯叶的兴奋特性，再加上可乐果的滋补特性……将缓解过度工作、过度思考的疲劳。把活力与'劲头'（go）充进疲倦的大脑和劳累的身体"，当然应该也包括那些衣冠楚楚、自信满满的广告主管。[35] 这条广告将重生的过程置于特定的环境中：白领工作场所。新兴的办公室文明，也包括广告主管，对雇员提出了新的要求，这些要求比过去更加含混，但更加持续。原来的人需要周期性地"提起干劲"，现在的产品开始承诺稳定提供"能量"（vim）。

力本论和高效率的结合，符合新兴的职业广告意识形态，新兴的职业广告人希望与专利药时代占主流的长发文人和骗子划清界限。广告公司主管试图照搬对抗疗法的成功，使出浑身解数要将广告业推崇为"活的科学"。到了 1909 年，爱雅广告代理公司郑重建议客户"慎重选择 [广告] 代理商，就像选择律师和医生一样"，然后将所有事情交给他打理。[36]

同信仰后千禧年主义的新教教徒一样，职业广告人士也坚信，在经济增长和道德进步的机制中，他们扮演着至关重要的润滑作用。1909 年，《智威汤逊手册》（*J. Walter Thompson Book*；手册的目的是帮助广告人向新客户宣传广告的重要性）写了一段具有代表性的陈述：

　　广告是一场革命。广告的发展趋势，是推翻先入之见，在读者脑中掀起新的思想，诱使他去尝试从未做过的事情。广告是进步的

---

① 即可口可乐的"可口"（Coca）。——译者

一种形式，只有进步人士才对它有兴趣。所以广告在美国蓬勃发展，远超世界其他地方。愚蠢的人不被广告打动。他们在传统的车辙中按部就班。

作者们在宣传册中又对进步下了更具体的定义："文明最主要的任务，就是要*铲除机遇性*，只能通过预测与规划来实现。"为稳定市场交换的随机运动做出的努力进一步加大。将文明等同于铲除机遇性，代表了典型的管理式的世界观，将广告主管与社会科学家和其他职业人士聚在一起，共同寻求系统化地控制环境。[37]

广告和广义的管理观念之间还有一处共同点，即将文化标准化与道德进步相混淆。广告主管将其全国视野（以及客户的全国性品牌）定义为大都会"美国新节奏"（new American tempo）；他们瞧不起地方习俗缓慢迟钝，反应被动。将广告宣传定义为教育，是二十世纪早期"进步"人士常见的条件反射；广告主并不着重揭露污秽场所的腐败（在这点上不像黑幕揭发记者和其他改革家），反而注重散播现代化的身体健康标准。他们声称，广告的"善"，在清洁美国人的日常生活和个人外表方面体现得最为明显：从缅因州到加利福尼亚州，家家卫生间装上了下水管道，美国肉食者的传统油腻早餐被剔除；男人的络腮胡和啤酒肚消失，女人的体毛和面部瑕疵匿迹。历史特定时期产生的时尚，与现代文化历史中其他一些时期一样，被广告赋予了普世的道德意义。早在 1910 年，《印刷者油墨》一位撰稿人就发现了"美国人同外国人相比，显得一尘不染"，并由此得出结论，"毫无疑问，是广告艺术家的功劳"。全国性广告主悄然抛弃了新教传统对外表的不信任，将光滑的脸蛋等同于重生的心。[38]

不过，广告主管有时还是放下生意人的包袱，继承新教先辈的传统，做起世俗传教士的角色（尤其是当面对的听众不是潜在客户时）。二十世纪一十年代中，全国性广告业开展了"广告中的真实"（truthin-advertising）运动，并积极参与第一次世界大战的意识形态动员工作，从而获得了合法性。到了二十世纪二十年代，许多广告人已经将自己看得极其重要，将广告行业誉为"贫穷与疾病的头号敌人"。[39]海伦·罗森·伍德沃德（Helen Rosen Woodward）是一位在广告业摸爬滚打多年的文案和主管（然而仍然是局外人，一半因为她是女人，一半因为她是犹太人），在1926年简单明了地将自己二十年来的职业生涯做了总结：

> 1905年以前，绝大多数广告公司的领导都不是今天这样的生意人；那些人是文人，只不过笔下创作出的不是散文，而是广告语。因为广告业是新兴行业，摸着石头过河，所以他们也如同赌徒一般，对新奇和戏剧化的事物十分热衷。
>
> 二十年前，没有人了解写一份广告、处理一个客户关系要消耗多少成本。到了今天，这些都被准确计算出来。广告业的坚实心态，和一个巨额投资的大型公司别无二致。广告业再也不会吸引喜欢碰运气的人，正相反，广告吸引来的都是追求安全感的人。广告现在端着罗马教宗般的尊严，早期的熊熊火焰大部分已被这种尊严扑灭。[40]

罗马教宗般的尊严压抑着旧时的狂欢传统。专利药广告被排挤到经济生活的边缘。到了二十世纪三十年代晚期，一位进步主义记者威廉·阿兰·怀特（William Allen White）发现，专利药的广告只有在宗教媒体上才能觅得，"尤其是面向大型教派和经济底层愚人教小教派（little churches of St. Moron）的媒体"；在怀特眼中，专利药广告的废话揭示了"某些待救赎者的迟钝、孤僻的心态"。[41]机警、喜爱交际的人应该会对全国性广告更感兴趣吧。

不过，尽管愚人教继续迷信秘药（至少在怀特这样的进步主义者眼中如此），新教思想中一些更为自由的形态在全国性广告中存活下来。信仰进步的后千禧年主义，结合对自我变形的完美追求，塑造着健康和美丽的新图像。广告中象征个人福祉的标志开始体现出管理阶层职业人士的焦虑和抱负。

注释

1. 关于混淆公和私的倾向的例子，见 Ronald Walters, "The Erotic South: Civilization and Sexuality in American Abolitionism," *American Quarterly* 25 (May 1973): 177-201; and Stephen Nissenbaum, *Sex, Diet and Debility in Jacksonian America: The Career of Sylvester Graham* (Westport, Conn., 1980)。

2. 在本章和下章中，我的观点参考了福柯强调十九世纪工业化西方新的、弥漫式的权力体系对个人生活的监控和控制的理论，也参考了他对特定霸权话语生产特定人类主观性的能力的强调。特别见 Foucault, "The Subject and Power," *Critical Inquiry* 8 (1982): 777-95; idem, *Power/Knowledge*, ed. Colin Gordon, trans. Colin Gordon, Leo Marshall, John Mepham, and Kate Sopher (New York, 1980), esp. pp. 55-62, 109-33, 183-92; idem, *The History of Sexuality*, vol. 1, trans. Robert Hurley (New York, 1980)。Mary Douglas 的 *Purity and Danger* (London, 1966) 是一部开创式的著作，讨论了对身体污染的担忧与国民内部广义张力模式之间的联系。

3. Clifford Geertz, "Local Knowledge: Fact and Law in Comparative Perspective," in his *Local Knowledge: Further Essays in Interpretive Anthropology* (New York, 1983), pp. 167-234, 是本概念的有益入门。Joanne Brown, *The Definition of a Profession* (Princeton, N.J., 1992), 巧妙地揭示出二十世纪早期美国职业人士使用修辞策略来扩大自己的利益。关于早期对这类改变的描述，见 Merle Curti, "The Changing Concept of Human Nature in the Literature of American Advertising," *Business History Review* 41 (Winter 1967): 335-57。

4. 如见 David Harper, *Working Knowledge: Skill and Community in a Small Shop* (Chicago and London, 1983); John Forrest, *Lord I'm Coming Home: Everyday Aesthetics in Tidewater North Carolina* (Ithaca, N.Y., and London, 1988); Lizabeth Cohen, *Making a New Deal: Industrial Workers in Chicago, 1919-1939* (New York, 1990); idem, "Encountering Mass Culture at the Grassroots: The Experience of Chicago Workers in the 1920s," *American Quarterly* 41 (Spring 1989): 6-33。

5. 关于清教想象中的肉体性，见 David Hall, *Worlds of Wonder, Days of Judgment* (New York, 1989); Donald E. Stanford, ed., *The Poems of Edward Taylor* (New Haven, Conn., 1960), pp. 127, 129, 8, 64; John Owen King III, *The Iron of Melancholy* (Middletown, Conn., 1983), pp. 21, 57。关于对自我污染的担忧的世俗化，见 Anthony Comstock, *Traps for the Young* [1883] (New York, 1967), pp. xxviii, xxiv。

6. 关于十九世纪医学界的斗争，见 Paul Starr, *The Social Transformation of American Medicine* (New York, 1983), chaps. 1-3; Charles Rosenberg, *The Care of Strangers: The Rise of America's Hospital System* (New York, 1987), pp. 36-59; James C. Whorton, *Crusaders for Fitness* (Princeton, N.J., 1982)。

7. E. B. Rosa, "The Human Body as an Engine," *Popular Science Monthly* 57 (September 1900): 491-99. 十九世纪思想中身体机器化的更多图例，见 Cynthia Russett, *Sexual Science* (Cambridge, Mass., and London, 1990), chap. 5; Bruce Haley, *The Healthy Body and Victorian Culture* (Cambridge, Mass., and London, 1980), p. 33; J. W. Redfield, "Measures of Mental Capacity," *Popular Science Monthly* 5 (May 1874): 72-76。

8. Daniel Jay Sprague, "Guardian Angels," *Godey's Lady's Book* 57 (November 1858): 407; Robert C. Fuller, *Mesmerism and the American Cure of Souls* (New York, 1983), pp. 94-95, 102, 122. 关于培养出催眠术、基督科学和其他灵魂治愈法的活力论思维的更多例子，见 Haley, *Healthy Body,* p. 35; Charles F. Taylor, "Bodily Conditions as Related to Mental States," *Popular Science Monthly* 5 (May 1874):40-56; Thomas Hitchcock, "Soul and Substance," *North American Review* 124 (May 1877): 404-16; Robert C. Fuller, *Americans and the Unconscious* (New York, 1986), chaps. 1, 2。

9. N. T. Oliver, as told to Wesley Stout, "Med Show," *Saturday Evening Post* 202 (14 September 1929): 12, 13.

10. 关于专利药业通史的最佳描述仍然是 James Harvey Young, *The Toadstool Millionaires* (Princeton, N.J., 1961)。

11. Wright's Indian Vegetable Pills, Almanac (Philadelphia, 1844), in Patent Medicines box 33, Warshaw Collection of Business Americana, National Museum of America History, Smithsonian Institution, Washington, D.C.

12. *100 Special Receipts Selected from Dr. Chase's Receipt Book* (c. 1875), in Patent Medicines box 5, Warshaw Collection; T. P. Childs & Co., *Childs Catarrh Remedy* (Troy, Ohio, 1877), in ibid.

13. Shirley Dare, "The Arts of Beauty," *Standard Designer* 6 (October 1897): 56, in Ladies' Clothing box 1, Warshaw Collection; Pear's Soap advertisement, *Harper's Weekly,* 16 May, 1885, p. 631.

14. New York and London Electric Remedy Company trade card (1890), Patent Medicines box 24; Dr. Miles, *The Family Doctor* (1892), in Patent Medicines box 22a; pamphlet on Mosko silver pills, Drexel Drug Co., Chicago, Ill. (c. 1990), Patent Medicines box 7, all in the Warshaw Collection. 另见 "Triumphant Industries: The General Electric Company"。 *Forum* (18 February 1893), in Electricity box 15, Warshaw Collection; David Nye, *Electrifying America* (Cambridge, Mass., and London, 1990), esp. chap. 4.

15. Forepaugh Circus advertisement (c. 1885), in Circus box 66; advertisements for "the celebrated and extraordinary exhibitions of the INDUSTRIOUS FLEAS" (British, 1840s) and Reynold's Marvelous Trained Dogs (1909), in Circus box 65; advertisements: for Brock's Cash Grocery (c. 1880), in Foods box 5; for James Wright and Co.'s Grown Brand Potted Meat, Anglo-American Provision Co. (c. 1890), in Meat box 1; for Henry Mayo & Co., Boston, in Foods box 2; Quaker Oats trade cards (1894-95), in Cereals box 42, all in the Warshaw Collection; James Turner, *Reckoning with the Beast* (Baltimore and London, 1980), pp. 63-69. 关于动物作为民族刻板印象，见 Walter G. Wilson's Biscuit Co., Philadelphia, trade card, in Bakers and Baking box 3, and Dr. Thomas's Eclectric [sic] Oil trade card (c. 1885), in Patent Medicines box 10, Warshaw Collection. For references to Darwinism: Church & Co. Baking Soda trade card, in Baking Soda box 1, and Merchants Gargling Oil, *Romantic Life of Aggie Zolutie* (c. 1885), in Patent

Medicines box 22, Warshaw Collection。

16. St. Jacob's Oil trade card, Landauer Collection, New-York Historical Society; Northrop's Botanic Compound and Medicated Appliance, *Truth, Reason, and Common Sense* (1880), in Patent Medicines box 24, Warshaw Collection. 关于英国背景，见 Harriet Ritvo, *The Animal Estate* (Cambridge, Mass., and London, 1987)。

17. Kickapoo Medicine Company, Almanac (1893), in Patent Medicines box 18, Warshaw Collection; Church Kidney Cure Company, in ibid., box 5. 关于原始主义无数例子中的两个，见 Lyon Mfg. Co., *Morning, Noon, and Night* (1872), in ibid., box 21; and Centaur Co., *Atlas, Almanac, and Receipt Book* (1884-85), in ibid., box 5。

18. Peruvian Catarrh Cure Co. pamphlet (c. 1890), in Patent Medicines box 25, Warshaw Collection; advertisement for Warner's Safe Remedies in *Warner's Artistic Album* (Rochester, N.Y., 1888), in ibid., box 34. 这个模式的其他广告例子，见 advertisements for Oregon Indian Medicine Co. (c. 1890), in ibid., box 24; and for Church Kidney Cure Company's Kava-Kava Compound (1896) in ibid., box 5。

19. Pamphlet for Dr. Wrights man's Sovereign Balm of Life, Senger and Lipe Company, Franklin Grove, Ill. (1888), in Patent Medicines box n.n., Warshaw Collection. 反对维多利亚文化大一统压抑性的理论，见 David Kunzle, *Fashion and Fetishism: A Social History of the Corset* (Totowa, N.J., 1982); Karen Lystra, *Searching the Heart: Women, Men, and Romantic Love in Nineteenth-Century America* (New York, 1989); Peter Gay, *The Bourgeois Experience, Victoria to Freud: The Education of the Senses* (New York, 1984)。

20. Bortree Manufacturing Company trade card (1875) in Corsets box 1; Holmes Company trade card (c. 1880), in Underwear box 1, Warshaw Collection; trade card with beach scene (c. 1880) in Scrapbook 1, Bella Landauer Collection, New-York Historical Society. 偷窥式维多利亚版画的一些早期例子可见 Peters Collection of American prints, National Museum of American History。如见 "Out for a Day's Shooting" (# 60.2687), and "The Cool Retreat" (#60.2283)。

21. Joseph Conrad, *Heart of Darkness* [1899] (Signet Classic ed; New York, 1950), p. 71.

22. 情色丰满的女性例子，见 Angostura Bitters advertisement (1876), F. J. Taney Co., in Patent Medicines box 31a, Warshaw Collection; Taylor's Premium

Cologne advertisement (1890), ibid.; London Toilet Bazaar advertisement (1886), ibid。关于风貌女人作为完美典范，见 Lois Banner, *American Beauty* (New York, 1982), p. 111。

23. 关于世纪末吞噬男人的女人图像的恐怖屋例子，见 Brom Djikstra in *Idols of Perversity* (New York, 1987)。Pamphlet for Kawa, Darling Medical Company (c. 1890), in Patent Medichines box 7, Warshaw Collection.

24. 关于束腰的情色意义，我借鉴了 Kunzle, *Fashion and Fetishism*。

25. "The Passing of the 'Expert,'" *Printers' Ink* 41 (1 October 1903): 3.

26. 相关数据总结见 Roland Marchand, *Advertising the American Dream: Making Way for Modernity, 1920-1940* (Berkeley, Calif., and London, 1985), pp. 130-38, and Daniel Pope, *The Making of Modern Advertising* (New York, 1982), pp. 177-80。Pope 基于 1916 年到 1931 年的调查样本指出，97% 的广告人是男性；样本中没有人来自东欧或南欧；1916 年，一半人上过大学，超过四分之一有本科学位；到了 1931 年，超过三分之二上过大学，接近一半大学毕业。关于很能说明问题的人物描述，另见 J. Walter Thompson Newsletter for 1930, JWT Archives, Duke University。

27. "Profitable Stories," *Printers' Ink* 14 (5 February 1896): 17-25.

28. Starr, *Social Transformation* chaps. 3-5; Rosenberg, *Care of Strangers.*

29. Celerina pamphlet, Rio Chemical Company, St. Louis, Mo. (1890-95), in Patent Medicines box 28, Warshaw Collection; "The Conscience-Strain on the Medical Journals," *Printers' Ink* 23 (18 May 1898): 5. See also L. J. Vance, "To Secure the Physician's Influence," ibid. 18 (3 March 1897): 3-4.

30. Oscar Herzberg, "The Evolution of Patent Medicine Advertising," *Printers' Ink* 13 (25 December 1895); John Chester, "The 'Agony' Testimonial," ibid. 18 (27 June 1897); Edith Gerry, "Medical Advertising," ibid. 30 (14 November 1900); Henry M. Coburn, "Proprietary Advertising," ibid. 39 (28 May 1902). 斜体是我加的。

31. Young, *Toadstool Millionaires,* chap. 13; Samuel Hopkins Adams, "The Great American Fraud," *Collier's* 36 (7 October 1905): 14-15, 29; Will Irwin, *The Making of a Reporter* (New York, 1942), p. 155.

32. "Healer of Men," *Printers' Ink* 59 (19 June 1907); Frank H. Holman, "Where Is the Medical Dividing Line in Advertising Copy?" ibid. 69 (6 October 1909): 43-44; Sarah Stage, *Female Complaints: The Career of Lydia Pinkham* (New York,

1979), pp. 253-54.

33. Quaker Oats advertisement (1903), book 50, N. W. Ayer Collection, National Museum of American History.

34. Shredded Wheat advertisement (1902), book 68, Ayer Collection; Quaker Oats advertisement, *Good Housekeeping* 62 (June 1916): 109. 类似例子见 Welch's Grape Juice advertisement, *Saturday Evening Post* 177 (16 July 1904): 19.

35. Coca-Cola advertisement, *Harmsworth Self-Educator Magazine,* July 1907, n.p., in Beverages box 1, Warshaw Collection.

36. N. E. Ellison, "Progress of Advertising in 1911," *Judicious Advertising* 10 (February 1912): 52-54; N. W. Ayer & Co., *Forty Years of Advertising* (Philadelphia, 1909), p. 60, in Advertising box 2, Warshaw Collection. Also see E. E. Calkins, *The Business of Advertising* (New York and London, 1915), pp. 198-99.

37. *J. Walter Thompson Book* (New York, 1909), pp. 8-9, 22, in JWT Archives. 对环境高效控制的执迷充斥着世纪之交职业化精英的文献；关于本习语的有帮助的入门，见 Robert Wiebe, *The Search for Order, 1877-1920* (New York, 1967), and Samuel Haber, *Efficiency and Uplift: Scientific Management in the Progressive Era, 1890-1920* (Chicago, 1964)。

38. Earnest Elmo Calkins "The New Consumption Engineer and the Artist," in A *Philosophy of Production*, ed. J. George Frederick (New York, 1930), p. 114; L. B. Jones, "Advertising Men as the 'Cheer Leaders' of the Nation," *Printers' Ink* 102 (7 February 1918): 62-65; Leon Dabo, "Advertising Art's Influence on National Dress," ibid. 73 (27 October 1910): 92. 关于道学家习惯用普世的理论来证明时尚改变是合理的，见 Norbert Elias, *The Civilizing Process,* trans. Edmund Jephcott (New York, 1979)。

39. Richard Surrey, "Advertising—Arch Enemy of Poverty and Disease," *Printers' Ink* 133 (10 December 1925): 49-52. For similar views, see J. George Frederick, ed., *Masters of Advertising* Copy (New York, 1925).

40. Helen Woodward, *Through Many Windows* (New York, 1926), pp. 242-43.

41. W. A. White, "The Ethics of Advertising," *Atlantic Monthly* 164 (November 1939): 665-71.

第六章

完美主义工程

到了二十世纪初期，在大都会的中上阶层，奋兴主义者称之为"完全完美成圣"的福音运动去掉了很多宗教成分，很大程度上成为世俗化的工程。该工程的目的是创作出完美的人类主体，连肠胃运动都像在办公室或厨房的绩效表现一样得到有效管理；他们就和全国性杂志广告上常见无奇的"新婚夫妇"一样迸发着青春活力。广告的象征性宇宙在个人效率的完美主义理想中将私人与社会的体验融合在一起。

但是这并不意味着人类主观性实现了普遍统一，即使在全国性广告业的习语中也不能说完全统一。完美主义议程可以操着不同的口音：有的从机械论角度强调稳态功能；有的从活力论角度强调力本论和增长；有的痴迷于身体健康；有的着重于心灵能量。如果说唯物主义态度倡导生理完美主义，那活力论态度则创造了一种心理完美主义。在许多方面，这两个传统相互重叠，相互补充，但二者的发展方向并不相同。

生理完美主义

全国性广告业的兴起，为人体图像注入了层级化理性的特点。狂欢式的感官性在街边药展中存活下来，但慢慢地被限制在乡下地区或城内贫民区、黑人区等地方。（"哈林区满大街都是这些药展。"内华达·耐德1929年说道。）异域和原始的象征在较为体面的企业

生活中也保留下来，被刻在时髦饭
店和大都会电影院的墙上。但是在
全国性广告中，这些图像已经被消
毒变性。[1]

　　消毒的过程有多种形式。比如
说，二十世纪初期广告主宣传美黑
时尚时，将黑皮肤与其蕴含的热带
风情割离，反而与清爽的户外活力
联系起来（图 6.1）。帝国原始主义
让位给帝国主义，盎格鲁撒克逊人
与动植物世界之间，与"更接近自
然"的人种之间，不再是原来的辩
证关系，而变成二元论关系。这种
将文明世界同野蛮世界划清界限的
企图，一方面是由于殖民冒险带来了
许多关于非白人世界的知识，一方面
也是达尔文生物学和古生物学普及带

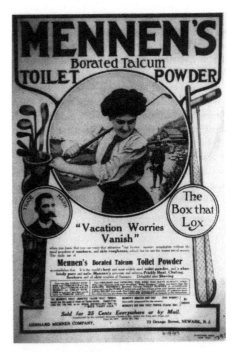

图 6.1　梦能硼酸滑石粉广告，《城乡》杂志，
1909 年。沃萧收藏品。
Mennen's Borated Talcum Powder advertisement,
Town and Country magazine, 1909. Warshaw
Collection.

来的反应。即使不得不承认人猿是祖先、霍屯督人（Hottentots）是亲
戚，也不必承认可以从他们身上学到什么价值。由此而产生的文化模
式（至少在广告图像志中），不是试图从神秘的部落身上学习重生的秘
密，而是将文明价值强加在"低等"的土著人身上。[2]

　　这些价值无一例外都与清洁卫生和外表整洁有关。例如 1900 年
在象牙肥皂（Ivory Soap）的一系列广告中，一群大平原印第安人
（Plains Indians）想起了过去肮脏混乱的生活方式：

　　　　我们的毯子沾满油渍与污迹，

　　　　　　野牛的肉、殖民者的血渍……

还有：

> 象牙肥皂如圣光从天而降，
>> 将我们的黑暗全部点亮
> 今天我们文明、善良、正直
>> 和普通人一样守法遵纪
> 我们身着亚麻、细麻和蕾丝
>> 同白脸人别无二致

这种新形式的帝国主义修辞拥有着普世的野心，巴比特公司（B. T. Babbitt）公司宣布"肥皂是文明的标尺"，吉列（Gillette）宣称其剃须刀已经席卷"从波士顿到孟买"的世界各地。[3]

　　在某种意义上，这其实并不新奇。经常带有种族意味的清洁观，在之前至少半个世纪内都是资产阶级文化的核心主题。随着技术进步，肥皂和清水愈发普及，这种主题越来越明显。对渴望向上攀爬的人来说，个人卫生是拼图中的重要一块。早在十九世纪五十年代，洁净的双手、洁白的皮肤、白面包及白砂糖已经变成精致优雅的象征。[4]

　　不过到了 1900 年，肥皂已经超越纯清洁的含义，象征着一种祛除了奢靡与享乐意味的清洁，符合当时的生产能动主义（activism）与社会管控议程。1899 年，《耶鲁评论》（Yale Review）指出，"现代广告的哲学"已经开始提升肥皂与清水的地位，贬低了"香水与萎靡享乐"的地位。文章没有指出的是，早期广告贯穿十九世纪都在宣扬"萎靡享乐"，仅在公司广告日益成为主流后，身体的图像才做杀菌处理，服务于理性化（rationalization）理念。[5]

　　广告中身体图像的理性化现象，反映出当时美国的社会运动。也许其中最明显的例子，就是科学管理理念领导下的车间改造运动。这场运动以"时间与动作"研究开始，发明人是弗雷德里克·温斯罗·泰勒（Frederick Winslow Taylor），由弗兰克·吉尔布列斯（Frank Gilbreth）和艾伦·理查兹（Ellen Richards）等效率的信徒发扬光大，让科学管理的原则走出工厂与办公室，进入家庭管理和自我保养领域。人们很容易把这些人视为强迫症神经质（其实有点道理），忽视他们理念带来的长期影响。"效率热"并不仅仅是进步主义时期由改革狂提出来的疯癫观点；它代表着个人效率管理式理想中一个重要的里程碑事件。[6]

在许多方面，全国性广告就是这种理想最有影响力的表达方式。广告使人身体验在根本上做出重大改变。例如到世纪末，秘药贩呼吁用户偶尔勇敢排毒通便的广告宣传早已过时，被改良为强调"规律排便"，更加适合现代生活的新节奏。随着美国人吃得越来越好，广告对便秘的攻击越来越激烈。"做一个真正的男人，一个活生生的男人。"1900年一则泻药广告（伪装成医药手册的形式）如此说道，"不要满足于做一堆呆滞的、半死不活的行尸走肉"；言下之意，如果便秘就是这个下场。1916年，辛迪加[①]专栏作家弗兰克·克雷恩（Frank Crane）"医生"将"结肠人"，也就是便秘的人，称为对体面社会的威胁，比酒鬼还要危险。"圣洁的首要条件，就是保持肠胃畅通。"克雷恩总结道。到此为止，唯物主义者对新教净化理论的挪用似乎彻底完成了。[7]

在克雷恩和同时代的人眼中，圣洁就等同于"最佳性能"。根据广告和指南文学中不断变化的常规认识，城市生活中，人一天到晚久坐，蛋白质和其他未被消化的养分堆积在肠道内。久而久之就形成了"自体中毒"（autointoxication），这个词在整个二十世纪二十年代几乎所有人类疾病的诊断中都会被提到，简直像流行口号一般。（还有一个变体，也几乎同样能起到警示世人的作用，叫"肠内疲劳"。）

---

① 辛迪加专栏作家（syndicated columnist）的专栏文章可以发表在多家报纸或杂志上。——译者

1928 年有人问托马斯·爱迪生"对普通人类的生存环境来说，什么最可怕"，他毫不犹豫脱口而出："是人类的下肠部分。普通人就像一个行走的毒药工厂……我坚信，自体中毒是我们绝大多数疾病的根本起因。"

自体中毒的主要威胁，就是它影响着各个部位；不仅让肠胃中毒，也会让头脑和意志中毒。"当你觉得工作做不完、游戏没有意思、生活没有刺激时，**预防肠内毒性吧**。"1929 年一则伊诺泡腾盐水（Eno effervescent saline）广告警告道。文字上方画着两个大学生，用怀疑的眼光看着第三个人，这个人不像他们两个，而是身着正装，脸色阴沉，手中也没拎高尔夫球杆。"医生们都同意，"1930 年《周六晚邮报》的一则石蜡油广告中，一位身材魁梧的游泳选手向读者说道，"（除病毒引起的疾病外）大多疾病和头疼，大多疲劳和颓废，大多让世界染上忧郁色彩的病症，其实都源于无法保持'内部清洁'。"全国性广告将人们对自我变形的渴望转化为一种世俗的观念，不仅对个人重要，也具有政治上的意义。对驱赶"外来的脏东西"的执迷，将身体净化与国家净化连在一起，即限制移民，通过优生让盎格鲁撒克逊人进一步巩固在美国的种族优势。[8]

对效率的追求，也使人们越来越不能容忍疼痛。这个趋势贯穿着整个十九世纪资产阶级文化的发展。约翰·斯图尔特·穆勒（John Stuart Mill）观察道："文明的后果之一（也是文明的组成成分之一），就是疼痛的景象，甚至连疼痛的概念，都逐渐从尽情享受文明成果的人们的视野中消失了。"然而，大多数专利药广告仍然坚持认为，疼痛是生活的一部分，不时应付恼人的疼痛才是人生。不过对抗疗法的兴起却鼓励人们系统化地将疼痛从之前被认为理当疼痛的生活领域驱逐出去。[9]

比如分娩中使用麻醉剂。毫无疑问，对许多女性来说这是福音，男性历史学家可以瞧不起它，但后果自负；不过，分娩麻醉剂的使用，象征着医学权威的进一步巩固，并造成了复杂的文化影响。伊迪斯·华顿（Edith Wharton）在小说《月色朦胧》（*Twilight Sleep*，1927）中就对此有所描写。题目意为"半麻醉"，当时广泛用来形容东莨菪碱迷幻剂在人体上诱发的精神状态；一位名为曼福德太太的角色大赞分娩麻醉："'当然不应该有疼痛，除了美丽，其他都不重要。生育婴儿应该是世界上最可爱、最诗意的事情之一。'曼福德太太明亮、高效的嗓音中，可爱与诗意听上去就像是某种先进的工业生产，生孩子就像生产福特汽车一样。"[10] 华顿暗示道，对疼痛的征服是管理式思想的一部分：人们试图让难以预计的生理反应屈从于工厂效率准则，为整个过程笼罩上圣洁的氛围。

这个议程在一本题为《高效生活》（*The Efficient Life*）的宣言中可以清晰地看到。作者是小路德·古利克（Luther Gulick, Jr.），青年工作新兴职业人士亚文化的代表。古利克将疼痛比喻为人体机器齿轮之间的沙子。"当一个人可以活力充沛、勤奋工作时，他就没有权利浪费自己的能量，或者减少自己的能量供应。"他写道，"疼痛的代价非常高，使我们将注意力转移到别的事情上去，这是不合适的。疼痛让我们一直紧张不安，破坏了效率。"古利克决心将精神和肉体生活融合在单一的系统进程中（目的是什么他没有说明），这代表了管理式文化的一个主要焦点。新的绩效伦理很符合广受家政学者、营养学家和医生欢迎的人体机械论比喻。[11]

这种机械论思想最直接、最明显的影响，就是使人们心目中的理想体型越来越苗条。肥胖逐渐退出了流行的舞台。在十九世纪绝大多数时间里，医学界虽然承认肥胖的危险，但仍然宣称适度的肥胖能够在生病时作为"储备基金"来抵抗衰弱。这种希望储存一部分身体资源以备贫穷之需的典型十九世纪心态，正好与当时经济领域提倡审慎积累的做法相呼应。不过到了世纪之交，随着机械论比喻用得越来越广，常规认识也随之发生了改变。例如1903年，《大众科学月刊》

（*Popular Science Monthly*）的一位撰稿人辩称："消费多余的食物在生理学上是非常浪费的。为了能够维持高效率，我们实际上却在给人体机器施加一种毫无必要的沉重压力，最终或多或少会给身体带来损害。"他总结道，真相就是脂肪会打乱"机器的自由运转"。一旦人体的主要任务被定义为"维持高效率"，对脂肪的战争就一炮打响了。肥胖再也不代表对丰裕的赞美，反而象征难以控制的落后饮食习惯。虽然很多心理治疗医师（业余的和专业的都有）仍然提倡保留一些心灵资源以维持精神平衡，但是对肥肉的"事先存储"现在却被视为对"高效机器自我调节"的严重阻碍，1904 年《世纪》（*Century*）杂志一位撰稿人对人体如此评价。[12]

保险公司也在知识分子和富人阶层推广苗条体型方面起到了很重要的作用，用统计数据对正常体型进行定义，将超重与寿命预期缩短联系起来。1897 年，人寿保险医学总监协会（Association of Life Insurance Medical Directors）委任乔治·R. 谢泼德（George R. Shepherd）医生在美国、加拿大 74162 位男性人寿保险申请人的数据基础上，以五年为单位，绘制出标准身高和体重之间的关系表。虽然这张表并不是史上头一份（十九世纪四十年代以来就已经存在类似表格），但它是研究范围最广、最具有影响力的。1909 年，大都会人寿保险公司纽约分公司的首席医学总监布兰德利斯·西蒙兹（Brandreth Symonds）医生在《麦克卢尔》（*McClure's*）杂志中普及了谢泼德的发现，运用保险风险的术语对数据进行分析。他总结道，即使是轻量的超重也会削减平均寿命；脂肪不是银行存款，而是一种负担。应该储存起来的东西并不是肥肉，而是一种转瞬即逝的东西，即纯粹的能量，能够持续进行激烈活动的能力。[13]

这种关注点加深了人们对青春的执迷。随着大型组织越来越将人群按年龄分类，上年纪的人越来越被孤立，他们的体验也被贬值。二十世纪前三十年中强制退休政策的推广，也只是将医学界不断变化的老龄化定义明确制度化而已。早在 1890 年，查尔斯·梅西耶（Charles Mercier）医生与医学权威一起将老年失智症定义为老龄化的自然产物，而不是偶然的反常。他写道，老龄化的心理过程"是一个持续不断的、逐渐的丧失过程。行为、智力、感受以及自我意识都在慢慢削弱，最终消失。老人的衰落，实际上就是一种失智、一种褫夺"。当这类情绪在其后几十年渗入公众意识中时，进一步巩固了现代公司制度化的歧视区分政策：重点在于，快速的头脑和伶俐的口齿最有价值，而不是基于经验积累的智慧。广告、营销和销售最看重这种价值。对青春的崇拜蕴含在广告的说话习惯、言语特色和幽默旁白中。格蕾丝·克劳利·欧克利（Grace Crawley Oakley）在写到纽约广告俱乐部 1920 年访问印第安纳波利斯时，如此描绘俱乐部的 147 位成员："有男有女，有高有矮，有胖有瘦，有少有……啊，广告人从来不会这样啦。"到了 1925 年，波登食品（Borden Food Products）的营销经理在《印刷者油墨》上对读者发出了疑问："推销员一过四十就真的变成'过去时'了吗？"他在这里明确点出了当时广为接受的常规认识，希望对此提出挑战。由此可见，个人效率主要指拥有青春。[14]

全国性广告的健康和美容宣传方式也经历了一些戏剧性的变化，进一步推动了以上趋势的发展。最显著的变化，就是越来越强调盎格鲁撒克逊人的标准完美体型。民族中心主义的"正常"观用身体的词汇描绘着外来移民的潜在颠覆性：1919 年，司法部长米切尔·帕尔莫（A. Mitchell Palmer）将移民威胁称为"外来的脏东西"，他们有"狡猾、奸诈的眼睛……歪斜的脸蛋、八字眉、畸形的五官"。话虽如此，盎格鲁撒克逊人的新模范不但与移民群众有很大差别，与自己祖先的形象也有同样巨大的差距。盎格鲁撒克逊传统中，肉感的女子与肥胖的络腮胡男子形象，变成了更加柔和、更加清洁、更运动、明显更年轻的美丽形象（图 6.2）。异域的背景逐渐消失，取而代之的是更加直接、更加熟悉的图案：冷饮机和郊区生活。[15]

图 6.2　J. C. 雷因迪克（插画家），象牙香皂广告，1901 年。沃萧收藏品。

J. C. Leyendecker (illustrator), Ivory Soap advertisement, 1901. Warshaw Collection.

这些图像的形式也有所改变：超现实主义的拼贴画退出舞台，为写实的现实主义所取代，经常以摄影方式辅助，附以说教的叙事。总体上来说，图片与文字融合更加紧密，与之前的自由职业彩色石印画时代不同，图像更多被用来说明特定文本（图6.3）。这种"社论风格"的广告，最早由智威汤逊公司的史丹利·雷梭（Stanley Resor）在二十世纪二十年代早期引入广告业，同全国性杂志的虚构文学和指南文学非常相似。公司赞助的文化在其视觉和文学形式中逐渐合为一个整体，符合了当时管理式－职业化思想的普世设想。[16]

尽管公众坚信广告将他们从维多利亚时代规范的束缚中解放了出来（这种想法通常是广告人培养起来的），仍然有一些基本的关注点从十九世纪到二十世纪传承下来。如同先辈道学家，广告公司主管和其他职业人士希望能够将市场交换的冲击限制在个人行为和含义结构上，一方面创造新的原则来证实真理，一方面将自己的利润最大化。而且，在他们的系统化普世观中，管理式价值比维多利亚时代风气更具约束性。[17]

到了二十世纪二十年代和三十年代，食品、服装、家用品和化妆品广告近乎惊慌地重申人类文化主宰大自然，在这种焦虑的冲动下，

将一切生物迹象从人的生活环境中彻
底根除。之前数十年内，随着食品加
工和分配开始采用大规模生产方式，
这种冲动得到了广泛认可。饮食的工
业化不仅是一种经济发展，也代表人
类紧张地希望控制生物世界。"我可
不喜欢面包里面有手印和汗水，这种
想法连说出来都会让人觉得不舒服。"
某品牌机械揉面机的主要营销人爱
德华·阿特金森（Edward Atkinson）
在 1896 年如是说。用技术战胜"手
印和汗水"，成了许多食品加工公
司的关注重点。乡下店铺和街角杂
货店里，原来整箱的散装无品牌食
品现在变成了由尼达饼干（Uneeda

图 6.3　伊潘那牙膏广告，《周六晚邮报》，
1936 年。

Ipana toothpaste advertisement, *Saturday
Evening Post*, 1936.

Biscuits）、桂格燕麦及其他密封包装的全国性品牌食品。全国性广告
主成功地在自己的产品上安置了一道统一性和纯洁性的光环。"如果
你要买暴露在空气中的黄油，就等着出毛病吧。"园谷黄油（Parksdale
Butter）广告在 1909 年警告道。文字上方画着一张大嘴，马上要吞
下一片面包，面包上有一个卡通形象的恶魔，但是在这里恶魔象征的
是疾病，不是不道德。[18]

　　不过，生物世界仍然存在看不见摸不着的威胁。有些身体现象在
过去被视为理所当然，但现在开始沾上了不祥的特质，这一点从人们
对体味的态度就能看（或闻）出来。随着城市社会兴起，人与人面对
面的交流愈发频繁，大众也越来越对口臭、汗臭和其他体味感到焦虑
不安。十九世纪三十年代起出现了一些口气与香水广告，但是整体上
来说，整个十九世纪的上流人士对体味的担忧比二十世纪的人要少得

多。十九世纪八十年代推广的汗垫与衣服垫是为防止汗渍而发明的，没有考虑到体味。

但是到了二十世纪三十年代，体味实际上已成为全社会的心结。大众杂志充斥着各种扭曲的面孔（男女都有），被从"臭脚"到"汗手"等一系列东西熏得痛苦不堪。越来越多的人愿意费时费力往腋下涂抹除臭剂。行为主义心理学家约翰·B. 沃森（John B. Watson）1920 年离开了约翰·霍普金斯大学，去智威汤逊公司工作。他在1928 年一次公司员工会议上告诉众人，涂抹的过程其实麻烦得要死。他报告说，畅销产品除味灵（Odorono）"对敏感的皮肤有伤害"，更不要说衣服了；用户在涂抹完宝石红色的药膏后，需要抬着胳膊十分钟，还要注意不要让药膏沾到衣服上，要不然会腐蚀的。[19]

在全国性广告的象征宇宙中，对体味的回避，是社会对人体生物现象的普遍厌恶感的一部分，这种厌恶感在整个二十世纪前半叶在中上层社会内四处弥漫。部分来讲，这种厌恶意味着人们对体液也越来越反感；这种情感上的变化，可能与在人类文化和动物自然间划清界限的渴望有关，因为在受过良好教育的职业人士中，有关人类独有灵魂的愿景愈发黯淡无光。（沃森和其他行为主义者反正从没有承认过灵魂的存在。）

这个人类升华的最新版本，要求在文化层次上，而不是精神层次上同野兽区别开来：人类从辛勤劳作中解放出来，将目光从生物存在的污粪中移开，望向天空；保护人类不再受到曾经吓坏阿特金森的"手印和汗水"的侵害。比如，1934 年一则舒洁（Kleenex）广告就代表了整个广告业的一种心态：广告中一位几乎要呕吐的家庭主妇抱怨道，洗脏手帕是"世界上最可怕的工作！"不过现在再无必要，因为发明了一次性纸巾。将人类与低贱苦力分开，由此来定义个人的福祉，这种发展在文化历史中已经不新鲜了，不过在二十世纪早期，广告对"低贱"的定义拥有了一种特殊的生物共鸣。[20]

对生物世界的厌恶是由社会发展推动的，其中包括细菌学说的普及，以及认为治疗疾病需要人类同自然做斗争而不是与之合作的对抗疗法医学观点。民众对细菌的认知，一直以来都伴随着战争的枪炮声回响着。1908年，胡德菝葜（Hood's Sarsaparilla）的广告就呈现出这样一幅景象："成群成群微小但强大的生命敌人，死神暗黑军团的士兵""无时无刻不在包围着我们，不停对我们开战。我们不应该奇怪为什么会生病，而是应该奇怪为什么会健康"。健康就意味着每时每刻都要抵御无所不在的隐形敌人，这种观点让人不安甚至恐惧；所以人们越来越希望能够将这些死神暗黑军团的士兵驱逐出去，即使它们早已攻了进来。到1930年，广告人开始看到完全胜利的曙光。沃森激动地将S. T. 37漱口水的效果讲述给智威汤逊公司的雇员听："如果能够教人早餐后、午餐后、晚上都漱口，**几乎毫无疑问**，会永远拥有无菌口腔！"人体话语的医学化，意味着医院对清洁的标准已应用到之前未受控制的领域。[21]

很多广告文案的生命力，似乎来自企图消灭纯净家庭环境中一切有机生物迹象之痒，这是因为广告人假设观众也是如此渴望的。1931年花碧玉（Zonite）杀菌剂（同时也是避孕用灌洗剂）的广告文案说道："女性的世界要求个人彻底清洁，要达到如同手术室般清洁的效果。"这种要求一直延伸到鬼门关，甚至更远，1926年，守念公司（Guardian Memorials）如此描绘自己的墓室："我们的墓室干净、干燥、通风，光是这样想，在世者就会获得永久的安慰。"那句关于清洁和神圣的传统格言，现在变为对卫生环境近乎痴迷的渴望。[22]

管理式的标准将家庭从道德的避风港转化为无菌的实验室。保持家庭无菌的重担落到了女人的肩上，社会还鼓励女人将自己和家人的身体与家庭环境混为一谈。"你会不会只把菠菜中的'大部分沙子'洗掉？"1930年《周六晚邮报》上一则胡佛吸尘器（Hoover vacuum）的广告问道："你当然不会啦，你也不愿意只把地毯上大部分尘土扫出去。"围绕着这个主题开展了各种各样的长期广告战役。二十世纪三十年代一则投放了很长一段时间的来沙尔（Lysol）杀菌剂广告通过展现一个全身包裹在玻璃纸中的客人来到家门前，强调家外世界中微生物的威胁："如果客人包裹在卫生袋里面来访，那我们就不需要来沙尔了。"但是客人不会这样，所以我们还是需要来沙尔。[23]

许多广告通过比喻的方式操弄大自然的天然能量，从而展现人类科学技术的优越性。早在 1910 年，加工食品的广告就开始宣称："我们将夏季的温暖罐装保存，在阴沉的冬季打开享用。"在广告的象征宇宙中，鳕鱼跳进伯纳姆鱼肉糜（Burnham's fish flakes）罐头，西红柿跃入金宝汤（Campbell's Soup）。颜料是"罐装的阳光"，鳕鱼肝油是"瓶装的阳光"。"从充满新鲜气息的储物箱中取出水果和蔬菜，就像是从自己的菜园中刚刚采摘的一样！"1930 年一则广告中来到好莱坞大道小猪扭扭（Piggly Wiggly）杂货店的顾客说道。技术含量更高的产品，不仅遏制自然，更主动宣称超越自然。"香蕉皮象征着皮内有什么，"1931 年杜邦在《持家有方》中对读者说道，"但透明的玻璃纸击败了大自然！……当你一眼就知里面是什么东西，象征就没有用了。所以玻璃纸已经击败了大自然。"当用"科学"（广告中一般指技术）的标准衡量时，连人类自己都变得不够格。1928 年《周六晚邮报》一则广告宣称：

就拿保真度曲线来说吧，它代表了永备收音机重放（Eveready Radio Reproduction）的自然度。让您的耳朵来做科学的工作太不公平，因为人耳可能会犯错误，仪器就不会，所以我们向您推荐永备保真度曲线。它公正、科学地显示永备收音机的实验室测试结果，告诉您每一个声音、每一个音符如何重放。

完美的"自然度"要求自然屈从于技术。[24]

笛卡尔二元论的实证主义版本的胜利，要求对科学的某个特定版本进行神化。十九世纪的专利药广告运用的是古人将科学家等同于魔法师的观点，用秘密的配方调配出神秘的药物。但是全国性广告却完全不同。公司控制的兴起，碰巧赶上了对抗疗法权威的强化巩固；科学语言的作用在于稳定市场的巫术，而不是加强它。斯科特乳剂的改头换面就说明了这一点。十九世纪九十年代，斯科特乳剂作为专利药非常成功，成分也同其他大多数专利药一样秘而不宣；到了二十世纪三十年代，则变成了斯科特挪威鳕鱼肝油乳剂。很显然，从"用来掩盖的科学"到"用来揭示的科学"，其间经历了一些变动。

新的习语比旧时的写实主义教条更系统化地承诺提供一扇观察现实的清楚窗户，清晰传达了广告主的动机。全国性广告主最典型的手法之一，就是祭出一个物化的"科学"，在利己主义市场混战的上空中立地飘浮着："科学观察着你的胡子"；"科学发现了完美的防冻剂"。1930年《印刷者油墨》一位名为W. 李文斯顿·拉尔尼德（W. Livingston Larned）的艺术总监指出，这种把戏其实是要转移责任，"是科学在讲话，而不是广告主"。科学的物化扎根于广告人对稳固含义标准的渴望，也是一种有用的语言策略；广告人采用了科学的物化及其他一些手段，挪用了职业医学快速提升的权威地位。[25]

制药公司有时试图展现人性化的一面，将自己化为友好的家庭医生或者药剂师。牙膏、泻药甚至厕纸的广告经常画有职业人士阴沉的脸，警告读者时刻警惕牙龈病的"危险地带"，清洗堵塞的肠道（图6.4），并避免粗糙厕纸带来的灭顶之灾（见图10.3）。二十世纪二十年代晚期到三十年代早期这段时间内，此类图片随处可见，这表明当时广告主自动攀附主流医师的合法性。《纯净食品与药物法案》通过二十年后，似乎全国性广告业和医学行业已经在生理完美主义的保护伞下握手言和。[26]

不过这里面有一个问题。广告中的生理完美主义，是建立在一个

图 6.4　菲氏酵母广告，《美利坚杂志》，1930年。

Fleischmann's Yeast advertisement, *American Magazine*, 1930.

机械论的世界观上的，尽管继承了笛卡尔传统，却倾向于削弱人类中心论的观点。到了二十世纪初期，对抗疗法已经开始将病人重新定义为一堆器官与潜在症状的构造体。1909 年一天清晨，纽约一家医院内一位年轻的门诊助理向上级的汇报中就稍微地讽刺了这种新兴的观点。他说外面等待着"一大堆的物质。有一对运转正常的心脏，一个患黄疸病的巨大肝脏，一个漂浮的肾脏，三个有害的贫血症，还有一只扁平足。"

这种肢解，部分地和阶级问题联系在一起。上层阶级尝试对自己的身体拥有更多的控制。半麻醉的倡导者夏绿蒂·特尔（Charlotte Tell）在 1915 年宣称："无论男女，我们所有的人都认为，自己的身体并不是宇宙力量的仪器，而是个人的私人物品，是我们欲望的工具，在很多情况下，这些欲望非常崇高，但仍然仅属于个人。"这里的"我们"指的是像她那样受过教育的富裕人士。但是，即使半麻醉运动是建立在个人欲望至上的基础上，仍然巩固了主流医学职业的霸权。"讽刺的是，由于鼓励女性在分娩时昏睡，或者鼓励她们在医院中生产，"历史学家茱蒂丝·沃尔泽·李维特（Judith Walzer Leavitt）写道，"半麻醉运动使女性与自己的身体分离。"[27]

这种分离强化了身体物化（objectification）的趋势。人类生理学在国际展览会上成为一道景观。一位智威汤逊公司雇员 1934 年从芝加哥世界博览会回来后报道："即使没有裸体主义者的证词，也可以明显看出，人类的身体及其一切相关事物已经独当一面，在公众场合假正经和害羞已经过时了。"博览会游客争先恐后参观胚胎学展览、透明人（Transparent Man）和梅约诊所（Mayo Clinic）展位的甲状腺展览："他们希望了解，欢迎公正、可靠的权威声音。"[28] 这句话似乎可以视为科学物化的大宪章，但不是所有人都认为这是件好事情。

　　到了二十世纪三十年代的中末期，广告行业期刊和主要中产阶级杂志怨声载道，批评广告中无休无止涉及人体器官。也许广告主仅仅是追随海明威、福克纳和沃尔夫（Wolfe）煽动的"污秽教"（cult of dirt），1937 年《印刷者油墨》一位撰稿人如此思索："成百上千、成千上万的文化人在今天忠实阅读着贬低人智识的描写，阅读着推崇人下半身伟大重要性的文字。"另一位撰稿人也抱怨道："赤裸裸的生理学描写只是披上了一层薄薄的故事皮，像瀑布一般从唧唧作响的打字机不加遏制地飞泻而下。"保罗布洛克及合伙人公司（Paul Block and Associates）的文案俄尔文·M. 沙夫林（Ervin M. Shafrin）则挺身而出，为直白的临床术语辩护。"根本就没有什么所谓的污秽教。"他写道，"人类的自然功能和欲望是无法批评的，因为自然的功能就是自然的功能。"他又指责道，真正的污秽教，其实是全国性广告业已经取代的维多利亚式假正经真淫乱。[20]

　　不过，批评广告生理表述泛滥的人可能不仅是出于保持维多利亚式的体面才要求审查，可能还存在更加复杂的动机。机械论的思想观，时刻威胁着将人体变为一皮囊肠子。1932 年施贵宝矿脂（Squibb Petrolatum）一则广告就能看出此类医学广告潜在的后果。广告将一位迷人的姑娘和英俊德国牧羊犬的头颅并在一起，文字写道："他是动物，你也是。"没有人愿意听到这种话，这则广告再也没有出现过。但是，如果要想将人类独立性与优越性的迷思（myth）从机械论思想的腐蚀性冲击中拯救出来，仅有文雅是不够的。活力论对重生的冲动，发酵着人体的管理式话语，将人类中心性置于比纯粹生理学更有力、更合理的形式中阐述。活力论对能量的神化，产生了将美国广告与城市现代性的发酵等量齐观的趋势，这种趋势在欧洲先锋艺术的某些未来派身上尤为明显。不过，虽然表面上看来这是一种脱离传统的激进表现，但实际上仍然是深深扎根于新教历史中的。

心理完美主义

机械论思想并不是广告主可以使用的唯一的自我话语。新教传统的反律法主义一派中，个人身份的理念更具流动性。催眠术师、心灵治愈师（mind-curists）以及基督科学教会（Christian Scientists）探索着形成的身心关系观，比理性主义者和正统基督教传统推崇的静态二元论更加动态。牧师与医生使用新的神学理论和治疗方法，尝试缩小肉体和灵魂之间的鸿沟。治疗更具神学性，神学更具治疗性。[30]

到了二十世纪二十年代，宗教与心理治疗已经融合在一起，以迎合受过高等教育的中上层阶级的需求。这种结合由世俗布道者发起，代表人是布鲁斯·巴尔顿（Bruce Barton）。他是天联广告公司（Batten, Barton, Durstine and Osborn）的创始人，他的书《无人知晓之人》（The Man Nobody Knows，1925）中将耶稣比喻成模范的生意人，他在杂志发表的寓言故事也挪用了大众心理学的语言。"耶稣从病人身上驱赶出去的恶魔，就是破碎神经的恶魔，分裂心灵的恶魔，我们将其称作'情结'。"1928 年巴尔顿在《持家有方》中说道。他写道，耶稣讲述的比喻（parable）中浪子"清醒"那一刻代表了一条真理："每个人都是许多人格的合成体，不同的自我在身体的战场中混战。耶稣指出，最优秀的自我是真正的自我。"这种观点正好可以吸引自由主义牧师哈利·爱默森·佛斯迪克（Harry Emerson Fosdick）描述的那些紧张的人："这些大众的生活并不坏，却被挥霍着，已经分裂、破碎、不调。"[31]

对健全的承诺是心灵治疗的核心所在。这场运动的正面意义在于，它渴望治愈肉体与灵魂之间的笛卡尔式分裂，为贫血的精神注入鲜血，为猖狂的躯体主义（somaticism）进行宗教的升华。巴尔顿猛烈抨击电影中经常出现的"人畜无害、哈巴狗式的牧师形象"，呼吁"电影大亨们拜访佛斯迪克医生，好好观察他，摸摸他小臂的肌肉"，重新找别的演员扮演牧师。健康与宗教并不冲突。正相反，"健康意味着完整和神圣"。心理学家 G. 史丹利·霍尔（G. Stanley Hall）1920 年如此简明阐述神圣与世俗的融合关系。[32]

对完整性（wholeness）的强调也隐含着一种吸引人的生活方式，可以取代追求个人效率导致的忙碌生活。以安妮·佩森·考尔（Annie Payson Call）为代表的心灵治愈师谴责管理式生活的疯狂节奏，认为"在使用时间上，与其他方面一样，我们需要一种安静、稳定的平衡"。她渴望重新捕捉婴儿时期那"无意识的年代"："在每一种新体验中我们的发现都是一样的：健康的婴儿不抵抗，顺其自然，从容的心态肯定会使他加倍舒适。"如果我们也能学会这样做，"我们的寿命就会延长，喜悦与效用也会完全成比例增长"。考尔对增加喜悦和效用的观点，揭示出其背后的功利主义观点。她放松身心的技巧其实是为了提升读者的生产力。她也承认，甚至连一些学习她教程的人最后也崩溃了，但是比起没有顺从自然法则的人，这些人在崩溃之*前*做了更多的事情。因此，心灵治愈就同"心理卫生"（mental hygiene）这种功利主义方式融合在一起。心理卫生主义者不会一味强调自律的生活，反而鼓励劳逸结合的生活节奏。[33]

考尔、霍尔和其他心理卫生的倡导者都对玩乐大加赞赏，但前提是要将玩乐置于严格限制的语境中。在宣布玩乐是"基本的本能"
后，霍尔说："每个人，尤其是生活辛苦单调的现代人，需要并渴望
时不时'快活'一下。我们确实需要时不时容光焕发，激动兴奋，强
烈感受生活。"现代工作（不管在办公室还是在工厂）必定会无聊，
这种设想与"高效生活"的倡导者不谋而合。"高效生活"的代表人
路德·古利克认为："每个人都应该有一些需要一定体力劳动才能完
成的嗜好，以便下班时去做自己感兴趣的事情，即能够让他快乐谈论
与思考的事情。"在《玩乐的哲学》（ *The Philosophy of Play*，1920）
中，古利克呼吁现代的玩乐更加组织化，就像工业和教育一样。即使
是瞬间的自发欢乐也能被融入庞大的劳动体系中。[34]

　　许多心理卫生主义者将活力论的冲动和用语同化为心理完美主
义（psychological perfectionism）伦理。"人类的主要目的，"霍尔宣
称，"是要身体和精神永远保持在最佳状态。"状态不佳会产生糟糕的
后果。"如果母亲不成长，不生动，孩子就会不可避免远离她。"古利
克警告道，"充实的生活，高水准的生活，是一个人持续成长的必要
条件之一。"这种对持续成长（continuous growth）的强调，与新教
自我发展模型从福音派转向自由主义的趋势遥相呼应，同时在建构连
贯身份的努力上下了更大的赌注。[35]

　　全国性广告更是加剧了这些文化发展趋势。早在1901年，智威
汤逊公司就在使用代表"美国新节奏"的关键词："除了新奇之外，
广告还须雄浑、爽快、磁性。"一份广告单上如此建议。到了二十世
纪二十年代，为了"活起来"（aliveness）而活起来的追求，充斥着
公司广告文化。伊丽莎白·雅顿（Elizabeth Arden）向《持家有方》
的读者建议通过皮肤保养实现"整体活起来"，业务经理休·贝利
（Hugh Baillic）在智威汤逊一次代表大会上提出："从事广告事业的
真正原因之一，就是要活起来，如果你有能力的话；对个人和对公司
来说都是如此。"对"活起来"的赞颂深深吸引着欧洲先锋艺术；它

使广告看起来像是城市现代性的重要特征之一（见第十章）。但是广告业本身则将活力论的反抗性同功利主义目的性联系在一起。[36]

广告主将自己的产品称作精力充沛的忙碌美国民族保持活力的必备品。"**在新的步伐下**"，伊诺泡腾盐泻药（Eno Effervescent Saline laxative）的一则广告以这句话开篇，在文字的上方画着一位时髦的女人走出计程车，由一位毕恭毕敬、头戴礼帽的年轻人伺候着，"保持高度机敏越来越重要，以便适应我们的新节奏。生活速度加快，越来越富裕，越来越多样，越来越激动。不过这种新的步伐是一种压力。越来越多人渴望获得敏锐（keenness），结果却越来越难以保持敏锐。成千上万的人发现伊诺在解决这个问题上非常有帮助"。希尔斯兄弟咖啡（Hills Bros. Coffee）含有"将新生命注入任何聚会的秘方"，"将新的干劲输入头脑与肉体"。"新生命"在这里不代表着肉体与心灵的重组，仅意味着能够适应社会或个人持续不断的要求，避免新奇士（Sunkist）橙汁广告所说的"精神和身体上越来越常见的'下滑'"。[37]

新的绩效伦理重新塑造对身体的常见隐喻。电力被重新定义，从定期的电击转变为持续的力量体系，这不仅符合心灵治愈的活力论语言，也符合了人体活动的机械论模型。"认清我们自身的神圣性以及我们同宇宙的亲密关系，"心灵治愈师拉尔夫·瓦尔多·特莱恩（Ralph Waldo Trine）写道，"就意味着将我们机器的传送带连入宇宙的发电站。"[38]这种利用巨大能量库的梦想，加速了十九世纪机械论的活塞运动，为之前肮脏的工业景象戴上了超自然的光环。在发电机前单膝跪拜的不是只有亨利·亚当斯（Henry Adams），不过在特莱恩（或者亚当斯）眼中的神性，在世俗世界的普通人眼中则代表了成功。

控制无限的电力，达到有限的目的：电力的语言开始为庆祝能量生活的愿景所使用。"每个美国人都是一根通电电线，"《智威汤逊手册》在 1909 年宣称，"他活跃在行动的氛围中。他总是在寻找新的点子。他欣赏进步与发明。他懂得时间的价值，明白应该走捷径得到自己想要的东西。"这种常规认识也进入广告。1908 年一则碎麦广告宣布，美国人的标准问候语不应该是"过得咋样？"，应该是"你马力如何？"或者更好的"你人力如何？"这样会"更符合我们的现代进步精神，今日的'人'体机器产生'力'量，不对吗？"1910 年《周六晚邮报》对纽约州长威廉·巴恩斯（William Barnes）的人物侧写将他誉为成功适应新节奏的典范，巴恩斯"活力的电火花不断迸发四射"。电力为人体机器提供了力量；活力论和机械论的隐喻结为连理。[39]

　　周期性重生与持续不断成就的结合，在二十世纪头几十年内蓬勃发展，同时，禁酒、禁麻醉毒品的运动使"释放自己"的方式越来越难以获得。到了二十世纪二十年代，专利药在普通广告公司营业额中占据的份额，已经比《食品和药物法案》颁布前下降了许多。全国性广告转向宣传暂时逃离俗世喧嚣的新治疗方法，更加符合推崇持续增长和定期电火花的"美国新节奏"。最常见的广告就是与烟草产品有关的。烟草广告的转型是心理完美主义大获全胜的缩影。

　　雪茄一直是休闲的象征。1903 年克里莫（Cremo）雪茄一则典型广告战役中，一个生意人坐在柳条安乐椅中吞云吐雾，文字写道："克里莫摇篮曲，烟民奢侈享乐的幻想曲，逃离一切忧虑的度假胜地。"然而，抽雪茄很快就在全国性广告主的眼中变得过于安逸了，不符合他们推崇的生活节奏。厂商采用新的卷烟机械化生产方法，香烟很快占领了市场，吸烟更融洽地成为忙碌日常的一部分。（究竟生活是不是比过去更加匆忙了，还是个问题；广告主当然如此认为，并假设广告受众也同意。）不过，二十世纪头十年中期，广告却将香烟与丰乳肥臀的苏丹女眷联系在一起，置于异域风情的背景，如美国烟草运动女孩（American Tobacco's Sporting Girls）系列。[40]

　　直到 1913 年雷诺兹烟草公司（R. J. Reynolds Tobacco Company）

开始真正为骆驼香烟打广告后，香
烟才融入管理式的世界图案中。爱
雅（骆驼香烟的广告公司）和其他
一些公司用了十年时间宣传特定品
牌的独特风味；接着，到了二十年
代，他们开始将抽香烟置于休闲的背
景之下（图 6.5）。1927 年一则骆驼
香烟的广告中，高尔夫球场一辆敞
篷车中坐着一群时髦人士，下面的文
字解释道："现代人是历史上最忙碌
的劳动者。不过他们聪明地选择了
休闲活动，将骆驼香烟推崇为香烟
之首。"1929 年一场广告战役宣称，
骆驼香烟"在这个忙碌得让人喘不
过气的年代，无疑是一种恩赐……
有时即使连年轻人也想坐下来享受
一下黄金时光……在这时，点上一
支*上好*香烟，仿佛新的一天破晓"。

图 6.5　骆驼香烟广告，1926 年。史密森尼学
会，美国国家历史博物馆，爱雅公司收藏品。
Camel cigarettes advertisement, 1926. N.
W. Ayer Collection, National Museum of
American History, Smithsonian Institution.

当事态愈发紧张，你可以"**点起骆驼香烟，形成一道烟幕**。我们有充
分的证据表明，骆驼香烟能够散生成完美的保护烟幕。在香甜魅惑的
烟雾之外，是烦恼忧虑、俗事烦嚣；在烟雾之内，是平和、喜悦与满
足"。香烟和其他产品广告赞美休闲活动的背后，都可以发现无处不在
的工作环境逼迫人们劳动，时常单调乏味。"我们现在就要逃离平凡，
不然没有机会了，"1919 年乔丹汽车（Jordan Motor Cars）一则广告坚
称，"必须拥有更多的生活，不再单调乏味，必须拥有更多的干劲，不
再千篇一律。"日常生活的单调性，赋予"偷得浮生半日闲"以特殊的
含义。[41]

广告与指南文学都揭示出，新兴的管理文化并没有对新教的思想模式提出批评，正相反，它是新教思想模式的延续。对净化和重生的宗教渴望，化身为对个人效率的追求。这种观念"软性"一面的代表，是安妮·佩森·考尔等心灵治愈师，心灵从疯狂的经济中暂时抽身，将休闲以小剂量服用。这种文化"硬性"一面的缩影体现在弗雷德里克·温斯罗·泰勒的科学管理价值观中。泰勒和他的众多追随者使"清除工业浪费"成为雇主们的首要关注点，为他们提供了一种有关劳动纪律的新的合法化语言。在这种对效率的追求中，广告起到了重要的加速作用，将这种理念带进了生活中最私密的领域。这一点可以在性别关系的管理式重构中清晰看到。

小妇人

自十九世纪中叶（还可能更早）起，家庭就变成了两性之间展开消费大战的战场。《高第名媛手册》和《彼得森》等妇女杂志习惯性地抨击"时髦女性"是轻佻的消费者，挥霍丈夫辛勤挣来的财富；这些杂志也对男人进行了攻击，批评放纵的男人们将金钱花在雪茄、葡萄酒和男性聚会上。不过，它们一边宣传审慎的习惯，一方面又赞美高雅家装和个人装饰。不管家庭话语多么矛盾百出，起码在男人和女人之间，界限却划分得极其明显。向后维多利亚文化的转型逐渐模糊了这些界限，男性的家庭化逐渐传播，同性休闲活动转变成为异性休闲活动，即男人和女人、男孩和女孩一起活动。全国性广告业批准了（因此也鼓励了）这种发展，但是这种伙伴模式的解放作用（至少在广告中如此）还存在疑问。[42]

先是吉布森女孩（Gibson girls）
与耶鲁男（Yale men），后来是摩登
女（flappers）与兄弟会小伙（frat
boys），这些充斥着二十世纪早期的
全国性广告的形象似乎代表着青春洋
溢。这些人的年龄象征着他们的社会
意义；他们不假思索地行动，他们对
公司专业技能的依赖代表着成年男女
的低龄化版本。比起之前令人敬畏的
肉感女人与胡须男人形象，永远孩子
气的丈夫与咯咯笑的年轻新娘形象在
二十世纪一十年代到二十年代中占领
了全国性杂志广告与文学。[43]

权威的贬值在女性身上体现得尤
为明显。将男人的身体同女人的放在
一起比较（图6.6）再次确定了男人

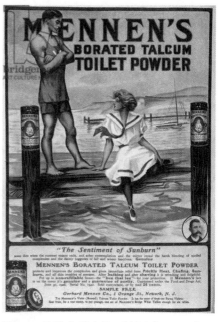

图6.6　梦能公司广告，《城乡》，1908年。
沃萧收藏品。
Advertisement, G. Mennen Company, *Town
and Country*, 1908. Warshaw Collection.

的权威地位，这种模式是社会学家欧文·戈夫曼（Erving Goffman）
在当时广告中发现的。更重要的是，广告反映出管理式职业观念已经
侵入原来女性专属的领地，尤其是厨房。农业的工业化，不仅改变了
农业生产、加工和销售，也影响了食物的准备工作。中产阶级女性被
从原来乡间邻里的社区做饭方式隔离出去，家政科学家和加工食品广
告主因此试图安抚她们，让她们觉得有控制感，掌控着打着"科学烹
饪"（scientific cookery）旗号的一整套规则。劳拉·夏皮罗（Laura
Shapiro）在《完美色拉》（*Perfection Salad*）中写道："这里的'科
学'，意味着理性、客观、有条不紊，这些特征使这个词明显带有男
性特质。"食品广告主及其女性盟友迫切希望用医学客观性照亮感怀
的愚昧，试图在女性的世界中再创一个男性的天地。在他们的意识形

态中，家庭不再是逃离精于算计的外部世界的避风港，相反，家庭要模仿现代工厂井然有序的生产力。尽管带有医学中立性的光环，但厨房的理性化体现出的是东北地区白人盎格鲁撒克逊新教徒精英的民族中心主义。夏皮罗观察道，科学烹饪的倡导者"希望规范杂乱无章的美国社会，筛除美国社会多样性中最令人不安的元素"。比如，1903年一位波士顿人去佐治亚州博览会参观，就被当地的食物吓了个半死，只有鸡肉沙拉和果冻午餐能够被她接受。[44]

这种地域性、民族性的帝国主义文化拘谨也许会让全国性广告业人士发笑，但是其取向却与广告人的文化风格在根本上意气相投。与广告人相同，家政科学家认为标准化是道德的进步；他们赞扬加工奶酪，贬低农场奶酪，因为前者"更加标准化"。这符合食品加工商的广告口吻，也符合公司文化中反复出现的一条格言："最好的惊奇，就是没有惊奇。"对广告公司和其客户来说，还有一个现象甚至比以上说法更吸引人，那就是家政科学家对于大规模食品生产中掺假现象的态度：他们认为这种现象是消费者教育的问题，而不是工业家的不法行为。[45]

女性生活的其他方面也出现了相似的模式。并不只是男人控制女人，而是中上阶层的男人和女人都将新兴的职业观念与一种男性的（且更优越的）思考方式相混淆。与食品加工的情况一样，对抗疗法在医院、大学和医学机构实现制度化：男性医生宣称在处理分娩上的绝对权威，在许多受过高等教育、家境富裕的女性帮助下，将接生婆等角色边缘化。同科学烹饪的兴起一样，医学干预分娩重新确立了盎格鲁撒克逊男性的职业权威，将保留在区域或民族传统中的女性民俗边缘化。到了二十世纪二十年代，女性杂志为这种进程大声欢呼。"尽管进步很慢，但毫无疑问的是，"《持家有方》说道，"分娩已从黑暗领域中被拯救出来，进入新科学的镁光灯下。"[46]讽刺的是，"黑暗领域"在此之前一直的特点正是女性对分娩过程的掌控。

全国性广告在这里也批准并推动了男性倡导的启蒙运动。1934年来沙尔消毒剂的一则广告中，月黑风高的夜晚，一辆敞篷轿车在双车道柏油马路上狂奔，上方一只鹳叼着一个婴儿正在飞翔，鹳的后面有一个巨大的戴着头罩的人影，上面标着"**感染**"。"鹳、医生和感染正在赛跑。三者向着同一个目标进发，谁会先到？三个人，一位母亲、一个婴儿、一名医生［爸爸去哪了？］关心着这个生死攸关的问题。如果医生获胜……万事无忧。如果另外两位敌手一直领先，就会有麻烦了。"到了三十年代中期，医生在处理分娩上的中心地位已经无法动摇了，至少全国性杂志面向的中产阶级读者是这样认为的。[47]

没有人能够否认，女性确实有理由欢迎医学分娩，特别是医学职业意识形态承诺的无痛、无死亡更是受到女性欢迎。然而，医学化的含义非常复杂。疼痛可以用麻醉来及时有效缓解，但感染死亡的风险是一个慢慢下降的过程。实际上，研究分娩的历史学家们令人信服地指出，一直到二十世纪二十年代末期，医生的干预都会增加产褥热导致死亡的风险。不过到了当时，进步的做法是在医院中分娩，在麻醉药和医生的权威下进行。医生能够"像生产福特汽车那样"取出婴儿这种观点标志着文化象征主义的重大转变。如同烹饪的工业化一样，大规模生产的意识形态将传统的母系仪式包围起来。女人的地位比男人更加系统化地降低（至少在修辞上如此），更依赖管理式的专业技能。

这些变化重新塑造了广告的图像。旧时的初创企业广告中，不但赞美肉感的女性，还用歌舞杂耍的手法宣扬古老的厌女形象。即使仇视女性，图像仍然承认女性的潜在力量，这表现在各种各样的岳母笑话上；小孩子在篱笆后痛饮云岭（Yuengling）啤酒，一位威严的女性从篱笆上方偷看过来；"老处女"拒绝吸烟的男性吻她，而甜美女生不会反对，但前提是你嚼过若叶（Virgin Leaf）烟草。新式的公司广告中，除了甜美女生外几乎什么都没有。1909 年《印刷者油墨》

的一位撰稿人赞同他人对"漂亮女生广告"泛滥的批评，但他也承认
这种广告适合宣传糖果等产品："女人在这里如鱼得水，她微笑的面
庞立刻让人想到甜美、精致、纯洁、娇小、甘甜、迷人的巧克力夹心
糖。"海伦·罗森·伍德沃德（Helen Rosen Woodward）基于当年在
弗兰克·普雷斯布里公司（Frank Presbrey）和其他公司做广告文案
工作的回忆指出，在将女人喻为巧克力夹心糖的背后，隐藏着男性的
焦虑。"在欧洲，女人到了四十并不是什么丢脸的事情。"她 1926 年
写道，"在大西洋东岸，大家都认为面庞中蕴含的经验、个性与人品
很有吸引力；而在这里，我们更看重青春和甜美。美国男人对精明
练达的女人感到恐惧。"随着出生率的下降以及女性领域边界日渐模
糊，这种恐惧也许进一步加剧；至少在广告图像志中，女人脱下了肉
感与母性的外衣，长得越来越像（行为也越来越像）年轻少女。[48]

　　不过，即使是巧克力夹心糖，也要担负家庭生活的责任，尽管与
祖母一辈的责任不太相同。过去的意识形态强调女人应该对孩子和社
区承担义务；丈夫在这里是第二位的边缘角色。然而在全国性广告和
杂志中，公司资助的新版本的家庭意识形态重新塑造了女人的角色。
与原来相比，现在不那么强调女人应该通过培养下一代的公民道德为
社会负责，而是强调女人要照顾孩子气的丈夫。（"你是不是要为某
些男人的健康负责？"二十年代一则代表性广告如此发问。）指南文
学和广告着重描写丈夫（相比太太而言）的无助，他们的需求既应
该被满足，也应该被管理。"确实，用不了多长时间，"1931 年《持
家有方》一位撰稿人对未婚妻读者们说道，"你就会意识到，自己的
工作不但要管理菜谱，还要管理男人。"在新兴的常规认识中，妻子
不仅仅是"家务用品采购人"（见图 4.13）和高效的家庭管理者，
也是能说会道的团队领导，通过微妙地统率丈夫和孩子来维系家庭
和睦。1935 年一期《持家有方》中，玛格丽特·桑斯特（Margaret
Sangster）的故事《第三者》（*Other Woman*）就描写了这种模式的一

种运作机制。故事中，一名优秀的家庭主妇战胜了一位失去社会地位的懒姑娘。主妇的丈夫对姑娘起了同情心（也许还起了色心）。于是在懒姑娘失业后，主妇把她请到家里用晚餐。主妇借机大展身手，丈夫也发现懒姑娘很无聊。主妇最终寻找到懒姑娘的丈夫（"范·内斯特先生"），他把老婆拽回家，希望这次她总该为他做顿好饭了。将丈夫照顾得无微不至，是施加影响的有效方法。[49]

到了二十世纪二三十年代，影响力的原则在"民主社会工程"的语言中被再次提出。这是实现操控共识的一种"团体过程"（group process）方法：能说会道的团体领袖（通常拥有科学的专业技能）引领团体向着"合适的"方向前进，培养出团体的自发精神、实验精神和参与精神。这种方法被许多权威人士所称赞（或运用），包括约翰·杜威、戴尔·卡内基（Dale Carnegie）、沃尔特·李普曼和爱德华·伯内斯（Edward Bernays）。它通常应用在劳工纠纷、提升有效销售、人事管理和进步教育中，还可以被管理式的太太和妈妈应用在家庭生活里。[50]

不过，这并不说明丈夫没有能力操弄社会规范逼太太就范。到了二十世纪三十年代早期，《持家有方》的广告页面充斥着丈夫对太太的呵斥，比如宝石红口红看起来廉价、长筒袜脱线导致家庭财政困难等。其中最为严厉的批评，恐怕要算沉默了。"我能感觉到，他的眼神在指责我！"1932 年德拉诺（Drano）广告中一名女性惊呼："他这个人平常不爱说话……不过每次卫生间下水道堵了，我都能感觉到他用眼神指责我。他盯着我，就像在说'你的错！'"不顾家的女性再也不是凶女人的形象，而是变成不给丈夫吃葡萄坚果（Grape-Nuts）麦片早餐的"克夫星"。该时期的小说与指南文学倒没有如此夸张地以男性为中心；其实有很多文章倡导女人至少应该有权选择事业。不过在广告中，这种伙伴式婚姻表现为双方互相操控，最终男人获得上风：女性需要迎合巨婴丈夫心血来潮的怪念头。[51]

不过，给女性不断施加压力的不是丈夫，反而是（通常是隐性的）大叫着"使现代女性成为可能"的公司权威。[52] 二十世纪三十年代的管理式观念，不仅要求主妇将家庭变为无菌实验室，也升级了维多利亚式的家庭理想，认为女人不应该将重点放在培养家人的良知上，而是应该使家庭成员无缝融入社会：爸爸上班，孩子上学并玩耍。

依据流行心理学中新兴的"调整"（adjustment）原则，心灵与政治健康在功能上是相互关联的。在新兴的幼儿指导诊所以及其他治疗环境中，治疗的目的变成了"病人全方位调整以适应生活，而不是简单去除特定症状"，1934 年两位临床医学家写道。根据历史学家沃伦·苏斯曼（Warren Susman）的说法，二十世纪三十年代治疗学的顶尖人物是阿尔弗雷德·阿德勒（Alfred Adler）。阿德勒提倡应该克服自己的"自卑情结"，"调整"自己适应集体规范，他的观念很适合三十年代的美国中产阶级。经济与情感的不安感四处弥漫，不但使人自卑，也让人渴望拥有一种归属感，超越经济与情感的不安。全国性杂志广告产生了阿德勒心理学的众多流行版本。《持家有方》和同类杂志建议人们"不要害怕顺从环境"，或者不要鼓励孩子害怕顺从环境。家庭变成了工厂，生产着"调整好"的成人。[53]

至少，有许多心怀社会的职业人士是这样希望的。但是随着大萧条下各种各样的忧虑逐渐加深，管理式观念塑造的家庭形象变成了蛇窟，家庭和睦变得一天比一天紧张。广告与文章的育儿经大幅提高了家长的情感赌注，认为家长（尤其是母亲）对孩子现在与未来的健康以及幸福负有重要的责任。"玩耍时闷闷不乐……上一秒焦躁不安，下一秒尖叫闹脾气……在家里是个麻烦，在学校是个问题女孩……这孩子的未来会怎么样？家长们问自己：'玛丽怎么这么拧巴？'"答案呢？自然是缺少维他命 A 和 D！斯科特挪威鳕鱼肝油可以有效补充！每个家长都知道，暴躁的孩子因为缺乏营养才大吵大闹这种观点本身没有错。不过有太多产品（麦片、眼镜、函授学校）的广告炒作这种观点，不禁让人意识到：这其实是广告人自己家庭焦虑的大规模体现，是职业－管理人士对正确"父母经"（parenting；这个糟心的词当时还没有被发明出来）强烈关注的体现。杂志指南文学一方面痛苦地问"我们和孩子之间出什么问题了"（我们太惯着孩子了），另一方面又命令"不要为自己的孩子过度焦虑"（看在上帝的份上，放轻松）。[54]

1934 年新闻工作者威廉·麦德莫特（William McDermott）在《持家有方》发表的文章指出，育儿问题似乎可以通过调整民主社会工程（democratic social engineering）的方法来解决。麦德莫特虽然没有用这个词，但将这种方法应用在育儿上。"我要让女儿们嫁出去"，他宣称道，并开始讲述他为此付出的努力。他的故事，和大多数试图对民主社会工程的描述一样充满自相矛盾。"我希望女儿们学习成绩优异，也希望她们童年快乐，培养合适的男性朋友。"法学院或医学院的年轻男子需要娶个太太来为他做饭、护理、培养他的雄心大志，"她可以成为仅次于医生的角色。"因此，他的女儿们为扮演这种角色接受训练。"她们*主动自愿*地培养良好的品位，这种品位是她们一生最大的魅力和最有效的防御……我们通过*微妙的建议与智慧的策略*来向她们传达：人主要的罪过，就是有违良好品位。"如果她们在家务和个人护理方面偷懒耍滑，她们心里清楚"自己几乎会被父母断绝关系"。包在天鹅绒手套下的铁拳，这个人事管理和民主社会工程其他形式的最大特色，也可以应用到家庭生活中。[55]

麦德莫特的家庭社会工程，是霍拉斯·布什内尔（Horace Bushnell）等人从十九世纪中期起提倡的"影响力"的升级版。不过，使个人意志屈从于令人安心的共识这种做法，在大萧条时代毫无安全感的社会环境下获得了越来越多人的支持。它甚至为国家权力扩张提供了基础。证据表明，治疗式的公司国家（therapeutic corporate state）不是简单强加于人民头上的（不是福柯和他的追随者们有时暗示的那样），而是人民与统治者之间的*共谋*。[56]

　　1935 年《持家有方》一篇题为《山姆大叔需要你的指纹》（"Uncle Sam Wants Your Mark"）的文章便清晰地描绘出人们对联系性和家长式管理式国家的渴望。作者薇拉·康诺利（Vera Connolly）督促人们自觉响应 J. 埃德加·胡佛（J. Edgar Hoover）采集全体美国人的指纹的计划。她认为，这个计划的好处是可以结束"我们现代文明的扭曲"，即在无名者公墓埋葬不知名的守法公民。"基本上每一个'无名氏'在生前都有名，都被爱过。这片土地每次下葬的背后，都是一个伤心欲绝的家庭。因为埋葬在这里的大多都是守法公民，鲜有罪犯，因为罪犯的指纹已登录在案。"渴望归属的心态会为新的统治与监控形式提供合法性。[57]

　　所以，可以通过广告和管理式意识形态的其他象征物，描绘出一幅二十世纪三十年代美国社会的悲观图景：在这个社会中，私密的需求与欲望被成功融入私人和公众管理组织的宏大目标之中，只要再发动一场群众战争，融合就可以彻底完成。这正是塔尔科特·帕森斯（Talcott Parsons）功能主义社会学背后的图景，他的作品《社会体系》（*The Social System*，1951）用客观的社会科学术语推崇管理式职业人士的霸权。福柯的理论在许多方面就是帕森斯理论的镜像批评。

　　不过，强劲的反倾向潮流也在运动着，甚至影响到了主流世界。尽管一方面是大量指南文学的威胁和广告的恫吓，另一方面，女性杂志中的虚构和非虚构文学描绘着诸多自信成功的女英雄，这些职业女性没有被迫在婚姻和事业中二选一。公司广告是铁板一块的，广义大众文化可不是，大众文化在二十世纪中叶几十年内为女性提供了多种多样的选择。

　　此外也存在着一些更为微妙的张力。就拿约翰·B. 沃森（John B. Watson）的私人生活来说吧。他是心理学家，智威汤逊高管，他的行为主义观点是管理式管控议程的缩影。尽管他坚信能够用永不停歇的生产效率来管理一个可塑的自我，但是他自己在感情上可谓车祸现场。他孩子和他关系不好，认为自己的童年被他当成了"业务计划书"。焦躁的他从来无法看完一场戏；他逃避严肃的对话，甚至受不了暂时的沉寂，强迫症一般投身于一个又一个活动，搭建谷仓，修理栅栏，贪婪地阅读海量侦探小说和西部小说。特别是1935年第二任妻子去世后，沃森越来越将自己囚禁在位于康涅狄克的庄园，每天以最高速度开着游艇，一天喝一夸脱波旁威士忌。他的传记作家凯瑞·巴克利（Kerry Buckley）一针见血地指出："沃森执迷于忙碌的生活，说明他追求的不仅是快感；他一刻不停地机械运动，更像是他试图通过忙碌以求逃脱和被人遗忘。能感觉到他几乎无法压制的绝对恐惧感。"也许，其他那些个人效率的信徒，也是在"绝对恐惧"的驱动下追求系统化控制内心与外在的环境。[58]

除了恐惧之外，还存在别的心态，尤其是那些对自己、对工作使命并不极度严肃的广告人。作为社会科学家，沃森坚信自己发现了引领人类命运的钥匙。并不是所有管理式的思想家都如此狂妄自大，特别是广告文案还存在另一个传统：娱乐高于认真。在力求合法性的过程中，广告公司主管竭尽全力压制过去的回忆，生怕别人想起他们前辈的所作所为。不过狂欢式的遗产仍然存活了下来，有时令人担忧不安，有时却让人自由解放。

身着华达呢服的广告人

公司广告旨在通过透明窗口展现待销产品来厘清一些混乱的说法。不过这种透明的外表通常只是用来赢得消费者信赖的表面效果，即披着去神秘化外衣的神秘化。有的时候，职业抱负同商业需求会发生令人难堪的冲突，哪怕只是在广告公司内部会议上出现这种问题。1928 年一次会议上，智威汤逊的一位资深广告文案威廉·艾斯蒂（William Esty）介绍了赫伯特·泰瑞登香烟（Herbert Tareyton Cigarettes）的新营销策略。味道、口感之前尝试过；今天，神经才是关键：找一群普通人说自己爱怎么吸烟怎么吸烟，吸泰瑞登从来不会感到神经不适。艾斯蒂指出："很多时候我们认为是生理反应，但纯粹是想象出来的。相比其他商品而言，香烟尤其如此……如果 [消费者] 认为，这种香烟更像镇静剂，它不就变成镇静剂了吗？"史丹利·雷梭主席让与会者提意见，一位文案人威廉·米姆斯（William Mims）脱口而出："我觉得 ＿＿＿＿[原文如此]。不过作为一名公司的员工，我不喜欢大家心甘情愿先捏造出个文案主题，然后再编造证据。看到我们将成功的准则作为唯一的准则，我特别郁闷。暴风雨已经来临，我已经同诸位的一致观念格格不入了。"雷梭不愧是一位卓越的领导者，他先赞同米姆斯提出了一个重要的问题："就这个计划而言，我们的确已经几乎走到不能逾越的红线了。"让我们不断探索，用事实说话，他最后对艾斯蒂含糊地总结道。[59]

这种冲突鲜有记录，不过有时老职员不得不向新职员告知公司的真正发展方向。比如在 1930 年智威汤逊一次员工会议上，一位天真的新人文案人文格勒（Wengler）就有关肠内疲劳的科学依据质疑一位老手：

文格勒先生：从哪个年龄段开始容易患上肠内疲劳？年轻人会得这种病吗？

戴伊先生：所有的人都会得。

文格勒先生：二十岁出头的人真的会患这种病吗？

戴伊先生：疲劳是普遍现象；我们只是把它应用到肠胃，就这样。[60]

在这种时刻，全国性广告业的狂欢式特征依旧被严密地掩盖着；广告披上了客观性的外衣；身穿白大褂的医生告诉睡眼朦胧的病人，空肠（jejunem）运动较为迟缓。但是在很多广告中，将科学等同于魔法的旧做法非常明显，坚持不懈。自从十九世纪八十年代开始，爱迪生带领助手采用戏剧化的灯光展出，让潜在的电力消费者看得眼花缭乱。被称为"门罗·帕克（Menlo Park）大法师"的爱迪生，在该市和其他博览会上打造了一个又一个"仙境"。通用电气公司（General Electric）在一个客观的公司环境中将这种语言保留了下来。1930 年一场广告战役将通用电气的产品形容为"从魔法屋中"变出来的，这个词是接地气的评论员弗洛伊德·吉本斯（Floyd Gibbons）造出来的，指通用电气研究实验室。吉本斯在广告中隆重出场，向公众道歉自己使用了"29 美元的词"[①]（比如电子），并反复将通用电气科学家比喻为"法师"。通用电气的魔法秀在 1939 年的世界博览会上达到了高潮，主持人在黑暗的讲堂中向观众展示了一组电力试验（"违背了重力定律，这只沉重的金属盘子在空中自由地漂浮"），科学界之前还希望博览会能够起到教育意义，对此他们大失所望。[61]

其实他们一直没有了解到，此前几十年，全国性广告在使科学神秘化、对技术进行迷信式宣扬方面起到了至关重要的作用。永备电池的广告中，一位父亲正在鼓弄收音机的调谐盘，孩子们在一旁全神贯注地看着，下面的文字警告道："不要干扰波调。小心不要打扰幻觉。通过声音而显形的力量，就像是揭露魔术师秘密的助手。"魔法不仅存在于电子设备蕴含的幻觉中，也出现在能够带给人们（通常都是男人）自治权的汽车、电话和收音机中。1923 年一则杜斯卡收音机（Tuska Radio）的广告将科技魔法的运用与渴望片刻自由的疲劳"大众人"（mass man）形象联系在一起。"让一天的烦恼都随太阳沉

---

① "29 美元的词"是"10 美元的词"的变体，指"华丽高深的词"。——译者

下去。打开杜斯卡收音机，在全世界飞翔吧。在工作与睡眠之间那段珍贵的时光中，您住在收音机仙境中，摇身一变成为远程的主人，演艺家的统治者。"魔法变形的承诺，在科技时代中保留了狂欢式的传统。[62]

对魔法与幻想的祈求，"收音机仙境"的发明，这些都提醒我们，在二十世纪二三十年代，广告主仍在运用戏剧化的展出。无论是广告公司内部还是外部，很多人都发现很难将广告中一板一眼的说法当真。1929 年首次登场的《锣鼓喧天》（*Ballyhoo*）杂志将讽刺公司广告作为自己的一贯卖点。很快，可以讽刺的事物就变得越来越多。收音机广告让口头表演和蛇油式表演东山再起；大萧条冲击下，产品广告用语更加夸张，并祭出裸体女性来抓眼球。尽管使用了直白的医学修辞，不可否认的是，裸体形象仍然挑逗着色欲。有时整个广告业看起来就像一个笑话，即使在广告人的眼中也是如此。到了二十世纪三十年代中期，广告行业期刊发表了很多讽刺文章，嘲笑广告文案捏造出的各式疾病。臭脚和汗手等问题，让人很难一脸严肃地讨论。[63]

尽管广告人同新兴的职业 – 管理阶级有很多相同之处，但是一直都无法完全摆脱先辈是庸医和骗子的历史，甚至一直都无法成功说服自己，自己都不认为其兜售的真理与其他探究公众思想的职业得出的真理一样客观。大多数广告人可能也不愿意这样做。尽管努力变得"真诚"，但是连最认真的广告人有时都暧昧地赏味着视觉和语言的玩乐和表演，既焦虑不安，暗地自我鄙视，又沉浸于商业话语的欢愉。就像是一名身着光鲜华达呢服的狂欢节揽客员，随时准备着从灰色的法兰绒正装中走出来一样。

注释

1. N. T. Oliver, as told to Wesley Stout, "Med Show," *Saturday Evening Post* 202 (14 September 1929): 12. 关于零售商业中持续不断的感官图像，见 William Leach, *Land of Desire: Merchants, Money, and the Rise of a New American Culture, 1890-1930* (New York, 1993), esp. chaps. 2-5, 11。

2. James Turner, *Reckoning with the Beast* (Baltimore and London, 1980), p. 69.

3. Pamphlet for Ivory Soap, "What a Cake of Soap Will Do," in Soap box "Procter & Gamble" B. T. Babbitt's Best advertisement (c. 1885), in Soap box A-B; Gillette Safety Razors advertisement (1910), in Barbering box 1, all in the Warshaw Collection of Business Americana, National Museum of American History, Smithsonian Institution, Washington, D.C.

4. Ruth Schwartz Cowan, *More Work for Mother: The Ironies of Household Technology from the Open Hearth to the Microwave* (New York, 1983), pp. 51-53; Claudia and Richard Bushman, "The Early History of Cleanliness in America," *Journal of American History* 75 (December 1988): 675-725; Richard L. Bushman, *The Refinement of America: Persons, Houses Cities* (New York, 1992), chap. 3.

5. "The Philosophy of Modern Advertising," *Yale Review* 8 (November 1899): 229-32.

6. 关于越来越多的人执迷于效率的现象，见 Samuel Haber, *Efficiency and Uplift: Scientific Management in the Progressive Era, 1890-1920* (Chicago, 1964); Barbara Ehrenreich and Deirdre English, "The Manufacture of Housework," *Socialist Revolution* 5 (October-December 1975): 5-41; David Tyack, *The One Best System: A History of American Urban Education* (New York, 1974)。关于广告对个人效率的持续执迷的风趣分析，见 Garry Wills, "Message in the Deodorant Bottle: Inverting Time," *Critical Inquiry* 15 (Spring 1898): 497-509。

7. Dr. Pierce, *A Badge of Sympathy* (Buffalo, N.Y., c. 1990), in Patent Medicines box 25a; Dr. Frank Crane, "The Colonic," *New York Globe*, 27 January 1916, in Baths and Bathing box 2, Warshaw Collection. 关于更早期的方法，见 Benjamin Brandreth, *Purgation* (New York, 1840), and James Harvey Young, *The Toadstool*

Millionaires (Princeton, N.J., 1961), chap. 6。Brandreth 是十九世纪中叶知名泻药厂商。

8. W. H. Meadowcroft, "Interviews with Edison," *Ediphone Notes* (August 1928), in Edison Collection box 2, National Museum of American History, Smithsonian Institution, Washington, D.C.; Eno Effervescent Saline advertisement (1929), book 124, N. W. Ayer Collection, National Museum of American History; Nujol advertisement, *Saturday Evening Post* 203 (13 September 1930): 181.

9. John Stuart Mill, quoted in Turner, *Reckoning with the Beast*, p. 63. 充分背景介绍见 Martin Pernick, *A Calculus of Suffering: Pain, Professionalism, and Amnesia in Nineteenth-Century America* (New York, 1985)。

10. Edith Wharton, *Twilight Sleep* (New York, 1927), pp. 14-15.

11. Luther Gulick, *The Efficient Life* (New York, 1920), p. 157.

12. Russell H. Chittenden, "Physiological Economy in Nutrition," *Popular Science Monthly* 63 (June 1903): 123-31; Roger S. Tracy, M.D., "How to Live Long," *Century* 67 (February 1904): 616. 类似论点见 E. B. Rosa, "The Human Body as an Engine," *Popular Science Monthly* 57 (September 1900): 491-99; Robert H. Thurston, "The Animal as a Machine," *North American Review* 163 (November 1896): 607-19; Hillel Schwartz, *Never Satisfied: A Cultural History of Diets, Fantasies, and Fat* (New York, 1986), chaps. 4-6。

13. Brandreth M. Symonds, "The Mortality of Overweights and Underweights," *McClure's* 32 (March 1909): 319-20. 另见 James Allen Young, "Height, Weight, and Health: Anthropometric Study of Human Growth in Nineteenth-Century American Medicine," *Bulletin of the History of Medicine* 53 (1979): 218ff.。这一整段我借鉴了 Lisa Norling, "The Origins of Popular Dieting in America," unpublished seminar paper, Cornell University, 1985, typescript in my possession through the courtesy of the author。全面概述见 Harvey Levenstein, *Revolution at the Table: The Transformation of the American Diet* (New York, 1988)。

14. Dr. Charles Mercier, quoted in Howard. P. Chudacoff, *How Old Are You? Age Consciousness in American Culture* (Princeton, N.J., 1989), p. 57; Grace Crawley Oakley in *Advertising Club News*, 14 June 1920, p. 1, Advertising Women of New York scrapbooks, vol. 4, Wisconsin State Historical Society, Madison; A. H.

Deute, "Is the Salesman Over Forty a 'Has Been'?", *Printers' Ink* 132 (27 August 1925): 41-48. 对老旧事物贬值的精彩描述见 Thomas Cole, *The Journey of Life: A Cultural History of Aging in America* (New York and Cambridge, England, 1992), esp. pp. 104-107, 139-58, 164-71, 210-11。

15. "Woodbury's Advertising," *Printers' Ink* 22 (23 February 1898): 24-26; Wengarten Bros., *Beauty Book* (c. 1910), in Corsets box 4, Warshaw Collection; Palmer quoted in Michael Rogin, *Ronald Reagan, the Movie, and Other Episodes in Political Demonology* (Berkeley, Calif., and London, 1987), pp. 238-39; Coca-Cola advertisement (1927), in Beverages box 1, Warshaw Collection. 关于统计学对正常的定义的发展，见 Chudacoff, *How Old Are You?* 完美身体定义的无数例子中的一个，见 Luther Gulick, M.D., *Manual for Physical Measurements* (New York,1892), in Physical Culture box 1, Warshaw Collection。 这 位 Luther Gulick 是 Camp Fire Girls 创始人的父亲。

16. 关于社论风格的广告，见 Roland Marchand, *Advertising the American Dream: Making Way for Modernity, 1920-1940* (Berkeley, Calif., 1985), pp. 103-106。

17. 关于二十世纪早期解放议程中的隐秘胁迫，见 David Kunzle, *Fashion and Fetishism: A Social History of the Corset* (Totowa, N.J., 1982), pp. 256-57; Carroll Smith-Rosenberg, "The New Woman as Androgyne: Social Disorder and Gender Crisis, 1870-1936," in her *Disorderly Conduct* (New York, 1985), pp. 245-96; Margaret Jackson, "'Facts of Life' or the Eroticization of Women's Oppression? Sexology and the Social Construction of Heterosexuality," in *The Cultural Construction of Sexuality*, ed. Pat Caplan (New York, 1988), pp. 52-81; Christina Simmons, "Modern Sexuality and the Myth of Victorian Repression," in *Passion and Power Sexuality in History,* ed. Kathy Peiss and Christina Simmons, pp. 157-77。文献很大一部分受到了福柯的启发，特别是他的 *History of Sexuality*, vol. 1。

18. Edward Atkinson, *The Science of Nutrition* (Boston, 1896), p. 35; Parksdale Butter (1909), book 127, N. W. Ayer Collection, National Museum of American History. 对吃的工业化的敏锐和风趣概述见 Laura Shapiro, *Perfection Salad: Women and Cooking at the Turn of the Century* (New York, 1986)。

19. Lois Banner, *American Beauty* (New York, 1983), esp. pp. 39-47; Dewey's Dress and Coat Shields advertisement (1887), in Corsets box 2, Warshaw Collection;

Hood Canvas Shoes advertisement, *Good Housekeeping,* May 1933, 175; Royal Gelatin advertisement, ibid., March 1934, 150-51; John B. Watson quoted in minutes of J. Walter Thompson Co. representatives meeting, 1 June 1928, in JWT Archives, Duke University; Odorono advertisement, *Good Housekeeping,* March 1930, 173.

20. Kleenex Tissues advertisement, *Good Housekeeping,* July 1932, 160.

21. Michael Williams, "Our Billions of Invisible Friends," *Success,* 1908, excerpted in brochure for Hood's Sarsaparilla, Patent Medicines box 14, Warshaw Collection; Watson quoted in minutes of J. Walter Thompson Co. representatives' meeting, 30 April 1930, pp. 7-8, JWT Archives.

22. Kleenex advertisement (见 n. 20); Zonite advertisement, *Good Housekeeping,* April 1931, 126; Lysol advertisement, ibid., April 1930, 143; Guardian Memorials advertisement (1926), in book 134, Ayer Collection.

23. Hoover advertisement, *Saturday Evening Post* 203 (18 October 1930): 73; Lysol advertisement (见 n. 22).

24. Advertisements: Martin Wagner Co., Baltimore (1910), in Foods box 14, Warshaw Collection; Burnham & Morrill Fish Flakes, *Saturday Evening Post* 183 (July 1910): 2; Squibb Cod Liver Oil, *Good Housekeeping,* February 1931, 187; Piggly Wiggly Stores, ibid., February 1930, 224; Eveready radios (1928) , book 36, Ayer Collection. 关于本段内我使用的框架，见 Claude Lévi-Strauss, *The Raw and the Cooked*, trans. John and Doreen Weightman (New York, 1969), and Judith Williamson, *Decoding Advertisements* (London, 1975)。

25. Eveready Prestone Antifreeze advertisement (1927), book 39, Ayer Collection; W. Livingston Larned, "When the Appeal is Negative—Edit the Illustrations Wisely," *Printers' Ink* 152 (28 August 1930): 110-16.

26. The Bauer & Black advertisement, *Saturday Evening Post* 203 (6 September 1930): 120，将公司作为医生呈现；the Squibb Dental Cream advertisement, 1924-25, book 240, Ayer Collection，用恐吓的方法使用专业知识；and the minutes, J. Walter Thompson Co. representatives' meeting, 3 January 1934, JWT Archives，包含了针对战略挪用医学权威的讨论。

27. Richard Cabot, *Social Service and the Art of Healing* (New York, 1909), p. 33;

Charlotte Tell, "The Neglected Psychology of Twilight Sleep," *Good Housekeeping*, July 1915, 17-24; Judith Walzer Leavitt, *Brought to Bed: Childbearing in America, 1750 to 1950* (New York, 1986), p. 140.

28. Rohe Walter, "Consumer Reactions at the World's Fair," minutes of the J. Walter Thompson Creative Staff meeting, 3 January 1934, JWT Archives.

29. Frances Williams Brown, "The Cult of Dirt," *Printers' Ink* 178 (4 February 1937): 16-24; Marsh K. Powers, "In Defense of Prudery," ibid., 11 March 1937, 15-17; Ervin M. Shafrin, "A Defense of Sex Appeal," ibid., 18 February 1937, 69-70.

30. Alice Katharine Fallows, "A Talk on Relaxation," *Good Housekeeping,* July 1908, 70-73; Raymond J. Cunningham, "The Emmanuel Movement: A Variety of American Religious Experience," *American Quarterly* 14 (Spring 1962): 48-63; H. Addington Bruce, "Religion and the Larger Self," *Good Housekeeping,* January 1916, 55-60. 另见 Nathan Hale, *Freud and the Americans: The Beginnings of Psychoanalysis in the United States* (New York, 1971), chap. 9.

31. Bruce Barton, "The Prodigal Son," *Good Housekeeping,* July 1928, 58, 192, 194; Harry Emerson Fosdick, *Twelve Tests of Character* (New York, 1923), p. 3.

32. Bruce Barton, "Does Anything Come After Death?" *American Magazine* 95 (March 1923): 5-7, 120, 122; G. Stanley Hall, *Morale* (New York, 1920), pp. 16-17.

33. Annie Payson Call, *Power Through Repose,* 2nd ed. (Boston, 1913), pp. 1, 60. 类似观点见 idem, *Everyday Living,* (New York, 1906), and David Starr Jordan, "The Evolution of the Mind," *Popular Science Monthly* 52 (February 1898): 441.

34. Hall, *Morale*, p. 208; Gulick, *Efficient Life,* p. 32.

35. Hall, *Morale*, p. 1; Gulick, *Efficient Life*, p. 18.

36. J. Walter Thompson Co., "From Bellman to Agency" (1901-1902), pamphlet in JWT Archives; Elizabeth Arden in *Good Housekeeping,* April 1930, 345; Hugh Baillie at J. Walter Thompson Company representatives' meeting, 9 April 1930, JWT Archives.

37. Advertisements: Eno Effervescent Saline, book 124, Ayer Collection; Hills Bros. Coffee, book 115, ibid. Sunkist California Orange Juice, *Saturday Evening Post* 203 (27 September 1930): 162.

38. Trine Quoted in Robert C. Fuller, *Mesmerism and the American Cure of Souls*

(Philadelphia, 1982), pp. 154-55.

39. *J. Walter Thompson Book* (1909), p. 5 in JWT archives; Shredded Wheat pamphlet, *The Wonders of Niagara,* in Cereals box 41, Warshaw Collection; "Who's Who—and Why," *Saturday Evening Post* 183 (13 August 1910): 23.

40. American Tobacco Company advertisement, book 3, Ayer Collection; Batschari cigarette advertisements, *Town and Country* (1913), in "Tobacco Trade and Industry, A-G" box, Warshaw Collection.

41. Camel cigarette advertisements: 1927, book 89; 1929, book 92; Jordan Motor Car Company advertisement (1919), book 14, Ayer Collection.

42. 关于针对消费的性别冲突的早期例子，见 Jane Weaver, "Gloves and Cigars," *Peterson's* 19 (April 1851): 193-94, and Mrs. J. E. M' Conaughey, "Saving Matches," ibid. 69 (February 1876): 109-10. 关于从同性社交向异性社交的转变，如见: Lewis Erenberg, *Steppin' Out: New York Nightlife and the Transformation of American Culture, 1890-1930* (Westport, Conn., 1979); Kathy Peiss, *Cheap Amusements: Women and Leisure at the Turn of the Century* (Philadelphia, 1986); Margaret Marsh, "Suburban Men and Masculine Domesticity, 1870-1915," *American Quarterly* 40 (June 1988): 165-86。

43. 关于各个极其不同的领域中发生的重返青春现象的两个例子，见 Alison Lurie, *The Language of Clothes* (New York, 1981), p. 74, and Carol Zisowitz Stearns and Peter N. Stearns, *Anger: The Struggle for Emotional Control in America's History* (Chicago and London, 1986), pp. 88-89。

44. Erving Goffman, *Gender Advertisements* (New York, 1979); Shapiro, *Perfection Salad,* p. 37.

45. Ibid., pp. 144, 196-200.

46. Quoted in Leavitt, *Brought to Bed,* p. 175.

47. Lysol advertisement, *Good Housekeeping*, March 1935, 117.

48. Blackwell's Durham Tobacco trade card (1878), in Tobacco Products box A-G; D. G. Yuengling Beer trade card (1896). In Beer box 57b, Warshaw Collection; Virgin Leaf Chew trade card (c. 1890), in scrapbook 17a, Landauer Collection, New-York Historical Society; Joseph J. Bukey, "Is All Feminine Advertising Bad?", *Printers' Ink* 67 (25 August 1909): 34; Helen Rosen Woodward, *Through Many*

Windows (New York, 1926), p. 314.

49. Katharine Fisher, "Unfolding the Household Romance," *Good Housekeeping,* June 1931, 94-95; Margaret Sangster, "Other Woman," ibid., April 1935, 20-23, 150ff.

50. William Graebner, *The Engineering of Consent: Democracy and Authority in Twentieth-Century America* (Madison, Wis., 1987).

51. Advertisements in *Good Housekeeping* for Tangee Lipstick and Rouge, July 1932, 191, Lux Detergent, February 1934, 157; Palmolive Soap, April 1932, 109; Drano, January 1932, 135; Grape-Nuts, July 1931, 171. 关于这个新的、管理式的家庭意识形态的有益总结，见 advertisement for *Ladies' Home Journal in Saturday Evening Post* 203 (20 September 1930): 139。

52. Crane Bathroom Fixtures advertisement, *Good Housekeeping*, February 1931, 215.

53. George Stevenson and Geddes Smith, *Child Guidance Clinics* (New York, 1934), p. 147; Warren Susman, *Culture as History* (New York, 1984), pp. 150-210; Marion Sturges-Jones, "Don't Be Afraid to Conform," *Good Housekeeping,* November 1936, 16, 24-25.

54. Advertisements in *Good Housekeeping* for Scott's Emulsion of Norwegian God Liver Oil, March 1932, 227; Cream of Wheat, July 1931, 153; Calvert School, September 1920, 213, M. K. Wisehart, "WHAT Is WRONG Between Us and Our Children?" ibid., March 1932, 28-29, 166ff; Frederick E. Stamm, "Don't Be Fool Parents," ibid., March 1935, 42-43.

55. William F. McDermott, "I Want My Daughters to Marry," *Good Housekeeping,* December 1934, 30-31, 169, 170. 斜体是我加的。

56. Susman, *Culture as History,* pp. 150-210; Rita S. Halle, "Can They Pass in Emotion?" *Good Housekeeping,* September 1932, 26-27; Sturges Jones, "Don't Be Afraid to Conform"; Vera Connolly, "Uncle Sam Wants Your Mark," *Good Housekeeping*, December 1935, 24-25. 关于战后时期个人健全和公共从众之间的联系，见 Elaine Tyler May, *Homeward Bound* (New York, 1987)。

57. Connolly, "Uncle Sam Wants Your Mark."

58. Betty Friedan, *The Feminine Mystique* (New York, 1963), chap. 4; Elizabeth Bennecke Peterson, "Wanted: Young American Couple," *Good Housekeeping*, May 1932, 30-33, 220, 222; Joanne Meyerowitz, "Beyond the Feminine Mystique, A

Reassessment of Postwar Mass Culture, 1946-1958," *Journal of American History* 79 (March 1993): 1455-82; Kerry Buckley, *Mechanical Man: John Broadus Watson and the Beginnings of Behaviorism* (New York and London, 1989), p. 178.

59. Minutes, J. Walter Thompson Co. representatives meeting, 9 January 1929, JWT Archives.

60. Ibid., 13 February 1930, pp. 7-8.

61. General Electric Company advertisement, *Saturday Evening Post* 203 (6 September 1930): 62-65; *The General Electric "House of Magic"* (c. 1941), in Electricity box 14, Warshaw Collection.

62. Advertisements for Eveready Batteries (1927), book 35; Tuska Radios (1923), book 18, Ayer Collection.

63. "Disease Marches On," *Printers' Ink* 176 (13 August 1936): 12-14.

第 七 章

文明的崭新基础

到了二十世纪早期，全国性广告已经成为日常生活图像志的一部分。不过，广告公司的成功却使他们同公众之间的距离开始扩大。最能清楚说明这个现象的，就是 1905 年与 1906 年在百老汇竖起的巨大电气广告牌，宣传金章香槟（Gold Seal Champagne）和石南花短裙（Heatherbloom Skirts）这些产品。"自然色的花朵在夜空下竞相开放。花环与帷帐被涂上了五光十色的火光。"《印刷者油墨》在 1908 年观察道："精致的红宝石、黄金与绿松石悬挂在昏暗的广厦之上，出现在如忙碌蚂蚁的千万人类眼中。"这种广告的有效之处在于，它营造出一种高高在上的仙境，在束缚于大都会单调生活中灰色熙攘的"忙碌蚂蚁"眼中可望而不可即。创造出仙境后，广告人就开始相信自己真的住在仙境了。[1]

在某种意义上的确如此。海伦·罗森·伍德沃德指出，随着全国性广告业越来越"财大气粗"，广告人构成了一个享有极高特权的精英阶层，地位越来越高，越来越远离普通美国人。1927 年史丹利·里梭将智威汤逊公司搬到了崭新的格雷巴大厦（Graybar Building），紧挨着中央车站，从那以后，公司的广告文案人与主管每天早上可以从康涅狄格州或威彻斯特（Westchester）乘火车上班，中午在殖民风格式的高管餐厅用餐，晚上乘火车回家，再也不用和纽约路边的大众搅和在一起。难怪他们看待广告观众的态度就像是从三十六楼向下鸟瞰一样。[2]

1936 年智威汤逊进行了一次面向纽约文案的内部调查，证实了公司广告主与消费者之间的距离确实存在。调查表明，没有一位文案人是乡间或公民俱乐部成员；只有五分之一的人定期去教堂；一半受访者没有去过康尼岛（Coney Island）或其他公营旅游胜地，另一半

人一年只去一到两次；一半以上的家庭收入从未低于国内年平均水平
1580 美元，一半人不认识有谁曾低过平均生活水平。美国有 5% 的
家庭雇有佣人，而智威汤逊公司 66% 员工的家庭雇佣人。广告人的
侧写特点是富裕、都市、世俗而且（浮浅地）精明练达，这在拥有大
客户的顶级广告公司中尤为典型。[3]

　　广告人拥有了如此崇高的地位，那他们怎么看待自己与其他势力
团体之间的关系以及自己与下面芸芸众生的关系呢？他们怎样定义自
己在美国政治文化中的角色？本章和次章会梳理从职业广告开端起到
"二战"结束之后的历史，以求解答。

　　虽然广告人身为新兴管理–职业阶层，但是他们与医生、律师
和大学教授在一起时总觉得有些不自在。广告业狂欢式的过去在现代
广告公司的日常工作中仍然不时浮现，使任何自称科学客观的语言都
显得滑稽可笑。两次世界大战期间，广告商与其他职业精英之间的关
系最为团结，当时的美国社会很像乌托邦作家爱德华·贝拉米在《回
顾：2000—1887》（*Looking Backward: 2000 to 1887*，1888）中描绘
的"工业军队"，广告主也参与了意识形态总动员的任务。不过在和
平时期，共同战线就难以维系了。贯穿二十世纪，职业主义意识形态
和日常生活体验之间的张力一直存在于广告公司内部。

　　公司广告主总觉得有必要自我证明。就像公共宣传顾问一样，他
们声称有能力展现管理式的奇迹：通过刺激需求解决供大于求的现
象，劝说厂商在萧条和繁荣时期都进行宣传，压平商业周期曲线；维
持一个平滑的"分销系统"；宣扬技术与风尚进步准则，使有计划地
淘汰的行为合法化；将商品悬挂在工人的鼻子前方，诱使他们遵守劳
动纪律。简而言之，公司广告主希望在商业社会中实现西蒙·尼尔
森·帕顿的永远进步观（perpetual progress），从而遏制含义的狂欢
化：在高薪劳动人口中巩固重复和多样化的节奏；创造一个以劳动与
休闲、供应与需求平衡为特点的消费文化。

要想遏制狂欢可不是那么容易的。艰难时代中，消费文化存在失去经济基础的可能；繁荣时代中，又因为标准化的富裕带来了绝对无聊感，也威胁着消费文化。而且，广告主将消费群体准确定位也很困难。"消费者"的构建，需要根据不同的对象来制定多种多样的语言策略。面对着客户和其他管理精英群体，广告主逐渐将消费者描述成"大众人"，无论是个体还是群体，都是可以轻易塑造的橡皮泥；广告主认为大众是愚蠢的，借此为巴纳姆式广告策略找借口，尽管对一个严肃的职业来讲，这种策略非常不合适。另一方面，面对着批评家和消费者，广告商却宣称消费者是绝对的上帝。即使"大众人"的负面形象一直打压着消费者的全能形象，在两次世界大战和二十世纪二十年代内，广告主还是成功维持了两者的平衡。直到大萧条到来，这种平衡才日益难以维系。

职业主义与进步，1890—1917

在帕顿《文明的崭新基础》的愿景中，大众娱乐与大众熏陶在公司赞助的进步模式下融合。十九世纪末二十世纪初，世界博览会的发展戏剧化地阐释了这种愿景。具有潜在颠覆性的娱乐活动最初被赶尽杀绝（比如1876年费城百年博览会时，周边所有地区全被清除干净），接着是被隔离（比如1893年芝加哥博览会上，举办者将下九流的娱乐场与高尚的白城分离），最终被融入展览，成为帝国进步愿景的一部分（比如1898年奥马哈与1901年布法罗博览会上的半裸"野蛮人"）。[4]

第一次世界大战之前，公司广告主觉得自己也可以参与这种融合。到了十九世纪九十年代，很多行业期刊的撰稿人都坚信，他们已经超越了从前的黑暗时代，广告业再也不是由一群骗子艺术家所主宰的行业。"十年前大多数人认为广告就是撒谎，"1895 年广告文案人查尔斯·奥斯丁·贝兹（Charles Austin Bates）宣称，"现在大多数人则认为大多数广告是非常诚实的商业新闻。"越来越多的人要求广告应该符合实际，产品导向。"真理也许不是那么光鲜，但是事实的陈述必须使人信服。"《明智广告》（*Judicious Advertising*）杂志撰稿人海伦·玛·肖（Helen Mar Shaw）写道。用事实说话的广告，不会采用所谓的"广告点子"（advertising ideas），这里指讨喜的双关、漂亮的姑娘、闪闪发光的物件，就是没有一样与产品有关。不重要但是朗朗上口的"广告点子"的人气，1906 年《印刷者油墨》宣称，"与广告是文学或艺术的观点都一并过时了"。[5]

　　文案的事实基础就是"说理"（reason-why）广告的基石。"说理"的发明者是约翰·E. 肯尼迪（John E. Kennedy），他是加拿大皇家骑警队的前警官，（根据业界传说）在 1904 年一个春天的早上走进芝加哥的帕尔莫饭店（Palmer House），径直来到酒吧，在名片上草草写了几笔，让侍者拿到楼上罗德和托马斯广告公司（Lord & Thomas）主管艾伯特·拉斯克（Albert Lasker）的房间。名片上写道，如果拉斯克想知道广告究竟是什么，就到下面的酒吧来，有个人可以告诉他。拉斯克上钩了，几杯加拿大俱乐部（Canadian Club）威士忌下肚，肯尼迪告诉拉斯克，广告其实就是"纸上推销"。他坚持认为，广告主需要用详细资料说明产品，抛弃一切毫不相关的东西。[6]

　　对广告传递信息能力的强调，使人相信广告是"合并的时代诞生的伟大分销机器"的关键环节，行业期刊《名誉》（*Fame*）一位撰稿人如此写道：

　　　　在新体系下，生产者会与成千上万人同时对话，而不是雇旅行推销员去和每个人一对一面谈。怎样才能做到呢？通过平面商品目录、优美的册子、诱人的海报、杂志和周刊广告、日报专栏以及成千上万种抓住公众眼球的天才独到手段，这些都是全国最聪慧机灵的人设计出来的。

建议"除了头脑之外一无所有的年轻人"考虑进入"这个崭新的庞大公共宣传系统"工作。费城沃纳梅克（Wanamaker's）百货公司的传奇文案约翰·O. 鲍尔斯（John O. Powers）在 1903 年《美国政治与社会科学院编年史》（*Annals of the American Academy of Political and Social Science*）中向读者总结了全国性广告的意义："广告和分销的关系如同铁路和运输的关系。"广告的离心作用，在中性的技术语言中被遏制住；从这个角度来看，广告在这个新兴的、不带个人色彩的系统中扮演了价值中立的工具角色。[7]

　　互相依赖与职业分工是这个系统的主要特征。"专家会成为二十世纪商界的主宰力量，"1901 年《周六晚邮报》一位撰稿人预测道（这段话后来被行业期刊节选），"多面手的时代已经落幕。"现代广告公司是最需要团队协作的地方，广告战役筹备工作（甚至连单独一份广告也是）越来越依赖细化的劳动分工。"最终的广告规划是合作产生的结果，不是一个人的功劳，"广告公司总裁厄内斯特·艾尔摩·卡尔金斯（Earnest Elmo Calkins）在 1915 年写道，"它是脑力团队协作的完美体现，如同棒球一队九人是体力团队协作的完美体现。"这些公司文化的理念在二十世纪晚期已经老掉牙，但是在"一战"前还很新鲜。[8]

　　之所以提到互相依赖和团队协作，是为了适应社会经济格局的转型。在美国新兴的寡头经济中，"服务行业"正在萌芽，广告就是其中一部分。在南北战争和第一次世界大战之间，除了"基本"形式的生产加工，连消费品的制造与分销都前所未有地为全国性公司所掌控。举个例子来说明新公司体系的经济结构和价值观：手表制造业 1869 年交易额为 280 万美元，到了 1914 年翻了四倍，超过 1400 万美元；但是手表制造商却从 37 个下降到 15 个，其中有 11 家在全国性杂志上打品牌广告。到了第一次世界大战时期能够观察到，全国性广告业已经形成了一个自我延续的巨大文化经济圈。[9]

尽管小厂商也存活了下来，并且繁荣度超出很多历史学家的想象，但是大公司的经济实力对企业生活和文化都产生了深远的影响。比如，全国性杂志（如《周六晚邮报》和《仕女家庭杂志》）就是管理式秩序的生动表达：这些杂志比《大西洋月刊》（*Atlantic Monthly*）或《哈泼》（*Harper's*）等老牌高水平杂志卖得便宜，主要因为收入靠广告费而不是杂志订阅费支撑。这些杂志的广告主基本上都是瞄准全国广大市场的大公司。广告公司主管詹姆斯·柯林斯（James Collins）1907 年向一个国会委员会报告：

> 现在仍然有人认为杂志的广告只是偶尔附带的而已。但我们并不这样看。杂志是一种诱使读者看广告的工具。就像是一本大册子，其中有两个部分：娱乐与商业。娱乐部分刊登故事、图片、诗歌等等来吸引公众。商业部分用来挣钱。

难怪很多杂志中的小说有时读着和广告文案一样，即使有时在意识形态上有所不同，在叙事策略和图像志方面也很相似。随着职业－管理阶层从劳动与资本之间的战争残骸中缓慢发展起来，全国品牌广告成了这个阶层霸权的关键文化表达手段。[10]

在二十世纪第一个十年，广告业和其他管理－职业群体之间的张力逐渐激化。反对腐败商业活动的人士开始要求政府加强监管。围绕《食品与药物法案》的争论表明，广告公司客户的非法行为中，经常出现广告公司的身影。但是由于出版商越来越依赖广告收入，出现了很多复杂的问题，造假只是其中之一；这对新兴的客观新闻学造成了严重威胁。十九世纪后期随着党同伐异的报道逐渐衰落，记者和编辑为了达到职业化的高度，拥抱了客观性（objectivity）的标准，将其作为朴素语言和语言透明的升级版本。不过，出版商需要讨好势力强大的广告主，因此客观新闻学面临着成为既得利益遮羞布的危险。揭发黑幕的"媒体批评家"在二十世纪初期察觉到这种危险。《柯利尔》杂志在1911年的一则漫画作品中对此有戏剧化的描绘，漫画中野蛮的"工业利益"手持广告的大棒，威胁着一位战战兢兢的编辑，象征着"真理"的女神小雕像立在书桌上旁观着（图7.1）。[11]

黑幕揭发记者的批评倾向于一叶障目，关注具体的腐败影响案例，却忽视了霸权文化正在社会中系统化地形成。最容易攻击的目标，就是专利药广告合同中的"红条款"（red clause），条款告知出版商，"如果贵社所在州法律限制或者禁止特许专卖药的制造销售"，则此合同无效。联邦《食品与药物法案》出台后，这种恐吓就不那么有效了，但其他更隐秘的活动仍然在进行着。上面《柯利尔》漫画说明文章的作者黑幕揭发记者威尔·俄尔文（Will Irwin）接下来在后续文章中还揭露了波士顿报业的丑闻：红狐麦芽酒（Red Fox Ale）和哈佛啤酒（Harvard Beer）这两家

The Presence in the Sanctum

图 7.1　博得曼·罗宾森，漫画，《书房中的身影》，《柯利尔》杂志，1911年5月27日。Boardman Robinson, cartoon, "The Presence in the Sanctum," *Collier's* magazine, 27 May 1911.

大做广告的厂商被裁定掺兑，制造商也被起诉，但波士顿报业拒绝对此进行报道。同其他黑幕揭发记者一样，俄尔文将重点放在当地的事件和个人关系上，着重描写广告主决定从"我们的同类人"那里买版面，同类人指的是积极回应广告"默默伸出的友谊橄榄枝"的出版商。揭发黑幕的批评人士继承了朴素语言的传统，力图揭开欺骗的外衣，将腐败暴露在光天化日之下。就像其他盎格鲁裔美国改革家一样，他们坚信只要交流能够透明，一切就会变得美好。[12]

这种方法的问题在于，它对影响力的定义太认真死板，批评人士寻找的是冒着烟的枪[①]，反而忽视了逐渐成形的更隐秘的霸权结构。如果找不到出版商屈服于广告主压力的具体证据，很容易会得出客观性已经胜利的结论。然而，随着出版商愈发依赖广告收入，杂志对广告主的世界观采取了不置可否的温和态度，在总体上形成了一种支持的氛围。公司文化霸权的崛起，没有在具体的案例、具体的行为中体现出来；这个过程是弥漫式扩散的，编辑和出版商开始相信，某些观点以及某些话题的焦点已经超出了允许讨论的范畴。[13]

揭发黑幕的记者对广告的批评慢慢变成了典型的监管改革手段。他们将火力集中在边缘厂商的公然违法行为上，比如橡胶股骗局、函授骗局、专利灵药等，同时他们又对全国性广告主露出了宽容的微笑，放过了他们。塞缪尔·霍普金斯·亚当斯认为，全国性广告主犯的唯一错误就是夸大其词，可以原谅，因为这体现了一种可爱的美国民族特征。"我们热情洋溢，天生'蓬勃'，被过劳的神经中枢驱动着。我们所言所行，使用的都是大写字母，因此下意识中我们就原谅了美国同胞身上这种可以说是亲切的做法。"亚当斯在这里强调"我们"，正说明他自己暧昧的地位；与其他勇于冲锋的记者一样，他投稿的出版物（在这里是《柯利尔》）越来越依赖广告收入。到了二十

---

① 确凿证据。——译者

世纪头十年，十美分的杂志和一美分的报纸开始公开承认，没有广告主的恩惠，就没有自己的存在。[14]

新闻与广告的利益，在新兴的词汇"公共宣传"（publicity）中合流。在公共宣传的保护伞下，广告主、新闻工作者及如雨后春笋般冒出的自称"公关专家"的人都宣称，他们旨在告知公众，教育群众追求更高更好的事物。直到十九世纪九十年代时，广告行业期刊仍然在直白地建议广告主："不要试图告诉公众你做生意不是为了利润，就是为了利润，合法的利润。"然而，随着广告业逐渐排挤巴纳姆式创业法，很多广告人相信自己的公共角色有了很大提高。"公共宣传和声名狼藉这两者相差天上地下。"《广告艺术》（*Art in Advertising*）杂志在1893年警告道，这种区别是当年的巴纳姆肯定无法理解的。到了1915年，厄内斯特·艾尔摩·卡尔金斯充分捕捉到了新语言的意义，他写道，广告——

> 是同强大的"公共舆论"力量打交道。广告创造这种力量，控制这种力量，为达特定目的利用这种力量。这些目的通常是理想化的，需要长远的眼光来理解，需要坚定的信念来实现。这样做的结果会造福所有方面，包括公众、广告主、其雇员、销售其产品的店主，以及一切商业的行为。[15]

公共舆论理想的起源，在于管理职业人士渴望寻求一个超越式的含义来源，在宗教与道德基础愈发不稳固的社会中，渴望寻求牢固的价值观基础。

不过，这对广告代言人来说也是一个战略上的突破。通过创造公共舆论，使其成为共同话语的核心范畴，广告人就可以将有关利润的讨论化解在进步改革的普世语言中。面对着改革家的批评，广告主宣布自己已经改革，将批评转向了刚刚结束的专利药时代。消费者联盟

（Consumers Leagues）和其他一些组织对广告的不信任，恰好说明"我们正在为'父辈的罪恶'付出沉重的代价"，德克萨斯公司（The Texas Company）广告经理哈里·提珀（Harry Tipper）在 1915 年对广告妇女联盟（League of Advertising Women）如是说。[16]

在当时，职业广告人已经成功地抵抗住了消费者改革运动的早期攻击。他们成立了美国广告俱乐部协会（Associated Advertising Clubs of American），在 1911 年第一次大会上，发起了"广告中的真实"运动。他们首要的目标是敦促各州立法机关通过《印刷者油墨》示范法规。法律草案规定，为"任何不正确、欺骗或者误导性的声明、表征、事实陈述"负责的广告主"需以轻罪处理"。检察机构主要关注高利贷者、房地产投机商、邮政欺诈犯等处在商业边缘的人士，不守法的大公司基本上毫发未伤。这场运动的代言人鼓吹着一种高效的公共服务计划。他们猛烈抨击骗子广告主宣扬的"浪费"和"不公平竞争"，力图将职业广告同肮脏的推销区分开。沃纳梅克百货公司的广告经理约瑟夫·阿佩尔（Joseph Appel）在 1911 年大会上说："*广告不是卖东西，而是帮助人们买东西……我们站在顾客一边。我们在柜台的外面，不是里面。我们是公众的顾问。*"与其他志向远大的职业人士一样，"广告中的真实"运动的代言人旨在安抚受众的同时也安抚自己，并宣布自己在公司打造的全新公共空间中采取不偏不倚的中立态度。[17]

广告中的真实运动给了全国性广告主一个机会，允许他们不但重申对公共舆论理想的承诺，也重新巩固民族团结。运动的领导者再次强调了新教朴素语言与职业诚信之间的关系。各州治安委员会揭露的许多不法者都有犹太姓，反犹太的成见也时常出现在委员会会议上。1916 年一位纽约的组织者解释了他们处理虚假广告主的方法："我们需要对其动之以利，而非晓之以义，和一般'犹太佬'（kike）讲道义行不通的，完全行不通。"这种模式很好地符合盎格鲁撒克逊人一直以来的观念：只有自己才拥有真诚和朴素语言的传统（见第二章）。民族中心主义进一步巩固了职业主义。[18]

不过，这种民族中心心态是在现代性的普世语言的掩盖下进行的。邮寄商品目录的出现，使乡村民众将地方和区域特色融入标准化的商业风格；全国性广告教育新移民如何被"美国"生活方式同化。大众品味越来越一致，在广告主和其他职业人看来，这无疑是进步的标志。[19]

广告主对自己的进步影响力坚信不疑，开始夸夸其谈。有些行业代言人认为广告是解决分销问题的办法，进一步将广告等同于文明。詹姆斯·柯林斯在1902年的《印刷者油墨》刊文称，广告消灭了中介，实现了社会主义的千禧年；就像电车、火车和电话等"消除空间距离"的工具一样，全国性广告使消费者的人格不仅仅为了生存而存在，随着广告在分销中扮演的角色越来越重要，解放的消费者有机会追求更高尚的事物。四年之后，另一位行业期刊撰稿人调整了一下这个主题。根据乔治·舍曼（George Sherman）的说法，"社会主义者和单一税的支持者"已经证明一天只需四小时就能完成工作，但是如果只关注必需的东西，就会产生"一个除了必需品一无所有的世界，没有装饰，住宅实用至上，像谷物升降机一样；家具没有颜色，服装统一风格；每种产品都是一种规格、一种风格；没有广告，没有竞争。正义的主啊，我们会变成一个又聋又哑又盲的民族"。

广告将必需品的范围扩大，不断向更高级的消费延伸，以此督促人们努力工作来改善自己和生活环境。这就是1909年《柯利尔》撰稿人沃尔多·沃伦（Waldo Warren）列举的"广告副产品"的一项好处："通过不断重复这是一个进取的时代，人只有进取才能生存"，在美国社会培养一种竞争的精神。在沃伦和其他广告宣传者眼中，帕顿的理论似乎符合事实：广告不但不会削弱劳动纪律，反而会巩固劳动纪律。[20]

广告主称自己为进步的关键代理人，代表着社会对后千禧年思想的重新阐述。对很多进步改革家而言，这样做可以让他们在一个新教观念仍占主流的社会中获得道德合法性；对广告主来讲，它还有另外一个作用，可以让他们更加远离先辈不光彩的过去。"我们工作最重要的任务之一，就是要教育大众。"1916 年智威汤逊一则简报说道，如果放在过去，这种庄严的口吻会使广告人捧腹大笑。[21] 创业时代的先辈造成了市场的离心和混乱，而今天公司广告主的代言人声称自己截然不同，塑造着一个稳定的社会，向着世俗千禧年前进。

这种狂妄背后的知识观在二十世纪初期充斥着整个管理 – 职业阶层。与同时代其他抱负远大的职业人士一样，广告人也开始幻想自己是统治者，通过使用"社会科学"，"我们"（管理式精英）已经有能力来预测和控制"他们"（消费者）。这种世界观的知识论基础，是实证主义二元论。社会科学家宣称自己就是科学家，能够在观察者和被观察者之间划清界限，相信自己作为观察者能够不带任何心态和偏见地分析研究对象。[22]

虽然美国社会科学家从十九世纪传统中继承了实证主义和二元论的历史包袱，但很多人也参与到"反形式主义"的大潮，抛弃了一些实证主义和二元论的思想模式。[23] 社会科学家（和广告主）对身心关系和自我的观念变得更富流动性，溢出了传统的笛卡尔主义范畴界限。同二十世纪头十年美国许多中上层人士一起，广告主和社会科学家开始使用"新心理学"（new psychology）的口号（见第六章）。这反映出一种普遍的趋势，将头脑视为帮助人类适应环境的工具，而不是静态的能力组合。新心理学对包括性行为和政府政策在内的一切事物都采取了一种更灵活、更实用的态度；它承诺从僵化的范畴和无尽的二元论中解放出来。不过，这种强调适应的达尔文式观点暗示着人们应该行为从众。在实用心理学家约翰·杜威看来，适应意味着问题解决方案的创新，而不是逆来顺受。但是《持家有方》

和《美利坚杂志》中新心理学的传播者却将杜威的定义歪曲得不成样子。他们将现存的社会结构和流程自然化，宣扬规范性的心理学，鼓吹"调整"的美德。[24]

新心理学中有关心灵和社会之间关系的理论，使人们开始从社会科学方面对古典经济学提出批评，这种批评或多或少与管理式世界观融合。在《社会流程》（*Social Process*，1902）中，社会学家查尔斯·霍顿·库利（Charles Horton Cooley）批评道，"经济人"的模式"像经济学本身一样虚假，只要系统无法吸引我们这些服务系统的人的想象、忠诚和自我表达，这个系统就永远也不可能有效"。（系统这个词在这里不是指静态分级，而是一个富有流动性的"社会流程"，在最高效率时也会保持动态平衡。）互相依赖（这个词一直是职业人士的护身符）的新条件在社会和个体之间产生了一种共生的情感关系。[25] 改革派社会科学家们相信，通过运用民主社会工程（见第六章），就可以利用各种关系来宣传有价值的社会目标。库利暗示道，领导者应该利用群体的"想象、忠诚和自我表达"，来实现凝聚共识的目的。无论是库利还是杜威都没有意识到这种观点后来会成为维持现存社会等级的工具，但是它的确变成了这样的工具。到了二十世纪二十年代，沃尔特·李普曼等的管理式思想逐渐推崇将这种群体流程方法作为小伎俩来解决劳工纠纷和其他形式的社会矛盾。[26]

广告人（就我所知）从没有使用过"民主社会工程"这个词汇，但是他们的确拥抱了一个类似的平行议程，也扎根于新心理学。1903年，西北大学商学院广告学教授沃尔特·蒂尔·斯科特（Walter Dill Scott）开始发表一系列文章，最终编纂成一本颇具影响力的书《广告心理学》（*The Psychology of Advertising*，1908）。二十世纪前二十年涌现出几十部类似作品。几乎所有作品都列举出各种"本能"（"家庭本能""群体本能"等），采用联想主义关于因果关系的理论，要么符合行为主义（比如那可怜孩子的"父亲"约翰·B. 沃森在智威汤逊的工作生涯），要么通常符合"建议心理学"。[27]

建议心理学的走俏，揭示出全国性广告主与十九世纪小贩、催眠师和其他兜售"影响力"的从业者之间的继承关系。1892 年，《名誉》杂志的一位撰稿人将广告与催眠术放在一起比较，他观察道："公众是顺从'建议'行事的，而不是基于理性行动。"直到 1905 年，早期广告公司老总之一约耳·本顿（Joel Benton）仍然在说，广告文案人需要培养一种玄秘的读心术能力："必须看穿人类的特性，探索思想的根源。"不过到了当时，心理分析的普及已经开始为建议心理学提供一套新的词汇。芝加哥一位广告公司老总约翰·李·马因（John Lee Mahin）在 1910 年对大多数社会普遍观点进行了总结，他写道："消费者购物时几乎总是下意识遵守权威的命令，焦虑地咨询并尊敬着权威。"一边执迷于探索潜意识，一边决心成为"焦虑地咨询并尊敬着的"权威，这逐渐对"一战"前广告主看待观众的态度产生了深远影响。[28]

广告主与观众之间越来越大的距离既来源于阶级区分，也来源于性别区分。同"具有影响力"的先辈一样，现在的广告人经常认为广告的受众群主要是女性。"从哲人的角度来看，"詹姆斯·柯林斯在 1901 年写道，"女人是男人附带的助手；从聪明广告主的角度来看，女人是地下世界女王，王室专用金的女主人，面包、猎犬和国库的掌管者。"到了二十世纪早期，社会普遍认为 85% 的消费购买是女性进行的（但从未有人能列出数字具体来源），并默认女人的头脑就像一个个大缸，装着冒泡的粉红色非理性念头。[29]

这种对女性的居高临下态度，不仅在广告业的男性辩护者中盛行，在广告业的女性支持者中也占主流。尽管行业期刊经常指出女性非常适合广告业的工作，但是只有屈指可数的几位女性爬上了全国广告业的巅峰。早期最著名的代表人物也许要数斯佩里和哈钦森（Sperry & Hutchinson，绿色邮票 [Green Stamps] 的发售商）的广告经理珍妮·J. 马丁（Jane J. Martin）。她与伊迪丝·华顿同样来自纽约上流社会；与大多数享有特权的精英男士相同，她坚信自己的成就是凭借个人本领实现的，与别的无关。1915 年在《纽约论坛报》（*New York Tribune*）对她的采访中，她认为"只有非凡的女人才拥有雄心大志，才会声名显贵"；她觉得大多数女人不会在商业圈中成功，因为"她们不清楚也不愿意学习如何真正工作"。上升到马丁这个地位的女性，可以和任何男性商业信徒一样自以为是、傲慢自大。[30]

不过，从整体上来看，广告主对观众的优越感跨越了性别界限，对男人和女人一样鄙视。"基本上没有男人纯粹是因为热爱知识才去获取知识，对普通的头脑来说，这意味着太多的时间、太多的麻烦。"《名誉》在 1892 年发表意见："大众只满足于被惊奇而已。"1911 年《印刷者油墨》一位撰稿人引用了艾略特（Eliot）对大众社会（mass society）的愿景，列举出"一些原因来说明为什么'说理'广告经常失败"。令人信服的广告并不总是能够使观众信服，是因为"普通的头脑要么就是不能、要么就是不愿意顺着[广告主的]逻辑得出正确的结论"。让那些提倡说理广告的人仔细学习一下人口普查报告吧，看看有多少人从事的工作连猴子都会做；让他在任何一天的黎明前站在街角，就能看到多少人对说理根本不理不睬！广告人并没有使用大众社会理论的语言，但已经开始将消费者作为大众社会的一分子来构建了。[31]

采纳巴纳姆式的宣传手段：走向大众社会的意识形态

广告行业期刊经常将观众反复设想与再造，但是到了二十世纪早期，一种微妙的变化开始浮出水面。1895 年，查尔斯·奥斯丁·贝

兹对未来的广告人发出了警告："为了'抓住'眼球而付出大量精力
和版面是有问题的。杂志读者是一个休闲的人。他晚饭过后坐进舒适
的椅子，双脚抬起，嘴里叼着雪茄……没有必要用巨大的黑体字对他
大喊大叫。"到了 1910 年，詹姆斯·柯林斯开始打造一种不同的潜在
消费者形象。他讲述了一个故事，"在一座东方城市中，一位五金零
售商"有一些猎斧无法搬动，就放在了前窗上：

　　吃午饭的时候，小斧头全都卖了出去，被商业区中午出来吃饭
的人群带回了家。人们驻足观看各式各样的工具，坐办公室的人对
很多工具十分陌生。但他们立刻就认出了那些闪亮、锋利、涂着红
漆的猎斧。看着这些斧头，办公室一族感到想要劈开什么东西，于
是就把斧头全部买走了。

从休闲的杂志读者到繁忙的"中午出来吃饭的人群"，这种变化趋势
具有重大的意义。[32]

　　1900 年之后，广告主愈发重视吸引忙碌的人群。在《印刷者油
墨》和类似期刊中，因为这种关注，出现了题为《如何吸引匆忙奔波
的报纸读者》（"Interesting the Slapdash Hasty Newspaper Reader"）
这种文章。这暗示出一种新生的大众社会形象：人们在匆忙的常规生
活中渴望新奇。行业期刊的撰稿人将产品放在了新兴的生活节奏中，
指出广告主应该一面重复强调产品商标，一面采用不停变化的图像。
程式化的日常生活需要频繁注入新奇事物的观点，开始影响产品设计
理念；在二十世纪初期，一些富有冒险精神的广告主为有计划地淘汰
找到了理由。1911 年《印刷者油墨》声称，尽管守旧派仍然抱有疑
心，但启动"新模式"的策略是有效果的，实现了"广告的诱惑"，
不仅在服装方面，在打字机、汽车及其他平凡的商品上也有显著效
果，实际改变也许很小（涂上了一层新漆，前座稍微倾斜一些），但

是对消费者的吸引力却是巨大的。新奇事物的磁力扎根于消费者日常的焦虑与无聊，分期付款的兴起使这些商品更加吸引人。随着有计划地淘汰的发展与分期付款的普及，消费文化的两大基石开始成型。[33]

广告主观念中最为微妙的改变，是他们对消费者感性的看法："想要劈开什么东西"的"办公室一族"似乎是由沮丧和渴望驱动的，这些情绪在早期广告主对观众的看法中是不存在的。闪亮红斧头是成人的玩具，吸引着终日伏案工作的"男孩子"。他们的沮丧和渴望究竟有多么普遍不得而知。重要的是，广告主愈发相信大众受众像儿童一般，并抓住这个机会开发有创意的销售手段。"我们都应该多考虑一些孩子气的事物，这对我们有好处，因为在积木时代人的心理图像给人的影响是巨大的，由此引发的冲动在很大程度上决定了人的行动。"1910年一位行业期刊撰稿人观察道，并强调"心理图像作为销售因素"的重要性。[34]

当然，心理图像可以建立在确凿的事实基础上。进入新的世纪后，最富冒险精神的广告公司模仿爱雅开始了市场调查。若想了解消费者，仅仅揣测他心理活动，观察他在五金商店中的行为是不够的：需要对消费者做定量考察，根据收入、社区、种族和宗教等分类，将这些数据同品牌偏好互相联系，再测试他们对具体广告的反应。这最后一步是智威汤逊公司在1903年首先系统化进行的。芝加哥办公室的设计部在二十五个全国杂志中插入整页的广告，并征求读者意见：在三万多条回复中，他们发现"［中上层白人盎格鲁撒克逊新教徒］民众"并不喜欢没图的广告，也不喜欢啤酒广告。这项调查表明，市场调查不仅包括衡量客观数据（比如收入和居住地点），也要调查文化与心理态度等难以捕捉的因素。[35]

这就使广告主重新回到了探索消费者心理的问题上。到了最后，不管如何数据调查，如何自诩职业主义，还是无法使广告摆脱猜测消费者到底需要什么的老把戏。消费者的形象越孩子气、越不理智，狂欢式煽情主义和动之以情的手段就显得越正当。

尽管广告主管渴望职业化，却从未能完全抛弃巴纳姆的遗产，从未能让自己和社会职业人士（如门诊医生）站在一起，尽管已竭力模仿其意识形态。一部分原因是他们只拥有有限的权威：与医生和律师不同，广告人声称自己掌握了专业技能知识，但不管客户多么不专业，最终都要向客户低头。另一个更为深层的原因是广告业的本质：广告总是想尽办法巧妙编排表面效果，但这样的方式又破坏了广告为实现真诚、客观而摆出的样子。广告主竭力通过使用管理式的专业习语来稳定含义，但仍然被包围在广告业模棱两可的暧昧之中。

广告主管和文案人面对着一个根本上的矛盾。职业管理式世界观在新教朴素语言上涂了一层科学的光泽：在知识论上，它创造出一个巨大的机器用来证伪或证实自称为普世真理的观点；在伦理问题上，它鼓励将个体与公众的人格进行焊接，形成单一系统化的生活。但是广告人是从狂欢式传统中发展起来的，这种传统颠覆了统一的含义，通过劝说、戏剧化以及彻头彻尾的诡计来实现成功。

这种传统的顽强生命力，将事实的信徒摆在了一个不利的地位，尤其是随着科学进步的标准化，产品差异化越来越困难。汽车广告就是一个很好的例子。温顿汽车公司（Winton Moter Car Company）的广告经理在 1909 年称：

> 一个人买了辆汽车，就等于买了一件具体的实物。铁、钢、黄铜、铜、皮革、木材和马鬃，以一种特殊的形式组合在一起，能够产生特定的效果。那为什么要用一些毫不相关的东西来吸引他的注意力呢？汽车本身蕴含的价值不足以吸引他吗？为什么要提"氛围"这种他买不到的东西？

这种直白的观点很快就过时了，只有制造商内部还能听到。在广告业，查尔莫斯与皮尔斯－箭头（Chalmers and Pierce-Arrow）汽车公司的广告很快就因为"用语言刻画汽车的魅惑欢乐"及淡化处理"机械优势"（图 7.2）而被人称颂。汽车广告中"氛围"因素大获全胜，象征着幻想的元素已经融入新兴的分销系统（图 7.3）。[36]

然而，基本上没有职业广告代言人会承认这种现象与狂欢传统有关。为了否认自己的源头，大多数人抗议得有些过分了。1910 年巴纳姆诞辰一百周年时，《印刷者油墨》对这位先知进行了否决。杂志抨击道，赞美他的"广告能力"，就如同医生认江湖郎中做教父一样。巴纳姆"充分利用了美国人性格中的某些特点，但这些特点正在快速消失：包括对反常事物的奇怪胃口、对诡计的仰慕以及对讨厌事物的着迷"。杂志编辑认为这种文化风格只存在于愚昧落后的过去和今天的边远地带，但还是承认了巴纳姆在伦理和品位上的进步：因为将瑞典女高音詹妮·林德（Jenny Lind）介绍给广大的美国人民，他成了一名严肃的演出经理人，"开始宣传并展出一些实质性、真实性的东西，而不是原来和诈骗无差的玩意"。现实仍然是广告主衡量自己成就的语言基准。[37]

在二十世纪初期美国商业文化的生产主义氛围中，衡量的结果有

图 7.2　弗兰克林汽车公司广告，1913 年。爱雅收藏品。

Franklin Automobile Company advertisement, 1913. Ayer Collection.

图 7.3　乔丹汽车公司广告，1920 年。爱雅收藏品。

Jordan Automobile Company advertisement, 1920. Ayer Collection.

时并不让人放心。"日前一位著名的制造商同其广告代理进行了一次极其难受的磋商，会后他说，"1908 年《印刷者油墨》登文道，"'上帝啊，让我回工厂吧！让我用双手去触摸，亲眼去体会吧！每次处理广告问题时，我都觉得大地正在下沉，自己飘到了不可捉摸的九霄云外，连一根救命稻草都抓不到！'"他的爆发一方面说明，广告中介操纵漂浮的能指来获取利润，使生产者很不舒服；另一方面又戏剧化地表现出在这个由去物质化欲望驱动的消费文化中，物质主义者感到很别扭。制造商准确察觉出，广告和产品本身无关，而是对事物的渴望的呈现。[38]

　　广告人面临着巩固自身的巨大压力，有时甚至连《印刷者油墨》的编辑们都采用一种防卫口吻来恳求读者。"如果我们所有人，包括出版商、代理与广告主，对待广告的态度再严肃一些，毫无疑问广告业会变得更美好。"他们 1915 年写道，"我们每个人都是卖东西的，不能因为我们卖的东西无形无体就说它不是真的。"这就是问题的核心所在：人们意识到，同农业和制造业相比，广告与其他服务行业一样，从事的都是看不见摸不着的东西。[39]

　　推销行业一直就有转瞬即逝的特点，至少从流动小贩时代开始就是这样。劝说顾客的过程与产品本身同等重要，有的时候更重要。广告文案人在尝试定义广告业难以捉摸的本质时，也承认了这一点。1912 年，《明智广告》杂志的一位撰稿人将广告描绘成"销售发动机的火花"，"可以培养人们对产品的心理态度，为其附加价值，比其本身价值还要大"。事物的"本身价值"扎根于生产主义对真实的定义；广告文案人（如同以前的小贩和其他推销员）通过认可想象力在操纵外表、获取信任并创造价值方面的无穷潜力，重新塑造了商业真实。[40]

对想象力的认可有时能够带来惊人的坦白。约耳·本顿在 1902 年撰文指出，"劝说的艺术"能让人相信荒谬的东西，比如街角的托钵僧："如果广告主能够学会托钵僧温暖诱人的口音，他过时陈旧的广告也许就可以获得新生。"广告中对"新生"的寻求，可以促使广告主回顾过去而不是面向将来，向街角的托钵僧等先辈学习。过分的职业主义带来了标准化和无聊感。"报纸杂志上的广告一眼看上去就知道是'排版'员、版面设计师和广告'专家'的作品。我们似乎能听到机器嘎吱作响，轮子嗡嗡旋转。"1908 年《印刷者油墨》抱怨道。由于恐惧职业主义会扑灭"销售发动机的火花"，很多广告人开始拒绝理性化，坚持"在广告文案中保持人性"的重要性，1910 年坚定的自助（self-help）书籍作家埃尔伯特·哈巴德（Elbert Hubbard）如此说道。尽管广告代理公司主管力图将公司变为平稳运转的业务生产部门，代理公司内部的日常生活仍然混乱难测，"因创作的疯狂而染上色彩"，海伦·伍德沃德回忆道。提供给文案人的建议总是强调创意的重要性，创意是平稳职业主义的解毒药，是专业层级化理念之外的另一种选择。[41]

但是创意又是什么呢？有时可以解释为与客户打交道时的灵活伦理观。早在十九世纪九十年代，争夺客户十分激烈，广告业成为霍布斯式的丛林："互相抄袭广告点子的现象十分猖獗，"1894 年行业期刊《名誉》的一位撰稿人抱怨道，"仿佛思想的世界正迅速变为咆哮的荒野。"行业期刊很早就意识到奉承与殷勤的重要性，"影响力"的魅惑艺术不但要用在消费者身上，也要用在客户身上。"有一种方法

是订购 25 美分的雪茄，配得上客人的尊贵，但又不会让他觉得因为
自己不怎么抽雪茄就低人一等。"1896 年一位广告经纪人坦白道，"有
一种方法是多订购一瓶葡萄酒，显得酒可以随便喝。有一种艺术能够
让人对自己非常满足，让他相信自己比实际中更伟大。"不过，在和
客户交谈时，广告人会至少拿盈亏结算线来说话，作为成功的量化指
标；在和消费者交谈时，他们的权威就更加不稳定了，不是建立在准
确的知识上，而是仅仅建立在知识的外表上。[42]

因此，广告文案筹备过程中会咏唱极其夸张的赞美诗来歌颂创
意。二十世纪早期大多数时间内，尽管广告越来越注重"吸引眼球"，
广告人的主要关注放在了文字艺术而不是视觉艺术上。1893 年《广
告生意经》（*Profitable Advertising*）杂志的一位匿名撰稿人将广告专
家称为"知晓文字价值的人"，这句话（尽管他自己没有意识到）真
是富有预见性：尽管努力拥抱客观性的认知风格，但"只会爬格子的
人"对每家广告公司的成功起着核心的作用。广告文案人经常被比喻
为演员、舞台导演、电影人等角色。不管比作什么，都是指他 / 她运
用文字和图像诱使观众走进被创造出的宜人世界。[43]

将广告人等同于戏剧艺术家的观点不符合管理式意识形态，同
样地，用来形容成功文案人创意过程的词汇也与其不沾边。在某些
人眼中，这属于浪漫主义的狂热："为了创作出畅销的文案，广告文
案人必须热情洋溢。"1912 年《明智广告》一位撰稿人坚称："在魔
力之火的光芒下起舞的一天，抵得上一个礼拜的单调苦工。真正的
广告'艺术家'都是自我催眠师。"这种精神恍惚的境界同广告业的
管理式观念格格不入，总体上也不符合客观性的真理观。虽然无数
人认为祭出"真诚"是广告成功的必要条件，广告人仍然意识到，
最重要的任务是"*在消费公众中营造出信赖感*"。公众的盲信给了他
们一个绝好的机会。"这是个信仰的时代。"《智威汤逊蓝皮书》（*J.
Walter Thompson Blue Book*）1906 年宣布："所有的时代都是信仰的

时代……若想不信，需要意志主动抵制，而信仰，只需要默许就可以了。广告将人的信仰转变为一种资产。"在这个"信仰的时代"中，从默许信仰中能够挖掘巨大的利润，因此撒谎的诱惑让人无法抵抗。这使广告主管产生了混乱的想法，这些想法很能说明问题。[44]

智威汤逊主管赛勒斯·伊顿（Cyrus Eaton）的《广告布道》（*Sermons on Advertising*，1908）就是一个典型。题目让人想起生命力顽强的传教方式，但读着让人感到一丝讽刺。

谎言为上帝所痛恨，但是在困难时期却十分有帮助。巧妙编织的谎言几乎如真理一般为人所接受。说谎者首先必须相信自己，即相信自己能够成功说谎。他必须拥有真正的活力、激情和自信。强烈的个性能够给一个普通的谎言扣上一圈神圣的光环。

普通的广告主并不想要撒谎，不是存心去骗人；但是他故意胡乱利用真相，结果和撒谎的效果一样。

一切常规生活都或多或少是虚假的；到处是虚仁假义，就像面部满是麻疹的孩子一样。日常用语中充斥着夸张。诚实的广告商必须使自己适应条件。如果他使用了直率朴素、"我妈这样说过"的老套手法来解释真相，他不会成功吸引人……

但是除了伦理问题之外，撒谎能带来好处吗？

我说没有，绝对没有。真理可以比虚假更有娱乐性。但是广告必须为人民所理解，应该以他们能够看懂的方式写出来。[45]

这段话充满了各式各样的自我揭示。伊顿对成功说谎者的描述完全可以用来形容广告文案人：他激情迸发，渴望说服别人，但并没有特定的目的，也不代表特定的产品。过程就是全部；真诚本身可以成为一种表演。（1917年《哈珀》上一位广告评论家说："人们基本总是相信真诚的*表面价值*。"）[46] "布道"的其他地方也同样具有揭示性。在指出"常规生活"的虚伪和日常用语的夸张之后，伊顿说广告主需要适应"条件"，否则不会成功"吸引人"。他很快又空洞无力地为真理辩护，称其"可以比虚假更有娱乐性"，最后提醒读者广告不得不顺应"人民"，但他刚才还称人民的生活是虚伪的、容易夸张的。

伊顿揭示出广告业的核心矛盾，即一面假装宣扬客观性的管理式职业主义，另一面在知识论方面又进行狂欢式的颠覆；不过他也指出了挣脱困境的方法。通过巩固广告人对观众的优越感，贬低公众的心理能力，制定"大众人"的语言，广告代言人能够降低管理式话语与狂欢式话语之间的张力：为少数人提供理性，为多数人提供非理性。第一次世界大战及战后便为这种意识形态的发展提供了新的机会。

第一次世界大战及战后：国家的啦啦队

在战争期间，当政府对国民从众性（conformity）的要求到达顶峰时，管理式精英相互合作，效率非凡。因为这场有争议的战争是在离本土很远的地方进行的，所以需要统一的象征物才能动员千差百异、吵个不休的民族。通过提供这些象征物来动员整个民族，全国性广告主获得了空前的合法性。如果巴纳姆还活着，也能在贝拉米的"工业军队"中充当振奋军心的吹鼓手。第一次世界大战的到来赐予广告公司一个绝佳的机会来展示自己的体面地位，并重申与其他抱负远大的职业人士的联系。广告人在乔治·克利尔（George Creel）的公共信息委员会（Committee on Public Information）中扮演了重要的角色；由信奉新教的盎格鲁撒克逊人组成的全国性广告业为干预主义和好战情绪提供了肥沃土壤。[47]

战争中，对"公共宣传"有益力量的进步信仰达到了高潮。1917年 11 月，《新共和》（*New Republic*）的一位撰稿人指出近期战争广告中充斥着幼稚的孩子气，督促广告主追求更高的标准。"广告中的水兵和箭牌衣领（Arrow brand collars）广告的衣冠楚楚的金发小伙看起来一模一样。"战争广告应该用想象力打动公众的灵魂，如一些艺术家创作的自由公债（Liberty Loan）[①]海报一样："国家被迫刊登广告招募新兵入伍，正如同制造商被迫刊登广告吸引购买者一样。"在这一点上，广告主与《新共和》达成了完全一致。[48]

在"一战"期间，全国性广告业的代言人开始制定一套分析方法，这种方法后来成了人们在反思政府政策时使用的方法：他们开始将政治上的成功或失败归结为营销战略的成功或失败。当然，至少从十九世纪九十年代开始，政治候选人就已经开始了广告宣传，自西奥多·罗斯福当政起，各政党就一直与广告公司有合作。但"一战"是历史上首次系统化地采用劝说大众的商业技巧来推广政府政策。[49]

对某些广告人来说，政府最主要的问题是营销战略限制重重，古板僵化，根本拼不过德国的政治宣传。据智威汤逊一位高层所述，1917 年夏天有人开车到"弗吉尼亚州的一座城市，离华盛顿不到一百英里，敦促农妇们不要把水果罐装，因为政府要将水果征公"；政府无能为力，无法对付"这种德国政治宣传"，而任何一家商业组织都知道应该在当地报纸中打广告宣传。[50]

不过随着战争逐渐耗下去，随着全国性广告主越来越直接参与政府的公共宣传政策，他们的看法比以前更加乐观，也更加自卖自夸。"战争不但是战士和军火打赢的，也有广告的功劳，"《印刷者油墨》在停战协议三天后宣布，"一方是压迫与遮掩的军队，一边是

---

① 美国在"一战"时发行的公债。——译者

表达与开明的军队，两方足足打了四年。"美国人最惊人的成就是成功对超过一亿人进行了"志愿个人动员"，而有组织的公共宣传在其中扮演了核心的角色。但是另一方面，《凡尔赛条约》是"世界上最失败的广告"，这是富国银行快递（Wells, Fargo & Co. Express）的广告经理爱德华·韩格福（Edward Hungerford）在《广告与销售》（*Advertising and Selling*）杂志中说的。伍德罗·威尔逊（Woodrow Wilson）总统本应找一个顶级广告经纪人替代乔治·克利尔。克利尔根本不懂宣传手法；他将记者赶到奥里萨巴号的二等舱，自己和总统却乘坐"乔治·华盛顿号"头等舱；到达巴黎之后，他对媒体人员的情况不闻不问。媒体本该受到盛筵款待，在绅士俱乐部之类的地方安顿下来；但是一切机会都浪费了，条约也是个失败。至少职业广告人是这么看的。[51]

战争给全国性广告主带来的，不仅是媒体管理价值的普及；战争也将公司广告的文化融入其他管理式精英制定的负责人口分类的文化制度。其中最重要的是陆军智商测验，它加速了行话与当地知识的消失，取而代之的是可疑的普世职业知识。对公司广告标语的认识被正式收录在"智商"的标准之中。甲种测验（Alpha Test，为能读写英语者设计的）整整十分之一的问题都是从全国性广告摘来的。新招兵与应征兵都需要回答如下问题：

左轮手枪是哪家公司发明的：

　斯威夫特　　史密斯·威森　　W. L. 道格拉斯　　B. T. 巴比特

"一切缘由，尽在其中"是哪个商品的"广告"：

　饮料　　左轮手枪　　面粉　　清洁剂

皮尔斯 - 箭头汽车是在哪里生产的：

　布法罗　　底特律　　托莱多　　弗林特

　　从来没有哪一范畴的"知识"是如此明显地由具有特定意识形态的某一特定社会群体构建的。陆军智商测验说明，公司广告同社会科学已经融合，延续了世纪之交时西奥多·罗斯福和进步党盟友启动的计划：同化新的文化语言与思想模式，振兴盎格鲁撒克逊精英权威。[53]

　　战争宣扬的关键习语，在一个时髦的词"体系"（system）中有很好的概括。在战争的氛围下，这个词的社会内涵是指整个国家齐心协力、整齐划一的行动。1918 年 3 月，纽约全国商业银行（National Bank of Commerce in New York）的副总裁盖伊·爱默森（Guy Emerson）坦诚说道，看到"一个伟大的国家默许通过有悖此国传统的一项法案"即军队征兵法后，自己深受启发。"如果没有公共宣传，根本连想都不敢想。"只要看看"俄国内部思想与行动无法统一的现象"，就可以意识到这种举措的重大意义，爱默森写道。广告成功动员支持战争的情绪，"证明美国人民在骨子里是健康的；这个国家由这么多各异种族的人汇合而成，谁都没敢想过美国人民竟然会如此团结。通过全国范围内的公共宣传，美国人民发现了自己"。[54] 民族觉醒的一个关键维度就是公众要在表面上表示同意，创造共识。战争宣传就是民主社会工程行为，与普鲁士式的严格编组与严苛纪律迥然不同。当然，严格纪律的确存在，比如解雇和平主义的大学教授，恐吓没有购买战争债的"懒鬼"等。但是，尽管广告参与到智商测验这种僵化的等级流程中，在总体上还是代表了意识形态动员的"软性"一面，没有强行将"文化"（Kultur[①]）按在人民头上，而是将重点放在提升士气上。

　　战时及战后，在心理学家 G. 史丹利·霍尔（G. Stanley Hall）和其他改革派治疗专家的工作中，士气（morale）的概念获得了空前的权力。如果道德意味着遵守自我之外的戒律，士气就意味着为了崇高

---

① 德语词，意为德国文化，因"二战"前德国的种族主义、威权主义和军国主义，该词在英语中经常有贬义。——译者

的事业勇敢解锁自我内心的资源。对哈利·爱默森·佛斯迪克等牧师来说，基督徒的士气取决于他自己的理想是否与"必要的行动"完美和谐；他高尚的力量不应该用于战斗，而应该用于实现更伟大的目标："冒险、忠贞、自我牺牲、不畏危险的精神。"不管这些价值听起来多么含糊，它们代表了佛斯迪克的良苦用心，即在社会从众的巨大压力面前保持个人的道德操守。[55]

不过从社会科学家的角度来看，士气这个词将个人心灵健康同国家的社会活力融合在一起了。对史丹利·霍尔、安妮·佩森·科尔和路德·古立克及其他倡导者来说，士气就是披着民主社会工程外衣的社团主义（corporatist）影响力，即通过模仿自我实现（self-actualization）来达到社会控制目的的模型。它的基本观点是，通过对欲望的冶炼，每个个体都能通过追求私人情感满足，最有效地为一个物化的社会效劳。这是伯纳德·曼德维尔（Bernard Mandeville）或者亚当·斯密理论的心理学版本。没错，士气理论的推崇者同其他民主社会工程师一样，有时认为自己的理论是对古典经济学的纠正。人们渴望为高尚的事业奋斗，因为这能带来纯粹的情感刺激；国家需要愿意冲锋陷阵的战士与忠心耿耿的公民。因此，将欲望与义务联姻，顺从古立克笔下的"现代生活维系复杂相互依赖关系所必须的公司良知"，还有比这更好的解决方法吗？一个个可操纵的流动自我集合起来，形成了一个可操纵的流动社会。为了使大众心甘情愿去做不得不做的事，美国早期涌现出很多方法，扎根于公共舆论力量信仰的士气理论就是其中之一。[56]

广告对士气的诠释多种多样。有时就是赤裸裸的爱国情操和模仿牺牲。1918 年 7 月一期《大都会》（Cosmopolitan）刊登一则广告，画中一只手拿着一杯可乐，投下的影子就像是自由女神的火把一样，文字是："您这杯可口可乐代表着胡佛先生和您的政府在省吃俭用的巨大牺牲后分配给您的物资。可口可乐公司将战时责任视为自己的特权与荣誉，虽然产量有所下降，但我们仍然努力发光发热，报效国家。"有的广告则显露出更大的野心。广告人冒称自己是教育权威，将自己看作古立克笔下"公司良知"的维护者之一。通过和大众展开"人性的对话"，广告主能够像 1918 年柯达公司（Eastman Kodak）总裁所说的那样，变成"国家的啦啦队"。[57]

广告主当啦啦队，调动惰性大众的守纪激情，歌颂战场上战神们的丰功伟绩：这清晰说明广告主开始将新兴的名人话语融入广告之中。"与其他伟大的人物一样，伟大的演员比群众要更加富有活力，"1917 年《服饰与美容》（Vogue）杂志宣称，"伟大的演员走过，无意识间将生命注入了本来死气沉沉的人群。"战后迅猛发展起来的见证式广告经常使用名人形象来拯救大众。见证式广告不再唠叨人们的病痛，转而赞美歌手、演员、名媛传奇般的蓬勃活力，这些人吸着好彩香烟，用着力士（Lux）香皂，服着菲氏酵母泡沫片（Fleischmann's Yeast Foam Tablets）。"国家的啦啦队"眼中，光彩名人效应之所以重要，是因为它是新型社会体系中管理群众的一种隐喻模式。[58]

与此同时，精英对于群众的理解在暗中发生着变化。历史学家中有一种老掉牙的看法：因为威尔逊没有将世界变为民主的天堂，结果认为普通人能够进步的信仰被扑灭了。同大多数老掉牙看法一样，这种说法的核心观点其实没说错。"公共宣传本是进步时代的希望，后来却变成了政治宣传，成为二十年代的祸根。"历史学家理查德·泰德罗（Richard Tedlow）写道。战争带来了令人不安的现象：整个民族在煽动下憎恨一个从未见过面的敌人。大西洋两岸的很多知识分子，从诗人（T. S. 艾略特）到社会工程师（沃尔特·李普曼），都愈发恐惧有独立思考的个体已经屈服于非理性的群众。电影导演京·维多（King Vidor）在《群众》（The Crowd，1928）中将这种恐惧做了戏剧化的处理。电影中，一个来自小镇的现代普通人原来还拥有独立的梦想，逐渐堕落到白天淹没在办公桌的海洋中，晚上在人群中目瞠口呆地观看滑稽戏。农村野汉愚钝空洞，郊区中产是"愚民阶级"（booboisie），H. L. 门肯（H. L. Mencken）和辛克莱·刘易斯（Sinclair Lewis）等文化批评家对这些观点坚信不疑。甚至约翰·杜威都担心群众容易受到大众宣传的影响。到了 1929 年，《国家》（*Nation*）的一位撰稿人将全国性广告主的受众同堪萨斯一位驯猪冠军的受众放在一起比较，这位冠军说道："语言是无所谓的，朋友。只有感觉才算数。重要的是感觉，必须投入激情，必须让猪相信你有它要的东西。"[59]

将群众比喻为猪的做法起源于几个不同的现象。有一些是从外国来的：比如拥护墨索里尼的狂热群众，比如"一战"中欧洲的工人阶级冲上战争的屠宰场。还有一些发源于美国国内。对陆军智商测验的大众报道宣传着这样一种观念："普通美国人"只有"十四岁小孩的心智"，这使人们越来越相信大众是幼稚与盲信的。新兴的公共关系（public relations）"职业"也这么认为。爱德华·伯内斯力图将公共关系顾问从"马戏团先遣宣传员的直系嫡传"角色转变为现代的职业人形象，强调人的可塑性是有限的，因此需要利用人现存的信仰和偏见。不过，伯内斯这种彻底的观点也可以帮助构建一个可操纵的"大众人"形象。"人性是可以随时修改的，"他写道，"在政治或商业领域内，在社会行为和伦理观方面，我们其实被相对少数人主宰着……他们对群众的思维过程了如指掌。"在这类情绪的大量渲染下，自由主义与新教的独立自我变得越来越难以立足了。[60]

广告主管和文案人与新兴的大众社会话语之间出现了问题。他们宣称自己是"相对少数人"，"对群众的思维过程"了如指掌，但他们有时弄不清楚自己是在服务顾客上帝，还是在引导顾客的欲望。他们一面操着通过职业主义实现升华的后千禧年修辞，一面又对观众彻头彻尾地鄙视，态度摇摆不定。他们认识到自我观念是不断变化的，但又将它做二元论区分，一面是自治的广告人主体，一面是受操纵的消费者客体：本来似乎能带来解放的心理，与维护社会等级的目标相捆绑。广告主将狂欢式策略引入管理式模型，重新塑造了商业传统，以适应不断发展的分销系统。

战时全国性广告的显赫，使广告人变得空前自命不凡。"战争打响前，有人要求提高行业的道德。"1924年《新共和》一位撰稿人指出，"但直到1917和1918年，我们才开始要求每天都要提升道德。"同样地，这里的关键问题仍然是，他口中的"我们"到底是谁？广告人自己有时都放弃道德升华，转而使用中立的技术语言。智威汤逊在1925年新业务演示中声称："广告是非道德的力量，如同电力。电力不仅用来照明，也可以用在电刑上。其对文明的价值，取决于如何应用。"史丹利·雷梭和布鲁斯·巴尔顿等广告公司老总宣布，广告已经驱散了供大于求的阴影，现在要解决分销的问题了。这些成就超出了技术的范围，宣扬着一种不可否认的进步过程："日子一天比一天富裕。"巴尔顿1925年如此宣布。大学校长们，甚至包括卡尔文·柯立芝（Calvin Coolidge；在一篇巴尔顿代写的演讲稿中），纷纷赞美广告教育大众利用经济繁荣的作用。广告主管称，系统化的全国性广告降低了买卖双方的风险，创造出一个平稳运转的"分销体系"。有人将道德的光环扣在了这项成就上。"能够编写文明新的篇章，我们广告文案人深感特权与荣幸。"文案人詹姆斯·沃兰（James Wallen）1925年写道，"能够塑造成百上千万同胞的日常生活，是我们艰巨的责任。我确信，我们的社会地位仅次于有权势的政治家和编辑。"后千禧年的愿景在这里发出了最强大的声音。[61]

随着广告业日益职业化，塑造成百上千万人日常生活的手段越来越依赖于数据。到了二十世纪二十年代，市场调查被誉为全国性广告公司的重大成就。J. 乔治·弗雷德里克（J. George Frederick）在宣扬辉格史观①思想的《广告文案的故事》（"The Story of Advertising

---

① 指一种"以今律古"的简单的进步史观。——译者

Writing"，1925）中认为，在广告业最近的大跃进中，"'闭门造车'
的文案让位给基于市场调查的文案。对公众思想的直觉性洞察，开始
为消费者调查所取代"。1930 年《印刷者油墨》一位撰稿人对三十年
的市场化发展进行了总结："比起了解产品，我更希望了解消费者。"
如弗雷德里克所见，广告就是"营销计划的顶点"，计划不仅调查制造
商的数据，还调查消费者类型、偏好和影响；最终，文案分析员会拿
着不同文案校样"对消费者进行仔细的分级测试（有计划地获知消费
者下意识的看法，而不是其有意识的看法）"。尽管不带个人色彩的数
字让人安心，但市场调查背后的动力，仍让调查员渴望捕到消费者下
意识的举动，看透其真正的购买动机。[62]

　　广告的成功仍然需要综合精确管理和直觉投机才能实现。"一战"
后广告业名望日渐上升，一些问题反复被问到，比如"广告也和金融
业一样有尊严吗？"以及"广告拥有了职业地位？"然而，一旦撞上广
告公司内部特有的混乱地形，广告业追求稳定的计划就搁浅了。二十
世纪二十年代新兴的"个人管理"次级专业，为规范广告人臭名昭
著的游牧习惯提供了科学的方法。《印刷者油墨》一位撰稿人声称，
广告业极高的跳槽率，使广告人"在生意圈恶名远扬"。"你用贝蒂
荣（Bertillon）系统挑选雇员吗？"1927 年一位人事主管问道；这个
系统是十九世纪晚期法国实证主义者贝蒂荣创造的，将人分门别类处
理，这位经理推荐此系统来挑选忠诚的雇员。然而，对组织效率的强
调，不可避免地招致许多人抗议，这些人坚信"创意的头脑是一切广
告的基础"。他们称，高"跳槽"率来源于文案人不能忍受很多广告
公司内部组织高度严密的氛围。从这种角度来看，创意人才之所以频
繁跳槽，是因为公司总是让他们"一手拿着计算器，一手操作打字
机"；让文案人负责事实和数字，就埋葬了"广告的火焰与活力"。[63]

　　二十世纪二十年代的广告中，尽管几乎所有新业务演示都使用
着华丽的数据、表格和图表，但广告比起科学还是更像艺术。1924

年，虽然行业代言人宣称广告人已经变成了生意人，不再是艺术家，《美国信使》（*American Mercury*）中一篇《广告代理人》（"The Advertising Agent"）的文章仍然将广告文案部比喻为"临时的露营地，住着毫无灵感的自由文案人和失业的记者"以及"来自女校的波波头毕业生"；"典型的文案人"是"毕业两三年的大学生，没有确定的人生目标，对英语的运用朦胧模糊，充满了无限的热情"。根据文案部吸引的人来判断，成功的宣传文字在客观性认知和冷静的直白之外还需要更多的东西（或者不需要客观性认知和直白医学术语也可以）。[64]

　　成功到底需要什么，文案人解释起来更难一些。每次尝试，他们都下意识展现出巴纳姆式的传统。"想要当个好文案人，就必须充满激情地去说服其他人，即使连自己都不相信。"海伦·伍德沃德1926年承认，"这是一种广告的情感问题，不牵扯具体对象"，即广告中的产品。对大多数文案人来讲，他们的工作与其说是写实报道产品，不如说是"用笔墨营造魔法效果"。资深文案人詹姆斯·沃兰1925年写道："不是把具体的茶卖给顾客，而是卖给他只能在茶壶中酝酿的魔法咒语。"这种魔法并不是狂欢式的颠覆，而是企业神秘化的一种形式，沃兰就是这么认为的，他建议视觉艺术家不要拘泥于写实现实主义的粗糙细节。"如果需要在广告中出现铸造厂的内部画面，艾福利特·辛（Everett Shinn）这样的艺术家就会画出工业的惊人奇迹，而不是像乔治·贝娄（George Bellow）那样描绘辛苦劳动的场面。"能说出"工业的惊人奇迹"这样的老生常谈，正好揭示出全国性品牌广告中的奇迹是多么有限。[65]

　　这里所谓的魔法，通常无非是指通过有效动之以情来不断"展现人性"（be human），这正好与新闻学不断发展的"社会新闻"（human interest）相呼应。约瑟夫·阿配尔预言，"厚脸皮、大字体、明目张胆、夸大其词的广告"终会败给"雄浑、真挚、朴素、简单、有尊严、有文化、有礼貌、符合常识的'人性'（human）广告，因为正是拥有这些特点的人统治世界，并推动其进步发展"。

智威汤逊公司在 1925 年宣布，经过几十年发展，广告已经"从死气沉沉的蜡像馆变为壮观的大舞台，给公众带来兴奋的震颤与真正的价值"。和巴纳姆时代一样，广告文案仍然是戏剧家，但是现在他们除了提供"兴奋的震颤"外，还带来了"真正的价值"。总之，就是他们能够灵巧地从惰性的商品中变出活力的感觉。"汤可以产生感情，"1923 年智威汤逊的新业务演示上伊迪丝·刘易斯（Edith Lewis）说道，"你可以像动情赞美基督教一样动情歌颂火腿。"能发出这种呼吁，广告人便暴露出自己同士气理论支持者之间的亲密关系。虽然文案人的直接目的是取悦特定的客户，但最终的目标是要融合情感与系统，动员大众支持消费文化的发展。[66]

与帕顿在二十年前做的一样，二十世纪二十年代的广告人发现了大众消费与劳动纪律之间的联系。在他们眼中，分期付款的广泛普及和系统化地运用风尚更迭的营销策略，并没有削弱工作伦理观，反而使其更加巩固。广告在推动社会加速走向 J. 乔治·弗雷德里克于二十年代末期瞥见的"淘汰、无节制花销及创造性浪费"的乌托邦世界的过程中扮演了核心角色。"美国人心中广告的概念，是激发欲望、刺激需求，使人们不满于过时老旧的产品，反复督促人们努力工作以抢购最新的样式，不管是冷藏柜、地毯还是房子都是一样。"1929 年广告公司老总布鲁斯·巴尔顿向收音机听众说道。他其实是在描绘"消费者安迪"（Andy Consumer），这个漫画人物由《生活》（*Life*）杂志创造，在整个二十年代用来宣传自己作为广告载体的形象（图 7.4）。安迪是一个普通人，工作一天比一天努力，就是为了让自己和家人的生活一天比一天美好。[67]

不管消费者安迪看上去多么像一只被囚禁在笼中的松鼠，他的创作者的确希望他代表一种积极进步的个人形象。当然，巴尔顿和其他广告业辩护者坚信，他们赋予消费者以权力、选择和坚定的目标。不过，消费者主权（consumer sovereignty）的话语总是存在一些模棱两可。1930 年《柯利尔》杂志的编者按中就能清晰看出这一点：

> 旧时的国王与贵族已经离我们而去了。在新的秩序下，群众才是主人。我们不能只说服一少部分人，必须说服百万亿万民众。不管是和平还是战争时期，为了达到各种目的，广告将信息传递给新的国王，即人民大众。
>
> 在经济民主社会中，广告是国王的信使。不知不觉中一股全新的力量在世界上被释放。谁能了解这种力量，谁就掌握了通向未来的钥匙。[68]

图 7.4　《生活》杂志广告图一部分，《印刷者油墨》，1926 年。

Detail from advertisement for *Life* magazine, *Printers' Ink*, 1926.

　　股市刚刚才崩盘，这段话的口气听起来防御心还没有那么强，不过这段论述的确能说明一些问题。这段话中的"信息"到底是谁送来的，不得而知：到了 1930 年，强盗资本家的形象已经转变为匿名的主管形象；公司管理层的隐形性是其获得霸权的关键原因之一。这段话中，旧时的压迫形式已经在送别礼中远去，群众就被捏成了单一的主人。接着语调开始转向被动：即使主人必须被"说服"，他也不做出行动。与此同时，广告从小小信使变形为"全新的力量……在世界上被释放"，最终升华为"通向未来的钥匙"。消费者的赋权被广告商的狂妄自大掩盖了下去。

消费者自治与公司王权之间的辩证关系在二十世纪二十年代的高科技产品广告中有所体现。汽车、收音机、电池及电灶都宣称能够让购买者成功控制自己的生活环境。完全掌控命运的梦想，一直是高科技广告的特点，电脑广告是近期最突出的例子。不过在二十年代中，这种实现梦想的承诺不仅与个人控制有关，也与魔法力量有关。这些承诺不能从字面上来理解，但出现次数太过频繁，不禁让人怀疑这是否在某些方面代表了广告文案人在管理式需求经常遏制创意火花的广告界对力量的渴望。总之，他们对消费者的承诺充满了奇幻色彩。"两根手指，一根控制杆，您就可以调谐汤普森（Thompson）小步舞曲了。"1925 年一则收音机广告宣称，"摇动这部与众不同的全新收音机控制杆，如同在城市的上空用巨大探照灯选择照亮著名的大厦、公园与桥梁一般，您可以为入迷的家人播放收音机的天籁之声。"调节收音机的动作营造出一种幻觉，让顾客觉得自己是位于中心的，有选择的；这则广告中高科技的愚蠢受益人，同何塞·奥尔特加·加赛特（José Ortega y Gasset）在《群众的造反》（*The Revolt of the Masses*，1930）中描绘的自然人（Naturmensch）惊人地相似；现代的"大众人"对汽车机械什么都不懂，但是"将自己的汽车当作伊甸园果实一般欣然接受"。"自然人"这种模式怎么能算是消费者主权呢？[69]

对于大多数广告公司主管来说，消费者主权的理念就是一层虚饰，隐藏在深处的真实想法认为消费观众只是一群蠢到家的傻蛋。到了二十世纪二十年代，观众可操纵性的思想早已找到了学术上的借口。影响力的原则被职业化，融入了建议心理学中，认为消费者容易上当受骗，被见多识广的营销战略家玩弄于股掌之中。西北大学的营销学教授阿瑟·霍尔姆斯（Arthur Holmes）在 1925 年对社会普遍认识进行了总结：

对心理学不熟悉的人，以为人类有能力对广告说"是"或"不"。这种想法只有一部分正确。一个人只有在游戏第一阶段才拥有决定的权力，而不是最后……如果广告文字能够吸引他的注意力，将他束缚住，从他头脑驱除一切想法，只留下一条"我要买这个！"的念头占据着有序情绪的顶端，将所有反对的主意、感知、感受、本能及性情全部驱逐或直接闷死，此时<u>他不可能说"不"</u>！他的意志已经死了。[70]

这条异常暴力的论述揭示出实证主义"人性科学"背后的一些帝国主义思想。"有序情绪"将消费者的注意力束缚住，然后驱逐或者闷死他头脑中一切其他想法，最终将"他的意志"也干掉。对预测和控制人类行为的欲望，能够产生让人沉醉的幻想。这个例子有意思之处在于，它说明一个流动的自我概念能够被用来为威权服务；表面上解放人的心理学，能够与极权主义统治的愿景融合。融合的关键来自霍尔姆斯激进的二元知识论，他将主体与客体隔离，将心理学家分析性的凝视与消费者迷茫的眼神分开。虽然即使在霍尔姆斯的幻想中，消费者"在游戏第一阶段"也还能够自由选择是否观看广告，但建议心理学在总体上为"大众人"可以被塑造的观点提供了理论基础。

尽管广告人声称要使用精确数据，但无论是过去还是现在，他们都被包括辛克莱·刘易斯的讥讽和H. L. 门肯的批评在内的流行社会学的老套思想所束缚。到了二十世纪二十年代，广告人已经发展起自己的世界观，奥尔特加、艾略特及其他一些二十世纪早期新兴都市社会的严格观察家对这种世界观进行了优雅的阐述。这种世界观要求广告人强调自己在社会地位和智识水平方面与观众之间的鸿沟。

广告中的典型消费者，如果不是艾略特笔下"满脸粉刺的年轻人"，也是一个眼神茫然的通勤族，被单调的工作麻痹，渴望本能的释放，渴望体验一次自主的感觉（不管多么短暂）。1925年广告文案人约翰·斯塔尔·休伊特（John Starr Hewitt）写道：

> 尽管外表上看去精明练达，可美国人其实天真、清新，本质上就是个孩子，充满慷慨的激情，对新鲜事物感到惊奇。他的日常生活十分乏味：起床——吃饭——上班——吃饭——睡觉，不过头脑却经常游离出常规路线。正因为如此，美国人对小说如此饥渴，对电影如此狂热，是留声机和收音机的死忠粉丝。他用对明天的期望来弥补今天的程式化生活。

如果期望与其现状并没有不一样，广告人的目标就是要使它不一样，要"让每个读者都对自己不满意，直到最终听从你的建议"，1917年《哈泼》杂志一位评论员写道。[71]

将消费作为补偿的想法并不新奇，这种想法同大众文化中"面包与马戏"①观点之间的关系也并不新鲜；广告和大众文化的辩护者忽视了一点，他们提供的解放是建立在人们被陷在"每日生存一成不变的状态"这种假设之上，1930年派拉蒙电影公司（Paramount Pictures）一则广告如是说。[72]与香烟广告宣扬的快感一样，大众消费意识形态中的乐趣也是来自一种偷得浮生半日闲的感觉。对个人效率的管理式要求，和广告提供的暂时解脱，这两者之间是共生的关系。

公司赞助的享乐主义合法化了"日常生活不可避免是灰色的"这种观点，它反过来又赐予了广告存在的理由，特别是在时尚领域。海伦·伍德沃德在1926年对当时主流观点总结道：

> 对时尚改变的不停追求是一种健康的发泄。即使许多女人在这方面花费了太多的时间和金钱，渴望获得不同新奇事物是很正常

---

① 指统治者为了控制人民而提供的娱乐手段。——译者

的。对大多数人来说，改变就是世界上最有效的良药……厌烦了丈
夫、家庭或者工作的女人，当看到直线变为蓬松、灰色变为米色
时，觉得自己生活的重担仿佛变轻了。大多数人没有勇气或者不明
白要进行更深层次的改变。[73]

体面资产阶级眼中的时尚从原来的轻佻、虚荣、炫耀转变成逃离
无聊的合理解脱，在这个过程中，广告施展了很大的力量。毫无疑
问，十九世纪的人也很无聊，但在当时，无聊并没有成为像二十世纪
"群众"话语中的社会问题。通过认为"大多数人"生活单调乏味，
但是又不敢或无能力深入改变自己，广告公司主管便从功能上找到了
自己存在的理由，进一步巩固了消费文化封闭的分销系统。通过提供
肤浅的新奇事物，能够暂时满足人们"对改变的不停追求"，又不会
触及更深层次的东西。

偶尔也会出现一些更有深度的思想，力图解决弥漫现代生活的无
聊感。有些观点和艾略特或奥尔特加的黑暗世界观很像。哥伦比亚大
学营销学教授保罗·H. 奈斯特罗姆（Paul H. Nystrom）认为对时尚
的痴迷源于他称为"无用哲学"（philosophy of futility）的普遍观点：

在今天，西方世界相当多的人抛弃了旧时的宗教哲学标准，但
因为未找到有力的世界观取而代之，便抓住了一种可以暂且称为无
用哲学的观点。此生命观点（或缺少生命的观点）质疑人类主要活
动的动机和目的的价值。甚至有挑战生命本身目的的趋势。生命因
缺乏目的，便对消费产生了影响……人们将注意力集中在更表面的
事情上，时尚就是表面事物之王。

奈斯特罗姆察觉到了工具主义标准背后的茫无目的性，他的职业正
好也是这种标准的缩影。但是由于他采用了客观性假设，认为观察

者和被观察者之间完全隔离，所以并没有将自己也包括在分析之中。更稀奇的是，管理阶层的人也会有发自心底的强烈抗议。"我们服务的生产怪兽造成的恐惧与疑虑，难道不正是目的和含义的问题吗？" 1930 年 J. 乔治·弗雷德里克问道，当时这只巨大的怪兽已经开始缓缓停下，"我们不清楚怪兽向着何方前进，也不清楚它到底为什么在前进。"[74]

不过通常来讲，广告经理人拒绝承认自己也是失范（anomic）的现代大众的组成部分。他们更喜欢强调自己睿智、目标明确的生活不同于"陷入无敌的愚昧"的大众。宣扬"人民是主人"的公关人士在私底下将普通人视为智识谜团。1930 年威廉·艾斯蒂对智威汤逊同事说，我们就直说吧，"我们说好莱坞制片人笨得要死，电影傻得要命，但我们实际上是在说大众才是蠢到家了"。[75]对大众愚蠢的强调，符合"大众人"的理论，允许广告代言人一方面假装自己是理性客观的化身，一方面又欺骗着大众。

不过到了最后，奥尔特加、艾略特及其他批评大众社会的知识分子都比广告文案人悲观得多；广告文案人虽然鄙视消费者的智力，却仍然相信公司科技的救赎力量。也许，有些人对技术的惊叹扎根于广告文案人本身的态度，并不全是为了要欺骗观众。而且也许比他们对技术的热爱更为重要的是，他们相信自己作为社会工程师的能力，这种信仰将广告文案人同其他管理职业人士联系在一起，尽管他们之间存在诸多不同。他们都相信，如果没有他们这些专家的帮助，普通人是无法应付复杂现代生活的。[76]

大萧条改变了一切，也什么都没改变。起初人们嘴上还很勇敢，重申管理式理想，或者声称传统的生产者价值观在严酷的经济环境下涂上了新的光彩。但是股市大崩盘后两年之内，广告公司内焦虑绝望的气氛伸手可触，客户削减拨款，取消订单，一大波文案人和客户主管被炒了鱿鱼。广告变得越来越尖利甚至歇斯底里，各个公司都在争夺为数不多的顾客和客户打得头破血流；收音机的兴起让狂欢式拉客风格卷土重来。日益浩大的有组织消费者运动首先攻击全国性广告不文明，后来攻击它撒谎成性、鼓励浪费，广告人尊严和职业主义的面具愈发难以维持。多种新政（New Deal）措施出台保护消费者权益，监管广告业不法行为。不过到了二十世纪三十年代中期，全国性广告的代言人与其他"美国商业"的代表一起开始发动大规模反击。他们抨击狂欢式噪音，寻求更令人安心的修辞战略：如不带个人色彩的数据调查，中立的"公共服务"宣传，卷土重来的公司专业权威。管理式价值观开始找到符合时代的声音。

注释

1. "The Great White Way," *Printers' Ink* 64 (26 August 1908): 3, 8.

2. Helen Rosen Woodward, *Through Many Windows* (New York, 1926), p. 243. 关于广告公司主管越来越远离大众的现象，见 Kerry Buckley, *Mechanical Man: John Broadus Watson and the Beginnings of Behaviorism* (New York and London, 1989), p. 143。

3. Wallace Boren, "Bad Taste in Advertising," J. Walter Thompson Forum, 7 January 1936, unpaginated, JWT Archives, Duke University.

4. Robert Rydell, *All the World's a Fair: Visions of Empire at American International Expositions, 1876-1916* (Chicago and London, 1984), pp. 34, 67, 119, 151. 关于公共娱乐在总体上愈发体面，成了将多元民族同化入共同的（白人）消费文化的重要场所的精彩描述，见 David Nasaw, *Going Out: The Rise and Fall of Public Amusements* (New York, 1993)。

5. Addison Archer, "Bates on Bates," *Printers' Ink* 13 (14 August 1895): 8; Helen Mar

Shaw, "Original vs. the Conventional," *Judicious Advertising* 1 (July 1903): 16-17; "'Advertising Ideas,'" *Printers' Ink* 57 (5 December 1906): 11.

6. James Wood, *The Story of Advertising* (New York, 1958), pp. 285-95; Albert D. Lasker, *The Lasker Story as He Told It* (Chicago, 1963), pp. 53-58.

7. Truman A. De Weese, "With Brains Only," *Printers' Ink* 38 (12 February 1902): 46-47, reprinted from *Fame* Magazine; John O. Powers, "Advertising," *Annals of the American Academy of Political and Social Science* 22 (November 1903): 470-74.

8. Charles R. Flint, "How Business Success Will Be Won in the Twentieth Century," *Printers' Ink* 35 (10 April 1901): 36-37, reprinted from *Saturday Evening Post*; Earnest Elmo Calkins, *The Business of Advertising* (New York, 1915), p. 57. 另见 Joseph R. Appel, *Growing Up with Advertising* (New York, 1940), pp. 23, 30。

9. "A New Profession," *Yale Daily News,* 26 May 1919, clipping from house ads file in JWT Archives. 关于从创业资本主义到公司资本主义的转变，存在大量的文献。其中最有帮助的研究是 Alfred D. Chandler, *The Visible Hand: The Managerial Revolution in American Business* (Cambridge, Mass., 1977); Martin J. Sklar, *The Corporate Reconstruction of American Capitalism, 1890-1916: The Market, the Law, and Politics* (New York and Cambridge, England, 1988), esp. pp. 66-67, 70-71, 80-81, 154-55, 162-66, 354-61; Olivier Zunz, *Making America Corporate* (Chicago, 1990)。管理式"革命"并不完整的证据可以见 Robert Johnston, "The Persistence of Middle-Class Radicalism in Portland, Oregon, 1890-1925," Ph.D. dissertation, Rutgers University, 1993, and Michael McGerr, "Beyond Organizational History: Reinterpreting Modern America," paper presented at Organization of American Historians Annual Meeting Chicago April, 1922。

10. James Collins, quoted in H.R. Document No. 608, 59th Congress, 2nd Session (1970), Penrose Overstreet Committee, xxxvii. 我使用霸权历史性群体的概念，因为我觉得葛兰西式的词汇比阶级语言更加灵活，所以更适合描述二十世纪早期管理式精英不断变化、不稳定的同盟。见 T. J. Jackson Lears, "The Concept of Cultural Hegemony: Problems and Possibilities," *American Historical Review* 90 (1985): 567-93。关于杂志愈发依赖广告的现象使公众接触信息民主化的观点，见 "Reaching the Millions," *Review of Reviews* 37 (May 1908): 608-9。

11. 关于"客观性"作为新闻理想愈发重要的现象，见 Michael Schudson, *Discovering*

the News: A Social History of American Newspapers (New York, 1978), pp. 61-87, and Michael McGerr, The Decline of Popular Politics: The American North, 1865-1928 (New York, 1986), chap. 5。

12. James Harvey Young, The Toadstool Millionaires (Princeton, N, J., 1961), p. 211; Will Irwin, "American Newspapers: Our Kind of People," Collier's 47 (17 June 1911): 17-18.

13. Herbert Gans, Deciding What's News (New York, 1978) 本来论述很仔细，但由于只关注具体事件而不见大局，所以出现了很大问题。

14. Samuel Hopkins Adams, "Fair Trade and Foul," Collier's 43 (19 June 1909): 19-20. 另见 Adams, "The Art of Advertising," ibid., 22 May 1909, 13-15; idem "Of Honesty in Advertising," North American Review 183 (5 October 1906): 693-95; Will Irwin, "American Newspapers: Advertising Influence," Collier's 47 (27 May 1911): 15-16; Richard Tedlow, Keeping the Corporate Image (Westport, Conn., 1974), pp. 32-33.

15. Clifton S. Wady, "Don't," Fame 3 (October 1984): 318; Your Uncle, "Maxims," Art in Advertising 6 (January 1893): 160; Tedlow, Keeping the Corporate Image, pp. 9, 12-13; Earnest Elmo Calkins, The Advertising Man (New York, 1915), pp. 34-35.

16. Harry Tipper, address to League of Advertising Women, 19 October 1915, quoted in Newspaperdom, 28 October 1915, clipping in Advertising Women of New York Papers, vol. 1, Wisconsin State Historical Society, Madison. 关于本时期内批判性消费者意识的成长，见 E. C Billings, "Brains and Buying," Atlantic Monthly, June 1913, 768-70, and Agnes Athol, "The Housewives' League," Advertising and Selling 22 (March 1913): 58-64。

17. "The Campaign Against Fraudulent Advertising," Printers' Ink 90 (4 March 1915): 67-79; Appel, Growing Up with Advertising, pp. 123-136. 另见 Daniel Pope, The Making of Modern Advertising (New York, 1982), pp. 186-218。

18. New York organizer quoted in Pope, Making of Modern Advertising, p. 318n.

19. James, B. Kirk, "Illiteracy and Advertising," Printers' Ink 12 (9 January 1895): 25; "Reaching the Rural Classes," Judicious Advertising 1 (March 1903): 27-29; "How Adler Proved that Farmers Want Snappy Clothes," Printers' Ink 72 (14 July 1910):

52-54; Richard Surrey, "Advertising—Archenemy of Poverty and Disease," ibid.
133 (10 December 1925): 49-52; Boris Emmet and John E. Jeuck, *Catalogues and
Counters: A History of Sears, Roebuck , & Co.* (Chicago, 1950), esp. pp. 151-160.
另见 L. N. Hammerling 的 American Association of Foreign Language Newspapers
在 *Printers' Ink*, 1900—1910 年的长期广告，该广告重点关注了翻译者和移民对
全国品牌的热情。

20. James H. Collins, "A Socialistic Viewpoint," *Printer's Ink* 38 (1 January 1902): 14;
George P. Sherman, "The Effect of Advertising on Our Internal Economy," ibid. 57
(31 October 1906); Waldo P. Warren, "By-Products of Advertising," *Collier's* 42
(6 February 1909): 34. 关于同时期法国知识分子倾向将消费等同于文明进程的现
象，见 Rosalind Williams, *Dream Worlds: Mass Consumption in Late-Nineteenth-
Century France* (Berkeley and London, 1982), pp. 24, 222-23, 266。

21. *J. Walter Thompson Newsletter*, 27 June 1916, JWT Archives.

22. 关于对某一学科内这些观点发展的微妙、精彩的描述，见 Robert C. Bannister,
Sociology and Scientism: The American Quest for Objectivity, 1880-1940 (Chapel
Hill, N.C., and London, 1987)。精彩的概述见 Dorothy Ross, *The Origins of
American Social Science* (New York, 1990)。

23. 经典的描述是 A. O. Lovejoy, *The Revolt Against Dualism* (Cambridge, Mass.,
1930); Morton White, *Social Thought in America: The Revolt Against Formalism*
[1949], 2nd ed. (Boston, 1957); and Bruce Kuklick, *The Rise of American
Philosophy, Cambridge, Massachusetts, 1880-1930* (Cambridge, Mass., 1980)。

24. White 的 *Revolt Against Formalism* 首先意识到了二十世纪早期心理学、社会学、
法律和经济中共同的反形式主义趋势，但是没有看到达尔文式的适应观点中蕴含
的从众性。关于这种困难的早期论述，见 Randolph Bourne, "Twilight of Idols,"
Seven Arts 2 (October 1917): 688-702。关于为杜威、库利和其他反形式主义者辩
护，反对从众主义指控的热情论述，见 Hans Joas, *Pragmatism and Social Theory*
(Chicago, 1993), esp. pp. 23-25, 83; and James Livingston, *Pragmatism and the
Political Economy of Cultural Revolution* (Chapel Hill, N.C., 1994)。

25. Charles Horton Cooley, *Social Process* [1902] (Carbondale, Ill., 1966), p. 136. 关
于相互依赖性的意识逐渐增长的现象，见 Thomas Haskell, *The Emergence of
Professional Social Science* (Urbana, Ill., 1977), esp. chaps. 1 and 2。

26. William Graebner, *The Engineering of Consent: Democracy and Authority in Twentieth-Century America* (Madison, Wis., 1987).

27. Walter Dill Scott, *The Psychology of Advertising* (Boston, 1908); Harry L. Hollingsworth, *Advertising and Selling: Principles of Appeal and Response* (New York, 1913); Bruce Bliven, "Can You Sell Goods to the Subconscious Mind?" *Printers' Ink* 102 (28 March 1918): 3-8, 92-97.

28. Will B. Wilder, "Hypnotism in Advertising," *Fame* 1 (September 1892): 196-97; Joel Benton, "Experiment in Advertising," ibid. 14 (April 1905): 81-82; John Lee Mahin, "Advertising—A Form of Organized Salesmanship," *Printers' Ink* 70 (30 March 1910): 5. 关于心理分析的普及，见 Nathan Hale, *Freud and the Americans: The Beginnings of Psychoanalysis in the United States, 1876-1917* (New York, 1971)。

29. James H. Collins, "The Eternal Feminine," *Printers' Ink* 35 (26 June 1901): 3-5; "Pictures Catch Women," *Fame* 9 (April 1900): 168; Helen Mar Shaw, "The Ad for the Woman's Eye," *Advertising and Selling* 1 (November 1902): 27-28; Seymour Eaton, *Sermons on Advertising* (New York, 1908).

30. Martin quoted in *New York Tribune*, 2 June 1915, clipping in Advertising Women of New York scrapbooks, vol. 1. 另见 "Advertising Big Field for Women, Says Mrs. Frederick," *Philadelphia Public Ledger*, 28 June 1916, in ibid., vol. 2, and "Ad Women: Kenneth Collins Sees Women Dominating Well-paid Advertising Fields," *Literary Digest* 123 (13 March 1937): 42-43。

31. "Don't Tell Too Much," *Fame* 1 (October, 1892): 240-41; J. M. Campbell, "Some Reasons Why 'Reason Why' Copy Often Fails," *Printers' Ink* (9 March 1911): 25-27.

32. Charles Austin Bates, "Magazine Advertising," *Printers' Ink* 11 (8 August 1894): 187-88; James H. Collins, "Advertising and the Work Instinct," ibid. 70 (2 February 1910): 3-6.

33. "Interesting the Slapdash Hasty Newspaper Reader," *Printers' Ink* 72 (7 July 1910): 33-34; "A Typical Trade Mark," ibid. 3 (26 November 1890): 522; Frederick Flagler Helmer, "Advertisements of Double Value," *Profitable Advertising* 15 (May 1906): 142-43. 关于分期付款，见 Free Lance, "The Rich or the Poor," *Printers' Ink* 15 (27 May 1896): 8, and "On Installment Plan," ibid. 35

(5 June 1901): 25。

34. Clowry Chapman, "Mental Images as Sales Factors," *Printers' Ink* 71 (6 April 1910): 92.

35. Charles Raymond, typescript memoir in J. Walter Thompson Archives. Susan Strasser, *Satisfaction Guaranteed: The Making of the American Mass Market* (New York, 1989), 是市场调查崛起现象的有帮助的概述。

36. Charles Mears, "Can 'Art' and Mere General Publicity Sell Autos?" *Printers' Ink* 69 (20 October 1909): 3-6; Lee Anderson, "How a Radical Departure in Automobile Advertising Came About," ibid. 73 (29 December 1910): 3-6; Calkins, *Business of Advertising,* 205-207.

37. "Barnum and Advertising," *Printers' Ink* 72 (14 July 1910): 193.

38. "The Practice of Advertising Baiting," ibid. 62 (29 January 1908): 32.

39. "Taking Advertising Seriously," ibid. 90 (9 March 1915): 87-88.

40. Jesse H. Neal, "Advertising the Spark to the Selling Engine," *Judicious Advertising* 10 (January 1912): 77-78.

41. Joel Benton, "The Persuasive Art," *Printers' Ink* 40 (16 July 1902): 12; "Too Much Professionalism," ibid. 67 (30 June 1909): 44; Elbert Hubbard, "Being Human in Writing Advertising," ibid. 71 (13 April 1910): 62-63; Woodward, *Through Many Windows,* p. 205. 另见 Claude Hopkins, "Sensational Advertising," *Printers' Ink* 13 (30 October 1895), and "Human Interest in Advertising," *Fame* 14 (November 1905): 254.

42. Milton J. Platt, "Ruts and Originalities," *Fame* 3 (November 1894): 345-46; "Confessions of an Advertising Solicitor," *Printers' Ink* 14 (22 January 1896): 70.

43. "Concentration, the Secret of Success," *Profitable Advertising* 3 (15 November 1893): 170-72.

44. Merrit O. Howard, "Successful Copywriters Are Self-Hypnotists," *Judicious Advertising* 10 (April 1912): 69-72; "Letter from an Advertising Manager," *Printers' Ink* 61 (30 October 1907): 12-13; J. Walter Thompson Company, *The Thompson Blue Book on Advertising, 1906-1907,* pp. 52-53, in JWT Archives. 斜体原文就有。

45. Eaton, *Sermons on Advertising* (1908) n.p., in JWT Archives.

46. L. F. Deland, "At the Sign of the Dollar," *Harper's Monthly* 134 (March 1917): 525-33.

47. 关于战时国内阵线的有帮助的概述及广告在意识形态动员中的角色，见 David Kennedy, *Over Here* (New York, 1980), and Steven Vaughn, *Holding Fast the Inner Lines* (Chapel Hill, N.C., 1980)。关于战争和管理式政策崛起之间的关系，见 Ellis Hawley, *The Great War and the Search for a Modern Order* (New York, 1979)。

48. Lee Simonson, "Mobilizing the Billboards," *New Republic* 13 (10 November 1917): 41-43.

49. C. L. Benjamin and L. J. Vance, "Advertising a Presidential Candidate [McKinley]," *Printers' Ink* 17 (28 October 1896): 3-6; "Presbrey vs. Ayer," ibid. 65 (14 October 1908): 8-10. 关于西奥多·罗斯福在记者会上使用"金句"（sound bites）的现象，见 Kenneth Cmiel, *Democratic Eloquence: The Debate over Popular Speech in Nineteenth-Century America* (New York, 1990), pp. 249-51。关于"广告化政治"的崛起，见 McGerr, *Decline of Popular Politics*, chap. 6。

50. Charles Raymond memoir, n.p., JWT Archives.

51. "Advertising as a Weapon of War," *Printers' Ink* 105 (14 November 1918): 143-44; "Peace Treaty the World's Greatest Advertising Failure," *Literary Digest* 63 (20 December 1919): 130-36, reprinted from *Advertising and Selling,* November 1919. 另见 "Postering in the Third Liberty Loan," *Literary Digest* 56 (23 March 1918): 29-30.

52. Clarence S. Yoakum, *Army Mental Tests* (Washington, D.C., 1919), pp. 260-61.

53. 关于这个计划的简要分析，见 Christopher Lasch, "The Moral and Intellectual Rehabilitation of the Ruling Class," in his *The World of Nations* (New York, 1973)。关于智商测试的社会意义，见 Michael Sokal, ed., *Psychological Testing and American Society, 1890-1920* (New Brunswick, N.J., 1987), and Joanne Brown, *The Definition of a Profession* (Princeton, N.J., 1992)。

54. Guy Emerson, "Publicity as a Recognized Business Force," *Nation* 106 (28 March 1918): 367-68.

55. Harry Emerson Fosdick, *The Challenge of the Present Crisis* (New York, 1917), p. v.

56. G. Stanley Hall, *Morale* (New York, 1920); Annie Payson Call, *Nerves and the War* (Boston, 1918); Luther H. Gulick, *A Philosophy of Play* (New York, 1920), p. 245.

57. Coca-Cola advertisement, *Cosmopolitan* (July 1918), in Beverages box 1, Warshaw Collection of Business Americana, National Museum of American History, Smithsonian Institution, Washington, D.C.; L. B. Jones, "Advertising Men as the 'Cheer Leaders' of the Nation," *Printers' Ink* 102 (7 February 1918): 62-65.

58. Clayton Hamilton, "Great Actors, as Other Great Men, Are More Alive Than the Herd," *Vogue,* 1 December 1917, 17, cited in Lewis Erenberg, *Steppin' Out: New York Night Life and the Transformation of American Culture, 1890-1930* (Greenwood, Conn., 1980), pp. 186-87. 关于二十世纪二十年代见证式广告的重要性，见 minutes of the J. Walter Thompson Co. representatives' meeting, 9 April 1928, JWT Archives。

59. Tedlow, *Keeping the Corporate Image,* p. 29; John Dewey, *Individualism Old and New* (New York, 1930), pp. 42-43; Sinclair Lewis, "Publicity Gone Mad," *Nation* 128 (6 March 1929): 278-79; Robert Wallace, "Lucky or a Sweet, or Both," Ibid., 13 March 1929, 305-7.

60. Edward L. Bernays, *Crystallizing Public Opinion* (New York, 1923), p. 150; idem, *Propaganda* (New York, 1928), pp. 156-57. 另见H. F. Pringle, "Mass Psychologist," *American Mercury* 19 (February 1930): 155-62, 及Walter Lippmann, *Public Opinion* (New York, 1922) and *The Phantom Public* (New York, 1925)等经典著作。

61. Jesse Rainsford Sprague, "Patronize Your Own Church People," *New Republic* 37 (30 January 1924): 254-56; JWF Co. Newsletter, 11 June 1925, p. 6, JWF Archives; Stanley Resor, "Advertising as a Career," *Printers' Ink* 139 (12 May 1927): 65-80; Bruce Barton, "Changes and Trends in Advertising," speech to Boston Chamber of Commerce, 17 May 1927, in Bruce Barton papers, Wisconsin State Historical Society; "U.S.A. as an Advertising Achievement," *Literary Digest* 91 (13 November 1926): 15-16; James Wallen, "Emotion and Style in Copy," in *Masters of Advertising Copy,* ed. J. George Frederick (New York, 1925), pp. 110-11.

62. J. George Frederick, "The Story of Advertising Writing," in Frederick, ed., *Masters,* p. 27; Allen T. Moore, "I Prefer Knowing My Consumer to Knowing

My Product," *Printer's Ink* 151 (17 April 1930): 57; George Raymond memoir; Strasser, *Satisfaction Guaranteed,* esp. chaps. 3, 4, 5.

63. R. M. Rhodes, "Has Advertising Reached the Dignity of Finance?" *Printers' Ink* 120 (27 July 1922): 54-56; Albert Haase, "A Professional Status for Advertising?" ibid. 139 (2 June 1927): 125-28; A Personnel Executive, "Do You Select Employees by a Bertillon System?" ibid., 7 April 1927, 49-50; Gordon Cooke, "What is an Advertising Man, Mr. Buckley?" ibid., 14 April 1927, 57-60.

64. Orrick Johns, "American Portraits: The Advertising Agent," *American Mercury* 2 (August 1924): 445-50.

65. Woodward, *Through Many Windows*, p. 289; W. Livingston, "Magical Effects with Pen and Ink," *Printers' Ink* 130 (26 March 1925): 33-36; Wallen, "Emotion and Style," pp. 93, 99.

66. Joseph H. Appel, "Axioms of Advertising," in Frederick, ed., *Masters,* p. 179; Frederick, "The Story of Advertising Writing," p. 25; Edith Lewis, "The Emotional Quality in Advertisements," JWT News Bulletin, April 1923, pp. 11-14, JWT Archives.

67. J. George Frederick, "Obsolescence, Free Spending, and Creative Waste," in his *A Philosophy of Production* (New York, 1930); Bruce Barton, "The New Business World: Number Five in a Series," transcript of radio talk dated 30 November 1929 in Bruce Barton Papers, Wisconsin State Historical Society; advertisement for *Life, Printers' Ink* 133 (5 November 1925): 94-95. 广告主管在私下也表达了这种情绪，见 S. L. Meulendyke, letter of 14 April 1926 to Earnest Elmo Calkins, box 1, Calkins Papers, Special Collections and Archives, Knox College Library, Galesburg, Ill。关于分期付款越来越体面的现象，见 "New Wine in Old Bottles," *Printers' Ink* 39 (16 April 1902): 14。

68. "Messenger to the King," *Collier's* 85 (3 May 1930): 78.

69. Thompson Radio advertisement (1925), in N. W. Ayer Collection, book 19, National Museum of American History; José Ortega y Gasset, *The Revolt of the Masses* [1930] (New York, 1957), p. 82.

70. Arthur Holmes, "The Psychology of the Printed Word," in Frederick, ed., *Masters,* p. 344. 另见 Paul Sartorus, "Has Coué a Place in the Sales Programme?" (Émile Coué

[1857–1926] 是法国心理学家，发明了一套基于反复颂扬 "每一天，在各个方面，我都变得越来越好" 的自我暗示体系), *Printers' Ink* 121 (14 December 1922): 33-36, and C. B. Larrabee, "What Place Has Psychology in Advertising?" ibid. 132 (24 September 1925): 81-84。

71. John Starr Hewitt, "The Copy Writer's Work Bench," in Frederick, ed., *Masters,* p. 323. 关于众多类似观点中的几个例子，见 E. E. Calkins, "Gnats and Camels, the Newspaper's Dilemma," *Atlantic Monthly* 139 (January 1927):1-14, and J. Walter Thompson house advertisements in *Printers' Ink*, 5 August, 9 December, and 23 December 1920, clippings in JWT Archives。

72. Paramount Pictures advertisement, *Saturday Evening Post* 203 (6 September 1930): 55.

73. Woodward, *Through Many Windows,* p. 345.

74. Paul H. Nystrom, *The Economics of Fashion* (New York, 1928), pp. 66-69; J. George Frederick, Preface to his *Philosophy of Production*, p. vi.

75. William Esty, comment at J. Walter Thompson representatives' meeting, 30 September 1930, in JWT Archives.

76. 关于美国大众社会理论家的乐观主义，见 Gregory W. Bush, *Lord of Attention: Gerald Stanley Lee and the Crowd Metaphor in Industrializing America* (Amherst, Mass., 1991), pp. 90-172, and Eugene Leach, "Mastering the Crowd: Collective Behavior and Mass Society in American Social Thought, 1917-1939," *American Studies* 27 (Spring 1986): 105。

第八章

创伤、否认、复苏

广告人数十年来一直自鸣得意，因此当危机降临时，他们变得不堪一击。1929 年 10 月的股市大崩盘使他们洋洋自得的咏叹调戛然而止。大规模失业撕下了他们的面具，并激发了对广告业奢侈作风的猛烈抨击。在广告业为自己的辩护理论中，"大众人"与消费者主权形象之间的平衡关系越来越难以维系。

公司倒闭，杂志广告版面萎缩，政府中其他管理职业人士或新兴"消费者运动"批评广告主管们没有遵守自己的承诺。这些批评通常围绕朴素语言、社会透明以及遏制商业的狂欢式特点展开，因为广播的兴起，口头表演全面复苏，广告公司为了争夺客户不惜采取感官刺激的手法，狂欢式商业似乎卷土重来。

但是到了二十世纪三十年代末期，公司广告主成功地向批评者发动反击。他们扩大市场调查方法，展开民意调查，重新改造并政治化了消费者主权的形象；他们参与第二次世界大战的意识形态动员，将群众的形象民主化；他们重新定义了"美国生活"的精髓，从原来模糊的民粹主义转变为同样朦胧的自由进取（free enterprise）观念。广告主在创建主宰"二战"后美国社会的消费文化的过程中起到了领导者的作用。工业工作场所中发生的变化为大众消费的广泛传播提供了基础。在二十世纪三十年代末期的公开阶级斗争之后，工人与资本家之间暂时达成了一种绷得很紧的妥协状态。大多数工会逐渐放弃了激烈斗争的策略，愿意接受更长的工时和劳动纪律，以此换来稳定的家庭收入。消费文化获得了空前的社会基础，即收入丰厚的（白人男性）工人阶级。又一次，帕顿的理想似乎就要实现了。

尽管如此，焦虑不安感仍然存在。三十年代中兴起的极权主义社会运动使很多观察家摘下了"公共宣传"的进步式光环，并将塑造公共舆论的做法重新定义为"宣传"（propaganda）。在战后的美国郊区中上层阶级，"大众人"的阴暗一面再次出现（不过不是声势浩大地东山再起，而是悄无声息地出现），或者至少出现在社会学家和波西米亚诗人对郊区从众性的批评中。美国人的社会实践与价值观也许仍然与以前一样多元化，但是消费文化的主流话语却要求全盘否定多元化。广告主不知不觉同批评者走到了一起，共同创造语言构建，将大众视为可操纵的被动物体。

六十年代后期重新出现的狂欢式反文化（counterculture）在很多方面都是对这种物化的抗议，从心底呐喊反对成功分销系统中的单调平衡理论。尽管到了 1970 年，管理式精英用"沉默的大多数"（Silent Majority）理论构建了一个所谓良性的新的"大众人"的形象，但是消费文化的经济基础很快开始崩塌，跨国公司砍掉许多高薪工作，并将其他工作转移到了国外。留下的工作则被加速化，因为公司决定用更少的雇员来做更多的工作，结果与帕顿和李斯曼预见的休闲生活大相径庭。[1] 随着流动资本寻找更低的劳动成本和更高的生产率，进步式消费文化的希望已经破灭。不过，很多"自由市场"的信徒依然假定，美国消费的增长就代表了文明本身的进步。人们相信消费驱动的经济增长是有益的，甚至在工人与资本家的妥协破灭后仍然坚信不疑，而在当年，这种信念正是在管理阶层挣扎着于大萧条废墟中重获合法性的过程中，从工人和资本家的妥协中诞生的。

大萧条

在二十世纪三十年代早期的广告行业期刊和全国性杂志上，值得注意的是大萧条基本没有出现。"'如果光看《持家有方》的广告页面，谁也不会想到我们正身处大萧条'，一位朋友前几天说。"杂志在1933年6月说道，"'广告和原来一样多，而且更加诱人。'"[2] 广告业应对艰难时世的策略，就是全盘否定。

尽管如此，在股市大崩盘后数月内，一些危机的迹象开始出现。妇女杂志开始建议家庭"精打细算过日子"，同时建议读者放低自己的期望。"我们现在意识到，最重要的不是人体面完成工作，重要的是他的工作应该让自己的个人生活达到一种平衡。"1931年10月《持家有方》一位撰稿人写道。随着白领失业率攀升，广告主和公关人士重新找回了旧时生产者经济（producer economy）的美德。"你工作快乐吗？"布鲁斯·巴尔顿在1930年问道，"如果不快乐，放弃工作重头开始吧。"针对经济地位滑坡的读者，他稍做掩饰地忠告道："只需友善性格就能完成的白领工作根本没有出路；工业的未来领导者从店铺、铁道养路班和货物储藏室中白手起家。"这类论调把本来应做的事情说得好像是美德一样。[3]

生产价值观语言的复苏，仍然与受控消费（controlled consumption）的伦理观紧密相连。1934年一期《持家有方》以漫画形式讲述了迪士尼糊涂交响曲（Silly Symphony）的"蚂蚱与蚂蚁"故事，戏剧化地将工作与娱乐之间的妥协关系呈现在读者面前。蚂蚱整个夏天都在玩耍，冬天来临要被冻死了；蚂蚁们在门口发现了无比绝望、奄奄一息的蚂蚱，将它带进家门细心照顾；最后，蚂蚱在冬季宴会上为蚂蚁们拉起了小提琴："他已经吸取了教训：人要勤奋工作，努力攒钱，决不开小差，/ 最后努力成功时，有的是时间唱歌跳舞！"[4]

然而，这种赞美劳动的陈词滥调并不能阻止经济崩溃的发生。广告公司和全国性杂志都不得不面对日益减少的广告版面订单。两个群体都坚持，不管艰难与否都需要持续不停打广告；他们还辩称，广告费在经济萧条时还应该更高。广告能够单枪匹马培养"购买的欲望"，带动"实际需求"，甚至还能"让消费再次流行起来"。二十年代中，广告公司对潜在客户做出各种各样的夸张承诺。"在面向广告主的广告中，"消费者活动家弗雷德里克·史林克（Frederick Schlink）在1929年指出，"在这些专家眼中，同行就像普通大众一样容易上当，搞一搞药品展的奇观就能迷惑他们。"但是到了三十年代早期，推销辞令就显得有些紧张了。广告能够帮助就业周期削峰填谷，减轻季节性低迷，允许园艺工具制造商在冬天生产雪橇，允许椰枣商生产柚子，广告经理人罗伊·迪金森（Roy Dickinson）如此描绘他眼中的终极管理式幻想。简而言之，广告能够将"憔悴的失业幽灵那嶙峋的手指"从"我们经济生活的咽喉"上掰开。[5]

对失业的拟人化能让人看到广告公司内部的一些张力。不光是工厂工人，甚至连管理职业人士的薪水都大幅度下降，不断有人被解雇。到了1931年，《印刷者油墨》恳求公司主管们不要再"鞭策"已经疲惫不堪的销售员；编者们坚称士气是恢复的关键，发表了很多乐观向上的文章，比如《优秀的广告人总能找到工作》（"You Can't Keep a Good Advertising Man Out of Work"）等。到了三十年代中期，在纽约大型广告公司内部，中上层创意部门员工被大量解聘，哀鸿遍野。[6]

那些最后存活下来的人，争夺客户、讨好客户的压力越来越大。与重要客户有个人交情的客户主管不但保住了饭碗，还能维持高薪收入。"这些人要么去世，要么失去所有客户，否则是不会被解雇的。"《印刷者油墨》专栏作家格劳乔（Groucho）观察道。他们的职业生命力在公司内部的年轻一辈和倒霉员工中间激起了不满情绪，他们将客户主管的工作称为"非法倒卖与溜须拍马"（bootlegging and bootlicking）。但是，要想在大萧条最糟糕的时期留住客户，光凭戏票、纯种犬和昂贵威士忌是不够的。随着客户们越来越谨慎，广告战役本身变得越来越紧张、越来越具挑衅性。[7]

大萧条迫使人们重新采取狂欢式策略。纽约服装区那些失业的模特们为了兼职，身上挂着美容院的广告牌招揽顾客。杂志广告也逐渐被粗厚的黑体、耸人听闻的标题占据，充斥着对人体下半身的讨论（图8.1）。广播广告重新采用了口头表演和蛇油式的销售策略。"广播带来了粗俗的广告。" 1938年福特汽车公司公关总监威廉·J.卡梅隆（William J. Cameron）抱怨道，"在收音机发明之前，广告从来没有这样一个难得的机会如此出丑。从没有像现在这样死皮赖脸、粗鲁无礼，对听众如此公开冒犯。"但是对很多失业的广告人来说，广播是唯一的出路。到了三十年代中期，成千上万广告文案人加入了失业的大军：失魂落魄的大学学历者，除了聪明的点子外一无所有，一天到晚坐在收音机旁收听有奖竞赛，就为了找口饭吃。失业文案人的命运，是广告业失去尊严的缩影。[8]

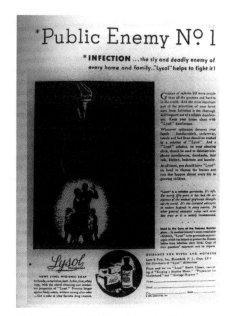

图 8.1　来沙尔消毒剂广告，《好管家》，1935年。

Advertisement for Lysol disinfectant, *Good Housekeeping*, 1935.

并不是每个人都同情他们。自"一战"以来，消费者运动一直在积攒着力量，专门针对所谓的高效分销系统中造假和浪费的现象。1927年，弗雷德里克·J.史林克和斯图尔特·蔡斯出版《金钱的价值》（*Your Money's Worth*），这本书的成功推动了消费者联盟（Consumers Union）和《消费者报告》（*Consumer Reports*）的诞生；第二年，蔡斯又发表了《浪费是悲剧》（*The Tragedy of Waste*）进一步控诉。《锣鼓喧天》这样的杂志，甚至在广告公关所谓的"新纪元"

（New Era）最高潮时期就开始讽刺广告中认真严肃与毫无节制的做法。股市崩盘后，人们对广告越来越不信任。钱包越来越瘪的人对造假和浪费更加敏感；广告身上的靶子也越来越明显。全国性杂志的中上层读者们发现，广告页充斥着伪科学、无用科学、不着边际、低级趣味、假信息和耸人听闻的宣传策略。即使连 H. A. 巴登（H. A. Batten）这样的顶级主管也承认，到了 1932 年，许多广告已经变成"文明世界鼻孔中闻到的臭气"。难怪很多管理职业人士开始称自己为"消费者"，宣称自己受到了冒犯。[9]

　　尽管广告主辩称这只是一颗老鼠屎坏了一锅汤，但日渐蓬勃的消费者运动可不仅仅是反对粗俗口味（或气味）而已。这种运动的知识起源可以追溯到约翰·拉斯金对古典经济的著名抨击，尤其是他在社会必要"财富"（wealth）和对社会有害的"灾富"（illth）之间的区分理论。不过，这场运动的直接代表是托尔斯坦·凡勃伦，蔡斯就是借鉴了他的理论。从整体上来看，消费者倡导者关注通过推广准确的商品标签来纠正造假现象，是发源于朴素语言传统；他们渴望根除浪费的态度，则来自共和主义生产者对（所谓寄生虫般）中介人的憎恶。不过他们所使用的语言却是技术统治论式和管理式的。消费者倡导者与其他职业群体共同使用这种话语，用系统化效率理想来衡量广告主的缺点，反驳广告主自诩职业主义的观点。[10]

　　消费者运动对效率的强调，最终既能够赋予人力量，也可以将人牢牢囚禁。蔡斯和 T. 斯旺·哈丁（T. Swann Harding，《流行的造假手段》[*The Popular Practice of Fraud*, 1935]）等激烈的批评人士秉持着一方面痛心"政府的浪费行为"，另一方面又假定"私企所做的一切都是必要的并值得赞美"的双重标准。广告业充斥着浪费钱的没用货，很多价格十分昂贵，消费者倡导者合埋地将这种丑陋现象揭露了出来。对透明交际的强调也有道理；准确的商品标签不仅最有效率，同时也最公平，可以继续在食品和药物贸易中起到稳定巫术的作用。而且，至少对蔡斯和一些更理论化的消费者倡导者来说，对浪费的关注能够开辟更有意思的发展方向，可以对资本主义进行从头到脚的严格审视。[11]

在某些方面，蔡斯对大萧条的分析同很多公司经理的意见不谋而合。他们都同意，美国经济已经发展到了一个"去积累"（disaccumulation；马克思语）的时期：能够利用高科技雇越来越少的工人来生产出越来越多的商品。他们还将这种认识同另一种共识结合，即"生产过剩"的问题同时也是"消费不足"的问题。消费者没有能力充分吸收工业体系生产的丰富商品。到这里为止，蔡斯和很多全国性广告主的意见还是相同的。但是他又进一步分析下去，开始强调收入分配不均造成的不良影响：美国人口中一大部分民众赚的钱连糊口都不够，更不要说消化工业产出；与此同时，占人口仅仅一小部分的人却拥有大量的流动资本，四处寻找可以发财的机会，无视社会的需求。结果就是，建造了更多没用的工厂，生产出更多没用的商品，浪费了更多自然资源，有更多人的需求得不到满足。蔡斯的消费者主义既含有平均主义的思想，也包含环境保护的维度。不过，当他寻找方法替代资本主义的"浪费悲剧"时，他的管理式倾向占了上风。1931 年，他总结道："唯一的出路就是要对生产进行规划。我们必须砍掉很大一部分放任主义的生产，让生产首要目的变为满足消费需求。在苏联没有多余的鞋厂，生产的鞋让人人有得穿就够了。"[12]

如果将蔡斯的理论贬低为对苏联制度的感情，就有些刻薄了（而且也抛开了当时的历史环境）。在三十年代早期，这样一位严肃的经济理论家对苏联最新一期五年计划如此憧憬是情有可原的，而且蔡斯也承认，美国与苏联的文化传统之间存在着巨大的鸿沟。不过，对苏联的借鉴也揭示出蔡斯的思想是管理式的，这种思想也是消费者运动的整体特征。与凡勃伦一样，蔡斯不愧为一位"技术统

治的护民官",历史学家罗伯特·威斯布鲁克(Robert Westbrook)
写道。凡勃伦和蔡斯都想将工程师从商人的统治下解放出来,并
认为这样理性就能够统治人类社会。两个人都对消费的美学与想
象用途没什么兴趣,都将朴素语言的福音放在了技术官僚框架下来
宣传;蔡斯的《文字的暴政》(*Tyranny of Words*,1938)将这种实证
主义的方法运用到语言上,要求文字和指涉物之间保持透明的关系。
西奥多·阿多诺曾准确地将凡勃伦对消费的批评定义为"对文化的攻
击";蔡斯在这方面的关注也揭示,同样的清教生产主义仍然困扰着
后来的批评家。[13]

在贯穿三十年代的消费者运动中,确实可以感觉到一种灰色管理
式世界观主宰着美国社会。当然,并不是所有的消费者倡导者都屈从
于这种世界观:比如拉尔夫·波索迪(Ralph Borsodi)就对公司广告
从去中心化角度提出了令人信服的分析,呼吁在小社区内重新建立零
售与面对面的交换行为。[14] 不过从大体上看来,消费者运动仍然重点
关注商品标签和产品分级,这与充分合理化的"功能社会"中的一种
广义人生观有着密切的联系,在这个"功能社会"中,市场的不可预
见性和多样性通过中央规划来控制。尽管消费者倡导者与广告主存在
意识形态上的分歧,这两方仍然共同坚信,一个由职业专业知识领导
的社会是向善的。

问题在于,这究竟是什么样的专业知识?毫无疑问,规划生产者
利润和规划消费者需求之间存在不同。围绕着这些不同的斗争在新政
时期以立法的方式展开。在当时,消费者成为政治实体,同商人、劳
工一样在国家复苏管理局(National Recovery Administration)中拥
有正式代表的权利,尽管国家复苏管理局的局长休·约翰逊(Hugh
Johnson)将军曾不解地问:"消费者究竟是什么人?给我举个具体的
例子。"然而消费者群体对政策的影响却甚微。在三十年代早期,农
业副部长雷克斯福德·盖伊·塔格威尔(Rexford Guy Tugwell)提

出过一个更为严格的《食品与药物法案》，但是最后在广告主和出版商的联合抵制下最终流产；几年之后，助理总检察长瑟曼·阿诺德（Thurman Arnold）威胁用反托拉斯法来制裁广告业，最终也不了了之。即使是1936年通过的消费者倡导者支持的未分配利润税法，也造成广告费支出增长，因为商界更愿意付钱给广告公司，而不是交给国税局。三十年代消费者抗议取得的成果，除1938年一定程度上加强了联邦交易委员会（Federal Trade Commission）的权威外就没有什么了。[15]

广告与新政的厮打还带来了一个长期的影响，即一个共同管理式政治文化的出现，这种文化一直延续到了今天，日益依赖系统化广告生存。富兰克林·罗斯福州长1931年对美国广告联盟（Advertising Federation of America）纽约分部讲话时，无意中对未来做了精确的描述。他说道，全国性广告教会我们繁荣；现在应该将它强大和必需的力量应用到政府治理上来了。"帮助我们，"罗斯福说道，"让人民对政府的机器和生产感兴趣，告诉他们在最终的完成品中什么是好的，什么是坏的。"几年之内，罗斯福就成为政府的宣传高手，用蓝鹰（Blue Eagles）代表国家复苏管理局和围炉夜话（Fireside Chats），以便为他的政策赢得支持。（蓝鹰正好是爱雅公司艺术总监查尔斯·柯因纳[Charles Coiner]设计的。）罗斯福和他最猛烈的反对者拥有一个共同的假定：选民构成了庞大的观众群，等着别人来说服自己投票给各类精英组织（政府内外都有）打包出售的政治议程。[16]

广告公司和其客户逐渐认识到，美国商界和政府之间斗争的奖品，就是庞大的受众群。广告人私底下仍然瞧不起群众。三十年代初期在一次面向智威汤逊文案人的演讲中，威廉·柯尔威尔（William Colwell）在说明赢得收音机听众的困难之处时举了一个例子，描述聪明的广告人在社区电影院夹在迟钝大众中间看电影的经历。"你会发现，自己笑完了以后——如果真的笑了——其他人［群众］才开始发笑。在广告受众中也存在这样的差距。我们认为收音机听众也存在同样的差距。你不能从一个点子迅速跳到另一个点子，否则只有最敏锐的头脑［比如我们］才能跟得上。"不过随着大萧条一年不如一年，广告人逐渐淡化了文案人敏锐头脑和大众愚笨脑瓜之间的差距。"谒见你的主人，"智威汤逊 1937 年开始出版的新月刊《人物》（*People*）宣布，"只有承认他们控制着我们，才能想出好办法来影响他们的领导。"这种迂回曲折的文字，一面试图赞美大众力量，另一面又否认大众力量。[17]《人物》的一则广告对公众自治的局限性做出了详细的说明，画中一位老人站在格子付费窗口的外面，还有一位年轻的家庭主妇看着一台绞干洗衣机。

当人们在付费窗口前排起长队或者兑换优惠券时，基本上没有人不想把钱花出去。挣钱也许不那么浪漫，因为一般来讲老板不是自己，但是在花钱时，顾客就变成了老板。

选择领带会给男性顾客一种心满意足的权力感。买皮草外衣对女人来说是一场大冒险；她坐在高位上，售货员心甘情愿地被呼来唤去。

花钱的确充满了乐趣。难怪民众收入的增长不都是"理智地"花出去的，东西越稀有，大冒险的感觉就越强烈。[18]

这就是全国性广告主击败政府与消费者倡导者的地方：花钱比遵守公民义务要有意思得多。另一方面，如果公民的权利和责任也能比作消费的话，也许可以从广告业盗来一些光泽，为灰色的政府治理增光。这正是当时逐渐出现的现象：公共部门和私营部门话语之间的界限越来越模糊。衡量消费需求的方法从公司会议室移到了政府办公室；市场调查变成了民意调查，公共舆论被去政治化了。管理式精英逐渐选择用统计学的伪中立术语来定义公共舆论：美国政治的核心仪式，从"走出家门者"（共和传统观点过去对选民的称呼）公开表达自己的信念，转变为民意调查员安静地摸着"民主的脉搏"——乔治·盖洛普（George Gallup）在 1940 年便用这个很能说明问题的医学短语来为自己的书冠名。[19]

正如私企的福利政策为职工赔偿保险和社会保障等政府项目提供了范本，市场调查也为公共舆论管理提供了榜样，后来被政治民意调查员公开采用。仅举一个例子说明，盖洛普就是三十年代早期在扬和罗必凯（Young & Rubicam）公司接受的锻炼。《财富》（Fortune）杂志如此描述 1935 年四处可见的市场研究："没有人（尤其是记者）察觉到，广告主采用的机制不仅能卖牙膏，还可以探究公众的思想。"之前的确是没有人意识到，但在同年《财富》第一次开展民意调查后，就逐渐传播开来。[20]

这是管理式思想对大众社会态度的调整过程中很关键的一刻。不管是由商界赞助的，还是政府精英发起的，统计抽样很快成为一项新的工具，使公众辩论更容易控制、更容易预测。调查本身则成为另一股威胁势力，人们不得不奋力抵抗才能保留其他的现实观。尽管如此，调查研究打着人民主权（popular sovereignty）的旗号不断发展。通过民意调查和市场调查，政府与商界理应对他们的主人——人民——做出更好的回应。不过，就像托克维尔（Tocqueville）预见的一样，这些巨大的组织看上去回应越积极，就越有能力设定公共话语的边界。广告公司主管与其他"人类科学"的实践者宣扬着公司与政府利益合流的现象，因为两者不仅拥有共同的客观认知模式，而且都执迷于管理公共舆论。[21]

民意调查兴起的同时，商界利益团体也开始反击新政、消费者运动和劳工组织。有时这种反击是以柔和的谈话方式进行的，比如霍华德·唐尼与合伙人公关公司（Howard Downey Associates）雇用失业演员扮演富勒刷子公司（Fuller Brush）的推销员去密歇根州弗林特罢工汽车工人的家里，和工人们的老婆说，工会领导人坐的是凯

迪拉克，抽的是二十五美分一根的雪茄。不过一般来讲，当商界在
三十年代末期找回自己声音后，代言人更加大声，更加平实，更加
让人觉得安心。为了摆脱推销员的身份，广告公司转向了范围更广
的意识形态活动，比如智威汤逊出版了宣传册《资本主义入门》（A
Primer of Capitalism，1937）。广告行业期刊更加清醒地认识到，全
国性广告业是"美国商界"（American Business）这个庞大联盟的一
部分，同华盛顿不懈斗争着。面对消费主义者的批评，业界人士反复
喊着口号：广告只是一种宣传高效分销和物质进步的中立技术而已。
他们试图挪用其他职业人士的合法性，不仅通过专家语言来说话，
还采取了更为直接的手段。比如，智威汤逊高管詹姆斯·韦伯·杨
（James Webb Young）在 1935 年离开公司一段时间，去西北大学商
学院教书，开始发表一些文章，如发表在《持家有方》上的《教授
看广告》（"The Professor Looks at Advertising"）。广告人装扮成
教授专家，试图在职业主义的大伞下混进管理精英的队伍。通过机构
广告（institutional advertising），他们试图将客户也拉进职业主义的
大伞，让大型公司加盟从公共卫生到高速公路安全等崇高事业。渐渐
地，大型广告公司抛弃了吵闹的狂欢式宣传手段，转而拥抱了公益广
告（public service announcement）空洞的尊严。[22]

不过在三十年代末期的焦虑氛围下，空洞尊严还远远不够。沃
伦·苏斯曼指出，随着国内经济持续萧条，国外独裁主义兴起，中产
阶级美国人渴望拥有一种融入整体的安全归属感。到了 1940 年，从
共产党领袖威廉·Z. 福斯特（William Z. Foster）到自由主义诗人与
信徒阿奇博尔德·麦克利什（Archibald MacLeish），所有人都赞美
着作为一种超越的族群身份的美国生活方式；全国性广告帮助商界挪
用了这种身份，将其主要内涵从民粹主义变为"自由进取"。[23]

战争的到来打开了局面。"商界迅速援助政府，解决备战危机。"
《印刷者油墨》在 1940 年 8 月宣布，欢迎"商界和政府之间一种

新的关系"。早在珍珠港事变之前，广告公司和其他商界主管就涌向华盛顿，坐着便宜的计程车在城里来回游说，支持放松监管。最终，政府官僚表示愿意听取意见：这是因为有一些人开始理解凯恩斯（Keynes）的观点，即通过私人投资来刺激社会总需求，同政府投资一样有效；更多的人也许是同意了《印刷者油墨》的观点："在机械战争的年代，国防与工业动员史无前例地越来越相似。"甚至连1941 年通过的《租借法》（Lend-Lease Act）带来的工业动员都使很多广告公司利益增长。战争如果无法带来国家的健康的话，至少又一次带来了广告业的健康。[24]

战争的一大特点，就是通常会给资产阶级社会带来有好有坏的机会：比如可以又一次进行商业打劫，或者通过向社会做出承诺来使自己超越自私自利的形象。个人主义和公民主义（civism）经常闹矛盾。不过自从 1898 年美国帝国时代开始以来，美国主流文化狡猾地缓解了旧共和传统中市场价值与军事武德之间的张力；美国商界做了很多善事（或者说是政府领袖口中的善事），成绩斐然。全国性广告主在"一战"中促成了商业与公民美德的融合，"二战"时在这方面更是取得了戏剧化的成功。他们不再寻求威尔逊口中的"安于民主"的世界，而是为美国人提供了一个更为直接的战斗理由：一个重焕活力的"家庭"愿景，充满田园回忆与幻想的色彩，但家中吃的用的都是现代物质享受。

战争结束后，美国公司摆脱了大萧条年代公众对它的不信任，浴火重生，在商界、劳工、农业、政府组成的新兴精英联盟中，作为资深团体，开始为和平时代的消费文化制定政策议程。"消费文化"（consumer culture）这个词获得了空前的可信性，用来描述在战争带来的繁荣中逐渐兴起的广大郊区社会。生产与消费共同加速发展；工会组织在三十年代末期放弃了一周三十四工时的斗争后，战时和战后的劳动工时逐渐攀升。工人与管理层之间形成了一种默认的妥协：为了获得越来越高的薪水，工人再也不提出增加休闲的要求了。[25]

与二十年代一样，群众兜里是有一些现金，但战后的财富体制和社会基础要更宽广。1946 年的《充分就业法》（Full Employment Act）象征着政府为维持繁荣而做出的承诺（不管多么模糊）。到了四十年代末期，政府与商界已经开始合作建造一个持久的战争经济；军事凯恩斯主义的乘数效应为整个经济和全国各地带来了巨大的刺激作用。人们普遍担心的战后萧条情况并没有发生。此外，生产与消费之间似乎形成了动态平衡；混合经济的管理式模型似乎是真实有效的。

第二次世界大战及战后：为舒适而战

1941 年 11 月，当一支日本特遣部队开始从千岛群岛东南偏东向珍珠港急速进发时，全国性广告主正在阿肯色州的温泉城（Hot Springs）开大会。当时弥漫着一种小心翼翼的乐观主义精神，这在一定程度上要感谢利昂·亨德森（Leon Henderson）。作为消费者倡导者与新政拥护者，刚刚就任《紧急价格控制法》（Emergency Price Control Act）的主要负责人，他在大会上发表了讲话。广告公司主管们将他视为撒旦的奴仆，而他却告慰这些人，在罗斯福当局领导下，广告业"不会面临特殊或额外的风险"。"我之前就一直认为，现在也一样认为，广告发挥着有效的经济作用。"他说道。广告业天天抨击亨德森是天字第一号敌人，现在这些话从他口中说出来，造成的震惊可想而知。全体广告人起立，给了这位新政拥护者长时间的掌声。他这些抚慰人心的话说明，随着"新政医生"（Dr. New Deal）的地位被"胜仗医生"（Dr. Win-the-War）所取代，一种对商业更富同情心的新态度在华盛顿扩散开来。[26]

即使在珍珠港事变之前，战时紧急事态就给了广告业代言人机会，重新采用管理式习语来解决商业与社会福祉之间的严重问题。广告公司老总 H. A. 巴登在 1941 年 11 月中旬坚持认为，广告绝不能与销售等同。"不对。广告有一个特殊的使命，就是告知，并且要经常（但不是必须）劝说。"他宣布，"*广告是大众传播中一项专业的技能*……因为广告是技能，所以本身并没有实体。从绝对意义上讲，是没有实物存在的。"这种将广告视为技能的做法消解了常见的权力冲突。巴登承认，当然，广告确实常为管理所用，不过在现代世界里，每种值得做的活动都是管理的一种形式："政府是管理……慈善组织是管理……教育是管理。公共卫生是管理。营养运动是管理……每一个宗教派别都是管理。一切同盟、俱乐部、社团、联盟或协会都是管理。"所有组织都希望告知和劝说。饱受嘲笑的"宣传"既可以很邪恶，又可以拿来一用。[27]

巴登试图将管理式价值观与特定的阶级和文化立场彻底割裂，这是一种很有代表性的普世化修辞战略；广告辩护者一直宣称"一切都是广告"，企图将广告从特定的社会联系中分离出来。不过，这种战略既需要在措辞上重新调整，也需要建立一定的制度。在温泉城大会诞生的广告理事会（Advertising Council）在战时复兴全国性广告业的过程中以及在 1945 年后用公司商业语言宣传公共服务（普及高速公路安全，创造烟熊 [Smokey the Bear] 形象等）的过程中都起到了最大的作用。

广告理事会（从珍珠港事变到"二战"对日作战胜利期间，改名为战时广告理事会 [War Advertising Council]）最终吸收了来自广告公司、广告客户以及媒体各方的代表，但是从一开始就由来自大型广告公司的主管所控制。首任主席是扬和罗必凯公司的切斯特·J. 拉洛什（Chester J. LaRoche），他带领理事会奋力争取为政府提供免费广告版面，并在总体上塑造广告公司和公司客户的爱国公民形象。方法是通过同政府战时新闻处（Office of War Information）合作投放公益广告，宣传废料回收运动（scrap salvage campaigns），强调女性在战争后勤中的作用，并严厉训斥拒绝全力服务战争的广告主。新闻处本身逐渐为公司广告人掌控，比如可口可乐的普莱斯·吉尔伯特（Price Gilbert）就负责图像印刷部（Bureau of Graphics and Printing）。他的存在使新闻处的自由主义者愤然创作一幅戏仿海报，画中一瓶可口可乐包裹在美国国旗中，文字写着："站出来！你会得到四种可口的自由！清新爽口，就是战争！"批评者们可以勃然大怒，可以辞职抗议，1943 年很多人也这么做了，不过因为得不到国会支持，新闻处同年关门大吉，再一次证明了大家一直心知肚明的事情："私营部门"已经占主导地位。《新共和》的一位专栏作家观察到，在"扼杀其他正面观点"的过程中，公司控制起到了重要作用。他指出："将新闻处排挤出去是在扫清障碍，以便将一个极其重要的理念再次兜售给美国，即工业界不仅用生产打赢战争，还比被禁止为自己辩解的政府和没钱没技术的劳工组织更关心公众利益。"战时广告理事会取代战时新闻处，是商界反击新政战役中的一次大胜仗。[28]

　　1942 年，历史学家柯蒂斯·耐特尔斯（Curtis Nettels）担忧地指出："美国现在面临着一个好机会来建造更加美好的世界，但这个机会可能很快就会淹没在广告主的嘈杂喧嚣中，督促我们去购买、去获取、去拥有、去享受这个或那个琐碎产品和微不足道的快感。"实际情况其实并不是这样。战时广告理事会、理事会的和平时期接班人以及业界的支持者们成功地用爱国的光环掩盖住了大部分粗鄙行为。尽管如此，广告主还是将耐特尔斯笔下"更加美好的世界"削减为一个充斥着物质享受的滋润家庭和小镇社区生活的世界（图8.2）。广告主挪用了三十年代的民间意识形态（即公共事业振兴署和人民阵线的意识形态）来继续鼓吹一种对民众和民间传统一点都不亲切的经济发展议程。[29]

战争结束后，全国性广告主在广告理事会的带领下手腕越来越灵活，将机构广告巧妙融入传播知识和道德升华的温水浴中。1948 年《周六文学评论》（*Saturday Review of Literature*）指出，公司越来越愿意出钱拍摄行业纪录片。作者认为，成功的关键就在于"多看少卖"。一部由公司总裁、"一战"飞行官艾迪·利肯巴克（Eddie Rickenbacker）叙述的东方航空公司（Eastern Airlines）纪录片充斥着赤裸裸的推销；而由新泽西标准石油公司（Standard Oil of New Jersey）赞助、纪录片之父罗伯特·弗拉哈迪（Robert

图 8.2　帝国威士忌广告，《美利坚杂志》，1945 年 1 月。

Advertisement for Imperial whiskey, *American Magazine*, January, 1945.

Flaherty）导演的精彩影片《路易斯安那故事》（*Louisiana Story*）则成为衡量纪录片优秀与否的标准。影片详细阐述了"活力迸发的现代工业对朴实人群甚至落后人群造成的冲击……小男孩以前同科技的唯一接触，是一把生锈的来复枪，以及时不时瞥见摩托艇从父亲小屋旁呼啸而过。但随着时光流逝，他了解到在河口之外竟然还有一个仙境般的世界"。将公司利益转换为中立的"技术"，将技术与进步、魔法"仙境"联系起来，这些修辞特点自二十年代起（或者更早）就在广告中普遍使用，到了战后拥有了更强大的力量。[30]

政府通常也加入其中，比如 1956 年美国新闻署（United States Information Agency）的海外宣传活动。主题是"人民的资本主义"。

这个点子是德怀特·艾森豪威尔（Dwight Eisenhower）总统从广告理事会主席西奥多·S. 雷普利尔（Theodore S. Repplier）那里学来的。宣传将美国经济系统比作机械降神，不但扫除阶级界限，将工人变为资本家，还根除了一切形式的苦力劳动。宣传花的是纳税人的钱，进一步说明了公司广告主和联邦政府之间新一轮的合作关系。[31]

将广告与美国生活方式结盟的方法，起源于大萧条的黑暗年代，在充满意识形态斗争的冷战年代充分开花结果。广告辩护者将各种传统的修辞策略与新一轮的狂热情绪混合在一起，还添加了一些新的手段。他们声称，广告不仅承载着必要的商业信息，也是自由言论的基础，因为它为大规模发行的报纸杂志提供了经济基础。此外，广告还生动有趣，是一个胜利的、精力充沛的民族热情洋溢的表达方式。凭这最后一点，广告辩护者将批评广告的人讽刺为没有幽默感的老处女，这个策略直到八十年代才开始大规模采用。[32]

五十年代全国性广告主的声望达到了顶峰，但他们也迎来了新一轮的炮火。甚至连哈佛商学院的尼尔·博登（Neil Borden，他的《广告经济学》[Economics of Advertising，1942] 在广告业获得合法性的过程中起到了重要的推动作用）都承认，没有办法检验某些广告是不是真的"带来了效益"。当经济不景气时，比如 1957 年和 1958 年，公司广告主削减广告费，让麦迪逊大道当了替罪羊；广告公司将许多文案人赶到了大街上。不过即使在鼎盛时期，公众对广告业的不信任依然在加深。他们不仅是抱怨广告强制推销的策略和其他恶习：消费文化的基础是个人需求与公司利益的融洽结合，但是这种结合现在开始出现了一些裂痕。尽管市场调查存在不精确性和不可靠性，广告公司却进一步强化统计窥探，有时还将调查信息与建议心理学的最新理论"动机研究"（motivation research）结合在一起。这个略带操纵意味的概念是心理分析学家欧内斯特·迪克特（Ernest Dichter）在三十年代末编造出来的，战后在广告公司内流行开来。私密与公众的融合，大众心理与市场调查的融合，在崭新的"科学"包装中成功地实现了对狂欢的系统化遏制。[33]

这种具有侵入性的策略不可避免地带来了不安感。幽默之下往往是焦虑的情绪。《纽约客》（*New Yorker*）1945 年的一则漫画中，在富裕郊区一座房子的门阶上，穿商务装的男子正在询问一位身着浴袍、满头卷发夹子的妇女："太太早上好，智威汤逊公司想知道您的婚姻是不是幸福？"[34]智威汤逊极富特色地将免费公众宣传作为新业务演示的一部分，不过广告业之外的人士可能对这种现象不是特别开心。在文化批评家中，这种焦虑尤为突出，他们接受了大众社会可以被操纵的观点，并承认这种观点在该世纪中叶几十年间获得了空前的力量。"我们这个时代，一切社会噩梦都来自无休无止、不可避免的暴民统治"，文学批评家诺思罗普·弗莱（Northrop Frye）说道，他看到的幽灵是"一个自我审查的国家，社会不能对自身提出清晰的批评分析，不能在批评分析后形成自己的意志行动"。法西斯主义的崛起，带来了在仇恨的蛊惑下超大规模群众集会的壮观场面。从集权群众扯到身着高尔夫球衫的美国人可能有些太牵强了，但是在战后，由联邦住房管理局（FHA）和退伍军人管理局（VA）贷款项目等联邦政策支持发展起来的美国郊区，确实展现出一种比较良性的本土大众社会形象。郊区美国人人畜无害，渴望融入集体，这在批评家眼中正好代表了一个"自我审查"的美国，这个社会早已驶入安静平和、波澜不惊的从众性海洋中了。[35]

很少有人同意西奥多·阿多诺及其同行将威权主义倾向归咎于社会大众的理论，不过很多人的确因为美国人缺少品位、物质享受上瘾和政治寂静主义（quietism）而感到着急。战后社会批评家对品位的强烈关注在约翰·肯尼斯·加尔布雷斯的一句著名评论中体现得淋漓尽致。他将艾森豪威尔在政的几年称作"白开水政府，白开水人民"时期；这句话虽然诙谐机智、准确无误，但是清晰表明政治话语将全部精力都用在了讨论风格（style）的问题上。当时的大众社会学弥漫着物质不平等已被消除的观点。"社会革命的果实在期望中总比在现实中甜美可口；对梦想着工人解放能够朝精神解放前进的人来说，观景窗内的粉红灯罩无疑是当头一盆冷水。"威廉·H. 怀特（William H. Whyte）在《组织人》（*The Organization Man*，1956）中写道。（这不禁让人想起帕顿和青年马克思在当年的种种期望。）"不过，这种景象我们还是完全能够忍受的。"他总结道。其他更为尖刻的批评家反对怀特这种坚忍的顺从态度。德怀特·麦克唐纳（Dwight Macdonald）、大卫·李斯曼以及欧文·豪（Irving Howe）等不同流派的严肃思想家都加入了针对"从众的时代"的日渐浩大的批评声浪。不过即使连公开的左派思想家，比如豪和麦克唐纳，都没有系统化地关注新兴消费文化背后的权力关系，所以他们的理论有时看上去只是对礼仪的批评分析。[36]

消费文化的辩护者可以将这些批评视为势利眼，也可以引用他们自己的学术权威：哈佛社会学家塔尔考特·帕森斯。他在《社会体系》（*The Social System*，1951）和其他作品中对帕顿的思想做了升级。在帕森斯笔下高度组织化的社会中（和帕顿笔下的一样），生产与消费之间存在着动态平衡，虽然两者占据着差异化的领域。他这种差异化的概念为当时在郊区重生的家庭观涂上了一层科学的光泽。家庭与工作在机能上互相关联。在《超越从众性》（*Beyond Conformity*，1961）中，社会学家温斯顿·怀特（Winston White）对消费文化批评做出了帕森斯式的分析，他认为大众家庭消费很大一部分是用来购买耐用品的（比如洗衣机），正是这些耐久品支持着基础工业："买这些电器的钱，本可以花在啤酒和彩虹糖上，但却流回了'工厂设备'。"[37]与帕顿的《文明的崭新基础》一样，怀特也认为消费是服务于生产的。怀特称，建立基于家庭的消费也可以帮助家庭发挥"性格管理"（personality management）的功能，随着社会中家

庭体验与工作体验的距离越来越远，亲戚家族之间也日渐生疏，这种
功能很有必要。在一个差异化的"社会体系"中，所有互相毫无关系
的部件能够完美组成一个整体。麦克唐纳等批评家扼腕叹息的"调
整"与"从众"，在帕森斯理论中却代表着功能效率。

　　功能主义理论有一个不太容易发现的缺点：他们赞美的共识不是
人民自发产生的，而是通过管理式精英的操纵塑造出来的。人们对广
告主滥用动机研究的手法深感不安，将其与朝鲜监狱中"被洗脑的"
美国大兵高唱口号的图像联系在一起。这些现象让人们更加坚信，人
的思想是一堆可怜的黏土。虽然广告要迷人得多，但他们也是一群
狡猾的美国版操纵天才，是他们打造出了一套公司体系；在一些紧张
的批评家眼中，这套体系运行得过于顺利了。[38]

　　动机研究蓬勃发展，是因为广告主需要出清积压存货，保持商
品持续流通。广告公司和客户急切渴望一种新的销售模式，于是
便向迪克特（他是大众动机研究所 [Institute for Research in Mass
Motivation] 的所长）等心理咨询师求助。据文案人约瑟夫·塞尔丁
（Joseph Seldin）描述，迪克特告诉他们，社会已经"进入了一个'心
理经济'的时代，决定消费者购买行为的是感情因素，而不是技术
因素"，在这个时期，广告人"要不就兜售安全感，要不就破产"。
对安全感的渴望诞生于大萧条的忧虑情绪，现在则成为"从众的年
代"心理学陈腐理论的基础，在广告和市场调查中勉强算作创新的
理论，总是奇怪地与大众社会学的配方相契合。动机研究是二元论
社会科学的最终表达方式：冷静的观察者假装与被观察的无助物体
彻底隔离。迪克特及其同行试图穿透受访者的语言响应，揭示隐藏
在下面的恐惧与志向。通过动机研究，每月之书俱乐部（Book-of-
the-Month Club）发现，过于强调读书量有可能适得其反，因为读
者埋在一摞摞未读的书中会产生"一股自卑感"；茶叶理事会（Tea
Council）发现，过多宣传茶对疲劳和精神紧张有功效，反而会使人

更加认为茶只是病人喝的饮料，因此他们将口号改为"使您强健、热情、精神饱满"。简而言之，企业广告主宣传的是"披着科学外衣的常识"，塞尔丁指出。消费大众又一次被简化为管理式常识的静惰插画。这种简化是语言上的，不是行为上的；绝大多数美国人过着自己的生活，要么对广告无动于衷，要么抱有疑心。不过，广告主这些假定，对他们自己的策略以及对批评人士的策略都产生了重要的影响。[39]

电视的兴起使人更加担心广告主的操纵性力量。电视这种工具比收音机更诱人，更具侵入性，尤其是直接面对儿童时。如果能叫出电视上灵犬莱西（Lassie）狗宝宝的名字，就能给妈妈赢得一年的快洁（Fab）洗衣粉；如果把家长带到喜万年（Sylvania）电视专卖店，就能得到一套喜万年太空游侠（Space Ranger）玩具包。尽管很难严肃看待这种策略（今天仍然如此），很多观察家却对此高度警惕。塞尔丁正确指出，一种双重标准正在起着作用。"如果在宗教和政治领域对儿童的思想进行操纵，会引发家长们的愤怒抗议，国会也会展开一系列调查。但在商业领域，儿童就是合法的猎捕对象。"[40]

到1957年，对操纵性广告的警惕情绪爆发了。其中最耸人听闻的现象与"影响力原则"的最新升级版——阈下广告（subliminal advertising）——有关，这种广告嵌入了购买者意识不到的语言和图像信息，不会让购买者发现自己其实已经被影响了。人们开始认真寻找香烟包装中的骷髅、冰块中的裸女等暗示。一些更理性的观察家指出，这种广告策略其实效果有限；很多所谓的"阈下诱惑"只不过是无聊的文案人试图骗过文案主管和客户的小把戏。尽管如此，人们对阈下广告的暴怒，说明人们愈发相信不幸的消费者只不过是无形操纵者手中的木偶。范斯·帕克德的畅销书《隐藏的劝说者》（*The Hidden Persuaders*，1958）捕捉到并加剧了大众的焦虑。书中各种情绪混杂，包括朴素语言价值观对造假的愤怒和共和价值观对神秘阴谋论的担忧，并戏剧化地呈现了战后社会对操纵大众的关注。在其他作品中，帕克德重申了二十世纪早期黑幕揭发记者的观点，批评出版商依赖广告收入的做法会对言论自由造成威胁。广告辩护者可以将帕克德对操控策略的批评视为疑神疑鬼，但是他对出版业的分析就不好反驳了。芝加哥博达大桥广告公司（Foote, Cone & Belding）的法尔法克斯·寇恩（Fairfax Cone）就是一个很好的例子。"很多广告主和广告公司都对杂志报纸上的文章表示反感，所以计划要投放的广告也被取消，"他在《大西洋月刊》回应帕克德的一篇文章中承认，"但是假如一个人不喜欢杂志的某篇文章或故事，然后取消订阅，这两种现象我看不出有什么不同。"他这个生意人，对侵犯广告公司政策的经济权力问题那么敏感，难道真的相信一个读者的报刊订阅费和一页广告费能够相提并论？与关于广告影响出版业的早期辩论一样，过于关注个人行为"不端"的做法蒙蔽了人的眼睛，看不到公司广告主的利益已经在主要媒体机构里暗中、系统地合法化了。[41]

其他的广告批评者采用了其他的话语。有些人同约翰·肯尼斯·加尔布雷斯一样，试图升级凡勃伦－蔡斯理论，以适应战后社会特有的"不得体的富裕经济学"（unseemly economics of opulence）。加尔布雷斯和其他管理式自由主义者谴责广告主刺激大众购买"烟草、酒水、巧克力、汽车与肥皂，不顾我们的国家已经饱受尼古丁和酒精中毒的折磨，已经被糖分撑得营养过剩，医院和墓地中住满了在高速公路上受伤或遇难的人，所有人对正常体味神经质到了危险的地步"。从加尔布雷斯及同类批评家对理性规划的渴望与对过剩和炫耀的恐慌中，能看到他们对凡勃伦－蔡斯理论清教传统的继承，不过他们同样保留了其中的平均主义观念。他们抨击消费文化宣扬着"只要私人富流油哪怕国家脏乱差"的观点，并指出60%的美国人没有足够的可支配收入，无法参与全国性广告主口中"新美国生活方式"的"飞驰的消费"（galloping consumption）。不过与前辈一样，凡勃伦－蔡斯派批评家被后人记住的不是平均主义观念，而是他们对放纵繁荣社会浮夸过剩的抨击。[42]

被指控为过剩的始作俑者，全国性广告业在批评声和自我怀疑中沉重地迈入了二十世纪六十年代。很多创意火花已经熄灭在五十年代；电视广告的主流模式遵循着笨重俗套的"独特销售主张／独特卖点"（USP, Unique Selling Proposition）。知名主管罗瑟·李维斯（Rosser Reeves）将 USP 称为所有成功广告的关键，广告业对 USP 的追求使身着试验服的伪科学家再度侵占了广告画面，鼓吹月桂酰肌氨酸钠／表面活性剂（Gardol）、润滑剂（Dynalube）或其他什么声称不同于一切竞争对手的秘密配方。[43] 对很多美国人来说，公司广告业正在成为病态消费文化最主要的症状（如果不是主要原因的话），这种文化虽然遏制了混乱的冲动，扩大了中产积极繁荣，但代价是患上了神经紧张的慢性病。

不过，即使在五十年代，主流文化的边缘地带中也能察觉到狂欢的复苏。那些知道莱西狗宝宝的名字、为了得到喜万年太空游侠玩具包便将家长拽进电视商店的孩子们，也是 1952 年创立的《疯狂》（Mad）杂志的读者。《疯狂》（今天还在出版）是一本讽刺杂志，只要眼睛看到的浮夸和造假，它都要恶搞一番。五十年代的广告就有很多浮夸和造假的现象。《疯狂》的创始人大多数来自纽约犹太亚文化圈；他们秉承着癫狂喜剧的特点，抓住每一个机会对（仍然由白人盎格鲁撒克逊新教徒主宰的）广告业大加嘲讽。《疯狂》直接面向在战后郊区成年的一代人，杂志向许多读者（尤其是年轻男人）头脑中灌输了一种情绪，让他们体会到郊区常态的平淡外表下的愤怒与好斗。杂志还将广告世界与焦虑——而不是欢乐——联系在一起。杂志有一首诗《麦迪逊大街入门》（"Madison Avenue Primer", 1957）写道：

看看这个人。

他从事广告工作。

人们叫他"广告人"。

看看他可笑的紧身西服。

看看他可笑的发型。

听听他的胃可笑地呻吟。

咕噜、咕噜、咕噜。

广告人有可笑的胃溃疡。

大多数广告人有可笑的胃溃疡。

不过有些广告人很幸运。

他们没有可笑的胃溃疡。

倒是有可笑的高血压。[44]

　　比讽刺广告业还有影响力的，是《疯狂》对广告的戏仿：牙被全部打掉的梅尔文·亿抛史（Melvin Furd）出现在佳洁屎牙龈膏（Crust Gumpaste）①广告中，牙龈涂上了一层"坚硬、雪白的釉质光泽"后就可以当牙使；贝蒂·扶你死（Betty Furness）被压在两面能同时打开的西屋（Westinghouse）冰箱门下（《夜猫子 vs "悄然爬行的肉丸子主义"》：文案，金·谢泼德；插画，沃利·伍德。《疯狂》杂志 1957 年 4 月第 32 期 ["The Night People vs. 'Creeping Meatballism'": writer, Jean Shepherd; artist, Wally Wood. *Mad magazine*, No. 32, April 1957]）。[45] 最终，面对广告业为了舒适发动的无情圣战，最有效的回应只有通过粗俗下流的幽默撕下权威的愚蠢伪装，将权威的代表埋葬在他们自己的技术之下。舞台已经布置好，就等待被压抑的冲动重新登场了。

---

① 戏仿佳洁士牙膏。——译者

六十年代中，作为对越南战争的回应，颠覆性戏剧风格以政治抗议和文化批评的方式重新浮出水面。可以将反战运动和广大反文化热潮视为对狂欢主题的重新编排（的一部分）：颠覆常规的权威等级，颠覆人体美的传统标准，公然赞颂人体下半身，反对二元论并提倡玄秘体验，复兴自发的户外表演和盛装仪式（即罗伯特·布鲁斯坦 [Robert Brustein] 等批评家笔下的"戏剧式革命"）。[46] 同所有狂欢演出一样，出格的过剩现象数不胜数。不过它也挑战着管理式价值观，拒绝着"体系"，它意识到常规批评分析很容易参与到高效生产力的职业理念之中，但在中途会失去伦理的力量。

管理式精英采取了熟悉的策略来对付反文化挑战。到了 1970 年，民意调查员已经开始构建一种似乎能够抵消反文化抗议的基于统计模型的理念："沉默的大多数"——体面美国人，消费文化无怨无悔的受益者，现在他们的"沉默"被构建为一种公民美德。不过，这些人到底是否真的占美国人口大多数还有待商榷。[47]

无论如何，谈这个问题很快就没有实际意义了。短短几年之内，随着美国企业纷纷跨出国门，将越来越多的工作机会出口到海外，消费文化的经济基础开始受到侵蚀。经济繁荣成果的分配从来就没有均等过，但是很大一部分美国人真的享受到了经济繁荣的果实；确实，到了六十年代，连"黑人市场"都受到了广告商的追捧。不过到了七十年代中期，生产与消费之间的动态平衡开始看起来像是特定历史时期的产物，在那个特定历史时期，美国经济不但能够独立运行，还可以主宰世界其他市场。现在世界其他地区的人开始骚动。比起担心思想操控的幽灵，还有更紧迫的问题亟待解决。

注释

1. Juliet B. Schor, *The Overworked American: The Unexpected Decline of Leisure* (New York, 1992), esp. chaps. 3, 5.

2. "Salute the Brave," *Good Housekeeping* 96 (June 1983): 8. See also "The Undeprest Advertising Mind," *Literary Digest* 113 (2 April 1932): 44.

3. Allen R. Dodd, "With Benefit of Budget," *Good Housekeeping* 94 (January 1932): 88-89, 174ff; Anne Sharon Monroe, "Lead from Strength," ibid., 93 (October 1931): 108-13; Bruce Barton, "Are You Happy in Your Work?" ibid. 90 (September 1930): 26-27, 248ff.

4. "The Grasshopper and the Ants," ibid. 98 (April 1934): 36-37.

5. G. A. Nichols, "Consumer Acceptance—What It Is and How It Works," *Printers' Ink* 154 (12 February 1931): 49-57; "Inflation and Advertising," *Literary Digest* 116 (29 July 1933): 34; F. J. Schlink, "Bear Oil," *New Republic* 64 (31 July 1929): 279; Roy Dickinson, "Stabilizing Employment," *Printers' Ink* 154 (1 January 1931): 49-52. 关于一个向客户承诺的好例子，见 "Making Advertising Pay During the Depression," J. Walter Thompson new business presentation, c. 1933, JWT Archives, Duke University。关于承诺越来越从天上跌到地上的现象，见 "Deflating Advertising," *Printers' Ink* 154 (26 February 1931): 117-18。

6. James Rorty, "Advertising and the Depression," *Nation* 137 (20 December 1933): 703-4; "Whip cracking," *Printers' Ink* 155 (14 May 1931): 133; Walter A. Lowen, "You Can't Keep a Good Advertising Man Out of Work," ibid., 18 June 1931, 64. 关于公司内张力的更多证据，见 William Day's lecture to the restless younger staff at J. Walter Thompson, minutes of the Creative Staff meeting, 5 March 1932, JWT Archives。

7. Aesop Glim, "Playboy or Business Man?" *Printers' Ink* 151 (17 April 1930): 93-94; "What Groucho Says," ibid. 154 (19 February 1931): 118.

8. "Fair Rivals of the Sandwich Man," *Literary Digest* 113 (23 April 1932): 41; "Cameron Raps Bad Reporting, Blatant Radio," *Advertising Age* 9 (21 February

1938): 24; One of the Twelve Million, "I've Got an Idea, But What Shall I Do With It?" *Printers' Ink* 171 (2 May 1935): 27-33.

9. "Advertising Analyzes Agents," *Business Week*, 24 May 1933, 7; Bernice Kenyon, "Housewife Looks at Advertising," *American Mercury* 29 (June 1933): 181-89; H. A. Batten, "Advertising Man Looks at Advertising," *Atlantic Monthly* 150 (July 1932): 53-57.

10. 关于批判式使用消费者意识的早期例子，见 Dana Frank, "At the Point of Consumption: Seattle Labor and the Politics of Consumption, 1919-1927," Ph.D. dissertation, Yale University, 1988; Raymond Fuller, "Honesty in Advertising," *Nation* 125 (31 August 1927): 202-203; Stuart Chase, *The Tragedy of Waste* (New York, 1925); idem, "Blindfolded You Know the Difference," *New Republic* 55 (8 August 1928): 296-98。最权威的文本是 John Ruskin, *Unto This Last* [1861] (London, 1907)。Veblen 的 *Theory of the Leisure Class* (New York, 1899) 为后来的消费理论罩上了一层清教裹尸布。有一个例外是 Hazel Kyrk, *A Theory of Consumption* (Boston and London, 1923)，强调了消费的定性方面，而不是定量方面，并承认在合适的情况下消费可以与文明休闲有关。

11. Stuart Chase, "Advertising: An Autopsy," *Nation* 138 (16 May 1934): 567-68; T. S. Harding, "Boondoggling in Private Enterprise," *Christian Century* 53 (25 March 1936): 460-62; "Consumer Movement; Report to Executives," *Business Week,* 22 April 1939, 39-52.

12. Stuart Chase, *The Nemesis of American Business* (New York, 1931), p. 95. 关于生物积累，见 Martin Sklar, "Some Political and Cultural Consequences of the Disaccumulation of Capital: Origins of Post-Industrial Development in the 1920s," in his *The United States as a Developing Country* (Cambridge, England, 1992), pp. 143-96。

13. Robert Westbrook, "Tribune of the Technostructure," *American Quarterly* 32 (Fall 1980): 387-407; Theodor Adorno, "Veblen's Attack on Culture" [1941], in his *Prisms* (Cambridge, Mass., 1980).

14. Ralph Borsodi, *The Distribution Age* (New York, 1927); idem, *This Ugly Civilization* (New York, 1929).

15. Johnson quoted in Arthur Schlesinger, Jr., *The Coming of the New Deal* (New York, 1958), p. 130; Elizabeth Frazer, "King Cotton Heads the Big Parade,"

Good Housekeeping 97 (October 1933): 16-17, 116ff; "NRA's Big Drive to Start Consumer Buying," *Business Week,* 14 October 1933, 5-6; "Advertising As Usual," *Nation* 139 (4 July 1934): 5-6; "Advertising Boosted by New Tax on Undistributed Earnings," *Business Week,* 16 January 1937, 14-15; "FTC Tightening Rules, New Decisions Indicate," *Advertising Age* 9 (28 March 1938): 18; Thurman Arnold, "Mr. Arnold's Side of the Argument," *Printers' Ink* 197 (17 October 1941): 13-15, 62ff; Otis Pease, *Responsibilities of American Advertising: Private Control and Public Influence, 1920-1940* (New Haven, Conn., 1958), pp. 115-66. 关于新政时代消费者问题的更多讨论，见 Ronald Edsforth, *Class Conflict and Cultural Consensus: The Making of a Mass Consumer Society in Flint, Michigan* (New Brunswick, N.J., and London, 1987), esp. chap. 6, and Lizabeth Cohen, *Making a New Deal: Industrial Workers in Chicago, 1919-1939* (New York, 1991), esp. chaps. 3, 6-8。

16. Franklin Delano Roosevelt, "You Cannot Robotize Advertising," *Printers' Ink* 155 (18 July 1931): 44. 关于新政同盟内部关于政治文化定义的斗争，见 Nelson Lichtenstein, "From Corporatism to Collective Bargaining: Organized Labor and the Eclipse of Social Democracy in the Postwar Era," in *The Rise and Fall of the New Deal Order, 1930-1980,* ed. Steve Fraser and Gary Gerstle (Princeton, N.J., 1989), pp. 122-52。关于政治广告的有帮助的概述，见 Kathleen Hall Jamieson, *Packaging the Presidency: A History and Criticism of Presidential Campaign Advertising* (New York, 1984)。

17. Colwell in minutes of J. Walter Thompson Company representatives meeting, 8 July 1930, JWT Archives; "Introducing PEOPLE," *People,* March 1937, JWT Archives.

18. "PEOPLE Like to Spend," *People,* October 1937, inside front cover, JWT Archives. 关于针对大众观众的类似观点，见 "They Like It Simple," *Advertising Age* 9 (28 February 1938): 12; advertisement for *Liberty* magazine, *Printers' Ink* 178 (21 January 1937): 54-55; "Selling Discontent," *Saturday Review of Literature* 13 (28 December 1935): 8。

19. George Gallup and Saul Forbes Rae, *The Pulse of Democracy: The Public Opinion Poll and How It Works* (New York, 1940).

20. J. George Frederick, "The Research Basis of Copy," in Frederick, ed., *Masters of*

Advertising Copy (New York, 1925), pp. 152-53; undated *New Yorker* cartoon in "The Largest Clinic of Advertising Experience in the World," JWT new business presentation, 1945, JWT Archives; information on Callup in JWT Creative Staff meeting, 4 March 1932, JWT Archives, and "A New Technique in Journalism," *Fortune* 12 (July 1935): 65-68. 另见 Frederic Russell, "My Reply to Critics Who Say That Marketing Will Never Be a Science," *Printers' Ink* 131 (23 April 1925): 105-16。

21. 关于这个论点的详细讨论，见 Benjamin Ginsberg, *The Captive Public: How Mass Opinion Promotes State Power* (New York, 1986)，以及敏锐的 Mark Crisping Miller, "Suckers for Elections," *New York Times Book Review,* 8 February 1987, 32。关于对民意调查的保守派有力批评分析，见 Robert Nisbet, "Public Opinion vs. Popular Opinion," *Public Interest* 41 (Fall 1975): 166-92。

22. R. Littell and J. J. McCarthy, "Whispers for Sale," *Harper's Monthly* 172 (February 1936): 364-72; J. Walter Thompson Company, *A Primer of Capitalism* (1937), JWT Archives; James Webb Young, "The Professor Looks at Advertising," *Good Housekeeping* 100 (June 1935): 86-87, 143ff.

23. Warren Susman, *Culture as History* (New York, 1984), pp. 150-210, 精彩地讨论了"美国生活方式"执迷观的来源。关于公司对这个习语的兴趣演变，见 Lary May, "Making the American Way: Moderne Theatres, Audiences, and the Film Industry, 1929-1945," *Prospects* 12 (1987): 93-111, and Maren Stange, *Symbols of Ideal Life: Social Documentary Photography in America, 1890-1950* (Cambridge, England, and New York, 1989), pp. 94-101, 128-29, 142-43。Stange 敏锐地记录了新政和公司图像制作计划的合流。

24. Donald Wilhelm, "Business Rushes to Government's Aid in Preparedness Crisis," *Printers' Ink* 192 (16 August 1940): 11-13.

25. Schor, *The Overworked American,* pp. 7, 75-77.

26. Frank W. Fox, *Madison Avenue Goes to War: The Strange Military Career of American Advertising, 1941-1945* (Provo, Utah, 1975), p. 92.

27. H. A. Batten, "This, or Silence," *Printers' Ink* 197 (14 November 1941): 11-13, 61-64. 斜体原文就有。

28. "The Advertising Front," *Fortune* 26 (November 1942): 60, 64; "Advertising in Wartime," *New Republic* 110 (21 February 1944): 233-36; Fox, *Madison Avenue*, pp. 48-53; John Morton Blum, *V Was for Victory* (New York, and London, 1976), pp. 38-43; Richard J. Barnet, *The Rockets' Red Glare: When America Goes to War* (New York, 1989), pp. 228-29. 关于广告理事会，见 Robert Griffith, "The Selling of America: The Advertising Council and American Politics, 1942-1960," *Business History Review* 57 (Autumn 1983): 388-412。

29. Curtis Nettels, "The Radio and the War," *New Republic* 106 (18 May 1942): 666-67; "Advertising and the War Effort," *Collier's* 114 (26 August 1944): 82. 我对广告主挪用民间母题现象的详细讨论见第 12 章和 "Packaging the Folk: Tradition and Amnesia in American Advertising, 1880-1940," in *Folk Roots, New Roots: Folklore in American Life,* ed., Jane Becker and Barbara Franco (Lexington, Mass., 1988), pp. 103-40。

30. M. Losey, "More Seeing, Less Selling," *Saturday Review* 31 (9 October 1948): 61-63; Stange, *Symbols of Ideal Life*, pp. 142ff.

31. Edgar Kemler, "People's Capitalism," *Nation* 182 (25 February 1956): 151.

32. Paul Hollister, "Yes I'm Tired," *Atlantic Monthly* 177 (January 1946): 133-35; "Truth Makes Us Free," *Collier's* 119 (7 June 1947): 94; O. Kleppner, "Is There Too Much Advertising?" *Harper's* 202 (February 1957): 85-91. 关于"广告宣传快感"观点的更多讨论，见 David Ogilvy, *Confessions of an Advertising Man* (New York, 1963), p. 159。

33. Neil H. Borden, "Do Ads Pay?" *Business Week*, 3 November 1951, 26; "The Thrill of Advertising," *Nation* 186 (15 February 1958): 131-32.

34. "The Largest Clinic of Advertising in the World."

35. Northrop Frye, *The Modern Century* (New York, 1967), p. 45; Kenneth Jackson, *The Crabgrass Frontier* (New York, 1985), pp. 216-17. 关于对这个景象的有力、深刻的刻画，见 Aldous Huxley, *Brave New World* (New York, 1931), and *Brave New World Revisited* (New York, 1956)。

36. Theodor Adorno et al., *The Authoritarian Personality* (New York, 1950); John Kenneth Galbraith, *The Affluent Society* (New York, 1958), p. 16; William H.

Whyte, *The Organization Man* (New York, 1956), p. 310; Jackson Lears, "A Matter of Taste: Corporate Cultural Hegemony in a Mass Consumption Society," in *Recasting America,* ed. Lary May (Chicago and London, 1989), pp. 38-57.

37. Winston White, *Beyond Conformity* (New York, 1961), pp. 137-38. 关于这个问题，见 Elaine Tyler May, *Homeward Bound: American Families in the Cold War Era* (New York, 1988), esp. chap. 7 中关于消费的讨论。

38. Huxley, *Brave New World Revisited,* chaps. 5, 6.

39. Joseph Seldin, "Selling to the Id," *Nation* 180 (21 May 1955): 442-43. For the business point of view, see "What Sways the Family Shopper," *Business Week*, 30 November 1957, 46-84. On the tendency of cultural critics to ignore the diversity of postwar American society, see Lears, "A Matter of Taste."

40. Joseph J. Seldin, "Selling the Kiddies," *Nation* 181 (8 October 1955): 305. 关于这个论点的升级版本，见 Tom Engelhardt, "Children's Television: The Shortcake Strategy," in *Watching Television,* ed. Todd Gitlin (New York, 1987), pp. 68-110。

41. "Ads You'll Never See," *Business Week*, 21 September 1957, 30-31; "Diddling the Subconscious," *Nation* 185 (5 October 1957); "Invisible Monster," *Christian Century* 74 (2 October 1957): 1157; Vance Packard, *The Hidden Persuaders* (New York, 1957); idem, "Growing Powers of Admen," *Atlantic Monthly* 200 (September 1957): 55-59; Fairfax Cone, "Advertising Is Not a Plot," ibid. 201 (January 1958): 72-73.

42. J. K. Galbraith, "The Unseemly Economics of Opulence," *Harper's* 204 (January 1952): 58-63; Martin Sydell, "Galloping Consumption: *Fortune's* Way of Life," *Nation* 181 (30 July 1955): 91-92. 关于对加尔布雷斯清教主义的批评分析，见 Michael Schudson, "Criticizing the Critics of Advertising: Towards a Sociological View of Marketing," *Media, Culture, and Society* 3 (January 1981): 3-12。

43. Rosser Reeves, *Reality in Advertising* (New York, 1961).

44. "The Mad Madison Avenue Primer," *Mad* no. 55, quoted in Maria Reidelbach, *Completely Mad: A History of the Comic Book and Magazine* (Boston and London, 1992), p. 47.

45. Reidelbach, *Completely Mad*, pp. 47, 105.

46. Robert Brustein, "Revolution as Theater," *New Republic* 162, 14 March, 1970, 13-17.

47. 关于公司对媒体逐渐收紧的控制，以及由之而来的区分大众文化和流行文化的需要，见 Ben H. Bagdikian, *The Media Monopoly*, 3rd ed. (Boston, 1990); Herbert I. Schiller, *Culture, Inc.* (New York, 1989); and Edward S. Herman and Noam Chomsky, *Manufacturing Consent* (New York, 1988), esp. chap. 1。

第三部分

艺术、真理与欺骗：
在商品文明中寻找形式与含义

第九章

新教文化中商业艺术的问题

近年来在某些圈子中，预防别人批评广告最有效的方法，就是列出广告的艺术成就。这种说法认为，不管我们如何评价产品或厂商，都不得不承认广告公司的创意人才真是忒聪明了，有时甚至才华横溢。他们带来的唯一影响（绝对不是邪恶的），就是以商业行话的视觉和语言断奏曲丰富我们的文化氛围。

这种说法既正确又错误。广告越系统化地同化为管理式价值观，越彻底融入精心组织的、尽量不得罪观众的市场营销宣传，就越脱离行话用语，艺术形式越可预见，越"官方"化。然而，抛弃商业行话的狂欢传统，就意味着广告会冒着升入更体面、更与现实脱节、更千篇一律的世界的风险。广告艺术的兴起，一部分原因就是广告人为了不让自己无聊而做的努力。

这种努力起码取得了断断续续的成功。十九世纪末以来，广告赐予那些喜欢写作、绘画和拍摄电影的人以这些手段为生（甚至发财）的好机会。广告业吸引了很多超凡的天才。在某种意义上，这些艺术家和作家是穿梭在不同社会宇宙之间的使者：广告公司–客户的世界和广大人民之间，艺术与大企业之间，博物馆与商业文化之间，等等。他们跨越了各个边界，有的时候将审美与日常生活创意地联系在一起，但更多时候还是出于必要性而遵守着广告公司的组织制约。无论这些人成就如何，他们值得我们认真审视：他们的体验代表了广告业和美国文化历史中持久的矛盾和困境。

广告艺术家的故事，是美国社会艺术家宏大故事的一个组成部分。对广告文学和视觉技巧的争论，可不仅是营销策略的问题，其中牵扯到数世纪以来争吵不休的问题：基本的道德承诺，对现实本质的假定。有关品位的问题表面上看来浮浅，但其中蕴含着重要的存在论意义，至少对那些公开谈论艺术与社会的关系的美国人来说是这样。这些人强烈的关切，反映出在一个仍然由新教对偶像（graven images）的不信任情绪主导的文化中，他们头脑中根深蒂固的思想习惯。[1]

大多数西方艺术传统（古希腊罗马和基督教都包括在内）都在一个共同的含义核心中将外表与内涵连接；确实，为物体附加象征含义的做法是几乎所有人类文化的普遍现象。然而，某些基督教信仰定期掀起清教式批评，谴责物质主义为道德败坏；现代早期的新教加尔文派和虔敬派运动为这些观点注入了强烈的神学和感情力量。破坏偶像主义（iconoclastic）改革者通过去掉物体的神圣性，将精神与物质之间的距离拉大，在内心精神体验中寻求含义，怀疑外在仪式的一切"区区形态"。在北美洲大西洋海岸的英裔殖民地中，破坏偶像主义尤为激烈，这导致早期美国文化发展极度不正常，尼尔·哈里斯对这种现象简洁总结道："美国人在制作图像之前就使用文字了。"[2]

即使在美国人开始制作图像之后，占美国人口大多数的新教徒中有很多人仍然对视觉展示采取怀疑态度。清教偏爱内涵的倾向，在世俗的习语中传承了下来，塑造了美国人对新奇事物的感知：市场中逐渐兴起的艺术，以及偶像作为量产商品的发展。艺术与商业这两个具有潜在欺骗性的事物融合在一起；在这两者的舞台上，都可以通过人工性来掩盖邪恶的动机并创造出误导性的外表。[3]

但是，这两者都提供了新的机会，使人利用商品创造新的含义。确实，十九世纪中叶商品与图像的大量生产，使外表和内涵有可能在再度泛灵的商品中重新联结，即使是最低贱的家庭物件，也能够获得重要的象征意义。无疑，人们有时就是用这种方式将物体变形的，尤其是家庭领域中出现的大量图像：相册、彩色石版画以及陶瓷雕像等物件有时可以在维多利亚壁炉宗教（religion of the hearth）中获得几乎神圣的特性。这种让日常生活再度泛灵的可能性，说明从僵化的矛盾中逃离出去是可能的。[4]

　　不过，在受过高等教育的社会阶级主流话语中，商业艺术品（objets d'art）的离心式传播再次肯定了熟悉的二元论思想，如深层内涵对浮浅外表，艺术对广告，不管在道德、美学还是科学语言中都是如此。真实性和人工性之间的对比一直延续到了今天。它除了塑造媒体舆论对"图像与现实"的不断对比外，也塑造了痴迷内涵的现代主义与庆祝外表的后现代主义之间的矛盾；它给文化辩论带来了不幸的冲击。二元论抑制了思想的自由玩乐，只承认两种做法的存在：在"漂浮的能指"的温水浴中放松我们的批判感性，拥抱商品文明潜在的解放力；或者是将我们的批评基于一种出世（renunciation）的态度，贬低此时此地的直接感官体验。

　　广告的传播为艺术家和作家提供了一个舞台，使他们能够超越这种常规的分界。有一些人向着新的方向进发，在商业设计中融合实事求是与美学嬉戏。不过他们的探索却被广告公司工作的功利主义命令所束缚。他们的挣扎使人们提出了关于美国社会艺术事业的根本问题，这些问题在当今时代仍然无法得到解决。为了审视艺术与商业之间错综复杂的关系，我们需要从巴纳姆的时代开始讲起。

美学与日常生活：从巴纳姆到王尔德

　　十九世纪四五十年代之前，关于艺术家的浪漫主义观念在受过教育的阶层中传播开来。爱默生式的情绪将艺术家从欧洲的纨绔习气中解放出来，但又将他们束缚在一个自相矛盾的美国使命中。艺术家应该接触日常生活中可感知的实体，如"小木桶中的饭菜，平底锅中的牛奶，大街上的民谣，航船的新消息，眼神的跳动，身体的形态与步态"，爱默生滔滔不绝地讲道；不过这些仅是外表，需要穿透这些事物才能达到更为深刻的现实（Reality）。衍生于柯勒律治（Coleridge）的爱默生唯心主义形而上学命令道，普通事物只有作为通向理性（Reason）的普遍真理的入口时才有价值；在日常生活层面，这些事物仅代表理解（Understanding）的本土知识。[5]

由于难以获得民众的支持，艺术家加深了对普通大众的鄙视情绪。历史学家约瑟夫·埃利斯（Joseph Ellis）指出，在爱默生的庇护下，"艺术家与作家开始将自己视为从美国主流中逃出来的难民，是一个超越的世界中才华横溢的居民，远离了市场的喧嚣、舆论的平庸与工业社会的污垢"。[6]将文化视为"超越的世界"的观点，是伴随都市市场社会兴起而流行的一种广义间隔化（compartmentalization）模式的组成部分，与维多利亚式的性别意识形态共生发展。在这个区分更加严格的新隔离原则中，对美学形式的赏识（但不是美学形式的"严肃"生产）被指派给了生活中属于女性的领域。美学的境界与家庭领域一样，被暗中与纷争的男性世界隔离开来。

之所以会另创造出一个独立的"纯艺术"（fine art）世界，是因为道学家害怕艺术与商业会变得难以区分。由于艺术从奢侈品变为普通商品，因此需要调动商品的全部能力来激起欲望并设下骗局。小贩在十九世纪四五十年代将市场带到乡村，带来了贸易的混乱扩张，导致人们越来越将艺术与欺骗等同。艺术家不仅可以是爱默生式的远见者，也可能是骗子。

有历史证据支持这种看法。与小贩同属于巡游行商的画匠与肖像画家匆匆穿越阿利根尼山脉（Alleghenies），向着广大的内陆进发。流行文学将小贩与艺术家联系在一起，依作者的说教目的，要么将二者等同，要么将二者对比。1840年《高第》的一篇素描中，"巡游艺术家"就是披着肖像画家皮的小丑，欺骗了主人公塞西莉亚·约翰斯通，她头脑中充满了对高尚艺术生活的陈旧观点，最后看到他糟糕的作品才恍然大悟。这个故事暗示，小贩和肖像画家都专挑渴望高雅文化象征品的落单妇女下手。[7]

不过，很少有人否认她们的渴望有可能如愿以偿。问题在于如何验真。在大众娱乐和诗意营销中，美学家越来越关注将真正的艺术同转瞬即逝的垃圾区分开。1853 年《高第》发表了一首诗《小贩》（"The Peddler"）：诗中将一位不得志的天才诗人与一位小贩做比较；小贩的好商品被迫与"俗丽的玩意儿"竞争，即使连金制品都被顾客称为"涂金的破铜"，最终他发现根本卖不动，就把东西免费送了出去。诗人同样依赖市场生存，这就意味着他和那位不幸的小贩一样都是大众反复无常的受害者。而且，在市场交换产生的"普遍不信任"（Universal Distrust，狄更斯在《美国纪行》[*American Notes*] 中的用语）的气氛下，对错误表征（misrepresentation）的担心一直困扰着经济和艺术交易。货真价实的表达有可能被误解成假冒伪劣商品。[8]

艺术与欺骗之间的张力，构成了菲尼亚斯·泰勒·巴纳姆（Phineas Taylor Barnum，1810—1891）一生的显著特点，他的名字在后来成了坑蒙拐骗的同义词，但他作为文化活动经纪人的成就却赢得了尊敬。巴纳姆在康涅狄克州的伯特利（Bethel）出生，那里的乡村与小镇文化是小贩最主要的市场。骗局成了日常生活中的惯例，店主和顾客、小贩与乡镇居民之间斗智斗勇。巴纳姆 1834 年来到纽约，使这种局面的规模和强度有所改变，但游戏的规则还是一样的。他回忆早期的淘金经历："我走上昏暗无光、摇摇晃晃、油腻肮脏的长长阶梯，穿过阴沉狭窄的走廊，却发现如果要赚钱，必须首先预付一笔，根据情况从三块钱到五百美元不等；其次还要成功兜售一种新发现的专利药片、设计独特的老鼠夹子之类的玩意儿。"从商一无所获，巴纳姆便开始了巡回展览的生意。他展出的包括乔伊斯·海斯（Joice Heth），声称自己活了 161 岁，当过乔治·华盛顿的保姆（"我把他抚养大的，我把他抚养大的啊"）；他还集合了一个巡回剧团，招募乐手、魔术师和舞蹈演员。在路上跑了七年，巴纳姆曾六次被人用上了膛的手枪威胁，几乎陷入一贫如洗的境地；终于他觉得巡回娱乐这个职业并不适合自己，于是决定买下曼哈顿第十大道和百老汇路口处的"珍奇古玩"斯卡德博物馆（Scudder's Museum）。他通过获得博物馆建筑物拥有人的信任，被允许贷款收购，他还公开指责竞争对手发放垃圾股票，最后成功买下斯卡德博物馆。他三十一岁就成为美国博物馆（the American Museum）的所有人，博物馆后来展出过斐济人鱼和羊毛马，持续数十年内都和巴纳姆这个名字紧紧联系在一起。[9]

在南北战争前，博物馆是娱乐和教育的结合体，其间的界限不好定夺。根据英国旅行者弗雷德里克·马里亚特（Frederick Marryat）的描述，收藏品——

就像是小学生造出来的一样，根本不像博学的教授和科学家们的作品。就在化石猛犸象这些有趣的高价标本旁边，能够看到世界上最幼稚、最荒诞的东西，比如篮子形状的小蛤蜊，摩泽尔（Moselle）汽船锅炉的一片（1835年爆炸的），还有些只有上帝才能叫得出名字的玩意儿。

巴纳姆就是那些小学生中的一员，还是个特别精明的学生。他与其他展出者融合艺术与欺骗，鼓励公众相信博物馆就是人们看把戏找乐子的地方。在自传中，巴纳姆提到自己1855年去海牙博物馆，负责人没有认出他来，说自己很不喜欢斐济人鱼的骗局。然后他把巴纳姆拽到身边，低声说手头有一位刚去世不久的绅士留下的一些"珍贵艺术标本"，可以极低价格卖出。这位负责人随后打开备忘录，给巴纳姆看一个明显胡编乱造的"显赫美国人"名单，声称这些人都从他那里买过其中一些油画。此时巴纳姆将名片递给了他，这位负责人惊惶失措，连连为刚才批评巴纳姆的骗局道歉。巴纳姆觉得这种文雅和虚伪结合在一起的现象十分有趣。"这个世界上还有多少像这位负责人一样有头有脸的人物被斐济人鱼和羊毛马震惊啊！"对他来讲，这个故事的寓意，就是世界上充满了不知不觉间行骗的体面人。[10]

尽管如此，巴纳姆还是越来越渴望成为体面人。到了十九世纪六十年代，他系统化地收集稀有物种，将标本捐献给哈佛大学和史密森尼学会，大体照搬了费城查尔斯·威尔逊·彼尔（Charles Willson Peale）等早期博物馆主的学术化、教育化理想。骗局可以用科学事实和严格的个人道德准则来补救。在自传中，巴纳姆非常强调自己的自制能力，不仅包括彻底禁酒（中年时开始），还包括他绝对的冷静态度，即使在1865年听到博物馆火灾的消息也能保持冷静。虽然他的姿态依然顽皮搞怪，但他再也不希望人们认为他只是个狂欢节哗众取宠的低俗骗子。他成功地将瑞典女高音詹妮·林德介绍给美国观众，获得了维多利亚中产阶级人士的广泛嘉许，人们认为是他让北欧新教徒也能在歌剧界扬眉吐气了。[11]

尽管如此，巴纳姆还是觉得应该为多疑的言语朴素者证明自己吹牛皮的必要性。他在自传中回忆博物馆的鼎盛时期，写道：

那时与现在一样，惯例都是爱用如火如炽的海报调动人们的情绪，承诺几乎不花钱就能看到所有好东西。我承认我没有为进取的观众以身作则，我随波逐流，屈从惯例；如果我"吹牛皮"比其他人更死皮赖脸，我的广告更厚颜无耻，我的海报更刺激夺目，我的画片更夸张荒诞……也不是因为我比他们更没有良心，而是因为我拥有更多的活力、更多的天才想法，而且我的承诺更具事实基础。总之，如果我还得不到认可，那起码我会欣慰地看到，我为公众提供了各种颇有价值的教育性、娱乐性兼备的奇妙现实，迄今我还没听说有任何人离开博物馆时抱怨上当受骗。

这段话是 1869 年写的，当时巴纳姆已经开始转行去从事人生最后几十年的马戏团经纪人事业：他认为自己是将良性娱乐活动带给天真的观众，以此为自己辩护。这种策略缓和了真实性与人工性之间的张力，试图证明用夸张宣传调剂公众口味的做法是合理的。正如巴纳姆所述："即使察觉到被欺骗，公众仍然希望被逗笑。"[12] 尽管他对朴素语言写实主义的主张颇为不满，还是宣称自己为公众提供了"教育性、娱乐性兼备的奇妙现实"。外表与现实的矛盾溶解在构成巴纳姆成熟娱乐风格的娱乐和教育混合体之中，这种混合也是二十世纪许多广告和大众文化的主要特点。

　　与巴纳姆相比，同为纽约人的沃尔特·惠特曼对反物质主义二元论的挑战要更为公开。在很多方面他称得上是商品文明的桂冠诗人，大规模生产的咏唱人。在同时期人之中，惠特曼最严肃地对待爱默生的民主忠告。批评家迈尔斯·奥维尔（Miles Orvell）指出，惠特曼那永无休止、永远在扩展、事无巨细的《草叶集》（*Leaves of Grass*）是建立在当时最流行的文化形式上的：银版相片画廊、全景画及展览馆。为什么普通的工业物品和家庭用具不可以饱含诗意？他质问道。他坚持讴歌平凡的事物，发展出一套既拥抱厂房车间又拥抱家庭厨房的日常生活美学。不管是在男性还是女性的世界中，普通的事物都可以获得持久的文化价值。确实，普通事物的潜在象征性在家庭内部最为明显。小古玩（bibelots）被量产为小摆设（bric-a-brac），如日本扇子、陶瓷牧羊犬和其他一些有用或装饰用的花哨玩意儿等，如果不是现代主义者猛烈抨击就根本注意不到的东西。小摆设在城市家庭中随处可见，甚至在偏僻牧场的小木屋中都可以发现它们的身影。劳拉·英格斯·威尔德（Laura Ingalls Wilder）回忆道，十九世纪六七十年代中，家里每开辟一座新农庄，母亲都要在壁炉架子上放同一个身着法国旧制度华服的贵妇陶瓷像；这似乎象征着，即使在不断的迁徙中，家族仍然在延续。与家庭式语言不同，惠特曼对物质世界的赞美是兄弟式的，他通过列举工业人工品，将机械厂房的男性同志友谊物质化，将粗俗的事物升华为民主社会的结缔组织（connective tissue）。不过，与同样赞美日常生活的平等主义美学家威廉·莫里斯（William Morris）不同，惠特曼没有考虑到在一个越来越组织化的市场社会中艺术家受到的束缚。[13]

惠特曼写下缪斯女神"在锅碗瓢盆中落户"的同时，大西洋两岸正在兴起诗意营销技巧。英国磨剃刀皮带制造商乔治·帕克伍德（George Packwood）被问到究竟是谁决定在广告中采用抑扬顿挫的轻快语调时，他回答："哎呦，先生，姆们找诗人啦！"如果日常生活需要变美，商业也渗透了日常生活，那艺术就应该变商业，磨剃刀皮带（或者至少在广告中）变艺术。不过，惠特曼绝对不会为帕克伍德工作。他可不是全盘接受商业文化的鼓吹手，在《民主远景》（Democratic Vistas）中还毫不留情地炮轰商业文化。他仍然对社会和经济生活中反复出现的虚伪现象深表不安，也被"对外表的重重疑虑"也就是似乎处于市场社会核心的唯我论（solipsistic）焦虑所困扰。不过，他经常将这种疑虑放在一旁，转而拥抱商品目录或普天兄弟情的梦想。[14]

惠特曼同时代的很多中上阶级新教人士对这些梦想并不太感兴趣。面对着成山的艺术品与商品，他们犹豫不决，一面想热情拥抱所谓的品位民主化进程，另一方面又相信纯艺术作为避风港能使人逃离困惑。在有关彩色石版画文化意义的讨论中，能够看到将纯艺术单独分离出去的重要性。随着商业图像大规模量产，艺术与商业之间的界限仍然难以定夺。到了南北战争后的几十年，复制传统名画的彩色石版画大量涌现，创造这些画像的正是为专利药制作宣传册的公司。在不少家庭中，广告成了为沉闷视觉环境增色的主要手段。十九世纪晚期的插画家约瑟夫·彭内尔（Joseph Pennell）回忆道："当时美国人的艺术，大多数都是从巴纳姆和 [亚当] 佛珀美丽（或者说俗丽）的海报中获得的。"艺术的信徒很难分清楚美丽和俗丽之间的区别。马克·吐温笔下的康涅狄格北方佬（Connecticut Yankee）在哈特佛德（Hartford）的客厅中赞誉彩色石版画为民主的胜利，替代了中世纪品位的森严等级，不过北方佬后来很有问题，变成了一个有暴力倾向的吹牛傻瓜；而且在书中其他地方，吐温本人也认为彩色石版画的主要价值在于提高大众的品位。从这种角度看，彩色石版画能够穿越商品与艺术品的界限，发挥教育功能，但仍然称不上纯艺术。不过，尽管吐温认为高雅文化是独立存在的，这并不能遮掩广义文化正在发生的基本变革：在新兴的大众媒体中，在日渐扩大的商业图像观众群中，艺术真实性（以及艺术卓越性）的标准变得越来越模糊。[15]

　　这使很多中上阶级美国人焦虑不安，尤其是考虑到他们愿意为艺术品注入强烈的感情意义。新教传统鼓励美国人将感官的欢愉从纯艺术中剔除，将纯艺术定义为现实主义表征和高尚情操的结合体。这个资产阶级现实主义理论，扎根于焦虑的艺术受众的知识论需求和伦理需求。贯穿十九世纪下半叶，约翰·拉斯金的"真实反映自然"公式一直是评判艺术价值的首要标准。绘画和文学中描绘着熟悉的"事实风景"，其中体现的理念是，艺术是透明的，不是表演性的；偶尔出现的说教气息提醒人们艺术在陶冶道德情操方面扮演的作用。对很多热衷真实的人来说，艺术与商业的融合唤醒了将美学与欺骗挂钩的旧冲动。道学家担心在商品文明中，天才艺术家也许只是善于操纵光艳外表的人罢了。在这种情况下，《国家》编辑 E. L. 高德金（E. L. Godkin）在 1874 年警告道，文化的概念也许会被降格到"彩色石版画文明"的地位，变为一层浮浅的光泽，只要组合恰当的身份地位标记就能"随手拾得"。[16]

美学生活也许只是个面具而已，这种观念嘲笑着资产阶级现实主义原则背后的稳定化信念，即对社会透明和交流通畅的信念。外表和内涵的两极分化持续构建着十九世纪晚期的美学思想。唯美的装腔作势者（poseur）代表了市场交换对文化含义的腐蚀影响，对资产阶级世界观提出了根本上（但却不被承认）的挑战。

最有名的装腔作势者就数奥斯卡·王尔德（Oscar Wilde，1854—1900）了。王尔德是一个挥之不去的存在。他冲破了熟悉界限与知识论的常规；人们在私下察觉到的市场社会中含义的混乱流动，他戏剧化地公开表现出来。他是一个鄙视维多利亚克己自制语言的巴纳姆，一个放飞自我的巴纳姆。

人工品与图像的大规模生产，允许每个普通人变成自己的"王尔德式美学家"，而不必质疑功利主义的社会组织化进程，不必思考王尔德在对模仿信仰的分析中提出的哲学问题。同尼采一样，王尔德通过承认面具的真理性、玩乐的严肃性以及幻想的现实性，挣扎着试图表达一种能够打破常规对立的世界观。不过很多王尔德式的装腔作势者却无视了这些问题。随着他们试图满足永远获得新鲜感的强烈欲望，他们在唯美主义中找到了通过购买与展示来构建与重新构建自我的机会。[17]

全国性广告业的兴起扩大了这些机会。技术进步带来了标准化，各家厂商的产品本质上没有不同，却争夺着同一个萌芽的消费市场，因此对表面效果的编排就成了一个重要的行业。公司雇广告公司给量产商品笼罩上独特的气场，告诉消费大众可以通过购买这些其实本质相同的商品来获得独特的个性感。

这项任务需要大量的作家和艺术家参与。创意人才获得了空前的机会靠本事过上好日子了。似乎作家和艺术家终于可以逃离清贫的悲惨世界，如果他们愿意放弃有关自治权的浪漫念头并使自己的抱负服务于组织要求的话。

　　不过，艺术家和商业主管都没有承认市场交换和美学展示之间的联系。艺术家坚持认为自己处在一个高高在上的境界中。托马斯·安舒茨（Thomas Anshutz）的《钢铁工人的中午》（*The Ironworker's Noontime*，1881）就是十九世纪晚期美国人在艺术中寻求的现实主义与高尚情操混合体的缩影。当辛辛那提肥皂巨头哈利·普洛科特（Harley Procter）在《哈泼》杂志看到这幅画时，他立刻看到了其中的商机。《钢铁工人的中午》抛弃了传统的玄秘图像，没有用希腊神话中的火神来代表工人们，而是让他们以人的形象出现，这体现了普洛科特等广告主试图在商业图像中捕捉到的健康男子气概。当普洛科特模仿此画打出广告后，安舒茨勃然大怒。他厌恶宝洁公司（Procter & Gamble）的广告，不仅是因为他们剽窃了自己的作品，更重要的是他的高尚情操竟然被用来服务于商业目的。然而，大多数十九世纪晚期的美国人是通过宝洁广告才认识这幅画的，对原作一无所知。最终安舒茨决定专心画肖像画，起码在这个行业中，纯艺术传统的堡垒更难被攻破。[18]

　　尽管艺术家们保持着一种艺术自治的独立观念，企业家们则坚持朴素语言。历史学家托马斯·哈斯克尔（Thomas Haskell）笔下的"守信的伦理"（ethic of promisekeeping）一直都是稳定市场知识论巫术的法宝。信用网络的发展扎根于一种普遍信任的理论，不管它后来是如何进一步加剧了发展的混乱。美国商界的正式发展目标是朴素的交易，不管实际采用的手法是什么。王尔德认为美国商业的庸俗习气来自"说真话"的民族迷思。"美国粗糙的重商主义，物质主义精神，对事物诗意的冷漠，想象力的缺失……这些都是因为，连这个国家崇拜的民族英雄都承认自己根本不会撒谎。"他写道。早期的广告人不得不跪拜在这座真话的神坛下，挣扎着试图规范广告主和出版商之间的关系。创立了行业期刊《印刷者油墨》的乔治·劳威尔（见第三章^①）就是一个很好的例子。他将准确的报纸流通情况提供给寻求有效媒体渠道的多疑广告主，试图将守信的伦理强加在出版商头上。最后，广告业代言人在百般不愿意下慢慢接受了自己在创造市场表面效果中的角色；之前数十年中，他们一直抱着真诚的修辞不放。艺术家和商人一样，都在人工性中维持了真实性的精神。[19]

当进入新世纪后，广告艺术家越来越不愿意描绘异域风情和明目张胆的奇幻内容。相反，他们追随着广受欢迎的学院派现实主义画家埃德温·兰西尔（Edwin Landseer）和罗莎·邦贺（Rosa Bonheur），照搬日常生活的情景，将艺术表现浸泡在感伤中。诺思罗普·弗莱称这种洗刷得干干净净的社会景象称为"傻瓜现实主义"（stupid realism）。他写道，这是"一种感伤的理想主义，试图将通常意义上迷人或动人的外表表现为现实或可以获取的真实事物"。社会学家迈克尔·舒德森指出，这种策略是过去一个世纪很多官方艺术的特征，不仅包括苏联官僚创造出的社会主义现实主义，也包括美国广告中体现的"资本主义现实主义"。[20]

不过，虽然资本主义现实主义的妥协看起来成功地躲开了真实性和人工性之间的矛盾，这两极之间的张力却在增加。一方面，十九世纪末兴起一股更加有力的新思潮，力图揭露外表下的黑暗真相，代表人物是弗洛伊德、弗雷泽、康拉德和劳伦斯。另一方面，光彩四射的外表嬉戏似乎加速发展到了失控的局面，商业图像大规模生产，名人文化兴起，零售式盛装活动传播，保留了狂欢式文化传统的陌生新移民进入了美国。关于艺术天赋的理念反映出外表和内涵之间愈发尖锐的矛盾。艺术家可以是一位追求真实性的沉思者，也可以是一位人工性的潇洒信徒。

---

① 原文写的是第二章，实际应该是第三章。——译者

现实生活与感官奇观：天才的重塑

到了十九世纪末，很多作家与艺术家对维多利亚式感伤和浪漫异域风情大为不满，坚信现实主义文学与绘画还不够现实，没有足够活力来展现荒野与城市贫民窟悸动的现实。这就是弗兰克·诺里斯（Frank Norris）和杰克·伦敦（Jack London）小说与垃圾箱画派（Ashcan School）背后的基本原理；尽管这些作品外表新奇，但都是根植于"真实反映自然"的古老传统。只不过，在那些寻求黑暗真相者的眼中，自然是原始的、令人深感不安的。

尽管这些"体验的活力教"（vitalist cult of experience）信徒在物质感官中作乐，但他们仍然不符合现代公司系统化操纵表面效应的需要。对一位迸发着活力论渴望的作家或艺术家来说，最难受的事情就是广告成品周围弥漫的不真实性气场。广告中的"现实生活"被广告公司和客户之间矛盾的需求推来搡去，有可能最后变成傻瓜现实主义。

不过，在活力论者呼吁进一步探索内涵的同时，外表层面的创作内容迅猛增长。工厂体系的兴起，意味着更多的群众不但可以获得更多商品，还可以获得更多的商品图像。在大西洋两岸，希波吕特·泰恩（Hippolyte Taine，1855）和亨利·詹姆斯（Henry James，1907）等洞察力敏锐的观察家都指出，现代都市社会中奇观（spectacle）占中心地位。康尼岛上的游乐园，巴纳姆和贝利（Barnum & Bailey）马戏团的三个圆形表演场都是最明显的例子，这些提供新奇事物和轰动性娱乐的地方吸引了大批人前来参观。商业化的新型休闲活动通常只是让人在日常工作常规外获得短暂的休憩，进一步巩固（而不是颠覆）了正在发展的管理式秩序。[21]

　　不过这些新文化形式却产生出一些问题，比破坏社会管制和品味低俗化等问题更加复杂。贩卖行为被转变为诗意营销，腐蚀着维多利亚道学家悉心树立起来的边界：如文化与商业之间、真理与幻觉之间、简单私密的自我与人工的公共社会之间的边界。廉价的报纸杂志主要依赖广告收入而不是订阅费生存，加剧了"公共宣传之痒"，大量生产文字与图像，将现代社会转变为"佣人厅"，充斥着"张家长李家短的闲话"，至少1893年《国家》一位名为罗洛·奥格登（Rollo Ogden）的编辑是如此认为的。

　　隐私已经迅速变成失落的艺术。如果一个人希望自己独处，拒绝让公众了解自己在社会、政治、文学、宗教等方面的思想和计划，人们就会将他视为执拗的乖戾老鬼、半疯不癫的神经病，或者认为他只是在狡猾地半推半就，以激起别人对他更大的兴趣，以便全盘托出。[22]

　　假隐私和自我推销的胜利，对文化产生了直接的影响。"现在如果一名作家在出版前吹嘘自己的作品，人们已经不会觉得这有什么不得体了"，奥格登抱怨道，甚至为了追求"叮当响的金币"放纵自己做出"失检无礼的震惊举动"也没有什么不得体。[23] 文化名人的大规模量产，代表了一种关于艺术和艺术家的新看法，人们开始愿意将艺术与文学事业看成表演，而不是对真理的探索。除王尔德和尼采之外，很少有作家觉得艺术家不应该只在这两条道路中选一条前进。发展中的名人文化就像是一座镜宫，即使是看来最具自发性的举动都可以被包围在讽刺中；希望保留隐私，可能只是一招聪明的妙棋，勾起观众的胃口，期待忏悔表演。在这些短暂无常的图像中，只有转瞬即逝的感官颤抖最为重要。

　　在某些方面，全国性广告业就是这个不断发展的图像帝国的核心体制。通过大范围流通视觉幻想，广告宣传着永远的、无法满足的欲望，并将这些欲望集中在商品上。不过，全国性广告主不能仅刺激感官，还必须卖出东西。销售比艺术更重要，功利主义目标把玩乐精神排挤了出去。最终，不管是超然的鉴赏家，还是"现实生活"的活力论信徒，都在现代广告公司内过得很不舒服。

很少有人比西奥多·德莱塞（Theodore Dreiser，1871—1945）更有力地捕捉到这种不适感；很少有人愿意承认广告公司工作既可以让人窒息又可以激动人心。与亨利·詹姆斯和伊迪丝·华顿等富有的消费文化批评者（见第十二章）不同，德莱塞一直在与贫穷搏斗。他一生对金钱和物质享受的痴迷，与他童年时在印第安纳州特拉豪特（Terra Haute）和中西部其他一些小镇的贫穷生活是分不开的。与很多年轻艺术家和作家一样，他受够了饥饿和不安全感，宁愿为了一份稳定的收入而放弃自治权，甚至愿意进入商业怪兽的腹地：广告公司。

在 1907 年当上巴特里克出版公司（Butterick Publications）主编之前，德莱塞目瞪口呆地盯着消费文化橱窗内的货物已经有一段时间了。他七岁那年，哥哥保罗离开了家，加入闪电搽剂公司（Lightning Liniment Company）的药品秀剧团，后来在纽约做了一段时间的作曲人和百老汇花花公子，事业虽短暂，但非常成功。保罗会时不时戴着丝绸礼帽、穿着皮草领口的衣服衣锦还乡，回到德莱塞沉闷的家中，拿回好多食物和礼物，在西奥多眼中，哥哥"就像是太阳，或温暖欢快的炉火"。在西奥多的童年想象中，保罗代表了一个散发着微微光芒的异世界，在那富含性意味的都市景观中，有漫步的名流、时髦的女性，奢华的家居散发着淡淡的香水与汗味。西奥多很多年一直努力打入这个世界，但只获得了断断续续的成功。[24]

《嘉莉妹妹》（*Sister Carrie*，1900）的失败使德莱塞一贫如洗，他抑郁得一度想要结束自己的生命。不过在保罗的及时干预下，西奥多最终重新振作了起来。他在《史密斯》（*Smith's*）杂志获得了一份编辑的工作，后来又跳槽到《百老汇》，将濒死的小报转变为新名人媒体鲜活的典范。他获得了"杂志医生"的美誉，靠这个名声拿到了巴特里克公司的职位。不到三年，他就因为拒绝放弃追求一位助理编辑十八岁的女儿西尔玛·卡德里普（德莱塞称她为"蜜罐"）被赶出了公司。一个自封文化激进主义者的人，通过管理什么妇女缝纫杂志来养家糊口，即使是德莱塞本人（对自己从来没有清醒认识）都认识到了这种异常现象的意义。出于这个原因，他在《"天才"》（The "Genius"，1915）中对艺术与商业之间的关系进行了思索。[25]

在这本笨拙的自传体小说中，德莱塞讲述了一个背负着十九世纪文化包袱的年轻艺术家在世纪之交兴起的广告和出版公司世界中打拼的故事。[26]主人公是一位名叫尤金·维特拉（Eugene Witla）的画家，是美国文学中最具症状性的角色之一。从某些角度来看，他颤抖的下嘴唇、头顶的软帽和飘动的衣领简直就是世纪末美学的原型；而从另外的角度来看，他又是典型的活力论梦想家，一个暴露大都会激动脉搏的垃圾箱派画家。他渴望获得强烈的感情与性体验，缓慢沉重地探索着真实性；不过他又算一个骗子，热衷社交表演和变换外表，执迷于锦衣华服、感官奢侈及金钱买来的快感。换句话说，他非常像德莱塞本人。

随着尤金从画室搬到广告公司工作，他这个天才变成了"天才"。讽刺地超然事外，疏远内心的冲动，做到这些就可以成功。但到了最后，尤金还是无法成为一个只拥有闪光坚硬外表的人，他仍然容易受到内心巨大情感的左右，这些情感似乎就代表着"现实生活"。他不能忍受外表与内涵在新教文化中的工作间和壁炉旁能够和谐共存，不能忍受在这里商品能够代表连通性。《"天才"》预示了其后数十年广告行业期刊描述的创意困境。贯穿二十世纪，真实性和人工性之间的矛盾一直都是广告业内外艺术家面对的问题。

尤金·维特拉在十九世纪九十年代伊利诺伊州的亚历山德拉

（Alexandra）长大成人。父亲是缝纫机推销员，业余时间卖点保险。尤金长到十六岁时意识到，"父亲的工作实在是小打小闹，这些工作在他身上都很可笑"。当他为当地报纸工作时，"广告的理论开始让他醒悟"。他强烈感到当地商业报纸广告单调乏味，想不通为什么语言不能再活泼些，为什么广告主不在广告中添些"小图"。"尤金看过并研究过杂志中的一些广告。在他眼中，这些广告要迷人得多。"他代表了德莱塞小说中典型的少年形象，渴望从土里土气的家乡中逃出去，看到当地上流社会的先生太太"身着他做梦都没见过的奢华服饰"匆匆路过，妒火中烧。同小说的作者一样，这个小伙躺在自己的铺位上，思索"究竟是什么，生活？"随后他捡起一张星期六下午的芝加哥报纸，上面那些"人情味"（human interest）①文章看得他神魂颠倒。"汽车、人群、火车的念头带着近乎渴望的诱惑力进入了他的脑海，"德莱塞用特有的僵硬方式写道，"一瞬间他就被吸住了。这种奇景、这种美丽、这种生活，紧紧抓住了他的灵魂。"他于是坐四点的火车去了芝加哥。

城市唤醒了尤金的性欲与艺术感。他并没有出神地盯着高中女生，而是成了鬼迷心窍的情色征服者。受工厂和铁路诗歌震撼，他开始想象自己喜欢画什么样的画："只有钢笔和墨水，一大片一大片粗野的黑白斑点。就这样办，只有这样才能展现力量。"他打了两份小工，攒够了钱，最终进入艺术学院学习。与其他学生一样，他渴望"培养出艺术家的个性，身着艺术家的服装；拥有一种优雅、半慵懒、半冷漠的举止；住在画室，拥有普通人无法获得的道德和秉性自由；这些都是美好的目标"。这首世纪末田园诗只有在尤金回家时才被暂时打破，"家里看上去比原来一直认为的还要窄小"，不过在一次聚会上他邂逅了来自威斯康星州迷人的安吉拉·布鲁小姐；德莱塞明

---

① 即社会新闻。——译者

目张胆地以第一任妻子、来自密苏里州的萨拉·怀特（Sara White）
为原型塑造了这个角色。回到芝加哥后，尤金发现他的讲师"对待艺
术像生意人谈生意一样"；艺术老师对冒牌者非常厌恶，因此他夸奖
尤金的每一次（不多）都让尤金非常振奋。不久之后，尤金就有了双
重目标：去纽约做一个成功的艺术家，把自己的画卖给杂志或在某个
报社就职；还有娶安吉拉为妻。虽然他表面上坚定，不过"面对任何
浪漫的场面都要激动地崩溃"。与此同时，他要求自己"像戏剧或书
中照顾女孩一样"照顾自己的情场战利品。他是一位紧张激动的感性
主义者，也是一位超然事外的唯美主义者。

到了纽约后，尤金面对着闪闪发光的财富和自己对财富的欲望，
感到无法招架："他的结论是，自己根本不是在生活，仅仅是存在于
世上而已。"他和卫福利广场（Waverly Place）一群波西米亚者混到
了一起，梦想拥有自己的画室。他的幻想"大约需要两千块钱才能搞
定"，这无疑是作者对世纪末时尚的戏仿。

与詹姆斯和华顿不同，德莱塞从来也没有忘记，想要在身边营造
出一种唯美气氛，不破费是不行的。既没有信托基金，也没有乡下农
庄，尤金只能选择进入公司世界来满足自己的美学欲望。

不过，在娶了安吉拉并将她带到纽约后，他首先尝试在画廊里出
人头地。公众还不能接受他粗糙的真实画风。批评家对他的作品赞
赏有加，就是没有人来买。就这样在巴黎过了一个夏天，他彻底垮掉
了，劳累得无法再工作。有一段时间，他在家中无所事事，安吉拉发
现他的情妇之一后，他唉声叹气，试图让她相信他仍然还爱她。最终
他在纽约郊区找了份工作，在铁路段上做日工。"日工！多美好，多
原创，多有意思！"他如此想道。工作非常残酷，不过他从未屈服：
"他看起来一点都不像个工人，也根本无法成为一个工人的样子。他
的精神过于高昂，双眼过于有神，目光过于尖锐。"几个月之后他厌
倦了这种单调的生活，决定要"举止规矩一些"，以便回到体面的白

领世界。靠着在纽约艺术界的几位老相识，他很快就从一个报社跳槽出来，到萨默菲尔德（Summerfield）广告公司做艺术总监。

尤金一直被广告吸引。很久以来他就对广告痴迷不已，对语言和视觉手段信手拈来：多年之前，他曾在芝加哥一家报社写过特别报道。"尤金写作风格的迷人之处在于，虽然他的思想五彩斑斓，充满诗意，但是他逻辑清晰，实事求是，所以他的文字非常稳。"这恰好是广告行业期刊声称文案工作需要的能力组合，需要尤金的能力来融合灵动的外表效果与活力论的现实主义。（《印刷者油墨》也许会称之为加了"姜"调味的现实主义。）德莱塞借鉴了自己原来的名人报道的经验，在尤金身上注入了吸引广告业的天赋。

德莱塞笔下尤金的雇主丹尼尔·C. 萨默菲尔德（Daniel C. Summerfield）的事业，是广告人对近期美国文化史观点（以及德莱塞的观点）的缩影。萨默菲尔德的父亲是阿拉巴马州一个过着半温半饱生活的懒惰棉农，他自己意识到新兴公司体系中对美学的要求，从落后的乡村爬到了光鲜的城市。"他预见到销售品愈发需要用艺术表现，决定投身于这个行业。他要创办广告公司，为客户提供夸张的一条龙服务，使每位花得起钱的顾客都能赚到钱。"他用无情的效率实现自己的野心。"他宽敞办公室的地板是清洁和秩序的典范，几乎可以让人称为商业之美，不过这是一个坚硬、光洁、平稳运转机器的清洁、秩序与美丽。"

问题在于，如何在这个机制中寻找一块属于艺术的地方。萨默菲尔德对艺术家极其鄙视。"妈的，这帮家伙就是一群小屁孩。"他不知羞耻地欺负自己的艺术总监（尤金的前辈们）："你个祖宗，我找个垃圾工也能比你干得好。妈的，你自己看那女人的胳膊，还有耳朵！谁会要这种破玩意儿？乏味！垃圾！笑话！……我们的客户能忍受这种东西吗？给我醒醒！我一年给你五千块钱啊！"艺术总监"在受到最恶心的侮辱时也总是毕恭毕敬、逆来顺受的。他还能上哪里去找一年五千块钱的工作？他被解雇的话，还怎么维持现在的生活水平？"

这些正好就是广告艺术家面临的关键问题，至少对那些爬到高层的人来说。对收入微薄的基层来说，胡萝卜要少得多，大棒却一样有威胁性。他们的艺术生产力绝对屈从于层级理性化的标准。"他们的产出由表格记录系统规范，记录每周完成多少工作，有多少是有价值的。"萨默菲尔德无情的鞭促、"不停的唠叨和烦人的强迫行为"传染了公司里每个员工。"结果就是，公司变成了斗熊场，职业拳击手、骗子、割喉者和小偷的老巢。每个人都公然自私自利，落在最后面的就让魔鬼吃掉吧。"尤金就进入了这样一家公司。

不过，他比前辈更冷酷，更强硬。他已经"将自己的风格从半艺术变为实际"。在萨默菲尔德公司内，风格是至关重要的。萨默菲尔德不喜欢尤金蠢蠢的软帽，不过很欣赏他充满自信的谈笑，心想也许这个艺术家正是艺术部门需要的"天才"。"我喜欢你的外表。"他说道，当场雇用这位从良的"贵人"。当看到将属于自己的办公室时，尤金"不禁带着一些自豪挺直了身子……室内有一张打着高光的橡木大书桌，墙上挂着萨默菲尔德公司的一些艺术产品。地板上铺着一张漂亮的地毯，还有几把皮革椅"。房间看起来虽然不像唯美者的沙龙，却是人工打造的权力象征。"啊，呈现在他眼前的是一幅多么壮观的帝国景象啊。"尤金不喜欢速记员和推销员的"粗鲁"，尤其是一位系着鲜红领带，脚穿黄色皮鞋的推销员。"这些人在他眼中既粗糙又贪婪，就像鱼一样，一点都不优雅。"艺术家对他来说更有吸引力："与他本人很像，也许身体都不好，运势也不佳，才不得已从事这种工作。"庸俗的生意人和高雅的艺术家之间的界限十分明显；这是品位、风格和外表的问题。尤金克服了自己的厌恶感，决定加入公司。

几个月之内，他发现自己在外表和态度上都在改变。"软帽早就换成坚硬的圆顶礼帽。他看起来不像艺术家，更像一位年轻的商人。"办公室里的霍布斯式氛围使他越来越冷酷、越来越愤恨。艺术部之外的雇员觉得他"不可能待得久"。他们不喜欢尤金，认为他是萨默菲尔德的新宠而已，也讨厌他那种冷漠的架子："尽管他自己想认真对待所有人，但他做不到。"在办公室帮派斗争中，艺术自治权变成了一个笑话。

各部门负责人一天到晚冲进他的办公室，杂七杂八的事情要他立刻去做。艺术家们向他抱怨工资太少，业务经理指责开销控制得不严……很快他就被批评拖延全局工作，重用没有能力的雇员（事实的确如此），工作节奏缓慢，是艺术势利眼，等等。由于他在此之前还一贫如洗，所以一直静静忍受着，但下定决心最终一定要反击。他觉得自己已经再也不是（或者再也不会成为）原来的那个闲庭信步、胆小怯懦、爱做梦的维特拉了。他要坚定地站起来，并且已经开始行动。

出路是存在的。当尤金开始掌控艺术方向后，萨默菲尔德公司的广告开始吸引目光。费城加尔文出版公司（Kalvin Publishing Company；原型是《周六晚邮报》和《仕女家庭杂志》的出版商柯蒂斯）获知尤金的成就，请他做一本新周刊的广告经理。仅仅在费城待了几年，他又回到纽约，做了海拉姆·考尔法克斯联合杂志公司（Hiram Colfax's United Magazines Corporation）的编辑部、艺术部和广告部负责人。干到这份上，尤金似乎已经完全融入了公司世界。他成了编排表面效果的专家，向考尔法克斯建议重新装修公司，打造"兴隆的外观"，他在自己家做了同样的装修，但涂上了一层唯美主义的光泽。没错，他终于能买得起当他还是年轻艺术家时梦想的全套唯美装备了：流血的基督、沉重的青铜烛台、青褐色的挂毯，甚至还有一个目光色眯眯的尼禄（Nero）半身像。不过他已经放弃了用独特视角诠释"现实生活"的梦想。一位艺术品经销商恳求他重新拿起画笔，他如此回答道："艺术非常可爱。我相信自己是个伟大的画家，这就使我很满足了。尽管如此，光凭绘画我没有挣到什么钱，从那以后我就学会了该如何生活。"他现在认为，"现实生活"并不是粗糙、强烈的体验，而是财富积累和炫耀展示。安吉拉认为他是"全方位的天才"，不过德莱塞觉得他只不过是职业美人（professional beauty）而已。考尔法克斯看他的目光"就像一个人看纯种马或者纯种狗一样"。尤金自己已经完美掌握了社交表演的艺术，能够（与言语朴素的安吉拉不同）做出机智诙谐的自信姿态，"不管他当时是不是真的如此感觉"。他原来见过的大富豪身上奢华与美丽的完美和谐，他现在也同样荣耀地享受着。"在这里没有不适，似乎没有疲倦，没有疾病，没有不得体的情况。生活中所有的麻烦、混乱和不完美都被精心扫开，映入眼帘的只有生命的美好、健康与力量。"这仿佛是他走进了自己的广告之中一样。

当尤金顺从自己的欲望，追求十八岁的苏姗娜·代尔时，和睦的美梦便被撕碎了。他告诉自己，之所以被她吸引，是因为她拥有"艺术家的灵魂"，结果他变成了一个拜倒在苏姗娜石榴裙下的大肉团。这无疑是浪漫活力主义最后的自毁式大爆发。最终，苏姗娜的母亲将情事向考尔法克斯告发，尤金被一脚踢出门外，构成他身份基础的一切事物被无情剥夺。"他已经失去了荣华富贵的地位，两万五千美元一年的收入。他现在还能去哪里找这样的工作？谁还会，哪个公司还会给他如此高的薪水？如果他娶不到苏姗娜，又怎么能保住河畔大道（Riverside Drive）的公寓？他还怎么能拥有自己的汽车，自己的贴身仆人？"这就是一场消费者的悲剧。

小说以通俗剧的方式结尾。尤金偶然加入了基督科学教会，虽然他很讨厌教徒们没品位的房间装饰。"主的代言人竟然在这种环境下传教，主难道不清楚这是不对的吗？"他纳闷道。他在濒死的安吉拉床畔幡然悔悟，他们的女儿也出生了。尤金背负起父亲的责任，以画家的身份再次获得了成功，表达着"一些自己对生活的感悟"的画纷纷挂在了银行和政府机关中。艺术与商业的婚姻最终成功圆房，不过这种和谐的结局听起来有一些空洞（也许作者是故意的）。

尤金要想在公司等级中向上爬，就需要放弃自己对自治创意的浪漫梦想，才能去从事一项印象管理的全新职业。只有当他的商业生涯结束之后，他才重新意识到绘画应该是表达真实自我的一种形式。在广告公司和杂志出版社科学化管理的公司环境中，这种想法听起来荒谬可笑。德莱塞的小说没有说新兴的广告业扼杀艺术，而是说广告业鼓励了某些形式的艺术并扼杀其他形式的艺术。当然，小说表明，如果一位年轻浪漫的唯美主义者想要成功，就必须有能力编造人工性，而不是追求真实性。不过广告主对"人情味"和"现实生活"等感情魅力的痴迷，意味着他们不愿意摆出一副讽刺的超然姿态。他们总要保留大量的感怀因素。问题在于，对艺术家和文案人来讲，模仿情感的能力比情感本身更重要。

《"天才"》在无意间描绘了一套成功的能力组合，这正是抱负远大的年轻作家或艺术家在广告业成功的必备能力。与西奥多·德莱塞一样，尤金·维特拉将对"现实生活"的感伤渴望与对聪明奢华展示的痴迷融合在一起。早期的广告公司也逐渐开始采纳这种公式。到了十九世纪九十年代，有一些人开始对真实性和人工性之间的两极分化现象隐约感到不满。广告行业期刊的写手和威廉·迪恩·豪威尔斯（William Dean Howells）等敏感的局外人都意识到，外表，即使是奇幻的外表，也是现实的一部分，他们的职责不仅是陈述产品真相，还要"使真相听起来很真实"。这可不仅是纯智力的思考。取悦客户、吸引消费者的命令，同样决定了修辞与图像志的常规。广告人面临的问题被同时代广告主称为"杂乱"：太多的广告在争夺并分散了受众的注意力。所以他们慢慢转向了幽默、奇幻和娱乐以杀出重围。不过广告业中的功利主义写实主义者仍然占了上风。他们目睹了王尔

德和奥布利·比亚兹莱（Aubrey Beardsley）的堕落，斜眼看着唯美
文案人和设计师创造出的"职业美人"。结果是双方做出了妥协：产
品描述可以搭配常规的迷人图像和"人情味"的叙事；可以娱乐，但
必须是干净、感伤的娱乐。这种妥协掩盖了最基本的问题，比如艺术
家和作家适合广告公司哪种工作，或者他们是不是真的适合广告业。

走向资本主义现实主义：广告中的艺术，1890—1915

十九世纪六七十年代，当广告公司开始萌芽时，他们手中有大量
商业彩色石版画匠生产的图像资源。不过利用起来在当时还有一些障
碍。广告公司第一个存在理由是他们有能力在制造商和报纸杂志中间
起到联络的作用；这些出版物在技术上受限（尤其是彩色印刷），审
美观也趋于保守。专利药公司、马戏团和其他直接与石版印刷匠交易
的行业仍然可以继续生产夸张奢华的海报、宣传册、年鉴和日历，但
广告公司主要是文案导向的。难怪寿命最长（1888—1967）、影响力
最广的广告行业期刊名为《印刷者油墨》。最早的几十年中，广告公
司吸引了一大批从事过新闻行业的年轻人，这些人既具有创业精神，
也怀有文学抱负。

到了十九世纪九十年代，这些人带来的冲击已经很明显了。行业
期刊的撰稿人都同意，文案人已经采用了"报纸记者甚至是编辑的熟
悉写作风格"。很多人坚信，对广告文案人来说，最理想的工作经验
就是干过新闻报道。"年轻的广告文案人应该从新闻业起步，"1899
年一位广告公司老总建议，"因为记者的工作不仅能够教他如何写

作，还能够告诉他什么是人性。"新闻业对年轻的文学广告人来说具有很强的吸引力，他们愿意展现自己在粗糙的男性世界中为工作打拼，不愿意被别人批评柔弱做作。[28]

不过这种与新闻业的对比也是有限度的。行业期刊的专家们宣称，在广告中光有事实是不够的：事实的表达方式必须"明快、迷人、磁性"。还有，事实描述不能太多。"别说得太多，"1892年《名望》（Fame）杂志一位撰稿人警告道，"一边要激发观众的想象力，一边要注意给（'想象力'那低下粗俗的妹妹）'好奇心'留出空间。"对现代生活节奏的初体验，以及"大众"没能力吸收很多信息的现实，都给了渴望在文字上耍花样的写手充分的自由。双关语和短小精练的广告文（jingle）大量涌现。"在过去几年中，'诗'成为广告世界非常重要的因素之一"，1895年《广告艺术》杂志宣称。[29]虽然这里的引号体现出作者对广告业自诩高雅艺术的不适感，不过在十九世纪晚期，精英与大众文化之间的界限还没有那么分明，文案人可以引用莎士比亚，或模仿借用公认的名作。一个经典的例子就是1895年蒙哥马利百货公司（Montgomery Ward & Co.）宣传册上模仿朗费罗（Longfellow）《海华沙之歌》（Hiawatha）的《给我！我要！》（"Here, I Want It!"）。

芝加哥城中
密歇根湖畔，风在吹——
浪花翻涌，临近岸边，
矗立着巨大威严的建筑。
高达九层，多达七座——
七座大厦紧紧相连，
从楼顶至地下，
花样商品满足大众。[30]

有些文案人甚至宣称，广告并不只是新闻，而是文学。1898 年文案人沃尔斯坦·迪克西（Wolstan Dixey）在《印刷者油墨》写道，"评判好的广告和好的文学作品的原则是一样的"，两者都是"个人的，人性的，强劲的，诚实的"，不仅词语文雅，还要有文采。最后这点很难保持，因为《印刷者油墨》最初十年遵从的写作风格就是广告文案人的"明快语言"，这种"简短、隽语式的表达"后来成为广告语言的范本。出于几个原因，广告和文学之间的关系仍然存在问题。[31]

行业期刊作家偶尔会试图去探究这个问题。1892 年威尔·B. 怀尔德（Will B. Wilder）在《名望》杂志中写道，他认为有必要将文案人的诗意理想按下去。"广告是艺术吗？"他问道。反正不是高雅艺术，怀尔德总结道，是因为——

　　这三条原因——广告从目的和手段来说都是唯利是图的，没有诚实到不容人怀疑的地步，以及在某些方面不符合良好教养的传统……这些原因都在某种程度上使公众拒绝将广告作为纯艺术看待……就让［文案人］满足于目前的工作吧，别再要求世界将自己当成一个免费劳动的诗人而加以珍惜。[32]

纯艺术抱负和广告公司实际工作之间的张力，在整个二十世纪都是广告业生活的一个明显特征。

怀尔德希望文案人不应该拥有艺术抱负这种想法的背后，是他假定纯艺术超越了经济领域。不过，靠写作糊口的小说家却不这么想。威廉·迪恩·豪威尔斯就是一位，他在《哈泼周刊》中评论查尔斯·奥斯汀·贝兹（Charles Austin Bates）的《好广告》（Good Advertising）时，对文学艺术和广告之间的关系有敏锐的考察。他想象自己和一位朋友谈话，"这位朋友熟知我的很多想法和信念，就像我愧疚的良心一样"，豪威尔斯在对话中说：

　　"有几类广告让我对内容提不起任何兴趣，只有他们美的风格才吸引着我。"

　　"我明白。不过，广告有没有诱使你购买自己不需要的东西？"

　　"从来没有。我很想知道贝兹先生是如何看待那种文学、戏剧、幽默或古雅广告的。"

　　"他也不是很讨厌吧。不过他可能觉得这种形式的广告已经过气了。"

豪威尔斯跳过了文学广告不切实际的问题，又指出——

　　"广告人似乎已经完美捕捉到美国的商业基调，如同小说家完美捕捉到美国的社会基调一样。"

　　"是啊。"我朋友说，"而且他因此赚了一大笔。你知不知道有些家伙一年靠写广告赚一万五或两万美元？起码在金钱上他们的艺术已经和小说同等地位了。"

　　"也许广告正是小说的一种形态。"

　　"不对。他们自称广告是纯粹的事实。贝兹先生不喜欢添加任何寓言元素。广告中清晰简单表达的真相，才是最好的。"

　　"说作（wof）中也一样，我一直这样说。"

　　"说作？"

　　"就是小说作品（work of fiction）啦，新词，就像中饭（lunch①）和广告（ad②）一样。"³³

　　豪威尔斯想象中的谈话，对广告和小说中的相同点和不同点做了探索，捕捉到广告文案人面临的很多困境。同现实主义小说家一样，他们的艺术需要兼顾想象力和准确的观察。不过广告文案的作用有严

————————

① lunch 是从 luncheon 缩略而来。——译者

② advertisement 的缩略。——译者

格的工具性，目标是卖东西。如果卖不出去商品，它的美就无所谓。
所以，即使"文学家伙"在行业期刊中占据上风时，更多的生意人
撰稿者却在抱怨"长发文人"在文案中有"过分抖机灵"的趋势。[34]
《印刷者油墨》登过一篇文章，描写一位年轻文案人与"稳健生意人"
老板之间的原型式（archetypal）矛盾。老板不喜欢文案人的广告，
因为"太漂亮"。

> "孩子，"老头说，"你这条广告，我称为'职业美人'。等你有
> 钱娶老婆的时候，希望能娶个美丽动人的姑娘，可是你绝对不会想
> 要个职业美人。你想让儿子长成一个英俊的好小伙，可是你肯定不
> 愿意让他当一个登峰造极的花花公子。广告不是选美，不能总用来
> 满足你那些苛刻的朋友和'专家'的口味。你要考虑的是广大群众，
> 他们才不在乎你上没上过大学，他们只要看到事实。如果他们看你
> 的广告只是为了开心，你是不会想和他们做生意的。"[35]

行业期刊经常重复这种言论，体现了资产阶级文化对唯美主义的
一贯不信任，在他们眼中，只有娘娘腔的花花公子和不检点的时髦女
人才痴迷唯美的事物。对以上这位匿名作者和贝兹来说，"职业美人"
广告的解药，就是追求"事实"。奥斯卡·王尔德也指出，美国商业
文化随时准备着用模仿的功利主义价值来抵制无用玩乐的唯美理想。

不过问题可不是这么简单就能解决的。想象力的倡导者争辩道，
"广大群众"只需要"事实"这种说法根本就没有依据。即使广告主
希望"清晰简单表达的真相"，他们也没有刻意显得自己与小说作者
不同：豪威尔斯面无表情地讽刺道，他和贝兹在追求"纯粹事实"的
过程中其实已融为一体；如果文案人听从了贝兹的建议，那他所运用
的现实主义正好也是豪威尔斯提倡的。对小说家和文案人来讲，问题
在于应该在什么程度上平淡无奇地述事实。

在这一点上，想象力的倡导者占据一定的优势，从工具主义角度看的话。到了十九世纪九十年代，即使连行业期刊都在抱怨广告数量太多，污染了印刷业景观。"一张全是广告展示的报纸，"豪威尔斯指出，"就像一群人为了让别人听见自己用吃奶的力气大喊大叫。"而且喧闹还一年比一年大声。豪威尔斯说，如果广告以这个速度发展下去，"很快这个世界就没有地方放东西了，只会堆满了卖东西的广告"。对他来说，广告的大量涌现代表了"市场竞争的拥挤不堪和精神错乱"；不过对广告主来说，这种现象将一个更紧迫的问题摆在了眼前：如何在混乱中吸引读者？[36]

对外表的执迷，在商业杂乱中脱颖而出的需求，这些因素一起作用，为广告艺术的发展保留了一个适宜的发展氛围。与准确的事实相比，更重要的是让真相听起来更真实。在一堆相互竞争的喧嚣声中，最有说服力的往往是最安静的。真诚，而不是真相，成了广告价值的标准。早在 1901 年，行业期刊撰稿人就在赞美广告中"真诚的倾向"，即"认真又不沉重"。这就使文案人又一次转向大众新闻的断奏式（staccato）节奏（简短的声明句，一句话一段）和（所谓的）对话式语调，远离了做作文学风格的"空洞冗长"。"文学作者之所以是糟糕的广告写手，"乔治·鲍威尔在《广告写作教程》（*Advertising Writing Taught*，1903）中宣布，"是因为他们不会浓缩长篇故事，用干脆的语句表达。"世纪之交后的几十年内，行业期刊一直在布道简单性和直接性的教义。[37]

浓缩的目的，在于打造"谦逊的力量，谦逊是受众无法抵抗的，而力量则在下意识地疏远受众"。微妙的劝说是广告迫切需要的；真诚不是道德姿态，而是销售技巧。《明智广告》杂志在 1917 年指出："明智的低调陈述（understatement）至少拥有三个有用功能，牢记有好处。首先，在强调内容时，它是一个经历了时间考验的有效文学手法；其次，它可以成为夸张和盛赞辞藻的极佳解药；最后，它很容易用于幽默的表达。"尽管披着真诚的外衣，广告业低调陈述的趋势，其实就是对北方小贩简练语言的正式肯定：这种策略通过使用间接的语言来施加微妙的影响。[38]

不过即使早在十九世纪末期，至少对有些广告主来说，文学技巧已经不足以创造出有效的广告了。1898 年《印刷者油墨》一位撰稿人指出，"人与人之间传递思想最快的媒介"不是语言而是图片。尽管广告公司是文案导向的，但是到了十九世纪九十年代，广告公司老总们开始意识到美国人民"看图习惯"的重要性。不过，当他们寻找广告艺术的例子时，发现当时的商业名片图像无法令人满意，受奥布利·比亚兹莱和其他欧洲美学家启发的"海报热"（poster craze）也不令人满意：广告特色异域风情和先锋实验主义都不行。[39]

比亚兹莱受到了特别的指责。"只有诺尔道（Nordau）的堕落理论能够解释，为什么一个有能力的画家会刻意画出糟糕的作品，不对，是史上最糟糕的作品，然后还叫全世界来见证自己发现了一门艺术，还创立了一个新的流派？"一位批评家如此猛烈抨击比亚兹莱将女人的图像与蟒蛇、火烈鸟和鱼融合在一起的习惯。当一些美国高端产品的广告中也出现同样的特征时（图 9.1），广告理论家对此嗤之以鼻，最客气的评语是"风马牛不相及"。不过到了九十年代末，行业期刊开始注意到品味潮流正在发生变化。"好像对比亚兹莱那种怪异野蛮的多彩'艺术'的需求有所降低，"《印刷者油墨》1897 年报道，"给人留下最深最久印象的广告海报，通常都是最真实反映自然的，与噩梦般的插画艺术风格离得最远。"出于寻求可以接受的美国广告艺术的需要，评论家们重申了拉斯金的"真实反映自然"理念，但是这一次新强调了技术便利性和工具主义应用性。[40]

大多数大型广告公司最开始不愿意在广告文案中加入插画，但后来就积极热情起来；但几乎总是强调插画的功利性，不公开认可插画的艺术性。有一种颇具影响力的老掉牙说法：图片是一种普世的语言。人们“想亲眼看一看”,《广告生意经》在 1906 年坚称,“插画迫使广告主坦诚面对群众”。图片是现实的透明窗户这种观点让人安心;一位评论家指出,广告公司的花招就是雇一些有现实世界体验的报纸艺术家——而不是软弱做作的工作室艺术家——来画插图。对工作室艺术家的鄙视,也符合行业期刊对实际性和专业性的执迷。1906 年《明智广告》一位评论员认为,广告最需要的,是“文案和图片的合作。广告经理必须确保图片有助于公众熟悉商品的外表……在这里就极其需要文案人和插画家*良好有效*的合作。如果文案是专业级的,图片也不能低于专业级”。和广告文化的其他领域一样,行业代言人在这里也在相互依赖的合作网络中祭出了职业专业性的法宝,以实现稳定变幻莫测的艺术想象力。[41]

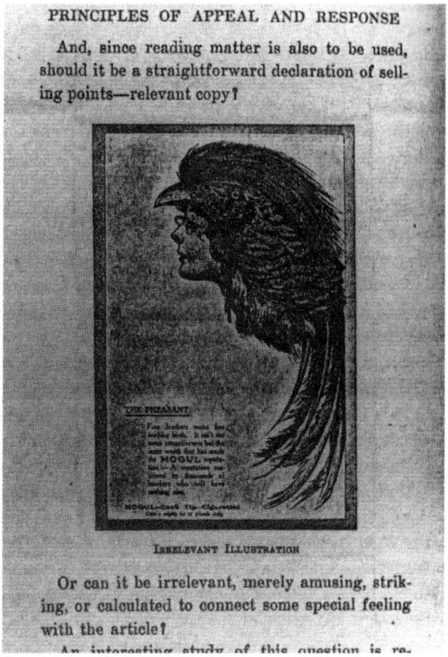
PRINCIPLES OF APPEAL AND RESPONSE

And, since reading matter is also to be used, should it be a straightforward declaration of selling points—relevant copy?

IRRELEVANT ILLUSTRATION

Or can it be irrelevant, merely amusing, striking, or calculated to connect some special feeling with the article?

图 9.1　哈利 · 霍灵斯沃丝（Harry Hollingsworth）的书《广告与销售》列出的一个风马牛不相及的插图的例子,1913 年。

An example of an irrelevant illustration from Harry Hollingsworth’s book *Advertising and Selling*, 1913.

不过,严格的功利主义手段还远远不够。最棘手的问题不仅是艺术上的过分雕琢占主流,还有读者看着一大堆愈发标准化产品的广告彼此竞争,眼神会愈发呆滞。随着厂商营销计划越来越采用科技手段,厂商越来越难将自己的产品同竞争对手的区分开来。1890 年,密封包装的苏打饼干还算新鲜事物;十年之后数十个品牌都采用了密封包装。为了让自己的产品与众不同,需要参与广告主管詹姆斯 · 柯林斯口中的“象征主义经济”（economy of symbolism）,即将产品包围在浓缩的文字与图像群之中,使其既拥有功利价值又拥有象征价值。在某种意义上，这需要扭转批评家瓦尔特·本雅明在《机械复制时代的艺术作品》（"The Work of Art in the Age of Mechanical Reproduction"，1935）中描述的过程：在平庸的标准化产品周围恢复一种独特的氛围。[42]

对本雅明来说，这种氛围具有宗教的色彩，可以追溯到艺术的本源，即表达无法表达的事物；对广告人来说，这种氛围可以降格为吸引注意力的工具。不过具体应用策略却大相径庭。象征主义经济一些早期实验中，风马牛不相及的图片被超现实地摆放到一起，就是为了吸引读者停下脚步观看。早在世纪之交时，行业期刊就在赞美超现实主义。麦考密克公司 1899 年一则被誉为 "独具匠心，引人注目" 的广告中，一只大手托起了大半个北美地图，标题是 "掌中大陆"（图 9.2）。弗兰克·普雷斯布利广告公司 1901 年为北德意志劳埃德船运公司（North German Lloyd Steamship Company）制作的广告画着 "一艘崭新的巨大双螺旋桨汽船……乘风破浪前进，在百老汇公平人寿保险大楼（Equitable Life Building）面前，它的烟囱高高在上俯视着两旁的建筑"，被赞为 "最近五年内最出色的广告点子" 之一。[43] 不过，这种图像的吸引力终归还是有限。广告将公司的规模和力量以戏剧化的方式展现，但是这就与欧洲海报过于类似了，都是以牺牲 "人性化" 为代价刻意追求惊人效果。在一个越来越不带个人色彩的市场中，广告主越来越关注在生产者和消费者的关系上笼罩一层朦胧的伪亲密感。

图 9.2　麦考密克器械公司广告，《印刷者油墨》，1899 年。
Advertisement for McCormick Implement Company, *Printers' Ink*, 1899.

　　这种关注塑造了二十世纪早期广告艺术的主流常规，越来越被拉向资本主义现实主义。早在 1892 年，《名望》杂志一位作者就指出了这条道路。"很多广告主似乎只满足于艺术的或惊人的效果，无视其中表达的情绪。"他抱怨道："比起艺术家能够创造出来的雄壮宏伟的形象，家庭的感觉和日常的琐事能唤起我们更高尚的感觉，更能激发我们的共鸣。"对广告中活力的呼吁开始归结为一点：文案人和插画家需要在广告中"引进'生活'"。这里的引号揭示出广告人对编造真实性、打造自发性的暧昧心态。即使如此，身处量产商品的大量老套说辞之中，让很多人坚信，脱颖而出的唯一方法就是在广告中融入"热血人性"的"活力火花"。[44]

　　行业期刊写手们在寻找合适的语言来描绘这种氛围时，选择了使用"活力"和"性格"等词汇。《每个人杂志》(Everybody's Magazine) 的一位广告经理 W. R. 爱莫利 (W. R. Emery) 在 1910 年写道："每一台机器、每一个企业、每一件产品都拥有自己的性格，有利于推销员、分销商和制造商。它通过资本化能够变成有形资产，就像专利药或爱迪生留声机一样带来巨大经济效益。"对零售生意人来说，将易逝的特性转变为"有形资产"的观点并不陌生，他们在过去就是一直靠名声和"商誉"(good will) 做生意的。他们不熟悉的是，制造商竟然可以雇专家来系统化地耍这种把戏。[45]

　　爱莫利举的有关"产品性格"的例子，都是制造商白手起家的常规故事。通过融合性格与叙事，他捕捉到文案逻辑一个根本的变化：与常规的商业故事合流。在接下来的几十年中，越来越多的广告会讲述真实或虚构人物的故事。查尔莫斯汽车公司前广告经理，也是大众杂志活跃的小说撰稿人牛顿·弗埃斯尔 (Newton Fuessle)，在 1915 年解释"广告文案人能从小说作家身上学到什么东西"，比如从莫泊桑 (Maupassant)、吉卜林和欧·亨利 (O. Henry) 身上可以学到"气氛的渲染，人物的刻画及叙事的形式，如今这些都被越来越多的顶级文案人借用"。其他人同意，"叙事的招魂术"结合"对角色的兴趣"，能够在最平庸的商品周围设下一层咒语。不过，什么时候该挥动魔棒呢？"我的建议是，"另一位文案人说道，"跟着兴趣走。"[46]

如果五十块钱的手表突然降价到二十块钱，这本身就让人感兴趣，不需要让人感兴趣的故事。不过如果要卖一只高价的闹钟，就需要编出让人感兴趣的故事。将这只闹钟取名为大比尔（Big Bill），给它注入性格，使它成为一个有知觉的生物，这样它就与其他闹钟不同了；它可不是什么闹钟，它是大比尔。如果告诉顾客，他（不是"它"）是一个魁梧、出色、乐天的小伙子，嗓音坚定欢乐，顾客就真的会出高价将他买走。当你被建议喜爱大比尔时，你对闹钟的厌恶感就消失了。[47]

作者典型地夸大了广告主塑造顾客头脑的能力，不过他捕捉到了将闹钟变为"一个有知觉的生物"过程中出现的关键动向。爱莫利在其他地方也讨论过利用性格的主要理由："是性格使一个无灵魂的物体拥有活力，使它在仅仅表达权力之外拥有更多的含义；是性格点燃了热情，带来了因熟悉而产生的亲密感。"[48] 这种策略是新兴商品文明一个基本规律的缩影：在大公司的庇护下，无灵魂的世界再度泛灵。

在"大比尔"这个例子中讨论的物体是闹钟，正好代表着新兴科层秩序下程式化的劳动纪律。文案人的工作就是膜拜商品（用马克思的话说），掩盖其"仅仅表达权力"的事实，使其成为幻想的焦点，并将其变为亲密的伙伴。也许有人要问，有多少消费者会和闹钟培养亲密关系？这里不是说广告观众会愚蠢地接受行业期刊中的假定，也不是说广告主相信顾客真的会接受，而是说，为商品赋予生命的做法进一步巩固了广告艺术的人性化议程。这在广告主发现"笑容能够促销"的例子中体现得很明显。1911 年，一位名为威廉·李文斯顿·拉尔尼德（William Livingston Larned）的广告公司艺术总监告诉广告主，"插图'看起来令人愉快'，会带来实际的现金价值"。广告中的笑脸明显逐渐增多，这种趋势更使全国性广告主坚信，他们已经带领美国人从黑暗的清教时代中走了出来，再也不会无休止地愁苦，再也不会因为牙不好而不敢咧嘴笑。笑容同时也代表着广告主竭力附加在产品上的"活力"与"性格"。笑脸变成了公司资本主义官方艺术中的一个标志像（icon）。[49]

到了二十世纪头十年的初期，"融入'生命'"的做法已经开花结果。全国性广告的图像被同化到流行艺术与娱乐的大潮中，就像商业彩色石版画在之前几十年一样。海报热引来的抨击，不禁让人想起原来《国家》编辑高德金对"彩色石版文明"的攻击；"低俗的品位靠暗示为生，很快会变成堕落的品位，立刻生出淫荡下流的东西。"1895 年《读书人》（Bookman）指责道。不过文章也承认，设计精美的海报有将美融入日常生活的潜力。七年之后，这似乎真的发生了。《时尚》（Cosmopolitan）杂志的约翰·布里斯班·沃克（John Brisbane Walker）赞扬了广告艺术中高雅品味的兴起；他指出，广告主很明显已经放弃了拿"不得体的布料"来做实验。也许这种说法为时过早，不过广告业内外似乎一致认为，广告艺术的质量正在提高。几年之内，全国性广告主就成功驯化了商业海报艺术，清理了十九世纪彩色石版画的异域风情并重新拾起其感伤的风俗画传统，并声称广告在职业化的道路上迈出一大步。当然，仍然有一些人在抱怨广告图片"太漂亮"，要求广告图像能够像《印刷者油墨》里一篇文章说的，展现"真实的人和真实的工作"。摄影的运用为现实主义表征手法铺平了道路，不过直到二十世纪一十年代，摄影仍然没有得到广泛采用。而且，如果将广告定义为轻松娱乐，对现实的需求也就没有那么紧迫了。[50]

随着全国性广告越来越随处可见，这种定义也越来越为人们所接受。即使连揭露广告业邪恶一面的黑幕揭发记者都承认了广告的娱乐价值。1909年，塞缪尔·霍普金斯·亚当斯注意到——

> 顶级广告中明显的娱乐价值。想想如果广告牌空空如也，无图无字，那开车上班会多么无聊。广告世界中的人是一群善良、友善的迷思：麦乳的微笑大厨，嬉戏的金粉双胞胎（Gold-Dust Twins），所疏敦特（Sozodont）青春快乐、一口好牙的小女孩，喝金宝汤喝到撑的圆眼小胖子，还有桂格燕麦曼铄的老朋友。

起码对他这个观众来说，将"性格"融入产品的手法已经成功了。批评家如果都像亚当斯这样，广告界还用交什么朋友？只有社会边缘的骗子、兜售假地产和函授课程的小贩才需要朋友吧，而这些正是亚当斯要揭发黑幕的目标。他对于全国性品牌广告商只有赞美，他总结道："在某种意义上，广告人是娱乐公众的表演者，很渴望无偿地为娱乐世界做出贡献。"这种认为广告娱乐免费的观点，说好听点，是天真得让人感动。[51]

　　几年之后，广告和娱乐之间的融合已经几近完成。广告文案人竭力仿效量产小说的公式，艾德娜·佛伯（Edna Ferber）这样的人气小说家也在书中称赞广告人的动感与"性格出众"。广告插画家越来越照搬时髦杂志的画意风格。不过这种做法造成了一些困惑。拉尔尼德如此评价广告画家范妮·曼赛尔（Fanny Munsell）的作品："一点也不像商业广告。这种设计可以从广告页拿出来，直接放到杂志故事中都没有问题。"被巴纳姆和同时代人模糊的艺术与商业的界限，到现在似乎完全消失了。正是娱乐的语言把界限擦掉的。[52]

　　在城市中，户外广告主的宣传手段很容易把人逗乐。1892年一位去西雅图的德国人发现有七个身着奇异服装、前后都挂着广告牌的人在为七个字母的卫生产品做广告；到了下午，这些人去过好几次酒吧后，醉得字都拼不对了。这种无意间造成的滑稽表演是城市商业狂欢气氛的一部分；乔伊斯和其他作家正是将这种气氛转化成了现代城市之诗。即使是激烈讨伐户外广告牌的来自纽约罗切斯特的景观建筑师查尔斯·马尔福德·罗宾逊（Charles Mulford Robinson）也在1904年承认，多彩的海报、橱窗展示以及电子招牌都让城市的过客们"不知不觉拥有了一种假日的心情"。[53]

尽管如此，十九世纪的美学传统仍然顽强存活了下来。传统的观点继承了下来，对广告艺术价值的传统怀疑也延续了下来。不是所有人都觉得广告中的娱乐很有趣，尤其是当户外广告牌开始破坏乡间田园纯洁性的时候。罗宾逊指责道，问题并不在广告本身，而在于它无所不在："蓝天碧海、磐石绿树、公共建筑、教堂、纪念碑，没有一样是圣洁的了吗？"商品宣传会吞噬所有公共空间，这听起来的确有一些亵渎的含义。[54]

有的时候，对广告牌的讨伐点明了一个重要的法律原则：在维护景观美学价值方面，私人财产权不能总是高于公众利益。不过除了一些不妥协的游击人士外，改革家经常慌忙指出，对户外广告牌的规范并不是挑战户外广告的投放权。户外广告是现代商业手段不可避免的一部分。"如果看不到这一点，"小弗雷德里克·劳·奥姆斯特德（Frederick Law Olmsted Jr.，园林设计家之子，自己也是一位城市规划者）在1900年说道，"如果我们反对常识，那我们肯定会越位，最后拆了自己的台。"因为没有人想反对"常识"，最终的结果是达成了一种典型的实际性妥协，迎合了双方的阶级利益：对户外广告牌进行区域规划，将这种"广告贴的威胁"转移到最没有能力反抗的社区中去。[55]

和解的可能，其实发源于大多数反广告牌人士的进步主义思想，他们赞美现代商业带来的机械进步，但是奇怪为什么美学的进步却落在了后面。这就是极大影响了进步主义改革家的"文化滞后"愚论；

这种愚论假定物质生活的改变是直线型的，无法抵抗的，所以批评家希望文化价值能够"赶上"经济和技术的发展。从这种角度来看，对广告的批评分析可以简单归纳为：要求广告主举止得体，打磨润色自己的文化风格。[56]

有一些广告人迫切希望服从。有一小部分人一直努力一面改善广告插画的技术质量和工具价值，一面挪用高雅文化的名望。1886年，一家英国公司梨牌香皂公司首次将约翰·埃弗里特·米雷（John Everett Millais）那幅甜得无可指摘的油画《泡沫》（Bubbles）用在了自己的广告中。十九世纪九十年代中，海尔斯乐啤露（Hires Root Beer）的顾客只要购买六瓶装，就可以免费得到一张彩色石版画《路得和拿俄米的离别》（The Parting of Ruth and Naomi）。这类画既有高雅艺术的名望，又没有比亚兹莱海报那种堕落的腔调，还有感怀风俗画的人气。几年之内，行业期刊就有人声称广告在审美方面已经迈进了一大步。"如今免费发放的杂志画页与广告日历，使那些几年前在小康家庭登堂入室的图片黯然无光。"《名望》在1904年断言。就像十九世纪的彩色石版画一样，广告艺术如果娴熟运用技术，就可以装饰普通人的家庭，这种观点对广告业代言人来说再自然不过了。[57]

甚至在商业之外都有人认为全国性广告业也许能够为人们带来高雅艺术。让那些鄙视商业兄弟的做作"贵族"艺术家们都走开吧，文案人沃尔多·沃伦1909年在《柯利尔》中写道。当然了，广告中的很多插画并不遵从艺术理念的"普遍定义"，即"充分表达典型情感"，不过"商业艺术完全可以被用来表达比平时多得多的真正艺术精神"。沃伦声称，广告艺术家并没有被公司限制得无法生产创意作品。"在绝大多数情况下，商业艺术家有足够的空间来开动真正的艺术细胞，同时也有足够的空间来服务广告主。"商业艺术家拥有的观众群比工作室艺术家的要大得多；大量的流通弥补了在质量上的妥协。"如果要问哪种艺术家有更大的机会来服务人类，是一张展出的画要动用 80% 真正艺术才能的工作室艺术家，还是一张画只注入 10% 的典型情感或真正艺术但是被媒体复制一千万遍的商业艺术家"，沃伦更倾向于选择后者。[58]

　　并不是所有人都像他这样肯定。沃伦定量式地评估广告艺术家或文案人的艺术自治权，这种做法肯定会使大多数广告艺术家或文案人嘲笑得满地打滚。只有当这些人经济稳定并且已经扬名立万时，他们才能有时按照自己的主张来创作，而且即便是这时，他们也经常觉得商业创作无法带来满足感。

　　麦克斯菲尔德·帕里什（Maxfield Parrish，1870—1966）的职业生涯就是一个很好的例子。他来自费城一个贵格会家庭，家境富裕，书香门第。他的曾祖父约瑟夫·帕里什是一位显赫的外科医生和废奴主义者；他父亲史蒂芬·帕里什是一位有抱负的艺术家，但他的志向因为家人认为艺术是邪恶的而受挫。终于在中年时，他卖掉了文具店，投身全职绘画，作为一位风景画家小有名气。他下决心不让儿子重复自己的老路，不能让他也躲在阁楼里偷偷摸摸画画。他给两岁大的弗雷德里克（后来自己改名麦克斯菲尔德）一本压花革的素描本，五十页画满了猴子和其他动物的卡通形象；小男孩很感兴趣，很激动，他的父母尽全力鼓励他发展对艺术的浓厚兴趣。[59]

　　帕里什一家受教育程度高，家境富裕，给了孩子很多的资源。他被包围在维多利亚晚期最好的音乐、艺术与文学之中。1884 年父亲带他去欧洲旅行了两年，其中包括参加维克多·雨果（Victor Hugo）的葬礼。"我当时十五岁，"帕里什回忆道，"爬上了香榭丽舍大道的一棵树。大街上人挤人，突然一根树权折了，发出的声音就像手枪开火一样，人群立刻四散逃开。他们还以为是虚无主义者开始施威了。"养尊处优的帕里什和十九世纪末社会动荡旋涡的接触也就这么多了。帕里什的职业生涯一帆风顺：他进入哈弗福德（Haverford）就读；

在宾夕法尼亚学院（Pennsylvania Academy）接受艺术训练，又回欧洲旅行了很长一段时间；娶了一位德雷塞尔学院（Drexel Institute）的年轻绘画讲师为妻；在显贵艺术家和知识分子的避风港新罕布什尔州柯尼什（Cornish），挨着父亲的乡间别墅又给自己盖了一座。[60]

　　尽管命运如此眷顾他，帕里什却从来没有闲下来过。他不停工作，充分利用了家族的人脉。史蒂芬·帕里什的新罕布什尔别墅的建筑师威尔逊·艾尔（Wilson Eyre）同时也在装修宾夕法尼亚大学面具假发俱乐部（Mask and Wig Club），当帕里什还在学校就读时，艾尔就委托他为俱乐部的墙绘制《老国王科尔》（*Old King Cole*）壁画。帕里什这第一份工作使他小有名气，早早便开始了杂志插图和广告设计的工作。他发展出一种独特的风格，融合了商业艺术主流的轻快娱乐模式，但又保留了一种幻想式的玩乐画风和一种优雅的异域风情。他所有的作品都运用了娴熟的技巧。同其他形式的艺术一样，广告艺术带来了一系列问题，需要用色彩和构图来解决。帕里什从事业初始就很有名气，因此可以任意选择要解决的问题。1915 年在他给纽约一家广告石版画公司老板鲁斯灵·伍德（Rusling Wood）的信中，能看出他对广告工作的典型态度：

　　说到用"高雅事物"来表现劳尼（Lowney）巧克力……我突然想到，如果能上升到王家主题的话，也许可以在设计上很出彩……国王和王后分别坐在王座上，下面的人供上一盒我们现在谈的东西。作为设计，作为维系颜色的载体，我觉得会很有效果的。而且还可能表达出人情味：这三个人的动作可以设计为表达对糖果的喜爱。国王和大臣可以淡淡地幽默，王后尽量漂亮……我隐约觉得，这会与常见的现实主义和漂亮有所不同。我知道这种点子我可以很生动地表达出来，因为似乎正是我拿手的。[61]

　　六年之后，这种建议终于成了现实，出现在一则吉露果冻（Jell-O）的广告中。与帕里什其他作品相同，这幅广告的确是"与常见的现实主义和漂亮有所不同"。他的声望允许他实现个人的愿景。广告主雇用有名望的艺术家，是为了利用艺术家的声誉为产品增光。对帕里什和其他成功的商业艺术家来说，高效干练的职业主义缓解了艺术和金钱之间的浪漫张力；外表和内涵之间的传统矛盾，被归在了如何组织长方形来达到"动态对称"等形式和技巧的问题之内。

　　尽管如此，帕里什最后终于对广告客户千篇一律的要求感到压抑。在多年为通用电气公司创作极其成功的日历后，帕里什终于宣布："当橡皮图章实在是感觉太难受了。我要趁自己还有能力，逃离这一成不变的工作。"他决定从事风景绘画。"城市每条街上都有漂亮姑娘走来走去；但是一个人无法从地铁中爬上地面，观赏云雾笼罩的阿斯卡尼山（Mount Ascutney）。远观而不可亵玩的才吸引人。"[62] 这种情绪让人想起了奥斯卡·王尔德对平凡现实主义的批评分析。也就是说，帕里什害怕被拖进标准化的泥潭，即沃尔多·沃伦笔下的"充分表达典型情感"。帕里什的替代方案是浪漫、理想化的高雅艺术领域。将远观不可亵玩与过于熟悉的事物相对，他恢复了外表与内涵的矛盾，虽然他心中的内涵只是阿斯卡尼山这种程度而已。

　　艺术家有各种各样的理由对资本主义现实主义的妥协表达不满，其中包括它和"傻瓜现实主义"关系过于密切。公式化的白开水理念冒犯了艺术家和作家，他们受浪漫信仰的哺育，相信自己的特别愿景，相信自己能够创作出比广告公司的量产现实更强烈的现实。甚至是高度职业主义的帕里什都赞同这种信仰。不过到了二十世纪早期，这种浪漫主义的探索被现代主义的习语重新阐述：在装饰的硬壳下追寻纯粹的形态，在社会的文明谎言背后寻找搏动的活力。不管是形式主义还是活力主义模式，现代主义都承诺要击穿资本主义现实主义的借口。很多现代主义者在蔑视世界上的肤浅事物时，仍然没有跳出外表与内涵、物质与精神的二元论思想。同时，有一些怪人在寻找着一种更加包容万象的愿景。

注释

1. 这不是说非新教文化忽视了这些问题；十九世纪晚期法国艺术世界的特点是理想与现实之间的持久张力，如见 Richard Shiff, *Cézanne and the End of Impressionism* (Chicago, 1984)。我要感谢 Michele Bogart 向我介绍这一点。

2. Neil Harris, *The Artist in American Society: The Formative Years, 1780-1860* (Chicago, 1966), p. 3.

3. 这些问题的两个讨论见 Scott Casper, "Politics, Art, and the Contradictions of a Market Culture: George Caleb Bingham's *Stump Speaking*," *American Art* 5 (Summer 1991): 27-48, and Jackson Lears, "Beyond Veblen: Rethinking Consumer Culture in America," in *Consuming Visions: Accumulation and Display in America, 1880-1920*, ed. Simon Bronner (New York, 1989), pp. 73-97。

4. Miles Orvell, *The Real Thing: Imitation and Authenticity in American Culture, 1880-1940* (Chapel Hill, N.C., and London, 1989), pp. 40-72; Colleen MacDannell, *The Christian Home in Victorian America* (Bloomington, Ind., 1986), esp. chap. 2.

5. Ralph Waldo Emerson, "The American Scholar" [1837] in *Selections from Ralph Waldo Emerson*, ed., Stephen E. Whicher (Boston, 1957), p. 78.

6. Joseph J. Ellis, *After the Revolution: Profiles of Early American Culture* (New York, 1979), p. 221.

7. A. M. F. Buchanan, "The Travelling Artist," *Godey's Lady's Book* 20, January 1840, 19-24. 另见 David Jaffe, "One of the Primitive Sort: Portrait Makers in the Rural North 1760-1860," in *The Countryside in the Era of Capitalist Transformation*, ed. Steven Hahn and Jonathan Prude (Chapel Hill, N.C., and London, 1985), pp. 103-38。

8. Camilla Toulmin, "The Peddler," reprinted in Anna Cora Mowatt, "An English Authoress," *Godey's* 46 (January 1853): 127; Charles Dickens, *American Notes* [1842] (London 1972), p. 285.

9. P. T. Barnum, *Struggles and Triumphs* [1855, 1869, 1889], 2 vols. (New York, 1927), vol. 1, pp. 96, 103-18, 193-96; James Playsted Wood, *The Story of American Advertising* (New York, 1958), pp. 149-50.

10. Frederick Marryat, *A Diary in America with Remarks on Its Institutions* [1837], ed. Sydney Jackman (New York, 1962), p. 148; Barnum, *Struggles and Triumphs*, pp. 472-74. 关于将博物馆与骗局联系在一起的倾向有很多例子，其中之一见 Virginia De Forrest, "Mrs. Daffodil at Barnum's Museum," *Godey's* 52, June 1856, 524-27。关于博物馆挣扎获得文化合法性的现象，见 Neil Harris, "Museums, Merchandising, and Popular Taste," in his *Cultural Excursions* (Chicago and London, 1990), pp. 56-81。

11. Barnum, *Struggles and Triumphs*, vol. 1, pp. 317-42; vol, 2, pp. 463, 590; Neil Harris, *Humbug: The Art of P. T. Barnum* (Chicago, 1973), pp. 192-93, 209.

12. Barnum, *Struggles and Triumphs*, vol. 1, pp. 198-99, 129.

13. Orvell, *The Real Thing*, pp. 16-29; Laura Ingalls Wilder, *The Little House on the Prairie* [1935] (New York, 1953), pp. 117-18, and *On the Banks of Plum Creek* [1937] (New York, 1953), pp. 122-23.

14. Walt Whitman, "Song of the Exposition" [1871], lines 53-59, in *Leaves of Grass*, ed. Howard W. Blodgett and Sculley Bradley (New York, 1965), p. 198; Frazar Kirkland, *Cyclopedia of Commercial and Business Anecdotes*, 2 vols. (New York, 1864), vol. 1, p. 305; Whitman, "Of the Terrible Doubt of Appearances" [1860], in *Leaves of Grass*, p. 120. 更多关于 Packwood 的讨论，见 Neil McKendrick, "George Packwood and the Commercialization of Shaving," in *The Birth of a Consumer Society*, ed. McKendrick, Brewer, and Plumb, pp. 145-94。

15. Elizabeth Robins Pennell and Joseph Pennell, *Lithography and Lithographers* (London, 1915), p. 221; Mark Twain, *A Connecticut Yankee in King Arthur's Court* [1889] (New York 1963), pp 46-47; Orvell, *The Real Thing*, p. 38. 关于彩色石印画的传播，见 Richard W. Flint, "Circus Posters and Show Printers," M.A. thesis, State University of New York-Oneonta, 1979; Peter Marzio, *The Democratic Art:*

Pictures for a Nineteenth-Century America (Boston, 1979); and Robert Jay, *The Trade Card in Nineteenth-Century America* (Columbia, Mo., 1985)。

16. [E. L. Godkin], "Chromo-civilization," *Nation* 24 (September 1874): 201-2. 关于 Ruskin 的影响，见 Roger Stein, *John Ruskin and Aesthetic Thought in America, 1840-1900* (Cambridge, Mass., 1967)。"事实风景" 这个短语出自 Kenneth Clark, *Landscape into Art* (New York, 1990), p. 59。

17. 关于王尔德对二元论的批评分析，见 Richard Ellmann, *Oscar Wilde* (New York, 1988), pp. 199, 24, 285; Oscar Wilde, "The Truth of Masks" [1885] and "The Decay of Lying" [1889], in *The Complete Works of Oscar Wilde*, ed. Vyvyan Holland (London, 1966)。关于背景的精彩描述，见 Friedrich Nietzsche, *The Gay Science* [1882], trans. Walter Kaufmann (New York, 1974), p. 38; Jacques de Langlade, *Oscar Wilde, ou, La vérité des masques* (Paris, 1987)。关于唯美主义运动对一个反功利主义的反文化领域的创造，见 Peter Burger, *Theory of the Avant-Garde*, trans. Michael Shaw (Minneapolis, 1984), chap. 1, and Regina Gagnier, *Idylls of the Marketplace: Oscar Wilde and the Victorian Public* (Stanford, Calif., 1986), p. 6。关于王尔德在美国受到的接待，如见 trade cards for Van Vranken's candies in Confectionaries box 96, Warshaw Collection of Business Americana, National Museum of American History, Smithsonian Institution, Washington, D.C.; Lloyd Lewis and Henry Justin Smith, *Oscar Wilde Discovers America, 1882* (New York, 1936), pp. 136, 237；特别优秀的一项研究，见 Mary Blanchard, "Oscar Wilde's America: The Aesthetic Movement and the Hidden Life of the Gilded Age, 1876-1893," unpublished Ph.D. diss., Rutgers University, 1994。关于后来美国人在得知王尔德是同性恋后的愤怒，见 Thomas Beer, *The Mauve Decade* [1926] (New York, 1960), p. 89。

18. Thomas H. Pauly, "American Art and Labor: The Case of Anshutz's *The Ironworkers' Noontime*," *American Quarterly* 40 (September 1988): 333-58; Randall C. Griffin, "Thomas Anshutz's *The Ironworkers' Noontime*, Remythologizing the Industrial Worker," *Smithsonian Studies in American Art* 4 (Summer-Fall 1990): 129-43.

19. Thomas Haskell, "Capitalism and the Origins of the Humanitarian Sensibility," *American Historical Review* 90 (June 1985): 551; Wilde, "Decay," 980.

20. Northrop Frye, *The Modern Century* (Toronto, 1967), p. 26; Michael Schudson, *Advertising, The Uneasy Persuasion: Its Dubious Impact on American Society* (New York, 1984), chap. 7. 关于 Frye 笔下 "傻瓜现实主义" 艺术和广告之间的联系，见 Ronald Berman, "Origins of the Art of Advertising," *Journal of Aesthetic Education* 17 (Fall 1983): 61-69。

21. 关于泰恩，见 Rachel Bowlby, *Just Looking: Consumer Culture in Dreiser, Gissing, and Zola* (New York and London 1985), pp. 1-6; 关于詹姆斯，见 Jennifer Wicke, *Advertising Fictions: Literature, Advertisement, and Social Reading* (New York, 1988), pp. 113-19。John Kasson, *Amusing the Million: Coney Island at the Turn of the Century* (New York, 1979)，讨论了康尼岛对狂欢节的遏制。

22. [Rollo Ogden,] "The Itch for Publicity," *Nation* 56 (6 April 1893): 249-50. 另见 Sarah Burns, "Old Maverick to Old Master," *American Art Journal* 22 (1990): 129-43，讨论了 Whistler 形象的营销。

23. "Itch for Publicity," 250.

24. Richard Lingeman, *Theodore Dreiser: At the Gates of the City, 1871-1907* (New York, 1986), pp. 44-46; Dreiser, *Dawn* (New York, 1931), pp. 107-14, quotation at 113. 德莱塞说保罗卖的是汉林巫油（Hamlin's Wizard Oil）; Lingeman 对保罗早期事业的描述更准确，因为是基于 Evansville 图书馆的传记简报。关于德莱塞对消费文化的热情最优秀的文学分析是 Walter Benn Michaels, "*Sister Carrie's* Popular Economy," in his *The Gold Standard and the Logic of Naturalism* (Berkeley, Calif., 1987), pp. 29-58, and James Livingston, *Pragmatism and the Political Economy of Cultural Revolution* (Chapel Hill, N.C., 1994), chap. 6。

25. Lingeman, *Gates of the City*, pp. 403-12; W. A. Swanberg, *Dreiser* (New York, 1965), pp. 109-50。

26. 我用的是 Meridian Classic 版本的 The "*Genius*" (New York, 1984)。

27. 思考这些问题时，我借鉴了 Michele Bogart, "Artistic Ideals and Commercial Practices: The Problem of Status for American Illustrators," *Prospects* (1990): 225-81 的敏锐分析，以及她的 *Artists, Advertising, and the Borders of Art* (Chicago, 1995)。

28. Uprez D'Buton, "The Art of Advertising," *Art in Advertising* 5 (June 1892): 126; George Henry Smith, "The Young Adwriter," *Printers' Ink* 29 (4 October 1899): 6.

"Uprez D'Buton" 是戏仿柯达的标语 "You Press the button, we do the rest"（你只负责按钮，其他的我们负责）。

29. Edith, R. Gerry, "Facts: A Protest," *Printers' Ink* 24 (10 August 1898): 37-38; "Don't Tell Too Much," *Fame* 1 (October 1892): 240-41; "The Use of Poetry in Advertising," *Art in Advertising* 9 (January 1895): 405.

30. Montgomery Ward & Co., *Here, I Want It!* (Chicago, 1895), in Dry Goods box 13, Warshaw Collection. 关于广告对高雅文化的挪用的其他例子，见 I. L. Cragin & Co., Philadelphia, trade card for Dobbins' Electric Soap in Warshaw Collection, Soap box 1, 戏仿了《皆大欢喜》中 Jaques 的 "Seven Ages of Man" 台词，将最终的 "mere oblivion"（微不足道的湮灭）形容为小孩在泡沫里消失不见；N. K. Fairbank & Co. 的罐装肉商业名片上，一头猪扮成莎士比亚《亨利四世》中的 Falstaff，文字是 "He lards the lean earth as he walks along"（他一边走一边为精肉大地涂上猪油），见 Warshaw Collection, Foods box 5。

31. Wolstan Dixey, "Advertising and Literature," *Printers' Ink* 24 (21 September 1898): 6.

32. Will B. Wilder, "Is Advertising an Art?" *Fame* 1 (October 1892): 228-30.

33. William Dean Howells, "Bates and His Book," *Harper's Weekly*, 9 May 1896, reprinted in *Printers' Ink* 15 (20 May 1896): 18-20. 关于广告和小说之间互相渗透的另一个观点，见 "The Literature of Business," *Nation* 83 (15 November 1906): 409-10。

34. Joel Benton, "Oversmartness," *Fame* 2 (May 1894): 116; Julius Fitzgerald, "The Art of Condensing," *Printers' Ink* 15 (29 April 1896): 10-11.

35. "The Professional Beauty," *Printers' Ink* 12 (20 February 1895): 13.

36. Howells, "Bates and His Book," 20; Frederick Flagler Helmer, "Too Many Talking at Once," *Profitable Advertising* 15 (December 1905): 840-44.

37. "Making the Truth 'Sound True,'" *Printers' Ink* 90 (1 January 1915): 82-85; Cabell Trueman, "The Sincere Trend," ibid. 34 (13 March 1901): 18; Joel Benton, "Vacuous Verbosity," *Fame* 13 (November 1904): 269-70; George Powell, *Advertising Writing Taught* (New York, 1903), p. 14, in Advertising box 3, Warshaw Collection.

38. L. DeLorme, "Force, Fitness, Tact, and Nicety in Business Words," *Judicious Advertising* 5 (January 1907): 73-75; Horace Towner, "The Uses of Understatement,"

ibid. 15 (June 1917): 81-85. 类似诸多观点之一，见 Percy Waxman, "The Sound Value of Words in Advertising," *Printers' Ink* 90 (6 May 1919): 46-48。

39. Joseph Hamlin Phinney, "A 'Cut' Argument," *Printers' Ink* 23 (15 June 1989); "The 'Picture Habit,'" ibid. 17 (30 December 1896), reprinted from *Billboard Advertising* (Cincinnati, 1896).

40. Pierre N, Beeringer, "The Advertiser and the Poster," *Overland Monthly*, 2nd series, 28 (July 1896): 47; Harry Hollingsworth, *Advertising and Selling* (New York, 1913), p. 112; Charles Paddock, "Some Notable Posters," *Printers' Ink* 20 (7 July 1897): 8. Also see L. J. Rhead, "Moral Aspects of the Artistic Poster," *Bookman* 1 (June 1895): 312-14. Max Nordan 的 *Degeneration* (English trans. 1895) 是针对现代文化所谓的堕落的讨伐檄文。

41. T. O. Marten, "What Art Has Done," *Profitable Advertising* 15 (May 1906): 1452-53, emphasis in original; Oscar Meyer, "Co-operation Between Copy and Picture," *Judicious Advertising* 7 (May 1906): 41-43.

42. James H. Collins, "The Economy of Symbolism," *Printers' Ink* 34 (20 march 1901): 2-4; Walter Benjamin, "The Work of Art in the Age of Mechanical Reproduction" [1935], in his *Illuminations*, trans. Harry Zohn (New York, 1969), pp. 217-51.

43. McCormick Agricultural Implements Advertisement, reprinted in *Printers' Ink* 28 (5 July 1899): 37; James H. Collins, "The North German Lloyd," ibid. 37 (23 October 1901): 3-5.

44. A. L. Teele, "Sympathetic Advertising," *Fame* 1 (May 1892): 84-85; Clifton S. Wady, "Advertising and Design," ibid. 13 (January 1904): 20-21; "An Agency Booklet That Stands For Vitality in Advertising," *Printers' Ink* 53 (11 October 1905): 39.

45. W R. Emery, "The Personality of a Product," *Printers' Ink* 72 (4 August 1910): 42.

46. Newton A. Fuessle, "What Copy-writers Can Learn From Story-writers," *Printers' Ink* 92 (12 August 1915): 33-36; An Agency Copy-writer, "The Story Form of Copy," ibid., 5 August 1915, 26.

47. Ibid., 27.

48. Emery, "Personality of a Product," 42.

49. W. L. Larned, "The Smile That Sells Goods," *Printers' Ink* 77 (30 November 1911): 3-8.

50. Rhead, "Moral Aspect," 312; John Brisbane Walker, "Beauty in Advertising Illustration," *Cosmopolitan* 33 (September 1902): 491-500; "Real People and Real Work," *Printers' Ink* 57 (3 October 1906):10-13; F. R. Feland, "A Curious Place is Adland," ibid. 90 (28 January 1915): 88-89. 关于美国广告主赞美欧洲海报作品的一个例子，见 "The Splendid Advertising Posters of Paris," ibid. 68 (22 September 1909): 32-34。

51. Samuel Hopkins Adams, "The New World of Trade. I. The Art of Advertising," *Collier's* 43 (22 May 1909): 13-15.

52. W. Livingston Larned, "The New Era of Advertising Art—Article #4—Fanny Munsell," *Judicious Advertising* 16 (November 1918): 37-42.

53. "American Advertising Through German Spectacles," *Review of Reviews* 6 (August 1892): 93; C. M. Robinson, "Artistic Possibilities of Advertising," *Atlantic Monthly* 94 (July 1904): 53-60.

54. C. M. Robinson, "Abuses of Public Advertising," *Atlantic Monthly* 93 (March 1904): 290.

55. F. L. Olmsted, Jr., "Reform in Public Advertising," *Brush and Pencil* 6 (September 1900): 247; Arthur Reed Kimball, "The Age of Disfigurement," *Outlook* 57 (30 October 1897): 521-24; Quentin J. Schultz. "Legislating Morality: The Progressive Response to American Outdoor Advertising, 1900-1917," *Journal of Popular Culture* 17 (Spring 1984): 37-43.

56. Robinson, "Artistic Possibilities."

57. "Father of Modern Advertising," *Literary Digest* 48 (30 May 1914): 13-23; Tim Shackleton, Introduction, in *Bubbles: Early Advertising Art from A. & F. Pears. Ltd.*, ed. Mike Dempsey (London, 1978); Hires Improved Root Beer advertisement (c. 1900) in Beverages box 1, Warshaw Collection; "Advertising Art," *Fame* 13 (January 1904): 17.

58. Waldo P. Warren, "Commercial Art Opportunities," *Collier's* 42 (13 February 1909): 29-30.

59. Coy Ludwig, *Maxfield Parish* (New York 1973), pp. 11-12.

60. Grace Glueck, "Bit of a Comeback Puzzles Parrish," *New York Times*, 3 June 1964, section 2, p. 1; Ludwig, *Parrish*, pp. 13-18.

61. Letter, Maxfield Parrish to Rusling Wood, 30 September 1915, in Maxfield Parrish Papers, Dartmouth College Library, Hanover, N.H.

62. "Maxfield Parrish Will Discard 'Girl-on-Rock' Ideas in Art," Associated Press, 27 April 1931, quoted in Ludwig, *Parrish*, p. 129.

第十章

先锋派和媚俗派的联姻

现代主义的兴起，重新塑造了二十世纪早期艺术与广告的关系。如果要阐明这种转变，需要费力弄明白*现代*这个词混乱的含义。从诗人史蒂芬·史班德（Stephen Spender）的回忆中，能够看到这个词语义歧义的现象。二十世纪二十年代中，伦敦哈罗德（Harrod's）百货商店邀请三位文学巨匠——萧伯纳（George Bernard Shaw）、阿诺德·贝内特（Arnold Bennett）和 H. G. 威尔斯（H. G. Wells）为公司写见证书。三位都以各种理由回绝了请求，但态度非常认真，富同情心，写得也不短，最后他们的回绝信反而作为广告登了出来。这些作家都赞同现代化的趋势：技术专业性和科层组织霸权，商品大规模生产。萧伯纳和威尔斯都是费边（Fabian）社会主义者，也许会对财产私有制和分配不均很有意见，不过他们都觉得有必要对现代消费者受众负责，这些正好也是哈罗德百货公司的受众。[1]

不过这种进步式的现代性与乔伊斯、艾略特、劳伦斯和伍尔夫（Woolf）体现的都迥然不同。史班德建议，可以想象一下这些人会如何回复哈罗德的邀请。每个人都会将其当成笑话来看待，而且与萧伯纳、威尔斯和贝内特不同，他们会感觉到"一种完全不同的责任"。史班德认为，这是"一种对过去的责任，这种过去已经被商业所玷污，这个过去拥有更加真实的价值，却被广告背叛。他们［觉得］……自己有作为艺术家的责任，没有作为赚钱机器生产消费产品的责任。"这种对比非常引人注目：一方面是技术人工性和经济发展的狂热者，追求民主参与日常商业生活的信徒；另一方面是真实性的拥趸，住在一个自治的艺术境界中，力图传承过去"更加真实的价值"。[2]

不过这种划分有些过于整齐了。技术统治论现代主义者并不一定都是全盘接受商业的拥护者：即使行业辩护者试图挪用科学专业性，将广告等同于技术进步，技术统治论现代主义者也能培养自己专有的真实性话语，用朴素语言来批评分析商业中的花招。唯美的现代主义者也不都崇拜过去的美好时光：他们有时挪用的*先锋派*（avant-garde）这个词，说明他们认为文化是向前方发展的。美学家不仅可以回顾过去，寻找"更加真实的价值"，还可以把眼光放向未来，放眼所谓的永恒、客观的纯粹形态。[3]

　　现代主义的所有习语包含了抗议与肯定、渴望融入平凡、憧憬超越等相互矛盾的要素。这一章要讨论的形式主义习语也不例外。在理论上，它提供了超越二元论的可能性：在形态中获得内容；将外表赞美为内涵；在结构关系而不是模拟对应中寻求意义；回归事物本身，抛弃无休无止的诠释，重新评估玩乐。[4]然而，这些由浪漫主义传统和商业环境塑造的理论可能性，依然只是断断续续地实现。在很多人眼中，艺术与生活仍然是两个世界的东西。

　　贸易之神赫尔墨斯煽起的，似乎是封闭（hermetic）的艺术。形式主义现象的卷土重来，赐予艺术家新的策略来维系对自治权的信念。为了能够保护自己的产品不被商业玷污，他们画关于绘画的画，作关于诗歌的诗歌。1939 年批评家克莱门特·格林伯格（Clement Greenberg）写道："诗人和艺术家将注意力从共同体验的主题移开，转移到了自己工艺的媒介上。"从这个角度来看，奥尔特加笔下的"艺术的去人性化"将普通群众阻挡在先锋派领域之外，使普通群众容易受到仍在关注"共同体验的主题"的媚俗、可贩卖、感怀艺术的诱惑。很多先锋艺术（经常被视为男性英雄主义的一种形式）的"难以理解性"更使这种艺术隔绝于消费观众（经常被视为被动、女性、不是英雄）所谓的腐败影响力。[5]

　　到了今天我们都知道，这些争取自治权的远大抱负最终都失败了。商业社会吸收先锋派抗议的能力，已经成为近年来文化历史的主题之一；现在有一些人专门研究现代主义者艺术自治权的主张其实非常脆弱，其实有"一根黄金的脐带"将他们与资本联系在一起。[6]不过，这种婴儿依赖式的比喻，并不能够准确捕捉到波西米亚族与资产阶级之间的关系，也不能捕捉到断续的张力和憧憬融合的混杂现象。实验主义的形式与熟悉的内容之间曲折的结合（尤其是在广告中体现的现象），用求爱这个比喻也许更恰当。

在某些方面，形式主义习语就像为广告艺术家和作家量体裁衣定做的一样。对风格创新的强调，与消费文化核心中新奇事物的风行产生了共鸣；广告主对领先竞争对手一步的执迷，允许他们拥抱并修改了埃兹拉·庞德（Ezra Pound）的格言：要新，但不要太新。也许更重要的是，尊崇技巧的趋势，让苦恼忧愁的灵魂看到了新的尊严。将注意力集中在灵巧的绘画技巧，就能让人忘记自己正在画的是百乐门（Parliament）香烟；艺术家可以在服从层级体制社会劳工分工的同时仍然保留一些自尊。（早在1910年，一家广告公司就雇了一位"笑容专家"，唯一的工作就是为"画得不好的笑容"润色。）在广告经过长长的生产流程之后，个人责任的问题已经无所谓了。"成品的文案是谁的？谁写的？"约翰·B.沃森（John B. Watson）1928年问道，"是团队写的。整个公司写的。任何一个人最多只能说他参与过项目。"一条单独的广告也许不能说是某个特定的人创作的，不过艺术家和作家至少能够在取悦客户的风格技巧中感到自豪。[7]

不过伴随着对技巧的推崇，形式主义美学也同时降低了指涉性，这对于广告公司主管来说可成问题了。对形式和风格的执迷，致使人们忽略了交流性和内容这些不那么诗意的方面。广告微妙地、确实地与指涉的产品分离开来。"广告设计"本身获得了价值，不再指涉广告设计旨在刺激销售的原始意图。观众记住了广告本身的机灵，却忘了它是"要卖什么"。能指与所指之间的差距打开的知识论问题，与勒内·马格利特（René Magritte）将一幅烟斗的画命名为《这不是烟斗》（*This Is Not a Pipe*）所探索的知识论问题是一样的。对一个事物的表达，不能与这个事物本身等同。[8] 广告有可能是漂浮的能指，这不禁让人想起威廉·迪恩·豪威尔斯的预言：广告会把世界上所有的事物都排挤到一边。这个世界让很多广告客户觉得不自在。

当然，广告（或油画）能够"只关于它自身"这种观点只是一种幻觉。广告的目的就是要劝说人们买东西。这就起码需要指涉"真实世界"的花钱和购得等行为。广告与政治宣传一样，需要"人情味"和"现实生活"。在最有效的状态下，广告甚至能够成功模仿流行语言，呈现出"腹语术"（ventriloquism）的特点，批评家斯图尔特·霍尔（Stuart Hall）认为"腹语术"是形容量产商品文化中的一个关键特征。[9]

不知不觉间向着这个目标摸索，有一些广告公司的人逐渐意识到格林伯格和其他学院派形式主义者没有看到的事情：是有可能将形式创新与主题重复性捆绑、将实验性技巧与熟悉场景捆绑的，简而言之，就是有可能让先锋派与媚俗派联姻。对"客观"形式的探索，可以被简化为对狡猾外表效果的精通。用机关枪式蒙太奇手法表现青春蓬勃的干净年轻人的当代软饮料商业广告，标志着这种联姻已经圆房并程式化。对商业平庸反复赞颂的安迪·沃霍尔（Andy Warhol）及其仿效者的作品同样标志着这种结果。这种联姻已经让艺术与商业合并，这是后现代主义批评中已经用滥了的说法。仅仅在有些时候，形式的创新才打破了感伤的常规，比如 1993 年可口可乐经典原味的广告战役中，雷鬼（reggae）音乐让日常生活的残渣重新焕发活力，北极熊上演奥运会无舵雪橇技艺。

在今天，要想重新捕捉到曾经围绕着全国性广告的醉人唯美感已经很困难了。不过在一段时间内，尤其是在求爱的初始，对很多艺术家来讲，广告体现了振奋人心的活力，而不仅仅是逐渐枯竭的精神。二十世纪二十年代中，在先锋派一些圈子内部和一些更具冒险精神的广告人中，一种"机器文明"的语言溶解了凡勃伦在技术理性和商业文化之间划下的界线。在有些人眼中，现代公司似乎既赞助技术创新，也赞助艺术创新。对艺术家和作家来讲，这种观念使他们从早期的怀疑中走了出来。

机器文明：被闷声的现代狂喜

二十世纪早期美国先锋派人士重新找回了热爱城市五花八门的动感生活的惠特曼式情感。在大多数艺术家眼中（甚至包括德莱塞这样热爱芝加哥的人），纽约才是终极目标，代表了美国的现代性。偷水果的野孩子、挥汗演奏拉格泰姆（ragtime）的钢琴家、闪烁着标语和名牌的广告，所有这些让艺术家和作家沉浸在城市感官的海洋中。垃圾箱派画家和自然主义小说家都同意，时代的任务就是将现代大都会生活做成艺术。不过，他们在探索脉动的现实时，常去霍博肯（Hoboken）的黑人酒吧寻找，而不是去曼哈顿中下区的高楼大厦。对不安分的新生一代来说，吸引人的不是都市现代性的商业刀锋，而是在不断扩大的大都会网格的边缘和缝隙中蓬勃兴旺的狂欢氛围。

二十世纪一十年代中，刀锋的切割变得更加迅速。工作场所的系统理性化趋势经过之前数十年不断积蓄，现在开始重新塑造工厂劳动和办公室工作。德莱塞笔下萨默菲尔德广告公司的劳动纪律就非常有代表性。关于系统的修辞重视速度和能量，不过必须和高效生产力捆绑；工厂装配线上有一句行话叫"提速"（speedup），这个词完美地描绘了这种过程。美国的"一战"经历使人们越来越接受管理式价值观，胜利的（相比之下毫发无伤的）美利坚合众国逐渐代表了一种动态的"机器文明"形象，广告就是其典型的文化表达方式。

海报和爵士乐与机械和建筑融合在一个标准化的体系中，形成了机器文明的话语，在广告公司或文学杂志中都有所表达。赞美者和怀疑者都拥有相近的决定论思想。法国诗人布莱斯·桑德拉（Blaise Cendrars）揣着一戈比和二十五美分来到纽约，在屠宰场找了份工作，搬到了格林威治村（Greenwich Village）一座地下公寓，还蓄起了一把络腮胡"用来反抗那些干净的白领和光滑的下巴"。连续四个月他都想一死了之，"但有一天他恍然大悟，停止了抵抗，买了一件箭牌衣领，行为举止都变成了一个美国人，再也不像原来那样了"。曾旅居国外的年轻哈罗德·罗卜（Harold Loeb）1921 年在先锋派期刊《扫帚》（Broom）中写道。罗卜暗示道，桑德拉幡然领悟到的，就是"机器"会不可避免获得胜利。既然躲也躲不掉，那为什么还要辱骂我们的现代主人，快去拥抱它要紧。[10]

有一些美国艺术家和作家已经得出了这个结论。就拿斯图尔特·戴维斯（Stuart Davis，1892—1964）的早期生涯来说吧。戴维斯的父亲是纽瓦克《晚报》（Evening News）一名成功的商业艺术家，而他自己从一开始就在罗伯特·亨利（Robert Henri，垃圾箱画派的导师）的监护下成了现实的信徒。戴维斯和朋友格伦·科尔曼（Glenn Coleman）"玩转牛仔舞（jive）"，戴维斯自己回忆道，他们经常光顾新泽西的黑人下等酒吧，听拉格泰姆（ragtime）钢琴家"纯粹因为热爱艺术"的演奏。拉格泰姆吸引戴维斯的主要地方在于，它形式的能量感、客观感和精确感，与他 1913 年在军械库艺博会（Armory Show）参观的欧洲现代绘画中看到的一模一样，当时他也送了一些作品参展。[11]

1913 年他辞去了激进期刊《群众》（The Masses）艺术总监的职位，出发去寻找他在军械库艺博会瞥见的"客观的秩序"。这就是现代的惠特曼式事业，表达着公开反抗的民族主义乐观精神。"我也感觉到了惠特曼感觉到的——我也要用绘画将它表现出来——美国，这片我们繁衍生息的伟大土地。"1921 年戴维斯在笔记本中写道。他决定要画"字母、数字、罐头标签、烟草商标等等，总之要让这些世人熟知、纯粹客观的事物被用来象征位置与规模"。"纯粹客观的事物"的美学，会抛弃对内涵的浪漫主义幻想。"电车售票员的形象多浪漫，一张画就应该多浪漫，这就够了。应该严格遵守功利主义，这就够了，'让人看'。"这种客观主义的宣言在戴维斯二十年代早期的油画与拼贴画中成功实现，内容包括了广告标签和商业文化的其他碎片。[12]

这种包装审美观需要一种不带个人色彩的姿态，这也许会使惠特曼感到很陌生。在笔记本中，戴维斯开始以第三人称称呼自己："这个艺术家表达出这样一种思想：从庞大的散装到个人包装的转变，象征着一个高度文明现代生活的巨大成就。"他不但重复着广告辩词中重要的主题，还滑向了俄耳浦斯式（orphic）的自我物化。"我不是人类的一员，"他在笔记本中宣布，"我是美国罐头公司（American Can Co.）和纽约《晚报》（*Evening Journal*）制造出来的产品。"这种观点预见了后来安迪·沃霍尔不断重复的"我想要变成机器"的论调，但戴维斯是一个绝对的惠特曼式"都市民主派"，深深迷恋着狂欢式商业行话的多样性和不可预测性，他才不会培养出一个信奉单调重复动作的教派。他对喜爱的广告背后的经济权力似乎不感兴趣，但他却一直坚持着民主情感，因此在三十年代当上了类似人民阵线的美国艺术家大会（American Artists Congress）领导人。他的政治理念，始终与他对商品化客体的赞美以及对人类主体的否定存在矛盾。[13]

年轻的编辑和作者马修·约瑟夫森（Matthew Josephson）就没有这样的暧昧思想，他反复强调一种物化、拟人化的"机器"理论，讴歌美国文明的进步。"机器是我们宏伟的奴隶，我们兄弟般的天才，我们 [美国人] 是一个更加坚强的新生民族，高楼大厦、地下铁路都是我们的朋友"，他在 1922 年宣布，并预测"我们能够创造新的民族传说，源自日常生活的奇迹"：爵士乐的韵律，手提钻的节奏，"[纽约港口] 黑色水面上不断闪烁的白炽标牌：**高露洁……黑克斯面**

粉……美国制糖厂"。[14]

在约瑟夫森眼中，机器文明的全新民族传说毫无疑问是由广告公司创造的：

> 广告媒介独特的限制，让"文案人"产生无穷的天才创造力；对活力风格、信仰和兴趣的要求，也许比哈佛大学一堂维多利亚诗歌精读课更刺激，更能创造出美丽的概念。人民简短生动的俚语，已经迅速输入这一群作者的头脑，他们愿意抛弃句法，大胆组词造句，有时效果惊人得让人无法呼吸，比全国性杂志中99%假装诗歌的玩意儿要更加诱人、更有煽动性。他们 [文案人] 是一伙最友善的诗人，不讲茶话式的废话，他们剪着精心的短发，脚上的鞋启迪着灵感。所有的不朽，所有的学究，所有欺骗子孙后代的诡计，他们都与其一刀两断，转而赞美丰厚的薪水与行驶平稳的汽车。[15]

这段话既包含健康的冲动，也包括空洞的思想。比起诗歌措辞"茶话式的废话"，约瑟夫森对风土语言"简短生动的俚语"更加偏爱，这种选择可以理解。不过他将广告标语与民众粗糙雄浑的语言等同，说明他不加批判地接受了广告主的观点，即广告主认为自己在历史上扮演了民主代理人的角色。与他之后的其他大众文化辩护者一样，约瑟夫森忽视了全国性广告业有能力使现行等级合法化，也忘记了全国性广告业最开始发源于精英阶层。与德莱塞一样，他也被广告主管"丰厚的薪水与行驶平稳的汽车"吸引了过去。另外，他认为广告体现了"简短生动的俚语"，这种观点在他自己列出的证据中都没有被证实。"'顺从但积极的齿轮安静地磨合着……'这句深刻的话，不断回响着含义与阴影。"他看似非常认真地写道。约瑟夫森对现代广告的态度，与他称赞的那些尖锐幽默的欧洲达达主义者（Dadaists）并不相同，他不是在嬉戏，而是严肃热情。"广告业是一

个让人兴奋得震颤的行业，一个令人着迷的类别，"他写道，"*很容易
能看出为什么文学会枯竭，所有的创意天才都去了哪里*。"[16]

约瑟夫森并不是一个落单的怪人。其他艺术家和作家也因广告
体现的纯粹活力感到激动。早在 1914 年，艾德娜·佛伯的小说《艾
玛·麦切斯尼与合伙人》（*Emma McChesney & Co.*）以及《性格出
众》（*Personality Plus*）就赞美了 J. C. 雷因迪克（J. C. Leyendecker）
箭牌衣领广告中展现的成功景象。佛伯笔下英雄般的广告人，就像杂
志故事中常见的角色一样，一个个干净整洁，身材是皇家般的苗条；
看着肥胖老土的推销员在旅店大厅中汗如雨下，这些人浑身散发出鄙
视的气息。在佛伯眼中，广告人代表了美国商业进化的一个更高阶
段。他们升华的动力是"性格出众"，这股像"电流"一样的力量，
经常似乎和无脑热情难以区分，不过却总是被等同于创意。因此，在
先锋派圈子和中等品位圈子内，人们为了崇拜能量而崇拜能量，根本
不考虑更大的宗旨。[17]

二十世纪二十年代，不管是哥伦比亚大学英语系教授布兰德·马
修斯（Brander Matthews），还是一切教授的死敌 H. L. 门肯，这些文
化评论家都同意，广告公司也许正是创意的苗圃。[18] 不过重要问题尚
未解决：不管知识分子是怎样看待广告的美学潜力，广告公司内部的
艺术家和作家自己的体验如何呢？对他们来说，现代社会的狂喜已经
因为适应平稳运行组织的需要而被闷声。

一边是外行人士在户外创作赞美都市风景的惠特曼式诗歌，一边
是广告公司内部人士为新奇士广告创作标语，这两个世界大相径庭。
斯图尔特·戴维斯可以偶尔扮演"一个美国罐头公司……制造出来的
产品"玩玩，不过广告艺术家或文案人也许每次都要连续多个星期真
的感觉自己就是美国罐头公司制造出来的产品。由戴维斯提出、后来
被机器文明其他倡导者认可的客观知识论，正好符合约翰·沃森在智
威汤逊内配备的行为主义心理学：两种理论都将内涵糅进外表，否认

生命存在深层维度，强调艺术"力量"的表达，而不是人类个体的表达。最后这种看法比较流行，深受广告业辩护者的拥护；它象征着一种技术决定论的历史观，将形式贬低为技巧，将艺术家贬低为技工。对机器文明的信徒来说，一旦决心绘画、书写或描绘人所处时代的现实，就意味着失去想象其他现实的能力。蒙太奇的命运就是一个典型的例子：最开始（例如约翰·哈特菲尔德 [John Heartfield] 在魏玛共和国时期的反资本主义政治讽刺），蒙太奇是用来重新排列现行社会文化等级的，但是最后（比如美国软饮料广告）却变成巩固现行社会文化等级的手段。广告公司生活的组织要求，比约瑟夫森等一众人士认识到的要强大得多。[19]

　　所以，艺术家、作家与广告公司工作之间几乎从来没有完美相容过。小说家约翰·P. 马昆德（John P. Marquand）的经历很有说明性。他在 1920 年被智威汤逊雇用，当时二十七岁。有一天在创意员工会议上他正沉思时，一位文案人重复说了为卫宝（Lifebuoy）香皂创作的标语："每一天油滑的泡沫，轻轻覆盖您的皮肤。"（Every day an oily coating lightly forms upon your skin）马昆德突然直起身来，随着这位文案人咏起了诗："伟大人物提醒我们 / 我们生活也会非凡"（Lives of great men all remind us / We can make our lives sublime）[①]。他大叫道："有格律！有格律！听没听见？是四步扬抑格！谁说广告没有诗歌的？"众人惊得瞠目结舌，只有史丹利·雷梭勉强挤出了一丝笑容。他说："约翰，我觉得你没有什么商业本能。"马昆德很快就便被体面地请出了公司。[20]

　　尽管如此，还是有很多人留在了公司，不仅是为了"丰厚的薪水和平稳的汽车"（而且这些东西反正只有公司精英才能拥有），同时也是为了保留一个拿着薪水做自己愿做的事的机会（不管多成问题）。

---

① 这是朗费罗的诗。——译者

情况慢慢在改善。二十世纪二十年代中，广告公司的氛围对拥有美学抱负的广告明显更加友好，产品导向的客户也许会称这种广告为"自大玩意儿"。到了二十年代末，E. B. 怀特警觉地看到，文案人"从纯粹创作的世界中摘来宝氏麦片（Post Toasties）或甜心蜜柑（Seald Sweet）这样的名字，还把它视为诗人的梦想"；这不禁让怀特思考，有多少广告灵感是受到稳健商业原则的启发，"有多少广告灵感是单纯因为能画能写的人想画想写"。"自大玩意儿"对广告公司艺术家和作家的吸引（和荒诞性），怀特也略有体会。他们当然愿意忘记自己实际工作的琐碎现实，愿意同缪斯女神培养想象的关系。到了二十年代末，这种愿望实现起来更容易了。全国性广告拥有了空前的美学抱负和声望。[21]

广告之所以获得这种新的艺术尊贵地位，很大程度上要归功于厄内斯特·艾尔摩·卡尔金斯（Earnest Elmo Calkins，1868—1964）。他是卡尔金斯与霍尔登（Calkins & Holden）广告公司的创始人，用了半个世纪的时间呼吁广告业采用更高的美学标准和更创新的风格。他的职业生涯代表了全国性广告人从乡村新教徒逐渐转变为都市老练者的典型经历。而且在一段时间内，他为现代主义的辩护成了广告业众人皆知的常识。

厄内斯特·艾尔摩·卡尔金斯与现代主义的运用

卡尔金斯 1868 年生于伊利诺伊州盖尔斯伯格（Galesburg）小镇。父亲是律师，叔叔是富农。他从小接受的严酷的浸信会（Baptist）教义，完全符合广告人对乡村野蛮的印象。到六岁时，家中的清洁女工已经向他灌输了一脑子对万能专断上帝的恐惧。他在伊利诺伊平原上空的热闪电中看到了地狱的火焰。母亲本来拥有福音派的严酷，不过被她自己清醒的头脑和丈夫的怀疑态度减轻了一些。尽管如此，她还是禁止孩子读一切小说（"连《一千零一夜》和儒勒·凡尔纳 [Jules Verne] 都是禁书"），并要求儿子参加第一浸信会（First Baptist Church）。年轻的厄内斯特忍受着奋兴仪式引起的阵阵心灵痛苦，忠实地同其他教民一起咏唱慕迪（Moody）与桑基（Sankey）的赞美诗，领唱的是老黑（Old Haigh），"看起来就像骷髅"。[22]

这些赞美诗是卡尔金斯一生唯一听过的音乐。到了十四岁时，他已经几乎全聋，这是他六岁时得麻疹落下的后遗症。不过他不断进取，进入当地的诺克斯学院（Knox College）学习，并逐渐相信"人的行为举止中，只有性格最重要"；超自然的信仰令人愉快，符合他乐观的脾性，不过对他的道德生活没有影响。卡尔金斯在二十世纪二十年代回顾往事时承认，他在近二十五年内从没有去过教堂，除了参加一些红白喜事以及在欧洲天主大教堂的"美学之旅"。[23]随着他渐渐成熟，卡尔金斯远离了福音派的心灵恐惧，转而超然地思考美丽的外表，也就是唯美主义的世纪末版本，不同的是根据中西部小镇的商业精神做了调整。

当卡尔金斯在诺克斯编辑一份新闻杂志时，他收到了乔治·劳威尔寄来的一封信。信上说，如果他在社论中宣传《印刷者油墨》，就可以给他免费订阅这本杂志。他照办了。后来他回忆道："那本小杂志第一次影响了我的思想，让我把广告当成一门职业看待。"当他夏天为盖尔斯伯格《邮报》（Mail）做专栏作家时，他组建了一个广告办公室，尝试将《印刷者油墨》的观点付诸实践。对于他这样一位志向远大的年轻广告人来说，盖尔斯伯格有些太小了。卡尔金斯1891年毕业后便去了纽约，很快就在查尔斯·奥斯汀·贝兹的公司找了个活干，然后携手拉尔夫·霍尔登（Ralph Holden，一起在贝兹工作的同事）在 1902 年开起了自己的公司。[24]

卡尔金斯和霍尔登称自己的公司为"第一家综合服务广告公司"，除版面订购、媒体选择外，还提供广告文案与设计。1926 年卡尔金斯在给一位记者的信中写道："一个像我这样的聋子在那时还能做很多事情，但现在和以后是根本不可能了。"到了二十年代，文案已经变成了集体创作，社交互动是广告制作流程必不可少的一部分。不过在世纪之交时，情况有很大不同。"那个年代中，广告的质量差得要命，怎么改都算改善，我就有可能坐在桌旁，从自己的内心意识中想出一段文案，都比眼前的广告要好。"公司的特长是创作明快的精练广告文和可爱的角色，比如雪月（Phoebe Snow）这个广告角色担保水牛城和拉克瓦纳（Buffalo & Lackawanna）铁路公司会非常干净：她"沿无烟煤铁路跑来 / 裙子依旧雪白"。他们最有名的作品是阳光吉姆（Sunny Jim），是强制食品（Force Food；题目起得倒人胃口）——爱德华·埃尔斯沃思（Edward Ellsworth）H-O 公司的早餐麦片——的商标。阳光吉姆曾是抑郁吉姆（Jim Dumps），吃了强制食品后就重新焕发活力；这个形象在短短几个月之内就家喻户晓。不过 H-O 公司后来破产了，埃尔斯沃思失踪了，阳光吉姆也消失了。在广告行业期刊中，阳光吉姆变成反面教材，提醒人们当创意取代良好的商业头脑时会有什么样的后果。阳光吉姆的阴影困扰了卡尔金斯很多年，有些主管认为他是那种不能在商业上完全信任的创意人才。[25]

尽管出现了偶尔的失败，卡尔金斯的事业依然取得了成功，他逐渐将注意力从标语和短小精练的广告文转移到设计改革上。1908 年，劳威尔请他为《印刷者油墨》写专栏，卡尔金斯利用这个机会，攻击"杂志页面和海报中那些绷着脸、机械化、没有生命的傻瓜"，呼吁在描绘人物和事物时要注入更多活力。广告公司应该雇用的插画家，就是杂志请来画社论的那些人才，比如詹姆斯·蒙哥马利·弗拉格（James Montgomery Flagg，山姆大叔《我需要你》["I Want You"]

海报的设计者）和爱德华·潘菲尔德（Edward Penfield）。"杂志中当
然就这个人最重要。"这种论调引发了另一位《印刷者油墨》撰稿人
的牢骚，这个人认为销售——而非艺术——才是广告的必要条件。不
过随着广告与娱乐合流，企业赞助的艺术渐渐形成一体，卡尔金斯的
理论开始占上风。[26]

与此同时，他开始往高处走。欧洲之旅在卡尔金斯的美学教育过
程中起到了催化剂的作用。与之前大批美国游客一样，卡尔金斯感知
的欧洲是一系列戏剧场景；和其他人一样，他也悲叹工业化带来的标
准化对戏剧质量造成了冲击，抱怨"美景和进步似乎没有任何共同
点"。他在接下来的职业生涯中，始终试图证明美和现代性最终还是
有共同点的。[27]

卡尔金斯将自己的角色塑造为品位的使徒，开始仿效"时髦的
法国人"。他穿上鞋罩，蓄起胡须，打扮成花花公子的形象。他变成
了王尔德式美学家的一个体面主管版本，一个鉴赏人工性的公司专
家。二十年代早期在欧洲旅游时，他对艺术先例的关注塑造着他几
乎所有的感知。意大利巴尼奥内（Bagnone）的花园"和麦克斯菲尔
德·帕里什的画一样人工雕琢，具有同等魅力"。在英格兰的万泉修
道院（Fountains Abbey）内，"东端空阔的拱门框住的画面、蔚蓝的
天空、蓬松的白云，这是旅途中我见过的最美的景象，就像升级版的
麦克斯菲尔德·帕里什"。巴勒莫（Palermo）的牧羊人从山丘走下，
"就像忒俄克里托斯（Theocritus）笔下的诗歌。我总是被其中的原始
美感深深吸引"。在唐桥井镇（Tunbridge Wells），他邂逅了"惊异
的梦幻花园，就像帕里什的风格"。（不知何故他就是离不开帕里什。）
这种似乎不能直接感知事物的唯美病，一直是广告业内外热爱现实的
人士最为担心的。卡尔金斯的病是慢性的，总是显示出一种典型的非
道德超然姿态。对他来说，济贫院是"英格兰最迷人的风景"；甚至
连让他怜悯和谴责的卢尔德（Lourdes），到最后也被贬低为"戏剧化

的场面调度"（a dramatic *mise-en-scène*）。根据他从欧洲发出的信函判断，卡尔金斯有时看起来几乎像超然唯美者的讽刺画形象，在他眼中，所有人类活动都能降格为图片。[28]

说到唯美者的模式化形象，他还有些势利。1924 年，他乘坐明尼瓦斯卡号单螺旋桨汽船（SS Minnewaska）去欧洲，途中给公司写信，说身边的乘客是"一群最有意思的人，没有犹太人，没有低俗暴发户，因为 J. P.［摩根，当时也在船上］虽富但不低俗，也没有外国人和庸俗自大的商人"。他的社会偏见反映出统治广告行业的白人盎格鲁撒克逊新教徒精英的普遍看法。[29]

不过，在公开言论中，卡尔金斯按下了自己的种族中心主义，力图用一种社会责任感来调和自己的唯美主义。在某些方面他只是全国性广告人将自己看作进步先锋的看法的新瓶装旧酒而已，但是他用自己的话重塑了这种辩解。旧时的手工艺人创造美丽的事物，现在被机器生产出的丑陋事物取代，最后全国性广告"职业"干预，开始宣传量产的美丽。到了 1927 年，卡尔金斯在香水雕瓶、多样汽车、精巧新店铺和景观化工厂中都看到了美的商业用途。甚至连工业家都开始意识到编排外表效果的重要性。"我花了生命中很多时间，"1925 年卡尔金斯私底下写道，"去劝说商人们，美是有具体金钱价值的，因为我觉得在这个商业时代中，只有这样做才能够将美量产出来。"艺术只有作为"新商业工具"提供功利主义的服务，才能在"我们的现代工业文明"中拥有存在理由。到了二十年代末期，在卡尔金斯看来，这个任务已经完成了。[30]

卡尔金斯为艺术进行的工具主义式辩解，并没有导致现实主义（不像他的很多同行），反而走向了现代主义。欧洲的影响又一次起了决定性的作用。1925 年，与其他广告主管和工业设计者一样，卡尔金斯去巴黎参观了国际装饰艺术博览会（Exposition Internationale des Arts Décoratifs）。他向留守公司的职员如此描述：

全都是极其"崭新的艺术"，有一些过于怪异，不过却营造出一种激动人心的和谐感，而且在细节上也有一定的娱乐性。[每件展品都]用心摆放，整体上可谓完美的橱窗布置。我花了一个下午在图书印刷区参观，希望能够买一卡车东西回来倒进艺术部的办公室。相信我，这些东西能够激发灵感，并不总是很美丽，但机灵得像魔鬼。[31]

这位在美国牧场长大的孩子，痴迷于现代法国艺术中"机灵得像魔鬼"的怪异感。他开始孜孜不倦地提倡商业艺术和工业设计中的形式主义现代性。他写道，对"逼真"的追求已经触到了"卓越性的边界"；正因为成功，所以已经变得老套无聊。新的艺术"与其说是现实的，不如说是想象的"，关注的焦点与其说是展现，不如说是暗示。勒内·克拉克（René Clark）和其他广告插画家一起，开始从"植物油罐头、煎蛋、蔬菜、擀面杖和长柄锅这些再平凡不过的事物"中挖掘出不寻常的美的规律。不过这种看似改变平凡事物的新方法，在卡尔金斯眼中却代表了分离形式与内容、思想与事物的手段。"现代主义给我们机会表达无法表达的东西，表达速度而不是汽车，表达时尚而不是礼服，表达美丽而不是粉盒。"换句话说，它提供了一个将欲望去物质化的新的美学习语。[32]

与斯图尔特·戴维斯、马修·约瑟夫森和其他先锋派人士一样，卡尔金斯坚持认为设计和文化价值之间必然存在有机关系，以此来为现代主义形式辩护。现代商业艺术不应该像从前一样从自然中发掘浪漫的主题，可以创作与"我们的生活和我们的需求"更相关的设计，采用"我们现代生活的一部分，纽约城的一张地图、跳起查尔斯顿舞的一对情侣、《绅士爱美人》（'Gentlemen Prefer Blondes'）、一张图或数据表或者一群蒸汽起重机"。正是这种形式的现代主义为意大利未来画派（Futurists）和美国机器文明信徒注入活力：痴迷大都会生活，将能量和动感作为最终目标来崇拜。[33]

卡尔金斯开出的处方似乎直截了当，不过还需要进一步分析。与其他机器文明倡导者一样，他将功利主义理性与感官非理性混合在一起，将一张图或数据表与跳起查尔斯顿舞的情侣混合在一起。他无视这些图像也许表达或掩盖了阶级不平等的现象。他口中的第一人称复数（"我们的现代生活"）表面上是普世的，但实际上指的是他和同事这样的人，这些大都会精英厌倦了传统的宗教艺术，与实际的工业生产距离拉得够远，开始将蒸汽起重机视为美丽的客体，而且还买得起票看《绅士爱美人》。与他之前之后的所有广告人一样，他将自己阶级的价值观与整个社会的价值观搞混了。

艺术必须代表周围社会的价值，这种观点非常有问题：它抛弃了艺术领域能够脱离甚至反对漂泊不定的日常社会实践的十九世纪理论；它的基础也是卡尔金斯、戴维斯和约瑟夫森都信奉的技术决定论历史观。"构成我们步履轻快、多姿多彩、定义分明的文明的力量，同样也生产着我们的现代艺术。"卡尔金斯写道。[34] 在这个逐渐由层级严密组织和理性化节奏控制的社会，很容易就使人认为艺术是由"力量"而不是艺术家创造出来的。

到了二十年代末期，卡尔金斯声称，广告打造了"一个低级画廊，为那些从未参观过艺术博物馆的千百万大众服务"。[35] 不过，艺术家能有多少机会来推动这种文明进程，并不总是很清楚。卡尔金斯私底下也承认，广告艺术家只不过公司艺术总监手中的工具而已，但在公众场合他一直坚持，广告艺术家就像文艺复兴时期的大师们一样自由、一样获得了鼎力支持：

[广告艺术家]创作的具体要求，与米开朗基罗（Michelangelo）为西斯廷教堂（Sistine Chapel）画《最后的审判》（*The Last Judgment*）时并没有什么太大的不同。艺术之所以成为艺术，并不是因为米开朗基罗画的是宗教而非汽车，而是因为他是一位伟大的艺术家。他的作

品是应用艺术，广告属于同一范畴。艺术的质量依赖于艺术家，而不是创作的条件。[36]

卡尔金斯对普世标准的信念，符合他对艺术家融入大型层级组织的功能理性的需要。他的事业背后的关键理念，是一种形式主义的信仰：含义和主题与艺术家作品的质量没有关系。汽车和《圣经》故事是可以互换的，出众的技巧才是衡量成就的主要标准。现代主义式形式主义，通过将实质性问题归入"解决问题"的层级精神，将广告艺术升华至一个只有构图与风格的缥缈天堂。

形式主义实验对广告公司工作的冲击很难精确衡量，部分是因为广告主对现代主义的理解也和其他人一样不明确。有时候现代主义就是指在构图和形式上投入更多的精力，比如《印刷者油墨》就称赞卡美叶鞋（Cammeyer Shoe）广告成功融入了"外国艺术理念"。还有一些情况中，使用现代主义就意味着刻意追求"只考虑两个平面的绘画技巧"。拉尔尼德在赞美新泽西锌公司（New Jersey Zinc）的广告"海报式风格"中就表扬了这种手法；艺术家通过大面积使用黑白两色实现了"戏法般的效果"，"为平凡的工业注入了浪漫的气息"（图10.1）。拉尔尼德的关注点很有代表性，对他和其他艺术总监来说，现代主义就是一堆戏法，被艺术家运用能使普通的产品脱颖而出。[37]

艺术家在广告中相当于舞台效果经理这种看法，可以追溯到小贩的时代；现代主义则用新的习语使其复生。"现在时兴未来派的畸形图像"，1925年《印刷者油墨》一位撰稿人说道，他指出未来派的广告"运用了最为夸张的理念；这些理念本身没有含义，却毫无疑问能够吸引读者的目光"。神秘化而非清晰化是这种新潮流的主音。"人们对不太懂的东西似乎很感兴趣。它［未来主义］的观点能够让人不停猜测下去。"在营造未来主义气氛时，照片甚至比插画更有效果："人物被摆在没有含义的背景中，遮遮掩掩的寓言仿佛来自另一个世

图 10.1　新泽西锌公司广告,《印刷者油墨》, 1925 年。
Advertisement for New Jersey Zinc, *Printers' Ink*, 1925.

界。光线从意想不到的地方射出,阴影凭空出现在画面中。"这些使广告听起来像十九世纪的珍奇柜(cabinet of curiosities)一样,而且现代主义实验确实可以应用在广告策略当中以使"魔法"传统重新泛灵。拉尔尼德赞扬了施贵宝医药公司(Squibb Pharmaceuticals)广告中营造出的"钢笔和墨水的魔法效果"。"平凡无趣的容器获得了新生。谁能想到一瓶鱼肝油能够升华至如此惊人的效果?谁能想到一小盒苏打能够散发如此纯正的艺术魅力?"他宣称,在灵巧的双手中,钢笔和墨水可以变成"一根魔法棒,将丑小鸭化为天鹅,将最土的灰姑娘变为公主"。在日常事物中寻找"魅力",这种做法说明商品拜物教卷土重来;广告主能够为物体附加魔法特性的理念,从小贩时代传承了下来。艺术家的行囊中,仍然可以存放能够创造"魔法效果"的绘画技巧。[38]

　　然而,现代主义并不能被贬低到"魔法效果"的地步;它兼容大都会文化和先锋派风格两种气场(图 10.2)。在很多宣传人士的声明(比如卡尔金斯的辩术)中,现代主义形式的普及标志着美国广告在美学上已经成熟。"如今,有远见的人正领导着大公司,不会对美的吸引力视而不见。"曼纽尔·罗森伯格(Manuel Rosenberg)在《广告艺术》(*The Art of Advertising*, 1930)中写道。有远见的广告公司主管允许艺术家加入国际平面设计者共同体,这些人尽管饱受功利主义算计的摧残,但仍然保留了高端海报传统的活力。从这个角度来

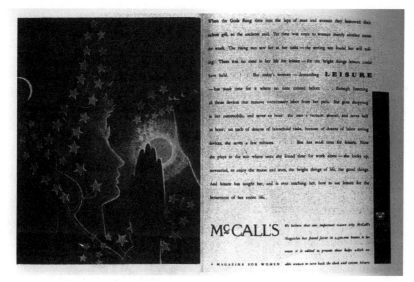

图 10.2　宣传《麦科尔》杂志的广告，《周六晚邮报》，1930 年。
Ad for *McCall's* magazine, *Saturday Evening Post*, 1930.

看，商业对现代主义形式的挪用代表着声望和力量的联姻；它将统治阶级的文化从过时人工品的芜杂集合转变为工业力量的流线型象征物。"现代主义艺术蜕去了感性、硬实的细节、光鲜过度的绘画、常规的构图和设计形式。"罗森伯格写道，"它成功地利用象征着我们机器时代的轮子和天使，把它们作为设计的基础。它将今天音乐破碎的节奏和无调性转化为直线和音调。"与卡尔金斯一样，罗森伯格和其他工业代言人更喜欢断言公司赞助的现代主义表达了技术社会的时代思潮；但是他们不愿意承认它体现了这个社会中某些特定群体的需求和抱负。[39]

不愿意承认广告霸权意义的人，不只是公司董事会的人。从学院派艺术批评家到接地气的大众普及者（比如卡尔·桑德堡 [Carl Sandburg]）都受到了这种影响。桑德堡为了称赞爱德华·史泰肯（Edward Steichen）在广告摄影中的现代主义实验，将其称为"证明机器时代是正当的"。[40]这种神谕般的声明在那个时代很有代表性。形式主义构图能够证明任何事物是"正当的"（更别提"机器时代"这种含糊的概念），这种观点在公司赞助的现代性热潮中没有被质疑过。

美国广告公司最后终于赶上了"机器时代"。对技巧高于主体的强调，将形式主义现代主义同层级化理性联系在一起。通过将可辨别的事物转化为抽象的设计图案，广告艺术家将商品升华至一个纯粹形式的去本性化世界。这种美学语言反映出自世纪末以来发生的变化。理论家声称他们寻求的是设计原则，而不是装饰性物品；他们摒弃了轻浮，拥抱了功能。智威汤逊一位艺术总监埃尔伍德·惠特尼（Elwood Whitney）对这种趋于明显形式主义的变化进行了总结：

> 一般人认为，艺术主要是通过油画和雕塑等媒介表达出的精神、知识或审美体验。这是不对的。艺术是非常基本的，非常富有活力，非常客观。如果我将艺术这个词换成*形式*，也许就更好理解了，因为形式让人直接想到物质形态。这就是我要表达的意思。[41]

这种对客观主义的强调（让人想起斯图尔特·戴维斯）代表了很多管理式备忘录和现代主义宣言使用的语言。为了能够将艺术的物质性从维多利亚式的抽象雾气中拯救出来，客观主义的声明有时在暗中贬低甚至否认了内心知识和体验的存在。只有一小部分怪异的诗人和艺术家，比如威廉·卡洛斯·威廉姆斯（William Carlos Williams）和约瑟夫·康奈尔（Joseph Cornell），能够融合对客体的激情与主观体验的微妙情感。

不过在广告业的辩词中，冷冰冰的客观性可以被令人安心的进步理念所掩盖。决定论式的乐观主义与现代主义教条的某些理论不谋而合。应该抛弃过时艺术形式以追赶技术进步的观点为广告公司主管所赞同，他们认为自己是国际商业的先锋派。"过去那些名作中古老、传统或感性的主体，已经不再和艺术有关。"1930 年《印刷者油墨》

一位撰稿人声称，"艺术现在关乎形式、色彩和节奏的关系，这些不仅在阿尔卑斯山或喜马拉雅山可以找到，在棚屋房顶或咖啡馆桌子的远景中也可以找到。"这无疑是对普通事物的又一次恰当神化，不过请注意观察"棚屋房顶的……远景"的审美距离，仍然是从三十六层大厦中望下去的。总之，《印刷者油墨》关注的主要是广告业内部："那些擅长讨价还价的人，积极进取的人和热衷说理的人，他们的未来看起来一片黯淡。"文章总结道。[42]

当时还有其他人做出了类似的预测。《周六晚邮报》前编辑托马斯·马松（Thomas Masson）在1931年写道，广告中现实主义的消退证实了奥斯卡·王尔德的断言："艺术以抽象装饰开始，用纯粹的想象力和愉快的手法来表现不真实和不存在的事物。"马松将王尔德对想象力的辩护放到了进步理论的框架内："[广告]艺术家现在视为狂野梦想的事物，在下一代眼中会非常普通，会被'更好'的事物取代。"也就是说被审美上更让人满足的事物取代。拿浴室设备来说，原来被视为奇幻奢华的器具，现在已经量产进入千家万户。因此，现代想象力的运用，不应该等同于马戏团揽客员粗糙夸大的吆喝。广告人"开始打造一个仙境，并且……是合法的"，因为他们创造出的梦想维持着现代社会，马松声称。审美想象与进步式技术崇拜在共同的语言策略中融合，后来在沃尔特·迪士尼艾波卡特中心（Walt Disney's Epcot Center；以及其他地方）的宣传口号中再次出现："如果能梦想到，就能做到。"马松总结道，广告愿景既然拥有合法性和强大力量，"传统现实主义和新浪漫主义（或'现代主义'这个更为人熟悉的词）之间的斗争"最终定会以后者的胜利告终。其他辩护者也继承了马松的策略，倾向于将消费与文明等同，这正好与西蒙·尼尔森·帕顿的理论遥相呼应。[43]

想要将广告视为审美进步代理人的渴望，不仅影响了视觉设计，也影响了文字设计。尽管插画越来越受到欢迎，尽管马昆德等小说家

感到困惑，二十世纪二十年代仍然是广告文学灵感的高峰期。在大学
教授和先锋派激进守卫者的鼓励下，文案人开始将自己视为文化进步
力量的代理人。"伊丽莎白黄金时代推动英语复兴的［商业］力量，
再一次在美国的土地上为本世纪的语言注入活力。"1925 年文案人阿
莫斯·布拉德伯利（Amos Bradbury）在《印刷者油墨》中写道："莎
士比亚与马洛时代的伟大智者和诗人为古雅英国语言做出了贡献，
我们今天的广告业人士也在为美国的大众语言做同样的贡献。"布拉
德伯利相信，他与同僚正在"将语言挤进新的渠道表达出来"，扫除
"我们盎格鲁撒克逊语言进步上的人工障碍"。[44]

　　同广告艺术的讨论一样，行业期刊二十年代针对广告文字的争论
中，也悄然出现了对形式的新关注。自专利药时代结束后，简单直接
语言的福音第一次遭到了攻击；反对人士要求在商业语言中重新使用
巫术。文案对"共同语言"的坚持，忽视了"能够触动人类情感的文
字魔力"，文案人理查德·萨里（Richard Surrey）在 1925 年写道。
情感语言的力量"*的确有魔力，因为这种现象到现在还没有合理的科
学解释*"。同商业艺术家一样，广告文案人也拥有神秘的能力，通过唯
美形式策略打动千百万大众，至少萨里和他很多同僚是这样认为的。

　　文学式文案的新地位，导致了一大批不知不觉恶搞自己的广告的
出现，比如将《圣经》式语言应用在函授学校中（比如布鲁斯·巴尔
顿为亚历山大·汉密尔顿研究所［Alexander Hamilton Institute］创造
的广告语"那些被蝗虫吞噬的岁月"）；拟人化产品用超级简短的语
言说话，如 1925 年这则收音机扬声器广告：

我是声音

　　我是小提琴。我是通通鼓（tom toms）。我是大歌剧和滑稽戏
剧。我像魔笛手，魅惑年轻人。我是老师。我是街头公告员。我真
正地缩小了世界……但我永远不是自己的主人。[46]

　　高雅的美学抱负，与广告公司日常工作要求形成了复杂的对比。一面渴望形式独特的表现手法，一方面又希望将这些形式融入一个连贯的营销计划，以满足文案总监、艺术总监、客户经理以及（重要的）客户的不同品位，这两方之间存在重要的张力。广告文案人和艺术家希望将自己视为自由自在的人，"有一点疯狂"，或至少拥有一些独特的个人愿景。浪漫主义天才教（cult of genius）即使在公司环境下也存活了下来。"如果一个人无法实现自己的个性，假设他有个性潜力的话，那他创作的广告也无法实现个性"，F. 俄尔文·弗莱彻（F. Irving Fletcher）在《广告文案大师》（*Masters of Advertising Copy*，1925）中写道。但是，要想让"广告实现个性"，就需要将广告人自己的个性归入集体合作流程中去。[47]

　　这个问题对视觉艺术家而言比对文案人要稍微好一点。整个二十世纪二十年代（以及之后），很多广告公司将艺术工作外包给不属于公司的艺术家去完成。作为自由职业者，艺术家可以要求比文案人更高的薪酬，特别是有名气的艺术家。而且如果艺术家的签名能够为广告带来一些威望，有时还被允许出现在广告中。大多数艺术总监都在艺术学校接受过训练，并在业余时间从事展览画家的职业。这些人的艺术抱负有时能够超越商业竞争的边界：爱雅公司的查尔斯·柯因纳与智威汤逊的罗斯·沙塔克（Ross Shattuck）在 1927 年举办了联合画展。总体上讲，这些总监很清楚应该让自由职业艺术家拥有艺术自由。[48]

　　即使是这样，大多数视觉艺术家仍然要为组织议程牺牲自治权。广告公司的政策是，尽可能不要让艺术家的名字出现在广告上，一来为了让注意力集中到广告自身，二来通过不让艺术家出名来降低广告成本，只把他们当作工具来对待。甚至连厄内斯特·艾尔摩·卡尔金斯都承认："艺术总监翻阅一个个可供使用的艺术家来实现自己的计划，就像广告经纪人翻阅可供投放的媒体一样。"艺术总监将艺术家

的名字和作品样品收留在案，为特定的广告图像——锃亮的鞋，容光
焕发的脸庞，舒适的圣诞场景等等——挑选最适合的人。这种任务安
排是广告公司的常规工作，还经常被麻烦的客户骚扰；客户这些"细
节的猎犬"虽然不懂艺术，但是对鞋、汽车或其他什么东西了如指
掌，不但坚持插手产品的描绘，还要插手营造广告情绪或精神的点睛
之笔。[49]

　　文案人对这种干预更加熟悉。总监和其他主管对作者的工作大动
手术，结果产生了破碎的残像、断裂的比喻、脱节的联系和迷惑不解
的读者。饱受骚扰的文案人最开始还试图和谐化来自不同上级的矛盾
见解，最后干脆创作出自我戏仿的作品。"噼里啪啦燃烧的柴火上的
小锅咕嘟咕嘟煮着丰收的佳肴使人垂涎三尺近乎崩溃。"1917 年李派
林伍斯特沙司（Lea & Perrins Worcestershire Sauce）的广告如此开
头；作者是爱雅公司的一位文案人，毫无疑问，他当时也近乎崩溃。
"广告公司主管不能清楚向文案人解释自己的概念，文案人也不清楚
如何准确诠释这些概念，结果他就会发疯般地'弄出个能取悦经理的
东西'"，一位广告公司副总裁在 1927 年写道。结果导致广告内容黏
黏糊糊，文案人垂头丧气；这正是后来小说中常见的广告人形象：怀
才不遇的天才，无奈地将文学手稿锁在抽屉里。[50]

　　文案人日益增长的不满在二十年代末的争论中浮出了水面，揭示
了广告艺术中的两大主要矛盾：艺术自治权梦想与组织要求之间的矛
盾，以及对自觉人工性的喜爱与对维持真实性的渴望之间的矛盾。这
场争论始于文案人麦克·阿茨特（Mac Artzt）在《印刷者油墨》中发
表的文章，他认为文案人应该在广告中署名，这样可以使广告拥有个
人的魅力，作者也能得到他一直渴望的关注。文案正在成为"被认可
的工匠"，就像在插图中署名的艺术家一样。阿茨特宣称，这种日子已
经不远了："文案人会被认可为独立的个体，会在工作中获得更深层
次的灵感和更伟大的荣耀，会与知名的作者或艺术家并驾齐驱！"他

预言道，到了那个太平盛世，"文案人会被赋予性格"。这个性格是外部赐予作者的，因为读者会逐渐期待在特定的作者身上读到特定的风格。在这个意义上，个性的标志并不是一个独特的内在自我，而是一个独特的外部表象。阿茨特没有意识到，从广告公司的角度来看，当文案人将注意力吸引到他自己的人工技巧上时，就使整个广告陷入了危险。[51]

阿茨特的请愿惹来了广告公司主管的愤怒回应。对他们来说，文字只是整体（即广告）的一部分，代表了广告主的观点。艺术家的个性都不应得到承认，更何况文案人的；如果非要有人在广告上署名，那也应该是公司总裁。康克林曼（Conklin-Mann）广告公司的 G. W. 弗里曼（G. W. Freeman）警告道，进一步看，文案人的署名会使整个广告的可信度降低。作品会更像艺术表演而不是广告。阿茨特认为电影演职员表可以为广告提供先例，不过弗里曼说："我们绝不能够拿舞台或电影当先例。演员的自我（egoism）不应出现在真诚的广告中。不要忘记，希腊语中演员这个词是'伪君子'（hypocrite）。"弗里曼提醒读者"广告需要讲真理、真诚才能生存下去"，指责阿茨特威胁削弱消费者对广告的信赖。"有很大一部分人相信广告中所说的。我们应该让他们继续这样开开心心下去。"文案人必须匿名，广告才能看起来是统一的整体。[52]

与其他广告业代言人一样，弗里曼将真理与后世称作可信度的事物搞混了：可信度是指捏造出的真理外表，能够让消费者保持"开开心心"。他和阿茨特都清楚，演员、骗子和文案人在本质上是一样的，不过他想掩盖这种共同点，以便在广告中创造出一种更有说服力的现实。他使用了"讲真理、真诚"的语言来使个人责任的抹除合理化，使将广告转变为天衣无缝幻觉大网的行为合理化。

广告主管通过运用现实主义美学，来证明著作人缺失的现象是正当的。尽管现代主义拥有很高威望，大多数广告人仍然因为现代主义会削弱广告的指涉性并将艺术去人性化而感到尴尬。现代主义技巧能够在产品上附加魔法氛围，不过很多情况下这还是不够。到了二十世纪二十年代，市场调查逐渐兴起，心理学也获得越来越高的声望，这使广告公司主管将注意力从产品移到了购买者身上。弗里曼强调聪明的幻觉能让消费者继续信任广告并一直"开开心心"，这正好同市场新兴的营销导向相吻合。[53]

营销导向削弱了形式主义，将"魔法效果"的运用从表征物体转移到了消费者的思想和心灵上。很多广告的主要目的不仅是给物体附加独特的氛围，还要将这种氛围与人类的主观性联系起来。这种工程需要保留"人情味"，包括叙事、情绪以及熟悉的场景，所有这些十九世纪资产阶级文化的包袱都是形式主义现代主义曾试图抛弃的。

春风吹又生的"现实生活"理念

随着商业中"几乎完全相同产品的健康竞争"（一位广告公司主管语）越来越多，将产品与购买者包裹在温暖关联性中的努力愈发坚决。理查德·萨里说道："机器生产的千百万份产品，必须同化到非机器事物的命运中；必须翻译为人类的语言。"这经常要求编排人类的感情。即使在二十世纪二十年代的现代主义热潮中，富有人情味的插图仍然保留了资产阶级感伤现实主义的传统。虽然有一些设计师拿纯粹的形式做实验，但其他人依然建议插画家"看穿墙壁，描绘家庭的景象"。很多艺术总监仍然信奉艺术透明的现实主义常规，宣称广告与现实主义绘画一样，能够提供一扇展现现实的窗口。广告中的场景越熟悉，广告就越好。"描绘日常生活真人真事的图像拥有最广泛的魅力。"1922 年《印刷者油墨》一位撰稿人宣布。衡量广告成就的基准是真实性，不是人工性。[54]

这并不是指简单地描绘准确事实；广告中的"现实"是指广告与读者主观体验产生共鸣的能力。尽管包围在现实主义语言之中，人情味的手法并不要求在广告中放弃想象力。正相反，"从来没有人买到过一件纯粹的商品，"文案人约翰·斯塔尔·休伊特 1925 年写道，"他购买的，是某种身体需求或胃口的满足感，或者是人生梦想成真的感觉。"为了达到这种目的，最有用的体裁就是既感怀又说教的现实主义叙事。即使在"自大玩意儿"的鼎盛年代，广告仍然在一定程度上保留了同大众文化的根本联系。广告公司老总 W. H. 希斯（W. H. Heath）认为"要给消费者小册子注入真实的文学风味"，他举的例子是高露洁为羊绒馨香（Cashmere Bouquet）爽身粉创作的小册子：上面写的是"芬芳的故事"，不是高露洁工厂的故事；而且"行文优美，感伤动人，女人们最爱读这种文学"。全国性广告修辞使用的关键策略，仍然是资产阶级现实主义的主题：不仅不断重复向上爬的理念，也许甚至还有魔法般的自我变形，还采用了偷听的技巧，比如一封提到口臭或脏内裤的私信被情郎做成了广告等。在这种体裁下，作家降格为低俗小说的简化仿效者，艺术家降格为日常生活的誊写员。[55]

对现实主义的追求，使摄影的价值大幅提升。照片代表着"普世语言"的观点，可以追溯达盖尔（Daguerre）①的时代。在二十世纪早期的美国，这种观点逐渐蔓延开来，普及者包括诗人维切尔·林德赛（Vachel Lindsay），他将照片与卡通和电影归为一类，预示"象形文明"即将到来。随着广告主寻找快捷简易的沟通方式，越来越多的人将目光投向了照相机。1922—1927 年之间，《仕女家庭杂志》全页或半页广告中使用照片的百分比从 14% 逐渐增长到了 25%。写实

---

① 银版摄影法的发明者。——译者

主义的制造商相信，照片能够充分"证明"产品的纯洁性和高质量。并不是所有的广告主管都迷上了这种新的媒介。智威汤逊的保罗·切灵顿（Paul Cherington）就更喜欢线条画和淡水彩画，认为这些形式"在粗俗愚蠢的写实性之外还传达了其他的含义"。[56]

不过写实主义可不是摄影的主要魅力。早在 1922 年，拉尔尼德就赞美了照片在整体上对广告插画的影响。"自然的人物从事自然的事情。矫揉造作是禁忌……风格要比准确再现服装有魅力得多。比起过去，如今的插画有多得多的动作，更多的精力、干劲、活力。文案人在其中也起到了辅助作用，以超出商业常规的方式书写广告故事开头。"如果（就像拉尔尼德暗示的）生命的脉搏在被摄影师捕捉时加快了节奏，照相机就成了刺激消费者欲望的合适工具。[57]

摄影最吸引广告主的地方，就是这个媒介承诺将"产品展示的真诚与产品价值刻画的戏剧性"融合，1930 年爱雅公司画廊广告摄影展的目录中写道。根据需要，照片可以冷静客观，又能够热情活力。照片成功的秘诀（被大众和很多广告行业期刊坚决视而不见），就是它的可操纵性。"实际上，每一张照片从头到尾都是假的。一张纯粹不带个人色彩的、没有动过手脚的照片几乎是不可能的。"年轻的爱德华·史泰肯在《摄影技巧》（*Camera Work*，1903）中用不无道理的夸张手法写道。当然，早期还有很多技术上的限制，现在也有一些。（无论怎么拍，金枪鱼从来没有好看过。）1917 年，智威汤逊的一个团队试图为伯灵顿（Burlington）铁路拍摄肖松尼峡谷（Shoshone Canyon）的宣传照，但是发现相机无法捕捉到峡谷的规模与宏伟；"因此新的插图是用一张素描改成的，画中用夸张的手法展现峡谷，以便为读者呈现开车穿过峡谷时看到和感到的巨大的真实、现实的印象"。为了刻画主观体验的"真实、现实的印象"，需要一位比摄影师更灵巧的诠释者。[58]

不过到了二十世纪二十年代末期，情况就变了。智威汤逊的客户经理经常讨论摄像师希勒·怀特（Hiller White）如何在一些广告中"伪造出十分有意思的室内环境"。这种情况让人清楚看到，摄影为生活提供透明窗口这种有用的观点具有倔强的生命力：比如，斯隆搽剂（Sloan's Liniment）的广告公司请刘易斯·海因斯（Lewis Hines）刻画产品造福工人阶级的景象，挪用了他在纪录片领域的权威。二十年代逐渐流行的去掉摄影师署名并换成四个字"真实照片"的做法，进一步营造了现实的幻觉。曼纽尔·罗森伯格在 1930 年指出，这种现实幻想中，蕴含着广告业的机会：不管照片如何彻头彻尾篡改，公众仍然相信摄影"说真话"的力量。所以，罗森伯格宣布"照相师也是艺术家"，他的作品也有很高的销售价值。[59]

在将广告摄影升华至艺术地位的过程中，也许贡献最大的人就要算史泰肯（1879—1973）了。他的摄影生涯始于世纪之交，起初是画意摄影师（pictorialist），帮助阿尔弗雷德·斯蒂格利茨（Alfred Stieglitz）创立了摄影–分离派团体（Photo-Secession Group）。史泰肯有一种世纪末的热情，对月下少女和其他朦胧象征物情有独钟。不过与同期很多实验主义者不同的是，他有一种吸引精英人士赞助的特殊能力。在"一战"中短暂尝试空中摄影后，他抛弃了画意摄影，拥抱"直接的"摄影风格，即有棱有角的似乎客观的风格。战后他重新出现在纽约，为康泰纳仕出版公司（Condé Nast Publications）从事时尚肖像摄影，很快就因精准捕捉名人公共形象扬名立万。与其他很多接受战争考验的抱负远大的美国年轻人一样，他习惯团队合作，渴望物质享受。1923 年，他与智威汤逊签下了作品买断合同，一直干了十二年，最后被爱雅公司的查尔斯·柯因纳雇用。[60]

当时很多人将他视为奉承公司资本主义的谄媚奴才。沃克·埃文斯（Walker Evans）写道："[史泰肯的] 主旋律是金钱，对广告价值的理解，对暴发户优雅的特殊感知，娴熟的技巧，在所有这些之上覆盖了一层当代美国的坚硬和浮浅，与任何具体的人物都没有关系。"

史泰肯和其他广告业辩护者一样宣称，"任何时代的伟大艺术都是同当时的特定商业合作而产生的，"不过他又补充道，"或者是由那些彻底脱离商业、拼命毁灭商业的革命家创作出来的。而处在两者中间模糊地带的'为艺术而艺术'流派，生出什么都是死胎。"在列出上面这种假对立和（过时）假想敌之外，他又添加了卡尔金斯和其他行业代言人推崇的伪民粹主义因素。"我将灵魂注入画布，装入金框，卖给一些买得起画的自命不凡的百万富翁，后来再想起这些时，我觉得自己有些不干净。"1928 年史泰肯在一次智威汤逊员工会议上这样说道，"不过我现在每个月都 [在杂志上] 举办展览，上百万人都能在社论和广告页中看到我的作品。"史泰肯也许真是这么想的，不过他也有拍在场主管们马屁的理由。他在智威汤逊工作生涯的早期，不仅待遇丰厚，还拥有空前的自治权。与其他任何广告摄影师不同，他能在自己的作品上署名，至少一段时间内如此。[61]

尽管他并非典型，但是在很多方面，他的广告作品仍然反映出商业摄影的发展轨迹。与二十年代其他摄影师相同，他默许了照相机不会说谎这种流行的观点。他从画意风格转向直接摄影（straight photography），尝试用客观手段展示"事物本来的面目"，尤其是智威汤逊客户需要打广告的事物。不过这也是一种现代主义形式主义的策略，直接摄影并不假装自己是绘画还是素描还是别的东西，它就是摄影，只依赖于照相机媒介的独特功能。虽然史泰肯的很多商业照片推动了商品拜物教的现代主义思潮，广告主管最爱他作品的地方在于他的作品能够激发观众的主观反应。尽管他服从于客观形式和棱角现实，他一直坚守画意摄影的传统，对效果进行戏剧化操纵，以便在观众中激发特定的情感。[62]

1928 年在对智威汤逊员工的一次讲话中，他展现出自己编排人情味主题的娴熟技巧。"照相机的价值在于客观性，"他开始说道，"不过可以通过很多方式实现客观性。我认为，要在照片中展现出全

部真实，有且只有真实，是不可能的。"可能捕捉到的，是一个特定
时刻的特定人类情感的真实。他拿一张报纸上的照片举了个例子，照
片中一位被指控的凶手在一晚审讯过后从火车中迈出。他说道：

> 这照片有点米开朗基罗的味道。这张照片拥有巨大力量的原因
> 很简单：一个人焦虑不安，精神崩溃，双眼紧闭，嘴巴张开。如果
> 要描绘一位承受着极大压力的英俊男子，就像希腊悲剧中的角色一
> 样，那在这张报纸灰暗模糊的照片中就能看到。
>
> 这就是摄影能够创作出的最伟大的客观性。这就是我一直要注入
> 照片中的东西；让其回归简单的事物，也就是活力。一位年轻小姐下
> 班回家，头痛，无聊，妈妈让她帮忙洗碗，好累；电话响起，原来是
> 比尔，约她去看电影；负面情绪一扫而光。看出其中的不同吗？这就
> 是活力的特点。[63]

也许史泰肯赞颂"活力"只是为了回应公司主管对人情味的执迷
罢了。广告公司的需求迫使他和其他摄影师远离现代主义商品拜物
教，转而拥抱资产阶级现实主义的常规：熟悉的场景，说教的叙事，
没完没了的感伤。虽然史泰肯通过回忆自己的火柴盒实验对拜物教做
出了口头的许诺，他讲的疲倦姑娘的剪影故事却代表了广告摄影真正
的未来。对中等品位来说，摄影艺术似乎开始成为替代"自大玩意
儿"的完美选择。

大萧条的来袭使这种观念更加流行开来。随着经济新闻一天比一
天差，广告行业期刊内部很多人士都表面上公开希望艰难时代的到来
意味着"很多人曾奉为现代性的人工'精致复杂性'"的结束，转而
描绘普通人生活的平凡情况。这种改变并没有彻底实现：大型广告公
司很多人士都坚信，统治阶级的高贵光泽能够用来涂在任何事物上。
1933 年，海伦·雷梭（Helen Resor）将玛格丽特·布尔克－怀特

（Margaret Bourke-White）介绍给智威汤逊的创意团队，希望布尔克－怀特能够"去除公司广告照片中一些人工性的痕迹：我们作品中的工人看起来就像资本家"。（有人在下面嘟囔道："他们就愿意看上去像资本家。"）不过，尽管有人始终坚持信奉阶级观念，认为整洁潇洒的主管形象是社会所有人的共同目标，但是随着大萧条持续肆虐，高雅艺术的抱负起初受到削弱，最后几乎彻底消失。摄影在这个过程中起到了至关重要的作用，特别是因为雇摄影师比雇自由职业插画家的成本更低（史泰肯或布尔克－怀特这样的大牌摄影师除外）。[64]

不过这种向着摄影转变的过程，并不仅因为物竞天择，"廉"者生存。从更广的角度来看，这代表了将充满情感的"现实生活"重新融入全国性广告中的尝试，因此广告公司越来越从大众娱乐借用主题和方式。艺术史学家帕特丽夏·约翰斯顿（Patricia Johnston）认为，史泰肯的作品从二十年代僵硬摆拍的广告风格转变成他为适高纸巾（Scott Tissues）创作的通俗剧（melodramatic）暗角（vignette）风格，摄影师通过背景阴暗、脸部背光的手法实现了"偷窥般的电影感觉"；脸庞第一眼看上去感觉清爽，但仔细观察可以发现呈颗粒状（图10.3）。总体的效果就是要产生一种清晰的戏剧化感觉，不过戏剧化的模板是新兴的好莱坞电影，而不是默片。这就意味着进一步远离了"摆拍"效果，向着更为彻底的幻觉主义（illusionism）进发。[65]

在三十年代早期，广告行业期刊经常讨论未来是否应该"将电影戏剧注入摄影照片中"，建议通过使用摄影艺术"将你的销售信息升华至现实生活中激动人心的戏剧高度"。早在1931年，一位名叫詹姆斯·叶茨（James Yates）的艺术总监就在一次智威汤逊员工会议上建议大家学习好莱坞：琼斯太太不要现实；现实就像一只追到门口的狼。她需要浪漫。很多广告看上去就像艳丽版的好莱坞通俗剧。[66]

反过来其实并不成立，电影没有拥抱广告。二者之间最长的一段关系，就是我们今天称为搭卖（tie-in）的形式。1930年，智威汤逊主管丹·丹克（Dan Danker）从好莱坞发回报道，说利华兄弟（Lever Brothers）、斯维夫特与合伙人公司（Swift & Company）、杰根斯公司（Jergens）、利比、麦克尼尔和利比公司（Libby McNeill & Libby）、标准品牌公司（Standard Brands）和壳牌石油（Shell Oil）都成功使自己的产品出现在哈尔·罗奇（Hal Roach）的喜剧电影《小捣蛋》（Our Gang）的杂货店和药店橱窗中。"我们的客户应该知道已经出现这种服务了，"丹克对同事说道，"他们有可能会花钱来做这个。"虽然到了三十年代后期，搭卖已经非常普遍了，不过除此

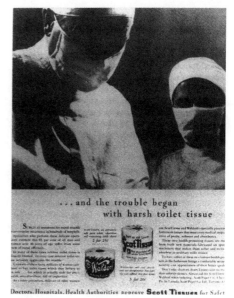

图 10.3　斯科特卫生纸广告，《星期六晚报》，1931 年。

Scott Tissues advertisement, *Saturday Evening Post*, 1931.

之外，好莱坞和麦迪逊大道之间却一直存在张力。《简便之道》（*The Easiest Way*，1931）和《倒转乾坤》（*Turnabout*，1940）等电影用煽情的手法描绘广告业生活，使广告人既困惑又恼怒。不过双方之间的矛盾很大程度上是种族文化冲突引起的。比如，智威汤逊公司年轻的白人盎格鲁-撒克逊新教徒主管从西海岸回来后，得意地笑着叙述在"闪族人部落"逗留的经历。犹太制片人仿佛提醒了广告人，双方的祖先都曾当过小贩；全国性广告人的反犹本能，同其渴望抛弃不光彩过去的愿望交织在一起。1930 年客户主管乔治·福克纳（George Faulkner）在智威汤逊团队会议上承认，大型广告公司已经远离了表演式的宣传手法（showmanship）："表演者（showman）这个词有不光彩、廉价的含义。散发出隐约的犹太、巴纳姆和百老汇气息。让人想到华丽的超大电影院，明目张胆的广告和过分客气的招待员。"出

于这种态度，难怪全国性广告业要和电影保持距离了。[67]

广告业的新教传统一直有所彰显，甚至在大萧条客户竞争顶峰期间也是如此。形式主义现代主义带来的影响持续时间不长，在二十世纪三十年代早期和中期退出了广告业，进入了工业设计领域。大萧条的冲击使人们清醒，让表达"现实生活"的任务更加紧迫。朴素语言活了下来，穿上了俗艳的外衣。过度刻画的脸庞与写实主义的说教叙事相结合，内容是熟悉的资产阶级文学主题：对现状地位的焦虑，向上攀爬的渴望。广告从大众娱乐中借来了异域风情和超现实主义元素，并将其作为工具使用，使其丧失了活力。

广告挪用的连环画手法最能够说明这一点。从十九世纪九十年代开始，"滑稽栏"（funny papers）就成了美国大众意识中的一部分。连环画的方式是对直线型叙事的让步，不过其中古怪的角色、普遍的暴力、对权威的蔑视以及梦幻般的氛围都明显脱离了资产阶级现实主义的常规，展望着一个再度泛灵的世界。如果说二十世纪早期连环漫画拥有"颠覆"的性质可能还有些夸张，不过有一些漫画，比如温瑟·麦凯（Winsor McCay）的《小尼莫》（*Little Nemo*），可以说为流行超现实主义传统做出了真正的贡献（图 10.4）。在接下来的几十年内，威廉·兰道夫·赫斯特（William Randolph Hearst）和其他报纸拥有者辛迪加出版连环画，将连环画置于公司市场准则要求之下。麦凯就是第一个受害者：他受到赫斯特的诱惑，放弃了小尼莫，余生都花在了创作无聊的社论漫画上，其中有一些还是赞美广告业的。到了三十年代早期，大多数连环画都变成代表小资产阶级规范的相对体面的象征物。比如在乔治·麦克马努斯（George McManus）的《教教爸爸》（*Bringing Up Father*）中，吉格斯（Jiggs）可以对玛姬（Maggie）撒谎，反过来却不可以。尽管如此，乔治·赫里曼（George Herriman）的超现实主义《疯狂阿猫》（*Krazy Kat*）一直坚持发行直到作者 1944 年去世，这说明连环画的形式仍然保留了一些反威权主义的行话传统。[68]

广告主之前多年一直在使用卡通人物的形象，不过直到1931年他们才发现连环画的潜力，赫斯特的《漫画周刊》（*Comic Weekly*）出现了一整页的连环画《郊区小子》（"Suburban Joe"），为葡萄坚果麦片打广告。其他广告主迅速效仿，很快报纸的滑稽栏就成了最吸引广告主的黄金版面。到了1932年夏天，连环画广告也出现在《持家有方》和类似的全国性杂志中。《财富》杂志在1933年指出，这些"大萧条环境时代茁壮成长却没有文化的孩子们"在1928年还难以想象；这些形象说明，广告公司为了疯狂促销已经刻意

图10.4　《梦境中的小尼莫》，《纽约先驱报》，1908年2月2日。
"Little Nemo in Slumberland," from *New York Herald*, February 2, 1908.

牺牲了自己的"架子与文雅"。"连续广告"（continuity copy，连环画广告当时的名字）中的打头兵，是低价商品广告主：利华兄弟（卫宝、闪亮 [Rinso]、力士）和通用食品公司（General Foods；葡萄坚果、波斯腾麦麸热饮 [Postum]、宝氏麦片、吉露果子冻、即食木薯 [Minute Tapioca]）。不过这种方式迅速扩大到更为昂贵的商品。在批评家眼中，这种连续广告不但使用"前后对比"的粗糙主题，还在总体上抛弃了"克制与理智"，已经回到了专利药展览的旧社会。[69]

他们说的有一定道理。连环画对叙事的依赖，使其非常看重源自十九世纪福音派文化、被专利药小贩发扬光大的修辞策略：见证书的运用，自我变形的承诺。连续广告（与"社论风格"的广告一样）也重新使用了小说式常规手法，不仅包括个人发展与地位攀

升的主题，也包括偷听的技巧。通过漫画的对话框，之前的查尔斯·布罗克登·布朗（Charles Brockden Brown）到亨利·詹姆斯和伊迪丝·华顿等小说家一直追求的效果，被连环画艺术家以活力、行话的方式表现了出来。[70]

广告人将连环画视为另一种大众艺术形式，可以用来使自己过于有品位的作品焕发出活力。不过，他们的愿望也许在销售中有所实现，但是广告的艺术活力却没有任何改善。全国性广告主将连环漫画形式与最沉重、最写实的商业常规拴在一起，结果产生了近乎自我戏仿的广告。无数的事例可以说明这一点，就拿一个例子来说，1934 年桂格燕麦的广告中，桂格爆麦花构成的角色形象出现在一幅典型的早餐场景中：父亲在责骂、母亲在焦躁、孩子不想吃东西；母亲的朋友建议试试爆麦花；孩子变形为大吃早餐麦片的英雄。更多的例子中，角色形象明显是人类：他们姿态僵硬，缺乏面部表情，正好同杂志小说中那些感伤的说教小说中的插画人物一样（图 10.5）。这与《疯狂阿猫》可谓是天壤之别。[71]

图 10.5 利华兄弟公司广告，《持家有方》，1936 年。

Advertisement for Lever Brothers Company, *Good Housekeeping*, 1936.

几年之后，连环画的公式手法（formula）开始让人感到厌倦。1933 年 3 月的一天，赫斯特的《漫画周刊》一位编辑在智威汤逊创意员工会议上指出，连续广告的角色无法与普通漫画的角色相比。"说不上他们像谁"，他如此评论广告连环画中的"新婚夫妇"和其他常见的角色。1937 年，弗莱彻和埃利斯（Fletcher

& Ellis）公司一位文案人 W. J. 韦尔（W. J. Weir）对这种手法兴起和（已经开始的）衰落的原因进行了猜测。在他看来，广告人在"连续广告"中找到了"他们之前多年一直在寻找的*有形事物*"。通过使用近乎三段论的简单公式，连环画似乎为没有意识到广告"像蜘蛛网一样有形"的广告主管提供了一种坚固的感觉；韦尔说，这些主管并不知道，如果"你的信息没有*活力*"，使用不使用逻辑推断法是无所谓的。连续广告是具有超现实和颠覆性潜能的流行形式的重新诠释，既木讷又说教。[72]

尽管全国性广告想要从大众文化中借鉴情感的共鸣，但它总是缺乏真诚的搏动心跳。也许这是不可避免的，因为广告的目标是功利主义的，采用的宣传公式也是千篇一律的。同电影制片厂和出版社一样，纽约最大的广告公司之间形成了寡头竞争的局面，力求将经济风险最小化，将全国市场份额最大化。即使公司希望在其商品周围笼罩上一层与众不同的氛围，经济权力的集中仍然推动着产品的标准化和产品销售图像的标准化。推动着公式化电影和杂志小说的那些理论，也进一步巩固了广告艺术的同一性。

在广告中也好，在大众文化的其他形式中也好，这种占主流的公式并不是行业主管"急人民所需"带来的结果。尽管做了市场调查，仍然没有人真正了解民众究竟要什么，但有一点他们确实了解——民众希望被娱乐；对出版商、电影制片人和广告主来说，巧就巧在要在尽量娱乐大众的前提下使利润可预测。历史学家大卫·保罗·诺德（David Paul Nord）写道："公式如果真能反映出什么的话，反映出的与其说是受众的价值观，不如说是制造商的价值观……*制造商拥有的市场权力越大（能够控制风险的机会越多），公式就会越严格、越标准化*。"[73] 大萧条时期广告和大众娱乐公式的合流，代表着在竞争削弱、寡头巩固市场权力的年代中公司图像制造者们的共同利益。

广告和娱乐的嵌合在广播的兴起中体现得最为明显。二十世纪二十年代早期的一段时间内，广播的商业价值尚不明朗，不过 1925 年之后，全国性广告业便以惊人的速度入侵了无线电波。到了 1928 年，购买广播时段的理念已经在大型广告公司中稳稳扎下根基，同购买报纸杂志版面一样重要。区别之处在于，在广播中，广告主（通过广告公司）既控制产品信息，又控制娱乐，结果导致艺术彻底服从商业。"广播节目的成功标准是什么？"智威汤逊的罗伯特·西蒙（Robert Simon）在 1932 年问道，"只有一个字：卖。"一栏无聊、无知的广播节目"仍然是'好'节目，如果它能诱使人们去购买它宣传的产品的话"。[74]

成功的广播撰稿人为卖出特定产品定做广告稿。三十多年间担任知名肥皂剧剧作的伊尔娜·菲利普斯（Irna Phillips）在为法兰西（La France）和萨提娜（Satina）洗涤产品的制造商通用食品公司的广告提案中揭示了通常的工作程序。三十年代早期，法兰西和萨提娜通过扬和罗必凯公司代理，是菲利普斯《今日儿童》（Today's Children）的赞助商。这组广播系列剧展现了妈妈莫兰（Mother Moran）和现代年轻人一代之间的矛盾，特别是女儿弗兰（雷恩广告公司艺术家）、儿子特瑞和弗兰一段时间的未婚夫鲍勃·克雷恩（有志向的律师和当地改革派政客）。在提案中，菲利普斯想象道，"妈妈莫兰决定帮助特瑞"保住他销售洗涤用品的工作。"她在一集的末尾来到麦克风前，开始恳求广播听众们帮助特瑞。广播员此时插了进来，告诉她一个好消息，'法兰西'刚刚签约购买成千上万套产品。"[75]

这种手法在三四十年代的广播节目中非常典型。广告主一直以来就想让产品在一种"自然"、非商业的气氛下推荐给公众，无缝融入一张虚幻"现实生活"的大网中去，广播节目这类手法似乎解决了这个难题。1930 年智威汤逊一位员工指出："故事最后总是径直滑向商业广告来结尾，看起来不突兀。"这种做法是否影响了广播剧的艺术活力，就很难回答了。[76]

困难部分是因为不可能将广播与纸媒直接比较。广告业内外很多人士都认为，广播在某些方面代表了从识字回归口头性的现象，在重视口头的过去，不但有公共演说家，还有狂欢节揽客员和专利药的演出经理。NBC 广播的推广总监 E. P. H. 詹姆斯（E. P. H. James）在1940 年对这种乐观的普遍观点做了总结，他认为广播回归了"最古老的广告媒介，即口头语。毫无疑问，最早的旨在'赢得朋友、影响他人'的商业宣传都是以口头方式进行的"。但是在詹姆斯眼中，这并不代表着退化到文字社会以前的原始主义："要卖东西的话，用声音比用文字要容易。声音能够无限更好地强调某些特点，即使文字可以用黑体、斜体或下划线等人工辅助手段。"詹姆斯和其他广播的倡导者都认为，这种媒介提供了空前的机会在广告主和听众之间营造一种私密的个人气氛，这正是纸媒广告主多年来试图实现的。[77]

　　不过，大型广告公司中的很多人士仍然对此表示怀疑，哪怕他们的客户赞助了无数广播节目。纸媒导向的广告文案人和客户主管都不相信广播能比告示牌传达更复杂的含义。在他们眼中，广播播音员代表的并不是亲密感，而是伪亲密感，又回到了广告业力图忘记的过去岁月。确实，到了二十世纪三十年代中期，广播代表了"狂欢精神"复苏的观点，已经在广告话语中成为普遍说法。对有些人来说，这种发展使广告业颜面扫地，而对其他人来说，这是为了适应危机时代的务实之举。广播广告提供了一种升级版的专利药魅力，更精明流畅，技术更为成熟，与新兴的大众文化公式有更密切的联系，但是仍然依赖着自我变形的叙事和"复杂精致的胡扯"。[78]

　　广告主是蛇油推销员，是洋洋得意的引诱者，这种观点在歇斯底里和充满色欲的广告文案的推动下重新浮出水面。如同二十世纪一十年代一样，广告主再一次开始认识到，如果要规避政府的监管，自己至少应该表现出主动规范自己的样子。于是广告中愈发通俗剧的"现实生活"表现手法受到了限制。对媚俗的反感，为先锋派的回归打开了一扇门，或撬开了一道缝。

走向婚姻：先锋与媚俗，1937—1970

二十世纪三十年代末期，广告主开始重新找回现代主义表现形式，来对抗主流的叙事和感性。1937 年富兰克林造币厂（Franklin Mint）召开国际现代广告和宣传海报展，艺术批评家克里斯蒂安·布林顿（Christian Brinton）称赞了展品"严肃考虑的设计图案"以及"欧几里得式的直白风格"，不过又建议参观者"屈服于……这些大胆的魔法魅力"。现代海报融合了几何学的秩序和魔幻般的光影运动，将理性与魔法混合，但无论怎么看，都和人的共同体验毫无关系。"最关键的一点，"布林顿写道，"是现代海报 [艺术] 尽管描绘具体的客观事物，但不是现实主义，不是现实。这是一种超越的现实，剥去了那些无关紧要、令人焦虑不安的细节。"现代主义海报设计的反现实主义基础，意味着它对广告字体、包装和公司标识的影响要比对广告艺术的影响更加直接。四十年代早期，战争带来了新一轮繁荣，广告主现金再次盈余，能够购买高雅艺术家的威望，然而他们仍然经常采用具象派（representational）画家来描绘"美国景观"（American Scene），即"玉米带哥特风，或者山艾树巴洛克传统"，布林顿不无鄙视地写道。对很多广告主来说，高级媚俗艺术仍然比形式主义现代主义要更吸引人。[79]

尽管如此，二十世纪四十年代初期对常规艺术家和先锋派商业艺术家来说仍然是一个黄金时期。布林顿较为准确地预言道，富兰克林造币厂展览会对"公共宣传设计"产生的冲击，会如同 1913 年军械库艺博会对工作室艺术产生的冲击。1937 年展出期间，一大批欧洲艺术家和知识分子为了躲避法西斯主义，纷纷移民到纽约。以美国纸箱公司（Container Corporation of America，CCA）的沃尔特·派普基（Walter Paepcke）为首，一些有远见的公司领导者开始雇用现代主义设计者。派普基与包豪斯派（Bauhaus）的拉兹罗·莫豪利–纳吉（László Moholy-Nagy）签下合同，让他重新设计自己公司的商标和卡车，又雇用了知名海报艺术家卡山卓（Cassandre）来监督广告战役。对派普基来说，这仅仅是开始。他成了商业艺术现代主义风格的带头赞助人，代理他的公司广告业务的爱雅公司，也成了一群极度无拘无束艺术家的避风港。[80]

在业界为全国性广告培养高雅艺术氛围的过程中，爱雅公司一直充当着领头羊的角色。公司在费城运营着几座自己的艺术画廊，查尔斯·柯因纳和其他艺术总监将自己在夜晚和周末创作的作品放到这些画廊中展出。爱雅曾委任乔治娅·奥吉弗（Georgia O'Keeffe）来监督都乐菠萝（Dole Pineapple）的广告战役，聘请洛克威尔·肯特（Rockwell Kent）来指导施坦威（Steinway）钢琴的宣传。柯因纳回忆道："我们那时尝试用[艺术]来使客户的广告赢得读者，吸引注意力，拥有自己的个性。"艺术史学家米歇尔·伯加特（Michele Bogart）指出，这种做法将高雅艺术和商业艺术之间的区别转化成为一种营销策略。这种做法的受益人，既包括广告主，也包括艺术家。三十年代末期和四十年代早期，爱雅是唯一真正向现代平面设计开放大门的大型广告公司。讽刺的是，尽管在纽约艺术历史中，这一时期被视为达到了神话般的高度，爱雅总部在费城的事实给当地艺术家带来了一个显著的优势：远离了曼哈顿中心区严格管制的公司世界，这些艺术家培养出一种更为悠闲的工作生活节奏。[81]

利奥·利奥尼在爱雅公司的经历代表了这个时期艺术家在广告业能够获得的最好待遇。[82] 利奥尼 1910 年出生在阿姆斯特丹，母亲是荷兰人，父亲是意大利人，是大西洋富田石油公司（Atlantic Richfield Oil Company）的主管。利奥十二岁那年，父亲被公司调到美国上班；四年之后，利奥去美国和父母待了一年的时间。那是 1926 年，美国广告业迸发着现代主义的狂热能量，至少在一个机警的十六岁孩子眼中如此。利奥尼回忆道，一年之后，他就变得"非常像美国人"。他回到热那亚，立刻开始为金巴利开胃酒（Campari）的广告战役画卡通形象。随后他一个人去了米兰，将卡通作品给公司总裁看，总裁虽然对年轻人的抱负很赞赏，却没有用他的作品。

与同期很多欧洲人一样，利奥尼试图将现代主义艺术与无产阶级（proletarian）政治融为一体。他的艺术是自学的，并在1932年一场大型未来画派展览中展出了自己的几幅画。随后他搬到了米兰，在自己家中开起了图像设计公司，在偶尔创作的散文中赞扬了包豪斯建筑。法西斯主义和战争结束了这一段小插曲。1939年4月，利奥尼兜里揣着七十美元来到了美国。他在纽约登陆，挨家挨户拜访了所有的职业介绍所，但一无所获。后来他去了1926年曾上过学的费城。大西洋富田正好是爱雅公司的客户，利奥尼的父亲认识爱雅内部一些人，利奥尼终于获得了一次被柯因纳面试的机会。爱雅最后以一周五十美元的薪水雇下他，给一位艺术监督利昂·卡普（Leon Karp）做副手，利奥尼称他为"后印象派艺术家"。到秋天他就攒够了钱，把老婆孩子接了过来。

在二十世纪四十年代，利奥尼在爱雅学会了广告艺术的运营方式。他接手了柯因纳主讲的夜校排版课程，虽然比学生们只多了一点点的知识，但是他自信地觉得自己"本能地对排版和布局了如指掌"。他之前创作过卡通、拼贴画和抽象设计，但从来没有画过"真正的油画"。不过同爱雅公司艺术部门其他同事一样，他开始用业余时间练习绘画。他还加入了一个左翼意大利人组织，力图将社会主义思想传播给城中的意大利工人阶级，但最后失败了。利奥尼一面为大型资本主义组织干活，一面秘密保护着自己的社会主义信仰。"我不介意做任何事情，只要不是缺德的事情都可以。"他如此说道。四十年代早期，随着商业意识形态在后新政时期卷土重来，美国电话电报公司发动了反社会主义的广告战役，利奥尼拒绝参加。爱雅上上下下没有人对此抱有怨言，其中一部分原因，就是他已经和柯因纳培养起了一种特殊的关系。

短短几年内，利奥尼就向公司证明了自己的价值。他从广告基层做起，用十分钟就能画出一张 4×6 的富乐绅（Florsheim）鞋的素描图，直到一位叫作安迪·沃霍尔的年轻人到来——沃霍尔同自己的母亲和十只猫住在一起，他的手掌又粘又湿（利奥尼回忆道）——将"五分钟鞋"画出了极致。利奥尼借助了一些跳板，使自己爬到了更高的位置。一个就是《仕女家庭杂志》的广告战役，他提出了一个口号："永远不要低估女人的力量。"还有一次机会是爱雅最大的客户福特（Ford）出现危机时。柯因纳让艺术部门每位成员提交策划方案，最后爱德赛尔·福特（Edsel Ford）选中了利奥尼的"欧洲风"。利奥尼开始作为能够将现代主义天赋应用到量产商品的人而渐渐出名。他还帮助柯因纳为 CCA 聚集先锋派的艺术家（大部分是欧洲来的移民），同时也为派普基的战时宣传提供自己的设计作品，进一步巩固了自己的名声。

虽然智威汤逊开出的薪水比爱雅的要高一倍，但利奥尼还是更喜欢费城的"波西米亚氛围"。不过，接下来几年之内，爱雅似乎也开始束缚手脚。他回忆起 1948 年的经历："我特别怀念绘画和意大利，这里说的绘画是指我想更自由。"在爱雅，他已经撞到了组织能够允许的最高天花板。"有查理［柯因纳］在，我就不能再往前走了。我很喜欢他。"他向总裁提议，能不能为他专门设计一个职位，在销售、文案和艺术部门中间起联络人的作用，这个职位后来被称为创意总监。"你想当明星对不对？"总裁问。利奥尼承认确实如此。"啊，不过我希望公司来当明星。"总裁回答。这段对话揭示出艺术自治权的障碍，即使最走运的艺术家在公司中也要面对这种障碍，即使在高雅艺术卷土重来的年代依然如此。

形式主义现代主义的到来，使被公司束缚的痛苦有所减轻。利奥尼说，有可能"将工匠的创意乐趣"教给商业设计者；甚至有可能相信，通过重新塑造公告牌、包装和公司商标，他们正在创造"一种更加文明开化的视觉环境"。这个目标既必要，又可敬。

尽管如此，在他和公司总裁对话后的两年内，利奥尼就离开了公司。他去意大利画了一年的画，然后又回到了爱雅，终于在一次策划厕纸的广告战役中，他觉得自己受够了。他决心要为自己创造更大的设计空间，于是便成立了自己的公司，但是后来还是禁不住诱惑，重新回到了公司生活中，为《财富》杂志担任艺术总监。杂志给他的自由至少不比爱雅低。当政治猎巫组织赤色频道（Red Channels）抨击他与朋友本·沙恩（Ben Shahn）组织国家紧急公民自由委员会（National Emergency Civil Liberties Committee）时，亨利·卢斯（Henry Luce）甚至出面为他辩护。同在爱雅时一样，利奥尼的左翼政治是他自己的事情，条件是他能创作出老板需要的设计。

五十岁时，利奥尼决定不想再为其他人工作了。他告诉他在《财富》的上级戴尔·佩因（Del Paine）说自己想离开，佩因问："你在这里不开心吗？"他回答："我很开心。""那为什么要离开？"佩因追问。"我不想那样开心。"他答道。他不能够余生都装出一副美国公司中上管理层需要的友好亲和的形象，但是有什么替代选项，他心里也没底。有一天他和孙辈乘市郊火车回康涅狄格州的时候，从一本没人要的《纽约客》杂志中撕下蓝色和黄色的斑点，编了一个小蓝与小黄（Little Blue and Little Yellow）的故事。后来这个故事成了一本成功的儿童书，利奥尼又开始了作家与插画家的新事业，这个事业允许他开发自己在拼贴画方面的天赋，并且更加公开表达自己和平主义和社会主义的理念。

利奥尼的事业说明，即使在最好的时期，在最优渥的环境下，如果艺术家对世界有自己的理解，不想仅做一名熟练的技术工人，只要他还在现代广告公司工作，就会受到挫折。公司广告同过去的资助（patronage）形式有很大的不同。卡尔金斯、卡尔·桑德堡以及其他广告业人士非常喜爱将现代商业艺术家和米开朗基罗放在一起比较，不过仔细分析这种比较，它就会变得不堪一击。洛克威尔·肯特在1947年指出，如果要用现代广告方法来装饰西斯廷教堂，广告公司会首先将一系列彩色素描提交红衣主教们审阅，然后试图采纳主教们的批评。最后，广告公司会"把米开朗基罗请来，在他惊讶的双眼前摊开素描，告诉他应该怎么画。同他之前和之后所有自尊自爱的艺术家一样，米开朗基罗一定会婉拒"。[83]

即使艺术家不是广告公司的正式职员（肯特就不是），自治权的问题仍然存在。通过委员会讨论的艺术，和通过委员会讨论的文案一样，都只能产生出黏黏糊糊的东西；对营销的考虑，需要公司采用系统化的人畜无害风格，或者采用公式化的甜美媚俗派艺术。艺术家唯一要承担的风险，就是对形式的创新。现代主义设计师在进广告公司时，需要把自己的政治和文化信仰（如果有的话）存在衣帽间。（利奥尼拒绝参与美国电话电报公司的宣传的确是个例外，不过这种例外恰恰说明规则是确实存在的。）唯一要求现代主义者给予的，就是他们的高超技巧。

话虽如此，仍然有一些广告主允许艺术家既保留形式自治权，也保留实质自治权。派普基就是领头羊，他创办的CCA广告战役，目的就是让艺术家表达"西方人的伟大思想"，从而重新恢复艺术家的诠释力量。他请莫蒂默·艾德勒（Mortimer Adler）从其五十四本西方巨著主题工具书（Syntopicon；或索引）中选出一些引言。爱雅公司随后挑几条引言发给每位委任的艺术家。每位艺术家从中选择一条，然后可以用任何工具和风格对其进行诠释。委任的艺术家五花八门，最后创作出的作品中，有一些体现了强烈的独特理念（图10.6）。[84]

虽然如此自由，这个工程仍然有一些天生的限制。派普基在1955年承认，他跳过了一些有争议的作家，因为这些人的名字会削弱或扭曲他们自己的效果。"比如卡尔·马克思没有一句针对道德准

图 10.6　《我能做什么？……成为你之前一直是的样子吧》，1967 年，罗伊·迪恩·德·佛利斯特，玻璃纤维与木头绘画。史密斯尼学会美国国家艺术博物馆。

"What Can I Do? ... Become What You Have Always Been," 1967, Roy Dean De Forest, painted fiberglass and wood. National Museum of American Art, Smithsonian Institution.

则发表的陈述，不管多么正确、多么真诚，会让美国人普遍从字面上来接受。"由于关注的是"普遍从字面上来接受"的真理，除了可以预见的拉黑马克思外，还导致了不少其他的麻烦，结果宣传出来的效果平淡无味。那些"伟大的思想"看起来像是胡乱挑选出来的一堆人文主义陈词滥调；比如尼采在这里的形象，就像一位刚吃饱了饭，撑得吐出一大堆格言的德国镇长。[85]

将形式创新捆绑在人文主义感怀上的现象，预示了以后事情的发展方向：先锋派技巧也可以用于描绘熟悉的主题。贯穿五十年代，奥美（Ogilvy & Mather）和恒美（Doyle Dame Bernbach）这些富有冒险精神的广告公司继续采用现代主义设计，抵制罗瑟·李维斯提倡的观点，即广告人面临的主要任务是将"独特销售主张"笨重的逻辑理论应用到新兴的电视媒介中去。[86]

不过到了二十世纪六十年代早期，电影制片人带着手提摄像机大举入侵电视媒介。最明显的冲击，就是 1964 年美国电视屏幕上杀出的百事一代（Pepsi Generation）广告；女孩们摇摆着性感的身体，在狂喜中纵情欢乐，激烈到如果这种兴奋持续六十秒以上，很可能会被送进医院治疗。在很多方面，这代表了加利福尼亚的媚俗派风格：今天软饮料广告中所有那些老掉牙的视觉手段都在当时开始成形，用来表现这些手段的现代主义形式也开始成形。

对资本主义现实主义来说一直非常重要的净化过程，在 1969 年体现得尤为明显。天联广告公司（Batten, Barton, Durstine and Osborn，BBDO，代理百事可乐的广告公司）请了一位名为艾德·沃加皮奇（Ed Vorkapich）的电影人开车穿越美国，拍下能够反映百事公司新口号"你从生活中获取，百事从奉献中获取"的情景。沃加皮奇清楚，首先这些情景必须统一表达欢快的情绪。天联和百事内部人士的普遍共识反映出了当时全国媒体中弥漫的情绪："整个国家非常低沉"，原因来自对越南战争的抗议（不知为何他们没有认为这是战争本身带来的低沉）。"当时美国精神降到了社会最低点。"百事公司一位主管回忆道，"抗议。伍德斯托克音乐节（Woodstock）。毒品。乖戾阴沉的一代人占据校长办公室，一把火烧毁校长办公室，或其他什么的举动。都是六十年代那些事。"百事一方面决定将"六十年代那些事"从图像中抹掉，另一方面正好一直以来渴望挪用可口可乐公司的"十足美国风"（All-American）式意象。最后在冲动下决定发出"大人的声音"教育反叛的年轻人（一位百事员工语）："嘿！能不能别闹了！老山姆大叔情况没有那么坏吧。OK，我们的国家真挺好的。"这种观点沃加皮奇并不反对；他也对美国"感到积极乐观"，非常愿意遵循广告公司写得再清楚不过的指示：不要牛仔裤，不要长头发，不要"嬉皮士"。[87]

尽管遵循了系统化常规性，但是百事的广告战役运用了一些颇具冒险精神的技巧。机关枪式的图像聚集手法让人想起二十世纪初期的现代主义先辈；使用了回归"事物本身"的意象派（Imagist）手法，使用了试图在精确形式中捕捉动感的旋涡派（Vorticist）手法，最为直接的是使用了约翰·哈特菲尔德（John Heartfield）的摄影和谢尔盖·爱森斯坦（Sergei Eisenstein）的电影中发扬光大的视觉蒙太奇技巧。最初作为反叛形式诞生的手法，现在作为表达权力的手段受到了广泛欢迎。

审美创新也体现在沃加皮奇的用光技巧上。他将自己想象为一屋子"组织人士"中的一位"枪战手"。这种形象重新塑造了艺术家的角色，用来缓解熟悉的男性焦虑感：他仍然是浪漫的局外人，但是他在麦迪逊大道那些太监中间显得坚忍不拔、勇猛有力。沃加皮奇为百事拍摄第一条广告时，当时好莱坞常规上认为下午四点之后不应开机，因为光线的颜色会显黄。"可这才是最美丽的时候啊！"他抗议道。他接着在傍晚时拍摄，将太阳放到了拍摄对象的后面。"这到底是怎么回事？……我们不是在拍艺术电影！我们要拍的是广告！"一位百事主管看到电影时如此抱怨道。不过这种新风格很快传播开来。逆光和太阳眩光成为商业电影的重要组成部分。[88]

在某种意义上，这种现象合乎情理。最先采用逆光的电影导演是莱妮·里芬斯塔尔（Leni Riefenstahl），她十分擅长融合先锋派和媚俗派巧妙的艺术。在她的纳粹宣传电影《意志的胜利》（*The Triumph of the Will*）对 1936 年奥林匹克运动会的刻画中，德国跳水运动员与其他人不同，以一种逆光的形象呈现在观众面前，他们的身体变成了闪光的圣像（icon）。与其他电影导演一样，沃加皮奇对里芬斯塔尔高超的能力十分钦佩，刻意借用了她的技巧。[89] 1967 年他为百事拍摄的"荡绳子"广告中，这种联系最为明显，库利尔与艾夫斯式图像与第三帝国的宣传技巧融合在一起。如果艺术家将自己的现代主义定义为仅仅是对形式进行创新，那现代主义实验可以用来表达一切情绪。在广告世界中，同大众政治学中一样，先锋派和媚俗派的求爱最终可以在婚姻中圆房。波普艺术（pop art）越来越高的声望代表着这种婚姻的合法性，被广告公司客户、批评家和策展人所接受。[90]

形式实验和可预测情感的合流，说明了艺术与广告之间的关系永远也不可能用纯美学范畴来理解。对克莱门特·格林伯格和其他形式主义批评家来说，先锋派和媚俗派之间的界限让人想起早期高雅文化与低俗文化之间的二律背反；只有受过训练的、有能力解码自反性（self-reflexive）艺术难点的人士，才能够察觉两种派别的不同。至少在一个世纪的时间内，批评话语主要就是根据这种假定展开的。在美学的保护伞下，马克思主义的异化概念发生了转变。对马克思来说，异化意味着一套不公正的权力关系，将工人同其工作成果分隔开来；对二十世纪的艺术批评家来说，异化是美学家在庸俗世界中情感不满的近义词。从这个角度来看，成为广告人的艺术家已经背叛了神圣的信任，无耻地迎合暴民粗俗的情绪。

这种批评分析将艺术品与生产和分销艺术品的广义物质条件分割开来，在两个方面容易受到攻击。一方面，与美学家一样冷漠对待权力关系的大众文化拥护者可以将格林伯格这些人看作是一群势利眼，认为他们根本听不到精练广告文和肥皂剧中"人民"搏动的心跳。另一方面，一旦广告开始采用先锋派的艺术技巧，形式主义者就不得不承认很多广告在技巧上出类拔萃，这样一来他们分析理论的基础也就开始坍塌了。于是情况便成了今天这样：潜在的批评者面对广告会从骨子里觉得不舒服，但是因为听到对广告杰出艺术技巧的普遍赞美声而闭口不言。

不过，在美学问题之外，还有更加完整的批评标准。艺术与广告之间的张力涉及的不仅是品位的问题。现代主义艺术与文学，同之前很多艺术与文学一样，都力图捕捉人类体验中的某些基本真理。尽管广告公司执迷于"现实生活"，他们生产出来的图像看起来从根本上就不真实，至少在广告兴起过程中才能日渐成熟的很多艺术家和作家是这样看的。广告艺术背后没有个体的存在，仅仅是用来操纵无含义外表的手段而已，这是一种"官方"的现实，比官僚备忘录和大学概况手册更有活力、更愉悦感官，但是它们都无法表达人类体验。许多艺术家和作家厌恶人工造作，拒绝飞向纯粹形式的幻觉；他们仍然执迷于讲述人类体验的某些艰难真理。问题在于，为什么会如此艰难？

注释

1. Stephen Spender, "Moderns and Contemporaries," in his *The Struggle of the Modern* (Berkeley, Calif., 1963), pp. 71-75.

2. Ibid., p. 76.

3. 关于形式与现实的关联的一个例子，见 Miles Orvell's discussion of Frank Lloyd Wright and Louis Sullivan in *The Real Thing* (Chapel Hill, N.C., and London, 1989), pp.171-80。

4. See the provocative arguments made by Susan Sontag, *Against Interpretation* (New York, 1966), pp. 3-14, and George Steiner, *Real Presences* (Chicago and London, 1990).

5. Clement Greenberg, "*Avant-garde* and *Kitsch*," *Partisan Review* 6 (Fall 1939): 34-39; José Ortega y Gasset, *The Dehumanization of Art* [1925], trans. Helene Wehl (Princeton, 1948), esp. pp. 8-14. 关于本流程的性别化，见第十一章及下文，并见 Andreas Huyssen, "Mass Culture as Woman: Modernism's Other," in his *After the Great Divide* (Bloomington, Ind., 1987), pp. 47-57。

6. Greenberg, "*Avant-garde* and *Kitsch*," p. 39. 关于本论点的好例子，见 Thomas Crow, "Modernism and Mass Culture in the Visual Arts," in *Modernism and Modernity*, ed. Benjamin H. D. Buchloh, Serge Guilbault, and David Solkin (Halifax, Nova Scotia, 1983), pp. 215-64。

7. W. L. Larned, "The Smile That Sells Goods," *Printers' Ink*, 30 November 1911, 8; John B. Watson, "Just a Piece of Key Copy," J Walter Thompson new business presentation (external), 1925, p. 12, JWT Archives, Duke University.

8. Michel Foucault, *This Is Not a Pipe*, trans. and ed. James Harkness (Berkeley, Calif., and London, 1983).

9. Stuart Hall, "Notes on Deconstructing 'the Popular,'" in *People's History and Socialist Theory*, ed. Raphael Samuel (London, 1980), p. 233.

10. Harold Loeb, "Foreign Exchange," *Broom* 2 (May 1922): 178. 对欧洲热情的经典描述是 F. T. Marinetti, "Futurist Manifesto" [1909], trans. and ed. Reyner Banham,

Architectural Review 126 (August-September 1959): 80。

11. Stuart Davis, *Stuart Davis* (New York, 1945), n,p.; Rudi Blesh, *Stuart Davis* (New York, 1960), p. 11.

12. Stuart Davis, entries for May 1921, 11 March 1921, in *Notebooks 1920-1922*, reel 3842, Archives of American Art, National Museum of American Art, Smithsonian Institution, Washington, D.C. 另见 Earl Davis, *Stuart Davis: Scapes, 1910-1923* (New York, 1991), p. 12。

13. Stuart Davis, entries for May 1921, April 1921, in *Notebooks 1920-1922*; Andy Warhol quoted in Robert Hughes, *The Shock of the New* (New York, 1980), p. 348. 关于 Davis 自称"都市民主人士"，见 John R. Lane, *Stuart Davis: Art and Art Theory* (Brooklyn, N.Y., 1978), p. 130。

14. Matthew Josephson, "Made in America," *Broom* 2 (June 1922): 266-70; idem, "The Great American Billposter," ibid., November 1922, 305. 另见 David Shi, *Matthew Josephson* (New Haven, Conn., and London, 1981), pp. 62-66.

15. Josephson, "Great American Billposter," 309-10.

16. Ibid., 307. 斜体原文就有。

17. Edna Ferber, *Personality Plus* (New York, 1914), and *Emma McChesney & Co.* (New York, 1915), Also see "The Ad Writer in Fiction," *Printers' Ink* 71 (13 April 1910): 58.

18. Brander Matthews, "The Advertiser's Artful Aid," *Printers' Ink* 119 (11 May 1922): 108-15; David Shi, "Advertising and the American Literary Imagination in the Jazz Age," *Journal of American Culture* 2 (Summer 1979): 167-75; George Seldes, "Note on Advertising," *New Republic* 43 (8 July 1925): 180.

19. 关于早期蒙太奇的颠覆性，见 Arthur C. Danto, "John Heartfield," *Nation* 256 (28 July 1993): 918。关于蒙太奇一开始的变化，见 Sally Stein, "The Composite Photographic Image and the Composition of Consumer Ideology," *Art Journal* 4 (Spring 1981): 39-45。

20. Millicent Bell, *Marquand: An American Life* (Boston and Toronto, 1979), pp. 112-13.

21. E. B. White, "Urgency of an Agency," *New Republic* 66 (1 April 1931): 180-81. 关于对审美抱负的敌意的越来越多的迹象，如见：J. Walter Thompson house advertisement, 17 October 1918, and John T. De Vries, "Eloquence in Advertising

Illustration," JWT News Bulletin, no. 83, February 1922, JWT Archives; A Commercial Art Manager, "Commercial Illustrations with an Uncommercial Atmosphere," *Printers' Ink* 120 (17 August 1922): 49-52; "Art's Debt to Advertising," ibid. 132 (16 July 1925): 155-56。

22. Earnest Elmo Calkins, "The Natural History of a Soul," *Atlantic Monthly*, November 1925, 625-33; Calkins to Frederick Lewis Allen, 27 September 1938, box 13, Calkins Papers, Special Collections and Archives, Knox College Library, Galesburg, Ill.

23. Calkins, "Natural History," 631-33.

24. "Calkins on Calkins," *Printers' Ink*, 24 July 1953, 48, clipping in box 8, Calkins Papers; Calkins, "*And Hearing Not—*," *Annals of an Ad Man* (New York, 1946), pp. 144, 160-61.

25. Calkins to Wallace B. Donham, 26 March 1926, box 8, Calkins Papers; Calkins, "*And Hearing Not—*," pp. 215-21; idem, "Phoebe Snow," *Saturday Review of Literature*, 16 September 1950, clipping in box 8, Calkins Papers.

26. Calkins, "Kicks and Halfpence," *Printers' Ink* 66 (27 January 1909): 22-24; F. N. Kimball, "Do We Want Art, and if So, How Much?" ibid., 10 February 1909, 22-24.

27. Calkins to Calkins & Holden staff, 21 May 1911, 14 June 1911, box 4, Calkins Papers.

28. Calkins to Calkins & Holden staff, 22 August 1924, 25 September 1924, 9 February 1922, 6 March 1922, 13 August 1924, 1 July 1924, 1 July 1925, ibid.

29. Calkins to C&H staff, 29 July 1924, ibid.

30. Calkins, "Beauty the New Business Tool," *Atlantic Monthly*, August 1927, 145-56; letter, Calkins to Welles Bosworth, 8 September 1925, box 8, Calkins Papers. Calkins's *Business the Civilizer* (Boston, 1928) 包含了对他的观点的最佳总结。

31. Calkins to C&H office, 29 July 1924, box 4, Calkins Papers.

32. Calkins, "Beauty the New Business Tool," 153; idem, "*And Hearing Not—*," p. 239.

33. Calkins, "The New Consumption Engineer and the Artist," in *A philosophy of Production*, ed., J. George Frederick (New York, 1930), pp. 126-27.

34. Calkins, "Beauty the New Business Tool," 153.

35. Calkins, *Business the Civilizer*, p. 21.

36. Calkins, "Artist into Advertising Man," in *Work for Artists: What? Where? How?* ed. Elizabeth McCausland (New York, 1947), p. 149.

37. A Commercial Art Manager, "Pictorial Magnets Which Draw the Eye to the Product," *Printers' Ink* 131 (4 June 1925): 116-20; W. Livingston Larned, "Tricky Effects Obtained with Solid Black and White," ibid. 130 (8 January 1925): 114-20, 125.

38. A Commercial Art Manager, "Futuristic Monstrosities Are All the Rage," ibid. 133 (4 June 1925): 116-20; W. Livingston Larned, "Magical Effects with Pen and Ink," ibid. 130 (26 Mach 1925): 33-36. 另见 Larned, "Putting Futurism into the Border," ibid. 139 (7 April 1927): 185-91。

39. Manuel Rosenberg, *The Art of Advertising* (New York, 1930), p. 43. 另见 Theodore Menten, comp., *Advertising Art in the Art Deco Style* (New York, 1975). 关于对二十世纪二十年代广告对现代主义的挪用的悉心描述,见 Roland Marchand, *Advertising the American Dream: Making Way for Modernity, 1920-1940* (Berkeley, Calif., and London, 1985), pp. 140-47, 179-86。

40. Carl Sandburg, *Steichen the Photographer* (New York, 1929), p. 12.

41. Report, Ellwood Whitney to JWT reps' meeting, 23 December 1930, JWT Archives.

42. Bertram R. Brooker, "Business Man—1961 Model," *Printers' Ink* 154 (8 January 1931): 44-46.

43. Thomas L. Masson, "Of Such Stuff Are Dreams—and Businesses—Made," ibid. 156 (16 July 1931): 76, 81-83.

44. Amos Bradbury, "How Shall We Make the Words We Need?" ibid. 131 (16 April 1925): 69-72.

45. Richard Surrey, "Shunning Shakespeare!" ibid. 133 (12 November 1925): 17-20.

46. James Walton, "Emotion and Style in Copy," in *Masters of Advertising Copy*, ed. J. George Frederick (New York, 1925), p. 106; Arthur H. Little, "Whoa, Pegasus!" *Printers' Ink* 131 (23 April 1925): 25-28. 关于对高雅文学抱负的支持,如见 Aminta Casseres, "How Important Is the *Style* of the Copy?" JWT News Bulletin, 22 July 1923, 1-4, JWT Archives; Robert H. Isbell, "Tell Us something! Hang the Length!" *Printers' Ink* 119 (4 May 1922): 73-76。

47. S.C.M., "Are You Crazy?" JWT *Jr. Newsletter*, 12 April 1935, JWT Archives; F. Irving Fletcher, "Advertising Copy and the Writer," in *Masters*, p. 123.

48. Edward Prager, "Millions for Artwork—But Not One Cent for Copy," *Printers' Ink* 151 (3 April 1930): 84, 89; Patricia Johnston, "Edward Steichen's Advertising Photography: The Strategies of Visual Persuasion," Ph.D. dissertation, Boston University, 1988, p. 125; Michele Bogart, *Artists, Advertising, and the Borders of Art, 1890-1960* (Chicago and London, 1995), chap. 4.

49. "Art Department Efficiency," *JWT Newsletter*, 4 July 1916, 1-2, JWT Archives; JWT News Bulletin, 12 February 1917, pp. 2-3, ibid. Calkins to F. K. W. Drury, 11 January 1929, box 8, Calkins Papers; "An Art Director Speaks a Few Words on Butchering," *Printers' Ink* 154 (1 January 1931): 90-96. Gordon C. Aymar, *An Introduction to Advertising Illustration* (New York, 1929), and Guy E. Cahoon, *Commercial Art* (Dallas, 1930), 鼓励艺术家融入组织议程，但仍然坚称他的成功取决于内心情感或"精神"。

50. Roy W. Johnson, "The Receiver's Views on Be-driveled Copy," *Printers' Ink* 119 (20 April 1922): 41-44; Arthur H. Little, "Brevity—What For?" ibid. 132 (27 August 1925): 17-20; Lea & Perrins advertisement, book 149, N. W. Ayer Collection, National Museum of American History; F. R. Feland, "Who Orders Dull Copy?" *Printers' Ink* 139 (28 April 1927): 89-93. Feland 是爱雅公司的副总裁。关于爱雅公司文案审批的问题，见 Ralph Hower, *The History of an Advertising Agency* (Cambridge, Mass., 1939), pp. 380-81。

51. Mac Artzt, "Should Copy Writers Sign Their Copy?" *Printers' Ink* 150 (23 January 1930): 61-64.

52. John F. Arndt, "Why *Should* a Copy Writer Sign His Work?" ibid., 6 February 1930; John Hall Woods, "Glorifying the American Copy Writer," ibid., 13 February 1930, 121-24; Jim Wood, "Copy Writers Need Their Cloak of Anonymity," ibid., 20 February 1930, 44; G. W. Freeman, "Let Copy Writers Sign Their Copy? I Should Say Not!" ibid., 27 February 1930, 84, 136.

53. "They Want Realism Today," *Advertising and Selling* 23 (January 1925): 14; C. W. Garrison, "Why Fear the Critics?" *Printers' Ink* 130 (12 February 1925): 162-65; "The Essence of Advertising Is—," *JWT Newsletter*, 15 October 1927, 436.

54. Mildred Holmes, *Bunk* (New York, 1929), p. 2; Richard Surrey, "Copy Writers with the Poet's Cast of Mind," *Printers' Ink* 131 (30 April 1925): 133-39; A Commercial Art Manager, "Putting the Human Back in 'Human Interest' Illustration," ibid. 120 (10 August 1922): 73-76.

55. John Starr Hewitt, "The Copy Writer's Workbench," in *Masters*, p. 324; W. H. Heath, "Giving the Consumer Booklet a Real Literary Flavor," *Printers' Ink* 120 (10 August 1922): 146-48. 关于资产阶级现实主义中的偷听现象，见 John Vernon, *Money and Fiction* (Ithaca, N.Y., and London, 1984), pp. 87, 93-96。

56. "Sketches of Paris. The Daguerrotype," *Godley's Lady's Book* 27 (October 1843): 116-19; Vachel Lindsay, *The Art of the Moving Picture* [1915, 1922] (New York, 1970), pp. 21-22; Johnston, "Steichen's Advertising Photography," p. 129; "Photos Fail to Please," *JWT Newsletter*, 15 August 1927. 关于写实主义观点，见 Richard S. Bond, "Proving Purity Pictorially," *Advertising and Selling* 32 (May 1922): 18。

57. W. Livingston Larned, "Pathfinders in Advertising Art," *Printers' Ink* 120 (24 August 1922): 53-56.

58. Preface, *Exhibit Catalogue* (Philadelphia, 1930), quoted in *Advertising and Selling* 14 (May 1930): 94; Edward Steichen, "Ye Fakers," *Camera Work* 1 (January 1903): 48; JWT News Bulletin, 21 May 1917, JWT Archives; minutes, JWT reps' meeting, 31 May 1927, ibid.; "Look Pleasant, Peas!" *Literary Digest* 113 (2 April 1932): 35-36.

59. Minutes, JWT reps' meeting, 21 June 1927, JWT Archives; Naomi Rosenblum, "Biographical Notes," in *America and Lewis Hine: Photographs 1904-1940* (New York, 1977), p. 21; Rosenberg, *Art of Advertising*, p. 54.

60. Edward Steichen, *A Life in Photography* (New York, 1963), n.p.; transcript of Steichen interview with Wayne Miller (1954), pp. 132-226, in Archives of American Art.

61. Walker Evans, "The Reappearance of Photography," *Hound and Horn* 5 (October-December, 1931): 126-27; Edward Steichen, presentation to JWT reps' meeting, Staff Meeting Minutes, 31 January 1928, JWT Archives.

62. Johnston, "Steichen's Advertising Photography," pp. 229, 315. 关于直接摄影的形式主义现代主义，见 Allan Sekula, "The Instrumental Image: Steichen at War," *Artforum* 14 (December 1975): 34。

63. Steichen, presentation to reps' meeting, Staff Meeting Minutes, 31 January 1928.

64. George Logan Price, "Over-Smartness in Advertising Copy Cuts Down Returns From Plain People," *Printers' Ink* 153 (11 December 1930): 17-19; minutes, JWT staff meeting, 1 February 1933, JWT Archives.

65. Johnston, "Steichen's Advertising Photography," pp. 229-46. 广告的发展与电影的发展有平行之处。一段时间以来，电影史学家一直在研究"吸引人的电影"（cinema of attraction；重点在吸引观众注意自己的人工性）向二十世纪三四十年代的经典好莱坞电影（重点在将观众与电影叙事融合在一张无缝的幻觉大网中）的转变。Miriam Hansen 简要地总结了研究文献，精彩地重新诠释了这种转变，见 *Babel and Babylon: Spectatorship and American Silent Film* (Cambridge, Mass., and London, 1991)。

66. W. Livingston Larned, "Injecting Motion Picture Drama into the Photographic Picture," *Printers' Ink* 154 (26 February 1931): 85-88; New York Illustrators, advertisement for "Dramatized Composite Photography," ibid., 19 February 1931, 121; James Yates, report to JWT staff meeting, 5 May 1931, JWT Archives. 关于艺术家和摄影家之间愈发紧张的经济敌对现象，见 "Camera Art, Threat to Artists," *Business Week*, 15 June 1935, 20-21。

67. Letter, Dan Danker to Stanley Resor, in minutes of JWT reps' meeting, 21 May 1930, p. 14, JWT Archives; "Agents a la Hollywood," *Printer's Ink* 187 (25 May 1939): 11; George Faulkner in minutes of JWT group meeting, 12 August 1930, JWT Archives. See also Charles Eckert, "The Carole Lombard in Macy's Window," *Quarterly Review of Film Studies* 3 (Winter 1978): 1-21.

68. Kirk Varnedoe and Adam Gopnik, *High and Low: Modern Art and Popular Culture* (New York, 1991), pp. 158-63; John Canemaker, *Winsor McCay: His Life and Art* (New York, 1987), esp. chaps. 4-9.

69. " 'Funny Papers' Campaign for General Foods," *Printers' Ink* 155 (14 May 1931): 25-26; "Funny Paper Advertisements," *Fortune* 7 (April 1933): 98-101; Sylvia Stone, "Let's Look at the Funnies," *People* magazine, May 1937, JWT Archives; "Bissell Comic Copy Shows Fun in Some Chores," *Advertising Age* 9 (10 January 1938): 4.

70. Robert Jessup, report to JWT Creative Staff meeting, 12 March 1932, JWT Archives.

71. Quaker Oats, advertisement, *Good Housekeeping* 99 (July 1934): 155.

72. Mr. Gortakowsky, report to JWT Creative Staff meeting, 23 March 1933, JWT Archives; "Sir Veigh Rides Again," *Printers' Ink* 181 (21 October 1937): 15-18.

73. David Paul Nord, "An Economic Perspective on Formula in Popular Culture," *Journal of American Culture* 3 (Spring 1980): 25. 斜体原文就有。

74. James True, "What the Public Thinks About Advertising Over the Radio," *Printers' Ink* 131 (2 April 1925): 113-21; "Radio Advertising," *Fortune* 1 (December 1930): 65-69, 113; "An Appraisal of Radio Advertising Today," ibid. 6 (September 1932): 37ff; minutes, JWT reps' meeting, 16 February 1928, JWT Archives; Robert Simon to JWT Creative Staff meeting, 22 June 1932, ibid., 可参考 Calvin Kuhl 在 JWT Creative Staff meeting, 1 December 1931 会议记录中的发言："不考虑客户及其组织的性格，是不可能打造广播节目的。"关于广播史上这一时期的有益概述，见 Robert W. McChesney, *Telecommunications, Mass Media, and Democracy: The Battle for the Control of U.S. Broadcasting, 1928-1935* (New York, 1993)。

75. Undated letter, Irna Phillips to Young & Rubicam, box 5, Irna Phillips Papers, Mass Media Collection, Wisconsin State Historical Society, Madison.

76. Robert Colwell in minutes, JWT reps' meeting, 8 July 1930, JWT Archives.

77. "Eye vs. Ear: Radio's Battle with the Printed Word," *Literary Digest* 123 (22 May 1937): 40-41; E. P. H. James, transcript of speech dated 22 January 1940, box 7, E. P. H. James Papers, Mass Media Collection, Wisconsin State Historical Society.

78. Robert Colwell, report to JWT Creative Staff meeting, 26 March 1932, JWT Archives; G. A. Nichols, "Bar Carnival Spirit (and Spirits) from Radio Shows," *Printers' Ink* 153 (6 November 1930): 41-44; "Neither Sponsors Nor Stations Hear Radio Listeners' Grumblings," *Business Week*, 10 February 1932, 18-19. 另见 Susan Smulyan, "And Now a Word from Our Sponsors...: Commercialization of American Broadcast Radio," Ph.D. dissertation, Yale University, 1985。

79. Christian Brinton, Introduction, *New Poster* (Philadelphia, 1937), n.p.

80. Neil Harris, "Designs on Demand: Art and the Modern Corporation," in *Art, Design, and the Modern Corporation*, comp. Martina Roudabush Norelli (Washington, D.C., 1985), pp. 8-30; James Sloan Allen, *The Romance of Commerce and Culture* (Chicago and London, 1983), pp. 3-77; Hower, *History of an Advertising Agency*,

pp. 336ff; "Surrealism Pays," *Newsweek*, 3 January 1944, 56-58; "Fine Art in Ads," *Business Week*, 20 May 1944, 76ff; Russell Lynes, "Suitable for Framing," *Harper's* 192 (February 1946): 162-69.

81. Coiner, quoted in Johnston, "Steichen's Advertising Photography," p. 125; Bogart, *Artists*, chap. 4; "Ayer Gets a Taste of O'Keeffe," *Advertising Age*, 7 April 1986, 60; Laurie Lisle, *Portrait of an Artist: A Biography of Georgia O'Keeffe* (New York, 1982), pp. 307-9; Hower, *History of an Advertising Agency*, p. 573.

82. 以下所有关于利奥尼的段落都是基于 1990 年 7 月 26 日我在纽约对他的采访。

83. Rockwell Kent, "Dictators of Art," in *Work for Artists*, ed. McCausland, pp. 65-68.

84. W. P. Paepcke, "Great Ideas Campaign," undated clipping in scrapbook 10C, Bella C. Landauer Collection, New-York Historical Society; Allen, *Romance*, pp. 78-109.

85. Walter Paepcke, "'Great Ideas' Recall Our Heritage, Help Build Container," *Industrial Marketing*, January 1955, 86.

86. Varnedoe and Gopnik, *High and Low,* pp. 314-25, 344.

87. Interviews with Hilary Lipsitz, Alan Pottasch, John Corbani, Ed Vorkapich, Pepsi Generation Oral History Project, National Museum of American History. 这个项目部分资金来自 PepsiCo。采访是史学家 Scott Ellsworth 进行的，他参访了参与广告的独立艺术家以及百事和 BBDO 很多主管。磁带保留在 Archives Center, NMAH。

88. Interview, Ed Vorkapich, Pepsi Generation Oral History Project.

89. Interview with Hilary Lipsitz, Pepsi Generation Oral History Project.

90. 也许一个平行的美学合法化进程在文学批评界也开始兴起，见 Leo Spitzer's "American Advertising Explained as Popular Art," in his *Essays on English and American Literature* (Princeton, N.J., 1962), pp. 248-77。

第十一章

追求现实

1927 年 4 月一个清爽的傍晚，约瑟芬·赫伯斯特（Josephine Herbst）和约翰·赫尔曼（John Hermann，她当时的男友）与埃兹拉·庞德，威廉·卡洛斯·威廉斯和其他一些先锋派文学家一起，在卡内基音乐厅（Carnegie Hall）出席了一场赞美现代工业生活的盛大庆祝仪式。这次活动是《机械芭蕾》（*Ballet mécanique*）在美国的首次公演，作者是生于新泽西的巴黎作曲家乔治·安太尔（George Antheil）。赫伯斯特与其他人一起热切期盼演出开始，谁知当演出真的开始后，音乐会听上去就像是"萨克斯管、木琴、长号和鼓的嘈杂噪音，仿佛汽船尖锐嘶叫声和工厂汽笛刺耳声疯狂碰撞，还有一股人类喜悦的吠叫在凶残的铙钹撞击声中不断蠕动前行"。赫伯斯特感到了深深的不安：

> 这音乐是什么意思？我渴望能够像朋友们看起来的那样被它感动，其中也包括约翰。不过它在我耳中无非是在赞美着我最恐惧的力量。我希望能够听到一种静止微弱的声音，不代表大浪拍击石头的噪音，而是代表下方肉眼看不到的暗流，这让我觉得孑然一身，但并不是局外人。我冷冷地看着约翰，就好像他加入了一个神秘的敌人。安太尔真的是反对庸俗文化的象征吗？在我内心一角，脉搏缓缓运动着，使我的注意力开始转移到别处。[1]

赫伯斯特表达出的抵触逆流，在先锋派对机器文明的赞美旋涡中一直存活了下来。现代主义很大一部分是扎根于针对全国性广告和高级资本主义文化宣扬的现代化意识形态的敌意：在这种文化中，物质进步等同于道德进步，噪音和熙攘被赞美，过去被蔑视。这就难怪经常在同一个人头脑中会存在着现代主义和反现代主义两种情绪：一面渴求艺术新奇，一面又渴望表达在现代日常生活中缺失的强烈、直接的现实。

真实性表达的理想以五花八门得令人困惑的方式呈现了出来。不过一切的初衷，都是渴望寻求一种比商品文明体验更强烈、更可感知的世界体验，在误导外表的薄纱之下探究牢固的真相。这些情绪虽然经常比较幼稚，却与现代主义思想核心的揭露倾向产生了共鸣。[2]康拉德、弗洛伊德和尼采都得出共同的结论，即资产阶级文明（也许所有的文明）是建立在对人类本能实际性（instinctual actualities）的否定的基础上。其中最大的谎言，就是功利主义的口号（广告业这个由一帮大小伙子组成的兄弟会将这个口号喊得最响），认为文明可以被组织起来满足人类欲望。这就产生了一个问题，一旦有人发现了这个不可告人的秘密，又该怎么办呢？像弗洛伊德和康拉德可能会建议的一样，用逆来顺受的坚忍态度接受道貌岸然的文明生活？或者像尼采一样爆发出愤怒与痛苦的吼声？如果一位艺术家要发出真实的声音，他是否一定要立于文明之外，成为不法者才行？这种常见的观点很吸引人，但问题就出在这里。晚期浪漫主义者对当下流行的反叛行为趋之若鹜。对真实性表达的追求愈发狂热，但即使是真实性也变成了一种姿态。

对那些尊崇极端人生的先锋派艺术家和作家来说，这种情况会让人发狂。资产阶级人士懂的越多，先锋派艺术家和作家就越难与他们划清界限；这些艺术家和作家对充斥日常生活的入侵和妥协现象的厌恶感与日俱增。因此，寻求真实性的过程经常笼罩在一层暴力的氛围之中。1962 年，批评家莱昂内尔·特里林（Lionel Trilling）在确认"现代文学中的现代元素"时，认为它就是"放任自己直至毁灭边缘的观点，将自己投身体验，抛弃自利想法和常规联系的观点，从一切社会联系中逃离的观点"。[3]很多先锋派作家和艺术家热衷于超越形式上的实验，将自己淹没在"体验"的洪流中，最后导致发狂并自我毁灭。赫伯斯特所说的"下方肉眼看不到的暗流"，暗示了现代主义对大海深邃的渴望。

在批评家眼中，自从基督教信仰瓦解之后，中产阶级唯一剩下的就是真实性话语了。"如果对人只能有一个要求的话，"西奥多·阿多诺 1951 年写道，"那就是他应该做完全真正的自己。"有人认为这种姿态对商品文明提出了反现代主义式的分析批评，而在阿多诺眼中，这种观点是建立在自欺欺人的基础上的。"这个世界被人工物品的大网箍得越紧，那些对这种现象负责的人就越宣称自己自然原始。"他写道。在阿多诺看来，真实性的理想，在最糟糕的情况时（比如海德格尔的观点）是"一种篡夺宗教 - 威权悲情而自己又不含任何宗教内容的手段"，在最好的情况时（比如克尔凯郭尔的观点）是一种"对社会压迫施加在人身上的单子论（monadological）形式的顽固坚持"。[4]

在持续半个世纪的时间内，左翼批评家都同意阿多诺的批评分析，强调真实性话语非常顺利地与个人主义消费文化相融合。对真实的追求，降格为培养丰富多彩的内心生活，以及锻炼尖锐的洞察力和清晰的辨别能力，这些都是一个聪明的消费者可以具备的能力。这里举一件很小的事例，但很能说明问题：就在广告文案人舍伍德·安德森（Sherwood Anderson）在短篇小说集《小城畸人》（*Winesburg, Ohio*）中声称决心"看到生活表面下的事物"的 1919 年，骆驼香烟推出了一则广告，一位留着小胡子的中年男士身着三件套西服，凝视着拇指和食指中间点燃的香烟沉思着。"骆驼香烟的顾客，都是懂得自我思考的人。"文字写道，"他们要求每一件购买的商品拥有真正的质量。他们能够看穿外表。""懂得自我思考的人"通过量产商品表达自己的个性，这种宣传理念贯穿二十世纪都是广告的主要内容。许多批评家指出，对个人真实性的追求，变成了收集合适名牌商品的行为。[5]

近期对现代主义思想的分析，更加揭示出真实性话语的其他缺陷：现实总是隐藏在外表之下的观点，从知识论角度来看非常天真；对视觉欢愉的怀疑，与对直接体验的原始主义痴迷并存。有时一些更严重的问题也会浮出水面。一些批评家指出，将真实性等同于原始性的做法，在修辞上是帝国主义的；在寻求自然生产能量的同时，却对其进行彻底的、性别化的驱邪。对现实的追求基本上都是由男人来完成的，赫伯斯特这样的例外可以说是凤毛麟角。对真实自我表达的追求，来源于男人维系一种不稳定的统一人格感的需求，反映出男性的焦虑感，正是这种焦虑感弥漫在资产阶级文化和试图超越这种文化的现代主义努力之中。[6]

类似的焦虑感也决定了对广告与大众文化的分析框架。文化批评家安德里亚斯·胡伊森（Andreas Huyssen）指出，现代主义试图将高雅艺术的自治工作从大众文化腐败的影响中解脱出来，其中心思想就是真实性话语。这种事业的根基是"一种兴起于十九世纪的理念，认为大众文化是同女人联系起来的，而现实、真实的文化则是男性的特权"。女性与大众文化之间的联系，是在世纪末社会思想的狂热氛围中被确定的："在这个自由主义逐渐衰落的年代，对大众的恐惧也 [是] 对女性的恐惧，害怕大自然会失控，害怕潜意识，害怕性，害怕在大众中失去自己的身份和稳定的自我界限。"这些恐惧感既影响了资产阶级，也影响了波西米亚人。"所以，由于招安、商品化及'错误'的成功而会被大众文化吞噬掉的噩梦，成了现代主义艺术家永恒的恐惧，因此他试图在真正艺术和不真实大众文化之间筑起高墙，守护自己的领土。"[7]

这些论述很有力量，也很重要，但是没有捕捉到现代主义真实性话语的全部复杂性，至少在美国环境中如此。为了看得更高更远，我们需要引述阿多诺在他很多艺术评论中一直强调的观点：美学维度的乌托邦可能性。与阿多诺同属法兰克福学派的赫伯特·马尔库塞写道，在现代西方，"艺术的真理在于，它能够打破既成现实（即打造出这个现实的人）对现实定义的垄断"。艺术品"在'美丽的时刻'出现，永不停息的活力与混乱被静止，为了继续生存而不得不做所做过的一切事情的恒定需求在这一时刻也被静止"。这可不是浪漫逃避主义，正相反，艺术"见证着自由和满足的天生限制，见证着人类在自然中的嵌入性"，马尔库塞说道。在其最强大的时候，现代主义真实性话语与其浪漫主义前辈一样，并不寻求退回纯粹的主观主义，而是会力图在短暂中寻求永恒，在必然性的王国中寻求希望的宇宙。这些做法经常意味着找回文化或个人的记忆：在马尔库塞眼中，"真实的乌托邦是建立在回忆的基础上的"。对真实性的信徒来说，对过去的回忆可以意味着以隐喻的方式回到工匠的境界中，脑和手融合在"具体的科学"中；或者以想象的方式回到儿时的玩乐领域中，自我与世界通过"过渡性客体"（transitional objects）相连。在这两种存在于世（being in the world）的方式中，日常生活弥漫着美学维度。乌托邦式的现实，不管是回忆的还是想象的，可以向全国性广告宣传的现实发起挑战并将其替代。[8]

不过现代主义者是使用各种各样的习语提出挑战的。最主流的习语，也是在某些方面与管理世界观最为接近的，是朴素语言的认知主义（cognitivist）版本。历史学家大卫·霍林格（David Hollinger）创造出"认知主义"这个词，用来描绘这一派的现代主义思想，这种思想将认知者（knower）放在了文化前进的中心地位，特别是自己的知识得到组织职业专家认可的认知者。这种观点与我一直称为实证主义（positivism）的思想很相似，只不过认知主义者更能接受不确定因素连续存在的可能性，不那么执迷于制定刀枪不入的法律。[9]至少在盎格鲁裔美国人群体中，这种认知主义的立场从共和传统中获取了一些伦理力量；品德高尚的认知者与品德高尚的生产者融合在一起。

认知主义的观念塑造了美国人对广告的主流分析——包括从《有闲阶级论》（*The Theory of the Leisure Class*）到《富裕社会》（*The Affluent Society*），并且从二十世纪三十年代开始就一直为消费者运动注入活力。人们对语言透明的渴望，仍然可以在介绍比较购物的文献中找到。《消费者报告》的前身，就是建议读者辨别假钞、区分真伪宣传的手册。到了二十世纪初期，全国性广告的兴起给批评欺骗现象的人们提供了一张明显的靶子；在言语朴素者眼中，广告业是造成美国生活不真实氛围的罪魁祸首。[10] 这种广告批评分析的不足之处在于，它（在一些不太成熟的论述中）间接赦免了其他强大的经济机构（比如投资银行或者钢铁业），只要这些组织在外表上显得稳固、负责任、有生产力，就不再追究。

这种从朴素语言角度对广告的分析，也可以用来聚焦个人的领域。广告公司不仅是错误表征的高手，也是不断增长的量产物质享受的先驱。对很多朴素生活和朴素语言的倡导者来说（他们忽视了广告意识形态背后的理性驱动），广告主不但从事系统性欺骗，还鼓吹懒散、放纵的生活方式。特里林将现代西方舒适阶级的生活体验视为全人类体验后指出，"物质生活的相对安逸使我们面临着重要的选择，要求我们去哪里寻找一种艰难的事物，去寻找实际性和体验的内核，而且我们也许必须自己去探索"。[11] 对大多数秉承朴素语言传统、寻求真实性的人来说，广告的世界是软绵绵的，现实是坚硬的、精确的、可衡量的。不过，有些人超越了认知主义对现实的定义，提出了一些有意思的心理学观点。

实际性的内核

首先来从 H. G. 威尔斯的《托诺－邦盖》（Tono-Bungay，1908）开始看吧。与凡勃伦的《有闲阶级论》一样，在威尔斯的小说中，职业－管理阶层人士忧虑自己被一种做作不自然的文明围困了起来。《托诺－邦盖》的故事是一个专利药帝国的兴衰，皇帝名为特迪·庞德雷沃（Teddy Ponderevo），是一个讨喜的骗子，故事的叙述者是他的侄子乔治。[12] 通过崭露头角的航空驾驶员乔治之口，威尔斯赞扬了对科学的苦行追求及技术工人的匠人精神，鞭挞了特迪等骗子"信口开河、大腹便便的哲学"。在威尔斯眼中，商品文明中的一切社会关系似乎都充满了虚假。"唬人的，都是唬人的。"特迪用法式英语说道，他觉得这种口音在体面社会中往上爬能够派上用场。"生活就是诈唬，基本上。"他对太太苏珊说，"所以我们才要有风格。勒·斯蒂乐·塞·辣姆[①]。风格才是王道。笑什么呢苏珊？"不仅这种装腔作势是恶心得溢出来的贵族派头，而且商业信用的体系、银行存款的安全，还有支撑整个社会的人际相互依赖关系网，都是建立在诈唬的基础上。乔治在管理叔叔的企业几年之后也逐渐相信了这一点。

不过，威尔斯指出，矛盾的是，商品文明本质上的空虚其实就是其力量的来源。广告加剧了人们做作不自然的感觉，但又保证通过实现艺术家尤尔特（Ewart）所谓的"渴望（哪怕一次也好）连手指尖都真的活起来！"让人们从这种感觉中解脱。专利药广告宣称能够满足这种欲望，却使其越来越强烈。《托诺－邦盖》中，唯一能够逃出这种匮乏和欲望怪圈的手段，是要找到一种比广告中还要真实的现实。乔治渴望从事"真正的工作"，而不是一天到晚只"费力骗人"，这使他最后转向了"科学"：

　　她是现实，我在奇异混乱的存在中找到的唯一现实……无法通过广告或喧嚣改变她，也不能用粗俗来扼杀她……我从来都不喜欢放纵。我对信口开河、大腹便便的哲学从来都有一种本能上的不信

---

①　蹩脚的法语。——译者

任感。我喜欢朴素、不加任何装饰的事物，简朴克制的直白事物，直爽的线条和冷淡的色彩……你可以整个一生都搪塞推脱、逃避责任、自我放纵、懒散松懈，从不感到真正饥饿，从不觉得真正害怕，从没有过狂热的激情，最高尚的时刻只是一个情感高潮，你与最基础、最基本的生活必需的第一次接触，会变为你在病床上临死前的汗水。这就是我叔叔所过的生活，这就是我差一点就过上的生活。

　　这段话表达出大西洋两岸对广告支撑的文明的普遍回应。由于渴望在标语和情绪的炖锅中寻找坚硬内核，可以导致人朝着一些不同的方向发展，其中包括信奉骁勇好战的精神，或者对原始宗教的信仰。[13]不过，威尔斯采用的是应用科学的习语，小说中特指航空工程；乔治是在滑翔机上飞翔时开始思考现代生活的不真实性的。由于威尔斯将科学与现实等同起来，因此他一方面很像那些现代主义设计改革者，这些人（和乔治一样）都热爱"朴素、不加任何装饰的事物，简朴克制的直白事物"；另一方面，他又站在了包括凡勃伦和李普曼在内的社会工程师的阵营，这些人打造着技术统治论版本的美国自由主义，这在他们看来更适合二十世纪的情况。确实，李普曼在《政治学前言》（*Preface to Politics*，1913）中引用了乔治在小说中的总结评论，将其同化为他自己的大众社会模型，并借用威尔斯对现代无目的性的批评，试图证明应该让和他一样受过高等教育的职业人士来控制社会，因为他们的专业性可以让他们看透市场的骗局，发现外表之下的核心现实。[14]

　　不过到了二十世纪二十年代，同样的不满使美国批评广告的人士又朝其他的方向发展。有一些人（大多数是小说家，很多以前做过广告文案人）对自信的认知主义现实观做了质疑；他们探索了更含混的个人真实性观念，这种观念包含了痴迷于强烈肉体或感官体验的活力论。这种活力论观符合朴素语言的传统，仍然假定每个人都有一个能够真实面对的自我，在人的存在的中心有一个恒久的身份核心。随着心理分析的普及，有一个问题仍然有待解决：到底应该用自我（ego）理想还是本我（id）流程来定义自我（self）？认知主义的朴素语言者越倾向选择前者，活力论者就越倾向选择后者。不过对双方来说，都必须维系一个连贯的自我，抵制广告中宣扬的文明。他们为了抵制不真实性而做出的这种选择，与威尔斯而不是李普曼走得更近；主要涉及个人道德责任，而不是为社会工程开药方。

二十世纪二十年代最知名的朴素语言者之一是小说家辛克莱尔·刘易斯。同很多广告人一样，他来自中西部信奉新教的小镇，去东部上的"好大学"（耶鲁，1907 年）。刘易斯与广告业工作最密切的接触发生在 1913 年，他被聘用来编辑辛迪加发行的书页，上面既有书评，又有出版商广告。这份工作一直做到一年之后辛迪加解散。他之后在出版业的边缘勉强生存，直到《大街》（*Main Street*，1920）出版后一举成名。[15]

在《巴比特》（*Babbitt*，1922）中，刘易斯将笔锋转向了广告主、宣传员和其他活力诗人宣扬的诙谐式空虚。[16] 中产阶级房地产经纪人乔治·F. 巴比特就是不真实自我的缩影。"这些广告宣传的标准化东西，牙膏、袜子、轮胎、照相机、快速热水器，都标志和证明着他的卓越；这些东西首先是欢乐、激情与智慧的象征，后来成了替代品。"不过巴比特渴望将被广告商品替代的"欢乐、热情与智慧"重新找回来。他为此付出的努力使该书缀段式（episodic）的情节充满了活力。几乎每一个场景都刻画了他寻找失去的真实自我源泉的过程：比如他与身为屋顶建材制造商和失意小提琴家的保罗·雷司灵（Paul Riesling）一同去缅因的森林，他对塔妮丝·朱迪克（Tanis Judique）和她波西米亚朋友的痴迷，等等。

到最后，巴比特寻求真实徒劳无功，不过他倒是认同了儿子特德不愿意选择"活力"道路的合理性。特德与摩登女友私奔，在某个工厂找了一周二十美元的工作。使特德惊奇的是，父亲竟然同意了，而且还说："不要怕家里人，不要怕泽尼斯[他老家]，也不要像我一样怕自己。前进吧，老男人！世界是你的！"巴比特父子俩昂首阔步走进起居室直面家族的围攻，他们证明着自己男性生产者精神的正确性，抵抗着家庭体面生活的女性观念和寄生虫般的宣传与营销业。

为了反对这种打包出售的自我感，刘易斯坚信工匠精神能够带来救赎的力量。这在《阿罗史密斯》（*Arrowsmith*，1925）中也体现得十分明显。书中详细描写了在商业和政治压力将公共卫生变成了公共关系的环境下，马丁·阿罗史密斯医生努力追求纯粹科学研究的奋斗过程。与《托诺－邦盖》一样，对科学的苦行钻研，似乎是唯一能够逃离被向上爬和假奢侈玷污的职业的真实性手段。与威尔斯相同，刘易斯一直信奉一种升级版的朴素语言生产者意识形态，只不过他是用自己独特的习语表达出来的。

二十世纪二十年代初期，广告业已经变成了文学讽刺中受欢迎的靶子。与刘易斯相同，这些讽刺作家都是受过高等教育的盎格鲁撒克逊新教徒，对出版业了如指掌。比如，罗杰·柏林格姆（Roger Burlingame）就是斯科里布纳（Scribners）出版公司编辑的儿子，1913年从哈佛大学毕业。毕业后，他为《独立》（*Independent*）写讽刺小短文，然后在父亲的公司做公关经理。他文案写得特别顺，觉得自己的才华浪费在出版业太可惜，因此他告诉父亲自己决定去广告公司找工作。父亲告诉他："过去几年中，我知道你在创意写作方面真有天赋。我在这里极其郑重向你保证，如果你进入广告业，就再也写不出任何一个字了，绝对不会。记住我这句话，好好想想吧。"儿子听完了兴高采烈。"我能写，我能写，我能写。"当晚他上床睡觉时还念叨着这句话。他留在了斯科里布纳，"一战"回来后，他成了"一位真正的编辑"，连约翰·P.马昆德都是他合作的作家。父亲去世后不久，柏林格姆开始在业余时间写作《你也是》（*You Too*，1924）。这本书"旨在尖锐讽刺广告业"，为了感谢父亲使自己远离广告公司生活。[17]

《你也是》讲述的是盖尔·温伯恩（Gail Winbourne）的起伏人生。他是著名画家丹尼尔·温伯恩的儿子，自己是崭露头角的小说家，却被困在哈特威尔出版公司（Hartwell Publishing）的销售工作中。[18] 父亲去世后，他得到了保险金，向纽约州中部的山丘地区出发，决定要在格兰维尔（Glenvil）的小村庄中潜心写作。不过后来一位名叫穆莉尔·盖伊（Muriel Gay）的富家小姐在夏天来访，盖尔爱上了她。穆莉尔的母亲非常坚持，如果他要娶自己的女儿，就必须有一份正经的收入，艺术工作留到业余时间再谈。最终穆莉尔点头同意，盖尔登上了回到纽约城的火车。这本小说与其他美国男作家的作品一样，将女人视为资产阶级责任的代理人。

在火车上，盖尔遇到了无所不在的全国性广告。一张登着肝脏药物的告示牌让他和其他乘客恶心得直咧嘴。一张图片上画着冒着蒸汽的煎饼，散发着"新鲜糖浆的香浓味道"，结果却是杂志烟草广告；这不禁使盖尔思考"我们文雅文明"中直接交流的衰落。小说在其他部分进一步强化了广告和非现实之间的联系。盖尔在广告顾问和公关工程师B. 敏顿·奥特沃特（B. Minturn Outwater）的公司找到了一份文案工作；他娶了穆莉尔，搬到了新泽西郊区一个住满了理智奋斗者的社区。故事发展到这一步，他们生活的不真实性几乎在每一页都有淋漓尽致的体现。

随着盖尔爬上了"广告游戏"的顶峰，愈发狂妄自大，这让人想起先锋派艺术家对于机器文明的一些粗糙赞颂。一段时间过后，盖尔开始相信之前在哈特威尔讽刺过的进步主义陈词滥调。他与穆莉尔站在美景公寓的楼顶，俯瞰着百老汇大道，"夹在菲斯克（Fisk）轮胎小男孩幸福的哈欠和箭牌（Wrigley's）口香糖华丽孔雀开屏的正中间"，盖尔欣欣鼓舞地说这栋楼的"美景是向人类的丰功伟绩致敬"。[19] 穆莉尔对此无动于衷。盖尔欢呼"真大啊！"她回答："太大了……为什么你总是忙于这些东西不回家？"在这里，她不仅是一个被忽视的妻子，也不仅是资产阶级价值观的代言人，她还是一位家庭生活的真人代表，对抗着机器文明创造出的"硕大无朋、狂喜错乱、强大无比的事物"。

一位被解雇的同事警告盖尔，"你和我这样敏感的人，本该进行真实的思考"，最终会为膨胀的整个广告业感到可笑。不过盖尔从来都不进行所谓命中注定的"真实的思考"。当穆莉尔离开他后，他再也无法被广告象征世界的光辉打动，对其他事务也不理不睬。他每天都机械式地上班："他已经养成了习惯，从讲话者的脸上看出要表达的观点，在他即将说出口时便痉挛式地大笑。"这是噩梦版的维多利亚式道貌岸然，一个发生在管理式环境的升级版本：一个人与"真正自我"完全异化，切断了外界表象和内心存在之间的一切联系。确实，他到底还有没有内心存在都不能确定。

这种"受他人支配的角色"（other-directed character）并没有取代十九世纪成功手册中赞美的"受内心支配的角色"（inner-directed character），正好相反，这两套规范在数世纪内别扭地共存着，扎根于市场社会与新教文化之间的道德妥协。[20] 不过在柏林格姆这类批评家来看，正是广告业系统化地塑造了后来被称为"他人支配"的现象，空前地强调人编造敏感性外表的能力。广告行业要求文案人奉承迟钝的客户与老板，让那些"本该进行真实的思考"的人从事琐碎的标语创造，最终掏空了一切个人真实感。

这种态度是针对二十世纪二十年代广告发展的文艺分析的主要特征。威廉·E. 伍德沃德（William E. Woodward, 1874—1950）的作品就体现出这一点。他曾是智威汤逊的文案总监，后来辞掉了工作，专心写小说和传记。他妻子是海伦·罗森·伍德沃德，为弗兰克·普雷斯布里广告公司写文案，后来出版了两本书批评广告业。威廉也逐渐对广告生出一种怀疑的态度。夫妇二人对待这个行业的态度都没有认真到打算一辈子耗在这里。

　　伍德沃德出生在南卡罗莱纳州一个穷苦家庭中，后来获得了州立奖学金，进入要塞军校（Citadel）学习。他的学习生涯成绩平平，毕业后在一系列报纸做低端工作，其中最值得一提的是在《亚特兰大宪法报》（Atlanta Constitution）做校对员。伍德沃德害怕自己走进了死胡同，再也没有机会写作，决定去纽约。当时是 1898 年，西奥多·德莱塞在那一年也第一次踏上百老汇大道，不管是中西部人还是南方孩子，这个城市都对他们产生了强烈的吸引力。与德莱塞一样，伍德沃德住过不少便宜的寄宿公寓，也在很多小型出版公司打过工。最终他与一家名为大学社团（University Society）的公司签了合同，为四卷套的《世界最优美的音乐》（World's Best Music）编写广告文案。"活力，幽默，统统都没有。"他回忆道，"不过却卖得很火。"他对工作的热情越来越高，"变成了广告狂人"，天天翻阅《印刷者油墨》周刊，有时为杂志写写文章，还将自己写的广告样稿寄给编辑看。1907 年，智威汤逊的克拉伦斯·霍普（Clarence Hope）注意到他的作品，雇他当公司的文案总监（但是伍德沃德承认，自己"其实不算文案总监，什么总监都不是"）。[21]

　　当时正好是智威汤逊的衰退期，史丹利·雷梭还没有接管公司并合理化公司运营工作。公司氛围就像是十九世纪八十年代一样混乱不堪。伍德沃德成功做了一些改进，比如建立客户和文案人定期会议制度，但是到了最后，广告公司的生活在他眼中自大得滑稽可笑。伍德沃德有时甚至提不起足够的热情去取悦客户。有一天中午，他在阿斯特酒店（Astor Hotel）和便宜人气啤酒商雅格布·鲁珀特（Jacob Ruppert）吃午饭。鲁珀特本人总是有一些又大又笨的奇怪念头，因此伍德沃德就想，也许开他的产品一个玩笑也没问题。鲁珀特说很喜欢《纽约世界报》（New York World）上一条"粉红的牛奶产自惬意的母牛"的标语，于是伍德沃德建议可以在鲁珀特的广告中借鉴一下：画面中一群马匹在吃草，文字就写"鲁珀特啤酒产自惬意的马匹"。对方的好心情立刻烟消云散，第二天，鲁珀特就要求换一个文案人负责他的业务。[22]

1913 年，伍德沃德负责开发辛克莱尔·刘易斯编辑过的那份辛迪加书页，在那时他就已经准备离开广告业了。辛迪加失败后，伍德沃德为纽约赫斯特旗下的报纸做宣传经理，然后又做了四年的银行主管。到了 1920 年，他已经厌倦了，当时也攒够了钱，终于可以甩手不干，从事早有计划的写作事业。他写的第一本书《谎言》（Bunk，1923）嘲讽了广告业和名人文化，从此美国英语中就多了"debunk"（拆穿谎言）这个词。

小说的主人公是迈克尔·韦伯（Michael Webb），他发明了一种能够测试谎言的仪器。伍德沃德对韦伯事业的描写，说明了写实主义仍然是朴素语言传统的核心，巩固着一种正确的现实概念。"现实与谎言的关系，相当于一根点燃的火柴和火药的关系。"韦伯说，"所以我在拆穿谎言这个行当中需要缓慢行动。我们必须慎重处理现实。"与凡勃伦一样，伍德沃德将工程师与生意人、生产者与奸商放在一起比较。[23]

不过，在《面包与马戏团》（Bread and Circuses，1925）中，伍德沃德曾短暂地揭露出追求真实修辞的一个缺点，但他很快又回到对不真实性的标准批评分析中去了。他在前言中讲述了一个故事，"一个男人一天到晚盼望着有一天能够见到、听到伟大的事物。他觉得有一些激动人心、生动鲜活的事情所有人都会经历"。因此，他每天过着日子，向女人求爱，挣了大钱，失足犯错，悔过自新，建立家庭，旅游了几次，读了一点书。当死神来临时，老人抱怨道："我没有看到过生活啊。"那你这么些年都做什么了？死神问道。他说自己工作了、说话了、爱了、恨了、笑了、盖了些房子、养了些孩子、思考了一点点。"'那就是生活啊。'死神说道，然后就将老人带走了。"[24]

也许问题并不是广告宣扬的不真实氛围这么简单，也许是因为人们对真实性的要求过高（这似乎是现代社会很多人心灵生活的主要特点），坚信每个人都会在正常生活中经历"激动人心、生动鲜活的事情"，因此当这种期望落空时，就意味着人并没有"真正生活过"。威尔斯和其他拥护朴素语言传统的人，认为这种现象的根源是人们对全国性广告和其他机构宣扬的舒适但没有目标的生活的反应；他们认为，广告促进了这种不安感的传播，但又承诺可以通过购买打包的强烈体验来化解这种不安感。伍德沃德又提出了一种可能性：错不在我们的公司主人，错在我们自身，我们不应该浪漫地鄙视日常生活。

这个主题在后来被乔治·奥威尔和其他拥护普通生活的人重新拾起。伍德沃德仅仅是做了暗示而已。尽管如此，他仍然瞥见生活崇拜（life-worship）的大浪冲出了波西米亚的海洋，涌进了郊区家庭的起居室中。巴比特就是其中一位受害者。人已经与强烈的情感和肉体体验割裂，这个观点在批评舒适阶级的先锋派和舒适阶级中间都传播开来，通过在小说、心理医生办公室以及一些广告公司中找回下意识的体验，获得了智识上的尊严。与机器文明话语对"能量"的赞美一样，对没有目标的"生活"的推崇，能够导致人最终原地绕圈，自我沉迷。

不过，除了从精神和心理角度来分析千篇一律的日常生活之外，还有一些作家试图从社会方面来做出诊断。他们采用了针对大众社会的批评习语，关注全国性广告宣传的文化标准化。马尔科姆·考利（Malcolm Cowley）为了批评马修·约瑟夫森赞美公众宣传的文章，在《扫帚》上发表了一篇戏仿文《雷因迪克创作的画像》（"Portrait by Leyendecker"，1923）。整个文章由各种热情洋溢的广告标语拼凑而成。考利笔下的 C. 韦斯利·布朗（C. Wesley Brown，文中也称布朗尼）代表着由广告商品（其中包括成为商品的指南文学）构建的轻快又空洞的自我。

在敞开的窗前做 12 节健身操，然后他用一贯活力从容的效率穿好了衣服。他的剃须刀，可以 33 秒刮完右脸，45 秒刮完左脸，一共花费 78 秒。至于他花在穿衣服上的时间（他称作穿衣预算，因为时间就是金钱），自从选择了古柏老法兰绒快速领带后，下降了 33.3%。他系好了"按齐"衬衫袖扣，于 7 点 39 分出现在早餐桌前。

锻炼和穿衣只花了 7 分钟！

想要打平或者打破这个纪录吗？只需撕下右下方的优惠券，填写您的信息就行了。[25]

尽管刻画手法比较粗暴，考利还是指出了机器文明支持者没有看到的事情：他知道，广告并不是和爵士乐一样属于活力流行文化的一部分。全国性广告体现的活力都是经过理性化的，旨在提高生产力和利润。害怕社会过分组织化的作家，坚持将广告视为其症状，将强烈的感情视为其解药。在读过约瑟夫森在《扫帚》中对广告的赞美文章后，诗人哈特·克莱恩（Hart Crane）给一位朋友写道：

他说的有些事情肯定是没错，不过他那些狂喜也有些太过低俗了吧？我宁愿站在"神圣艺术"的一边……也不愿意承认在俗丽的广告告示牌中能找到伟大的艺术。广告中的确有高超的技巧，但是这种恶心的物质主义和艺术根本没关系。只要马修不愿意承认强烈感情的力量与美丽（他已经证明了自己并没有强烈感情），他永远冲不破在艺术性和幻想方面的限制。[26]

克莱恩喜爱强烈感情多于艺术性的观点，代表了浪漫主义活力论者对真实性的寻求，结果导致他在追求大海深邃的道路上溺水自尽，自我毁灭。

相比之下，舍伍德·安德森要更幸运，更矛盾。在长达二十多年的时间里，他靠写广告文案糊口，他一面抨击公司创造出来的光滑的伪文化，一面又为自己能够在其中生存感到自豪。他渴望着纯真的美国乡土活力，但又因摆脱了乡村的古板体面而感到欣慰。安德生认为广告文案人都与他一样，痛恨自己不得不让文学天赋屈服于商业需求。"我们当时应该有两到三人梦想成为真正的作家。"他回忆道，"这个人在秘密地写剧本，那个人在秘密地写小说。"有些人成了酒鬼，其他人选择了自杀。有一个大胖子宣称，他们都在前世犯下了罪孽，要在现世接受惩罚："我们在地狱的广告部门工作。"[27]

这种地狱般的景象也许在某种程度上是文化风尚要求的。上述轶事是1933年安德森出版的回忆录中记载的，当时很多文人已经拥抱了共产主义版本的生产主义精神。不过安德森的生产主义观从来不是简单因为流行的政治教条要求。他一直信奉的观点是，写作是一种前工业时代的工艺，广告写作是对这种工艺的背叛。文字是用来表达"现实"的工具，如果用文字来欺骗，等于是在亵渎。"我把工具弄脏了"，安德生如此抱怨自己的文案工作。在很多其他场合，他将广告形容为"普遍的卖淫"，揭示出男性焦虑中生产主义理论的牢固基础。[28]

安德森在对广告的生产主义分析中还注入了一种原始主义的情绪：不仅是喜爱逐渐消失的前工业时代田园生活，同时深深钟情于被进步的发动机甩在后面的人，出于某种原因没有获得"二十世纪有限公司"门票的人。他在"怪诞之书"《小城畸人》（1919）中对这些"怪诞人物"（grotesque）的偏爱，并不是特例。二十世纪文学中一些经典的现代主义作品刻画的正是被现代化精英蔑视（甚至清除）的人群。福克纳笔下的约克纳帕塔法县（Yoknapatawpha County）和加西亚·马尔克斯（Garcia Marquez）笔下的马孔多（Macondo），与安德森的温斯伯格（Winesburg）一样，都聚居着在飞速发展过程中被踩在脚下的"长歪的苹果"。不过在所有这些作品中，尽管这些前工业社会的人被鄙视，作家都着重强调了他们的坚忍和韧劲。他们的抵抗力不是来自道德，而是他们特异的个性。他们是"怪人"，正是在"怪"之中蕴含着力量。

这种观念是一种重新注入活力的、波西米亚版本的生产主义神话。安德森的观念基础，仍然是同样的"真实"知识论，同样怀疑甜言蜜语，同样坚信语言应该透明，不过他观察的角度却将真实体验本身作为目的进行神化。安德森在二十世纪三十年代终于不再原地转圈，他将自己对真实的崇拜同公式化的激进政治联系在一起："人民"成为现实的化身。"我多么希望自己是真实的啊"，莱德·奥利弗（Red Oliver）说道。他是安德森的小说《欲望的彼岸》（*Beyond Desire*，1932）中的大学生，后来成为工人运动组织者；安德森笔下一边是脸很脏但很善良的穷苦工人，另一边是广告人福雷德·威尔斯（Fred Wells）"光芒四射的仇恨"，他穿着"完美合衬"的衣服，看起来就像自己广告中的人物一样。[29]

在安德森和其他作家的作品中，人民阵线文化推动着生产主义神话的重生，"工人们"成为真实体验的化身。马修·约瑟夫森在二十年代还赞美广告业，但是到了1935年就在攻击"一天到晚坑蒙拐骗的绅士，说假话的广告文案人、出版业士绅、青少年棒球联盟成员和网球冠军们"，将他们的虚伪与只有在"最贫苦的苏维埃学生或最肮脏的煤矿工人"身上才能找到的"真正、纯朴的人性尊严"放在一起比较。[30]

这种知识论超越了政治的界限；社会主义现实主义同美国景观（American Scene）区域主义（regionalism）的真实感有共同之处。托马斯·哈特·本顿（Thomas Hart Benton）在描述1943年他与美国烟草公司（American Tobacco Company）的一次争执中，就将自己艺术的真理与广告的谎言放在一起对比。由于之前联邦法院裁定其价格垄断，为了中和负面形象，美国烟草公司雇爱雅广告公司为其打造一个"老百姓"的形象（这种做法后来成了标准的商业惯例）。本顿是最佳人选：他的作品平易近人，又蕴含着高雅艺术带来的合法性。本顿来到佐治亚州南部的山丘地带，画出了眼前的景象：黑人收割烟草。但在这时广告公司主管却抱怨："如果把这种作品拿出去，黑人团体会抵制我们的产品，造成成千上万元损失。他们希望黑人衣着光鲜，是体面的社会公民。当然，如果要按他们的意愿来画，那全体南方白人都会抵制我们。所以唯一的解决方法，就是根本不要在广告中出现黑人的身影。"于是本顿又去了北卡罗莱纳"乡巴佬生产烟草"的地方，画出一幅老人和孙女的图像；广告公司觉得很好，不过女孩子有一些太瘦了。"'和烟草有关的一切事物都必须看起来健健康康，'广告公司的人宣布。"最终本顿把小女孩从画面中剔除，画了一个金色老头在抚摸烟叶；不过在广告公司主管的眼中，叶子还不够金色，因此本顿绕过广告公司，成功地向烟草公司大老板乔治·华盛顿·希尔（George Washington Hill）做了个人申诉。由于他的生产者精神，他描述的与制造商希尔的交流，远比他与广告公司中间人的交流强多了，那些中间人什么都不制造，连香烟都不行。[31]

　　不过，整个事情让本顿觉得非常气愤。"广告是一门撒谎的艺术，"1945 年他对纽约报纸《PM》记者说道，"你就这么写好了。广告的基础，是谎言和真理混杂在一起的暗示。不过艺术怎么能处理半真理的东西？商界不能指望艺术家替他们撒谎。如果我们真的撒谎了，那就是不折不扣的娼妇，就该给我们花大钱。我不是娼妇，我受够广告了。"本顿将欺骗与卖淫联系在一起的做法，以及相信真实的美国文化在乡村的观点，让人想起安德森的修辞策略。在采访中，本顿认为艺术并不是宣传，而是文化的表达。美国文化是乡村文化，在南北战争前能在库利尔与艾夫斯的图像中看到，但在之后很少出现，因为美国艺术家已经被法国细菌感染，模仿欧洲的堕落，创作出"矫揉造作、娘娘腔的艺术，大众根本无法理解"。本顿非常纠结同性恋问题。1940 年，堪萨斯城艺术学院（Kansas City Art Institute）取消了他的执教资格，因为他公开抱怨艺术已经被博物馆和"第三性"毁掉了。本顿十分厌恶跨越性别界限的现象，在他看来这会模糊朴素语言和性别身份所必需的清晰性。[32]

与十九世纪共和派的狂热信徒一样，本顿浑身上下都认为欧洲艺术（不管是学院派还是先锋派）覆盖了一层人工性和贵族矫揉造作的外壳。只有美国的"先锋群体"才能创作出真实的表达。大多数广告公司主管就是从这种群体出来的，这一点本顿倒没有觉得不舒服。不过到了二十世纪四十年代，本顿对知识分子高高在上的现象感到越来越愤怒，他就像一个红脖子在荒野里愤怒咆哮。这不仅是他觉得自己品位多么高尚的问题。在这种对广告的生产主义批评分析中，尤其是在本顿这种简化了的批评分析中，存在一些知识论和伦理上的问题。艺术能够毫无偏差地反映现实，这种观点是本顿世界观的核心，但是美国先锋派艺术家已经开始对此产生怀疑。除了朴素语言，他们会采用其他的习语来追求真实的表达，试图通过与广告的对立来定义艺术。

支撑着维多利亚式真诚理想的是一个不成文的理念，即语言对淳朴灵魂的表达要么正确，要么错误，只有两个选择；现代主义对真实性的看法认为，语言并不是对毫无问题的现实做透明的呈现，而是一种随意形成的编码，符合当时的主流社会文化常规。在众多现代主义作家双关语和语言游戏的背后，是文字和指涉物之间的不变联系已经被切断的现象，正是这一点让现代主义与赞美外表展示的后现代主义也产生了联系。不过，切断文字与指涉物之间的联系，并不一定意味着否认文字和指涉物之间的关系，也不意味着要无视语言实际指涉的世界，不管这种指涉多么有缺陷，多么间接。《日常生活中的精神病理学》（*The Psychopathology of Everyday Life*）、《奉使记》（*The Ambassadors*）和其他现代主义经典作品中都暗示出这样一个观点：语言是一层外衣，解开扣子，就能露出隐秘的生活。不管是不是使用了精神分析的语言，很多现代主义者希望能够超越朴素语言，对艺术真理进行一种更为严格、更为内省的追求。

二十世纪三十年代《党派评论》（*Partisan Review*）圈子中的现代主义者们热切希望将真实性话语复杂化，因为他们希望能够让自己远离进步主义正统派（不管是自由主义还是斯大林主义）。莱昂内尔·特里林对弗农·帕灵顿（Vernon Parrington）《美国批判现实主义开端》（*Beginnings of Critical Realism in America*）的书评就是这场运动的重要宣言。这篇名为《美国的现实》（"Reality in America"）的文章 1940 年发表在《党派评论》上，轻蔑地否定了帕灵顿的认识论。特里林写道："有一种东西叫作现实；它是一个整体，亘古不变，完全在外部，无法被缩减。人的头脑也许会摇摆，但现实总是可靠的，总是一成不变的，总是容易获知的。"[33] 这种所谓的"批判"现实主义肯定了维多利亚式的透明观；对特里林和其他有意探求潜意识真理的作家和艺术家来说，这是不行的。他们带着新一轮的热情，追求一种内省式的真实性理想，这种理想除了反映出挥之不去的男性焦虑感，也反映出二十世纪三四十年代的种种大灾难。

坚忍隐者的再现

二十世纪四十年代中，《党派评论》的现代主义者、抽象表现主义（Abstract Expressionist）画家、众多黑色电影（film noir）导演以及大众文化的其他缔造者共同参与构建了一个升级版的"现代人"（modern man）形象，同之前的生产主义者前辈相比，他更为复杂，被内心的矛盾撕扯得更加分裂，但却是同样坚强勇敢的个体。这个工程升级了经典美国文学中关于男性气概的强大主题：猎鹿人变成了匪徒式的悲剧英雄。"这个男人坚守着自己的正直道德观，"D. H. 劳伦斯在《美国经典文学研究》（*Studies in Classic American Literature*，1923）中如此描绘这种角色类型，"他孤立，隐忍，忍耐力强，在死亡屠杀中生存，但他是纯白的。"[34] 在一个社会期望饱受挫折、"坚强的现实主义"的时代，这种形象重新出现，受到广泛欢迎。

　　可以确定的是，这些人不都是杀手，即使在比喻义上都不是。有一些人（用梅尔维尔的话来说）是沉思的坚忍隐者（stoic isolato），对抗着白领办公室刻意打造的友善亲和及广告文化中刻意宣传的乐观主义。批评家罗伯特·华萧（Robert Warshow）在 1948 年指出，在这种文化中，活泼开朗实际上是官方规定的义务。悲观主义不是美国精神（un-American），因为那就等于不相信我们已经攀上了世界历史的高峰。[35] 当一些现代主义者考虑严肃话题时，倾向于采取一种体现男性坚强的防卫性姿态。第一代抽象表现主义者就是这样的。为了寻找真实的自我表达来抵抗广告和商品世界的吞噬，他们发展出一种形式主义现代主义的批评分析。

　　当二十世纪四十年代早期抽象表现主义趋向成熟时，广告公司愈发渴望采用在萨尔瓦多·达利（Salvador Dali）和勒内·马格利特作品中表现得最为明显的具象式（representational）、幻觉式的超现实主义（surrealism）。至少在广告主看来，这些艺术家的核心魅力在于能够将熟悉的事物陌生化，达到吸引注意力的效果。马格利特自己的艺术目标，不能简单归结为视觉噱头（和越来越噱头化的达利不同）；特别是他早期的作品，总是在挣扎着表达并净化一种心灵毁灭和丧失的压倒性感觉。不过，他作品中的哲学维度，最终却使他（虽然中途曲折）走向了广告。据马格利特讲，他想要颠覆现实主义核心的模仿观，即颠覆图像和物体要完全相同的观点，从而达到"审判现实世界"的目的。他用幻觉主义的手法来攻击幻觉主义艺术，采用怪异的变形、不协调的对比以及位置巧妙的文字，一切为了强调表现手法的随意性。马格利特坚持认为，表现的基础不是要模仿或相似，而是只要了解语言和视觉的游戏常规就可以了。他这种做法颠覆了既成的广告策略，因为广告的基础就是不加批判地接受这些常规（乡村景色象征田园和谐；沙滩排球代表运动情欲）。不过，到了四十年代，杂乱的竞争局面迫使一些更有冒险精神的广告主转而采用新的方法来吸引注意力。尽管马格利特的知识目标不同，他对广告也很鄙视，但他很多后期作品都是公司宣传战役的委托作品。[36]

对广告主来说，马格利特的部分魅力在于，即使他嘲笑幻觉主义风格的哲学基础，他仍然采用这种风格。他的作品可以用在一类特定的广告中，这类广告强调风格大胆，抛弃写实主义表现手法，彰显人工性，一面力图取代资本主义现实主义，一面又坚持推崇平滑的表象幻觉主义。从广告主的角度来看，达利和马格利特的超现实主义幻想手法充其量不过是"骗人的新闻伎俩"，目的就是让观众驻足观看；后世贩卖"特效"的高科技噱头，正是这种手法的继承者。

"骗人的新闻伎俩"这种说法是 1946 年抽象表现主义画家巴内特·纽曼（Barnett Newman）提出的，用来对比达利的学院派超现实主义和当时在大都会艺术博物馆（Metropolitan Museum of Art）展出的大洋洲原始艺术家的作品。纽曼指出，在专利药时代充斥着商业行话的帝国原始主义，现在又被现代主义先锋派挪用。大洋洲艺术家被用来提供商品文明中无法提供的"完整而天真"的景象。从原始主义者的角度来看，超现实幻觉主义就同广告一样，是骗子艺术家的作品；就像一个魔术师不去"感受魔术"，反而通过"戏剧性"和"新闻伎俩"来操纵观众。纽曼将自己看作现代主义魔法师，抵抗着消费文化的虚假价值观，英雄一般孤军奋斗着。[37]

不过，这可不仅是一个男人在故作姿态而已。纽曼发现了两种魔法之间的不同点：一个是连贯的泛灵论世界观中蕴含的魔法，另一个

图 11.1　威廉·巴齐奥蒂斯，《食肉者》，1952 年。
纽约艾瑟尔·巴齐奥蒂斯遗产布鲁姆赫尔曼画廊授
权使用。

William Baziotes, *The Flesh Eaters*, 1952. Courtesy of
BlumHelman Gallery, Estate of Ethel Baziotes, New York.

是市场的现代魔术，充其量是耍花招。抽象表现主义者力图通过重新处理玄秘的主题，使艺术世界（但很不幸，不是日常生活的世界）再度魅惑化（图 11.1）。他们对商品文明的抵抗包含了一种形式主义的批评分析。几乎所有的抽象表现主义者都坚称，他们的问题不在于该如何画，而在于该画什么。1943 年，画家阿道夫·哥特列伯（Adolph Gottlieb）指出："什么都不表达的画，不是好画。我们坚信，主题题材是非常重要的。"批评家罗伯特·哥德沃特（Robert Goldwater）对此做了简明扼要的概括。他说，抽象表现主义者"从事的是'描述真相'，他们对此也谈了很多。真相是一种感情的真相，能够从他们自身中萌发，如果他们懂得如何允许其萌发的话"。[38]

　　这不仅是从社会缩回到个人的问题，也不仅是从历史的嘈杂实际退回到永恒的神话境界的问题，然而在热情的观察家眼中就是如此。斯图尔特·戴维斯对抽象表现主义者的态度就很有代表性（这种观点后来在左翼史学中重新浮出水面）。戴维斯认为抽象表现主义就是"潜意识的打嗝"而已，并且将自己的态度与阿希尔·戈尔基（Arshile Gorky）的态度放在一起对比。戴维斯是二十世纪三十年代美国艺术家大会和其他政治抗议团体的组织者之一。"这些工作一开始我就在做，戈尔基也是。形势很严峻，需要我很严肃地对待工作，在组织工作上花费大量时间。戈尔基没有我这么紧张，仍然想玩。"艺术史学家俄尔文·桑德勒（Irving Sandler）指出："戴维斯在这里指的'玩'，是指'画'。"反感将艺术视为玩乐，要求将艺术服务工具主义的事业，这种观点不仅限于全国性广告主，左翼狂热信徒也有同样的观点。[39]

他们没有看到的是，抽象表现主义其实力图恢复一些在进步主义现实观（既包括人民阵线的社会主义现实主义，也包括广告中的资本主义现实主义）中无法容身的真理。到了二十世纪三十年代晚期，对于全面战争阴影笼罩下的很多艺术家和知识分子来说，只有采用更加黑暗的景象，才能对抗理性和进步的管理式体系。比如，哥特列伯坚持认为，艺术家需要"不停意识到强大力量的存在，意识到直接的恐怖和恐惧感，认清生活永恒的不安感和自然世界的种种残酷"。艺术史学家迈克尔·雷哈（Michael Leja）指出，这种敬畏的语言在四十年代对"现代人"的意见中经常出现；不过，我们必须意识到，当1943年哥特列伯写下这些文字时，那种"直接的恐怖和恐惧感"在人们心中一定极其强烈。[40]

与怪诞文学一样，抽象表现主义绘画力图捕捉即使在最大胆出格的公司图像中都不会出现的体验：比如不可调和的性冲突（阿希尔·戈尔基）和不可能的精神渴求（马克·罗斯科[Mark Rothko]）等等。试图同化不可同化的事物，让艺术家去进一步寻求更"真实"的手法：他们执迷于能量与自发性，执迷于粗糙和"未完成"的画作，执迷于油彩结壳和胡乱滴落。批评家梅耶·夏皮罗（Meyer Schapiro）在1957年研究这种狂热现象的影响时，对其文化重要性做出了清晰的总结。他指出，在一个被大规模生产和劳动分工统治的文化中，绘画变成了为数不多的能够代表个体寻求与他人交流的人工品；抽象表现主义者希望在这个自我似乎摇摇欲坠甚至过时的世界中创造个人身份的象征物。他们的作品见证着广告艺术和渴望真理的艺术之间的持久张力。[41]

抽象表现主义最终的命运颇为讽刺。画家对潜意识的探索，同潜意识自身的概念一起被营销策略招安了。文化冷战的战略家挪用了抽

象表现主义绘画来象征自由，将其输出国外。[42] 尽管画家们决心抵制
吞并，但是到了五十年代初期，他们的很多作品都变成了绝佳的投资
机会。在第一代抽象表现主义者眼中关键的主题题材，现在模糊到可
以忽略不计；在投资者和广告主眼中，风格就是它最大的吸引力。到
1960 年，抽象表现主义画作的模仿作已经进入了商品文化的指涉体
系，变成了复杂精致的象征。在公司广告图像中出现的极简主义城市
公寓美好生活里，可以看到背景挂着模仿波洛克（Pollock）或罗斯
科的作品。抽象表现主义变成了另一个文化道具，被大型广告公司内
部永远机警的"创意人"把玩操纵着。

　　除此之外，还有一个更大的讽刺。抽象表现主义者希望捕捉到一
种情感的真理，并通过个人体验将其验证。不过他们的视野太个人
化，深深扎根于一种坚忍隐居的理想，结果他们的真理有时存在绝对
主观化的风险。在这种情况下，只能用"严肃"或"真诚"来评判。
对艺术真理不顾一切地追求，或许也是因为害怕实际上真理并不存
在。虚无主义的幽灵也许一直困扰着艺术家和广告人，因为他们成功
的关键（广告行业期刊也同意）就是"真诚"。如果没有存在论的坚
实基础，对真实性的探索有可能从真诚滑向自毁。杰克逊·波洛克就
是这样，在酒坑里滚了三年，逞了三年大男子主义之后，他最终开车
撞上了一棵大树；罗斯科也是这样，他最初还同意纽曼提出的建立"关
于我们自己的大教堂"的说法，但是最后自杀身亡，因为据罗斯科本
人称，"已经没有神殿可以画了"。[43] 主观上的神殿最终还是不够。

　　力求抵抗商品文化的作家和艺术家发现，这个任务变得越来越困
难。问题远不止广告能够将一切事物甚至是"潜意识的打嗝"变为展
示社会地位的形式那么简单；其他的替代、可信的含义框架本身就模
棱两可。进步主义正统理论垮掉以后，很多人都在讨论要回归犹太教
和基督教传统中的坚忍悲观主义；这种坚忍悲观主义在弗洛伊德晚期
作品中也有体现，可以说是特里林和同时代知识分子理论的总结。不

过，这种回归坚忍悲观主义的结果，通常是人们在"坚强现实主义"的旗号下默默接受了冷战政治，并退回大众文化批评中。对权力的质疑变成为品位的问题。自觉远离麦迪逊大道的知识分子们，不知不觉中在自己的分析范畴中也采纳了广告业的观点。[44]对真实自我表达的追求，似乎开始变为选择恰当的个人风格：坚强，寡言，出世。

坚忍隐者的形象，在很多文化环境中重新出现，包括对广告的文学批评。弗雷德里克·韦克曼（Frederic Wakeman）畅销小说《叫卖贩》（*The Huckster*，1946）的主人公维克多·诺曼（Victor Norman）正好是麦迪逊大道版的汉弗莱·伯加特（Humphrey Bogart，《卡萨布兰卡》男主演）。[45]韦克曼以前做过广告文案人，他笔下的诺曼是一位战时新闻处锻炼出来的冷峻老兵。宣传战结束之后，他在金伯利·马格（Kimberly Maag）广告公司找到一份客户主管的工作，负责美皂（Beautee Soap）公司的客户项目。美皂公司的老板叫埃文·埃文斯（Evan Evans），一位老派的家长式制造商，作为客户强硬得像军队长官一样。老头子的脾气使全广告公司的人（也包括美皂公司的雇员）十分恐惧，生怕惹他不高兴。诺曼却不吃这一套；他的"个人信条"就是"都他妈去死，不过留下六个，给我抬棺材"。他从事广告工作就是为了钱，不过他对阿谀奉承、道貌岸然的现象十分恶心；他用了很大篇幅不停向生意伙伴、枕边人和他自己抱怨。"我不喜欢兜售东西，我也不喜欢溜须拍马。"他说道。

在"二十世纪有限公司"，诺曼邂逅并爱上了凯·多兰斯（Kay Dorrance）。凯的丈夫是一位外交部官员，在中国工作。在她眼中，诺曼是一个愤恨、幻灭的人："你的脸，就好像一张面具，看到什么都没什么表示。你的双眼完全没有感情，没有光。当你笑的时候，只有肌肉在动，而且很快消失，感受不到任何欢乐。你看起来很遥远，你坐在人们身旁，但根本不是其中一员。"诺曼承认自己走到哪里都格格不入。"凯，你也清楚。一个货真价实的艺术家还有条简单出路，回到象牙塔里去。我们这种人物根本就没有象牙塔，完全困住了。后来也发现，一个礼拜挣一千块钱都没多大用处。"诺曼鄙视作家（除了"为数不多的好作家"），认为他们是"一帮没有说服力的装腔作势者"，他还觉得"美国知识分子"是"全世界贫瘠不育的最佳典范"。一个冷漠的（男性）个体，疑心重重，超然社会，被主流意识形态疏远，厌恶在腐败消费文化中需要妥协才能获得成功的现象，《叫卖贩》对这种形象的赞美与很多战后作品观点遥相呼应，包括安·兰德（Ayn Rand）的《源泉》（*The Fountainhead*）和 F. A. 哈耶克（F. A. Hayek）的《通往奴役之路》（*The Road to Serfdom*）等大相径庭的作品。

在结尾部分，诺曼自己想出策略保住了美皂公司客户，不过胜利的果实非常苦涩，诺曼最后辞去了广告公司的工作。故事最后的场景，他给凯打电话，结束了他们之间的恋情。他希望凯能够和丈夫在一起。"如果我们继续这样下去，"他说道，"我会恨我自己的。"《卡萨布兰卡》的高潮部分也是如此，在这个时刻，真实性以坚忍的出世形式表达出来。

这种做法本质上是空虚的，除了感觉保留一个完整的自我之外没有任何其他目的，难怪一种反对它的体裁开始发展起来。乔治·奥威尔的《叶兰在空中飞舞》（*Keep the Aspidistra Flying*，1936）和埃里克·霍真斯（Eric Hodgins）的《布兰丁之路》（*Blandings' Way*，1950）这样的小说中，从商界跑出来的敏感人士逃进了波西米亚群落（或者康涅狄格州的乡下），但在那里，他们发现唯美主义者才是真正的装腔作势者（或者理想的田园诗只不过是一堆产品账单）。从这个角度来说，如果要想活得真实，就应该老实付账、每天清晨去工作，承认担负日常生活责任也是一种英雄行为，即使有时沉闷无味。简而言之，就是让叶兰（随处可见的英国中下层阶级盆栽植物）在空中飞舞。

这种生活态度，可以说是戳进了隐者盔甲的缝隙。一直困扰着真实性追求的恶魔，并不是弥尔顿笔下的路西法，反而是"平淡无奇的普通人"（l'homme moyen sensuel）。对普通生活的恐惧，将海明威和抽象表现主义者与弗雷德里克·韦克曼这样的流行小说家联系在一起。他们都认为（至少是默许），对艺术真理的追求，需要否认同日常家庭、经济生活的一切联系。奥威尔和霍真斯这样的作家，厌倦了真实性的术语，重点描述了这种渴望超越的心态中一种傲慢的自欺欺人姿态。

　　尽管如此，在文学界对广告的批评中，还存在一些既微妙又具挑战性的超越观。其中最值得一提的两个超越观，出现在威廉·盖迪斯（William Gaddis，1922—　）和弗雷德里克·埃克斯利（Frederick Exley，1930—1992）的作品中。盖迪斯的《他认识到》（*The Recognitions*，1955）和埃克斯利的《球迷笔记》（*A Fan's Notes*，1968）都有真实性话语的特征：对外表欺骗的不信任，针对大众文化的男性愤怒感，等等。不过这两本书都远离了主流常规。最终，盖迪斯和埃克斯利放弃了焦虑的探索，力图在劳碌匆忙的现代社会中寻找一种静止感，一种与物质世界更持久的联系。

渴望静止：盖迪斯和埃克斯利

　　《他认识到》包含了极多的现代昙花一现和古老的奥秘，对真实性和人工性、高雅艺术和广告之间的关系进行探索，故事的背景放在诞生了抽象表现主义的地方：纽约，第十四大道以南。[46] 盖迪斯对这个环境很熟悉。他因为与剑桥市（哈佛大学所在地）警察扭打，被哈佛大学勒令退学。后来他在格林威治村和波西米亚群体待了好几年时间，在《纽约客》做校对员。1947 年下半年，他对自己的文学敌人发誓：

"我要第一个出书!"随后便逃出纽约。他在中美洲、西班牙和北非旅游了五年时间,靠给机械师当助手以及为联合国教科文组织撰写广播稿为生,最终他回到纽约州乡下一座农场,在那里完成了自己的小说。[47]

《他认识到》这本书是无法概括的,不过它的主线剧情是描述一位画家怀亚特·贵恩(Wyatt Gwyon)在一群宣传员和装腔作势者的狂欢中挣扎着寻求真实的自我表达手法的故事。怀亚特的父亲是新英格兰乡下一位公理会(Congregationalist)牧师;怀亚特小时候,父母乘船去母亲的故乡西班牙,但是母亲却在海上去世。她的死使悲痛的父亲踏上了天主教欧洲的精神巡礼。他回美国时,带回一只巴巴利猕猴、一屋子天主教工艺品和一种对异教徒传说的痴迷。最终,他试图杀掉邻居的一头牛用来献祭,结果被教会开除。早在父亲身败名裂之前,怀亚特就离开了家,首先学习成为圣公会(Episcopal)牧师,随后成为一位出色的十五世纪佛兰芒名画伪造者,雇主是肮脏如屎的资本家值常·史(Recktal Brown)①和耶稣会的魔鬼巴泽尔·瓦伦丁(Basil Valentine)。主线叙事讲的是怀亚特逐渐认识到在模仿中并不能找到真实的表达,即使是他出神入化的仿造品中也不行;他也逐渐将自己与值常·史和瓦伦丁松绑,通过同死去的母亲达成象征性和解来寻求更为整合的自我感(但是他慢慢才意识到自己是谁)。在探索中,他又回到了大西洋彼岸。对盖迪斯和其他很多美国早期作家来说,"旧大陆"是母性缪斯女神居住的地方;通过回到(艺术)母亲身边,就可以获得某种救赎。怀亚特最后获得了某种救赎,但仍然坚持以苦行的方式赎罪,在西班牙一座修道院修复中世纪壁画,沉浸于(再)创造([re]creation②)可持续存在的物体;这种活动正是汉娜·阿伦特当时称为有意义的工作。[48]

在《他认识到》中,世俗的现代性与美国消费文化互相交织;只

---

① 原文 Recktal Brown 即"直肠屎"之意,此处用谐音翻译。——译者

② recreation 既有再创造也有休闲玩乐的意思。——译者

有落后的西班牙人才不知道新大陆的商品，将卫生棉条误认为燃烧弹。在几乎所有角色的漫无目的混乱生活中，都可以听到广告的背景噪音。广告的影响导致了伪科学的出现，导致了艺术的腐败，导致了神圣事物的商品化。一个广播节目《圣人传》（*The Lives of the Saints*）就是由一家名为死魂风（Necrostyle）的公司赞助，它卖的安眠药形状就像圣饼一样。书中最显赫的广告人叫埃勒里（Ellery），是耶鲁男，骷髅会（Skull and Bones）成员，看起来与文学对广告的批评中描绘的人一模一样："埃勒里身体柔软、苗条健康……什么衣服穿在他身上都好看：当裁缝们设计宽松夹克和无褶窄裤时，脑海中想的就是这种人。"埃勒里和骷髅会同伴莫基·达令（Morgie Darling）有一次将主流观点换了个说法，高兴地承认："这［广告］就是将艺术当作妓女，我们就是拉皮条的，明白了没？"在一张欺骗的大网中，艺术和商业不可救药地纠缠在一起。

到了小说末尾，美学家和广告人为罗马遍地是虚假的现象欢欣鼓舞，教宗用电动剃须刀刮胡子，客户主管幻想是不是能够请教宗为广告做见证宣传。"热爱美丽事物的人"聚集在一起，"和小偷一样亲密无间"。同梅尔维尔的《骗子》一样，不真实已经成为普遍现象，只不过在这本小说中，背景不是设在汽船上，而是一座户外咖啡馆。"旁边桌子的女孩说道：剽窃？那是什么？亨德尔就这么干过，他们都这么干过。连莫扎特都剽窃过，他甚至还剽窃自己的作品。"

定位一个真实的自我感，对盖迪斯来说要比对安德森或者抽象表现主义者要更加困难。真实性的立场已经变成了一个时髦的姿态。麦克斯是一位美国画家/装腔作势者，在"未完成"画的潮流中成了幸运儿：他的情人将她老公丢弃的未完成的画偷偷交给他，他对这些作品进行润色后，便当作自己的原创卖出去。另一位成功画家则"爬上梯子，拿着一根浸了墨水的绳子，然后从屋顶将绳子扔下去，落在摆在地板上的画布上"。这段情节无疑指的是波洛克的滴画手法。

　　盖迪斯对匠人价值观的信仰，使他厌恶那些缺乏技艺的艺术。1950 年，在《哈泼》杂志一篇关于自动钢琴的文章中，他认为这种乐器"迎合了美国人某些最固执的需求：希望参与不用费劲去理解的活动；希望获得一种不用付出劳动、不用刻苦练习、不会花时间的创作快感；希望展现天赋，虽然什么天赋都没有"。[49] 麦克斯早期的成功作品之一，就是一件将工作衫裱起来的画。《他认识到》中充满了为了推销自己而鄙视工匠精神的艺术家。这也许就是盖迪斯让怀亚特画赝品的理由。每一幅画都是完美创作出来、绝对匿名的工艺品，这正好与现代主义模仿者的作品相对立。为了精美打造这些作品，怀亚特需要"同现实合作"，不是指英雄的无产阶级现实，而是沾满屎的商业现实，其代表人物就是值常·史，因为巴兹尔·瓦伦丁告诉怀亚特："史就是现实。"话虽如此，从一开始怀亚特就对这种投降感到非常不舒服。史不仅是一位资本家，他还是一位用科学手段营销艺术品的先锋。他已经"开展了一项生意，将小说交给公共舆论委员会，代表各个阶层的读者提出自己的意见，作者根据这些意见修改小说。当然了，都会是畅销书"。这完全是广告公司文案人的生活，怀亚特在脑海中想象艺术家陷入这种困境会是什么情形："将画交给他们，代表各个阶层？你最好剔除……这个色彩……那些线条，还有……他用手抹了一把脸。"这不禁让人想起洛克威尔·肯特等艺术家对广告的批评分析，也让人想起广告行业期刊的很多批评文章。这无疑是艺术自治权的噩梦。

　　不过怀亚特的困难还要更糟。他对瓦伦丁抱怨，史下命令创作某些特定的仿制品，"就好像在制造专利药一样"。

　　—— 他听到弗拉·安吉利科（Fra Angelico）的一幅画在某处以高价卖出，就觉得我也应该做一幅弗拉·安吉利科的画，搞一幅弗拉·安吉利科的画……

——好吧……

——就像生产专利药一样。他对史说——你知道我为什么绝对画不出来弗拉·安吉利科的画吗？你知道为什么吗？你知道他是怎么作画的？他跪在地上，双眼含着泪水画出十字架上的基督！你觉得我……你觉得我……

在怀亚特眼中，在现代艺术世界精心操纵的外表之下，缺少了一种重力、一种更深的内涵。他父亲曾经抱怨，现代世界"根本就没有神秘感，没有一点点重量"，他也相信，之所以佛兰芒画家能够为每个物体附加特殊的厚实感，就是"因为他们在哪里都能发现上帝。没有任何事物不被上帝看在眼里，绝对没有"；确实，怀亚特坚持道，"只有被上帝看着，事物才能拥有自己的形式，自己的个性和……形状与味道"。与此形成对照的是，"今天一切事物都知道自己正在被看着，但看的人却不是上帝"。与父亲一样，怀亚特觉得，"现在总是能够体会到一种没有重量的感觉，或重量很轻的感觉"。在一个祛魅化的世界中，精神重力正在消失；对怀亚特（以及盖迪斯）来说，这就是现代艺术与文化中弥漫着不真实感的关键原因。

怀亚特并不是唯一一个在误导性的外表中寻求精神内涵的人。年轻诗人艾丝美（Esme）也是一位寻找静止核心的艺术家，在静止的核心中，含义与表征、意图与人工性之间形成了完美的和谐。与贵恩一样，她挣扎着尝试撕掉大众媒体化的社会文化强加在文字和图像上的"无数的废话"，寻找一个理想中的境界，"跟跑有序的工作和思想不存在，只存在着透明的誊写：在这个境界中存在的诗，她虽然了解却无法书写，它已经拥有了形态，期待在已不可能书写的那一刻重生，之所以不可能，是因为她自己已经变成了诗"。渴望"原点"，渴望在自我和自我的语言之间建立前语言（preverbal）的结合，体现着她想要逃离主流文化二元论的愿望。在泛灵论的世界观背后，是一个完整性的梦想，一个宇宙弥漫着超自然含义的梦想。

对有些人——比如禁欲主义的年轻音乐家史丹利而言，对原点的追求能够带他们走向天主教正统。怀亚特在一段时间内也把玩过传统主义的观点，将自己想象为"佛兰德斯艺术行会中的大师画家"，发誓在上帝的目光下使用纯洁的物质进行创作。不过他这种幻想无法长久维系。史丹利的命运说明，等待着唐吉柯德式反现代主义者的，只有自毁这一条路。他创作了一首管风琴圣乐，决定要在一座古老的意大利教堂演奏。当他拉出风琴所有音栓时，低音的振动导致整个教堂剧烈摇晃，最终全部倒塌。与此相比，怀亚特最后在西班牙的皇家修道院"修复"壁画，方法却是从画上刮掉油彩：他根除自己的赝品生涯，"经受着生活"，与不幸的史丹利追求的救赎相比，这是一种更模糊、更精神性的救赎。

尽管如此，在怀亚特身上也有一些自我毁灭的行为：他酗酒，鄙视物质享受。他总是感觉很冷，不穿冬衣受不了，但他就是不买。很大程度上，他就是硬汉悲剧英雄形象的艺术家，沉默寡言，甚至不善言辞：对盖迪斯、安德森和其他一些作家来说，不善言辞和真实性是如影随形的。与此同时，怀亚特也是一位坚定的隐者，无法同其他人保持长久的关系。他妻子艾丝特（Esther）抱怨道：

> 你从没有……和我分享过任何东西……你不帮我做事，不对，你为我做事，就是不帮我做事。你那但丁的书，*我们*不能共同拥有，就好像不是你的就是我的一样，所以你才把它给了我，就是不能我们共同拥有。你……甚至连你和我做爱时都不和我一起分享，你做爱就好像是……你想做什么坏事一样。

怀亚特对艾丝特的回复一般是长时间的沉默和说一半的句子。他就是那种独自思考的男人。

怀亚特这个角色，毫无疑问来自盖迪斯对二十世纪五十年代成为管理式职业文化主流的治疗学正常标准的厌恶，对"健康性生活"的流行语的厌恶，对强调合作和团结的流行语的厌恶。怀亚特决定"简单化……刻意生活"以便"解决"之前经历的痛苦，这种做法有着长久光辉的历史，不仅在基督教文学中能够找到，在梭罗这些更加异端的朝圣者身上也有体现。不过，对盖迪斯（以及梭罗）来说，对生活常规和普通家庭生活的恐惧，为他们对资产阶级平庸精神的批评分析添加了一层厌女的情绪，甚至是虚无主义的情绪。难怪当艾丝特说想要孩子时，怀亚特的脸色就像被雷劈了一样。在坚忍英雄孤身一人的旅途中，没有抚养下一代的余地。

弗雷德里克·埃克斯利的《球迷笔记》在寻求真实表达的过程中体现了更加明显的虚无主义，书的体裁是虚构回忆录，讲述他在毕业后摸索写作生涯的过程，在二十世纪五六十年代，他醉醺醺地踉跄在各个广告公司和精神病院之间。[50] 在战后"富裕的社会"中，舍伍德·安德森笔下的怪诞人被正式打上变态的烙印，关在了精神病院里。阿瓦隆谷（Avalon Valley）精神病院的常客们培养出自己的象征性力量，对抗主流社会世界的标准化进程，因为渴望这个世界的"单纯热情的憧憬被严格禁止"：

> 这些常客长相丑陋、精神破裂，行尸走肉。他们有的是斗鸡眼，有的是暴凸眼，有的眼窝像山洞一样深陷。他们双脚畸形，四肢扭曲，有人甚至没有四肢。这些都是怪诞的人。此情此景看在眼中，我终于明白了，这些人在二十世纪中期根本没有立足之地。美国人沉醉于外表俊美，美国人正在减肥，美国人锻炼身体……我看到，美国将这些人抛弃掉后，就可以换来享受。

对一个企图缩小正常范围边界的社会来说，怪诞的人集体构成了"他者"。这种企图的代理人并不是全体大众文化，因为大众文化至少能产生出怪诞的另类愿景。（埃克斯利小说中的叙事者幻想，"在一幅旨在勾画男性理想的广告中"，驼背的卡西莫多代替广告牌上的万宝路男人，色眯眯盯着朱莉·伦敦。）更准确地说，界限的标准化是在广告中通过将人分门别类来实现的：比如喜立滋（Schlitz）啤酒广告中"皮肤红扑扑、永远清醒的'新婚夫妇'"，或者纽约中央车站柯达广告中"五颜六色、欢天喜地的傻瓜"。埃克斯利笔下的叙事者看着这座代表公司资本主义的"沙特尔主教座堂"（Chartres）的宏伟外观，沉思道："这当然就是人们垂涎向往的美国。永远红扑扑的脸蛋，无忧无虑的天蓝色眼睛，露出牙齿的微笑不见温暖，眼神缺乏重量，不会发出挑剔愤怒的目光，甚至不能发出疑惑的目光。反正，这个美国不是我垂涎向往的。"《球迷日记》中充满了对全国性广告宣扬的身体标准的强烈厌恶，鄙视如今忙碌的年轻男女淡黄色的头发和空洞的眼神。埃克斯利在一处说道，如果"恨能像爱一样有救赎的功能"，那他小说中的角色肯定算得到救赎的幸福的人。

小说最后以"一个血淋淋的梦"结束，发誓继续与柯达广告中的金发傻瓜们奋斗到底。埃克斯利回到了母亲和继父的家中，在纽约郊区的道路上走着。一辆辆旅行车和轿车呼啸而过，车上坐满了向他大叫的傲慢老头和竖中指的少年。埃克斯利起初还不明白他们为什么对自己有敌意，最后终于意识到，他们把他当成了在当地空军基地附近"和平散步"抗议的"反对使用炸弹"的示威者。

后来他开始反复做一个怪梦。一车穿着羊绒衫、不停发出讥笑声的大学男生在经过他后一百码多一点的地方被迫停了下来。埃克斯利想象"他们都能活到一百五十岁，在二十英尺高的彩色电视面前观看艾德·苏利文（Ed Sullivan）秀"，于是跑上前去，恳求他们记住，"长寿本身并不能带来任何救赎，人必须做贡献，要过激情的生活"。"约翰·济慈（John Keats）在二十六岁时就去世了！"他大叫道。一个男生茫然看着他，埃克斯利猛地挥拳向他面部打去。埃克斯利勇猛搏斗，最终还是"被羊绒球棒阵打得血肉模糊，失去了知觉……淹没在这个无法理解的崭新美国之中"。每晚睡觉之前，他都希望克制自己，不要向他们跑去，继续往前走做自己的事情。"不过当这种场面再次来临时，我在不知不觉间就做好了战斗准备，向前跑着：强迫性地*跑着*。"就这样，小说以两种典型的浪漫主义和现实主义概念结束：一方面，要想实现真实的表达，需要蔑视安全与稳定，也许还要有一种自毁的冲动；另一方面，只有处在令人愤恨的边缘地位（或愤恨发疯）才会获得洞察力。

不过，埃克斯利经常拆台自己的反对派立场。自嘲幽默贯穿全书，使这本小说最终没有堕落为酒精愤怒和自我怜悯的宣泄工具。埃克斯利嘲讽了自己的文学做派，将自己这样一个傲慢自大的、企图同麦迪逊大道定下"恶魔的契约"的诗人，与在《叫卖贩》电影版中扮演维克多·诺曼的克拉克·盖博（Clark Gable）相比。这种形象与坚忍隐者之间的差距可太大了：

盖博穿着炭灰色、午夜蓝的细条纹衣服，光芒四射，而我只有一件发亮的西服，现在可派上用场了，能帮助我永远远离那些面试者。盖博留着他著名的小胡子，我就买一个黄材（Yello-bole）烟斗叼在牙间，看起来就有一种鲜明的沉思者形象。至于最后的致命一击，盖博戴着俊俏的卷边毡帽，我就留一个时下偶像楚门·卡波特（Truman Capote）的发型就可以了。

埃克斯利对书中叙事者偶像崇拜倾向的无情审视构成了这本书最核心的力量。他莫名其妙地深深崇拜着纽约巨人队（New York Giants）的中卫弗兰克·吉福德（Frank Gifford），在外表上，吉福德代表了完美的标准体形。同埃克斯利的父亲一样，这位出色运动员的表现"完美无缺，不愧为多年苦练的结果，几乎称得上是艺术"。
埃克斯利和吉福德之间的共同点，只有一张南加利福尼亚大学的毕
业文凭，还有"一种逃离默默无闻生活的渴望"，对一个失意的作家
来说，以上两点就足以使这位橄榄球明星成为自己的另一自我（alter
ego）。直到一天晚上，吉福德扭曲的身体被抬出杨基体育馆，似乎职
业生涯无望，这时埃克斯利才痛苦地恍然大悟，"那就是我的命运……
与大多人坐在观众席，为他人欢呼喝彩。作为球迷，那就是我的命
运，我的宿命，我的结局"。对狂妄自大、故作姿态的人来说，这种
顿悟是最好的解毒药。埃克斯利最终意识到自己是"他们"中的一
员，至少在某些方面他就是自己鄙视的广大观众中的一分子。

　　不过问题还是没有解决：如果拥有完美牙齿、祛除体味的美国
"不是他垂涎向往的美国"，那哪种美国是呢？那是美国的一个具
体地方："遥远冰冷的放牛之乡"，纽约州郊区圣劳伦斯和哈德森河
的峡谷，他度过了童年时代的地方。每当描述那片乡村的景象，埃
克斯利便抛弃了惯用的嬉弄语调，换上了田园诗般的习语。这就说
明，在内心深处他渴望与人和地点产生联系；这种渴望来自童年的
回忆，"在那时，星期天傍晚的爆米花和乳脂软糖才最重要，成功和
失败不算什么"。

　　"传承着过去的有根的人"住在拥有"大大的壁炉"的"古老的
石灰房"：埃克斯利为峡谷乡民做的这首挽歌不仅是想表达他充沛的
感伤；这勾画出他对广告中的现代美国的抨击。埃克斯利永远都在
路上，和梅勒（Mailer）或凯鲁亚克（Kerouac）的硬朗英雄一样好
动。但不同之处在于，埃克斯利对此很讨厌，他想在活跃癫狂的文化
中寻找一种静止的感觉。他意识到，问题在于，他心中能够替代疯狂
动力文化的选项，经常仅指母亲起居室中的长沙发。尽管如此，他仍
然思考："在这个世界上，运动就是美德，鞋跟在公路上迅速哒哒作
响就被视为一种无上幸福，所以如果一躺下来就是六个月，那将多么

伟大、多么反抗、多么陶冶情操啊。"对埃克斯利来说，对威廉·詹姆斯（William James）来说，对之前祖祖辈辈的作家和艺术家来说，病弱主义（invalidism）可以替代主流文化让人喘不过气的成功崇拜。

埃克斯利对静止的渴望，使他从长沙发坐起，寻找一种和地点、人生目的更加持久的联系，在物质世界中寻求一种更为坚固的基础。他意识到，尽管广告文化宣称自己信奉物质主义，但是它却在生活中创造出一种奇特的去物质化的满足感："无法理解的崭新美国"的崛起一代，相比眼皮底下"美到令人心脏停止跳动"的圣劳伦斯河，对人类登月的前景更感兴趣。

埃克斯利相信，对动力的崇拜已经使现代美国与地点脱离。每一次回家时，他都惧怕再次离开，因为"在离开的时候，我就会再一次'在路上'，成为困惑、乏味的运动美国的一分子；这种运动的诅咒在于，一个人做的永远不是自己的工作，而是整个世界的工作"。他渴望做自己的工作，渴望找到自己的使命，这使他感到自己"已经过时，已经发霉"，但另一方面这让他更加努力去适应自己的故乡。在当地的高中，他找到了一份英语教师的工作，租了一间俯视圣劳伦斯河的公寓，至于屋子里的家具，是"一个我用旧瓷器柜改造的清漆松木书柜，还有一件家具是我自豪的来源，家中最吸引人的物件：一个烫衣板改造的、疙疙瘩瘩的松木咖啡桌"。与梭罗和其他美国作家一样，如果要在广告化的活力美国中寻找稳定感，就需要与物质世界重新产生联系，需要培养出工匠精神，需要对事物产生直接的体验。

不过，埃克斯利是不知足的，他身上现代艺术家的性格太强烈，无法满足于这些事物。融入家乡的梦想很快就变味了。高中校长是个废物，不但挖鼻孔，还懦弱地讨好抱怨孩子成绩的愤怒家长；旅行车中的超级爱国者在大路上对着他大声笑骂。外面的世界很快就侵入了他的田园诗。不过在故事结尾，读者会不禁想象，如果这个酗酒的灵魂真能获得救赎的话，救赎会来自冰冷的放牛之乡的一个松木书桌；

在这张桌子上，不管是不是球迷，他能通过文字的力量来获得救赎。

埃克斯利的漫长旅程具有代表性，也有独特的一面。他厌恶广告化美国中的不真实性，做出了一系列反叛姿态：将自己变成文学装腔作势者、变态、疯子、酒鬼等等。在"二战"后美国文化中的真实性话语中，以上任何一种姿态都很容易最后沦为自我讽刺画（self-caricature）。不过，埃克斯利使自己远离了这些形象，用幽默的手法将这些形象置于忏悔式的叙事中，完成了回忆和想象力的壮举。转型的力量就是埃克斯利的声音：平易近人，能言善辩，又（对一个疯子来说）理智得惊人。拥有这种声音的人，如果在酒吧坐到自己旁边，你是不会介意的。

这是不是他秉承了新教传统，针对商业邪恶现象谱的一曲哀歌呢？是又不是。当然，他哀叹那个工匠诚实、乡村整洁的美国如今已经逝去，他也毫不犹疑地将自己与伟大的盎格鲁新教思想家联系在一起：他承认，自己寻求使命的过程是"弥尔顿或爱默生式的"。不过，埃克斯利在很多方面也挣脱了哀歌和新教传统的限制。不管是他幽默的笔触，还是在不间断的忙碌中寻求静止的欲望，都不是哀歌的特点。

在有些方面，这种欲望是埃克斯利为广告的文学批评做出的最重要贡献，将他的作品与在寻求真实表达的过程中一些影响深远的事件联系在一起：比如，威廉·巴特勒·叶芝曾写下"世间一切阶梯开始的地方／那心灵深处污秽的破烂店铺"的诗句；马克·罗斯科则为不存在的神殿绘出昏暗阴沉的单色调。[51] 对静止的渴望冲破了真实性的迷宫，进入了其他的文化习语。可以说，它代表着现代主义文化中被误解、被大部分人忽视的一脉：有一群创作者的作品既迷恋内涵，又痴迷外表；既创作高雅艺术，又打造商业人工品，但同时又和其他寻求真实性的人一样努力在自己的艺术和广告之间划清界限。他们将世界上的事物重新评估，力图创造一个感官的典雅世界。

注释

1. Josephine Herbst, "A Year of Disgrace," *Noble Savage* 3 (Spring 1961): 150.

2. See John Murray Cuddihy, *The Ordeal of Civility* (New York, 1976); Daniel Bell, *The Cultural Contradictions of Capitalism* (New York, 1973), chap. 1.

3. Lionel Trilling, "On the Teaching of Modern Literature" [1962], in his *Beyond Culture* (New York, 1965), p. 30.

4. Theodor Adorno, "Gold Assay," in his *Minima Moralia: Reflections from Damaged Life* [1951], trans. E. P. H. Jephcott (London, 1974), pp. 152-55.

5. Sherwood Anderson, *Winesburg, Ohio* [1919] (New York, 1960), dedication page; Camel cigarettes advertisement (1919), book 83, N. W. Ayer Collection, National Museum of American History, Smithsonian Institution, Washington, D.C. 本论点最有效的例子是 Christopher Lasch, *The Culture of Narcissism* (New York, 1978)。

6. Marianna Torgovnick, *Gone Primitive: Savage Intellects, Modern Lives* (Chicago, 1990); Michael Leja, *Reframing Abstract Expressionism: Subjectivity and Painting in the 1940s* (New Haven, Conn., 1993).

7. Andreas Huyssen, "Mass Culture as Woman: Modernism's Other," in his *After the Great Divide* (Bloomington, Ind., 1987), pp. 47, 52-53, 57.

8. Herbert Marcuse, *The Aesthetic Dimension* (Boston, 1978), pp. 9, 29, 65, 73; Peter Fuller, *Aesthetics After Modernism* (London, 1983), pp. 16-17.

9. David A. Hollinger, "The Knower and the Artificer," in *Modernist Culture in America*, ed. Daniel Singal (Belmont, Calif., 1991), pp. 50-51.

10. Norman Silber, *Test and Protest: A History of Consumer Research* (New York, 1983), esp. chap. 1; Lionel Trilling, "Sincerity and Authenticity: A Symposium," in *The Salmagundi Reader,* ed. Robert Boyers (Bloomington, Ind., 1981), pp. 48-50.

11. Trilling, "Sincerity," p. 50.

12. H. G. Wells, *Tono-Bungay* [1908], 2nd ed. (London, 1911); 我用的是 Macmillan 版本。

13. I have discussed these tendencies in *No Place of Grace: Antimodernism and the*

Transformation of American Culture, 1880-1920, 2nd ed. (Chicago and London, 1994).

14. Walter Lippmann, *A Preface to Politics* [1913] (Ann Arbor, Mich., 1962), p. 13.

15. Mark Schorer, *Sinclair Lewis: An American Life* (New York, 1961), pp. 198-201.

16. I use the New American Library Signet Classic edition (New York, 1961).

17. Roger Burlingame, *I Have Known Many Worlds* (New York, 1959), pp. 87-88; "Roger Burlingame, Writer, Dies; a Biographer and Historian," *New York Times,* 20 March 1967, 31.

18. Roger Burlingame, *You Too* (New York, 1924).

19. 关于百货公司对这个儿童世界的创造，见 William Leach, *Land of Desire: Merchants, Money, and the Rise of a New American Culture, 1890-1930* (New York, 1993), esp. pp. 95-101。

20. 关于内心支配和他人支配的经典讨论是 David Riesman, with Nathan Glazer and Reuel Denney, *The Lonely Crowd* (New Haven, Conn., 1950). Jean-Christopher Agnew, *Worlds Apart: Market and Theater in Anglo-American Thought* (New York, 1986), 探索了早期市场文化中的戏剧和反戏剧冲动之间的辩证法——在我看来，这成了指向内心和指向他人之间的辩证法。

21. W. E. Woodward, *The Gift of Life: An Autobiography* (New York, 1947), pp. 172-75; "W. E. Woodward, Biographer, Dies," *New York Times,* 30 September 1947, 27.

22. Woodward, *Gift of Life,* p. 184.

23. Woodward, *Bunk* (New York, 1923), p. 158.

24. Woodward, *Bread and Circuses* (New York, 1925), p. 161 and unpaginated foreword.

25. Malcolm Cowley, "Portrait by Leyendecker," *Broom* 4 (March 1923): 240-47.

26. Hart Crane to Gorham Munson, 16 May 1922, in *The Letters of Hart Crane,* ed. Brom Weber (Berkeley, Calif., 1965), pp. 86-87.

27. Ray Lewis White, ed., *Sherwood Anderson's Memoirs: A Critical Edition* (Chapel Hill, N.C., 1969), p. 414. 我对安德森更详细的讨论见 "Sherwood Anderson: Looking for the White Spot," in *The Power of Culture,* ed. Richard Wightman Fox and T. J. Jackson Lears, pp. 13-37。

28. Sherwood Anderson, *A Story Teller's Story* [1924] (Cleveland, 1968), p. 236;

Memoirs, p. 289.

29. Sherwood Anderson, *Beyond Desire* (New York, 1932), pp. 314, 164-65.

30. Matthew Josephson, "The Consumer Consumed," review of J. B. Matthews and R. E. Shallcross, *Partners in Plunder, New Masses* 14 (12 March 1935): 22-23.

31. Thomas Hart Benton, *An Artist in America*, 3rd ed. (Columbia, Mo., 1968), pp. 294-96.

32. "Business and Art, as Tom Benton Sees It," *New York PM*, 24 December 1945, reel D-255, Associated American Artists Papers, Archives of American Art, National Museum of American Art, Washington, D.C. See also Erika Doss, "The Art of Cultural Politics: From Regionalism to Abstract Expressionism," in *Recasting America*, ed. Lary May (Chicago, 1989), pp. 195-220.

33. Lionel Trilling, "Reality in America" [1940], in his *The Liberal Imagination* (New York, 1950), pp. 1-27. 对 *Partisan Review* 群体最敏锐的描述仍然是 James Gilbert, *Writers and Partisans,* 2nd ed. (New York, 1992)。

34. D. H. Lawrence, *Studies in Classic American Literature* [1923] (New York, 1971), p. 67.

35. Robert Warshow, "The Gangster as a Tragic Hero," *Partisan Review* 15, February 1948, 240-44.

36. "Surrealism Pays," *Newsweek*, 3 January 1944, 57-58; David Sylvester, *Magritte: The Silence of the World* (New York, 1992); Suzi Gablik, *Magritte* (New York, 1985), esp. chaps. 1, 8, 9; Michel Foucault, *This is Not a Pipe*, trans. and ed. James Harkness (Berkeley, Calif., 1983); Georges Roque, *Ceci n'est pas un Magritte: Essai sur Magritte et la publicité* (Paris, 1983). 关于广告策略对主流文化常规的依赖，见 Judith Williamson, *Decoding Advertisements* (London, 1975)。

37. Quoted in Irving Sandler, *The Triumph of American Painting* (New York, 1970), p. 185.

38. Adolph Gottlieb and Mark Rothko, letter, *New York Times*, 13 June 1943, sec. 2, p. 9; Tom Wolfe, *The Painted Word* (New York, 1975); Clement Greenberg, "Art," *Nation* 165 (6 December 1947): 630; Goldwater, "Art and Criticism," *Partisan Review* 28 (May-June 1961): 693-94.

39. Stuart Davis, "Arshile Gorky in the 1930s: A Personal Recollection," *Magazine of Art* 44 (February 1951): 58; Sandler, *Triumph,* p. 8; John R. Lane, *Stuart Davis:*

Art and Art Theory (New York, 1968), p. 68. 关于将抽象表现主义定义为从社会退回到个人的近期批评分析，见 Serge Guilbault, *How New York Stole the Idea of Modern Art,* trans. Arthur Goldhammer (Chicago, 1983), and Leja, *Reframing Abstract Expressionism*。

40. Adolph Gottlieb, quoted in Sandler, *Triumph*, p. 64; Leja, *Reframing Abstract Expressionism,* chap. 4.

41. Meyer Schapiro, "Recent Abstract Painting" [1957], in *Modern Art, 19th and 20th Centuries: Selected Papers* (New York, 1978), 213-26.

42. Guilbault, *How New York Stole the Idea of Modern Art.*

43. Barnett Newman, "The Sublime Is Now" [1948], reprinted in *Barnett Newman: Selected Writings and Interviews,* ed. John P. O'Neill (New York, 1973), pp. 170-73; John Fischer, "Portrait of the Artist as an Angry Man," *Harper's* 241 (July 1970): 23.

44. 我之前对该变形的讨论见 "A Matter of Taste: Corporate Cultural Hegemony in a Mass Consumption Society," in *Recasting America*, ed. Lary May (Chicago, 1988), pp. 38-57。

45. Frederic Wakeman, *The Hucksters* (New York: 1946).

46. 我用的版本是 Penguin Books edition (New York, 1985)。关于背景的重要介绍，见 Steven Moore, *A Reader's Guide to William Gaddis's "The Recognitions"* (Lincoln, Nebr., 1982)；关于深度诠释，见 John Kuehl and Steven Moore, eds., *In Recognition of William Gaddis* (Syracuse, N.Y., 1984), and Dominic LaCapra, "Singed Phoenix and Gift of Tongues," in his *History, Politics, and the Novel* (Ithaca, N.Y., 1987), pp. 175-202。

47. Kuehl and Moore, eds., *In Recognition*, pp. 5-7.

48. Hannah Arendt, *The Human Condition* (Chicago, 1958); 我在前言中对这部著作有所讨论。

49. William Gaddis, "Stop Player. Joke No. 4," *Harper's* [1950], reprinted in Moore, *A Reader's Guide,* p. 299.

50. 我用的版本是 Vintage Contemporaries edition (New York, 1988)。

51. William Butler Yeats. "The Circus Animals' Desertion" [1939], lines 39-40.

第十二章

物体自身

坚忍隐者的形象，遮盖了对现实的追求。真实性的话语同一种男性的出世立场纠缠在一起，很难分开。如果因为出世而抛弃的事物的确是坏事，出世也许不失为一个好办法；正因为如此，大部分真实性话语才保留了其强大的力量。不过，现代主义追求将艺术变为精神英雄主义的象征，却贬低了艺术的另外一些也许更加古老的目标：重新肯定人与人之间的社会关系，给人们带来快乐。[1] 寻求真实性的人对变幻的外表展示抱不信任的态度，继承了一种清教的思维，这种思维一直折磨着许多广告批评家（也包括很多广告主）。许多真实性话语的参与者半自觉地鄙视世界上的物体 / 事物（things），不知不觉中推动了消费文化的哲学任务：在一个充满异化客体 / 物体（objects）的世界中构建一个独立、奋斗的主体（subjects）。

不过，在现代主义对资本主义现代性的批评分析中，有一种批评分析就避开了上述问题。这种批评分析可以从几个作家和艺术家的作品的暗示中拼凑出来：如亨利·詹姆斯、伊迪丝·华顿、莱内·马利亚·里尔克（Rainer Maria Rilke）、马赛尔·普鲁斯特（Marcel Proust）、詹姆斯·乔伊斯、柯特·史维特斯（Kurt Schwitters）和约瑟夫·康奈尔等人。这些人的观点是唯美的，不是禁欲的；他们既对内涵感到高兴，又为外表欢欣鼓舞；他们认为人工品是创造含义的模式，而不仅是掩盖含义的手段。这些独特的人拒绝将物质商品视为个人地位或现代性的象征物，或商品化自我的构建过程中的积木；相反，他们将物质的东西视为门户，联结着过去，联结着今天的其他存在，联结着自然或人工景观。他们大部分作品暗示着人与物体之间的玩乐关系再度泛灵，抵抗着生产主义理性的祛魅化力量。

最终，这些作家和艺术家最有意思的地方在于，他们的作品（尽管存在很多深奥玄乎的地方）以不同的形式反映出一个更为广泛的文化事业。一门新兴的跨学科文献已经开始审视一种不断延续的、可以被概括称为泛灵论的世界观，这种世界观不仅存在于赞比亚和新几内亚，也存在于马萨诸塞州伍兹霍尔（Woods Hole）、北卡罗莱纳海岸和纽约州郊区，不仅存在于十五世纪的大师中，也存在于二十世纪的非裔美国民间艺术家中。有些人是人类学家，使用着列维－斯特劳斯关于拼凑的习语（"具体的科学"），或者维克多·特纳的"象征性意识"，或者克利福德·吉尔茨（Clifford Geertz）的"本土知识"；有些人是女权主义者，批评分析着实证主义科学；有些人是艺术史学家，抨击着形式主义的批评理论：这些五花八门的学者都察觉到，消费文化提倡的笛卡儿主义精神面对着广泛但隐秘的挑战。在不否认多样体和独立性的同时，他们重新改造了二元论，使其囊括思考的自我和物质世界之间更亲密的联系。[2]

这一章介绍的人士都在暗中提出了类似的挑战，首先是在高雅艺术审美领域，然后是在工业世界的缝隙间。一些人通过手边的物质来寻找超越的含义，将目光放在了最低等的物体上，将它们从一次性社会（throwaway society）的鄙视中拯救了出来。为了凸显他们的成就，我们首先需要回忆一下主流商品话语中物体和自我之间的关系。

在二十世纪早期，大规模生产和有计划地淘汰的现象逐渐兴起，但很多制造商仍然希望在产品上笼罩一层魔法般的氛围，通过使不带个人色彩的商品附带个人色彩，来缩小制造商和顾客之间日益扩大的距离。不过他们同样也需要与新商品打造新的关系，当下一年的标准出现之后，就需要将老旧的魔法废弃掉。全国性广告业的议程，就是要让商品的魔法服从于流程的魔法：根据技术决定论的要求，不停生产与再生产新的商品崇拜。不过这些要求从来都没有得到所有人的认可，即使连广告主都存在反对意见：营销的需求与其自身矛盾结合在一起，保证了商品拜物教的话语会继续融合个人色彩与非个人色彩、魔法与理性、对过去的渴望和对未来的赞颂。

物体的含义：商业话语中的记忆与失忆

在针对物体含义的讨论中，家庭生活是最主要的焦点。到了十九世纪末期，家庭的人工形象是在互相矛盾的作用下形成的。广告主重复着现代主义的批评观点，抨击维多利亚式的杂乱，要求创造建立一套基于商品的清洁和效率标准。不过，他们这些关于温暖哺育和富饶的幻想，与持续存在的家庭意识形态融合在一起，保证了他们眼中的美国家庭不会变成一个功能主义的"居住机器"，还会继续保留其作为"女性圣神性"的地位，要求为其奉上更有品位的贡品。[3]

从十九世纪九十年代开始，《美丽家居》（House Beautiful）等主流家装杂志加入了反对"物品的暴政"和"习惯摆放小摆设"的浪潮。他们的观点一般是从个人卫生和心理治疗方面出发：东西塞得满满的房间和家具不但会积累灰尘和微生物，还体现了居住者自身的病态。巨大的帷幔、过分讲究的装饰花纹和刺眼的紧张色彩，都是心灵紊乱的外在表现；寻求和谐设计，就是寻求精神健康，或者用管理式习语来说，就是寻求个人效率。心灵和社会理性化的要求融合在优境学（euthenics）的思想中，这种"控制家庭环境的科学"是由家政学者艾伦·理查兹（Ellen Richards）提出来的。她的观点将管理式室内设计理念简化到了荒谬的地步，推崇在无菌的外壳中过机器人式的生活。[4]

在更多情况下，当装修杂志和广告使用管理式语言时，他们是将家庭变成了公司，而不是实验室。《美丽家居》在 1920 年将家庭主妇称为"采购代理和经理"（见图 4.13）时，数十家广告主也将家庭主妇放到了同样的职位上。在这种话语中，家庭主妇负责掌管采集商品，以便高效管理家庭，同时也表现家庭的现代性。1930 年一则全国家居（National Home Furnishings，家具行业协会）的广告担心地表示，客人来家里做客时"会不可避免地注意到一些过时或者不够好的家具。你的正当社会地位就铁定会受到贬损"。这种说法为古老的社会地位焦虑又增添了一层崭新的进步主义色彩（害怕显得"过时"）；它将技术决定论引入了家庭生活中。消费者应该跟上新材料（比如油毡，而不是木材）的（看上去是自动的）发展脚步，用商品来体现她（和她丈夫）有钱来维系现代标准。[5]

尽管如此，物体和自我之间的关系从来都不能被管理式模式彻底束缚住。家庭装修的意识形态也蕴含着一些反向倾向。尽管装修杂志讴歌极简家居，他们评价室内设计时采用的主要标准却是"真诚""个性"和"性格"。《美丽家居》的一位撰稿人在 1920 年注意到，总的说来，大多数家庭都是千篇一律；他们需要"原创性、不同点或我们所谓的'力道'（punch）"，他总结道。[6]

这种语言与当时广告行业期刊中使用的语言惊人地相似，广告人在当时已经开始担忧如何使大规模生产的产品看起来与众不同。窍门在于，不仅要使商品与众不同，还要使每一位消费者相信他们是自由地选择商品来表达自我感：广告人私底下其实认为消费者是在技术统治精英的指导下购买打包出售的标准化现代性，但前者当然比后者要好听得多。艾米莉·波斯特（Emily Post）在《房子的性格》（*The Personality of a House*，1930）中指出，主权消费者享受着各式各样的商品，现代只是众多选择中的一种罢了。"商品的性格和你的每一个举止一样应该表达你的个性，应该表达你的欢乐活力、你的克制、你老式的传统、你令人困惑的神秘感，或是你解放的现代主义，只要是你的特征都可以表达出来。"[7]在管理式精英数十年地鄙视老旧物体后，"老式"的选择反而被合法化了。

　　当然，在进步主义的潮流中，总是存在一些例外。从彩色石版画时代开始，进步与怀念之间的矛盾就断断续续塑造了商业图像。彩色石印匠路易·普朗和同时代人大规模生产了田园美景；奢侈品广告主试图将自己的产品与逝去的优雅和匠人时代联系在一起；专利药卖家则找到了一座原始主义失乐园。

　　不过，当艾米莉·波斯特发表她对性格的看法时，广告主开始付出空前的努力将自己的产品与过去联系在一起，特别是传统社会理念中存在的、正在消失的近现代民间群体。这种再次发明传统的行为包含了众多文化含义，但其中最有意义的就是人们半自觉地隐约意识到，如果没有同过去的联系，一个消费的自我形象在心理上是无法令人满足的。与此同时，这种认识又被广告的修辞策略削弱，因为广告将过去与现在之间的张力溶解在伪传统主义的安心糖浆中了。8

　　二十世纪三十年代广告主对过去的重新发现，是社会面对经济危机时重新找回民间图像的一部分；这个趋势使商业图像志与公共事业振兴署的壁画、弗兰克·卡普拉（Frank Capra）的电影甚至阿隆·柯普兰（Aaron Copland）的音乐和玛莎·格雷厄姆（Martha Graham）的舞蹈产生了联系。"也许，广告宣传需要一种'老式'的氛围。"1931年《印刷者油墨》一位撰稿人思考道，他同时指出，随着民众对商业的信心崩溃，广告主越来越需要体现自己的"健全性"。到了三十年代中期，"解放的现代主义"在主流常识中已经过时，"老式的常识"流行了起来；行业期刊建议广告主将"消费者琼斯奶奶"作为宣传对象，因为她更加关心"舒适的生活"而不是时尚流行。食品加工商不再强调食品的纯洁性，转而宣传"家常风味"。比如，好福汤就将消费者带到了温暖的乡下壁炉旁，而不是科学管理下的无菌厨房（见图4.15）。其他的广告主则将量产商品与前工业化的手艺人传统及家庭团结联系在一起。到了1936年，《财富》杂志非常惊讶全国性广告业的这种趋向，认为其"把机警的头脑埋在了过去的沙子中"。与

二十世纪三十年代其他的象征物制造者一样，广告主也回到了美国的
过去神话中，来证明自己在现代的身份。⁹

　　这种卷土重来的思乡情绪，来自人们在大萧条时期对安全的渴
望，不过这种情绪也有更深的起源。尽管广告业中的体面人士相信经
济发展，他们一直以来就对时髦的势利眼抱有怀疑的态度，并且经常
将这种人同都市现代性联系在一起。由于广告主倾向于将进步的道路
等同于自己的上流阶级习俗，（起码在怀疑者眼中）怀疑势利眼很容
易就会发展为怀疑现代性。

　　这种将逝去的田园诗感伤化的倾向，也说明美国人越来越担
心一波又一波的移民会淹没畅销小说家克拉伦斯·布丁顿·凯兰
（Clarence Budington Kelland）笔下的"诚实的传统新英格兰品种"。
在信奉新教的盎格鲁裔管理阶层中，民族中心主义的焦虑感愈发推动
人们痴迷于想象的殖民时期，在当年那个盎格鲁人的乌托邦中，黑人
安分守己，移民不存在。广告主管与阶级其他人士共同参与崇拜英国
的潮流：他们设计出"殖民式"或者伪都铎式的民居建筑，在新英格
兰乡村淘古玩，支持修复殖民地威廉斯堡（Colonial Williamsburg）。
这些行为蕴涵的民族中心主义，也许因为是悄然无息进行的，所以拥
有更加强大的力量。在智威汤逊公司内，史丹利·雷梭主席在 1922
年请人将高管餐室改造成殖民时期的装修风格；当公司 1927 年迁至
格雷巴大厦时（临近中央车站），餐室被分成一块一块运走，在新总
部重新拼接，并在艺术装饰风格（art deco）光芒的包围下不和谐地
保留了下来。即使在"繁荣年代"的高峰，驾驶着现代性飞机的飞行
员们仍然渴望维持与想象中前工业化过去的联系。伪殖民风格的各种
人工品巩固了一种持久不断、一致连贯的群体身份。¹⁰

　　除了渴望盎格鲁撒克逊纯正性之外，这种怀旧情绪还有其他方
面的含义。广告中最著名的民间标志像都是黑人：麦乳广告中的拉
斯图斯（见图 4.14），以及杰迈玛大婶。很容易批评这些形象为代

表白人歧视的象征物，不过它们的含义是多方面的。毫无疑问，它们代表了一整套与前工业化家庭和社区生活有联系的哺育价值观，提供了食物，照顾了（白）人的生活。从这个角度看来，它们就像是通用磨坊（General Mills）1921 年创造出来的代表了老式邻里和睦的贝蒂·克洛克（Betty Crocker），或梦能公司的贝尔姨妈（Aunt Belle）：“她是真人，名字就是贝尔。她真的懂得婴儿护理，希望和您讨论如何照顾好您的孩子。”[11] 这些形象都是离开了土地、失去了根的郊区资产阶级为自己创作的；它们很有可能捕捉到了广告主和消费者最深处的心灵需求：希望在一个流动的市场社会中克服普遍的分离感和失落感，创造日常生活中不可能实现的幻想，在一个礼俗社会（*Gemeinschaftliche*）中重新塑造一种与大家庭、邻里和有机社区之间的亲密关系。这些形象的缔造者们五花八门，不过最基本的创作动力，也许是要为不断发展的自我编造出一个稳定的起始点，尽管唯一能利用的材料只有回忆的片段、不成形的愿望以及《生活》杂志的陈词滥调而已。这些民间标志像以黑人和妇女（或者两者兼有）的身份出现，在白人男性的想象中正好符合熟悉的“他者”角色：就像维多利亚时代的理想女性一样，它们能够保持静止，守护着永恒不变的价值观，允许“进步”的男人在冲向未来时不用担心它们。它们将某些消费商品变为压舱石，稳定住一个自由漂浮的自我。

尽管如此，如果要将这些母题看作是创造者直接的情感表达，那就太愚蠢了：它们只是精心编排的广告战役中深思熟虑执行的策略。这些形象也经常被美国进步意识形态作为修辞策略使用。不管广告主多么热情地咏唱新商品的福音，他们十分清楚必须建立起一种共同基础，在购买者和产品中间打造一种亲切的传统感。民间标志像就是为这种目的服务的。这些形象使进步主义专家们可以鱼与熊掌兼得：即使现代化正以全速前进，他们仍然可以宣称传统价值的精华保留了下来。[12]

这就是广告挪用前工业过去的修辞策略中最关键的一招：创新者声称自己在内心深处仍然是传统主义者；民间生活的天敌反而宣称自己是其头号守卫者。从联邦主义演说家田奇·考克斯（Tench Coxe）到新南方（New South）狂热信徒亨利·格雷迪（Henry Grady），这些现代化簇拥者在之前一直成功地使用着这种手段。不过真正使这种策略开花结果的，是现代公司雇用的修辞高手。二十世纪的广告主在兜售家常风味的罐头食品、宣传量产的手工艺品、将快餐与"家庭价值"捆绑的过程中，将这些手段发挥到了极致，考克斯和格雷迪肯定做梦都没有想到。[13]

通过在现代产品周围营造一种伪传统主义的氛围，广告主将过去与现在搅拌在一起，撕掉了物质商品本来拥有的历史联系，允许商品进入一个物体本身没有附加其上的欲望重要的世界。同其他情况一样，广告主宣扬的物质主义其实是反物质的；公司经济的成功取决于不停反复刺激购买更多物品的欲望，物品自身的尊严相比之下就不那么重要了。亨利·列斐伏尔（Henri Lefebvre）认为，"[资本主义]现代性的精髓""昙花一现教"（cult of the transitory）宣扬对物质商品采取极端暧昧的态度：物质商品需要被渴望、被购买、被取代、被丢弃。通过有计划地淘汰的手段，既推动对物质商品的欲望，又推动对物质商品的鄙视。[14]

比起将商品誉为一个不断发展的自我的身份地位象征这种手法，伪传统主义的策略没有那么直接，但是两种手段的结果是一样的：商品变成了漂浮的能指，能够同化为自我推销和追求成功的功利主义目的，就像一个被降格为技巧的艺术能够被用来为广告服务一样。不管商品代表的是"老式的常规"还是"解放的现代主义"，他们被工具主义进程所利用，将王尔德式的表演从玩乐变成了工作（或者用汉娜·阿伦特"谋生"的理论来说，变成了劳动）。

尽管如此，只有观众头脑中还保留着传统主义思想（不管多么模糊）时，挪用过去的修辞策略才能够成功。广告似乎想说明，在工业现代化转型期间，的确丢失了一些东西，一些直接、真诚或"民间"的性质已经消失，但是*我们*却奇迹般地将其传承下来，在人工性中保留了真实性，在明日的舒适中保留了昨日的魅力。广告主努力要将心理压舱石系在自由漂浮的能指上，这说明连很多广告主也认识到了进步过程中的不足性。

　　这种隐隐的不安背后的问题，是如何将审美的生活观从商品拜物教中解放出去，如何将对物体的爱与一种宣扬通过巧妙展示实现自我膨胀的原子论的、操纵性的世界观区分开来。广告主从来就没有提出过这个问题，更何况解答。不过这一章讨论的作家和艺术家们真的这么做了。他们拒绝商品拜物教，但即使他们想要重新捕捉到"前资本主义"的世界观，也几乎是不可能的。（精致讲究的亨利·詹姆斯变成原始人？太滑稽了。）这些人全部深深沉浸在现代都市的商业世界里。他们是这个世界的产物，积极参与这个世界，努力探索艺术品和商品之间的幽暗地带，针对"价值观"这个词的种种暧昧内涵进行协商。

　　如果艺术品能够成为商品，反过来为什么不可以呢？如果可以的话，该怎么做呢？可以通过艺术家的干预和重置（resituation）来完成。他们做出的互不相关的努力（但彼此的动机可能相关）总体地产生了一种崭新的表物语言。这种语言强调过去与现在之间的持续性而不是分割性，强调鉴赏而不是消费；强调一个再度泛灵的象征宇宙。这些人对物体的评估超越了其使用价值和交换价值；他们判断一件人工品是否有价值的标准，是看它能不能够激起人的回忆或想象力。他们用玩乐的精神来探讨物质实体，将其转化为艺术。约翰·赫伊津哈在《游戏的人》（*Home Ludens*，1938）中指出，"思想与生俱来的为日常生活物体注入性格的倾向，是扎根于玩乐的"；它也是重要的"神话创制元素"（mythopoesis）之一。[15]

　　亨利·詹姆斯（1843—1916）、伊迪丝·华顿（1862—1937）和

马赛尔·普鲁斯特（1871—1922）都关注了世纪末文化中代表众多
社会含义的大量商品和艺术品中的艺术创作问题。三个人都对连人都
可被视为市场商品的物化社会宇宙中的美学世界观和商业世界观合流
的现象很感兴趣。三个人都建议采用唯美主义作为生活方式，但不拒
绝对物体本身的感官享受。詹姆斯和华顿在他们"食利者"（rentier）
的上流世界中陷得太深，这个下午茶和活人画（tableaux vivants）的
世界很难为那些不靠吃利息的人提供一个替代选项；普鲁斯特的方
法把门稍微打开了一些。要等到二十世纪艺术家开始从商业文明的碎
渣（而不是贵族艺术品）中塑造一种更加民主的物体话语时，三个人
的愿景才会实现。尽管如此，詹姆斯和华顿的作品代表了益格鲁裔美
国人的物体观中一次重要的干预：他们摆脱了真实性与人工性永恒的
对立关系，更微妙地理解物质商品如何将个人与世界、与他人联系起
来。普鲁斯特在心理维度将这种理解进一步深化，改变了表物语言的
前进方向，走向了一个更新、更富成果的表达形式。

新的表物语言：詹姆斯、华顿、普鲁斯特

詹姆斯全部写作生涯都是围绕着美学话题展开的，尤其有两部
作品详细阐述了他的关注，《贵妇画像》（The Portrait of a Lady，
1881）和《奉使记》（The Ambassadors，1903）。前者用概要的手法
讲述一位言语朴素的年轻美国女子被欧洲人欺骗的故事；故事不断将
美国道德观与欧洲鉴赏力、内涵与外表、真实性与人工性放在一起比
较。不过到了詹姆斯撰写《奉使记》时，这些类别已经相互混杂：美
国已经成为生产欺骗性外表的头号大国，欧洲唯美主义已经变成（至

少对詹姆斯来说）对抗美国功利主义的生活升华。这两部小说标志
着，詹姆斯逐渐意识到美国正在以世界商品文明领袖的身份崛起。

《贵妇画像》讲述的是一位名叫伊莎贝尔·阿切尔（Isabel Archer）
的年轻女子的故事。她来自奥尔巴尼（Albany），聪明伶俐，天真无
邪。[16] 父亲去世后，伊莎贝尔被姨母杜歇太太（Mrs. Touchett）从默默
无闻的乡下生活中解救了出来。姑姑从英格兰飞奔过来，就是要将阿
切尔带到佛罗伦萨，给她一个"发展的机会"。接下来的几个礼拜之
内，伊莎贝尔在姨父杜歇眼中成了块宝，当这个病老头去世时，给她
留下了七万英镑的遗产。无论是在性情上还是经济上，伊莎贝尔都已
经独立，她逐渐远离了原本共和式的信仰，加入了一群见多识广但没
有根的人。她嫁给了其中审美最敏锐的吉尔伯特·奥斯蒙德（Gilbert
Osmond），但发现他只不过是"一个贫瘠的业余爱好者"而已，最终
得出一个可怕的结论，"她一直认为是世界上最不肮脏的男人，像一
个粗俗的投机商人一样为了她的钱才娶了她"。

为了能够在外部与内部、外表与内涵之间确保一个绝对的身份，
"伊莎贝尔坚定地决定自己不能变得空洞"。长话短说，她在小说开
始时是后加尔文主义道德观的完美代言人，对正常的标准逐渐从神学
转到了医学。当这样一位女子与一群欧洲唯美主义者接触时，必定会
产生矛盾。她将生活视为"医生开出的一张药方"，那些欧洲人则将
生活看成一出戏剧表演。她认为物体是自我的障碍，欧洲人则认为物
体是自我的表达。

有关戏剧性和消费的比喻贯穿全书。从一开始，詹姆斯就将社会
关系描绘成品位的问题：书中角色总是认为对方是能够被消费的奢
侈品（起码在视觉上），或者是戏剧中的演员，或者两者同时存在。
伊莎贝尔的表哥"拉尔夫·杜歇不知从哪里或多或少地学会了参观，
而且最为持久的表演者就是梅尔夫人 [Madame Merle，奥斯蒙德的前
情妇]。他小口抿着她，任她表达，这种恰如其分的态度，她自己也

无法做到"。不过伊莎贝尔还保留了一些美国文化的包袱，在梅尔夫人的举止中看到一种哀伤："她说到底还是一位公共演出家，不幸的是没有角色和戏服便无法生存。""伊莎贝尔怀疑[梅尔夫人]对某些价值有着错误的观念，或者像商店里的伙计说的，把它们标价标低了。"当人都可以降格为商品时，那受损货物又该怎么办呢？

在小说中，物化过程的主要代理人是奥斯蒙德。当他鼓弄自己的"物体"时，他的举止仿佛是"既超脱事外，又深陷其中。他仿佛在暗示道，除了正确的'价值'，什么都不重要"。小说很快就挑明，奥斯蒙德希望将伊莎贝尔变为他收藏品中最珍贵的小古玩，伊莎贝尔则至少在某种程度上允许他这么做。她在罗马等待卡斯帕·戈德伍德（Caspar Goodwood，美国追求者），准备告诉他自己决定嫁给奥斯蒙德时，她"觉得自己老了，很多很多。仿佛她'变得更有价值'了，就像古玩收藏品中的一件珍奇物件"。对奥斯蒙德来说，伊莎贝尔的聪明伶俐"就像一张银碟子，可不是陶制的，在这张碟子上，他会堆满成熟的水果，碟子会起到装饰的价值，这样在他眼里，优雅的交谈就变成了献上的一盘甜点"。

伊莎贝尔结婚之后，拉尔夫·杜歇对她的损坏程度做了检查：就像一位维多利亚时期的相面师一样，他仔细盯着伊莎贝尔的脸看。"脸上绘上了一些固定、机械的东西；这不能算一种表情，拉尔夫说，这是一件展示，甚至像一幅广告。"这种改变的重要性已经很清楚了："自由、敏锐的女孩已经完全变成了另外一个人……变成了一位要展现什么东西的优雅贵妇。"这个东西就是奥斯蒙德精致的品位。

不过，《贵妇画像》至少暗示道，这种审美观除了指一种编排漂浮能指的快乐之外，也许还有其他的含义。比如，我们可以将奥斯蒙德既雅致又"不太会表达"的房子与杜歇太太的房子做一个比较：

在这些凉爽高阔的房间中，雕着花纹的木椽、豪华壮丽的十六世纪壁画高高在上俯视着广告时代那些熟悉的商品。杜歇太太住在一条狭小街道上一座历史感浓厚的房子中，街道的名字不禁让人想起中世纪的宗派纷争；杜歇太太觉得房屋的正面过于阴暗，不过房租非常低，花园十分明亮，这使她感到一些欣慰；花园中的大自然就像这座结实的建筑一样古老，会为房间注入阵阵芳香。对伊莎贝尔来说，住在这样一个地方，就好像终日将一个海螺放在耳旁，听它讲述过去的事情。淡淡的永恒诉说唤起了她的无穷想象力。

　　杜歇太太的房子的确表达出一些意义：不但房租价格适度不做作，还可以同自然世界直接接触，最重要的是拥有一种强烈的过去感，但这种感觉并不给人一种考古的感性，而是一种兼收并蓄的感性："豪华壮丽的壁画"与"熟悉的商品"混合在一起，各自保留了自己的历史性。在杜歇太太身上，詹姆斯刻画出一位拥有明显自我感的唯美者形象；奥斯蒙德将她形容为"一位正在逝去的老式人物，一个鲜活的身份"。她是一个和蔼、古怪的母性形象，使用物质人工品来巩固自己与他人、与过去的联系。她不仅是一位慈祥的母亲，也能激发别人无尽的想象。在她的房子中，过去时光那"淡淡的永恒诉说"就唤醒了伊莎贝尔的想象力。

　　这种更广阔、更丰富的唯美主义，在《贵妇画像》中只是简短提及，却为《奉使记》注入了灵魂。[17] 初看上去，该对立的物体似乎仍然处在对立的位置上。主角兰伯特·斯特莱瑟（Lambert Strether）奉马萨诸塞州制造大亨伍列特（Woollett）遗孀纽萨姆太太（Mrs. Newsome）之命去巴黎办事。斯特莱瑟的任务是将太太之前送往巴黎陶冶情操的儿子带回来接管家产。奖励是纽萨姆夫人会嫁给他。到达巴黎后，他发现查德（Chad）已经完全长大成人，每个人都说他长成一个美男子，他正在巴黎陪伴一位德维昂内夫人（Madame de Vionnet），这位夫人就是欧洲版的纽萨姆太太，一位洋溢着母性的缪斯女神。不过，书中大部分章节内，斯特莱瑟都认为查德喜欢的是德维昂内夫人的女儿；直到故事接近尾声，他才知道其实这对老少配才是一对情人。斯特莱瑟被旧大陆迷得神魂颠倒，觉得自己的感官在唯美的重生氛围中被打开了，不过他到最后仍然是一个彻头彻尾的伍列特道学家，不能允许自己在这段插曲中"获取任何东西"。因此，尽管斯特莱瑟因为和这群唯美者混在一起而与纽萨姆太太疏远，最后仍然拒绝了玛利亚·高斯特利（Maria Gostrey）的迷人诱惑，仅带着自己的"印象"离开了欧洲。与此同时，查德也厌倦了德维昂内夫人，决心回到伍列特，将"广告的科学"应用在家族生意之中。

与伍列特相比，巴黎世界的外表与内涵之间的关系更为复杂。就像《贵妇画像》一样，故事也采用了戏剧性和消费的多样母题：斯特莱瑟"就像从剧院乐池一样"看着查德，书中的角色既品味体验也品味他人，角色（特别是德维昂内夫人和女儿）被形容为艺术品。不过，斯特莱瑟面临的最大困难，他通过利用自己的优势成功化解了。这就是巴黎的光。巴黎"在清晨出现在他面前［他第一次来这里时］，这明亮庞大的巴比伦，宛如七彩斑斓的物件，光芒四射的坚硬宝石……闪亮着，颤抖着，融为一体；表面的外观下一秒钟全部化为内涵"。在巴黎难以区分外表和内涵，说明维多利亚式范畴也许错了，也许太执迷于二元化，如果物体的感官外表与隐藏在深处的内涵拥有同样重要的含义呢？

这实际上就是詹姆斯要表达的。他坚持将唯美主义与重生而不是欺骗联系在一起（就像在《贵妇画像》中一样）。斯特莱瑟原来被压抑的想象力萌芽很快就对旧大陆的氛围做出了响应：

多年来一直深埋在黑暗的角落，这些胚芽在巴黎不到四十八小时又重新发芽。昨日的种种经历，其实就像经历早就一一失去的人生联系在躁动下重新联结起来。在这方面斯特莱瑟甚至迸发出一阵阵的猜想，在卢浮宫他倏然浮想联翩，透过一尘不染的玻璃罩饥渴地盯着柠檬色的书籍，仿佛看着树上新鲜的果实。

在一段关键的情节中，斯特莱瑟去第一次看望玛利亚·高斯特利和她那些物品："他最近已被'物品的帝国'大开眼界，但呈现在他眼前的景象又带来更广阔的视野；贪婪的目光与生命的骄傲找到了自己的神殿。这是神坛最深处的角落，与海盗的洞窟一样幽暗。"玛利亚的"洞窟"那子宫式的、感官的温暖，在她的物品的烘托下，不仅象征着情色的依恋和母性的哺育，也象征着人与人的陪伴："它们站成一圈，洋溢着生命的温暖，它们之间的所有问题都能够在这里流传下去，在其他地方是不可能的。"身处这样一种氛围，难怪斯特莱瑟总结道："啊，它们把我套牢了！"

斯特莱瑟被旧大陆诱惑的一个关键标志，是他慢慢改变了对时间的概念。慵懒地走在马勒赛尔布大道（Boulevard Malesherbes）上，"斯特莱瑟之前那么多年都没有对时间有如此丰富的感悟，就像是一袋金子，他时不时伸手拿一把出来"。美国功利主义和欧洲唯美主义最关键的区别之一就在于时间观念的不同：美国人积攒时间、节省时间、花掉时间；欧洲人度过时间。斯特莱瑟生怕时间流逝得太快，不能"及时"把查德带回伍列特，不过他慢慢地将焦虑放在了一旁。这种描写恰到好处，因为伍列特生产的神秘东西几乎肯定是钟表。斯特莱瑟摆脱了钟表时间，意识到他之前一直为之献身的资产阶级生产力和体面只不过是巨大的浪费而已。"尽可能去生活吧，否则就会犯下大错。"他对查德的朋友小比尔汉姆（Little Bilham）说："你具体做什么并不重要，只要你还在生活……只要你不犯*我的*错误，做什么都可以。因为那的确是个错误。生活吧！"德维昂内夫人看到，斯特莱瑟很快学到"重要的事情……是放开自己"。

他同样学会了培养一种深厚的历史感，当他在德维昂内夫人的房

间等着见她最后一面时，这种感觉如"狂风"般袭来。两人要就夫人
和查德之间的关系进行一次尴尬的谈话，这段关系已经隐藏了太久，
她害怕现在就要结束了。斯特莱瑟意识到，夜晚淡光下发出微暗光
芒的玻璃和镀金的小玩意"能够助他一臂之力，真的能够助他们两
个人一臂之力"。这些收藏品并不是现代珍奇（如玛利亚·高斯特利
的"便宜货小博物馆"），而是古玩的珍藏，"古老的徽章、模塑、
镜子"，经过数代人之手积累了下来。他再也不会看到这类东西了，
因为他马上就要回到伍列特，"在那里这些东西都不存在，不过要是
真的能够摆放在架子上，在生活的压力中，对记忆、对幻想来说，都
是一种恩赐"。房间内的东西之所以珍贵，不是因为它们稀有，也不
是因为价格高昂，而是因为它们能够让人想起围绕着德维昂内夫人的
"记忆和幻想"。在这时，夫人并没有贪得无厌，而是慷慨大方。"*获
取*不能带来快乐，从来都不能，绝对不能。唯一保险的事情就是给
予。这是最不欺骗你的了。"与玛利亚·高斯特利的"洞窟"一样，
在这里，在欧洲唯美者的"物品的帝国"营造出的境界中，人可以宣
告与他人他物的联结，可以摒弃无休无止的欲望。

　　不过查德可静不下心来。斯特莱瑟最后一次请求他留下来与德维
昂内夫人守在一起。对话回到了市场的主旨上去。查德突然宣布，
他"获得了一些广告艺术的消息"，可能是近期去伦敦得知的。"科
学化管理的广告能够成为一股新生的强大力量。'真的有效果，你知道
吗？'"斯特莱瑟一脸茫然："'你是说打了广告后能够影响销售？'""'没
错，但这影响是巨大的，你根本无法想象的，'"查德说道，"'就像是
一门艺术，和所有的艺术一样潜力无限。'他继续说下去，就好像想要
打趣一样，仿佛对方的表情使他感到很有意思。'当然了，要让大师
来处理。必须由合适的人掌管。只要有*他*在，*c'est un monde*① ！'"

----

① 法语，意为"难以置信"或"太过分了"，这里可以大致理解为"没跑了"。——
译者

广告算一门艺术，这在斯特莱瑟看来是一个笑话（也许在詹姆斯眼中也是），不过查德却是极为认真的。他计划回到伍列特，将广告这个"行业的秘诀"运用到滑坡的家族产业中，"使整个地方轰鸣起来"。用詹姆斯的话来说，查德选择离开一个感官的天堂，投入一个（斯特莱瑟语）"充满着冰冷思想"的世界，被功利主义标准、钟表时间和"无处不在的广告"统治。

《奉使记》对广告推动感官享受和个人解放的观点提出了相反的有力对照。詹姆斯的小说没有响应美国消费文化主流批评中长久以来对"物质主义"的哀叹，反而扎根于对物质世界的热情痴迷。很多历史学家认为，享乐主义是全国性广告兜售的最重要的文化产品；詹姆斯很早就认识到了这种说法的错误之处：广告享乐主义的目的，是让短暂的享受嵌入工业社会的常规节奏中去。詹姆斯赞美欧洲圣地那不是用金钱买来的悠闲优雅生活，强调了美国公司广告和后加尔文实证主义之间的联系，正是这种联系破坏着自然景观，使二十世纪初期的美国日常生活变得程式化。

《奉使记》等于是在指责广告通过将物体同时间与环境分割，将物质生活非物质化；被拿出商品流通的人工品，因为与其他的时间和物体存在联系而被收藏，笼罩在这些人工品身上的神秘记忆氛围，是那些为了服务"经济理性"而流通的商品早已失去的。这听起来僵硬且二元论，但实际上并不是这样；收藏品和消费商品之间的界限虽然没有那么灵活，还是可以被跨越和再跨越。一些人们最珍惜的古玩有时也会被买卖。詹姆斯没有对当下的商品予以强烈谴责；他指出，在杜歇太太的房子内，商品可以构成一幅迷人的画面。不过在大多数情况下，普通的商品进不了他的法眼。只能等到约瑟夫·康奈尔通过收集与变形"广告时代熟悉的物体"来揭露他笔下的"平凡的悲情"（the pathos of the commonplace）时才能实现。

当然，詹姆斯将唯美主义与广告放在一起比较的做法也是有一些问题的。在《金碗》(*The Golden Bowl*，1904）中，他又一次描写了一种更加阴暗、更加贪婪的收藏行为，进而探讨其与商品交换的亲密联系。[18]欧洲的优雅生活并不是不用花钱买的；在《奉使记》和他几乎所有作品中，詹姆斯描绘的都是极其优渥的特权阶级。连《贵妇画像》中也是，只不过在那部小说中金钱还真是问题，故事中的角色讨论金钱的必要性，千方百计要得到它，有时得来全不费功夫。不过当到了詹姆斯写《奉使记》的时候，他似乎吸收了伊迪丝·华顿母亲的建议："绝对不要谈钱，尽量不去想它。"[19]如果从庸俗的角度批评詹姆斯，会说他对美国功利主义的分析只是"食利"阶层的业余消遣，他这个阶层只是受益于商人的寄生虫，反过来还嘲讽商人的辛勤劳动。这样的批评会将他作品的实质贬低为他的经济基础的简单反映。这样的批评还无视了詹姆斯对唯美生活观缺点的敏感洞察，否认他对广告功利主义的看法很有可能是绝对正确的，不管他的受众群多么狭隘。

伊迪丝·华顿对商品文明的批评分析，填补了詹姆斯留下的一些社会学空白。至于母亲的建议，她没有认真听。至少在有一段时间内，她刻画了一些家里没有佛罗伦萨宫殿、没有安稳遗产的美国女性，出于野心或生存的原因，被迫在十九世纪末期资产阶级文化的婚姻市场上激烈厮杀。如果她们足够幸运，就会成为适合收藏的艺术品；如果不走运，就变成受损货物。这就是凡勃伦曾经讽刺的情景，即美国的美好年代（belle époque）里，上流社会新旧金钱势力融合的现象。不过与凡勃伦相比，华顿要更加聪明、更加诙谐、更具观察力。

她对悲情也有敏锐的感知。在《欢乐之家》(*The House of Mirth*，1905）中，她讲述了莉莉·巴尔特（Lily Bart）的衰落故事。莉莉是一位可爱聪明的女子，完全有机会成为一件无价品，在这个精打细算的平庸社会中变成一件最昂贵的珍藏品。不过在向着这个目标前进的途中，她却缺少足够的资源。她向犹太人罗斯戴尔（Rosedale）借了钱，这位滑稽形象的犹太人（同书中几乎所有非犹太人一样）喜欢

"将别人视为小摆设来评估价值"。尽管莉莉决定成为"他最引以为豪、值得投资的所有物"，但仍然面临着"潮水般的债务"。她起初还是时髦客厅中的一件艺术品，结尾时则在一个租来的空空如也的房间内身无分文，与世隔绝，最终（很可能）选择了自杀。[20]

在《乡土风俗》（*The Custom of the Country*，1913）中，华顿创造出一个与众不同的恨嫁女子形象。[21] 安蒂恩·斯普拉格（Undine Spragg）是一位原型般的半泼妇半女神的消费主义形象，在钓金龟婿方面惊人地成功。最开始，在家乡印第安纳州阿佩克斯（Apex），她嫁给了当地男孩艾尔莫·莫法特（Elmer Moffatt）；在将他甩开以后，她嫁给了拉尔夫·马维尔（Ralph Marvell），稳重的荷兰裔纽约名门之后，并生了个儿子；随后她又投入了法国贵族雷蒙·德·舍勒（Raymond de Chelles）的怀抱；然后她又回到莫法特的身边，因为他已经成为一位极其成功的华尔街投机者。从社会轨迹来说，她画了个圆又回到了起点，最终和同一类人走到了一起；从经济轨迹来说，从一点点老钱（old money）① 走向了成筐成筐的新钱（new money）②。不过，在所有的情况下，男人们更像是收集者，安蒂恩则是完美的消费者。大卫·李斯曼找不到比这更好的反例了：拉尔夫指出，"安蒂恩的自我防卫能力已经被她模仿周围人的本能削弱了，她复制'其他人'的说话方式与行为举止，在服装上也充分仿效他们；当他思考她的无知会带来什么后果时，他就觉得焦虑不安"。（他其实没有必要担忧。）安蒂恩的热情并不仅仅是积累主义的，更准确地说，是消费主义；也就是说，对她来说，是花钱而不是占有的行为带有情色的意味。她与裁缝讨价还价，并不是为了省钱，而是为了"延长并加剧花钱的快感"。从某种角度来看，她的消费主义是浪漫主义和反物质主义的；一旦物体购买完毕，快感随即消失，需要下一

---

① 指在美国早期便移民至此，延续了几代人的名门望族。——译者

② 指暴发户。——译者

次购物来重新点燃。安蒂恩代表了蒙田笔下的"灵魂之误"，鄙视近在身边的东西，反而渴望远在天边、不存在、不归自己拥有的物体。

　　即使抛弃了两任丈夫，安蒂恩仍然与莫法特保持联系，莫法特从印第安纳时起就让她深深迷恋。第一眼看上去，他似乎是一个典型的暴发户。当安蒂恩问他是不是愿意再结婚的时候，他说："嗯，我觉得，迟早吧。百万富翁总是在收集什么东西，不过我要先收集到我的百万才行。"不过，随着他们之间的关系慢慢恢复，莫法特让她知道自己也热衷收藏。他有一次看到安蒂恩第二任丈夫 ① 雷蒙的家族挂毯，不久之后就"开始谈论自己对油画和家具越来越强烈的热情，还渴望收集一大批举世无双的东西。在他讲话的时候，她发现他的表情发生变化，他的双眼显得年轻，变得孩子气，那全神贯注的目光唤起了一些她忘却已久的事物"。就像在詹姆斯的小说中一样，这里又是一个很好的例子能证明瓦尔特·本雅明的格言："收藏者的激情与记忆的混乱接壤。"²² 不过，在这一段中，华顿不但将收藏与记忆联系在一起，也将其与一种通过回忆童年以重返青春的做法联系在一起，与可以在"深度玩乐"境界中找到的忘我的全神贯注联系在一起。

　　在莫法特这个暧昧的角色身上，华顿在制定一种新的表物语言上跨出了一大步。如果消费者是面向未来的，收藏者的目的就是通过对物体自身进行思考，从而停止或扭转时间的发展。如果收藏与"记忆的混乱"接壤，那也许是因为收藏的冲动来自童年早期的心灵深处。每一位家长都知道，儿童可以算是最热心的收藏者。当收藏成为儿童的玩乐，就可以将日常生活最平庸的残渣转化为神圣的艺术。有没有钱来购买珍稀物品，并不影响收藏者对待物体的态度。

　　讽刺的是，总结出这一点的作者却是马赛尔·普鲁斯特，"一战"前法国债券持有人阶级的头号记录者。《追忆似水年华》(*Remembrance*

---

① 若按前文所述，雷蒙应该是她的第三任丈夫，不过根据小说的剧情编排，她与莫法特的婚姻是不为外人所知的，所以这里说雷蒙是第二任丈夫也有道理。——译者

of Things Past，1913）采用了庞大华丽的写作风格，精准剖析势利现象，记录了商品文明的胜利与衰败；小说使用了回忆的手法，抵抗住了文明在迈向未来的进程中对心灵的摧毁。小说中不断重复的叙事模式是：叙事者从睡梦中醒来，突然感觉到迷失方向；通过回忆室内场景和室内的物体，自我的碎片逐渐重新拼合：

> ……等我半夜梦回，我不但忘记是在哪里，甚至在乍醒过来的那一瞬间，连自己是谁都弄不清了；只有一种最原始的存在感，可能就像动物的意识深处闪着微光的隐匿感觉；我比穴居时代的人类更无牵挂。可是，随后，记忆像从天堂降下的梯子，把我从非存在的深渊中拉出来，这不是关于我到底身在何处的记忆，只忆及我以前住过的地方，我可能现在就在这些地方吧；如没有记忆助我一臂之力，我独自万万不能脱身：在一闪之间，我飞越过上千年人类文明，首先是煤油灯的模糊形象，然后是翻领衬衫的隐约轮廓，它们逐渐一点一画地将自我的碎片串联起来。[23]

在开端的这一段内，叙事者描述了他的艺术手法：有意识地疏导记忆的洪流，使其在全书周密的布局中翻涌奔驰。不过，他同时也描述了导致他成年后决定写小说的过程。那些模糊回忆中的物体，如煤油灯和翻领衬衫，将一种前意识的甚至是植物性的存在变形为连贯一致的自我感及（最终的）艺术事业感。在叙事者完全觉醒为成年的意识之前，所有的感知都在流动着。"一阵阵不停变换的混乱记忆"，将他带到"一间又一间我一生中曾经睡过的房间，最终在我那些清醒的睡梦中，我又重新回到了这些房间"。墙壁随着每一个房间的形状不停变换，家具时而出现，时而消失，叙事者感觉到自己的身体也在旋涡中不断变形。直到"善良的确定天使已经让周围物体静止下来"，才开始"再次回忆起我所熟知的所有地点与人物，我在他们身上实际看到的，以及其他人告诉过我的"。自我与艺术携手浮出水面，在静止的熟悉家具中通过记忆联结在一起。[24]

普鲁斯特的叙事进程，证实了哲学家加斯东·巴什拉（Gaston Bachelard）的智慧，他指出，"记忆是静止不动的，越与空间紧密结合在一起，它们就越完整健全"。通过回忆特定的空间，叙事者重新构建了他决心成为小说家的过程。他从贡布雷（Combray）子宫般的"固定空间"中开始，在那里，欲望与欲望的物体合而为一。"他对所欲物体的信念同这些物体的现实存在和谐统一，产生出一种完整的体验，在他的记忆中保留了下来。"批评家罗杰·沙塔克指出。[25]

叙事者从这个伊甸园走出，进入了一个由不断向上爬、性伴侣和珍贵家居驱动的社交世界。这个世界就是华顿和詹姆斯详细剖析的高端资产阶级社会：角色总是被描绘成"收藏品"或者艺术品。这个世界最具代表性的居民是斯旺，小说七大卷中第一卷的主人公，他的故事预示了整部作品的总体架构。斯旺靠自己的（神秘的）投资生活，收藏美丽的物品，不过最终受到自己无法获取的东西吸引而致命，其中最重要的东西就是奥德特，这个平庸的傻姑娘使他气喘吁吁，垂涎三尺却无法满足。

斯旺渴望成为一位真正的收藏家（这里用的是本雅明的定义），但是他最后屈服于灵魂之误。叙事者也必须在同样的欲望世界中忍受多年的折磨，才能够开始重新构建那个分裂的欲望自我。同其他角色一样，他也经常混淆人物与商品。最终他在最平凡的消费商品中获得了释放：一块玛德莲蛋糕，放到茶里蘸一蘸，这会自动释放出潮水般的记忆。就在这个时候，自觉的、有意识的艺术再创作开始了。叙事者必须逃离自我沉迷的世界，与不符合自己幻想的人产生联系（比如他的情人阿尔贝提娜），从而在艺术的光芒下重新创造世界。普鲁斯特的伟大成就在于，他能够在扎根于过去的当下打造一种艺术生活。而且那些比喻式的收集品，从煤油灯、翻领衬衫到蘸在茶中的糕点，都在这个过程中起到了至关重要的作用。

尽管普鲁斯特取得了不朽的成就，他并不是唯一使用这种方法的人。在两次世界大战之间，有一些艺术家和作家开始意识到，物质人工品对每个人来说都有心灵上的重要意义，不仅是对"食利"阶层有意义而已。他们寻找能够替代主流"昙花一现教"的选项，既没有退回自己的品位神殿，又没有变成住在铺满软木塞房间内的隐居艺术家 ①。他们拥抱了平凡的家庭用品，或者甚至最终拥抱了日常工业生活的废弃物。他们对物体进行思考，同物体一起玩乐，进一步加深了物体的话语。²⁶

两次大战之间：平凡物体的变形

诗人莱内·马利亚·里尔克经常对物体进行思考。有时他采纳了詹姆斯和华顿的方法，将欧洲那难以忘却的人工品的故乡与美国那容易忘记的消费品的故乡放在一起对比。但是他的理念超越了这种二元论。在 1925 年，他给自己的波兰翻译写道：

即使在我们祖辈眼中，一间"房子"、一口"井"、一座熟悉的塔楼、他们身上的服饰、他们的斗篷等等物体都拥有比现在无限多、无限多的亲切感：几乎每一件东西都是容器，他们在这容器中找到了、储存着人性。而现在，从美国却涌来一堆空洞、冷漠的东西，伪东西，**虚假的生命**……在美国人的思想中，一栋房子、一只

---

① 即普鲁斯特。——译者

美国苹果或葡萄藤，与注入了我们祖辈的希望与沉思的房屋、水果和葡萄藤**不同……与我们共同分享生活**的活力的、经验丰富的物体已近完结，无法替代。**也许我们就是最后知道这些物体的人了**。在我们的肩上，不仅有维系它们记忆的责任（那就太少了，也不可靠），也有维系它们人性和神性的价值（"神性"在这里指家庭之神）。[27]

　　这一段文字可不仅是将欧洲与美国物体对立的典型做法，还有更深层次的含义。里尔克写下这一段时，他正在讲述《杜伊诺挽歌》（*Duino Elegies*）的哲学含义，从这个角度来看，这段话就拥有了更重要的意义。里尔克声称，挽歌从"昙花一现"跳入"深刻的存在"，试图"将这种临时的、消逝的土壤深深地、痛苦地、激情地烙印在我们身上，让它的存在能够在我们心中'不可见地'再次崛起"。里尔克说，挽歌揭示出"可见的、可触摸的亲切物体被持续不断地转化为我们本性中不可见的振动与紧张激动，将这些新的振动数字引入振动领域中去"。[28]

　　通过批评分析美国的"伪东西"，这种神谕式的宣言被向下用到了日常生活中。这可不仅是一位不满的欧洲贵族在抨击美国的民主果实。里尔克将人工与自然环境融合在一起，如"房屋、水果、葡萄"，哀叹这些事情都已经被祛魅化了。他的抱怨不是针对低俗的，而是针对韦伯所谓的理性，针对人类和物质世界直接体验之间越来越大的距离。这种观点和泛灵论世界观非常相似："大自然也好，我们活动和利用的物体也好，都是临时的，都会消逝；不过，只要我们在这里，它们就是**我们的所有物**，是我们的朋友，与我们一起分享喜怒哀乐，就像它们是我们祖先的挚友一样。"[29]里尔克这种完整宇宙观既包括葡萄藤支架，也包括镇纸和钢琴，将这些物体聚集在一起的（除了他的唯心主义形而上学外）是它们的"神性价值"。它们不是祖辈餐厅里的无价之宝，而是日常家庭生活中用到的"可见的、可触摸的亲切物体"；实际上，它们拥有的正是"家庭之神"的个性。

里尔克迈出了这关键的一步，从贵族的领地走向了日常生活的领域。在一封寄给本薇努塔（Benvenuta，即音乐会钢琴家玛格达·冯·哈丁堡 [Magda von Hattingberg]）的信中，他描述了自己打扫家具时的感想，从中可以看出这关键一步的一些重要意义：

> 就像我刚才说过的，我华丽地独身一人……但突然间心头涌上一股旧时的激情。我必须承认，这毫无疑问是我最强烈的激情，也是我第一次接触音乐，因为掸灰尘的任务落在我的肩上，小钢琴是我负责。实际上，这钢琴非常自愿配合，从来也没有显露出无聊的迹象，这样的物体很稀有。只不过，这一次在我那激情的抹布之下，它突然发出机械般的呜呜声……它光滑、深黑色的外表变得越来越美丽……礼貌中掺杂着调皮，这就是我对这些友好物体的回应，它们似乎为能被友好对待、能被一丝不苟地翻新而高兴。即使到了今天，我也必须承认，当周围的一切变得越来越亮堂的时候……我的工作桌那巨大黑色的桌面，那统治着周围环境的工作桌……不知什么原因开始注意到房间的规模，越来越清晰地反映出房间，淡灰色，几乎正方……我被感动了，就好像发生了什么事，坦白地讲，它并不纯粹浮于表面，反而是巨大的，而且触动着我心中的灵魂：我是一位皇帝，正在给穷人洗脚，或是圣文德（St. Bonaventure），正在自己的修道院中刷碗。[30]

加斯东·巴什拉评论道，这一段话是"不同精神阶段的心理记录积累"。当里尔克还是孩子时，他要做的家庭杂务之一是打扫家具；至少在他的记忆中，这项任务似乎已经变成了他"最强烈的激情"以及他"第一次接触音乐"的经历。长大成人后再来清扫工作桌，他便和童年的感知重新发生联系，不但让房间中的物体再度泛灵，还将自己想象成为圣人和皇帝。通过做普通家务活，将过去与现在、物质与

精神世界相连；这是一个将平凡物体变形的好例子。与普鲁斯特的玛
德莲蛋糕的体验相同，里尔克的顿悟也揭示出人和物体世界的一种关
系，比詹姆斯和华顿笔下的鉴赏关系更加民主、更加向普通人开放。
和普鲁斯特一样，里尔克的物质例子体现着法兰克福学派商品文明批
评分析中的一条抽象主题：维系巩固的自我感，拥有关于完整性的记
忆极为重要，少了它，个体就无法抵抗技术统治形式的社会支配。

　　不过里尔克的愿景被他挽歌式的绝望限制住了；虽然从他的角度
来说很难想象，不过从即使从商品文明生产的"空洞、冷漠的东西"
中也能创造艺术的含义。这就是埃兹拉·庞德和威廉·卡洛斯·威
廉斯等意象派诗人的议程，他们力图将物体自身——不管多么污秽，
多么平凡——从维多利亚式理想性的雾气中拯救出来："承认吧，只
有在物体中思想才能存在。"威廉斯坚持认为。这也是两次世界大战
之间大西洋两岸一些特立独行的作家和艺术家走上的道路，在这一
时期，欧洲文化似乎已经变为废墟，很快要被美国前进的发动机碾
压。这项挽救计划的理由，可以在法国超现实主义作家路易斯·阿
拉贡（Louis Aragon）的笔下找到。他在 1926 年回忆自己少不更事
的理想时写道："普通的物体无疑都沉浸在神秘之中，可以将我带到
日常生活之外的世界中去。"不过，这种"巫术"的基础不是因为能
够唤起记忆，如普鲁斯特和里尔克那样；相反，阿拉贡写道："我开
始意识到，它们的统治建立在新奇性的基础上，它的命运被一颗凡尘
的星辰掌管。因此它们在我眼中是许许多多昙花一现的暴君，仿若命
运的使者，为我的感性效劳。终于我恍然大悟，我其实是为现代感到
欣喜若狂。"从这种"现代"的角度来看，物体唯一的价值就在于它
能够在头脑中（或眼中）唤起一幅幻觉式的画面；与其他超现实主义
者一样，阿拉贡也"欣赏混乱"，这就使他的感知"让每一个物体都
偏离了它的用途，即人们通常说的误入歧途"。这种对物体的超现实
主义认知，允许阿拉贡将电吹风视为史前怪兽，在煤气泵中看到埃及

神灵：这种做法颠覆了消费自我构建过程背后的功利主义理性，但是除了造成混乱之外，这种做法并没有带来任何替代选择。[31]

尽管如此，虽然阿拉贡称自己"为现代欣喜若狂"，他仍然感到了来自过去的吸引力，特别是当他从巴黎拱廊街（Arcades）之中穿越时。这些见证了十九世纪商业多样性和感官性的纪念碑，现在却受到了日常生活合理化进程的威胁：

> 美国的伟大本能，被一位第二帝国的长官带入了我们的首都，将巴黎的地图划分为一块块的长方形，现在已经无法保留这些人类水族箱了，尽管它们原本的生命已经被挖空，但它们掩盖着的现代神话值得我们注意——只有在推土机的威胁之下，它们才变成朝生暮死教（cult of the ephemeral）的神殿，禁忌快感和职业 [拱廊街是妓女们最喜爱的聚集地] 的幽灵之地，昨天无法理解，明天消失无踪。[32]

这种创造"朝生暮死教的神殿"的欲望影响了很多超现实主义者，在阿拉贡同时代的安德烈·布勒东（André Breton）身上体现得尤为明显。也喜欢在拱廊街闲逛的瓦尔特·本雅明称布勒东"第一个感知到革命的能量，在'过时的物体'中，在第一批钢铁建筑、第一批工厂厂房、最古老的照片、开始绝迹的东西、三角钢琴、五年前的服装、已经开始不再时髦的时髦餐厅中"。[33] 不过，本雅明这里指的"革命能量"，也许比布勒东等超现实主义者或正统左翼人士预想的要更为复杂。

在某些方面，过时事物美学（aesthetic of the outmoded）预示着后来兴起的坎普情绪，只是没有坎普信徒的持续讽刺或夸张离谱的天赋。[34] 对刚刚过时事物的痴迷，在两次大战之间一些视觉艺术家和文学艺术家的作品中体现得淋漓尽致，但没有一部作品能够整洁地归到教科书的分类中去。举个例子来说，在《尤利西斯》（Ulysses，

1922）中，詹姆斯·乔伊斯唤出了一个正在消亡的商业文化，有着风骚的侍女和前后挂着广告牌的宣传员；在这个文化的正中心站着广告人利奥波德·布鲁姆，不过他这种在当地报纸拉广告和倒卖版面的形象到了二十世纪一十年代早已过时。对布鲁姆来说，商品文明的残渣，比如写着"不买李树鲜肉的家庭？不完整！"的报纸一角不停出现在他的视野内，激起了他关于妻子莫莉、女儿米莉和夭折的儿子鲁迪的 erotic 记忆。这里的 erotic 是指从严格的词源角度来看：这些记忆包含着对逐渐离他远去的人的无法满足的渴望①。不过，就像普鲁斯特的玛德莲蛋糕幻想曲一样，这些记忆也依赖商品文明中似乎毫不重要的碎片来重新唤醒沉睡者，让他回到一张人际连通的大网，将过去、现在与未来结合在一起。

到了二十世纪三十年代，过时事物美学在视觉领域中表现得最为突出，代表人物是柯特·史维特斯和约瑟夫·康奈尔。他们的作品显示出，艺术家的确有可能回收利用商品文明中最被遗弃、最被遗忘、最为平庸的碎片，比如有轨电车票和包糖纸、陶瓷牧羊犬和电影海报，再将这些物件重置在想象的构架中，将他们转变为神圣的人工品。史维特斯的全部艺术生涯都奉献给了他称为 Merzbilder 的拼贴与构建行为。艺术批评家阿瑟·丹托（Arthur Danto）指出，merz 是一个古老德语词的一部分，英语中与其最为接近的词是"cull"（剔除），从一批货物中剔除出去的东西都是不完整、不足或达不到标准的。"史维特斯运用的 merz，"丹托写道，"是……一种收集囊括被剔除出去的东西的行为：就像一个俱乐部，成员不属于任何其他俱乐部，是一个被拒绝者的沙龙，或者（看似矛盾的是）是一个阶级，成员全都不属于任何一个阶级，即一个没有阶级的社会。"钟表齿

---

① Erotic 在现代英语中意为"情色"，但词根是希腊神话中的爱与情欲之神厄洛斯（Eros），而 eros 的词根意为"爱、欲望"。本书在这里使用的是最初的意思，不是"情色"。——译者

轮、用过的剃须刀片、广告和推销传单的一瞥，这些和史维特斯的
Merzbilder 搜集的其他琐碎东西一起构成了丹托笔下的"承受地土的
温柔的人"（the inheriting meek），这些不仅是民主的艺术，也在某
个被遗忘的根本意义上是基督教的艺术。巴什拉指出，如果被当代世
界积累起来的"不重要物体的庞大博物馆"感动，就等于听到了"对
谦卑的呼唤"，因为"破旧的物体否认了光辉和奢华"。史维特斯将工
业资本主义的残渣在神圣不可侵犯的艺术领域中重新语境化，实现了
对价值的真正重新评估。[35]

　　康奈尔（1903—1972）也是一位日常生活的杰出炼金术师。用
立陶宛诗人 O. V. 德·米沃什（O. V. de Milosz）的语言，他完全可
以这样说："静止、沉默的物体永远不会遗忘：虽然它们忧郁又被鄙
视，我们却将内心深处最卑下、最不为人知的事情统统倾诉给它们
听。"从二十世纪三十年代开始，在数十年之中康奈尔坚持收集废弃
的弹子、破玩具的碎片、媚俗的小雕像、倒闭旅馆的宣传手册及过气
芭蕾舞女的剧场节目单，任何在他看来能够体现他对"平凡的悲情"
的执着的东西他都收集。他将这些碎片放在他称为"口袋博物馆"的
盒子中，这些随便"发生了巨大变化／成为丰富奇怪的东西"。它们
获得了一种救赎的氛围，成了文化记忆仓库的成员，然而社会正在
全盘腐蚀这座仓库。通过将曾经熟悉的物体陌生化，康奈尔秉承的
过时事物美学激发了瓦尔特·本雅明笔下的"世俗的光照"（profane
illumination）：在这个光明点亮的时刻，质疑现有社会世界的现存
事实性，并宣扬超越它的希望。在主流文化眼中，"垃圾堆""形
象地证明，我们愿意抛弃古老的传统、方式与设备"，赫伯特·胡
佛（Herbert Hoover）政府商务部的高官朱利叶斯·克莱恩（Julius
Klein）在 1930 年写道。[36] 然而与里尔克、史维特斯和其他超现实主
义者一样，康奈尔微妙地削弱了这种进步主义观点。与安迪·沃霍尔
希望将商品与博物馆艺术同化从而去除博物馆艺术神秘性的《布里乐

盒子》（*Brillo Box*）不同，康奈尔将自己的美学推向相反的方向，走向了商品世界的再度泛灵。

欢迎来到牙买加：约瑟夫·康奈尔的世界

1943 年，约瑟夫·康奈尔在《视》（*View*）杂志发表了一部视觉和文字作品，名为《水晶笼（贝蕾妮丝的画像）》（"The Crystal Cage [Portrait of Berenice]"）。作品讲述了一个小女孩的故事：

在 1871 年的奇闻轶事剪报中，我们看到一个美国儿童在法国游玩的时候对一件废弃的中国风的物品产生了极其强烈的兴趣，她的父母不得不安排人将它拆卸下来，装在她新英格兰草场的家中。这位小女主人从小是在一种严苛的科学研究氛围下长大，因此在这个晶莹球体中，她迷恋于各种星座、气球和遥远的全景等高深领域，利用自己的背景来自己做实验，创造了独出心裁又富有诗意的小小奇迹。[37]

通过这件轶事（包括这条新闻的可疑来源），康奈尔精明地表达出了自己、自己的痴迷与自己的方法。在他大部分艺术生涯中，康奈尔都将异域人工品运到新英格兰的草场，在传统新教思维的"严苛氛围"中，他对这些十九世纪晚期资产阶级文化留下的大量小古玩分门别类。新教的思想传统在当时已经接受了科学，不过仍然坚持认为物质世界仅是一层面纱，其背后难以言喻；这个观点的代表，在康奈尔眼中，就是基督科学教会。不过，他超越了刺穿众多美国前辈的永无止境的二元论，超越了外表与内涵、世俗与神圣光照之间的矛盾。康奈尔一面寻求神圣的永恒和睦，一面又不放弃世俗的感官外表。在他的拼贴画和盒子中，他行着"独出心裁又富有诗意的小小奇迹"，培养一种儿童般的能力，将似乎最昙花一现的物体视为一个生机宇宙的一部分。他希望创造出一种"神圣语"（lingua sacra），使一切物体获得神圣的意义。[38]

　　不过，这件水晶笼子的轶事没有提到康奈尔同当代社会都市大众文化之间的联系。艺术史学家多尔·阿什顿（Dore Ashton）写道，当人们去皇后区乌托邦公园大道（Utopia Parkway）造访康奈尔的房子时，他们——

　　　　惊奇地发现，这位臣服于精致优雅的人居然藏匿在这样一座平凡的房子中，屋内堆满太多家具，太多家庭生活的痕迹，书和纸张随处乱堆。他们看到了让人震惊的东西（只有在他们这些品味低下糟糕的人眼中才让人震惊），比如石膏动物模型，或者一张桌布上花哨地画着"欢迎来到牙买加"的文字和一位包着头巾、招手示意的卡利普索（calypso）歌手。这太不正常了，一个能够打造精致奥秘图像的人，居然住在普通得不能再普通的摆设之中。[39]

康奈尔也许暗中很喜欢这种不正常。他用玩乐的态度复活了狂欢的碎片，颠覆了文化等级，将现在与未来提升到比过去更高的位置上。

　　康奈尔绝不是一位反叛得引人注目的波西米亚艺术家；他非常害羞，待人接物又不得体，似乎决心要过一种极其普通的生活：照顾他卧病在床的弟弟罗伯特，在庭院里悠闲度日，早晨把垃圾拿出去，和送牛奶的人问好。如果要想记住他将大众文化和高雅文化融合的成就，有必要讲一下他1950年1月9日日记中的一张图。那天夜晚寒风刺骨，他靠近火炉取暖，听基蒂·卡莲（Kitty Kallen）演唱着《坐失良机》（"You Missed the Boat"），读着里尔克评论罗丹

（Rodin）的书籍。这是一个能够代表康奈尔的时刻：他既愿意听天籁（spheres^①）音乐，也喜欢听通俗广播。[40]

在寻求将"日常生活的平凡"变形的过程中，康奈尔也许将非做不可的事情也视为美德。与詹姆斯和华顿不同，他必须赚钱糊口。1903 年他出生在纽约乃役（Nyack）一个富裕、亲密的家庭中，在他的记忆中，童年就是童话故事的牧歌、业余表演的戏剧以及阿迪朗达克山（Adirondacks）和康尼岛拱廊之旅。不过 1917 年父亲因白血病去世，没有留遗嘱，却留下了一堆债务。家庭经济愈发不济，但多亏母亲持家有方，他才能进入安多佛学院（Andover Academy）学习，不过到了 1921 年，他被迫在曼哈顿麦迪逊广场一家纺织品批发公司内做起推销员的工作。他痛恨与顾客打交道，却培养出了对街头风景和商店橱窗的敏感性。1931 年下岗后，他有一阵子挨家挨户推销电冰箱，然后又做了纺织品设计员，不过他觉得这份工作既沉闷又苛刻。在这段时间内，他开始认真创作自己的盒子作品，逛遍了曼哈顿下城的二手店，与欣赏超现实主义的创新画廊老板朱利安·列维（Julien Levy）成为好友。康奈尔在夜晚和周末潜心钻研自己的艺术，后来他回忆起这段三十年代的时光，说他的"东西都是以星期天的精神创作的"。虽然他是出名的隐者，他还是建立起足够的社会关系，吸引了足够的目光，终于在 1940 年可以辞去原来的全职工作。从 1936 年开始，他就为《时尚芭莎》（*Harper's Bazaar*）、《住宅与庭园》（*House and Garden*）和其他光鲜杂志提供封面和广告版面设计，做自由职业者。他一直坚持做这份工作（虽然是零星的），直到五十年代末，他的艺术终于为他带来了足够的收入，他才将自己全部时间都投入艺术中去。他为《服饰与美容》和《持家有方》做的工作，是他定期走访曼哈顿时顺便完成的，虽然这些工作耽误了他主要

---

① 这里是双关，spheres 也指球体，与前面小女孩的例子呼应。——译者

的淘宝目的，但是没有原来的全职工作那么难以忍受，也从不会让他痛苦。[41]

不过，还是有一些事情能让他痛苦。一个就是他的兄弟罗伯特身体状况的持续恶化，罗伯特从儿童时期开始就出现了神经紊乱的症状，到了二十年代时就必须坐轮椅了。康奈尔照顾了他几乎四十年，鼓励他绘画，帮助他拼火车模型，被他"英雄般"的微笑启迪，但也为这种操劳感到狂怒。1954年，康奈尔便在笔记本中简短提到了这种挣扎，如"面对着尚未解决的家务情况时的典型情绪（不要包围迫近，或避免再次出现本月早先的伤手事件）"。[42]

不过这种隐晦的说法，并不只是表现了康奈尔面对自己的挫败和无助时压抑的愤怒。在他一生之中，他都因为感到周围环境对他"包围迫近"而不安，给他带来了日记中经常提到的"压力感"。从在安多佛刚上学那时候起，对宇宙的绝望感就一直折磨着他。他姐姐伊丽莎白回忆一天晚上他因为圣诞节假期回家时的情形："他把我弄醒，身子抖得厉害，问能否坐在我床上。他在学习天文学的过程中意识到宇宙空间的无限与广大，被一股强烈的恐惧感抓住了。"[43]在二十年代早期，他总是被噩梦和原因不明的胃痛所困扰。他经常午餐时分坐在麦迪逊广场公园的长椅上，焦虑地呻吟着。后来他发现了基督科学。基督科学对他这类人拥有最强的魅力：不信任主流新教伦理理性、不信任痴迷意志力和控制的人，渴望在神圣思想的静止中重新联结肉体和灵魂的人。

许多艺术批评家都对康奈尔的基督科学信仰感到尴尬，最好的情况下也是感到迷惑，而且很多人承认，很难说清楚基督科学的教条对他的艺术而言意味着什么。尽管如此，如果要了解他的生活与工作，就必须读懂他的信仰。对他来说，这并不是整理神学教条（基督科学的教条本来也非常少）的问题，而是呼吸着笼罩在他日常生活上的氛围的问题。他对基督科学的拥抱，不但让他从肠胃紊乱中解脱（似乎是心理造成的，不过却是"现实"存在的），也帮助他稳定了贯穿自己全部成年生涯的情绪波动现象，最起码为他提供了一种重生的语言。

有的时候，这种语言使用了基督科学教义中某些奇怪的空灵观点。1955 年一个清晨，他在地下工作室收听《早餐交响曲》（"Breakfast Symphony"）节目的时候，感觉到"一种特别美妙的赏味时刻，外部的东西被遗忘，音乐为他重新创造出了'另一个世界'"。他渴望从"外部的东西"的沉重中解脱，将"健康的梦境"形容为"彻底的自由感完全不受肉身的束缚"。不过康奈尔对物质生活的共情实在是太深，并不经常使用这种习语。[44]

更多的时候，在他的笔记中与他产生联系的并不是他具体的教派，而是一个更为广阔但仍然古怪的美国新教文化传统。他的日记中充满了对自己情绪的监测，渴求"复兴的神迹"的征兆在不知不觉中降临到自己身上。最确实的征兆似乎是"clearing"①。这可不是基督科学独有的词汇；它与美国新教传统和浪漫主义自然哲学（Naturphilosophie）、乔纳森·爱德华兹和沃尔特·惠特曼有着深刻的共鸣，它让人想到树林中的一块空地，云层中的一丝裂缝，变得清新的大气。它奏响的宇宙同感之音，也在爱德华兹和艾米莉·狄金森（Emily Dickinson）等神秘主义者的耳中听到：它让人意识到，在平凡的生活中也能发现"神圣物体的图像和阴影"。（从 1952 年康奈尔发现狄金森的诗歌开始，一直到他去世，他都觉得自己和狄金森之间有一种特殊的亲切感。）同这些精神上的前辈一样，康奈尔也在寻找着，而且时不时找到了（如 1948 年笔记中所写的）"一个完整幸福的世界，每一件琐碎的物体都获得意义，但很难传达"。与那些文学前辈相比，这种语言显得吞吞吐吐，暧昧模糊，不过思想上的传承已经很明显了。[45]

不过，他与前辈的不同之处也具有重要意义。很多信奉这种美

---

① 这个词有多种意思，包括林间空地、放晴、清理、净化。——译者

国新教传统的人，都去自然世界寻求精神意义。康奈尔也感觉到了同样的亲近感，比如寂静的海边，比如在未被开发的乡间小路上行驶，但是对他来说，大自然并不是唾手可得，除了某些明显以间接形式呈现的大自然：他对夜空的痴迷，一部分是由中央车站的"穹顶"激发的。1944 年数月间，他受雇于一位基督科学信徒，在法拉盛（Flushing）一家园艺中心工作：这个地方在他眼中获得了一种田园牧歌式的气息和一种神秘的意义。后来，他开始构思自己的《GC 44》来纪念自己在那里的经历，他余生都在编纂这本卷宗，但最终也没有完成。在日记中，"GC 44"这个符号变成了试金石，用来评估他想象构架中零星吹过的一切其他灵感狂风。身边每一件物体都有不可言喻的意义，只等自己洞悉，这种感觉在不同的场景下都会将他淹没：比如坐在第四十二街和第三大道路口的自助贩卖式餐馆，喝着一杯平淡的冰茶，吃着肝泥香肠三明治，看着"三教九流的纽约人类如往常一般流动"，正是 1949 年 7 月某天下午的这个时刻，"平凡景观的琐事"将他送到了"一个天启般的、让人无比满足的东西的'边缘'"。在抑郁的一天过后，"关于物体的整体思想有所好转，不过并不是全部（压力）"。在其他例子中，这种体验也许同样是偶发的，同样是转瞬即逝的，不过更令他满足："在这种场合下，小运输卡车上的贴画标记多么神奇地获得了生命，滋生了新芽啊。"他在 1954 年写道。真正检验"GC 44 式体验"的标准，不是看其是否拥有田园诗的设定，而是看其能否为日常存在的事实性注入活力。[46]

　　康奈尔在日记中提到的大自然，与爱默生和狄金森提到的有一些不同。1953 年 11 月他有一次出游，狄金森的箴言"这些是大自然旅店的招牌／敞开怀抱的邀请"出现在康奈尔的脑海中，不过他在日记中写道："实际上，与高架铁道接壤的市郊棚户区的简陋本质，才是一个'敞开怀抱的邀请'的情景。"他对城市和乡村接壤的地方非常痴迷，比如在皇后区可乐娜（Corona），褐色砂石建造的老旧公寓的正面在他眼里就像亲密朋友的面孔，周围的自然环境也没有被官僚理性那些不带个人色彩的巨大建筑物所淹没："这些场景之所以带来狂热的喜悦，也许秘密就在于大自然的温暖魅力。"他在 1954 年写道："一路上经常直接看到无尽的画卷，古老的房屋、鸽子的巢以及远处的全景。"[47]

这不是第一次有游客在高架铁路上察觉到唯美的可能性，在城市现实主义的文学和艺术作品中随处可以看到类似的顿悟。不过康奈尔的觉醒与众不同。它属于一个更加广泛的过时事物美学。老旧的公寓楼和小企业的商标之所以迷人，部分原因在于它们的人的尺度，这让它们更容易被注入活力。到了二十世纪五十年代初，法拉盛的中心仍然保留着一股乡村感，在他眼中也散发着类似的魅力。康奈尔描绘了 1954 年 9 月一天下午去那里购物的经历："虽然从边界线式的思维中创作出来的不多，但是能从其中抢救出来不少——秉承 GC 44 的精神——对村内最琐碎的事物感到温暖和关爱，这座'避难的圣堂'，迎面不断涌来各种记忆的闪光、安逸的碎渣等等。"当他在曼哈顿闲逛时则会这样想："看看这些建筑物被抛弃、被判死刑、被木板封住的外表吧——在一个角落处，绿色的油漆已经褪色，下面的纹理显露出来，玻璃窗上银色字母写着'私家侦探'的字样，在其上方是 1905 年左右写成的'巴赫大厦'。"就像在几乎其他所有场合中一样，他在这里突然爆发出的"对平凡、阴暗、平庸等等强烈而纯粹的欢愉"正是邂逅已经消逝或正在消逝的人工品带给他的。[48]

当然，在康奈尔的创作过程中，怀念并不是唯一的钥匙。他也能够对现在产生强烈的快感，甚至偶尔在为糊口而创作的商业作品里也能产生。他可以将花一个早上为《持家有方》画素描形容为"无比清晰强力的活动爆发"，将"为《服饰与美容》画跨页香水广告"形容为"伟大成就的奇迹一天"（原文即是斜体）。他痴迷电影女演员（罗兰·巴卡尔 [Lauren Bacall]、詹妮佛·琼斯 [Jennifer Jones]、玛丽莲·梦露 [Marilyn Monroe]）早已经众人皆知，此外他还可以在日记中将比克福德（Bickford's）的柜台女孩形容为"欧律狄刻"（Eurydice）①。他不但对女孩的微笑心存感激，同样也感谢可乐娜地区广告牌上的莱茵金啤（Rheingold Beer）少女"魅惑的笑容"。他透过浓密的树叶瞥见了少女的脸庞，被错视效果惊吓到，将少女称为"现代达芙妮（Daphne）②/ 黛安娜（Diana）③，但拥有基督教的优雅"。康奈尔这种感伤的吐露，与大多数男性在寻求真实性的过程中对广告的类似标志像所抱有的露出獠牙般的敌意可谓天上地下。[49]

尽管他能够从当代广告中获得快感，他真正的创意故乡是在另一个地方，在过去。他第一次为莱茵金啤少女感到战栗是在 1947 年 6 月，主要是由于她的形象与他小时候常去玩耍的康尼岛观光铁路有关。当他去观看奥尔特曼（Altman's）商店的圣诞节展示时，三只瞎老鼠和小威利温奇（Wee Willie Winkie）唤起了他"无法说出口的童年辛酸诗歌"。当他对着一包亚当加州水果口香糖（Adam's California Fruit Gum）沉思时，不是要赞美其对现代性的大胆表现（如果换成画家斯图尔特·戴维斯就会这样做），而是他高兴地发现它居然装着浪漫芭蕾《吉赛尔》（*Giselle*, 1841）的作曲家阿道夫·亚当（Adolphe Adam）的传记。他曾经以十九世纪芭蕾舞女范妮·瑟里托（Fanny Cerrito）为原型收集拼装了一系列盒子，十二年后，他在 1954 年想要重新构建这个过程时写道："'过去'通过书籍、浏览的体验活了起来。在对瑟里托的体验中，这种因素极其重要，但又神出鬼没，不容易保持——不过，在将瑟里托用什么手法体现出来的这个气死人的任务中，它可能真的是唯一有意义的因素了。"当康奈尔思考商业人工品时，他是在思考自己个人的过去和文化的过去。[50]

---

① 希腊神话中音乐家俄耳浦斯的妻子。——译者

② 希腊神话中的仙女。——译者

③ 罗马神话中的月亮女神。——译者

图 12.1　约瑟夫·康奈尔,《无题》(阿波利娜矿泉饮料), 约 1954 年, 搭建作品。芝加哥 E. A. 伯格曼夫人授权使用。

Joseph Cornell, "Untitled" (Apollinaris), c. 1954, construction. Courtesy of Mrs. E. A. Bergman, Chicago.

这两个领域之间是有密切联系的。康奈尔在二手书店浏览的经历,也许至少是因为他在尝试重新捕捉十九世纪欧洲的资产阶级文化,是这种文化与二十世纪早期美国的自动点唱机和自动贩卖机文化一起对他的童年产生了深刻的影响。十九世纪和二十世纪的人工品最后都汇聚在他的盒子中(图 12.1)。这里的十九世纪文化是范妮·瑟里托和汉斯·克里斯蒂安·安徒生(Hans Christian Anderson)的世界,是浪漫幻想曲和赞颂孩提纯真的感伤诗篇的世界。(安徒生确实是将物体拟人化的大师。)除了过时事物美学的信徒,在大多数现代主义者眼中,这过于成熟,令人作呕。在一封回复意大利海报展览的信中,康奈尔阐述了它对自己的一些吸引力:

这些世纪末的意大利作品对颜色的处理等手法,让人体会到无上的喜悦之情,特别是儿童、气求 [气球?]、smalti [彩色玻璃马赛克] 等作品,奇思妙想;记住这就是未来主义运动即将粉墨登场的舞台(资产阶级的精髓就体现在这里,或者至少体现在其更加迷人的方面)。

在某些方面,康奈尔的拼贴画和盒子取出了这种"精髓"最迷人的部分，将它变形为艺术。他收集的人工品，都是早期商业社会中最奇幻、最狂欢的因素的残留，是在市场还没有被管理理性稳定之前的市场巫术的象征物。[51]

这些也是童年的象征物，唤起康奈尔自己的童年记忆。"星期四在地窖分解了一个帕尔玛干酪盒子有什么东西袭来似乎是遥远的儿时正发生着夏天的树某处的街景一闪而灭只剩下我对它的意外感到目瞪口呆——在那一瞬间我一定回到了一个珍贵的童年时刻，之前从来也没有想起过——奇妙又难以捕捉的时刻。"这种时刻可以是"**创意的，更新的**"，康奈尔写道，有时将十九世纪资产阶级文化与和他自己对该文化余晖的记忆融合在一起。[52]

不过，这种时刻可能会稍纵即逝。1947 年在收集完一些肖像名片（cartes de visite）和芭蕾舞女老照片后，康奈尔欣喜赞颂它们"总是让人想起……另外一个美丽记录下来的年代"，"包围在一层怀念的氛围中"；不过他随后承认，"第一眼看上去，这些东西有'创意'，不过当火花闪过后，它们就变成只是一堆'老画片'了"。康奈尔还能够将怀念的时刻与无精打采和优柔寡断联系在一起。尽管他倾向于神秘地退出正常的成人意识，但他仍然像典型的维多利亚式新教徒一样，焦虑自己会过长时间地沉浸在这样的情绪下：人还是应该起来做事。"让我在小阳春的情绪中体会洋溢幸福感的这些物体，现在我在静静享受着，不过我总是意识到，这种享受应该超越一种单纯的'诗意沉醉'——我心神不安，害怕我已经在这种情绪中浪费了太多的时间"，他在 1948 年写道。除创作的责任，他还有收听基督科学广播布道的责任；康奈尔总是责怪自己在听广播时"出神闲逛"。与爱默生、威廉·詹姆斯和亨利·亚当斯等其他美国文化人物一样，现实中应尽的义务将梦游者从过去的水池中拉了出来。[53]

不过，康奈尔逐渐认识到，那种怀念的感觉，或者至少对文化与个人记忆的培养，就是他创意的核心所在。在很长一段时间内，他都认为普鲁斯特只不过是一位肤浅的风俗小说家；后来他读了一点《追忆似水年华》，意识到了他们手法的共同之处。两个人的窍门都在于，能够带着完好无损的意志从怀念的迷雾中走出。例如，1953 年 5 月 27 日，康奈尔在广播中听到伊丽莎白·鲍温（Elizabeth Bowen）、弗兰克·罗伊德·赖特（Frank Lloyd Wright）和玛丽安·摩尔（Marianne Moore），"正在忙着鼓弄意大利面食 [小盒子] 的他突然获得了真正的灵感，将它们从怀念与无用中拉回了现在"。也许，在 1949 年给一位名为索尼娅·谢里米簇（Sonja Sheremietzew）的神秘通信者的信件中，他最为清晰地捕捉到了自己针对记忆主题的心理状态阴晴变化。他写道，那一天——

> 阳光灿烂，清爽宜人。这种气候带来了潮水般的往日记忆……我差一点在怀念中淹死过去；有太多似乎要"逃离"——然而这邀请人去冒险的当下应该对全部这些加以谴责。也许我说得不怎么清楚。一个人尽可能留住正在逝去的美丽，这种行为无可厚非。

康奈尔说当下"邀请人去冒险"，但是一点也没有说服力。与浮士德一样，他想要对正在逝去的时刻说"留下"，但与浮士德不一样的地方在于，他意识到这种冲动"无可厚非"。[54]

普鲁斯特和康奈尔的任务不是要沉迷于时间的流逝，而是要发现过去是活在现在的；不是将回忆视为被动地退回无用，而是要让回忆成为创意的塑造力量。"回忆永远不会只是一个被动的态度，"康奈尔引用哲学家尼古拉斯·别尔嘉耶夫（Nikolas Berdyaev）的话说，"回忆一定要积极主动；它的特点是蕴涵着一种创意的变形力量。"不过这不仅是如何运用这种力量的问题，因为康奈尔在（也许是 1953 年的）日记中又引用了一段出处不明的话："哪怕是在一瞬间召唤过去的不舍，也像是拥抱遥远距离的紫青色。过去只是隐形的、无声的现在，过去的记忆瞥闪与低声细语都是无价之宝。"召唤过去的任务，是巫师、改变平凡的炼金术师或康奈尔式艺术家的任务。[55]

如果将康奈尔的作品视为日常生活的诗学，那他将其与童年挂钩的做法是得到了知识界的准许的。赫伊津哈写道：

> 诗人的功能仍然住在它出生的玩乐领域中。Poiesis（创制）这个词实际上就是玩乐–功能。它在头脑中的玩乐场上活动着，在由思想为它创造出来的、它自己的世界中前进着。在那里，物体的面相与它们在"日常生活"中穿戴的面相迥然不同，并且被逻辑和因果之外的关系牵绊着……它来自……梦境、魅惑、狂喜与欢笑的领域。如果要理解诗歌，我们必须有能力换上一颗儿童的心灵，就像披上一件魔法袍一样，要抛弃成人的智慧，换上儿童的智慧。[56]

这种说法也许不适用于所有的诗人，而且可能高估了成年人在寻回童年的同时避免把童年隐藏在自我意识的保护壳之中的能力。尽管如此，这条评论还是精确地描述了康奈尔及其作品。他自己就有点像个孩子，总是拿黏面包和甜点当午饭吃，而且比起成人，他更喜欢和孩子们待在一起。批评家们在二十世纪三十年代指责他的作品像"玩具"，也许他们无意中真说对了（起码比他们之后对他的评论要更准确）——前提是他们要承认玩具可以成为广义上的、赫伊津哈意义上的玩物（playthings）：它们能够帮助人进入一个忘我的世界，在那里，工作与玩乐、主体与客观物体合二为一。如果你愿意的话，可以将其称为一块林间空地（clearing）吧。

注释

1. 关于这点，见 Lionel Trilling, "The Fate of Pleasure," in his *Beyond Culture* (New York, 1965), pp. 57-89。

2. 关于一些此类文献，见 David Harper, *Working Knowledge: Skill and Community in a Small Shop* (Chicago, 1987); John Forrest, *Lord I'm Coming Home: Everyday Aesthetics in Tidewater North Carolina* (Ithaca, N.Y., 1988); Judith MeWillie, "Writing in an Unknown Tongue," in *Cultural Perspectives on the American South*, ed. Charles Reagan Wilson, vol. 5 (New York, 1991), pp. 103-18; Mihaly Csikszentmihalyi and David Rochberg-Halton, *The Meaning of Things: Domestic Symbols and the Self* (Chicago, 1981); Victor Turner, *The Forest of Symbols* (Chicago, 1967); Claude Lévi-Strauss, *The Savage Mind* (Chicago, 1966); Evelyn Fox Keller, *A Feeling for the Organism: The Life and Work of Barbara McClintock* (San Francisco, 1983), esp. chaps. 9, 12; David Freedberg, *The Power of Images: Studies in the History and Theory of Response* (Chicago, 1989)。

3. Richard Bowland Kimball, "Keeping the House Alive," *House Beautiful* 47 (May 1920): 404.

4. Esther Matson, "The Tyranny of Things," *House Beautiful* 36 (September 1914): 113; Oliver Coleman, "The Bric-a-Brac Habit," ibid. 16 (October 1904): 23; Katherine W. Hand, "Nerves and Decoration," ibid. 37 (May 1915); Russell Lynes, *The Tastemakers* (New York, 1972), pp. 242-53.

5. Clara H. Zilleson, "The Housewife—Purchasing Agent and Manager," *House Beautiful* 47 (May 1920): 422; National Home Furnishings Program advertisement, *Good Housekeeping* 89 (April 1930): 175; Sealex Linoleum Floors advertisement, *Saturday Evening Post* 203 (18 September 1930): 58.

6. A. Sandier, "The Dining-Room Silverware," *Decorator and Furnisher* 19 (October 1891): 22-25, Claude Bragdon, "The Architecture of the Home, Some Fundamental Principles," *House Beautiful* 16 (June 1904): 10; Edward Stratton Holloway, "Putting Individuality into the American Home," ibid. 47 (May 1920): 17.

7. Emily Post, *The Personality of a House* (New York, 1930), p. 4.

8. 关于该流程的精彩背景介绍，见 *The Invention of Tradition,* ed. Eric Hobsbawm and Terence Ranger (Cambridge, England, 1982), esp. chaps. 1 and 7。

9. Kenneth Grosbeck, "When Advertising Returns to the Simple Life," *Printers' Ink* 158 (14 January 1932): 3-6, 112-13; G. B. Larrabee, "Grandma Jones, Buyer," ibid. 167 (3 May 1934): 29-36; Hurff's Soup advertisement, *Life*, 1936; John J. McCarthy, "Back to Homespun," *Printers' Ink* 158 (31 March 1932): 17-21; "Advertising Looks Backward," *Fortune* 13 (January 1936): 6.

10. 我对这些发展的详细论述见 "Packaging the Folk: Tradition and Amnesia in American Advertising, 1880-1940," in *Folk Roots, New Roots: Folklore in American Life,* ed. Jane Becker and Barbara Franco (Lexington, Mass., 1988), pp. 103-40。

11. Mennen Company advertisement, *Good Housekeeping* 71 (July-August, 1920): 114. 关于这些商标及其历史，见 Hal Morgan, *Symbols of America* (New York, 1986), pp. 7, 55, 126。

12. 关于 For one such assertion, see "Memories" in May Hosiery Co., *The Story of Hosiery* (Burlington, N.C., 1932), n.p., in Warshaw Collection of Business Americana, National Museum of American History.

13. On Tench Coxe, see John Kasson, *Civilizing the Machine: Technology and Republican Values in America, 1776-1900* (New York, 1977), pp. 28-32. Paul Gaston 对 Henry Grady 的讨论见 *The New South Creed* (New York, 1970)。

14. Henri Lefebvre, *Everyday Life in the Modern World* (New York, 1971), p. 82.

15. Johan Huizinga, *Homo Ludens: A Study of the Play Element in Culture* [1938] (New York, 1955), p. 141. 关于玩乐概念的巧妙使用，见 Roger Caillois, *Man, Play, and Games,* trans. Meyer Barash (Glencoe, Ill., 1961), esp. pp. 12-13, 32-41, 50-55, 74-77, 86-87, 96-97, 106-107, 129-47, and Clifford Geertz, "Deep Play: Notes on the Balinese Cockfight," in his *The Interpretation of Cultures* (New York, 1973)。

16. 我用的版本是 Houghton Mifflin Riverside Press edition (Boston, 1963)。

17. 我用的版本是 Signet Classic edition (New York, 1960)。

18. 深度讨论见 Jean-Christophe Agnew, "The Consuming Vision of Henry James," in *The Culture of Consumption*, ed. Richard Wightman Fox and T. J. Jackson Lears

(New York, 1983), esp. pp. 91-100。

19. Edith Wharton, *A Backward Glance* [1934] (New York, 1962), p. 57.

20. Edith Wharton, *The House of Mirth* (New York, 1905), pp. 14, 49, 77.

21. Wharton, *The Custom of the Country* (New York, 1913).

22. Walter Benjamin, "Unpacking My Library" [1931], in his *Illuminations*, trans. Harry Zohn (New York, 1968), p. 60.

23. Marcel Proust, *Remembrance of Things Past* [1913-27], 3 vols., trans. G. K. Scott-Moncrieff and Terence Kilmartin (New York, 1981), vol. 1, pp. 5-6. 原文是：

> quand je m'éveillais au milieu de la nuit, comme j'ignorais où je me trouvais, je ne savais meme pas au premier instant qui j'etais; j'avais seulement dans sa simplicité première le sentiment d'existence comme il peul frémir au fond d'un animal; j'etais plus dénue que l'homme des cavernes; mais alors le souvenir-non encore du lieu où j'etais, mais de quelques-uns de ceux que j'avais habité et où j'aurais pu être—venait à moi comme un secours d'en haut pour me tirer du néant d'où je n'aurais pu sortir tout seul; je passais en une seconde par-dessus des siècles de civilization, et l'image confusement entrevue de lampes à petrole, puis de chemises à col rabattu, recomposaient peu à peu les traits originaux de mon moi (*A la recherche du temps perdu* [Paris, 1954], pp. 5-6).

24. Ibid., pp. 6-9, *A la recherche,* pp. 6-8.

25. Gaston Bachelard, *The Poetics of Space* [1958], trans. Maria Jolas (Boston, 1964), p. 9; Roger Shattuck, *Marcel Proust* (Princeton, N.J., 1982), p. 111.

26. 下面部分的小标题我借鉴了 Arthur Danto, *The Transfiguration of the Commonplace: A Philosophy of Art* (Cambridge, Mass., 1969)。可惜这本书太关注解析分析哲学的范畴，除了这个精彩的小标题外，对我没有太大用途。

27. Rilke to Witold von Hulewicz, 13 November 1925, in *Duino Elegies,* trans. J. B. Leishman and Stephen Spender (New York, 1963), p. 129. 原文如下：

> Noch für Grosseltern war ein "Haus," ein "Brunnen," ein ihnen vertrauter Turm, ja ihr eigenes Kleid, ihr Mantel: unendlich mehr, unendlich vertraulicher; fast jades Ding ein Gefäss, in dem sie Menschliches vorfanden und Menschliches hinzusparten. Nun drangen, von Amerika her, leere gleichgültige Dinge herüber, Schein-Dinge, Lebens-Attrappen... Ein Haus, im amerikanischen Verstande, ein

amerikanischer Apfel oder eine dortige Rebe, hat nichts gemeinsam mit dem Haus, der Frucht, der Traube, in die Hoffnung und Nachdenklichkleit unserer Vorväter eingegangen war... Die belebten, die erlebten, die uns mitwissenden Dinge gehen zur Neige und können nicht mehr ersetzt werden. Wor sind vielleicht die Letzten, die noch solche Dinge gekannt haben. Auf uns ruht die Verantwortung, nicht allein ihr Andenken zu erhalten (das wäre wening und unzuverlässig), sondern ihren humanen und larischen Wert. ("Larisch," im Sinne der Haus Gottheiten.) (*Briefe,* 2 vols. [Wiesbaden, 1950], vol. 2, p. 483.)

28. Ibid., p. 128.

Ja, denn unsere Aufgabe ist es, diese vorläufige, hinfällige Erde uns so tief, so leidend und leidenschaftlich einzupragen, dass ihr Wesen in uns "unsichtbar" wieder aufersteht... Die "Elegien" zeigen uns an diesem Werke, am Werke dieser fortwahrenden Umsetzungen des geliebten Sichtbaren und Greifbaren in die unsichtbare Schwingung und Erregtheit unserer Natur, die neue Schwingungszablen einführt in die Schwingungs-Sphären des Universums (*Briefe,* vol. 2, p. 482).

29. Ibid. "Die Natur, die Dinge unseres Umgangs und Gebrauchs, sind Vorläufigkeiten und Hinfälligkeiten; aber sie sind, solang wir hier sind, unser Besitz und unsere Freundschaft, Mitwisser unserer Not und Froheit, wie sie schon die Vertrauten unserer Vorfahren gewesen sind" (*Briefe,* ibid.).

30. Rilke to Benvenuta, 20 February 1914, quoted in Bachelard, *Poetics of Space,* p. 70. 德语原文见 Rainer Maria Rilke, *Briefwechsel mit Benvenuta* (Esslingen, 1954), pp. 136-37。

31. W. C. Williams, "Paterson" [1927], Book I, line 15, in *Collected Poems of William Carlos Williams,* 2 vols. (New York, 1986), vol. 1, p. 263; Louis Aragon, *Nightwalker* [1926], trans. Frederick Brown (Englewood Cliffs, N.J., 1970), pp. 93-94, 41.

32. Aragon, *Nightwalker,* p. 10.

33. Walter Benjamin, "Surrealism," in his *Reflections,* trans. Edmund Jephcott (New York, 1979), pp. 179, 181-82.

34. Susan Sontag, "Notes on 'Camp,'" in her *Against Interpretation* (New York, 1966),

pp. 275-92.

35. Arthur Danto, "Kurt Schwitters," *Nation* 241 (3/10 August 1985): 89-91; Bachelard, *Poetics of Space*, p. 142.

36. Dr. Julius Klein, "It's Great to Be a Young Man Today," *American* 109, February 1930, 12-13.

37. Joseph Cornell, "The Crystal Cage (Portrait of Berenice)," *View,* series 2, no. 4 (January 1943): 15-18.

38. Undated diary entry, reel 1059, Joseph Cornell Collection, Archives of American Art, National Museum of American Art, Smithsonian Institution, Washington D.C.

39. Dore Ashton, "Joseph Cornell," in *A Joseph Cornell Album* (New York, 1974), p. 1.

40. Cornell diary, 9 January 1950, reel 1059.

41. Lynda Roscoe Hartigan, "Joseph Cornell: A Biography," in *Joseph Cornell*, ed. Kynaston McShine (New York, 1981), pp. 91-118.

42. Cornell diary, 26 January 1954, reel 1059.

43. Hartigan, "Biography," p. 95.

44. Cornell diary, 1 January 1955, reel 1059. 有一个学者是例外，没有忽略康奈尔的基督科学信仰，见 Sandra L. Starr, *Joseph Cornell: Art and Metaphysics* (New York, 1982)，但是她的诠释在整体上有些过于教义化。

45. Cornell diary, 10 July 1948, reel 1059. 关于浪漫新教传统的讨论，见 Sydney Ahlstrom, *A Religious History of the American People* (New Haven, Conn., 1973), chaps. 19, 36, 37。

46. Hartigan, "Biography," p. 104; Cornell diary, 2 July 1949, 19 April 1954, reel 1059; 1 October 1956, reel 1315.

著作权合同登记号 图字：01-2020-5566

图书在版编目（CIP）数据

丰裕的寓言：美国广告文化史 /（美）杰克逊·李尔斯著；任海龙译 .—2 版 .—北京：北京大学出版社，2023.10
（未名设计译丛）
ISBN 978-7-301-34287-9

Ⅰ . ①丰…　Ⅱ . ①杰… ②任…　Ⅲ . ①广告 – 文化史 – 研究 – 美国
Ⅳ . ① F713.8–097.12

中国国家版本馆 CIP 数据核字 (2023) 第 157272 号

FABLES OF ABUNDANCE: A CULTURAL HISTORY OF ADVERTISING IN AMERICA
by Jackson Lears
Copyright © 1994 by Basic Books
This edition published by arrangement with Basic Books, an imprint of Perseus Books, LLC,
a subsidiary of Hachette Book Group, Inc., New York, New York, USA. All rights reserved.

书　　　名	丰裕的寓言：美国广告文化史 FENGYU DE YUYAN: MEIGUO GUANGGAO WENHUASHI
著作责任者	[美] 杰克逊·李尔斯（Jackson Lears）著　任海龙 译
责 任 编 辑	郑子欣
标 准 书 号	ISBN 978-7-301-34287-9
出 版 发 行	北京大学出版社
地　　　址	北京市海淀区成府路 205 号　100871
网　　　址	http://www.pup.cn　新浪微博 @ 北京大学出版社
电 子 邮 箱	编辑部 wsz@pup.cn　总编室 zpup@pup.cn
电　　　话	邮购部 010–62752015　发行部 010–62750672 编辑部 010–62752022
印 刷 者	北京中科印刷有限公司
经 销 者	新华书店
	650 毫米 ×965 毫米　16 开本　34.5 印张　502 千字 2023 年 10 月第 2 版　2023 年 10 月第 1 次印刷
定　　　价	168.00 元